중등 교원 임용 시험 대비

최병식 편저

최병식

전공체육

운동생리학, 운동역학 **체육내용학 Ⅰ**

합격기준 박문각 임용

동영상강의 www.pmg.co.kr

PMG 박문각

CONTENTS

차 례

Chapter 01. 운동 생리학

01. 운동 생리학의 이해 … 6
02. 세포 … 12
03. 영양소와 대사작용 … 20
04. 에너지 대사 … 23
05. 운동의 생리적 효과 … 45
06. 운동과 근육계 … 47
07. 운동과 신경계 … 66
08. 운동과 순환계 … 80
09. 운동과 호흡계 … 104
10. 인체수행력의 지표와 평가 … 122
11. 신장과 산 · 염기 평형 … 136
12. 운동과 내분비계 … 145
13. 체성분과 체지방 … 162
14. 운동과 환경 … 171

Chapter 02. 트레이닝 방법론

01. 트레이닝과 건강 및 체력 … 184
02. 트레이닝의 기초 … 187
03. 트레이닝의 실제 … 202

Chapter 03. 운동 역학

01. 운동 역학의 연구 영역 … 222
02. 운동 역학의 기초 개념 … 224
03. 정역학적 운동 … 264
04. 운동학적 분석 … 284
05. 선운동의 운동역학적 분석 … 303
06. 각운동의 운동역학적 분석 … 368
07. 운동역학의 현장 적용 … 400

01. 운동 생리학의 이해
02. 세포
03. 영양소와 대사작용
04. 에너지 대사
05. 운동의 생리적 효과
06. 운동과 근육계
07. 운동과 신경계
08. 운동과 순환계
09. 운동과 호흡계
10. 인체수행력의 지표와 평가
11. 신장과 산 · 염기 평형
12. 운동과 내분비계
13. 체성분과 체지방
14. 운동과 환경

최병식
전공체육
체육내용학 Ⅰ
운동생리학, 운동역학

Chapter

01

운동 생리학

Chapter 01 운동 생리학

1 운동 생리학의 이해

1. 운동 생리학의 정의

(1) 운동생리학이란 운동으로 초래되는 생리 기능적 변화와 그 변화의 원인을 설명하기 위한 학문으로 여러 가지 형태의 운동으로 인해 야기되는 인체의 '반응'과 '적응'에 대해 그 원인을 규명하고, 그러한 '반응'과 '적응'이 인체의 기능적 측면, 주로 수행력과 건강 등에 어떠한 생리적 의미를 갖는지 연구하는 것이 운동생리학이다.

(2) 운동생리학과 유기적인 관련을 갖는 분야는 수행력 향상과 질병으로부터의 회복을 위한 합리적 운동수행의 방법, 운동의 질과 양을 결정하는 '트레이닝론'과 '운동처방학', 인체 내의 물질대사를 연구하고 스포츠 활동을 위한 적합한 식이의 질과 양을 결정하기 위한 '스포츠영양학', 근활동의 역학적 원리 및 인체운동의 역학적 법칙을 연구하는 '생체역학', 운동수행의 의학적 측면과 과학적 측면을 모두 포괄하는 '스포츠의학' 등이 있다.

2. 반응과 적응

(1) 인간을 포함한 모든 생명체는 무수히 많은 외부의 환경적 자극에 접하여 살고 있으며, 특정 자극에 접하게 될 때 그 생명체는 특정 반응(response)을 통해 체내 '항상성'을 유지하려고 한다.

① 더운 환경에 노출될 때 인체는 피하혈관을 확장시켜 전도라는 양식의 열발산 반응을 보이는 한편, 발한 반응을 통해 증발이라는 열발산 반응을 보이게 된다.

② 추운 환경에서는 피하혈관을 수축시키고 몸을 떨어서 열생산을 증진시킴으로써 체온이 극단적으로 떨어지는 것을 막으려는 반응을 보이게 된다.

③ 산소 분압이 낮은 고지환경에서는 호흡수와 심도를 증가시켜 산소 부족에 대처하는 반응을 보인다.

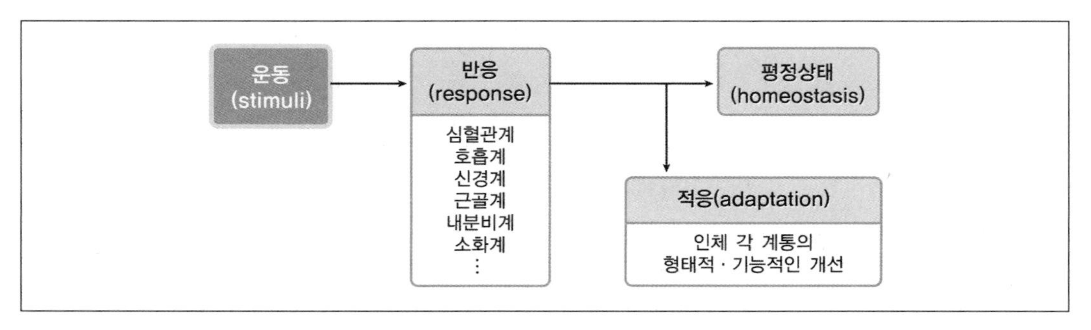

운동에 대한 인체의 반응과 적응

(2) 특정한 자극에 대해 적절한 반응을 거듭하면서 그 생명체는 형태적이거나 기능적인 측면의 변화를 경험하게 되는데, 그 변화가 긍정적일 때 그러한 변화를 적응(adaptation)이라고 한다. 고지환경에서 산소분압 감소라는 외적 자극에 직면하여 환기량을 증대시키는 반응을 거듭하게 되면 결국 적혈구수의 증가, 근세포내 마이오글로빈량 증가와 같은 산소 수송과 이용에 관련된 변화, 즉 적응을 경험하게 된다.

(3) 운동이란 수많은 외적인 환경적 자극들 중에서 인간이 자의적으로 선택할 수 있는 일종의 외적 자극으로써, 운동에 대한 인체의 반응의 예로서 심박수 및 호흡수 증가, 혈압 상승 등을 들 수 있다. 이러한 반응은 운동 종료 후 오랫동안 지속되지는 않는다.

(4) 반복적인 운동자극, 즉 트레이닝에 의해 어느 정도 지속적인 기능적 변화가 초래될 때, 그것을 적응이라고 한다. 이러한 적응을 위해서는 적어도 몇주간의 트레이닝이 소요되지만, 때로는 며칠간의 트레이닝에서도 일어날 수 있다.

(5) 운동에 의한 적응은 심장용적의 증가, 총혈액량의 증가와 같은 형태적 변화와 함께 안정 시 심박수나, 동일한 운동 부하에 대한 심박수 반응의 감소와 같은 기능적인 변화를 수반한다.

(6) 트레이닝에 의한 적응의 다른 예로, 웨이트 트레이닝 훈련에 수반되는 근육의 크기 증대(형태적 변화)와 최대근력의 증가(기능적 변화)를 들 수 있다.

(7) 운동과학의 목적은 가장 바람직한 적응을 도출하기 위해 자극의 합리적 적용을 모색하는 것이며, 그 목적을 달성하기 위해서는 다양한 형태의 운동에 대해 인체가 나타내는 반응과 적응 현상을 알고, 그러한 기능적 변화의 원인에 대한 이해를 가져야 한다.

(8) 운동생리학은 운동의 합리적 적용방법을 마련하기 위한 기본적인 토대를 마련해 준다.

세포는 뜨거운 환경에서의 열 스트레스와 같은 환경적인 스트레스에 적응할 수도 있다. 이러한 환경 적응을 순응(acclimation)이라 한다. 환경 순응은 반복적인 스트레스에 반응하여 발생하고, 존재하는 항상성 시스템의 기능을 향상시킨다.

3. 항상성과 음성되먹이기 기전

(1) 항상성(homeostasis)

유기체가 자신을 구성하고 있는 세포들의 내적 환경을 안정되게 유지하려는 경향을 항상성이라고 한다. 세포내의 내부 환경이 일정한 한계 내에서 적절히 조절되지 못한다면 항상성은 붕괴되어 그 세포는 고유의 기능을 상실할 뿐만 아니라, 더 이상 살아가지 못한다. 그러므로 인체의 여러 기관은 온도, 글루코스나 전해질 농도, 체액의 산성도, 산소와 이산화탄소 농도 등이 좁은 범위 내에서 유지되도록 민감하게 조절되고 있다.

> 항상성이란 용어는 Walter Cannon에 의해 만들어졌으며 내부 환경의 불변성 또는 계속적인 유지로 정의하고 있다.

(2) 음성되먹이기 반응(negative feedback response)

항상성을 유지하기 위해 인체가 사용하는 주된 방법으로 정상적 상태에서 변화가 생겼을 때 그 변화 값을 감소시키는 반응이다.

① 체온의 음성되먹이기 기전

㉠ 피부 및 심부체온의 상승은 피부 및 시상하부에 있는 감지기(온도수용기)에 의해서 감지된다.

㉡ 온도수용기는 통합기, 즉 뇌의 시상하부에 있는 체온조절중추라고 하는 신경세포군에 신호를 보낸다. 체온조절중추는 적정체온(약 36.5℃)과 현재의 체온을 비교한다.

㉢ 체온조절중추가 현재의 체온이 너무 높아서 감소시켜야 한다고 결정하면 효과기(땀샘과 피부혈관)에 땀분비와 피부혈관을 확장시키도록 하는 원심성 명령을 보낸다.

㉣ 땀분비로 인한 증발과 피부혈관 확장으로 인한 열전도 등 체온 발산반응이 촉진되어 체온이 정상수준으로 저하된다.

㉤ 반대로, 체온이 정상수준 이하로 저하되면 음성되먹이기 기전을 통해 피부혈관이 수축하여 체열의 발산을 막고 근육의 떨림에 의해 열생산이 촉진되는 반응이 일어난다.

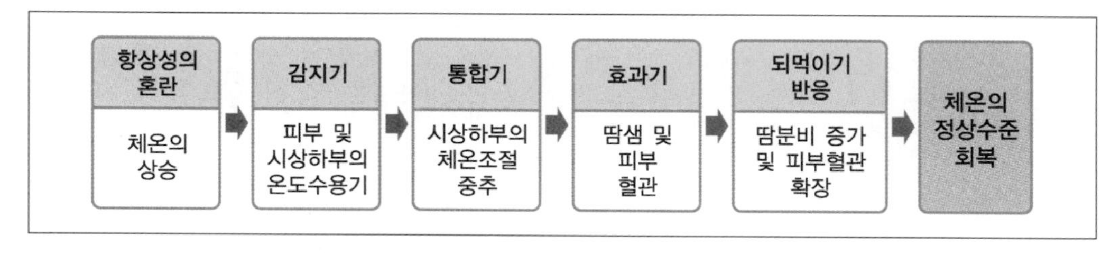

② 혈중 CO_2 조절을 위한 음성되먹이기 기전

㉠ 혈중 CO_2 수준의 증가와 O_2의 감소는 뇌와 경동맥에 있는 특정한 화학수용기에 의해 감지된다.

㉡ 감지기(화학수용기)는 통합기, 즉 뇌연수의 호흡조절중추에 신호를 보낸다.

㉢ 호흡중추는 혈중 CO_2, O_2, pH의 적정수준과 현재의 수준을 비교한다.

㉣ 현재의 혈중 CO_2 수준이 적정수준 이상이라고 판단되면 통합기(뇌연수의 호흡조절중추)는 효과기(호흡근육)에 명령을 내려 호흡수를 증가시키도록 한다.

㉤ 호흡활동의 증가로 CO_2 배출량이 증가되고, 혈중 CO_2 수준은 정상수준으로 회복된다.

㉥ 만일, 과환기에 의해 혈중 CO_2 농도가 적정수준 이하로 낮아지면 음성되먹이기 기전에 의해 호흡수는 감소되고, CO_2 배출이 억제되어 혈중 CO_2 수준이 정상 수준까지 상승한다.

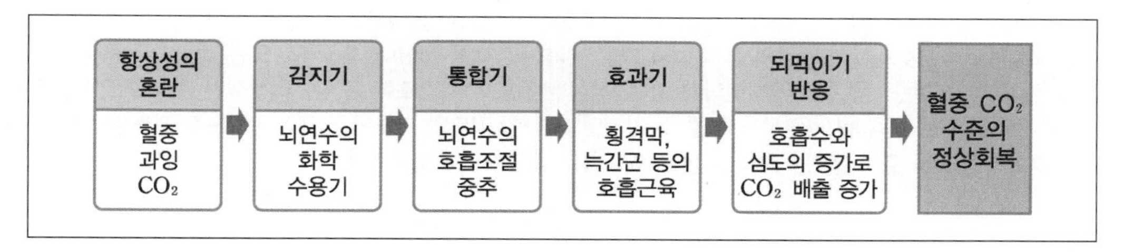

운동에 따른 반응과 적응이 어떻게 일어나는지 알기 위해서는 음성되먹이기 기전의 원리를 이해함으로써, 인체의 여러 기능적 변화 사이의 관계를 찾아낼 수 있으며 반응과 적응이 어떠한 특정 환경에서 일어나는지 예상할 수 있다. 열환경에서 반복적인 운동에 따른 적응현상인 운동 시 발한 반응의 개선은 음성되먹이기 기전을 통해 이루어진다.

양성되먹이기 기전(positive feedback response)

양성되먹이기 반응은 항상성을 유지하는 방향으로 일어나지 않고, 오히려 항상성에 더 큰 혼란이 일어나는 방향으로 일어나는 것이다. 비록 부적 피드백(반응이 자극과 반대 방향)이 신체의 항상성을 유지하는데 사용되는 피드백의 주된 유형이지만, 정적 피드백(반응이 자극과 같은 방향)도 필요하다. 예로, 여성이 출산할 때의 분만 수축 상승을 들 수 있는데 뇌하수체 후엽에서 분비되는 옥시토신은 자궁수축을 더욱 활성화시킨다.

4. 항상성과 항정상태

(1) 항상성은 항정상태와 종종 상호보완적으로 사용되지만, 항상성은 일반적인 안정 상태에서 나타나는 보상적인 조절반응의 결과로 스트레스가 없는 비교적 일정한 내부 환경을 일컫는다. 즉 신체 내부 환경을 일정하게 유지하거나 변하지 않게 하는 정상상태인 것이다.

(2) 항정상태는 이와는 반대로 반드시 내부 환경이 정상적인 상태라는 것을 의미하지는 않으며 단지 내부 환경이 변하지 않는 일정한 상태를 말한다. 신체의 항정상태란 운동 시 세포조직의 요구량과 이러한 요구에 대응하는 신체 반응이 균형을 이룬 상태이다.

(3) 일반적으로 운동을 시작하게 되면 체온이 서서히 증가하게 되어 일정한 시간에 이르면 체온이 더 이상 증가하지 않는 항정상태에 이르게 된다. 이러한 신체내부 온도의 정체현상은 항정상태를 의미하지만 안정 시 체온보다는 높아져 있는 상태이므로 항상성 상태를 의미하는 것은 아니다.

운동으로 인한 호르미시스(Exercise-induced Hormesis)

생물학적으로 호르미시스는 잠재적으로 유해한 스트레스(예 인체화학적 작용제, 환경적 요인 등)가 소량에서 중간 정도의 양일 경우 세포나 기관에 적합하고 유익한 효과가 나타나는 현상을 의미한다. 만일, 소량에서 적당량을 넘어서는 지나친 정도의 스트레스 물질에 노출되면, 이로운 작용이 아닌 신체의 생리적인 기능에 잠재적으로 해로운 부정적인 효과가 나타나게 된다. 최근 들어 호르미시스는 본래 정의된 바에서 운동유발성 스트레스가 세포 적응을 촉진하는 것으로 그 의미가 확장되었다. 사실상, 호르미시스의 의미는 우리가 흔히 아는 대부분의 운동 훈련으로 유발되는 신체 적응 현상까지 포함한다. 인체는 운동 중 온도, 대사작용 및 물리적인 스트레스에 노출된다. 이러한 스트레스 요소는 세포신호 전달 경로를 활성화시키며, 이는 즉 주어진 상황에 맞는 특정 유전자를 작동시켜서 적절한 세포 반응 현상을 발생시키는 것이다. 이러한 모든 적응 반응은 세포의 스트레스 요인에 대처하는 능력을 향상시키며, 이는 곧 '항상성'을 유지하는 능력이 높아지는 것을 의미한다. 호르미시스/운동 스트레스 간의 관계는 종 모양의 곡선 형태를 지닌다. 즉, 약간 또는 적당한 운동량은 세포와 기관계에 이로운 적응 효과가 나타나게 하며, 적절한 강도와 시간으로 구성된 이상적인 운동 프로그램은 이로운 효과를 위한 적응 현상을 유도해 낼 수 있지만, 지나친 강도와 과도한 시간의 운동으로 과훈련을 하게 되면 운동수행능력을 감소시키는 등의 부정적 효과를 초래할 수 있다.

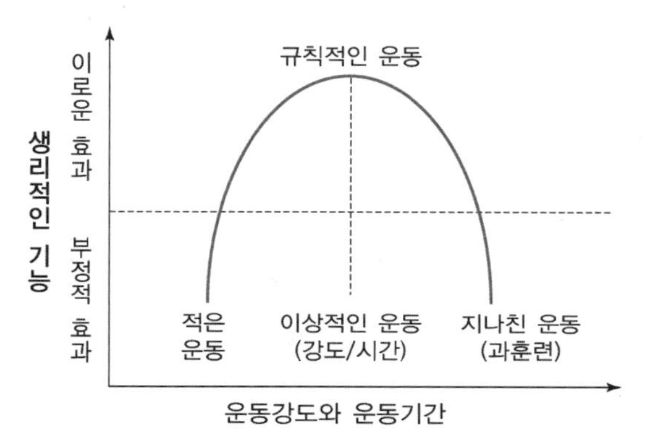

생리학적 기능에 부정적 영향을 미칠 정도의 극소량의 운동이 아닌, 저강도에서 적정 강도의 규칙적인 운동이야말로 인체생리기능에 이로운 영향을 미치며, 지나친 강도의 긴 시간의 운동은 부정적인 생리적 효과를 야기하는 과훈련임을 염두에 두어야 한다.

5. 운동 반응의 일반적인 경로

운동과 트레이닝에 따른 생리적 반응과 적응은 대부분 운동으로 인해 야기된 항상성의 혼란을 최소화시킬 수 있는 음성되먹이기 기전의 결과이다. 반복적인 운동은 인체의 산소공급 체계와 산소이용 효율을 개선시킨다. 이는 산소 운반의 역할을 하는 적혈구 수와 헤모글로빈량의 증가, 그리고 산소를 이용해 에너지를 발생시키는 근세포내 미토콘드리아 함량의 증가에 의해 달성된다. 이는 운동으로 야기된 반복적인 체내 저산소 상태가 적혈구 및 미토콘드리아의 생성을 촉진하기 때문이다. 이러한 기전에 대해 이해한다면 고지훈련, 즉 저산소 환경에서의 훈련에 의해 이러한 인체 적응이 더욱 촉진될 것으로 기대할 수 있다. 일회적 운동에 대한 일반적인 생리적 반응경로를 보면, 운동은 평정상태의 혼란, 즉 세포의 생리적·화학적 변화를 초래하는 일종의 자극으로 작용한다. 운동은 체온상승, 혈액 산성도 증가, 혈중O_2 함량의 저하 및 CO_2의 증가 등 생리적 환경변화를 초래한다.

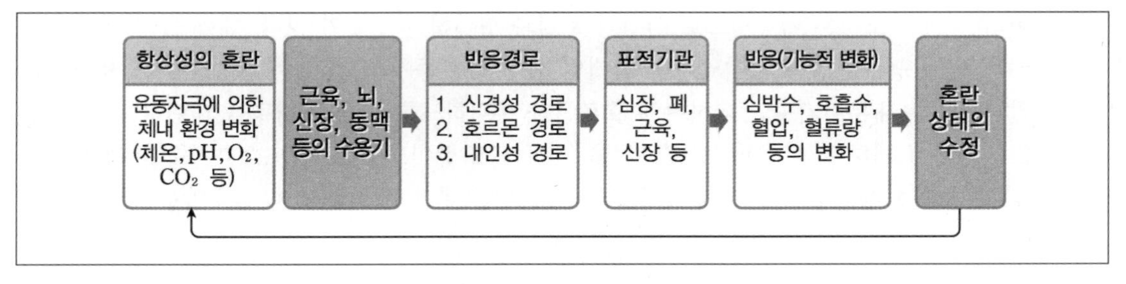

운동에 대한 생리적 반응경로

이러한 체내 환경의 변화는 특정한 세포, 즉 수용기에 의해 감지되고 이어서 복잡한 반응경로가 촉진된다. 운동반응의 경로는 신경성 경로, 액성(호르몬) 경로, 내인성 경로(특정 기관)가 있으며, 이 경로를 통해 표적기관으로 신호가 전달된다. 신호를 받은 표적기관은 기능상의 변화, 즉 운동에 대한 반응을 보이게 된다. 이러한 반응을 통해 운동으로 야기된 항상성의 혼란이 일정한 범위 내에서 조절된다. 인체의 세 가지 반응 경로는 독립적으로 작용하거나 상호 협력하여 이루어진다. 특히, 신경성 경로와 호르몬 경로는 서로 협력적으로 생리적 조절에 참여하는 경우가 많다.

(1) 신경성 경로

① 대표적인 신경성 조절경로는 호흡조절을 예로 들 수 있다. 즉, 운동으로 인한 혈중 CO_2 농도의 증가나 혈중 pH의 감소는 연수와 경동맥체에 있는 특수한 세포군, 즉 화학수용기를 자극한다. 화학수용기는 호흡중추에 구심성 정보를 전달하고, 호흡중추는 전달된 정보를 판단하여 효과기(호흡근)에 호흡의 빈도와 심도를 증가시키도록 원심성 명령을 내린다. 그로 인해 더욱 많은 CO_2가 호기를 통해 배출되고 혈액의 pH가 증가된다.

② 운동 시작과 함께 거의 동시적으로 심박수가 급격히 증가하는 양상을 보이는데, 이는 근육과 관절에 있는 수용체가 근수축과 관절 운동에 대한 정보를 뇌의 심장운동중추에 전달하고, 심장운동중추는 심장으로 가는 부교감신경(미주신경)을 억제하여 심박수를 증가시키는 신경성 조절 경로에 의한 것이다.

(2) 호르몬 경로

① 운동 시 대사수요의 증가에 대한 반응으로 부신으로부터 에피네프린과 노르에피네프린의 분비가 증가된다. 이들 호르몬은 간으로 부터의 당원(glycogen)을 분해하고, 지방조직으로부터 지질분해를 촉진하여 근육에 에너지원으로 이용되는 글루코스(glucose)와 지방산의 동원이 이루어지도록 돕는다. 또한, 운동 시 순환혈액 중 증가된 에피네프린과 노르에피네프린은 심박수를 증가시키고 기관지를 확장시키며 근육의 혈관을 확장시키는 등의 광범위한 생리적 반응을 유발한다.

② 이러한 액성 조절은 기능적으로 신경성 조절과 협력하는 경우가 많다. 예를 들어, 운동으로 인해 혈액 농축현상이 일어났다면 혈액의 삼투압이 증가하고, 이는 갈증중추를 자극한다. 갈증중추는 내분비기관인 뇌하수체 호르몬을 분비하도록 원심성 명령을 내린다(신경성 경로). 이어서 뇌하수체는 항이뇨호르몬을 분비하고, 항이뇨 호르몬은 순환계를 통해 신장으로 보내져 뇨생성을 감소시키고 수분의 재흡수를 촉진하여 혈액의 삼투압을 감소시킨다(액성 조절).

(3) 내인성 경로

① 내인성 경로는 기관 내에 위치하는 것으로 그 기관이 수용체와 표적기관으로서의 역할을 동시에 한다. 내인성 경로의 예로써, 근(근육)에서 에너지 생산과정을 들 수 있다. 여기서 항상성의 혼란이란 운동 시작과 함께 근 에너지 저장량, 특히 인원질이 급속히 감소되는 현상이다. 그러나 이러한 인원질 감소 자체는 근 효소들을 활성화시키고, 이는 탄수화물의 신속한 분해 반응을 촉매하여 에너지원으로서 인원질 대신 탄수화물의 이용 속도를 증가시킨다.

② 운동 시 심박수 증가 현상 역시 내인성 경로에 의한 영향을 받는다. 즉, 운동으로 인한 심장근의 온도 상승은 심박수를 증가시키며, 심장으로의 정맥 환류량 증가로 심장의 충만압을 증가시켜 페이스 메이커인 동방결절의 흥분도를 높여서 심장박동이 빨라지게 된다. 이러한 반응에는 호르몬과 신경반사가 개입되지 않는다. 즉, 전 과정이 골격근이나 심장 자체에서 일어나는 것이다.

6. 운동생리학의 필요성

체육교사는 신체적 조건과 체력수준이 보다 다양한 대상자들을 지도하게 되는데, 운동생리학 지식은 다양한 집단의 성차와 개인차에 따른 지도방법을 고려하는데 도움을 준다. 또한 인체의 발육과 발달에 미치는 운동의 영향과 발달 단계에 따른 운동기술의 습득과정을 이해하는데 도움을 줄 수 있고, 학생들이 운동의 중요성을 깨닫고 일생동안 운동을 습관화하는 태도를 갖도록 동기를 부여하는 데 운동생리학적 지식은 큰 도움이 된다.

2 세포

세포는 모든 생물체의 기본 단위로서 생명활동을 수행하는 최소단위이다. 인간은 약 75조에서 100조 개의 고도로 분화된 세포로 이루어져 있다. 다세포로 이루어진 유기체는 내환경 내에서 물리적, 화학적 상태가 일정하게 유지되어야만 생존이 가능하며, 이 내환경이 일정하게 유지되는 것을 항상성이라고 한다.

인체의 내환경은 세포 밖의 액체, 즉 세포외액이다. 세포막을 경계로 세포 내에 있는 액체를 세포내액이라고 한다. 각 세포가 살아가는 환경은 세포외액으로서 세포는 세포외액에서 영양물을 얻고 세포외액으로 노폐물을 배출한다.

1. 인체의 구조적 단계

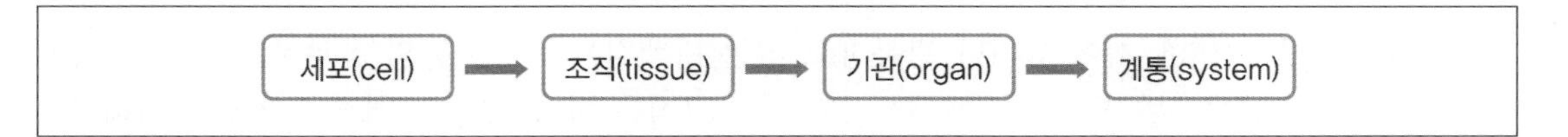

(1) 여러 개의 세포가 모여 조직을 이루며, 조직이 모여서 기관을 만들고, 각각 기능이 다른 기관이 모여서 계를 이루며, 여러 계의 다양한 집합체들이 모두 모여서 우리 몸을 이룬다.

(2) 세포는 인접한 세포와 세포간질에 의해 서로 연결되어 조직을 이루며, 두 가지 이상의 조직을 함께 결합시키는 역할을 하는 또 하나의 조직을 결체(결합)조직이라고 한다. 세포는 상피세포, 근세포, 신경세포, 결합조직세포 등이 있다.

(3) 조직에는 상피조직, 근육조직, 신경조직, 그리고 조직들을 함께 묶어주는 결체조직의 네 형태가 있다.

(4) 기관은 둘 이상의 조직으로 구성되어 특수한 기능을 수행한다. 예를 들어, 심장은 순환계통에 속하는 기관으로 심장의 내·외면이 상피조직으로 되어 있고, 그 사이에 심장의 운동을 수행하는 근육조직이 들어가 있으며, 결체조직에 의해 두 조직이 결합되고 신경조직이 분포되어 있다.

(5) 계통은 유사한 또는 관련된 기능을 하는 기관들이 모여 한 가지 목적을 수행하는 것으로, 순환계통은 심장, 혈관, 혈액이라는 기관으로 구성되어 있다. 인체에는 10가지 주요 계통(신경계, 호흡계, 피부계, 골격계, 근육계, 내분비계, 순환계, 소화기계, 비뇨기계, 생식기계)이 있다.

인체 내의 강
우리 몸의 여러 기관을 담고 있는 큰 그릇을 강이라고 하는데 크게 나누어 전부강(복부강)과 후부강(배부강)으로 나눌 수 있다.

2. 세포의 구조

세포는 세포의 종류에 관계없이 외측에서부터 세포막, 세포질, 핵으로 구성된다.

(1) 세포막

① 세포막은 두 줄의 인지질층과 단백질, 탄수화물로 구성되어 있다.

② 세포막의 배열 형태는 두 줄의 연속적인 인지질층과 인지질층의 양측을 덮고 있는 단백질 층으로 되어 있다. 단백질 분자의 일부는 인지질층을 관통하거나 또는 표면에 산재하여 있으며, 특히 인지질층의 외측에 있는 단백질은 주로 탄수화물과 결합한 당단백질로 되어 있다.

③ 인지질 층은 2열로 되어 있는데 그 특수한 배열에 의해 세포막의 구조적 안정에 크게 기여하며, 대다수 수용성 물질의 투과를 제한하는 울타리 역할을 한다. 반면, 산소와 이산화탄소 같은 지용성 물질은 인지질층을 쉽게 통과한다.

④ 인지질층 사이에 끼어 있거나 관통하고 있는 단백질은 물질이동의 통로로서 역할을 하거나, 막이 관여하는 반응을 촉매하는 효소로서 구실을 하며, 어떤 단백질은 세포로 전해지는 화학적 신호(호르몬, 약물, 항원 등)를 받아들여 세포 내로 전해주는 수용체로서 작용하기도 한다.

⑤ 세포막을 관통하고 있는 단백질을 통합단백질이라고 하는데, 통합단백질에는 약 7Å 크기의 구멍이 나 있어 인지질층을 통과하지 못하는 7Å 이하 크기의 수용성 물질이 드나드는 통로로서 이용된다.

세포막을 구성하는 지질에는 인지질, 당지질 및 콜레스테롤이 있다. 인지질은 전체 지질의 2/3를 차지하여 세포막 구조에 기여하고, 당지질은 항원 면역반응, 콜레스테롤은 세포막을 통한 물질이동의 속도를 조절한다.

(2) 세포질

세포질은 세포막과 핵 사이에 있는 세포의 기질을 말하며, 핵을 포함한 세포내 물질을 총칭할 때 원형질이라고 한다. 근세포의 원형질은 특히 근형질이라고 한다. 세포질 내의 소기관으로는 사립체, 소포체, 리보솜, 골지체, 용해소체, 중심소체 등이 있다.

① 사립체(미토콘드리아)

㉠ 미토콘드리아 내막 벽에는 수많은 산화효소들이 붙어 있어서 산소를 이용한 ATP 합성이 이루어진다. 미토콘드리아는 생명현상의 원동력이 되며, 에너지 생산 공장으로서 일명 '세포내 발전소'라고 한다.

㉡ 미토콘드리아의 수는 세포의 종류에 수십 개에서 수천 개까지이다. 전형적인 세포는 약 1700개의 미토콘드리아를 갖고 있으나 근육과 같이 에너지 수요가 높은 세포는 수천 개의 미토콘드리아를 갖고 있다.

㉢ 단련자의 근육세포에는 비단련자보다 미토콘드리아 수는 1.5~2배 정도 많으며, 각각의 크기도 크다.

㉣ 세포의 원형질에서는 무산소적으로 ATP를 합성하지만, 미토콘드리아에서는 산소를 이용하여 유산소적 ATP합성을 한다.

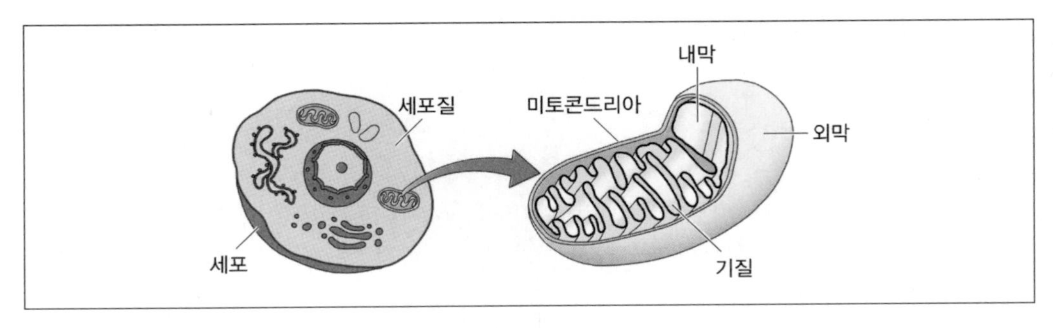

미토콘드리아

ATP(아데노신삼인산)
ATP는 인체의 직접적인 에너지원으로서 '에너지의 현금'이라고 한다. 우리가 섭취하는 지방이나 탄수화물과 같은 열량원이 체내에서 분해되면서 생성된 에너지는 ATP를 합성하는 데 이용된다. 인체의 모든 세포는 이 ATP를 이용하여 생명을 유지하고 자신의 특수한 기능을 수행한다. 세포의 원형질에서는 무산소적으로 ATP를 합성하지만, 사립체에서는 산소를 이용하여 유산소적 ATP합성이 이루어진다.

② 내형질세망(소포체, 세포질세망)

㉠ 세포 외부와 내부 사이를 잇는 물질 이동 통로이다. 근세포의 경우 내형질세망을 근형질세망 또는 근소포체라고 한다.

㉡ 근형질세망에는 근수축을 개시시키는 칼슘이 저장되어 있다.

③ 리보솜(리보소체)

㉠ 리보솜은 과립성 내형질세망에 붙어 있는 고정 리보솜과 세포질 내에 유리된 형태로 있는 유리 리보솜이 있다.

㉡ 리보솜의 기능은 핵 속에 있는 유전자로부터 메신저에 의해 보내진 유전정보에 의해 아미노산을 이용하여 단백질을 합성해낸다.

④ 골지장치

㉠ 골지장치는 모든 세포에 있는 것이 아니고, 분비성 세포에 주로 많다.

㉡ 내형질세망에 부착된 리보솜(고정 리보솜)에서 합성된 단백질은 내형질세망을 통해 골지장치로 이동된다.

㉢ 내형질세망을 통해 보내진 단백질은 골지장치에서 분비과립에 의해 일시적으로 저장되었다가 필요에 따라 분비된다.

⑤ 용해소체(라이소솜)

㉠ 용해소체는 과립형의 세포내 소기관으로 그 안에 각종 소화효소를 갖고 있다. 이 효소의 작용에 의해 글리코겐은 포도당으로, 단백질은 아미노산으로 지질은 지방산과 글리세롤로 분해된다.

ⓛ 용해소체는 세포 내로 들어온 박테리아나 기타 이물질, 손상되어 더 이상 정상기능을 수행하지 못하는 다른 소기관을 파괴・분해하는 역할을 하기 때문에 '세포내 청소부'라고 한다.

⑥ 중심소체

㉠ 중심소체는 가느다란 9쌍의 미세관으로 구성된 매우 작은 구조물로서 핵 근처에 있다. 세포가 분열을 시작할 때 맨 처음 중심체가 각각 두 개로 분열하고, 분열된 한 쌍이 핵을 중심으로 하여 세포의 양극으로 이동한다.

㉡ 또 염색체가 분열하면, 그 반씩을 세포의 양극쪽으로 끌어당기는 역할을 한다. 세포분열이 완성되면 각각의 딸세포에 중심소체가 한 쌍씩 있게 된다.

⑦ 원섬유

㉠ 어떤 세포는 세포질 내에 미세섬유인 아주 가는 원섬유를 갖고 있으며, 원섬유는 다발의 형태로 존재한다.

㉡ 원섬유는 세포의 수축운동이나 세포 구조를 유지하는 역할을 하고, 근세포는 근원섬유, 신경세포는 신경원섬유를 갖고 있다.

(3) 핵

① 핵은 분열하는 세포에 반드시 존재하며, 적혈구와 혈소판을 제외한 모든 세포에 존재한다.

② 핵은 대부분은 염색질로서 주로 특수한 핵산 즉 DNA와 부분적으로 단백질로 구성되어있다. 세포분열시 이 염색질이 막대기 모양의 형태를 띠게 되는데 이를 염색체라고 한다.

③ 핵에는 23쌍(46개)의 염색체가 있는데, 이 중 22쌍(44개)은 보통 염색체이며, 1쌍(2개)은 성염색체이다.

④ 핵은 약 500만 개의 유전자를 저장하는 DNA를 갖고 있어서 세포분열을 주도하며, 단백질 합성에 의한 세포 성장과 세포 내 대사를 조절한다.

⑤ 핵 안에 소기관으로는 핵소체 또는 인이 있다. 핵소체는 RNA를 합성하는데, RNA는 유전정보를 전달하는 전령 RNA와 아미노산을 리보솜으로 운반하는 전이 RNA로 구별된다.

3. 세포막을 통한 물질이동

세포막을 통해서 세포 안팎으로 끊임없이 물, 영양소, 노폐물, 전해질 등의 물질분자가 이동한다. 세포막을 통한 물질 이동 방법에는 수동적 운반과 능동적 운반이 있다.

(1) 수동적 운반

세포막에서 에너지(ATP) 소모 없이 물리적 현상에 의해 세포 내외로 물질이 이동하는 말한다.

① 확산

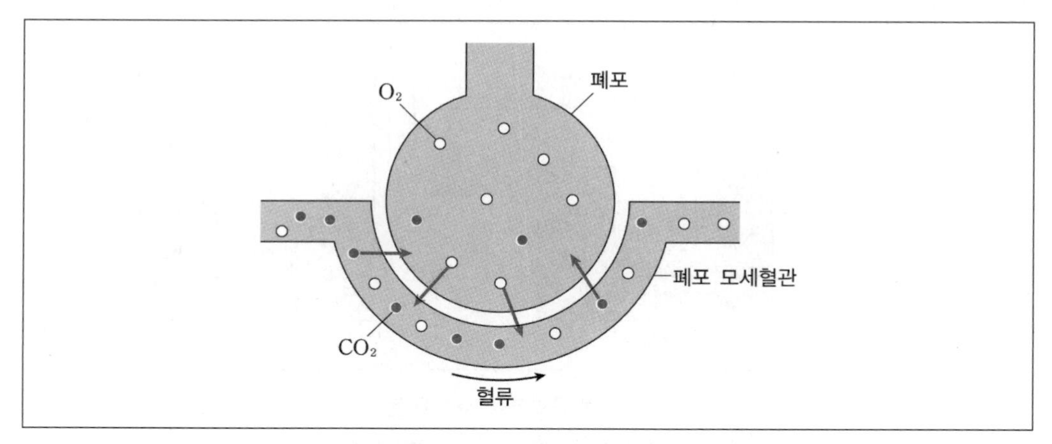

폐포에서 확산에 의한 O_2와 CO_2의 교환

㉠ 용액 또는 가스 상태로 있는 분자들은 고체와는 달리 임의의 운동성을 갖고 있으므로 만약, 분자 농도가 다른 용액이 막을 경계로 서로 인접하고 있다면, 분자 농도가 높은 쪽에서 낮은 쪽으로 이동하는 분자의 수효가 그 반대 방향으로 이동되는 수효보다 많게 될 것이다.

㉡ 이러한 분자운동의 차이로 인해 분자농도가 높은 곳에서 낮은 곳으로 분자의 이동이 일어나며 이 현상은 양쪽 분자의 농도가 같아질 때까지 계속된다.

㉢ 이와 같이 용액 또는 가스 형태의 분자가 높은 쪽에서 낮은 쪽으로 이동하는 현상을 확산이라고 하며, 이때 양측의 물질분자의 농도 차이를 농도경사라 한다. 농도경사가 클수록 확산은 촉진된다.

㉣ 생체 내에서 확산이 일어나는 대표적인 현상은 폐포와 폐포 주위의 모세혈관 사이에 일어나는 산소와 이산화탄소 운반이다.

㉤ 또한 세포막의 지질층이 물질 이동의 투과 장벽으로 작용하기 때문에 산소, 이산화탄소, 지방산, 스테로이드, 아세트산과 같이 지질에 대한 용해도가 높은 물질일수록 투과성이 커지고, 물질 분자의 크기가 작을수록 확산 속도가 빠르게 된다.

㉥ 물은 지용성 물질이 아님에도 불구하고 확산속도가 빠른 이유는 물의 크기는 직경이 3Å에 불과하므로 세포막의 구멍이 7Å인 것에 비해 훨씬 작기 때문이다.

촉진확산
물질분자가 농도가 높은 쪽에서 낮은 쪽으로 운반단백질에 의하여 세포 내외로 운반되는 현상으로, 농도가 높은 곳에서 낮은 곳으로 물질분자를 이동시킨다는 점에서는 단순확산과 같으며, 농도경사에 역행하여 물질을 운반하지 않는다는 점이 능동적 운반과의 차이점이다. 확산의 속도는 세포막의 존재하는 운반단백질 수에 의해 결정된다. 인슐린과 같은 호르몬은 특정세포막을 통한 포도당의 촉진확산을 촉진시킨다.

② 삼투

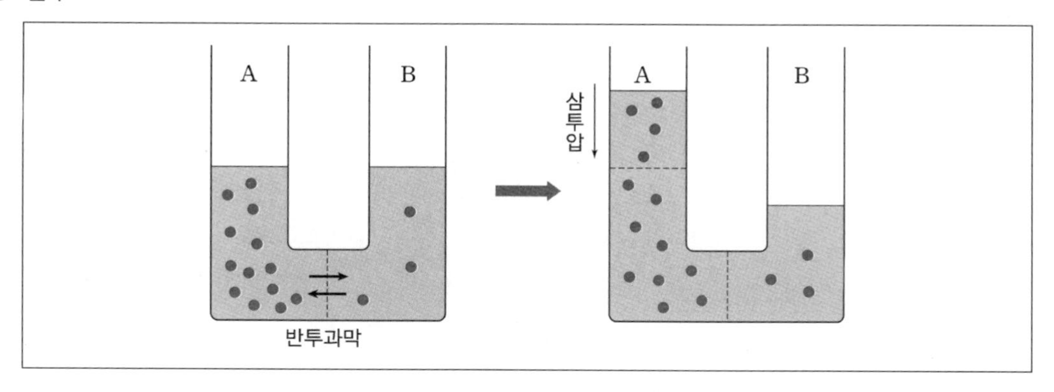

◇ 반투과막을 사이에 둔 삼투현상

㉠ 세포 안팎으로의 물질이동은 근본적으로는 확산에 의해 일어난다. 세포막은 반투과성 막으로서 어떤 물질분자는 쉽게 통과시키지만, 만약 어떤 물질은 잘 통과시키지 않는 선택적인 투과성을 갖고 있다면 세포막을 경계로 물질의 이동은 달라지게 된다.

㉡ 물질 분자의 농도가 낮은 곳에서는 물의 농도가 높고, 물질 분자의 농도가 높은 곳은 물의 농도가 낮기 때문에 물질 분자의 농도가 낮은 곳에서 높은 곳으로 물의 확산이 일어나게 된다. 이러한 현상을 삼투라고 한다.

㉢ 물 분자가 이동하려는 힘과 삼투압이 평형을 이룰 때 물의 확산은 더 이상 일어나지 않는데 이와 같은 상태를 삼투평형이라고 한다.

㉣ 생체 내에 있는 모든 세포는 삼투평형 상태에 있다. 만일 세포외액의 농도가 세포의 안쪽보다 낮은 저장성 용액이라면, 세포외액에서 세포내로 물의 이동이 일어나게 되어 세포는 부풀어 오르게 되고, 마침내 파열되어 내용물이 터져 나오게 되는 삼투성 용혈 현상을 볼 수 있다(적혈구 용혈).

적혈구 용혈
적혈구막이 삼투작용, 산성조건 또는 기계적인 압박에 의해 터지면서 그 안에 있는 헤모글로빈이나 효소 등을 방출하는 현상으로, 운동수행은 적혈구 용혈을 일시적으로 증가시킬 수 있으며 운동성 빈혈의 원인이 되기도 한다. 대체로 젊은 적혈구막은 쉽게 용혈되지 않으나 수명(약 120일)이 다 된 노화된 적혈구는 용혈되기 쉽다.

③ 여과

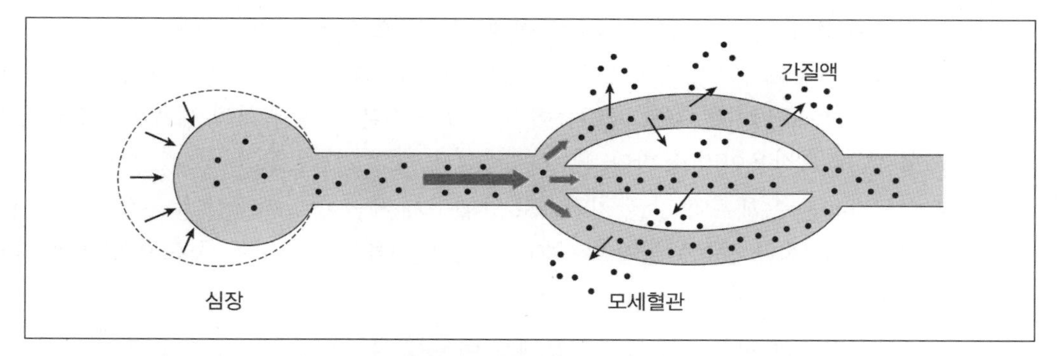

여과에 의한 모세혈관 밖으로의 액체이동

㉠ 막을 중심으로 내외막의 압력차가 있을 때 막을 통해 압력이 높은 곳에서 낮은 쪽으로 액체가 이동하는 순물리적인 현상을 여과라고 한다.

㉡ 생체 내에서는 주로 모세혈관막을 통해 여과에 의한 물질이동이 일어난다. 동맥 쪽의 모세혈관에서는 보다 압력이 낮은 조직 쪽으로, 조직에서는 정맥쪽 모세혈관으로 액체 성분이 이동하며, 신장의 사구체에서도 여과에 의한 액체이동이 일어난다.

㉢ 고혈압 시 부종이 발생하거나 신장염이 있을 때 단백뇨가 나타나는 것은 여과현상에 의한 것이다.

(2) 능동적 운반

세포막 내외의 압력차, 농도차, 전기적 차이 등 물리적 힘에 반하여 물질을 이동시키는 방법으로 이 경우 반드시 에너지(ATP)를 소모하게 된다. 즉 확산, 삼투, 여과와 같은 물리적 법칙에 지배되지 않고 세포막이 에너지(ATP)를 소비하면서 필요한 물질을 받아들이거나 불필요한 물질을 내보내는 방법이다.

① 운반체 운반

㉠ 능동적 운반은 세포막 내에 존재하는 운반체에 의해 물질이 운반되기 때문에 단순한 확산보다 이동속도가 빠르다. 이처럼 농도가 낮은 곳에서 높은 곳으로 물질을 이동시키는 운반단백질을 '펌프'(pump)라고 한다.

㉡ Na^+와 K^+는 세포외액에는 Na^+농도가 세포안보다 14배 높고, K^+농도는 세포안이 세포 밖보다 35배 정도 높다. 수동적인 이동만이 이루어진다면 Na^+는 세포 밖에서 안으로 확산되고, K^+은 반대로 세포안에서 밖으로 확산되려고 할 것이다. 그러나 세포막은 끊임없이 에너지를 사용하면서 농도경사에 역행하여 Na^+을 세포 밖으로 배출시키고, 동시에 K^+은 농도가 높도록 일정한 분포상태를 유지하고 있는 것이다. 인체의 세포막에서는 농도경사에 역행하여 $Na^+ - K^+$ 펌프가 작동하고 있다.

② 음세포작용

㉠ 세포에 따라서는 세포막의 변형에 의해 세포 밖의 물질을 직접 세포 내로 끌어당기기도 한다. 즉 세포외액의 특정 물질이 세포막에 흡착되면 세포막의 그 부위가 함몰하면서 그 물질을 둘러싸는 소포가 만들어지고 그 물질은 소포에 의해 세포내로 운반된다. 이를 음세포 작용이라고 한다.

㉡ 식균작용은 음세포와 같은 기전으로 백혈구가 세균이나 이물질 등을 받아들이는 운반방법이다. 식균작용은 질병을 야기시키는 미생물에 대항하는 중요한 방어선이다.

③ 토세포작용

㉠ 음세포작용과 정반대 방향으로 물질을 이동시키는 과정에 의해 세포내 물질이 세포 바깥으로 방출된다.

㉡ 세포내에 분비과립(액포)이 먼저 생기고, 이것이 세포표면으로 밀려가서 융합한 후 세포막의 일부가 터지면서 그 내용물을 유출시키게 된다. 세포는 이러한 과정을 통해 합성된 단백질을 분비한다. 신경세포의 경우에는 다른 신경세포나 근육세포・내분비선 등에 신호를 보내기 위해 신경전달물질을 분비할 때에는 토세포작용을 이용한다.

3 영양소와 대사작용

1. 영양소

(1) 탄수화물

① 탄수화물은 단당류, 이당류, 다당류로 존재한다.

② 포도당(글루코스)은 단당류이고 혈당으로 불린다. 당원(글리코겐)은 다당류로 수백, 수천 개의 포도당 분자로 구성되어 있다.

③ 휴식 상태에서 인체 내로 흡수된 탄수화물은 근육과 간에서 글리코겐 형태로 저장된다(근글리코겐, 간글리코겐).

④ 글리코겐은 세포가 ATP를 만들기 위해 사용할 때까지 근육세포의 세포질에 저장되어 있다. 간에 저장된 글리코겐은 필요에 따라 글루코스로 다시 바뀌며 혈액을 통해 활동적인 조직으로 운반된 다음 그 곳에서 대사된다.

⑤ 운동의 주된 에너지원이며, 지방과 단백질의 신진대사를 조절한다.

⑥ 신경계는 에너지를 탄수화물에 의존한다.

(2) 지방

① 지방은 4가지 형태인 지방산, 중성지방, 인지질, 스테로이드로 구성되어 있다.

② 근세포가 에너지를 생산하기 위해 사용되는 지방산은 신체 내에 중성지방의 형태로 주로 지방세포에 저장되어 있지만 골격근을 포함한 여러 가지 세포에도 저장되어 있다.

③ 에너지 필요시에 중성지방은 글리세롤과 유리지방산으로 분리되어, 유리지방산이 ATP를 생성하는데 사용된다. 글리세롤은 직접적으로 근육을 위한 에너지원으로 사용되지는 않지만, 간에서 포도당을 합성하는 데 사용된다.

④ 세포막과 신경섬유의 필수 구성성분이다.

⑤ 체내에서 지용성 비타민의 흡수와 운반을 담당하고, 절연성 피하지방층에 의하여 체열을 보존한다.

(3) 단백질

① 단백질은 아미노산이라고 불리는 작은 하위단위로 구성되는데, 세포에 포함된 다양한 단백질 형성을 위해 20여종의 아미노산이 필요하고, 이 중 9개의 필수아미노산은 체내에서 합성되지 않으므로 음식을 통해 섭취해야만 한다.

② 세포의 주요 구성성분으로 조직이나 기관을 구성하며, 체내에 에너지가 부족할 때는 에너지로 사용된다.

③ 운동 중 단백질은 2가지 방법으로 에너지로서 기여할 수 있다.

㉠ 아미노산인 알라닌은 간에서 포도당으로 전환되어 당원을 합성하는 데 사용된다. 간에 저장되어 있는 당원은 포도당으로 분해되어 순환계를 통하여 활동근육으로 전달된다.

㉡ 이소류신, 알라닌, 류신, 발린 등의 아미노산들은 근육세포 내의 생체에너지를 생산하는데 참여하는 대사 매개물질로 전환되어 에너지원으로 사용된다.

④ 질환 예방을 위한 항체가 단백질로부터 형성된다.

아미노산 분류

신체는 20가지 아미노산을 필요로 하며 이는 신체를 구성하기 위한 다양한 세포 형태를 포함한 모든 단백질을 형성하며 일생동안 모든 아미노산이 중요하지만, 이 중 11종의 아미노산은 세포에서 합성될 수 있으므로 이러한 아미노산을 식이로 섭취할 필요가 없으며 '비필수아미노산'으로 분류한다. 이와 대조적으로 신체는 9종의 아미노산을 만들 수 없으므로 이를 '필수아미노산'이라 칭하며 반드시 식이로 섭취해야 한다.

필수아미노산			비필수아미노산		
• 히스티딘	• 이소루신	• 루이신	• 알라닌	• 알지닌	• 아스파라진
• 라이신	• 메시오닌	• 페닐알라닌	• 아스파틱산	• 시스테인	• 글루타민산
• 스레오닌	• 트립토판	• 발린	• 글루타민	• 글라이신	• 프로린
			• 세린	• 티로신	

⑷ 비타민

① 에너지원은 아니지만 인체의 정상적인 성장, 발달에 필수적인 물질이며, 화학반응에 주로 촉매역할을 한다.

② 비타민은 지용성비타민과 수용성비타민으로 분류되는데 지용성비타민은(A, D, E, K)은 지방과 결합되어 소화관으로부터 흡수된다. 이 비타민은 체내에 저장되기 때문에 지나친 섭취에 의해 독성을 일으킬 수 있다.

③ 수용성비타민에는 비타민 B와 비타민 C가 있다.

비타민으로 분류되기 위한 기준
• 신체는 화합물을 합성할 수 없거나 건강을 유지하기 위해 충분히 생산해야 한다. • 화합물은 음식 내에서 자연적으로 생성되어야 한다. • 식이에서 비타민 화합물을 섭취하지 않으면 건강에 이상신호가 나타나며 화합물의 식이섭취로 신체에 저장되면 건강이 다시 회복된다.

⑸ 무기질

① 몸의 구성 성분이 됨과 동시에 체내의 물질 대사를 조절한다.

② 미네랄은 이온 상태로 여러 유기성분과 혼합되어 있다. 체내에서 이온으로 해리될 수 있는 미네랄 화합물을 전해질이라고 한다.

⑹ 물

① 산소와 더불어 생명 유지를 위해 절대적이며 필수적이다. 음식은 몇 주 동안 먹지 않고도 살 수 있지만, 물 없이는 오래 살 수 없다.

② 사람의 몸은 연령이나 체지방에 따라 차이는 있겠지만 보통 50~70%가 물로 구성되어 있다. 2% 이상의 수분만 상실해도 유산소의 수행을 저해하고, 10%의 수분 손실은 치명적일 수 있다.

인체에 저장된 연료 및 사용 가능한 에너지(체중이 65kg이며 체지방률이 12%인 사람을 대상으로 추정한 값)

탄수화물		
간 글리코겐	110g	451kcal
근육 글리코겐	500g	2,050kcal
체액에 포함된 글루코스	15g	62kcal
지방		
피하지방과 내장지방	7,800g	73,320kcal
근육내지방	161g	1,513kcal

2. 대사작용

(1) 이화작용

이화작용은 세포의 기능을 발휘하기 위한 에너지를 세포에 공급하는 과정이다. 이화작용이 진행되면 에너지가 생성되어 방출된다. 이때 방출된 에너지는 생물체가 활동하는 데에 쓰인다.

① 해당작용

글루코스가 초성포도산으로 변화되면서 글루코스 분자 내에 저장되어 있던 에너지 일부를 방출한다. 이러한 해당작용은 세포질 내에서 일어나는데 이때 산소가 사용되지 않기 때문에 무산소성 이화작용이라고 한다.

② 크렙스 사이클

해당작용에서는 생겨난 초성포도산이 젖산으로 변하지만, 크렙스사이클에서 초성포도산은 물과 이산화탄소로 변한다. 이 과정이 이루어지는 화학반응에 산소가 사용되기 때문에 유산소성 이화작용이라고 한다.

(2) 동화작용

동화작용은 세포가 효소, 호르몬, 단백질 등의 여러 가지 복잡한 물질을 합성하는 과정이다. 음식물을 소화・흡수시켜 세포로 보낸 후 이화작용으로 만들어진 에너지를 사용하여 단백질은 성장과 보상을 위해 재정비되고, 탄수화물은 간과 근육에 글리코겐의 형태로, 지방은 에너지원으로 사용될 수 있도록 체내에 저장된다.

동화작용 > 이화작용 = 성장
이화작용 > 동화작용 = 노쇠(퇴화)

4 에너지 대사

인체는 우리가 섭취하는 음식물로부터 화학적 에너지를 얻고 그것을 기계적 에너지로 전환시킨다. 또한 화학적 에너지로부터 생리적인 일을 수행한다. 생리적인 일은 여러 가지 물질분자들의 화학적 결합으로 저장된 에너지로부터 얻어진다. 즉, 어떤 종류의 물질의 화학적 결합이 인체 내에서 일어나는 화학적 반응에 의해 깨어질 때, 그 결합 안에 저장되어 있던 에너지는 방출된다. 방출된 에너지 중 일부는 열에너지로서 체온을 상승시키거나 유지하는 데 쓰여지고, 나머지는 자유에너지로서 생리적인 일을 하는 데 이용된다. 생리적인 일은 세포막을 통한 물질이동, 자극의 전도, 탄수화물이나 단백질의 합성, 소화효소나 호르몬의 분비, 모든 종류의 근수축(심장활동, 호흡근활동, 혈관 및 내장근의 수축)을 포함한다.

1. 인체의 에너지

(1) 생물학적 주기

① 식물은 광합성 작용에 의해 탄수화물을 비롯해 단백질, 지질과 같은 영양소(화학물질)을 합성하여 저장한다.

$$6CO_2 + 6H_2O \xrightarrow{\text{태양에너지(빛에너지)}} \underset{\text{(탄수화물)}}{C_6H_{12}O_6} + 6O_2$$

② 인간은 광합성을 할 수 없기 때문에 에너지의 근원이 되는 영양소를 섭취하여야 한다. 섭취한 탄수화물을 호흡을 통해 얻어진 산소에 의해 분해시켜 방출되는 에너지를 이용한다.

$$\underset{\text{(탄수화물)}}{\underline{C_6H_{12}O_6}} + \underset{\text{(호흡을 통해 얻음)}}{\underline{6O_2}} \longrightarrow \underset{\text{(체액구성)}}{\underline{6H_2O}} + \underset{\text{(호흡을 통해 배출)}}{\underline{6CO_2}} + \text{에너지}$$

(2) ATP(아데노신 삼인산)

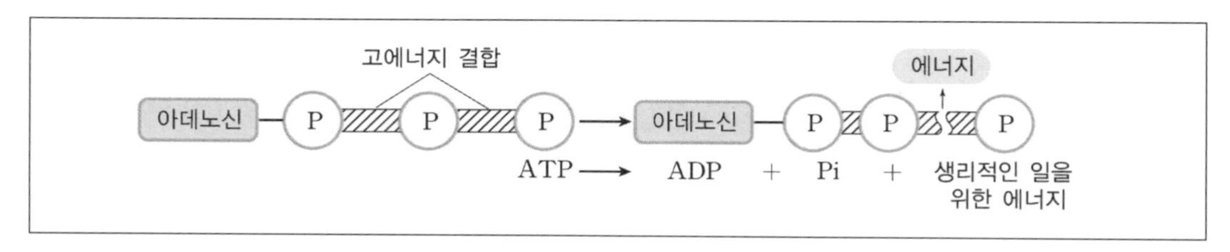

① 탄수화물이나 지방과 같은 저장연료가 분해되면서 얻어지는 에너지는 직접적으로 생리적 일에 이용되지 않는다. 대신 ATP라고 하는 고에너지 분자를 합성하는데 이용된다. ATP가 분해되면서 방출되는 에너지만이 인체의 세포가 자신의 특정한 생리적 일을 수행하는데 이용될 수 있다. 인체 세포가 직접적으로 사용하는 에너지원은 ATP로서, ATP는 '에너지의 현금'이라고 할 수 있다.

② 화학적 결합 안에 다량의 저장에너지를 갖고 있는 연료분자는 더 적은 에너지를 갖는 분자로 분해되고, 여분의 에너지는 아데노신 이인산(ADP)과 무기인산염(Pi)을 결합시켜 ATP를 합성하는 데 이용된다.

③ ATP는 아데노신 1개에 3개의 인산염(P)이 결합되어 있는데, 인산끼리는 높은 에너지 결합 형태로 연결되어 있다. 이 결합이 깨지면서 ATP는 ADP와 Pi(무기인산염)으로 분해되고, 이때 방출되는 에너지는 생리적인 일에 직접적으로 사용된다.

④ ATP → ADP + Pi + 에너지(ATP 분해 효소: ATPase)

2. ATP 생성 체계

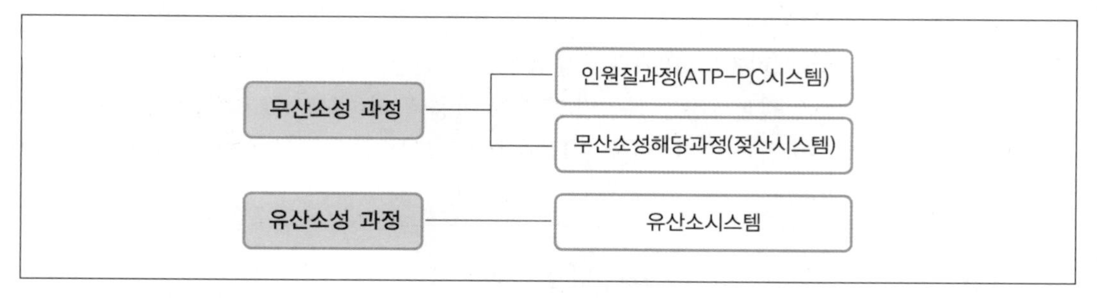

인체가 ATP를 합성하는 방법에는 3가지가 있다. 이 3가지 방법은 합성과정에서 산소의 이용 유무에 따라서 무산소성 과정(인원질 과정, 무산소성 해당과정)과 유산소성 과정(유산소 시스템)으로 구분된다. 무산소성 과정은 산소를 이용하지 않고 ATP를 합성하는 과정으로 세포질 내에서 이루어지는 반면 유산소성 과정은 산소를 이용해 ATP를 합성하는 과정으로 미토콘드리아 내에서 이루어진다.

(1) **인원질 과정**(ATP-PC 시스템)

① ATP를 합성하는 데 일차적으로 이용되는 저장연료는 크레아틴인산(PC)이다. 인원질 과정이라고 하는 이유는 크레아틴인산 역시 인산기를 갖고 있기 때문이다.

② 근수축 활동 중 ATP가 ADP와 Pi로 분해되는 것과 거의 동시에 크레아틴인산이 분해된다(PC 분해 효소: Creatine kinase). 크레아틴과 인산의 결합이 분해되면서 방출되는 에너지는 ADP와 Pi를 결합시켜 ATP를 합성하는데 이용된다.

③ 운동시작과 더불어 ATP가 분해되면서 근세포 내에는 ADP의 농도가 증가하며, ADP의 증가는 PC의 분해를 즉각적으로 자극한다.

$$\text{PC} \longrightarrow \text{Pi} + \text{Creatine} + \text{에너지}$$
$$\downarrow$$
$$\text{ADP} + \text{Pi} \longrightarrow \text{ATP}$$

④ 한편, Pi와 크레아틴으로부터 크레아틴인산(PC)를 재합성하는 과정은 반대로 ATP를 분해하여 얻은 에너지에 의해 이루어진다. 그러나 이 과정은 운동이 끝난 회복기에 이루어진다.

공액 반응
ATP와 PC는 공액 반응에 의해 ATP를 재합성한다. 공액 반응이란, 하나의 일련의 반응으로부터 다른 반응으로 에너지가 기능적으로 연결되어 있는 것에 대한 생화학적 표현으로, 운동 중 ATP는 에너지로 사용이 되고, 운동 후에는 PC를 재합성하는데 이용된다. PC는 운동 중 분해된 에너지가 ADP와 결합해 ATP를 재합성한다. 따라서 ATP는 PC에, PC는 ATP와 기능적으로 연결되어 있기 때문에 인원질 시스템은 ATP와 PC의 공액 반응에 의해 ATP가 재합성되는 것이다.

⑤ 100m달리기, 투척운동 같이 단시간 최대 강도로 이루어지는 운동은 인원질 과정에 의존하여 에너지를 공급받는다. 100m 전력 질주 시에는 PC가 10초 만에 고갈된다.

⑥ 이처럼 폭발적인 에너지가 요구되는 운동에서 인원질과정이 주된 에너지 공급 방법이 되는 이유는 첫째, 인원질과정은 복잡한 화학적 반응에 의존하지 않고, 둘째 활동근육까지의 산소공급에 의존하지 않으며, 셋째 ATP와 PC가 모두 근육의 수축기전 내에 직접 저장되어 있기 때문이다.

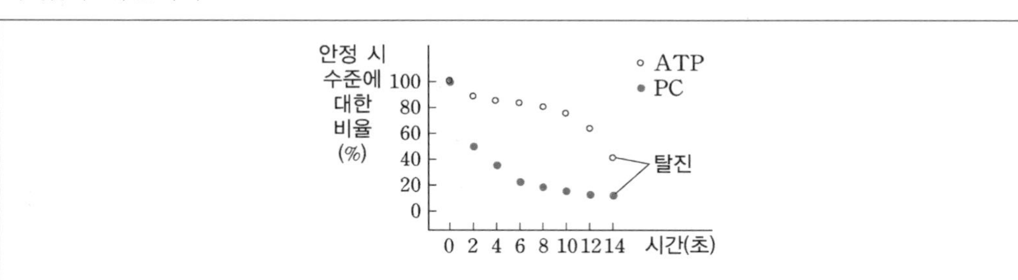

초고강도 운동 시(15초 미만) 근육 내 ATP와 PC의 함량 변화를 보면 PC는 일정하게 감소하는 반면, ATP는 서서히 감소하다가 PC함량이 고갈됨에 따라 후반기에는 급격히 감소한다.

시스템	공급속도(kcal/min)	최대능력(이용 가능한 총 kcal)
인원질 시스템	36	11.1
젖산 시스템	16	15.0
유산소 시스템	10	20,000

(2) **무산소성 해당과정**(젖산 시스템)

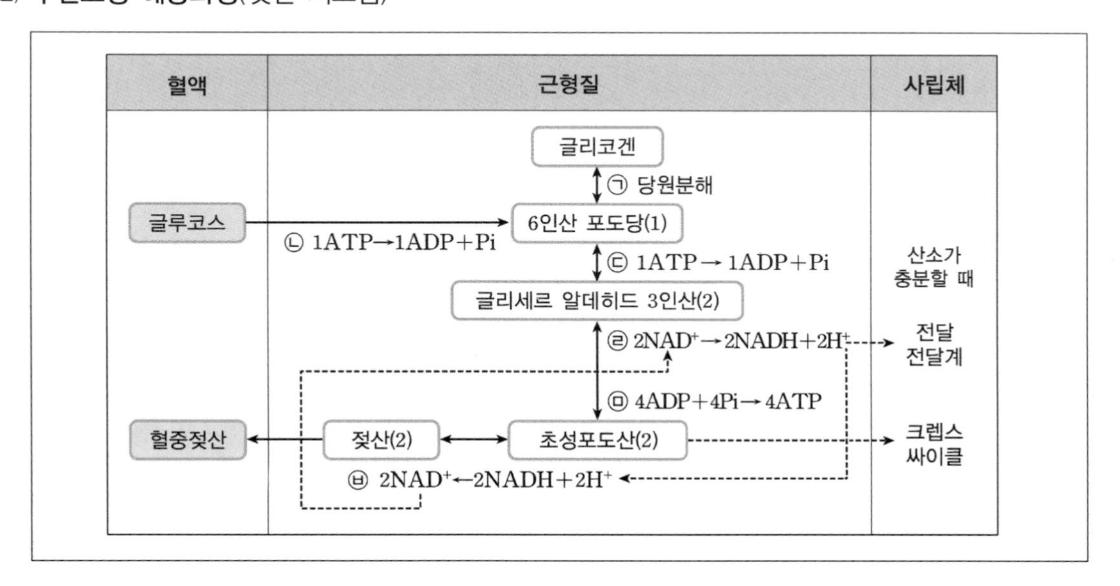

① 젖산시스템은 글루코스가 젖산으로 분해되는 과정이다.

② 근세포에서 일어나는 무산소성 해당과정에 사용되는 글루코스는 2가지 경로에 따라 근세포에 의해 이용된다.

㉠ 글루코스 분자가 혈액으로부터 근세포막을 통해 세포내로 유입된다.

㉡ 글루코스 분자가 근세포 내 이미 저장된 글리코겐으로부터 당원분해과정에 의해 유리된다.

③ 글루코스 1분자 → 젖산 2분자 + 자유에너지(ATP 합성에 이용됨)

④ 위 표의 ㉤의 반응에서 4ATP가 생기고(에너지 생산 단계), ㉡과 ㉢반응(에너지 소비 단계)에서 2ATP가 소비됨을 알 수 있다. 결국 혈중 글루코스 한 분자가 무산소성 해당과정을 거쳐 2분자의 젖산으로 분해될 때 2ATP가 생성된다.

⑤ 반면, 근글리코겐은 혈중 글루코스에 의해서 만들어질 뿐만 아니라, 근육 자체에서 해당작용의 역작용에 의해서 초성포도산 등에 의해서 합성될 수도 있다. 이러한 경우, ㉡의 반응에 의한 ATP 소비가 필요치 않으므로 순수 ATP 합성량은 3개가 된다.

⑥ 그러나, 이 경우에도 6인산포도당이 글리코겐으로 합성되는 ㉠의 반응에서 또 다른 고에너지분자 한 분자가 소비된다. 그러므로 글리코겐으로부터 유리된 6인산포도당이 무산소적 분해에 의해 최종 산물인 젖산으로 될 때에도 결국 2ATP가 생성된다고 할 수 있다.

⑦ 초성포도산이나 젖산은 산소가 충분할 경우 미토콘드리아에서 이루어지는 유산소 과정에 의해 H_2O와 CO_2로 분해되면서 다량의 에너지를 방출한다.

⑧ 무산소성 해당과정은 근세포의 근형질에서만 일어나고 미토콘드리아에서는 일어나지 않는다. 산소를 필요로 하지 않고, 탄수화물(글루코스, 글리코겐)만을 이용하며 지방을 이용하지 않는다. 근피로를 유발하는 젖산의 축적을 초래하는 과정이다.

⑨ 표에서 ㉠과 ㉢의 반응을 촉매하는 효소는 ㉠과정은 가인산 분해효소(phosphorylase), ㉢과정은 인산과당 분해효소(phosphofructokinase : PFK)로서, 이들 효소는 해당과정의 최대속도를 결정하는 주효소이다. 이 효소들의 활성도 변화는 해당과정의 진행속도에 커다란 영향을 미친다. ㉤에 해당하는 효소는 피루브산키나제로 2ATP생성의 조절에 관여하고, ㉡과정에서 관여하는 효소는 헥소키나제로 글루코스가 6인산포도당으로 전환되는 것을 촉매한다. ㉥에서 젖산탈수소효소에 의해 촉매된다.

포스포리라제	근육 글리코겐이 글루코스 1인산으로 분해되는 것을 촉매한다.
헥소키나제	글루코스가 글루코스 6인산으로 전환되는 것을 촉매한다.
포스포프락토키나제	해당경로 전반에 걸쳐서 전구체들의 흐름을 조절한다.
피루브산키나제	2번째 해당과정(2ATP) 생성의 조절에 관여한다.
젖산탈수소효소	초성포도산염에서 젖산염으로 전환되는 반응이 젖산탈수소효소에 의해서 촉매되며 양 방향으로 반응이 진행될 수 있다.

⑩ ㉣과 ㉥의 반응에서 NAD 분자가 관여하고 있음을 알 수 있다. NAD는 비타민 B복합체에 속하는 니코틴산을 함유하고 있는 중요한 보효소이다. NAD^+는 전자수용자로서 작용한다. 즉, NAD^+와 같은 전자수용자는 산소를 대신하여 산화반응에 이용된다. 산화반응은 ㉣에서와 같이 어느 화합물이 전자를 잃어버리는 반응이다. 생리적 산화반응에서 산화에 의해 방출되는 전자(e^-)는 수소이온(H^+)과 함께 운반된다. NAD^+는 전자와 수소를 받아들여 NADH로 환원된 형태로 되어 미토콘드리아에서 이루어지는 전자전달계로 전자를 전달한다.

⑪ NAD^+는 두 개의 전자(e^-)와 한 개의 수소이온(H^+)을 받아들일 수 있게 된다. 또 한 개의 수소이온은 세포액에 남아 체액을 산성화시킨다.

$$NAD^+ + 2e^- + 2H^+ \longrightarrow NADH + H^+$$

⑫ 반대로 반응 ㉥에서는 초성포도산이 전자를 NADH로부터 제공받아 젖산으로 환원된다. NADH는 환원반응에서 두 개의 전자를 줄 수 있게 된다.

$$NADH \longrightarrow NAD^+ + 2e^- + H^+$$

⑬ 산화반응 ㉥이 없다면, 이어서 ATP를 생성시키는 반응은 일어나지 않는다. 그러므로 반응 ㉥을 진행시키기 위해서는 충분한 NAD^+가 필요하다.

⑭ 반응 ㉥에 의해서 생성된 NAD^+는 반응 ㉣로 재순환된다. 그러므로 젖산의 생성은 ATP 생산에 필요한 NAD^+를 재생성하는 무산소과정의 중요한 과정인 것이다.

산화반응

일반적으로 물질이 산소와 결합하는 반응, 또는 물질로부터 수소를 제거하는 것. 그밖에 물질의 전자(e^-)가 방출되는 과정에 의해서 양이온의 원자가가 증가되는 반응이다(예 $Fe^{++} \rightarrow Fe^{+++}$). 환원반응은 그 반대의 과정이다. 따라서 수소와 전자를 내보낸 NAD^+는 산화형이라고 하고, 수소와 전자를 받아들인 NADH는 환원형이라고 한다.

⑮ 젖산의 제거

㉠ 운동 시 근육에 의해 생성된 젖산은 운동을 중지하거나 운동강도를 낮추어 산소가 작업 근육으로 충분히 공급되는 조건에서 보다 많은 NAD^+가 젖산으로부터 수소를 받아 NADH의 형태로 전자전달계로 보내져 추가적인 ATP합성이 이루어진다. 그리고 젖산으로부터 형성된 초성포도산(피루브산)도 미토콘드리아로 보내져 최종적으로 이산화탄소와 물로 분해된다.

㉡ 일부 젖산은 근육으로부터 혈액으로 확산되어 나와 간으로 운반되어 해당작용의 역방향 반응에 의해 간글리코겐으로 전환된다(당신생과정). 간글리코겐은 다시 글루코스로 분해되고(당원분해), 이어서 혈액으로 방출되어 근육으로 운반된다. 근육으로 운반된 글루코스는 해당작용에 의해 분해되거나 근글리코겐으로 재저장된다.

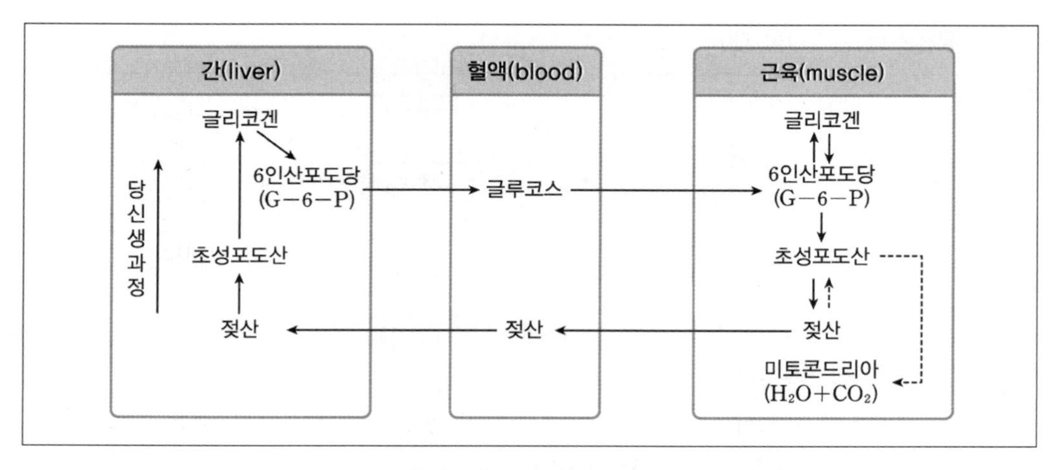

젖산 제거의 주요 경로(실선이 코리 사이클)

㉢ 이처럼 근육에서 생성된 젖산이 혈액 - 간 - 혈액 - 근육의 경로를 거쳐 에너지원으로 재사용되는 주기적인 경로를 코리 사이클(Cori cycle)이라고 한다.

㉣ 코리 사이클은 장시간 운동 및 회복기에 중요한 역할을 한다. 왜냐하면, 이 사이클에 의해 피로물질인 젖산의 제거가 촉진될 뿐만 아니라, 근육으로의 지속적인 에너지 공급이 이루어지기 때문이다.

㉤ 한편, 활동근에서 형성된 젖산은 순환과정에서 다른 근육세포(속근섬유 또는 서근섬유)로 가서 피루브산으로 전환되고, 이어서 미토콘드리아에서 유산소성 대사를 통해 분해된다. 이러한 젖산 셔틀(lactate shuttle)에 의해 어느 세포의 해당과정에 의해 생성된 젖산은 다른 세포의 연료로 이용될 수 있다. 그러므로 근육은 젖산 생성의 주된 장소일 뿐만 아니라 산화를 통한 젖산제거의 주요 조직으로도 작용한다.

> 젖산은 글루코스의 무산소성 대사결과 생성되는 강산성의 물질로서 체내 축적 시 조직세포와 혈액을 산성화시키기 때문에 운동피로를 발생시키는 가장 중요한 원인이 되는 물질이다.

(3) 유산소 과정

무산소성 해당과정에 의해서 단시간 다량의 ATP를 생성함으로써 심한 고강도 운동에 필요한 ATP를 공급할 수 있다. 그러나 고강도의 운동 시에는 근육 내에 한정된 인원질이 고갈되고, 피로물질인 젖산이 축적되기 때문에 운동을 지속시킬 수 없다. 근육 내 과다한 젖산의 축적은 가인산 분해효소(phosphorylase)나 인산과당 분해효소(phosphofructokinase : PFK)의 활성도를 저하시켜 해당과정을 억제하기 때문이다. 따라서 운동을 지속하기 위해서는 운동 강도를 낮춰야만 한다. 운동이 1분 이상 지속될 때에는 혈액으로부터 활동근으로 공급되는 산소를 이용하여 ATP를 유산소적으로 합성하는 과정에 의존하게 된다. 충분한 산소공급이 이루어질 때 미토콘드리아는 탄수화물, 지방, 단백질로부터 에너지를 생성할 수 있게 된다.

① 유산소성 탄수화물 대사

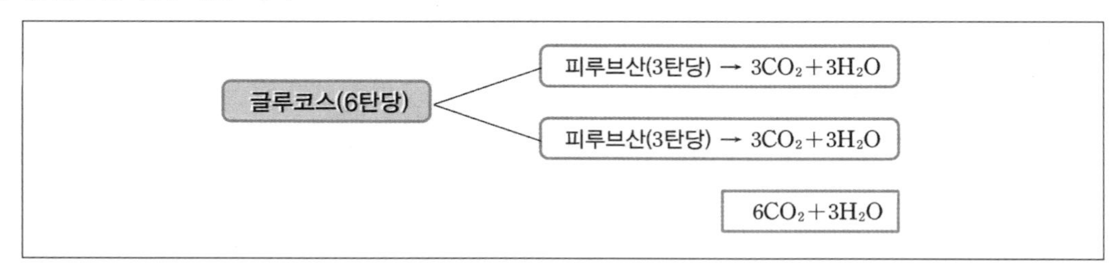

㉠ 활동근육으로 산소공급이 충분하게 이루어질 때, 글리코겐이나 글루코스는 우선 무산소성 해당경로에 의해서 분해된다.

㉡ 유산소적 조건에서는 초성포도산 분자가 젖산으로 전환되지 않고 근형질을 경유하여 미토콘드리아로 유입된다.

㉢ 3탄당인 초성포도산 2분자는 미토콘드리아 내에서 일련의 제조공정(화학반응)을 거쳐 각각 세분자의 CO_2와 H_2O로 분해된다. 따라서 1분자의 글루코스는 유산소적인 과정을 통하여 최종적으로 6분자의 H_2O과 6분자의 CO_2를 생성한다.

㉣ 초성포도산은 크렙스회로와 전자전달계라는 제조공정에 의해서 ATP를 생산하고 최종적으로 이산화탄소와 물로 분해된다.

크렙스회로(구연산회로)

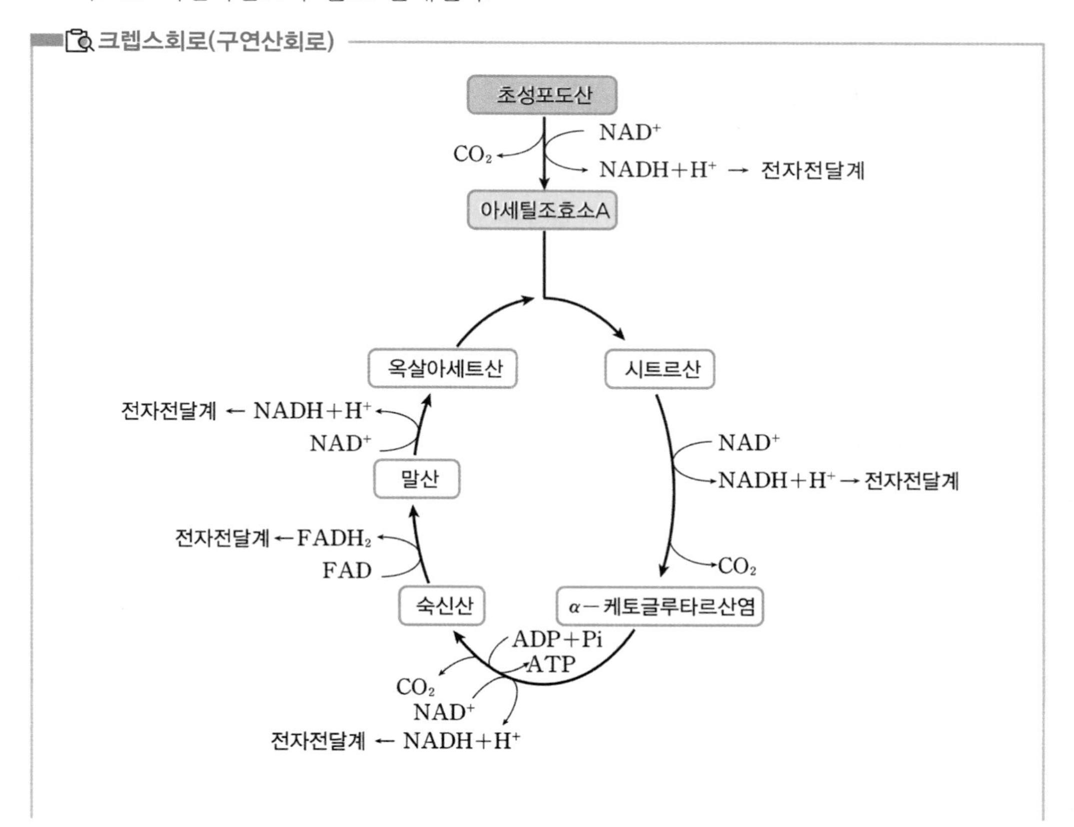

- 해당과정에 의해 생성된 초성포도산이 산소공급이 충분할 때 근형질로부터 미토콘드리아막을 통해 미토콘드리아 내로 확산되어 들어갈 때, 초성포도산(피루브산)은 CO_2를 잃어버리고 NAD^+에 의해 산화되어 두 개의 전자(e^-)와 수소 이온(H^+)을 방출($NAD^+ \rightarrow NADH + H^+$)하고 아세틸 조효소 A (acetyl CoA)를 형성한다. 이 acetyl CoA는 TCA회로 또는 크렙스회로(Krebs cycle)라고 하는 일련의 주기적 화학반응에 들어가게 된다.
- 아세틸 조효소 A는 옥살아세트산과 결합하여 시트르산(구연산)을 형성한다. 이 회로의 첫 번째 산물로 시트르산이 생성되기 때문에 이 회로를 구연산 회로라고 부르기도 한다.
- 크렙스사이클에 들어간 acetyl CoA는 $NAD^+ \rightarrow NADH + H^+(3)$, $FAD \rightarrow FADH_2(1)$, $ADP + Pi \rightarrow ATP(1)$, $CO_2(2)$를 생성한다.
- 결과적으로 초성포도산 한 분자는 크렙스사이클을 순환하면서 세 개의 CO_2를 생성하고 1ATP를 합성한다. 전자와 수소를 방출하는 5번의 산화반응 중 4번은 NAD^+에 의해 일어나고, 나머지 한 번은 FAD^+가 전자수송자 역할을 한다.
- 초성포도산이 유산소적 분해를 통해 다량의 ATP를 생성하기 위해서는 전자수송자인 NAD와 FAD에 의해 수송되는 전자 및 수소이온이 전자전달계를 경유하여 산소까지 전달되어야 한다.

전자전달계

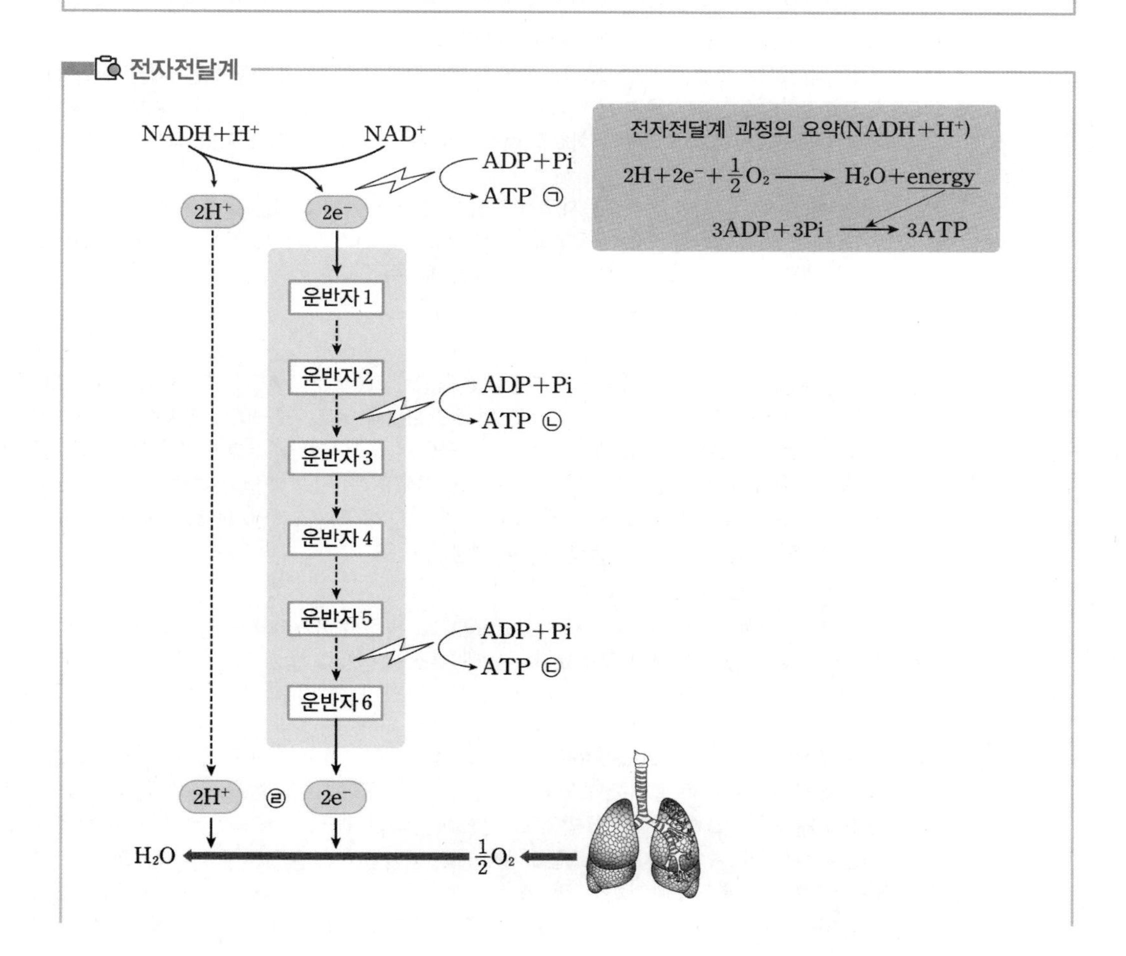

- 해당과정 및 크렙스회로에서 방출된 전자 및 수소이온은 급속히 이동하여 산소와 결합하여 물을 형성한다. 이 같은 일련의 반응을 전자전달계(electron transport system : ETS) 또는 전자수송계라고 한다.
- 즉, 해당과정 및 크렙스 사이클에서 방출된 전자 및 수소이온은 NADH + H^+와 $FADH_2$ 형태로 운반되어 전자전달계로 들어온다. 전자전달계에서 NADH + H^+와 $FADH_2$가 전자를 방출하는 반응(산화)에 의해서 ATP를 합성하는 에너지를 얻게 된다.
- 이처럼 전자전달계에서 연속적인 산화과정에 의해서 ATP를 생성하는 과정을 산화적 인산화과정(oxidative phosphorylation)이라고 한다. 근수축에 필요한 최대의 ATP 공급은 전자전달계에 의해 이루어지는 산화적 인산화과정에 의해서 이루어진다.
- ㉠의 반응에서 NADH + H^+는 두 개의 전자(e^-)와 수소이온(H^+)을 방출하면서 NAD^+로 산화된다. 방출된 두 개의 수소이온은 물에 용해된 상태로 마지막 단계인 ㉣ 반응에 참여하게 되며, 두 개의 전자(e^-)는 운반자인 효소들(사이토크롬)에 의해 운반되어 산소와 결합하게 된다. 전자전달계 내에서 전자운반을 담당하는 효소는 사이토크롬(cytochrome)이며, 그 주성분은 철과 단백질이다.
- ㉠의 반응에서 1ATP가 생성되고, 이어서 운반자인 효소들에 의해 전자가 운반되는 ㉡과 ㉢의 반응에서 2ATP가 생성되어 총 3ATP가 생성된다. 반면 크렙스회로에 의해 생성된 $FADH_2$ 한 분자는 전자전달계의 ㉠ 반응 이후에 들어가기 때문에 2ATP를 생성한다.
- 전자운반을 담당하는 특별한 운반자들이 이루는 연속적인 산화적 연결을 호흡 체인(respiratory chain)이라고 한다. 호흡 체인은 다음 단계로 갈수록 전자와의 친화도가 높은 전자운반자로 되어 있으며, 마지막 운반자인 사이토크롬 산화효소(cytochrome oxidase)만이 전자를 직접적으로 산소에 보낼 수 있다.
- 산소는 호흡 체인에서 마지막 전자수용자로서 조직 내 산소의 가용 여부는 호흡 체인의 속도에 영향을 준다. 호흡 체인에 영향을 주는 주요인으로 조직세포 내 산소의 존재, 조직세포 내 NADH 또는 $FADH_2$, 조직세포 내 미토콘드리아의 수와 효소량을 들 수 있다.

- 무산소성 해당과정에서 2개의 초성포도산 분자로 분해되는 과정에서 2ATP와 2NADH = 6ATP가 생성된다. 산소가 충분하다면 2개의 NADH가 전자와 수소이온을 미토콘드리아의 전자전달계에 전달하게 된다. 다음으로 초성포도산이 크렙스회로를 순환하면서 1ATP(가), 4NADH, $1FADH_2$를 생성한다. 4NADH, $1FADH_2$는 전자전달계에서 각각 12ATP(나)와 2ATP(다)를 생성한다. 초성포도산 두 분자는 (가 + 나 + 다) × 2 = 30ATP, 그러므로 글루코스 한 분자가 유산소적인 과정을 통하여 $6H_2O$ + $6CO_2$로 분해될 때 모두 38ATP(2 + 6 + 30)를 생성하게 된다.
- 심장근육은 38ATP, 뼈대근육은 36ATP
  심장근육에서는 해당과정에서의 NADH가 미토콘드리아로 직접 들어가지만 뼈대 근육에서는 NADH가 미토콘드리아 내로 직접 유입하지 못하고 $FADH_2$에 수소와 전자를 넘겨주기 때문이다.

해당작용의 속도조절효소는 PFK(phosphofructokinase)이다. ADP와 Pi 농도의 증가는 PFK 활성을 강화시키며 따라서 해당작용이 더 빨리 진행되도록 하는 반면에 증가된 ATP 농도는 PFK를 억제함으로써 해당작용이 느리게 진행되도록 한다. 그 밖에도, 산소가 존재할 때에는 추가적인 에너지 생산을 위해 크렙스 사이클로 해당경로가 이어지므로 크렙스 사이클의 생성물 특히 구연산염(citrate) 그리고 수소이온 또한 PFK가 억제되도록 만든다. 또한, 크렙스 회로의 속도조절효소인 이소시트레이트탈수소효소(전자전달계 : 사이토크롬 산화효소)도 PFK처럼 ATP에 의해 억제되고 ADP와 Pi 증가에 의해 활성화된다.

② 지방의 에너지 대사

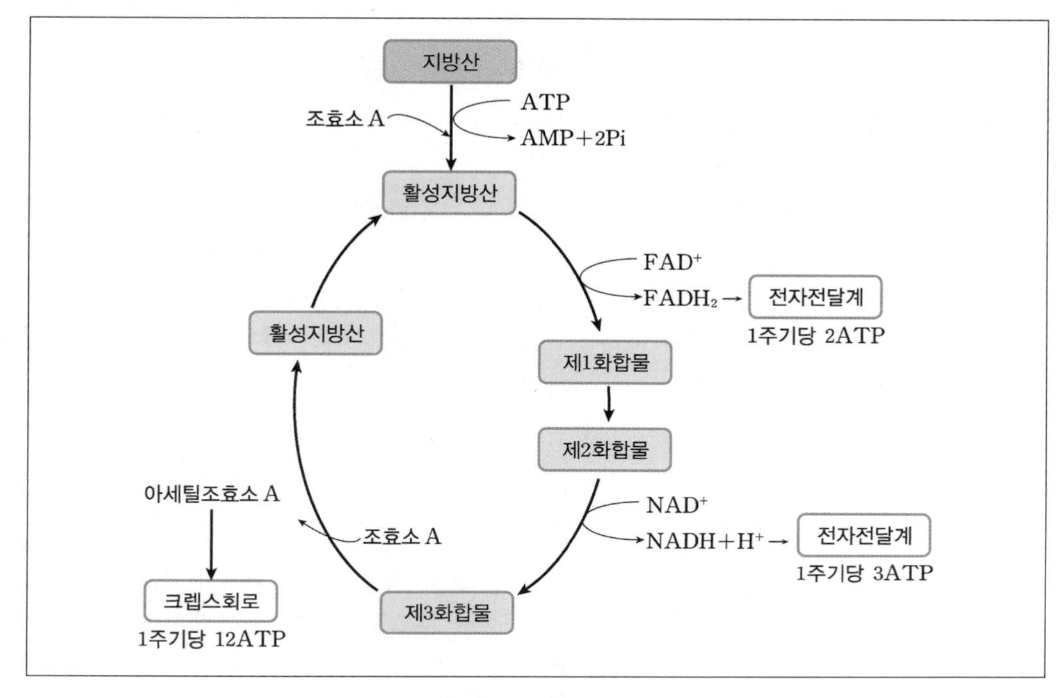

◇ 지방산의 베타 – 산화과정

㉠ 탄수화물은 무산소과정이나 유산소과정에 모두 이용되는 에너지원이지만, 지방의 대사에는 반드시 산소공급이 필요하다. 즉 지방은 유산소적 조건하에서만 분해되어 최종적으로 물과 이산화탄소를 생성한다.

㉡ 사람이 섭취하거나 인체 내에 저장되어 있는 대부분의 지방은 중성지방으로서 한 분자의 글리세롤에 세 분자의 지방산이 결합된 형태로 구성되어 있다.

㉢ 인체 내 지방조직에 저장되어 있는 중성지방으로부터 분해되어 나오는 지방산은 혈액에 의해 근육까지 전달되어 에너지원으로 이용된다.

지방의 소화 흡수과정
• 섭취한 지방산은 지방산, 글리세롤, 콜레스테롤 등으로 분해되어 소장에서 흡수된다. • 흡수된 지방의 70%는 소장을 통과하면서 다시 중성지방으로 재합성되고 이어서 소량의 단백질과 결합하여 복합지질인 유미과립이 되어 간으로 이송된다. • 유미과립 및 일부 글리세롤과 지방산은 간을 거쳐 복합지질인 지단백질의 형태로 지방조직이나 근육 등으로 보내진다. • 지단백질에는 그 밀도에 따라 저밀도지단백(LDL), 초저밀도지단백(VLDL), 고밀도지 단백(HDL)이 있다. • 저밀도 및 초저밀도 지단백질은 동맥경화를 촉진하는 반면, 고밀도 지단백질은 동맥경화를 예방하는 효과가 있다. • 고밀도 지단백질은 남자보다 여자가 많고 단련자가 일반인에 비해 많다.

㉣ 지방산은 근육세포 내에서 베타-산화(beta-oxidation)라고 하는 과정을 통해 ATP를 합성하기 위한 에너지를 방출한다.

㉤ 지방산은 탄수화물에 비해 긴 화학적 결합을 갖고 있기 때문에 그 결합의 분해를 통해 에너지를 얻기 위해서는 탄수화물보다 한 번 더 가공과정(화학적 반응)을 거쳐야만 하는데, 그 과정을 베타-산화라고 한다.

㉥ 지방산은 종류에 따라 그 화학적 결합(탄소 결합)의 수가 다르며, 따라서 결합이 길수록 그 결합을 분해하기 위한 베타-산화주기의 회수는 많아지게 된다. 지방산은 베타-산화의 과정을 1주기 순환할 때마다 1개의 아세틸기를 방출한다.

ⓐ 스테아린산은 8번의 베타-산화주기를 거치고, 이어서 크렙스사이클과 전자전달계를 통하여 H_2O와 CO_2로 완전히 분해되면 모두 147ATP가 생성된다.

ⓑ 팔미틴산은 7회의 베타-산화주기를 거치게 되고, 그 과정에서 총 130ATP를 생성한다.

$$\text{글루코스} + 6O_2 \rightarrow 6CO_2 + 6H_2O + 38ATP$$
$$\text{지방산(스테아린산)} + 26O_2 \rightarrow 18CO_2 + 18H_2O + 147ATP$$

㉦ 탄수화물(글루코스) 한 분자를 유산소적으로 분해하는 데 6개의 산소분자가 소비되는 반면, 지방산(스테아린산) 한 분자를 유산소적으로 분해하여 물과 이산화탄소로 완전히 분해하고 147ATP를 생성하는 데 필요한 에너지를 얻는 데는 26개의 산소분자가 소비된다. 즉, 1ATP를 생성하는 데 소모되는 산소량은 탄수화물에 비해 지방이 12% 더 많다. 그러므로 산소공급이 크게 제한요소로 작용하는, 즉 산소결핍이 크게 나타나는 고강도의 힘든 운동일수록 연료로서 탄수화물의 중요성은 높아진다.

㉧ 탄수화물은 마치 산소가 적은 상태에서도 쉽게 발화되어 폭발적인 에너지를 발생시키는 휘발유라고 한다면, 지방은 산소가 충분히 공급되는 조건에서만 발화되어 서서히 연소하는 석유라고 할 수 있다. 그러므로 단위 시간당 높은 에너지 생성률을 요구하는 강도가 높은 운동일수록 인체는 에너지원으로 탄수화물에 의존한다. 반면, 단위 시간당 에너지 생성률이 낮은 가벼운 운동일수록 탄수화물보다는 지방이 에너지원으로 참여하는 비율이 높아지게 된다. 따라서 운동을 장시간 진행할수록 인체는 양적으로 제한된 탄수화물을 보존하기 위하여 에너지원으로서 지방에 더욱 의존하는 반응을 보이게 된다.

㉨ 탄수화물의 저장량을 보존하기 위한 인체반응이 나타나는 이유는 탄수화물(혈중 글루코스)이 인체의 뇌 및 신경세포가 사용하는 유일한 에너지원이기 때문이다. 즉, 뇌 및 신경세포는 글루코스, 지방, 젖산 등을 연료로 사용하는 인체의 다른 조직세포와는 달리 혈중 글루코스(혈당)만을 에너지원으로 사용한다. 그러므로 혈당수준이 어느 수준 이하로 저하되면 인체는 대체연료로서 지방의 이용 비율을 증가시켜서 혈당을 보존하려는 반응을 보인다.

㉦ 에너지원으로 이용되는 지방산
　ⓐ 근세포 내에 저장된 중성지방
　ⓑ 인체의 지방조직에 저장된 중성지방
　ⓒ 순환혈액 중의 중성지방이나 지방산

㉧ 중성지방을 글리세롤과 유리지방산으로 분해하는 효소는 리파제이다. 운동 시리파제의 활성을 증가시켜서 지방산 방출을 촉진하는 호르몬은 에피네프린, 노르에피네프린, 글루카곤이며, 반면에 리파제의 활성을 억제하는 호르몬은 인슐린이다. 운동 중에는 교감신경 흥분이 증가하여 에피네프린, 노르에피네프린, 글루카곤은 분비가 증가되고 반면 인슐린의 분비는 감소한다.

㉨ 젖산은 리파제 활성을 감소시켜 지방산의 동원을 억제한다. 그러므로 해당과정이 가속화되고 젖산 생성량이 급증하는 강한 운동 시에는 지방산 동원이 상대적으로 억제되어 지방이 에너지원으로 참여하는 비율이 낮아진다.

㉩ 지질분해에 의해 지방조직으로 방출된 지방산은 혈액으로 방출되어 거의 모두 혈중알부민과 결합하여 활동조직으로 운반된다. 이처럼 혈액 내에서 순환하는 지방산을 유리지방산이라고 한다. 활동조직에서 유리지방산-알부민복합체로부터 방출된 유리지방산은 조직세포내로 확산되거나 운반단백질의 도움을 받아 세포 내로 운반된다.

㉪ 지질분해로 인해 지방산과 함께 혈액으로 확산되는 글리세롤은 수용성으로 혈액에 의해 쉽게 운반된다. 따라서 글리세롤의 혈중농도는 지질분해, 즉 지방조직에서 중성지방이 분해되는 정도를 반영한다. 혈중 글리세롤은 간으로 보내져 당신생의 재료가 된다.

③ 단백질의 에너지 대사

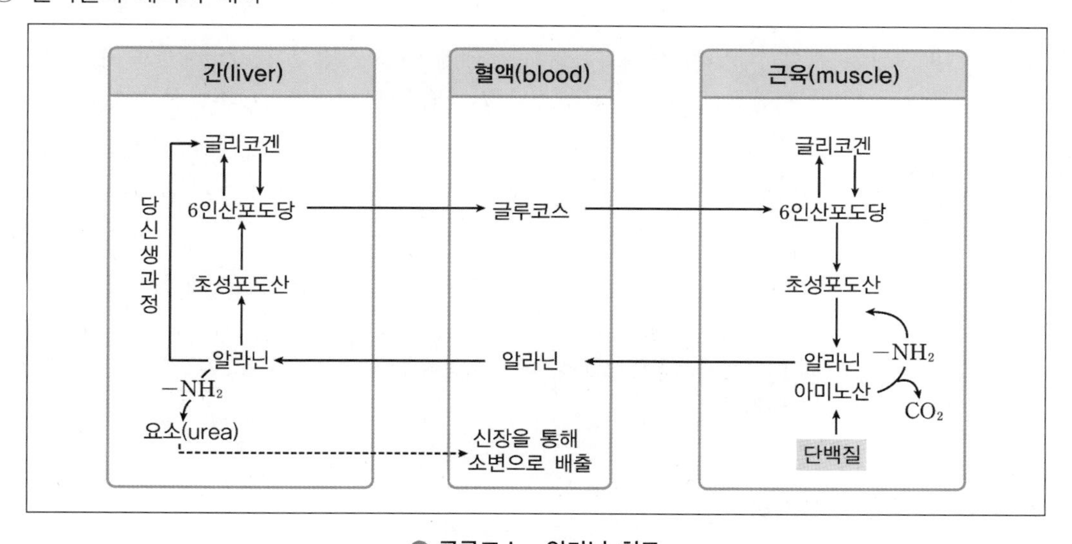

◆ 글루코스 – 알라닌 회로

㉠ 단백질은 심한 기아나 장시간의 운동 시에는 에너지원으로 쓰이나 대부분의 조건에서는 에너지원으로 참여하는 비율이 매우 적다.

㉡ 운동이 장기간 지속될 때 근단백질을 포함하는 일부 단백질이 분해되어 에너지원으로 이용된다. 이러한 단백질의 분해로부터 생성되어 산화되는 대표적인 아미노산은 루신, 이소루신, 발린, 글루타민, 아스파르트산 등이다.

㉢ 에너지원으로 아미노산이 이용되는 주된 경로는 근세포 내에서 아미노산의 아미노기가 초성포도산과 결합하여 또 다른 아미노산인 알라닌을 형성하는 것이다. 알라닌은 간으로 운반되어 다시 초성포도산으로 전환되고, 결국 간글리코겐이 되거나 혈중 글루코스가 된다. 이처럼 단백질이 간에서 다시 글루코스 또는 글리코겐으로 전환되어 에너지원으로 참여하게 되는 경로를 글루코스-알라닌(glucose-alaline) 회로라고 한다.

㉣ 글루코스-알라닌 회로는 코리사이클과 함께 간글리코겐이나 혈중 글루코스를 재보급하는 역할을 하며, 장시간 운동이나 회복 시 에너지원의 지속적인 공급에 중요한 역할을 한다.

당신생과정(glyconeogenesis)
글루코스 이외의 물질(젖산, 글리세롤, 알라닌 등)로부터 글리코겐을 합성하는 과정으로, 간에서 특징적으로 일어난다.

3. 인체 연료의 상호 관련성

(1) 글리코겐은 당원분해에 의해 글루코스로 분해되며, 글루코스는 무산소적 해당과정에 의해 2개 분자의 초성포도산과 2ATP를 생성한다. 초성포도산은 유산소성 해당작용에 의해 아세틸 CoA로 전환되고, 크렙스사이클과 전자전달계를 거치면서 추가적으로 ATP를 생성한다.

(2) 인체의 지방의 저장형태인 중성지방은 지질분해에 의해 지방산과 글리세롤로 분해된다. 글리세롤은 혈류를 타고 간으로 가서 글루코스로 전환되고(당신생과정), 지방산은 베타-산화에 의해 아세틸 CoA를 생성하고 그 과정에서 다량의 ATP를 생산한다. 베타-산화에 의해 생성된 아세틸 CoA는 역시 크렙스사이클과 전자전달계를 통해 추가적인 ATP를 합성한다.

(3) 골격근 내에서 단백질은 아미노산으로 분해되고, 다시 아미노산의 아미노기가 초성포도산과 결합하여 알라닌을 형성한다. 알라닌은 간에서 초성포도산을 거쳐 글루코스로 재합성된다(당신생과정).

단백질이나 지방(글리세롤)이 글루코스로 전환되는 과정을 글루코스신생합성이라고 부르고, 단백질을 지방산으로 바꾸는 과정을 지방생성이라고 부른다.

4. 인체 연료의 상호전환

(1) 인체의 에너지원으로 이용되는 탄수화물, 지방, 단백질은 인체 내에서 상호전환될 뿐만 아니라 대사과정에서 공통된 경로를 사용하는 경우가 많다.

(2) 크렙스회로는 영양소(탄수화물, 지방, 단백질)의 상호관련된 대사과정을 매개하는 역할로서 중요하다. 즉, 크렙스회로는 피루브산 분해뿐만 아니라 지방이나 단백질의 분해로부터 생성된 여러 화합물이 추가적인 에너지를 생성하도록 하는데 중요한 역할을 한다.

(3) 아미노산으로부터 탈아미노반응을 거친 잔유물(탄소골격)들은 크렙스회로의 여러 중간단계에 들어가게 된다.

(4) 중성지방의 분해로부터 생성된 글리세롤은 해당과정에 들어가거나 간에서 당신생과정에 의해 글루코스로 합성된다. 지방산은 베타-산화에 의해 아세틸조효소 A를 형성하고 크렙스회로에 직접 들어가게 된다.

(5) 지방산은 아세틸조효소 A가 역방향의 반응에 의해 피루브산으로 전환될 수 없기 때문에 글루코스 합성에 이용될 수 없다.

(6) 탄수화물의 경우와 마찬가지로 과다한 식이단백은 지방으로 쉽게 전환된다.

① 소장을 통해 흡수된 아미노산은 간으로 운반된다.

② 탈아미노과정을 거쳐 피루브산을 형성한다.

③ 피루브산은 당신생과정에 의해 글루코스로 합성되거나 미토콘드리아로 들어가서 아세틸조효소 A로 전환된다.

④ 아세틸조효소 A는 크렙스회로에서 산화되거나 지방산을 합성하게 된다.

(7) 아세틸조효소 A는 크렙스회로에 들어가면서 옥살아세트산과 결합하여 시트르산을 형성한다. 옥살아세트산은 효소(피루브산카복실라제)의 작용에 의해 피루브산으로부터 생성된다.

(8) 지방산의 산화는 충분한 옥살아세트산과 말산이 베타-산화에 의해 형성된 아세틸 CoA와 결합할 때 지속적으로 이루어진다.

(9) 운동 시 옥살아세트산은 크렙스회로에 의해 지속적으로 소모되므로 재보급되어야 지방산의 산화가 지속될 수 있다. 옥살아세트산은 초성포도산으로부터 생성되므로 글루코스의 분해가 지속적으로 이루어져야만 옥살아세트산의 적정수준을 유지할 수 있고 지방산의 산화가 지속될 수 있다.

(10) 근글리코겐과 혈당이 더욱 감소하게 되면 옥살아세트산은 크렙스회로에 지속적으로 참여하는 대신 간으로 보내져서 당신생과정의 재료(옥살아세트산 → 초성포도산 → 글루코스)로 이용된다. 이는 지속적으로 간의 당신생을 증가시켜 혈당의 저하를 막기 위한 인체 반응이다.

(11) 옥살아세트산이 당신생의 재료로 다량 이용되면 크렙스사이클의 진행속도가 느려지게 되고, 그로 인해 지방산의 베타-산화에 의해 생성된 아세틸 CoA는 크렙스회로에 들어가지 못하고 케톤체로 전환된다. 결국 "지방은 탄수화물의 화염속에서 연소한다"고 볼 수 있는 것이다.

(12) 혈액 중에 과도한 케톤체가 축적되는 것을 케톤혈증이라고 하는데, 케톤혈증이 발생하면 체액의 지나친 산성화로 인해 혼수상태까지 초래할 수 있다.

5. 에너지 생성과정의 특징과 대사적응

(1) 운동 강도가 클수록 인체의 에너지 생성 체계는 인원질과정 > 젖산과정 > 유산소과정(탄수화물 > 지방)의 순으로 에너지 의존도가 높아진다.

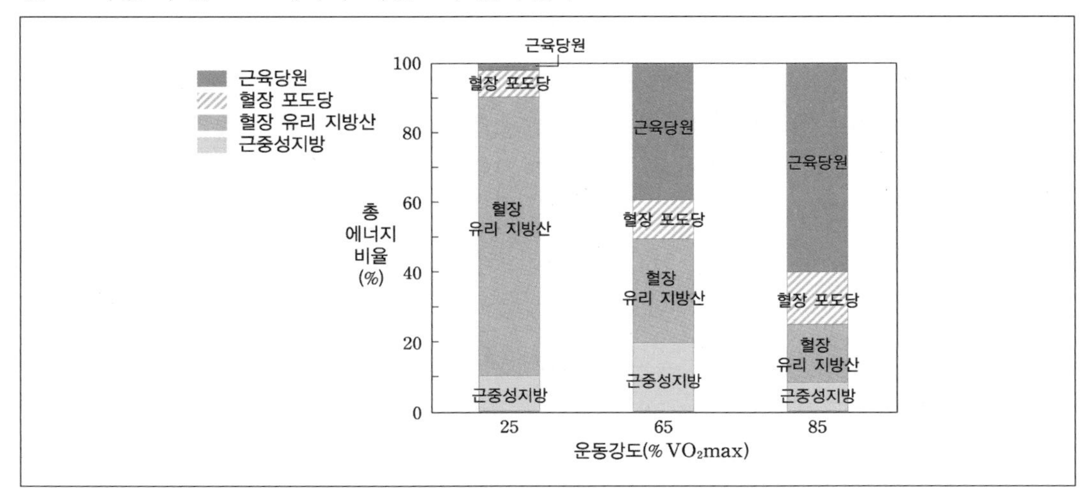

운동강도가 근육 연료사용에 미치는 영향

① 운동 강도가 높다는 것은 단위 시간당 에너지 소비량이 높다는 것을 의미한다.

② 인체의 에너지 생성을 위한 방법 중에서 그 화학반응의 과정은 인원질과정이 가장 간단하고, 다음으로 젖산과정, 그리고 유산소과정이 가장 복잡하다. 유산소과정 중에서도 지방분해 보다 탄수화물의 분해속도가 더욱 빠르다.

③ 고강도의 운동일수록 화학반응의 속도가 빠른 무산소적 과정 즉, 인원질과정이나 젖산과정에 의존하게 된다. 또한 운동강도가 높을수록 인체는 연료로서 지방보다는 탄수화물에 의존하는 비율이 높아진다.

(2) 운동 지속시간이 길수록 인체의 에너지 생성체계는 인원질과정 < 젖산과정 < 유산소과정(탄수화물 < 지방)의 순으로 에너지 의존도가 높아진다.

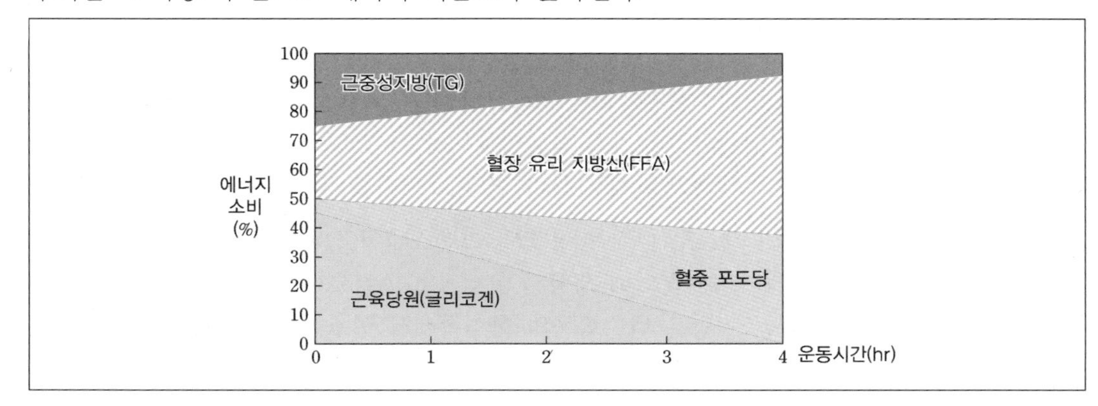

최대하운동 시(VO_2max 65~75%) 4가지 주요 에너지원에서 사용된 에너지 비율

① 무산소성에 의해서는 소량의 ATP만을 합성할 수 있는 에너지 밖에 얻을 수 없기 때문에 무산소성에만 의존한다면 장시간 동안 운동을 지속할 수 없게 된다.

② 인원질과정은 PC의 고갈이 운동을 제한하게 되고, 젖산과정은 과다한 젖산 축적에 의한 체액의 산성화가 운동을 제한하는 주요인이 된다.

③ 체액의 산성도 증가는 무산소성 해당작용의 속도 조절효소인 가인산 분해효소와 인산과당 분해효소(PFK)의 활성도를 저하시키기 때문에 해당과정은 억제되어 더 이상의 에너지 생성반응은 불가능하게 된다.

④ 운동을 지속시키기 위해서는 유산소과정에 의한 에너지 생산과정에 의존해야 한다. 글리코겐이나 글루코스의 인체내 저장량은 제한되어 있기 때문에 장시간 운동을 지속함에 따라 지방의 유산소적 분해를 통한 ATP의 공급비율이 점차 높아지게 된다.

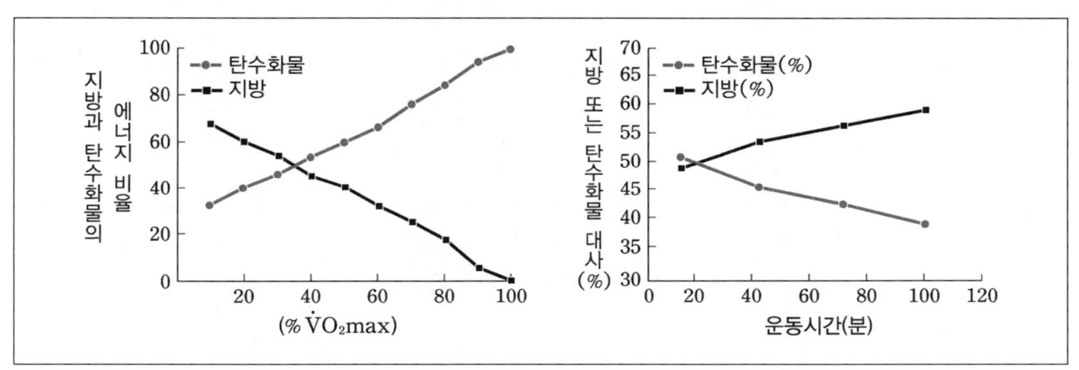

(3) 각각의 에너지 생성과정은 운동의 유형에 따라 그 기여비율을 달리한다.

① 대체로 30초 미만에 종료되는 단시간의 최대운동 시에는 인원질과정, 1~3분 사이의 최대운동 시에는 젖산과정, 3분 이상의 장시간 운동 시에는 유산소과정이 주된 에너지과정이 된다.

소요 시간	주에너지 시스템	해당 운동 종목
30초 이내	인원질과정	투포환, 100m달리기 등
30~90초	인원질과정, 젖산과정	200m달리기, 400m달리기 등
90~180초	젖산과정, 유산소과정	800m달리기, 태권도, 레슬링 등
180초 이상	유산소과정	1500m수영, 마라톤 등

② 100m를 전력질주하는 운동은 거의 전적으로 인원질과정에만 의존하여 에너지를 얻고, 마라톤과 같은 운동은 유산소과정이 전체에너지 수요의 95% 이상을 충당한다. 그러나 중간 형태의 운동은 2가지, 3가지의 에너지 공급과정이 함께 참여하게 된다.

③ 인체가 활동을 수행할 때 작용하는 에너지 생성과정의 공헌도는 그 활동의 유형에 따라 다르게 되는데, 그러한 여러 활동 유형에 따른 각 에너지 생성과정의 공헌도를 관련시켜서 배열한 것을 에너지 연속체(Energy Spectrum)라고 한다.

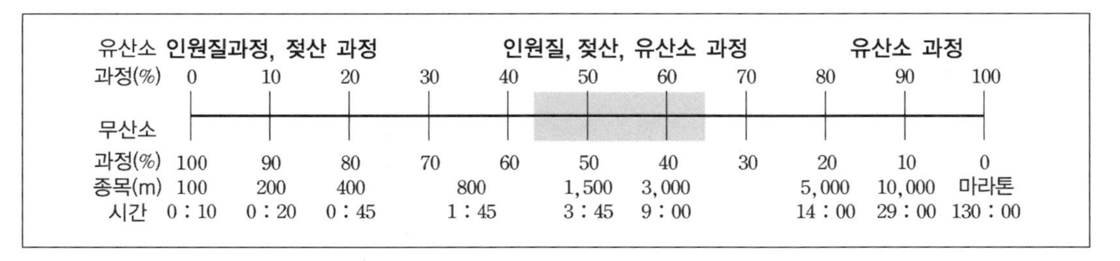

◈ 에너지 연속체

(4) 동일한 최대하 강도의 운동수행 시 단련자의 에너지 생성체계는 유산소과정에 더욱 의존한다.

① 트레이닝은 산소 수송을 위한 순환계의 기능을 개선시키고 근세포 내에서 산소를 이용하여 에너지를 얻는 대사기능을 발달시킨다. 즉, 심장의 용적과 심장 근육의 수축력이 강화되고, 근세포에 분포된 모세혈관망이 발달한다(산소 수송체계 발달).

② 근세포 내에서는 산소를 이용하여 ATP를 합성하는 미토콘드리아의 수와 크기가 증가하며, 미토콘드리아 내에서 ATP합성을 위한 에너지생산과정을 촉매하는 효소들의 활성도가 증가한다(산소 이용능력 개선).

③ 단련자는 체내 산소 수송체계의 발달 및 산소 이용능력 개선에 의해서 동일한 운동 강도를 보다 유산소적으로 수행할 수 있는 능력을 갖게 된다. 이는 동일한 운동 수행 시 무산소성 해당과정(젖산과정)에 덜 의존하고 젖산의 축적을 적게 하면서 운동을 수행할 수 있음을 의미한다.

(5) 동일한 최대하 강도의 운동수행 시 단련자는 탄수화물보다 지방의 연소를 통한 에너지 공급에 더욱 의존한다.

① 단련자는 동일한 최대하의 운동을 보다 유산소적으로 수행함으로써 젖산의 축적을 적게 하면서 그 운동을 수행한다.

② 젖산의 축적은 지방조직 및 근육에 저장된 중성지방으로부터 지방산을 동원하는데 관여하는 리파제의 활성을 억제한다.

③ 훈련에 따른 산소이용 능력의 개선은 동일한 최대하운동 시 젖산축적률을 감소시킴으로써 보다 많은 지방산 동원 능력을 갖게 되고, 동일한 에너지 출력을 발휘하는 데 탄수화물보다는 지방의 연소에 의해 에너지를 얻는 능력을 개선시킨다.

④ 체내에 양적으로 제한된 탄수화물을 절약하고 대신 에너지원으로서 지방을 사용하는 능력이 지구성 훈련에 의해 개선되는데, 이를 탄수화물 절약효과라라고 한다.

(6) 단련자는 최대젖산생성능력(젖산내성)이 높다.

① 단련자는 동일한 최대하운동 시 그 운동을 보다 유산소적으로 수행함으로써 혈중젖산농도가 비단련자보다 낮게 나타나지만, 최대운동 시 최대젖산축적량은 무산소성 파워훈련에 의해 증가한다.

② 단련자의 최대운동 시 최대젖산축적량이 증가하는 이유는 트레이닝으로 인해 심리적인 동기화가 이루어져 있어 더 많은 운동량을 성취하며, 젖산축적에 의해 해당과정에 관여하는 효소활성도가 저하되지만 훈련은 젖산축적으로 인한 체액의 산성화조건에서 효소활성도의 저하 정도를 적게 한다는 것을 주된 이유로 볼 수 있다.

③ 무산소성 훈련은 해당과정의 속도조절효소인 인산과당분해효소(PFK)의 활성도를 약 20% 정도 증가시킨다. 이 같은 증가율은 유산소과정에 관여하는 효소들의 활성도가 지구성 훈련에 의해 2~3배 정도 증가하는 것에 비하면 낮은 것이다. 이처럼 무산소성 훈련은 최대젖산축적량이 증가되는 조건에서도 운동을 지속할 수 있는 능력, 즉 젖산내성을 개선한다.

(7) 트레이닝은 근세포 내 PC나 근글리코겐 저장량을 증대시킨다.

① PC 저장량이 많다는 것은 고강도 운동 시 PC고갈로 인한 피로가 지연됨을 의미하며, 한편으로는 그 운동을 젖산과정에 덜 의존하면서 수행할 수 있음을 의미한다.

② 젖산 축적에 의한 체액의 산성화(pH감소)는 회복기 중 PC의 합성을 방해한다. 따라서 스프린트 운동과 휴식을 반복하는 형태의 운동 시 단련자의 경우 휴식기에 보다 빠른 PC의 재합성이 이루어진다.

③ 훈련에 따른 근글리코겐 저장량의 증대원인은 말초조직 세포(근세포)의 인슐린 수용체 민감도 증가로 인한 근세포 내로의 글루코스 유입증대, 근세포 크기의 증가, 글리코겐 생성에 관여하는 효소활성 증가이다.

6. 운동 시 연료의 이용과 피로

운동 중 각 연료로부터의 최대에너지 생성률

구분	최대에너지 생성률 (mmol/sec/kg)	근육의 이용가능용량 (mmol/kg)	최대에너지 생성률 (kcal/hr/kg)	최대수행시 고갈속도
ATP	6.0	6	92.6	10초
PC	6.0	18	92.6	30초
무산소성 해당과정	1.5	76.5	23.1	90초
유산소성 글루코스분해	0.5	3,000	7.7	100분
지방산분해	0.24	무제한	3.7	무제한

어느 활동의 한 시점에서 한 가지 연료만이 독점적으로 사용되는 것이 아니라 활동의 강도나 시간에 따라 각 연료가 에너지 대사에 이용되는 비율은 달라지게 된다. 대사측면에서 피로의 원인은 젖산의 축적, 에너지원의 고갈을 들 수 있다. 에너지원의 고갈은 PC와 글리코겐의 고갈이다.

(1) 단시간 최대운동 시 연료 및 피로

① 고강도의 운동과 짧은 휴식이 반복되는 형태의 운동 수행 시에는 운동기 중 ATP와 PC 그리고 근글리코겐이 주원료가 되고, 휴식기에는 근글리코겐, 혈중 글루코스 및 지방산의 유산소적 분해에 의해 운동기 중 고갈되었던 ATP와 PC가 일부분 재보충된다.

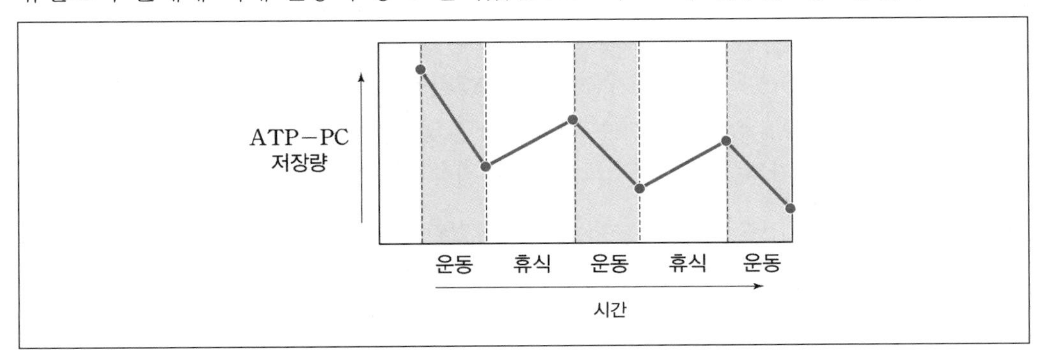

▲ 운동 · 휴식을 반복할 때 ATP-PC 저장량의 변화양상

② 15초 고강도 운동(고강도사이클) 후 15초 휴식을 반복할 때 PC 저장량은 최초의 휴식기에는 운동전 80%까지 보충될 수 있다.

③ 60초간 최대운동(전완)을 하면 PC는 완전히 고갈된다. PC를 50% 수준까지 재보충하는 데는 4분이 소요되고 95%까지 회복하는 데는 7분이 소요된다. PC를 거의 완전히 회복시키기 위해서는 휴식시간을 적어도 7분 정도 가져야 한다.

④ 10초 이내로 지속할 수 있는 운동 시 피로 원인은 PC고갈이 주원인이고, 10초~2분 정도까지 할 수 있는 운동의 경우에는 PC고갈과 함께 젖산의 축적이 피로의 주원인이다. 무산소성 해당과정의 결과 생성된 젖산은 pH를 6.4까지 감소시킨다(휴식 시 세포내 : pH 7.4). 이런 낮은 pH수준에서는 해당작용의 주효소인 인산과당 분해효소(PFK)의 활성도가 급격히 감소한다. 그 결과 해당작용에 의한 ATP의 생성능력은 감소된다.

(2) 15분 이내에 탈진상태에 이르는 운동

① 2분에서 15분 미만동안 가능한 강하게 운동할 때는 PC와 글리코겐이 모두 주된 에너지원이 된다. 글리코겐은 유산소과정과 무산소과정 두 과정에 의해 분해된다. 글리코겐이 주된 연료지만 감소 정도는 그렇게 심하지 않다. 근글리코겐은 15분미만 운동 시 10~30% 정도만 감소된다.

② 이러한 형태의 운동 시 피로의 가장 큰 원인은 젖산의 축적이다. 젖산 축적으로 인한 근세포내 pH감소는 첫째, 트로포닌에 대한 칼슘의 결합을 감소시키고 결국 액틴-마이오신 연결교의 활성화를 저해한다. 둘째, 가인산 분해효소와 인산과당 분해효소의 활성도를 저하시켜 해당작용에 의한 ATP생성 과정의 진행을 억제한다.

(3) 15분에서 60분 사이에 탈진되는 운동

① 이 형태의 운동 시 글리코겐의 유산소적 분해와 무산소적 분해에 의해 에너지를 공급 받으며, 지방이 에너지원으로 참여하는 비율은 10~20% 수준이다.

② 이 운동 시에는 젖산 축적이나 글리코겐의 고갈정도는 최대로 되지 않는다.

③ 이러한 운동 시 피로의 발현은 젖산의 축적, 근글리코겐의 고갈, 체온 상승 같은 요인이 결합된 결과이다.

(4) 60분에서 150분 사이에 탈진되는 운동

① 운동의 초기에는 PC와 글리코겐의 무산소적 분해가 중요한 작용을 하지만, 대부분의 에너지 공급은 근글리코겐, 글루코스 및 지방산의 유산소적 분해에 의해 이루어진다. 총에너지 소비량의 25~35% 정도가 지방산의 산화에 의해 공급되고, 나머지 대부분은 근글리코겐 및 혈중 글루코스의 유산소적 분해에 의해 공급된다.

② 장시간 강한 운동 시 근글리코겐이 거의 소모되며, 이 근글리코겐의 고갈은 수행력을 제한하는 주요 원인이 된다.

③ 고탄수화물 식이를 통해 근글리코겐 수준을 증가시키면 지구력이 증가하는 현상을 볼 수 있다. 근글리코겐 수준이 고갈되는 장시간 운동 후 근글리코겐의 수준을 회복하는 데는 적어도 24시간이 소요된다.

④ 장시간 지구성 운동 중 또 다른 연료는 젖산이다. 활동 중이거나 휴식상태 생성된 젖산은 초성포도산으로 전환되어 에너지로 이용된다.

마라톤 선수가 42.195km를 약 2시간 이상 달리지만 마라톤이 거의 끝날 무렵의 혈중 젖산농도는 안정 시에 비해 2~3배 정도밖에 되지 않는다. 피로 물질인 젖산이 과다하게 축적되지 않았음에도 불구하고 마라톤 선수가 골인 지점에서 극심하게 탈진하는 이유는 다음과 같다.

- 저장된 간글리코겐의 고갈에 따라 혈중 글루코스 수준이 낮아지기 때문이다.
- 저장된 근글리코겐의 고갈에 따라 국부적인 근 피로를 초래하기 때문이다.
- 수분과 전해질이 손실되어 체온이 상승되기 때문이다.
- 심리적인 지루함 때문이다.

피로의 원인
• 30초 이내의 운동 – PC고갈 • 15분 이내 – 젖산축적 • 60분 이상 – 근글리코겐 고갈

(5) 150분 이상 수행하는 탈진운동

① 운동이 장시간 지속됨에 따라 근세포 내 저장 지방과 혈중 지방산이 에너지원으로 참여하는 비율이 점차 높아지게 된다.

② 지방은 1시간 내외의 탈진 운동 시에는 총에너지 수요량의 20%, 4시간 후에는 50% 이상을 에너지원으로 참여한다.

③ 혈당 역시 2시간 이상 지속되면 점차 감소되어, 장시간의 운동 시 제한인자로 작용한다.

④ 이러한 형태의 운동 시 수행력을 제한하는 주요소는 근글리코겐 고갈과 혈중 글루코스의 감소이다.

⑤ 단련자의 경우 동일한 강도 운동 시 비단련자에 비해 지방조직으로부터 지방산의 동원을 억제하는 젖산의 축적이 더 적기 때문에 지방조직으로부터 에너지를 더 많이 얻고, 그로 인해 근글리코겐 고갈 속도, 혈중 글루코스의 감소속도가 더 작게 나타난다.

글리코겐 과보상(탄수화물 패킹)은 근글리코겐 함량을 증진시켜서 피로를 지연시키는 계획된 식이 방법으로 가장 전형적인 방법은 경기 시작 10일 정도 전에 약 3일간 혼합식과 함께 고강도 운동을 행하여 근 및 간 글리코겐 저장량을 감소시키고 이어서 약 3일간은 저탄수화물 식사(고지방, 고단백질 식사)와 함께 탈진상태의 운동을 행하여 글리코겐 저장량을 더욱 고갈시킨다. 그 후 경기를 약 4일 정도 앞두고는 가벼운 운동과 함께 고탄수화물 식사를 행할 때 근 및 간 글리코겐 저장량을 최대로 증가시킬 수 있다.

(6) 가벼운 운동

① 가벼운 운동 시에는 속근 섬유에 비해 지근섬유의 활성도가 높아지고 그 결과 ATP 공급을 위한 거의 모든 에너지는 지방, 글리코겐, 글루코스의 유산소적 분해에 의존하게 된다.

② 운동시간이 길어짐에 따라 에너지원으로서 지방의 연소가 큰 비중을 차지한다. 8시간 이상의 행군의 경우 지방에너지 수요량의 90%를 담당하게 된다.

③ 이러한 활동 시의 피로현상은 근글리코겐 및 간글리코겐의 고갈, 혈중 글루코스의 저하로 인한 신경계로의 에너지 공급 감소 그리고 체온조절 실조 등의 복합적인 결과로 나타난다.

7. 운동 시 탄수화물의 섭취

(1) 운동 전 탄수화물 섭취

① 운동 전 탄수화물 섭취는 15분~45분 이내에 흡수되어 혈류에 도달한다. 혈중 글루코스 수준이 상승함에 인슐린 분비량이 증가하고, 인슐린 증가는 혈중 글루코스 수준을 낮춘다. 간이나 근글리코겐 저장량이 감소된 상태가 아니라면 운동 1시간 전 탄수화물 식사는 이득이 없다.

② 인슐린 상승은 지방조직으로부터 지방산 동원을 억제한다. 그래서 인슐린 수준이 정상으로 되돌아가도록 하기 위해서 탄수화물 섭취는 적어도 운동 개시 2시간 30분~3시간 전에 이루어져야 한다.

(2) 장시간 운동 중 탄수화물 섭취

① 혈중 글루코스 수준은 심박수 100~150회/분 수준의 중정도 운동을 약 2시간 정도 행할 때 떨어지기 시작하는 것이 일반적이다.

② 뇌는 에너지원으로 혈중 글루코스에 크게 의존하고, 저혈당 수준이 되면 장시간의 운동 시 수반되는 방향감 상실이 초래되기도 한다.

③ 2시간 이상의 운동 시 30분 간격으로 탄수화물 용액을 섭취하는 것이 도움을 줄 수 있다.

5 운동의 생리적 효과

1. 근골격계의 효과

(1) 근육계의 변화

① 근육에 강한 자극을 주는 운동을 하게 되면 근육내의 근섬유가 발달하여 운동한 부위가 굵어지고 이에 비례하여 근력도 증가한다.

② 운동을 장기간 시행하면 근육을 둘러싸고 있는 모세혈관의 수가 증가되고, 마이오글로빈 농도가 증가하며, 근글리코겐의 저장량이 증가하기 때문에 근지구력이 향상된다.

③ 운동을 하지 않으면 근위축이 일어나서 근섬유의 횡단 면적이 감소하고 기능이 약해진다.

④ 근육의 크기 증대(근육 증가의 2가지 종류)

구분	내용
근비대 (hypertrophy)	근비대는 장기간 운동에 따른 근횡단면적의 근섬유 크기 증가라고 여겨진다. 저항운동으로 인한 근섬유 횡단면적 증가는 근원성 단백질의 증가 때문이다. 섬유 안의 액틴/마이오신 필라멘트의 증가는 근절의 증가로 인해 발생한다. 수축성 단백질의 증가는 섬유 속에서 마이오신 십자 가교의 양을 증가시키고, 이로 인해 힘을 생성하는 섬유의 능력을 증가시킨다.
근증식 (hyperplasia)	근증식은 특정 근육안의 근섬유 총량을 증가시키는 것을 뜻한다. '저항성 운동은 단련된 근육의 근섬유 양을 증가시킨다'는 한 연구에 의해 저항운동으로 인한 근육의 크기 증가가 근증식 때문에 일어나는지에 대한 의문점이 제기되었다. 하지만 저항운동이 인간의 몸 속에 새로운 근섬유를 만들어낸다는 가정은 이 개념에 대한 찬반의견이 분분하기에 아직 논란의 여지로 남아 있다. 하지만 근증식이 인간에게서 발생함에도 불구하고, 현재로써의 주장은 대부분 저항운동에 따른 근육크기의 증가가 근증식 때문이 아니라 근비대 때문이라고 말하고 있다.

(2) 골격계의 변화

① 관절 내에 혈액 분비가 촉진되어 관절이 부드러워지며, 관절 주위의 인대 및 근육의 신축성이 증가되므로 유연성이 향상되며 상해 예방에 기여한다.

② 뼈의 성분인 칼슘이나 단백질의 공급이 원활해짐은 물론 뼈의 밀도가 증가되어 뼈의 성장과 발달을 촉진한다. 성장기에 운동 습관이 형성되면 성장하는 뼈에 더욱 많은 칼슘을 저장하는 결과가 되기 때문에 무기질 감소가 일어나는 노년기에도 상대적으로 높은 골밀도를 유지할 수 있다.

2. 심폐계의 효과

(1) 심장 용적의 변화

① 규칙적인 운동을 하게 되면 심장의 수축활동으로 인해 심장이 비대해져 그 용적이 커진다.

② 지구성 운동 선수의 심장 비대는 심실벽 두께의 변화보다는 좌심실 용적이 증대된다.

③ 순발성 운동 선수는 좌심실 용적의 변화보다는 심실벽 두께가 두꺼워진다.

④ 지구성 운동은 심박출량이 높은 수준으로 유지되어야 한다는 것과 비지구성 운동은 심실 압력이 높은 수준으로 유지되어야 한다는 것에 바탕을 둔 변화이다.

(2) 1회박출량과 심박수의 변화

① 안정 시에는 운동선수와 비선수간에 심박출량의 큰 차이가 없다.

② 최대운동 시에 운동선수는 비선수의 최대 심박출량보다 두 배로 심박출량이 증가된다. 운동선수의 최대운동 시 그 만큼 많은 산소가 요구되고 이를 활동근에 공급하기 위해서 혈액의 양이 많아져야 하기 때문이다.

③ 규칙적인 운동으로 인해 안정 시 심박수가 감소하는 운동성 서맥이 발생하는데, 운동성 서맥은 부교감신경 자극의 증가와 심근의 수축력 증가 때문이다.

④ 운동이 부족하여 1회박출량이 작으면 유산소성 운동 능력이 저하된다.

(3) 최대 산소섭취량 증가

최대산소섭취량 = 최대 심박출량 × 동정맥산소차

심박출량 = 1회박출량 × 심박수

① 운동 중에는 더 많은 에너지가 필요하므로 산소섭취량이 증가되는데, 최대로 산소를 섭취할 수 있는 능력을 최대 산소 섭취량이라고 한다.

② 규칙적인 운동은 폐의 환기량과 심장의 펌프 작용 등을 향상시킴으로써 최대산소섭취량을 증가시킨다.

③ 최대산소섭취 능력이 좋으면 쉽게 피로해지지 않고 운동 지속능력이 강화된다.

산소섭취량 = 1회박출량 × 심박수 × (동맥혈 산소함량 − 정맥혈 산소함량)

④ 최대심박수는 연령이 증가할수록 감소하지만 운동이 부족한 사람은 운동을 규칙적으로 실시한 사람에 비해 펌프작용의 퇴화로 인해 최대심박수가 낮아진다.

⑤ 동맥혈 산소 함량은 폐환기량과 폐포의 가스 확산 등에 의해 결정되는데, 운동을 규칙적으로 한 사람은 운동이 부족한 사람에 비해 더 많은 공기를 들이쉬고 내쉴 수 있기 때문에 동맥혈 산소 함량이 높다.

⑥ 정맥혈 산소 함량은 근육 세포의 산소 사용량에 의해 결정되며, 근육 세포내의 미토콘드리아와 마이오글로빈 밀도와 관계가 깊다.

⑦ 운동을 규칙적으로 하면 미토콘드리아와 마이오글로빈의 밀도가 높아져서 산소를 보다 많이 보냄으로써 혼합 정맥혈의 산소 함량이 상대적으로 낮아질 수 있다.

6 운동과 근육계

인체의 근육에는 골격근, 평활근, 심장근의 세 가지 유형이 있다. 골격근과 심장근은 가로무늬근(횡문근), 내장근은 민무늬근(평활근)이라고 한다. 골격근은 운동신경의 지배를 받으며 골격근의 수축에 의해 의도적인 동작이 가능하기 때문에 수의근(voluntary muscle), 심장근과 민무늬근은 자율신경계에 의해 지배되어 의지대로 조절되지 않기 때문에 불수의근(involuntary muscle)이라고 한다.

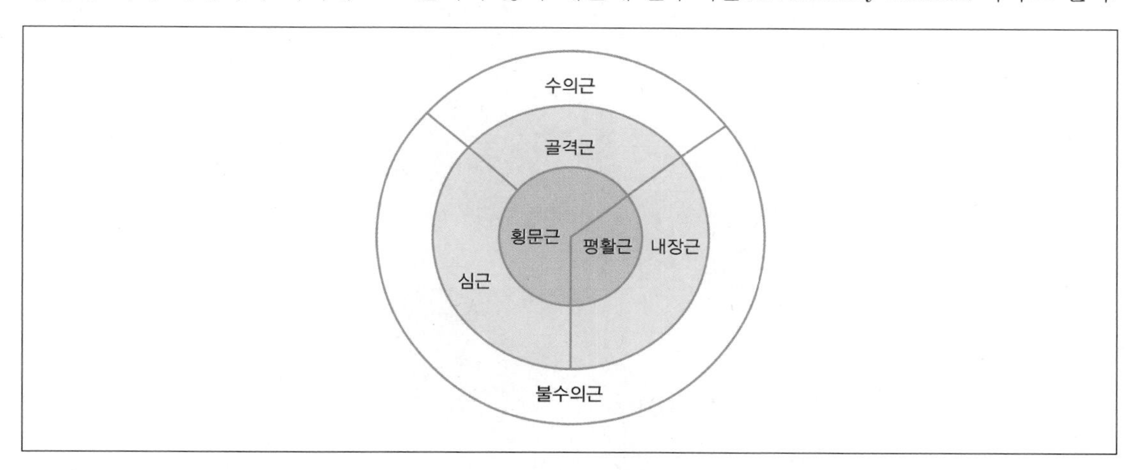

인체 근육의 분류

1. 골격근의 구조

골격근을 이루고 있는 근세포들은 가늘고 길기 때문에 일반적으로 근섬유라고 부른다. 골격근은 체중의 약 40~50%를 차지하며, 근의 기본단위인 근섬유와 이를 결합하는 결합조직으로 구성된다.

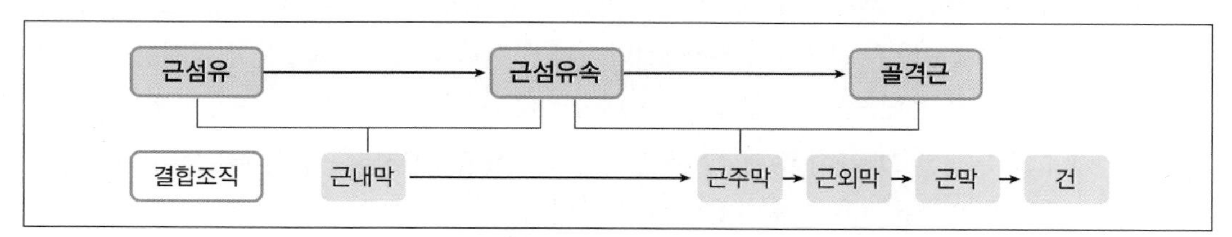

골격근과 결합조직의 구조

근섬유는 다발을 이루고 있는데, 이 근섬유 다발을 근섬유속이라고 한다. 개의 근섬유를 둘러싸고 있으며, 이들 근섬유를 함께 묶어서 근섬유속을 이루게 하는 결체조직을 근내막이라고 한다. 근섬유속은 다시 근주막에 의해 연결되어 있고, 근주막의 외측은 다시 근외막과 근막이라는 결체조직으로 둘러싸여 있다. 근막은 모든 근섬유와 근섬유다발을 함께 묶어서 근육을 이루게 하는 외측의 결체조직으로서 건(힘줄)으로 이행하여 뼈에 부착된다. 건(tendon)은 근육을 뼈에 부착시키는 결체조직이고, 인대는 뼈 또는 연골사이를 연결하는 섬유성 결체조직이다. 수분을 제외한 힘줄의 총질량 중 약 70%는 콜라겐이라는 단백질로 구성되어 있다.

(1) 근섬유

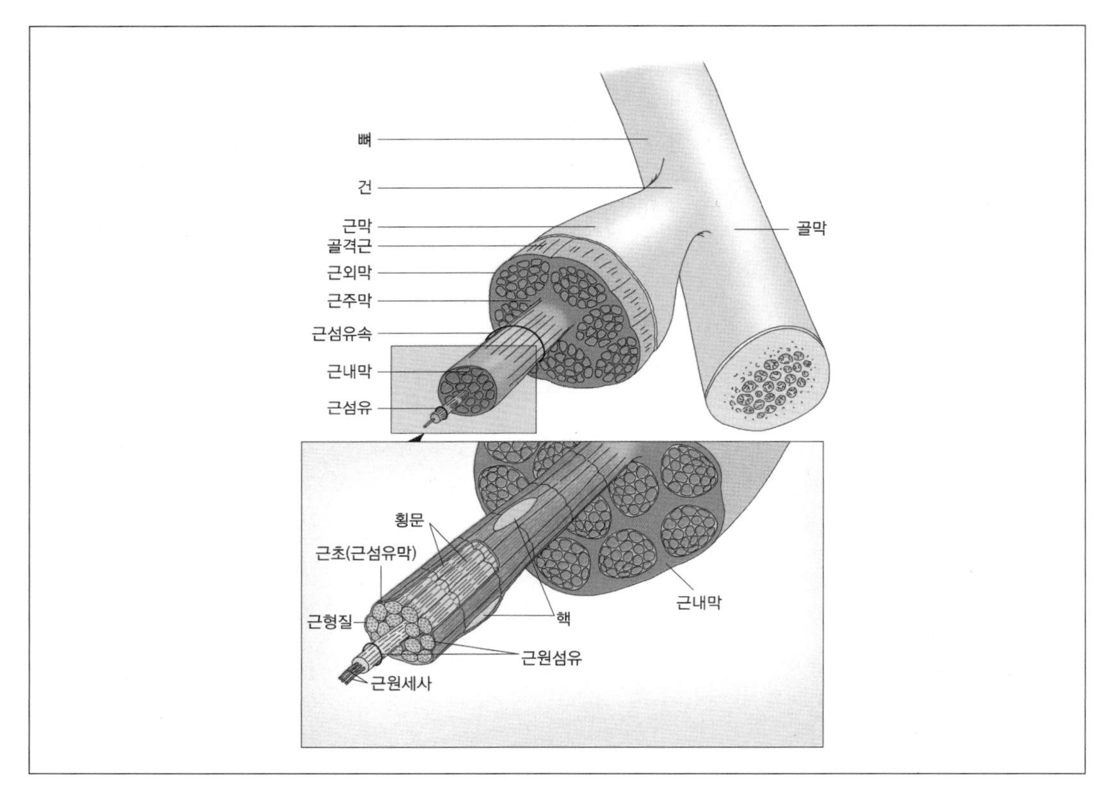

골격근의 구조: 근섬유와 결체조직

① 근섬유(근세포)는 근섬유막(세포막)에 의해서 하나의 독립된 세포로 외부와 경계를 짓고 있으며, 이 세포막을 근초 또는 근형질막이라고 한다. 또한 근세포의 원형질을 근형질이라고 하며, 물질 운반 통로 역할을 하는 내형질세망은 근형질세망 또는 근소포체라고 한다.

② 근세포의 특징은 그 안에 수백, 수천 개의 규칙적으로 배열된 근원섬유를 갖고 있다는 것이다. 근육의 수축운동은 근원섬유에서 일어난다.

③ 근세포의 특징적인 구조물로서는 T세관(가로세관)을 들 수 있는데, T세관은 근형질세망과 서로 연결되어 근세포막에 전달된 흥분을 근세포 내부로 전달하는 통로의 역할을 한다.

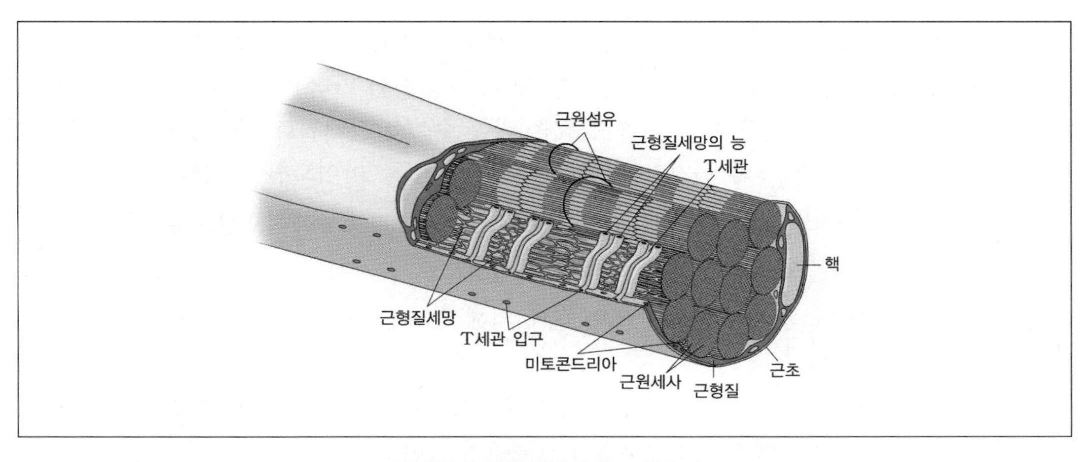

골격근의 근형질세망과 T세관 구조

(2) 근원 세사

① 근원섬유는 여러 개의 미세한 단백질 섬유 즉, 근원세사로 구성되어 있다. 근원세사는 다시 가는세사와 굵은세사로 나누어진다. 근조직을 현미경으로 관찰하면 어두운 부분(A band)과 밝은 부분(I band)으로 규칙적으로 배열되어 있다. I띠는 대부분 가는세사로 되어 있기 때문에 밝게 나타나고, A띠는 가는세사와 굵은세사가 서로 겹쳐져 있어서 어둡게 보이게 된다.

② 이완된 상태의 근섬유를 보면 어두운 A띠의 중앙부위에서 더 밝게 보이는 부분이 있는데, 그것은 가는세사가 A띠 중앙부분에서 겹쳐지지 않은 상태이기 때문이다. 어두운 A띠의 중간부분에 이처럼 밝게 보이는 부분을 H역(H zone)이라고 한다. 근육이 수축하게 될 때에는 가는세사와 굵은세사가 A띠의 중앙부분에서 서로 겹쳐지기 때문에 H역은 사라지게 된다.

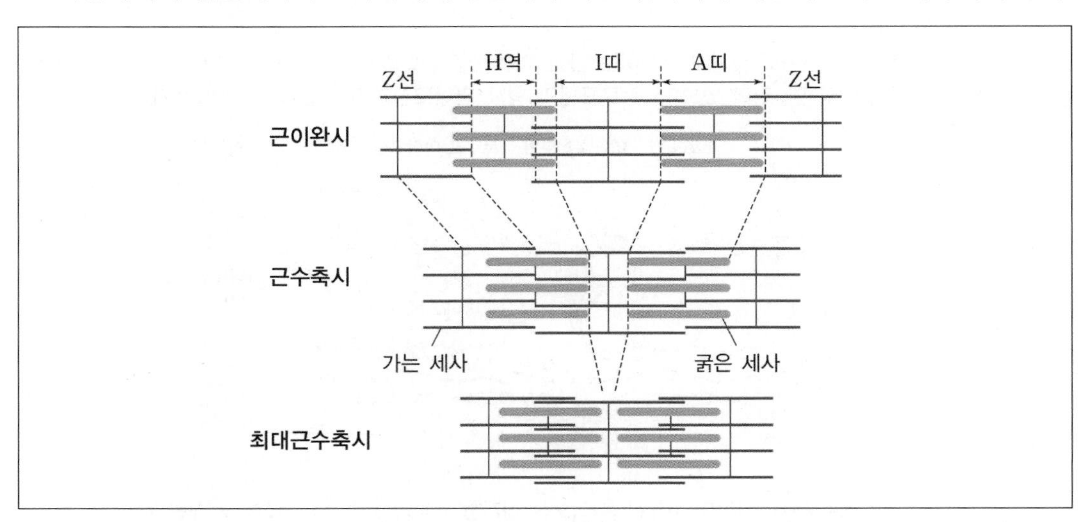

근수축 시 근원세사의 배열변화

③ 각각의 I띠는 가는 세사를 고정하고 있는 Z선(Z line)에 의해서 양분되어 있으며, 이 Z선과 Z선의 사이를 근절이라고 한다. 근 수축 시에는 Z선간의 거리가 단축되어 근절이 짧아지게 된다. 근원세사 중 굵은 세사는 마이오신이라는 수축성 단백질로 되어 있으며, 굵은 마이오신 몸체에는 여러 개의 돌기가 튀어나와 있는데 이를 마이오신 머리라고 한다.

④ 가는 세사는 역시 수축성 단백질인 액틴, 트로포닌, 트로포마이오신으로 이루어져 있다.

㉠ 액틴은 두 줄의 구슬모양의 사슬이 나선형으로 감겨져 있다.

㉡ 트로포마이오신은 두 줄의 액틴사슬에 의해 형성된 홈에 길게 붙어서 액틴의 결합부위를 막고 있다.

㉢ 트로포닌은 액틴의 결합주위를 차단하고 있는 트로포마이오신을 액틴 사슬의 홈 안으로 끌어 당겨서 액틴의 결합부위를 열어주어 마이오신이 액틴과 결합할 수 있도록 한다

근절
근절은 근육의 최소의 기능적인 단위이다. 근절은 근원섬유의 기본적인 기능적 단위이며 근육의 기본적인 수축 단위이다.

단백질 세사

• **액틴**

굵기가 가는 구상 단백질로 구성되어 있고, 염주띠가 비틀어져 있는 모습을 하고 있다. 트로포마이오신과 트로포닌이라는 단백질을 가지고 있다.

• **트로포닌**

얇은 세사 내 트로포마이오신의 끝 부위에 위치하고 액토마이오신의 칼슘농도변화에 감수성을 가지게 하는 물질로, 마이오신과의 결합을 조절하는 기능을 한다. 유리된 칼슘이 부족할 때는 마이오신 십자형 교를 억제하여 액틴과 마이오신이 결합되지 않게 한다.

• **트로포마이오신**

액틴 두 개의 나선 구조 사이에 존재하는 긴 단백질 중합체로 2개의 섬유가 액틴의 나선 구조 중간부인 양측의 골짜기에 연결되어 있으며, 트로포닌과 함께 마이오신과의 결합을 조절하는 기능을 한다.

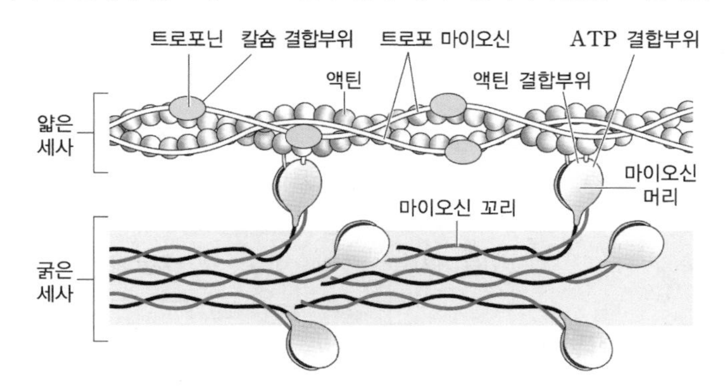

트로포닌, 트로포마이오신, 마이오신 십자형 가교와 칼슘간의 가상적인 상관관계

※ 칼슘이온이 트로포닌에 결합할 때 트로포마이오신은 액틴의 활동부위에서 떨어지고 십자형 가교와 결합한다.

• 마이오신
긴꼬리와 한쪽에 두 개의 머리를 갖고 있으며, 6개의 액틴이 정방향으로 둘러싼 가장자리에 있고 세 개의 마이오신이 1개의 액틴을 둘러싸고 있다. 마이오신 근원세사의 양끝에 작은 단백질 돌기가 있어 액틴 세사를 향해 뻗쳐 있는데 이것을 십자형교라고 한다.

2. 근수축 기전

근수축시 A띠의 길이는 변하지 않는 반면, I띠는 짧아지고, A띠의 중앙부분인 H역은 사라지게 된다. 이러한 현상은 A띠의 중앙부분에서 가는 세사가 서로 활주하여 서로 교차하는 움직임 때문으로 생각된다. 근수축이 가는 세사의 활주에 의해 이루어진다고 하여 이것을 근활주설(sliding filament theory)이라고 한다.

(1) 근수축 과정

① 운동 신경섬유가 골격근 세포에 자극(활동전위)를 전달하면, 활동전위는 T세관을 거쳐 근형질세망에 저장되어 있던 칼슘(Ca^{++})이 유리되도록 한다.

② 칼슘은 트로포닌과 결합하고 가는세사와 마이오신 머리 간 결합을 차단하고 있는 트로포마이오신을 결합부위로부터 끌어당기게 된다.

③ 액틴의 마이오신 결합부위가 열리게 되면 마이오신 머리는 액틴과 연결교를 형성한다. 마이오신 머리는 운동성을 갖고 있으며, ATP의 분해로부터 얻어지는 에너지를 이용하여 A띠의 중앙부를 향해 머리를 회전시키는 운동을 한다. 그 결과, 가는세사는 A띠의 중앙 쪽으로 움직이게 된다. 이때 ATP의 분해는 마이오신 자체가 효소로서의 역할을 한다. 이러한 마이오신의 효소작용을 마이오신 ATPase 활성이라고 부른다. 마이오신 ATPase 활성도는 근수축 속도를 결정하는 중요한 요소이다.

$$\text{ATP} \xrightarrow[\text{마이오신ATPase}]{} \text{ADP} + \text{Pi} + \text{근수축 에너지}$$

④ 한 개의 근원섬유 내에서 수백 개의 가는세사가 각각의 A띠 중앙부를 향해 당겨지면 Z선의 간격은 짧아지게 된다. 즉 근절의 길이가 단축하게 된다. 수많은 근절의 길이가 짧아지면 뼈에 부착되어 있는 근육이 당겨지게 되어 운동을 일으키게 된다.

⑤ 만일 부하가 너무 커서 운동이 불가능해지면 근의 결체조직과 건에는 근절의 일부가 단축되어 일어나는 장력(tension)이 발생한다.

(2) 연결교(교차결합) 주기 – 근수축의 지속

① 근수축의 강도가 클수록 연결교(액틴과 마이오신 머리와의 결합)가 더 많이 형성된다. 하지만 최대의 수축 중에도 모든 마이오신 머리가 연결교를 형성하지 않고, 일부 마이오신 머리가 연결교를 형성하여 A띠 중앙부로 회전하는 동안 다른 마이오신 머리는 결합에서 분리되어 다시 액틴과 재결합할 준비를 하게 된다.

② 이처럼 결합, 분리, 재결합의 반복적인 움직임에 의해 근수축이 지속적으로 이루어진다. 이러한 반복적인 움직임을 연결교(교차결합) 주기라고 한다.

(3) 근이완 과정

① 신경 흥분의 전달이 중지되면, 트로포닌과 결합하고 있던 칼슘은 근형질세망으로 재저장된다.

② 트로포닌이 칼슘으로부터 분리되면 트로포닌은 원래의 모양을 되찾게 되고, 트로포마이오신은 액틴의 결합부위를 다시 차단하게 된다. 그로 인해 마이오신과 액틴 결합은 해체되어 다음의 신경흥분이 전달될 때까지 근육이 이완하게 된다.

근수축 과정
1. 운동신경의 종말로부터 아세틸콜린이 분비되어 운동종판에 있는 수용체와 결합하면 신경임펄스가 근세포로 전달된다.
2. 신경임펄스가 근신경 연접부에 도달하여 근초를 가로 질러 퍼지고, T세관을 타고 내려간다.
3. T세관을 타고 내려간 신경자극은 인접한 근형질세망으로부터 칼슘 유리를 자극한다. 유리된 칼슘은 근원섬유(특히 A band 부위)로 확산되어 들어간다.
4. 칼슘이 트로포닌에 결합하면, 트로포닌은 모양이 변형되면서 액틴의 결합부위를 차단하고 있는 트로포마이오신을 끌어당긴다.
5. 굵은세사(마이오신)의 머리가 열려진 액틴의 결합부위와 결합한다. 굵은세사의 머리 부분에서 ATP는 ADP와 Pi로 분해되면서 머리는 안쪽으로 회전하고, 그 결과 가는 세사는 A band 중앙쪽으로 움직인다.

근이완 과정
1. 신경임펄스의 전달이 중지된다.
2. 근형질세망으로부터 칼슘 유리가 중지된다.
3. 액틴의 결합부위에 결합하고 있던 칼슘이 근형질세망으로 거두어 들여져서 저장된다.
4. 액틴의 결합부위가 다시 닫히게 되고, 굵은세사의 머리 부분과의 결합이 차단된다.
5. 가는세사는 바깥쪽으로 움직이고 근절의 길이는 길어진다.

근세사활주설	
1. 안정 단계	① 충전하지 않은 ATP 십자형교가 신전되어 있다. ② 액틴과 마이오신은 결합되지 않는다. ③ 칼슘은 근형질세망에 많은 양이 저장되어 있다.
2. 자극 · 결합 단계	① 신경 자극이 발생하면 근신경연접에서 아세틸콜린이 분비된다. ② 근형질세망의 소포에서 칼슘이 방출된다. ③ 트로포닌에 칼슘 부착, 트로포마이오신의 위치를 변화시킨다. ④ 액틴과 마이오신이 결합하여 액토마이오신을 형성한다.
3. 수축 단계	① ATP가 ATPase에 의해 분해되면서 에너지가 발생된다. ② 에너지에 의해 십자형교가 회전한다. ③ 근육의 단축: 액틴이 마이오신 쪽으로 미끄러져 들어간다. ④ 힘(장력) 생성

4. 재충전 단계	① ATP가 재충전(재합성) 된다. ② 액토마이오신이 액틴과 마이오신으로 분해된다. ③ 액틴과 마이오신이 재순환된다.
5. 이완 단계	① 신경 자극이 중단되면 아세틸콜린이 더 이상 분비되지 않는다. ② 칼슘 펌프에 의해 근형질세망의 소포로 재이동(ATP의 작용)한다. ③ 안정시 근육 상태로 재순환된다.

근육피로

단시간 고강도 운동이나 장시간의 지구성 운동은 모두 근력을 감소시킨다. 근육피로는 근육이 발휘할 수 있는 최대의 힘, 즉 근력이 감소되는 현상을 말한다. 근육피로가 발생하는 요인은 수행하는 운동의 유형에 따라 다르다. 예를 들어, 짧은 시간에 행하는 스프린트 운동의 피로는 ATP의 지속적인 합성에 필요한 크레아틴인산의 고갈이 주원인이다. 400m를 최대속도로 달릴 때 나타나는 근육피로의 주된 원인은 근육섬유 내에 무기 인(Pi)과 수소이온(H^+)이 축적되기 때문이다. 이러한 대사물질들은 수축성단백질과 상호작용하여 근육의 힘 생성을 감소시킨다. 반면 장시간운동에 의해 나타나는 근육피로는 근소포체로부터 칼슘의 유리가 감소되기 때문으로 생각된다. 칼슘분비가 감소하면 교차결합의 형성이 감소하여 근육의 힘 생성이 감소하게 된다.

3. 근섬유의 종류

골격근 섬유는 유전과 활동기능에 의해 결정된다. 그 주요 분류기준은 전기적 자극에 대해 얼마나 빠른 수축반응을 보이는가에 달려 있다. 즉, 수축반응 속도에 따라서 서근 섬유, 속근 섬유로 나눠진다. 속근 섬유는 수축반응 속도가 서근 섬유에 비해 두 배 이상 빠르다. 서근 섬유는 마이오글로빈 함량이 높아서 붉은 색을 띠고 있기 때문에 적근(red muscle)이라고도 하며, 속근 섬유를 백근(white muscle)이라고 한다. 속근 섬유 중에서 서근 섬유의 대사적 특징을 보다 많이 갖고 있는 섬유가 있는 데, 이를 중간근 섬유라고 한다. 따라서, 원래의 속근 섬유를 FG 섬유(fast twitch glycolytic fiber, Type Ⅱb)라고 하고, 중간근 섬유를 FOG 섬유(fast twitch oxidative glycolytic fiber, Type Ⅱa)라고 한다. 이에 대해 서근 섬유를 SO 섬유(slow twitch oxidative fiber, Type Ⅰ)라고 한다. 속근 섬유는 수축 속도가 빠른 대신 서근 섬유에 비해 쉽게 피로해진다. 종아리의 자세유지 근육인 가자미근(soleus muscle)은 거의 서근 섬유로 구성되어 있는 반면, 눈을 깜박거리는 운동을 담당하는 섬모체근은 대부분 속근 섬유이다. 서근 섬유는 속근 섬유보다 대체로 더 적은 힘을 발휘한다. 그러나 서근 섬유는 에너지효율이 높아 동일한 에너지로 더 많은 힘을 생산한다. 그러므로 서근 섬유는 에너지 공급량이 운동수행의 제한요소가 되는 장시간 운동에 보다 적합하다.

서근 섬유(적근 섬유) : SO 섬유 또는 Type Ⅰ 섬유 → 적색 근육(red muscle)
중간근 섬유 : FOG 섬유 또는 Type Ⅱa 섬유 → 회색 근육(gray muscle)
속근 섬유(백근 섬유) : FG 섬유 또는 Type Ⅱb 섬유 → 백색 근육(white muscle)

(1) 수축 속도의 차이

① 두 가지 주요 섬유형태가 서로 다른 수축 속도를 갖고 있는 것은 마이오신 ATPase 활성도에서 차이가 있다는 점에 기인한다. 근섬유형태에 따른 마이오신 ATPase 활성도의 차이는 마이오신 분자의 종류가 다르기 때문이다. 즉, 서근 섬유에는 'slow myosin', 속근 섬유에는 'fast myosin'이 있다.

② 수축 속도와 관련하여 두 가지 섬유형태에 따른 또 한 가지 차이점은 서근 섬유의 경우, 속근 섬유에 비해 근형질세망이 잘 발달되어 있지 않다는 점이다. 근형질세망은 수축을 개시하게 하는 칼슘의 분비 역할을 하기 때문에 서근 섬유는 속근에 비해 자극에 대한 반응이 늦게 나타난다.

구분	특성
서근 섬유	• slow myosin – 마이오신 ATPase의 활성도가 낮음 • 근형질세망의 발달 미약
속근 섬유	• fast myosin – 마이오신 ATPase의 활성도 높음 • 근형질세망이 발달됨

(2) 대사적 특성의 차이

① 서근 섬유는 모세혈관망이 발달되어 있고, 미토콘드리아수가 많기 때문에 장시간동안 에너지를 생성하는 능력이 우월하다. 즉, 유산소성 에너지 대사능력이 높기 때문에 피로에 대한 내성이 높다. 그러므로 오랜 시간 수축을 유지해야 하는 자세유지 근육은 서근의 구성비가 높다. 서근 섬유는 마이오글로빈 함량이 많은데, 마이오글로빈은 세포내로 유입된 산소와 결합하여 산소를 임시 저장하는 역할을 한다. 이로 인해 서근 섬유가 붉게 보인다.

② 속근 섬유는 미토콘드리아수가 적고 모세혈관망이 잘 발달되지 않은 대신 인원 질량이 많고 마이오신 ATPase 활성도가 높기 때문에 무산소적 대사능력이 높다. 즉, 에너지 생성속도는 빠른 반면에 젖산의 생성으로 인해 피로하기 쉽다. 속근 섬유는 신속한 에너지 생성을 위한 다량의 인원질과 글리코겐을 갖고 있다.

③ 속근 섬유의 에너지 생성 능력에 따른 2가지 형태

㉠ FOG 섬유(Type Ⅱa)는 서근 섬유와 같이 완전산화에 의해서 에너지를 생성하거나 탄수화물을 젖산으로 분해하여 에너지를 생성하는 능력을 모두 갖고 있다.

㉡ FG 섬유(Type Ⅱb)는 미토콘드리아가 적고 산소부재상태에서 탄수화물을 분해하는 능력이 크기 때문에 단시간의 활동에 가장 적합하다.

구분	특성
서근 섬유	• 미토콘드리아수 많음, 마이오글로빈 함량 많음, 모세혈관망 발달 • 인원질(ATP, PC)량 적음, 글리코겐량 적음
속근 섬유	• 미토콘드리아수 적음, 마이오글로빈 함량 적음, 모세혈관망 적음 • 인원질(ATP, PC)량 많음, 글리코겐량 많음. 수축성 단백질량 많음

(3) 신경학적 특성의 차이

① 한 개의 운동신경 섬유는 동시에 1500~2000개의 근섬유를 지배한다. 한 개의 운동신경 섬유와 그것에 의해 지배되는 근섬유들을 합쳐서 운동단위(motor unit)라고 한다.

② 운동단위는 서근 운동단위와 속근 운동단위가 있으며, 서근 운동단위는 서근 섬유를, 속근 운동단위는 속근 섬유를 지배한다.

③ 서근 운동단위의 신경섬유는 축삭의 지름이나 척수 내 세포체의 크기가 속근 운동단위의 신경섬유에 비해 훨씬 작기 때문에, 신경자극의 전달속도 역시 속근 운동단위에 비해 느리다. 또한 서근 운동단위의 신경섬유들은 속근 운동단위 보다 흥분역치가 낮기 때문에, 그로 인해 거의 모든 활동에 먼저 동원된다.

④ 속근 운동단위들은 운동의 강도가 크거나 서근 운동단위가 피로해질 경우에 비로소 활성화된다. 속근 운동단위는 순발력 운동 운동이나, 장시간의 지구성 운동의 후반기에 동원된다.

⑤ 낮은 강도의 운동 중에는 주로 서근 섬유가 동원되고, 더 높은 근력을 요구하는 운동에서는 중간근(FOG) 섬유가 추가적으로 동원되며, 최대근력이 요구되는 운동에서는 속근(FG) 섬유가 동원된다.

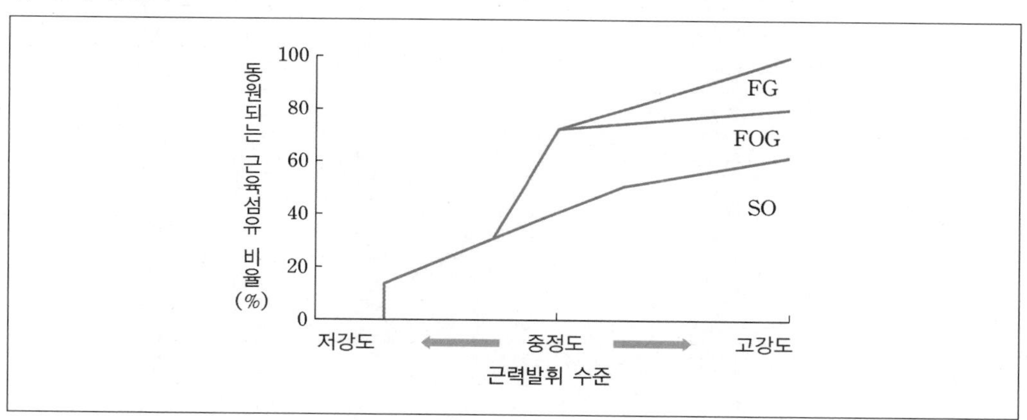

근력발휘 수준과 근육섬유 동원 양상

⑥ 순발력 운동 시에도 속근 운동단위 보다는 서근 운동단위가 먼저 동원되기 때문에 오로지 속근 운동단위만을 훈련시키는 것은 불가능하다. 물론 운동의 강도를 높이면 속근 운동단위가 동원되는 비율이 높아진다. 인터벌 트레이닝이 지속적 달리기보다는 속근 운동단위의 단련에 적합하다.

서근 섬유	• 서근 운동단위 – 신경지배비가 크다. • 신경 섬유의 굵기가 가늘다. 흥분역치가 낮다.
속근 섬유	• 속근 운동단위 – 신경지배비가 작다. • 신경 섬유의 굵기가 크다. 흥분역치가 높다.

특징		근섬유 형태	
		지근	속근
신경적인 면	운동 신경 섬유의 크기	작다	크다
	운동 신경 전도 속도	늦다	빠르다
	운동 신경 동원 역치	낮다	높다
구조적인 면	신경 지배비	크다	작다
	근섬유의 지름	작다	크다
	근형질세망의 발달	낮다	높다
	수축성 단백질량(액틴, 마이오신)	적다	많다
	미토콘드리아의 밀도	높다	낮다
	모세혈관의 밀도	높다	낮다
	마이오글로빈 함유량	높다	낮다
에너지 기질	크레아틴 인산의 저장량	낮다	높다
	글리코겐의 저장량	낮다	높다
	중성 지방 저장량	많다	적다
	근육 세포질세망	적다	많다
효소적인 면	해당 효소	낮다	높다
	산화 효소	높다	낮다
	ATPase 활성도	낮다	높다
기능적인 면	수축 속도	늦다	빠르다
	이완 시간	늦다	빠르다
	힘의 발생	낮다	높다
	에너지 효율	높다	낮다
	피로에 대한 저항(내성)	높다	낮다
	탄성도	약하다	강하다

4. 근섬유 형태와 운동 수행력

운동수행력이 서근, 속근 운동단위의 상대적 구성비에 의해 어떠한 영향을 받는지에 대한 연구에서 지구성 달리기 선수는 다리 근육의 약 80%가 서근 섬유로 이루어진 반면, 비운동 선수는 45%에 불과했다. 반면 단거리 선수는 약 75%의 속근 섬유비율을 갖고 있었으며, 중거리, 도약, 투척선수는 다양하게 나타났으며 비단련자와 대체로 뚜렷한 차이는 나타나지 않았다. 여성은 선수나 일반인 모두 남성과 비슷한 섬유형태 분포를 나타낸다.

5. 훈련과 근섬유 분포

대체로 근육섬유간의 상호 전환이 일어나지 않으며 근육섬유의 대사적 특성이나 면적이 증가한다는 주장이 대세를 이루어 왔으나, 최근 지구성훈련이나 저항훈련 모두 FG 섬유가 FOG 섬유로 전환되어 FOG 섬유의 분포 비율이 높아진다는 결과가 나타났다. 지구성 훈련에 의해서 FG 섬유가 FOG 섬유로 전환되는 것에 이어서, SO 섬유로 전환될 수 있다는 가능성을 제시하고 있다. 또한 근력이나 순발력 훈련에 의해 SO 섬유는 FG, FOG 섬유로 전환되지는 않지만, 서근 섬유에 대한 속근 섬유의 단면적비가 증가되는 것으로 나타났다. 이러한 속근 섬유의 면적증가는 전체적인 근비대와 파워의 증대에 기여하며, 훈련의 특이성에 따라 인체적응이 다르게 나타난다는 것을 말해준다.

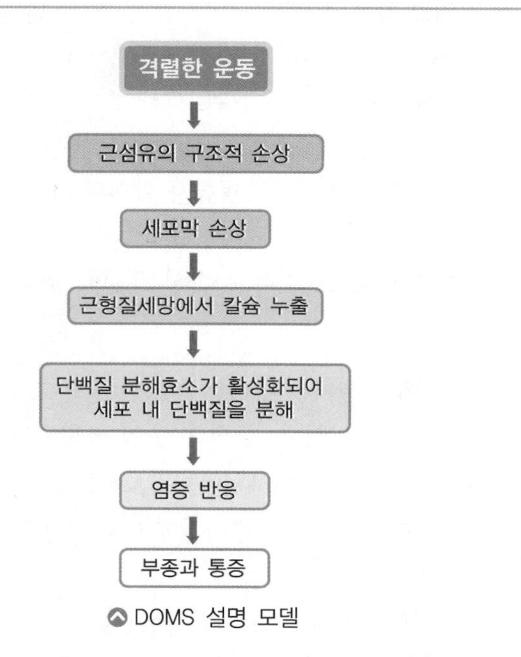

DOMS 설명 모델

만성근육통(Delayed Onset Muscle Soreness)은 다음과 같은 방식으로 발생한다.
격렬한 근수축 및 신장성 수축은 근육의 근섬유분절에 구조적 손상을 초래하며, 근형질세망의 막 손상을 포함하여 세포막이 손상되며, 근형질세망의 칼슘이 누출되어 미토콘드리아에 쌓이게 되어 ATP생산을 방해하고, 칼슘의 축적은 또한 단백질분해효소를 활성화시켜 수축 단백질을 포함한 세포내 단백질을 분해하고, 근육 단백질의 분해와 세포막 손상은 프로스타글란딘과 히스타민 생산과 자유유리기를 증가시켜 염증을 유발하고, 마지막으로 근섬유 주변의 부종과 히스타민의 증가는 통증 수용기인 자유신경말판을 자극하여 근육의 통증을 느끼게 한다.

만성근육통(DOMS)은 근섬유들이나 연결조직의 미세한 조직 파열로 인해서 발생하는 것으로 여겨지며 격렬한 운동 이후 24~48시간 내에 통증을 초래하는 세포의 퇴화와 염증성 반응을 일으킨다.

6. 근수축의 종류

(1) 등척성 수축

① 등척성 수축은 근섬유의 길이에는 변화 없이, 즉 관절각의 변화 없이 장력(힘)이 발생하는 상태를 말한다. 정적 수축이라고 한다.

② 등척성 훈련은 시간소요가 적고, 특별한 장비를 필요로 하지 않고 어느 장소에서나 행할 수 있으며, 근통증을 거의 유발하지 않는다는 장점을 갖고 있다.

③ 등척성 훈련은 재활프로그램, 특히 근육이나 관절손상으로 인해 석고고정을 한 상태일 때 근력을 회복하고 유지시키는데 유용하게 이용된다.

④ 등척성 훈련의 단점은 다음과 같다.

㉠ 운동의 전 범위를 통해 근력을 개선시킬 수 없고, 운동범위 내의 여러 각도에서 근력을 개선시키기 위해서는 오히려 시간적 소요가 크게 된다.

㉡ 장력계나 동력계 없이 자신의 근력 개선 효과를 확인하기 어렵기 때문에 지루해지기 쉽다.

㉢ 등척성 훈련 시 운동근육으로의 혈류가 완전히 차단되기 때문에 수축기 및 이완기 혈압이 급격히 상승된다.

㉣ 근력개선의 효과가 등장성이나 등속성 운동에 비해 적은 경향을 보인다.

(2) 등장성 수축

① 등장성 수축은 근육에 가해지는 부하는 일정한 상태로 근육의 길이는 짧아지는, 즉 관절각이 변화하는 수축운동을 말한다. 동적 수축에 포함된다.

② 등장성이란 '동일한 장력'을 의미하지만, 외부의 저항이 일정함을 의미하는 것으로 실제로 근육이 발휘하는 장력은 움직이는 관절각에 따라 변화한다. 즉, 관절 각도에 따라서 발휘되는 근육의 장력은 변화한다.

③ 등장성 훈련은 가장 일반적인 근력훈련 방법으로서 등척성 훈련과는 달리 관절의 전 운동범위에 걸쳐 근력을 강화시키고 근육뿐만 아니라, 신경계 적응을 유도한다. 또 중량의 증가를 통해 근력 개선의 정도를 확인할 수 있어서 흥미를 지속시키기 쉽고, 여러 종류의 운동종목에 적용이 가능하다는 장점이 있다.

④ 단점으로는 중량의 선택이 잘못될 경우 근통증이나 상해의 위험이 높다는 점이다. 즉, 중량이 운동범위 중 취약부에서 지나친 과부화가 될 수 있어서, 과도한 근긴장으로 인해 근 손상을 입거나 바벨을 떨어뜨려서 상해를 입을 위험이 크다. 또한 시간적 소요가 크고 적응도에 따라 계속적으로 무게를 변화시켜야 하는 비용상이나 시간상 제약이 따르게 된다.

⑤ 근력개선의 효과가 관절운동 범위 중 취약부에서는 가장 크게 나타나지만, 전 운동범위에 걸쳐서는 최대의 효과를 거둘 수 없다.

(3) 등속성 수축

① 등속성 수축은 관절각이 동일한 속도로 운동하는 수축을 말한다. 즉, 등속성 수축 시에 관절각은 정해진 속도(60°~300°/sec)로 변화한다. 동적 수축에 포함된다.

② 등장성 수축에서는 관절각도에 따라 발휘되는 장력이 변화되기 때문에 움직임의 속도를 일정하게 조절하기 어렵지만, 등속성 수축 시에는 특별히 고안된 장비(cybex, biodex, nautilus)를 이용하여 움직임의 속도가 일정하게 이루어진다.

③ 등속성 근력훈련은 전 운동범위에 걸쳐서 최대의 힘을 발휘한다는 점에서 등척성과 등장성 수축훈련의 특징을 결합한 것이다. 높은 속도로 훈련할 때는 근력의 개선은 높은 속도에서 최대로 되는 반면, 낮은 속도로 훈련할 때는 낮은 속도에서 근력이 최대로 개선된다.

④ 등속성 훈련은 관절의 전 가동범위에서 근육에 최대의 저항을 부과하고 시간적 소요가 비교적 적고, 여러 스피드에서 근력을 개선시킬 수 있으며, 근 상해나 통증의 위험이 적어서 재활훈련으로도 가장 적합하다는 장점이 있다. 또한 동일한 장비로 손가락에서 대근육까지 사용할 수 있으며, 근력을 발휘하는 동안 힘이나 파워를 표시해주는 장비의 경우에는 동기유발에 효과적이고 트레이닝 효과를 평가할 수 있다는 장점을 갖고 있다.

⑤ 단점은 등속성 장비가 대부분은 매우 고가로 일반인이 사용하기 어렵다는 결점을 갖고 있다.

⑥ 수영은 팔의 스트로크 시 물의 저항에 의해 부분적으로 등속성 운동이 가능한 운동이라고 할 수 있다.

기준	훈련 종류		
	등속성	등장성	등척성
근력 개선 정도	우수	우수	보통
관절 범위에 따른 근력 개선	매우 우수	우수	낮음
훈련 소요 시간	보통	많음	적음
비용	고가	보통	적음
훈련의 용이성	보통	어렵다	쉽다
평가의 용이성	쉽다	쉽다	어렵다
특정 운동에의 적용도	우수	보통	낮음
근육 통증의 위험도	낮음	많음	낮음
심장의 위험도	적음	아주 적음	보통

	등속성 수축	등장성 수축	등척성 수축
근육의 길이	변한다	변한다	거의 변하지 않는다
장력	변한다	변하지 않는다	변한다

근수축을 크게 정적 수축과 동적 수축으로 나누기도 한다. 정적 수축은 등척성 수축을 의미하며, 동적 수축은 활동근의 길이가 짧아지는가(단축성) 아니면 길어지는가(신장성)에 따라서 단축성 수축과 신장성 수축으로 구분된다. 연속적인 뜀틀 뛰어넘기와 같이 근육의 단축성 및 신장성 수축이 교대로 이용되는 훈련방법은 순발력을 향상시키는 데 매우 효과적인데 이러한 훈련방법을 다축성 훈련(plyometric contraction training)이라고 한다.

7. 근력의 결정요인

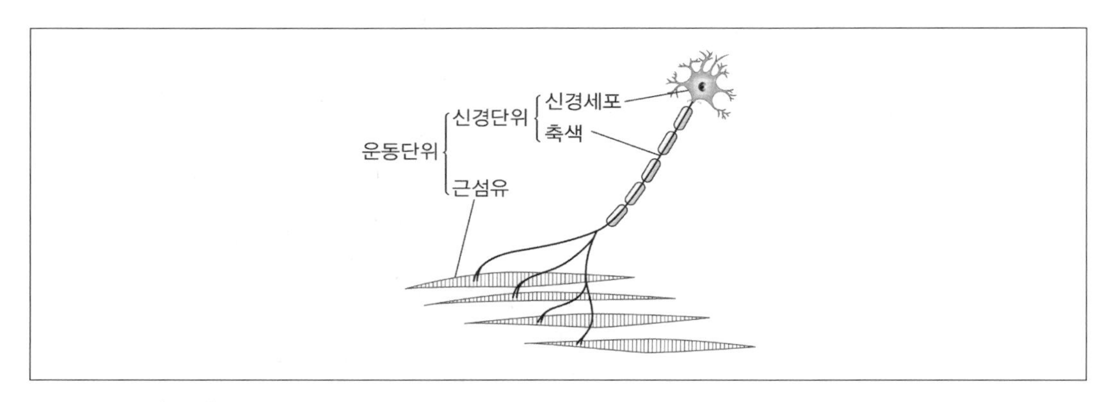

운동 단위의 구성

근력을 결정하는 요인은 근육 자체의 여러 요인과 신경적 요인으로 나눌 수 있다.

(1) 근육 자체의 요인

① 근단면적

근 크기가 클수록 더 많은 수축성분(액틴과 마이오신)으로 인해 더 많은 연결교를 형성할 수 있기 때문에 더욱 많은 힘을 발휘할 수 있다.

② 근섬유의 종류

속근 섬유가 서근 섬유보다 더 큰 힘을 발휘한다. 근섬유에 의한 힘의 생성은 수축 중 얼마나 많은 교차결합이 형성되느냐에 달려 있는데, 속근 섬유는 서근 섬유에 비해 더 많은 단위면적당 마이오신-액틴교차결합을 갖고 있다.

③ 관절의 각도

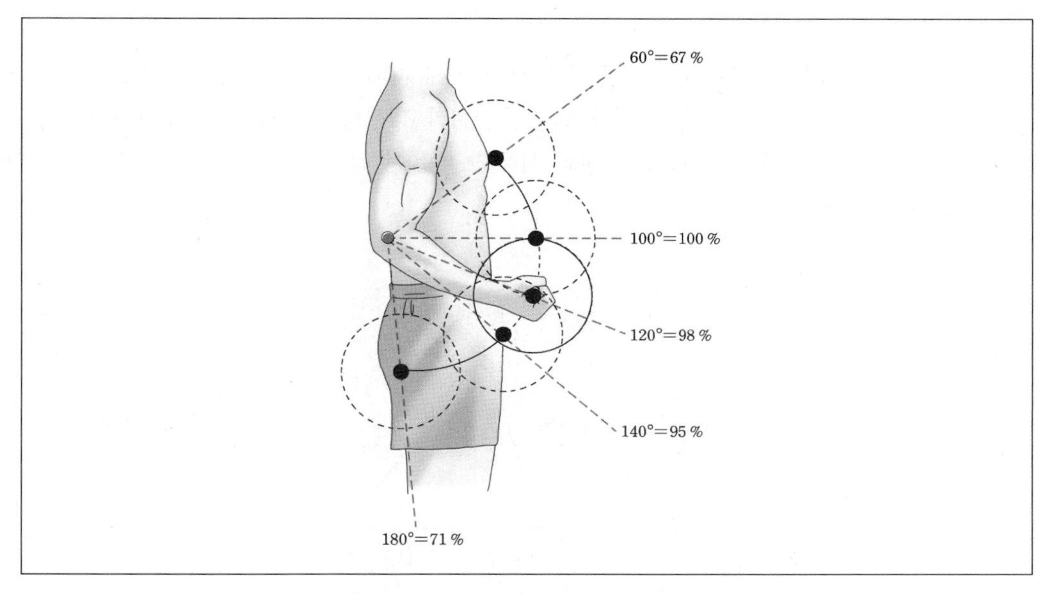

팔꿈치 관절각에 따른 상대적 근력의 변화

최적 각도에서 큰 장력이 발생한다. 팔꿈치 관절의 굴곡 운동 시 약 100~115°의 굴곡각도에서 가장 큰 굴곡장력이 발휘된다. 팔꿈치 관절이 180°로 완전히 신전된 상태에서는 굴근력이 최소로 되는데, 그것은 완전히 신전된 상태에서 팔꿈치 관절에서의 근과 뼈의 부착각도가 역학적으로 가장 비효율적이 되기 때문이다.

④ 근의 길이

근활주설을 근거로 가장 많은 연결교를 활성화시키는 근육의 적정 길이가 존재한다. 근육은 대체로 관절이 완전히 신전된 상태의 정상적인 휴식 시 길이보다 약간 더 늘어난 길이에서 가장 강한 힘을 발휘한다. 근길이와 힘의 관계는 가는 세사와 굵은 세사의 적정한 오버랩(overlap)이 휴식 시에 비해 약 20% 더 신전된 상태에서 이루어진다는 사실로 일부 설명할 수 있다.

⑤ 근력과 와인드업

무거운 중량을 들거나 던질 때 와인드업이나 대항 동작을 만들어냄으로써 더 큰 힘을 발휘할 수 있다. 와인드업이나 대항 동작이 근력발휘에 도움이 되는 이유는 신장성 수축 국면 중 결체조직이나 탄력성 근육을 신전시킴으로써 이들 조직에 저장된 에너지가 뒤이은 단축성 수축의 초반기에 즉각적으로 방출되기 때문이다.

⑥ 근력과 워밍업

근육온도가 낮으면 수축할 때 잠복기, 수축기, 이완기가 모두 길어진다. 근육온도가 낮을 때 제일 시간이 많이 걸리는 시점은 근수축 중 이완기이다. 워밍업은 근육의 수행력을 강화시킬 뿐만 아니라, 근육과 관절의 상해를 예방해준다.

(2) 신경적 요인은 보다 많은 운동단위를 동원하는 능력을 들 수 있다.

① 운동단위

운동단위는 하나의 운동신경섬유와 그것에 의해 지배되는 근섬유들로, 한 운동신경과 그것이 분포되어 있는 근섬유를 통틀어 운동단위라고 한다. 신경과 섬유의 비율이 높은 것은 큰 힘을 요구할 때 사용되며, 신경과 섬유의 비율이 적은 것은 정교하고 정확한 동작에 요구되는 근육이다.

② 연축

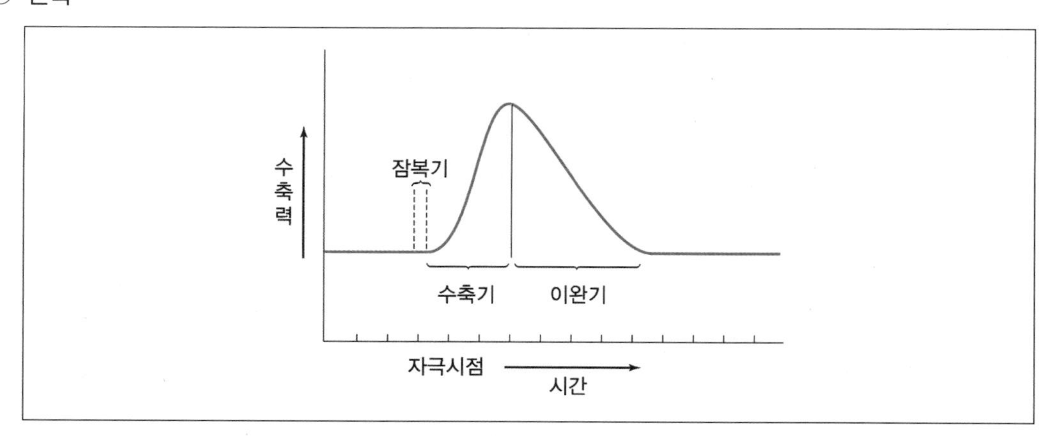

단일 근육수축(연축)의 근전도

근육에 단일 자극이 주어질 때 근육이 한번 수축하는 현상을 연축이라 한다. 연축은 그 시간으로 볼 때 세 가지 부분으로 나눌 수 있다.

㉠ 잠복기: 처음 자극을 받은 다음 실제 근수축이 시작하기 전까지의 시간

㉡ 수축기: 수축이 시작되어 최대에 이를 때까지의 시간

㉢ 회복기: 최대수축이 차차 풀려서 원상으로 되돌아오는 시간

③ 자극역치

연축이 일어나기 위해서는 필요한 일정수준 이상의 자극이 근육에 전달되어야 하는데, 이를 자극역치라 한다.

④ 실무율

하나의 근육섬유에 역치 이상의 자극이 전해질 때 근육섬유는 최대로 수축한다. 즉 역치 이상의 자극이 주어진다고 해서 개개의 근육 섬유가 더 수축하지는 않는다. 근섬유는 역치자극이상이면 똑같은 강도로 수축하고 역치자극이하이면 전혀 수축하지 않는다. 이러한 개개의 근섬유의 특성을 실무율이라고 한다.

역치자극 이상으로 자극의 강도가 높아지면 근육의 수축력도 비례하여 높아진다. 자극이 커짐에 따라 근수축이 강해지는 것은 운동단위의 수를 더 많이 동원하는 것이지, 근섬유 하나하나의 수축력에 변화가 있는 것은 아니다. 즉 실무율에는 변함이 없고 다만 자극 전달을 하는 운동신경이 더 많아지고 이에 따른 섬유의 수가 더 많아지는 것이다.

⑤ 근력 발현요소

㉠ 다중 운동 단위에 의한 가중

ⓐ 주어진 시간에 운동 단위수를 한꺼번에 조절해 근력을 발생시키는 것을 다중 운동 단위에 의한 가중이라고 한다.

ⓑ 트레이닝 후 동원되는 운동단위수가 증가한다.

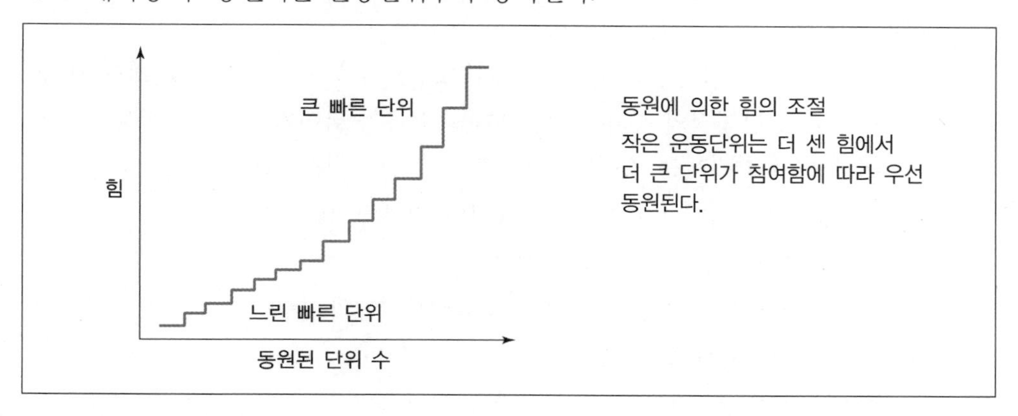

㉡ 파장에 의한 가중

ⓐ 계속적인 자극에 의해 장력이 발생하는 것으로 수축빈도가 한번일 때 단축, 여러 번일 경우 파장 가중, 그리고 계속적인 자극이 주어지면 강축이라 한다.

ⓑ 트레이닝 후 신경 자극 충격 빈도가 증가한다.

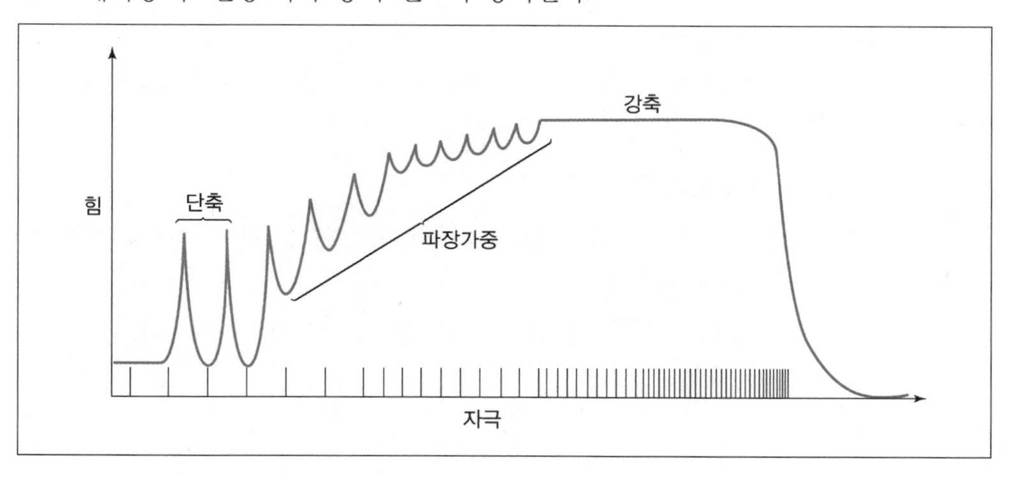

- 시간적 가중: 시차를 두고 개별 근육섬유에 자극을 주었을 때 발생하는 가중 현상
- 공간적 가중: 특정한 시점에 여러 개의 운동단위가 흥분되어 나타나는 힘의 생성

근수축 시 발생하는 근력에 영향을 미치는 3가지 요인
1. 동원된 운동단위의 형태와 수 2. 수축 전 근육길이 3. 운동단위의 신경자극의 특성

8. 훈련과 근육계의 적응(트레이닝 효과)

(1) 근비대

① 근섬유의 수는 유전적으로 결정되지만 근섬유의 크기는 증가(근육비대)시킬 수 있다. 훈련에 따른 근육 단면적의 증가는 각각의 근육섬유가 굵어지는데 기인하는 것으로서(근비대) 근육섬유수가 증가하는 것(근비후)은 아니라고 알려져 왔다.

② 개별적인 근섬유들의 비대는 다음 요인의 변화에 따른 것이다.

㉠ 근섬유당 근원섬유의 수와 크기의 증가

㉡ 마이오신 세사를 중심으로 한 수축 단백질 양의 증가

㉢ 섬유당 모세혈관 밀도의 증가

㉣ 결체조직, 힘줄, 인대 조직의 양과 근력의 증가

(2) 모세혈관 밀도의 증가

① 골격근의 비대는 섬유당 모세혈관망수의 증가를 가져오고 모세혈관의 밀도를 증가시킨다.

② 모세혈관망 수의 증가는 총혈액량의 증가와 헤모글로빈수의 증가를 가져오고 산소확산능력의 향상을 가져온다.

③ 모세혈관 밀도의 증가는 산소공급과 영양 물질의 공급 그리고 이산화탄소와 노폐물의 배출에 기여한다.

(3) 마이오글로빈 함량의 증가

① 마이오글로빈은 세포 내 산소의 임시 저장소로서 역할을 하며 지구성 훈련은 마이오글로빈 함량의 증가를 초래한다.

② 마이오글로빈 함량의 증가는 유산소적 대사능력의 개선에 기여한다.

(4) 미토콘드리아의 수와 크기 증가

① 미토콘드리아는 산소를 이용하여 글루코스나 지방산과 같은 에너지원을 분해시켜서 얻는 에너지로 ATP를 합성하는 장소이다.

② 미토콘드리아의 수와 크기의 증가는 골격근의 유산소성 에너지 생성 능력의 개선에 가장 중요한 요인이 된다.

(5) 결체조직의 변화

① 훈련은 뼈에 부착되어 있는 인대와 건(힘줄)의 탄력성을 증대시킨다.

② 이는 근력의 증가와 함께 더 큰 강도의 스트레스를 견딜 수 있게 하여 부상의 위험을 감소시킨다.

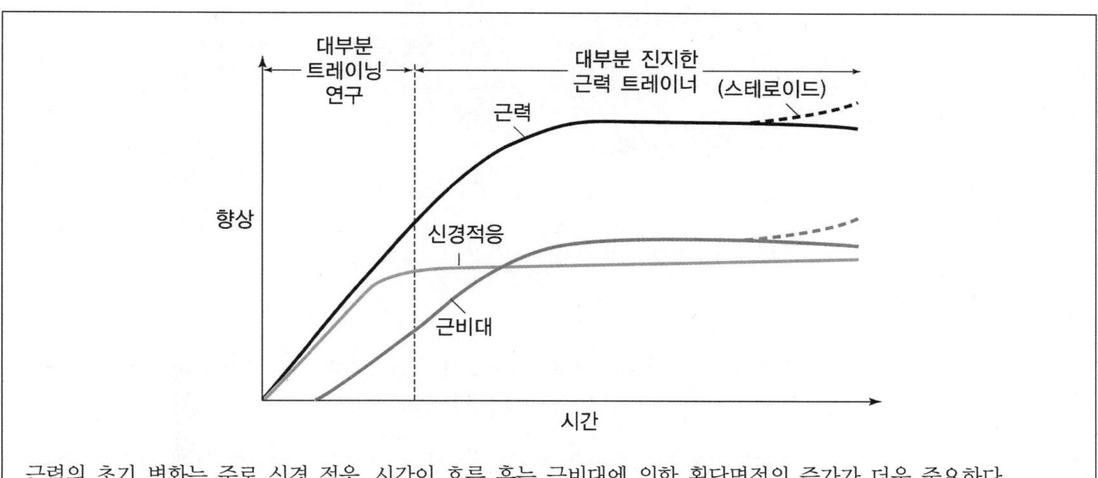

근력의 초기 변화는 주로 신경 적응, 시간이 흐른 후는 근비대에 의한 횡단면적의 증가가 더욱 중요하다.

7 운동과 신경계

신경계는 내분비계와 함께 인체의 여러 가지 생리적 조절을 담당하고 있다. 신경계는 주로 수 초 미만의 짧은 시간 동안 신체기능을 조절하며, 내분비계는 보다 장기적인 신체기능 조절작용을 한다. 이 두 가지 계통은 매우 밀접한 관련을 갖고 있어서 기능적으로 서로 연결되어 작용하는 경우가 많다.

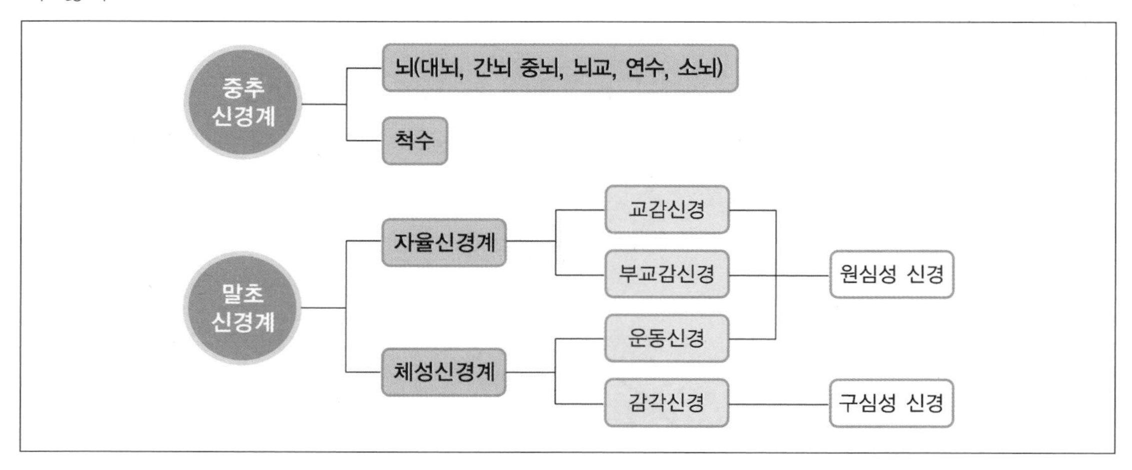

1. 말초 신경의 개요

(1) 말초신경 계통은 기능적 관점에서 보면 체성신경과 자율신경으로 나누어지지만, 해부학적 관점에서는 12쌍의 뇌신경과 31쌍의 척수신경으로 구분된다.

(2) 뇌신경은 뇌에서 직접 출발하여 각 기관에 분포되는 말초신경을 말하며, 척수신경은 척수의 양측에 출입하는 31쌍의 말초신경을 말한다.

(3) 12쌍의 뇌신경 중에 특기할만한 신경으로 미주신경(vagus nerve)이 있는데 미주신경은 인두, 후두, 목, 가슴, 배 부위까지 광범위하게 분포되어 있다. 미주신경은 부교감신경으로 특히 심장에 대해 억제적으로 작용하여 심박동수를 감소시키고 수축력을 감소시키는 작용을 한다.

(4) 자율신경은 체성신경계와 달리 중추신경계에서 나온 다음 표적장기에 이르는 도중에 한번은 반드시 다른 신경섬유와 교대하고 있다. 이 교대부위를 신경절이라 한다. 중추신경에서 신경절까지의 섬유를 절전섬유(신경절이전섬유)라 하고, 신경절에서 표적장기까지의 섬유를 절후섬유(신경절이후섬유)라고 한다.

- 교감신경 : 절전섬유(아세틸콜린), 절후섬유(노르에피네프린) → 아드레날린 작동성 뉴런
- 부교감신경 : 아세틸콜린 → 콜린 작동성 뉴런

2. 신경 세포의 구조와 기능

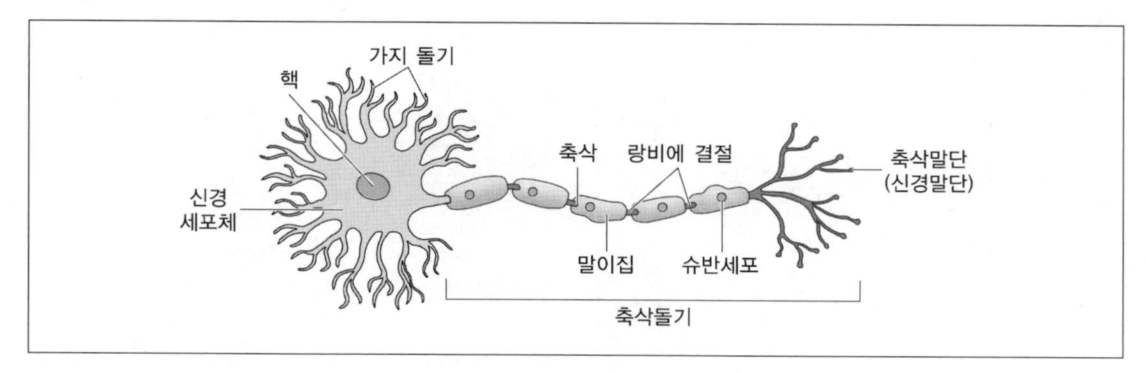

◇ 뉴런의 구조

(1) 신경섬유(neuron)는 그 안에 핵을 갖고 있는 세포체, 세포체에서 여러 가닥의 가지모양으로 뻗어 있는 수상돌기(가지돌기), 세포체에서 가늘고 길게 뻗어 나온 축삭으로 되어 있다.

(2) 수상돌기는 다른 신경섬유(뉴런)로부터 신경자극을 받아들이며 축삭은 받아들인 자극을 다른 신경섬유에 전달하거나 근섬유와 같은 최종기관에 전달하는 역할을 한다.

(3) 신경섬유의 축삭은 미엘린 수초로 덮여 있는 유수신경섬유와 미엘린 수초가 덮여 있지 않은 무수신경섬유가 있다. 유수신경섬유의 축삭을 보면 축삭의 전구간이 미엘린 수초로 덮여 있는 것이 아니라, 일정한 간격으로 수초가 없는 움푹 들어간 틈이 있다. 이 틈을 랑비에 마디라고 한다. 랑비에 마디에서 탈분극이 일어나고, 탈분극은 마디에서 다음 마디로 도약하면서 일어나게 되어 신경자극의 전도속도는 빨라진다.

(4) 미엘린 수초가 있는 유수신경은 도약전도를 하므로 무수신경보다 신경자극의 전도속도가 20 ~25배 정도 빠르다.

탈분극
안정 시 세포는 세포막을 기준으로 세포 안은 음극으로 세포 밖은 양극으로 분극이 되어 있어서 -70mV의 전압을 나타내는데, 이를 안정막전압이라고 한다. 세포막에 자극을 주게 되면 주로 세포외액에 많이 있는 Na^+에 대한 막투과도가 갑자기 증가하여 Na^+이 세포내로 유입되고, 그로 인해 세포막의 분극이 역전되어 막전압은 +30mV까지 뛰어 오르게 된다. 이러한 막전압의 변화를 탈분극이라고 하며, 그로 인해 활동전압이 발생한다. 활동전압이 발생한 신경섬유의 부분은 Na^+의 유입으로 세포내 하전이 음성에서 양성으로 바뀌었지만, 인접한 안정부분은 전기적으로 음성이어서 전류는 섬유안의 + 부분에서 - 부분으로 흐르게 된다.

3. 신경연접부

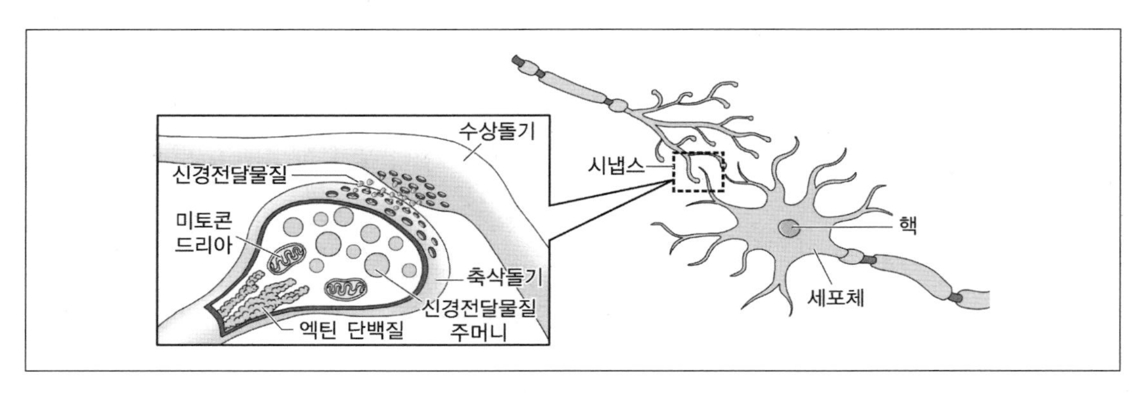

시냅스

(1) 신경자극의 전달은 두 신경섬유간의 연접부위인 시냅스(synapse)를 통해 가능하게 된다.

(2) 축삭의 말단은 다른 신경섬유의 세포체나 수상돌기와 시냅스를 이루어 자극을 전달해준다. 시냅스를 이루기 전에 자극을 전달해주는 신경섬유를 시냅스 전섬유(시냅스 이전섬유)라고 하고, 시냅스를 통해 자극을 받는 신경섬유를 시냅스 후섬유(시냅스 이후섬유)라고 한다.

(3) 시냅스의 구조는 자극을 전달하는 쪽의 세포막인 시냅스 전막, 자극을 받아들이는 쪽의 세포막인 시냅스 후막, 그리고 시냅스 전막과 후막 사이의 시냅스 간극으로 구성되어 있다. 시냅스 전섬유의 축삭 종말에는 신경전달물질을 저장하고 있는 소포(vesicle)가 있다.

(4) 신경자극이 축삭 종말에 이르면 소포에 저장되어 있던 화학물질(신경전달물질)이 방출되어 시냅스 간극을 지나 시냅스 후막의 수용체와 결합됨으로써 자극의 전달이 이루어진다. 이처럼 시냅스에서 자극의 전달을 담당하는 신경전달물질은 신경의 종류에 따라 여러 가지가 있다.

(5) 부교감신경은 절전섬유나 절후섬유나 모두 아세틸콜린을 분비하여 작용하므로 콜린 작동성 뉴런이라 하고, 교감신경은 절전 섬유에서는 아세틸콜린을 분비하지만, 절후섬유에서는 노르에피네프린을 분비하므로 아드레날린 작동성 뉴런이라고 한다.

(6) 시냅스는 두 신경섬유간의 연접을 지칭하는 것이고, 신경이 근육과 연접하는 경우에는 신경근연접이라고 한다. 골격근의 신경근연접에서 자극전달의 역할을 하는 신경전달물질은 아세틸콜린이다.

부교감신경과 체성신경 말단에서 분비되는 신경전달물질은 아세틸콜린이다. 반면 교감신경말단에서는 노르에피네프린을 분비한다.

4. 근력의 신경성 조절

뉴런은 다른 뉴런으로 소량의 화학물질(신경전달물질)을 보냄으로써 신호를 전달한다. 이 신경전달물질에는 뉴런을 흥분시키는 흥분성 신경전달물질과 뉴런을 억제하는 억제성 신경전달물질이 있다. 뉴런은 두 가지 중 어느 한 가지만을 분비하기 때문에 흥분성 뉴런과 억제성 뉴런으로 나누어진다. 어느 한 개의 뉴런은 그 수상돌기와 세포체에 흥분성 뉴런과 억제성 뉴런이 여러 개 접합(시냅스)을 이루고 있다. 이 운동뉴런이 어느 순간 흥분하거나 억제되는 것은 그 순간 이 뉴런에 도달한 모든 흥분성 및 억제성 자극의 순효과에 달려 있다.

(1) 신경 세포의 전기적 특성

① 역치와 실무율

㉠ 역치: 탈분극시키기에 충분한 자극(15~20mV정도의 자극)

㉡ 실무율: 탈분극이 일어나면 활동 전위가 발생한다.

㉢ 실무율에 따른 자극의 전도: 역치 자극이상의 자극이 세포체에 유입되면 막에 탈분극이 일어나고 활동 전위가 발생한다. 활동 전위는 절연체인 미엘린 수초를 통과하지 못하므로 랑비에르 결절에서 도약 전도를 통해 축삭 말단까지 전달된다.

② 신경 세포의 기능

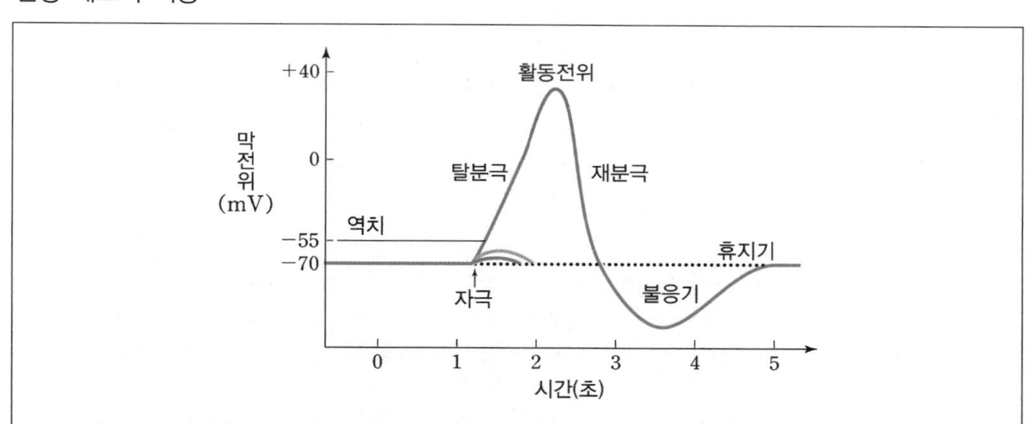

활동 전압은 신경 세포의 나트륨 전도율을 증가시킴으로써 발생되며 나트륨 이온이 신경세포에 들어가면 양전하가 증가되어 활동 전압이 일어난다.

㉠ 극화(분극): 세포막을 중심으로 +, - 극이 대치하고 있는 상태(-70mV)

㉡ 탈분극: 세포막 전위가 안정막 전위 수보다 감소된 상태(-55~30mV)

㉢ 과분극: 전위가 안정 시보다 더 커진 상태(-극이 더 많은 상태)(-70mV이상)

㉣ 재분극: 탈분극된 후 다시 안정 시 전위 수준으로 돌아온 상태(-70mV)

막전위는 약 -70mV → 자극이 역치에 도달할 때 Na^+ 통로가 열리고 Na^+이 세포 안으로 들어오면 탈분극이 일어난다. → 뒤이어 K^+ 통로가 열려서 K^+이 세포 밖으로 유출되면서 재분극이 일어난다.

(2) 신경 세포의 화학적 특성

시냅스 전막으로부터 방출된 신경전달물질이 시냅스 간극으로 확산되어 시냅스 후막의 수용체와 결합하면 특정 이온통로가 열리거나 닫히게 된다. 이온통로의 개폐로 인해 특정이온이 시냅스 후막을 통해 이동하면 시냅스 전압이 발생하며, 이로 인해 자극의 전도가 이루어진다.

① 흥분성 연접후 막전압(EPSP)

㉠ 시냅스 전막: 흥분성 자극이 축삭 말단에 도달한다.

㉡ 시냅스 공간: 축삭 말단의 소포에 저장되어 있던 화학 전달 물질인 아세틸콜린이 시냅스 공간으로 방출된다.

㉢ 시냅스 후막: 가지돌기를 통해 받아들여진 정보는 세포체를 통해 막에 탈분극을 일으키고 계속적인 신경자극을 전달한다.

신경전달물질이 시냅스 후막의 수용체와 결합할 때, 나트륨통로가 열리면서 세포 밖의 Na^{+}이 세포내로 유입되면 시냅스 후막은 탈분극 된다. 세포막이 탈분극 된다는 것은 그만큼 안정막전압에 비해 양극을 띠게 된다는 것을 의미하는데, 이는 역치전압에 더욱 가까워져 활동전압이 보다 쉽게 발생한다는 것을 의미한다. 이러한 형태의 막전압 변화를 EPSP라고 한다.

② 억제성 연접후 막전압(IPSP)

㉠ 시냅스 전막: 억제성 자극이 축삭 말단에 도달한다.

㉡ 시냅스 공간: 축삭 말단의 소포에 저장되어 있던 화학전달물질인 감마아미노뷰티릭산이 시냅스 공간으로 방출된다.

㉢ 시냅스 후막: 가지돌기를 통해 받아들여진 정보는 세포체를 통해 막에 과분극을 일으키고 신경 자극이 중단된다.

신경전달물질이 시냅스전막으로 방출되어 시냅스후막의 특정 수용체와 결합할 때, Cl^{-}에 대한 투과성이 증가한다면, 즉 세포 밖의 염소가 염소이온통로를 통해 세포 안으로 이동하면 시냅스 후막은 과분극 된다. 과분극 된다는 것은 안정막전압보다 더 음극을 띠게 된다는 것을 의미하며, 시냅스 후막이 음극을 더 띠게 되면 역치전압에 도달하기 힘들어지며, 이는 활동전압이 일어나기 어렵다는 것을 의미한다. 시냅스후막에서 일어나는 이러한 막전압의 변화를 IPSP라고 한다. IPSP는 염소이온통로 대신에 포타슘이온통로를 통하여 발생하기도 한다.

③ 시간적 가중과 공간적 가중

㉠ 공간적 가중

여러 개의 소두부가 동시에 화학물질을 방출하면 EPSP가 서로 합쳐져서 흥분 역치에 도달되면 시냅스 후 뉴런에서 활동전압이 일어난다.

㉡ 시간적 가중

하나의 시냅스 소두부에서 매우 짧은 시간 간격으로 흥분을 되풀이 할 때, 처음 화학물질 방출에 의해 생긴 EPSP가 아직 사라지기 전에 다음번 화학물질의 방출에 의한 EPSP가 겹쳐져서 흥분역치에 도달하게 되어 활동전압이 발생한다.

④ 근신경 연접부 반응

㉠ 흥분성 자극이 축삭 말단에 도달하면 소포에 저장되어 있던 아세틸콜린이 방출된다.

㉡ 근섬유의 근섬유막에 있는 아세틸콜린 수용체에서 탈분극이 일어난다.

㉢ 신경자극은 근형질의 T세관을 거쳐 근형질세망의 소포에 도달하고, 소포에 저장되어 있던 칼슘이 방출된다.

㉣ 칼슘에 감수성을 갖는 트로포닌이 트로포마이오신의 위치를 변화시켜 액토마이오신 복합체가 형성된다.

㉤ 십자형교 끝에 뭉쳐져 있는 ATP가 ATPase에 의해 분해되면서 발생한 에너지를 통해 수축이 일어난다.

(3) 운동 단위와 근력조절

① 인체가 근수축력을 조절하는 데는 두 가지 방법이 이용된다. 하나는 힘을 발휘하는 데 동원되는 운동단위의 총 수효를 조절하는 것이고, 다른 하나는 운동단위를 흥분시키는 자극의 빈도를 변화시키는 것이다.

② 한 개의 운동단위는 척수에서 나온 한 개의 운동신경섬유(운동뉴런)와 그 신경섬유에 의해서 지배되는 여러 개의 근섬유로 이루어진다.

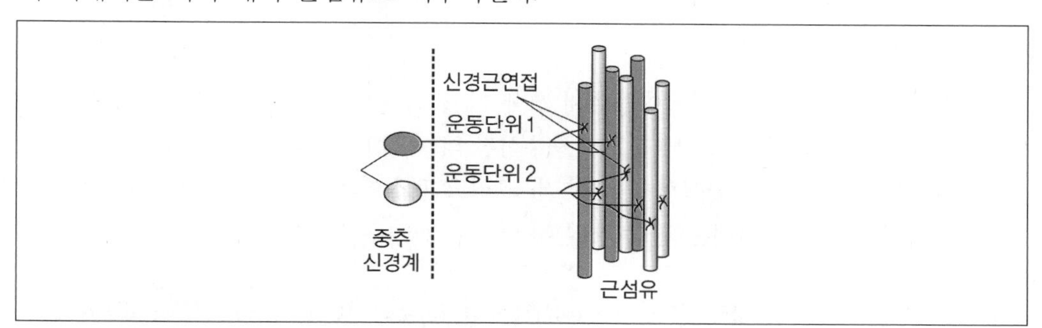

근육의 운동단위

③ 한 개의 운동뉴런에 의해 지배되는 근섬유의 수는 매우 다양하다. 눈의 근육과 같이 세밀한 조절이 필요한 근육에서는 1개의 운동뉴런이 지배하는 근섬유수가 5개 정도로 적은 반면, 비복근 같은 큰 근육에서는 1000개 이상이 된다.

④ 한 개의 운동뉴런에 의해 지배되는 근섬유들은 모두 동일한 근섬유 형태, 즉 속근 섬유나 서근 섬유 중 어느 한 가지에 속한다.

⑤ 동원되는 운동단위의 총수효는 최대한의 단시간 수축 시의 첫 단계에서 중요한 역할을 하며, 그 후 근수축 시간을 지속시키는 데는 자극빈도를 증가시키는 것이 보다 큰 역할을 한다.

- 1개의 운동신경에 연결되는 근섬유를 운동단위라고 한다. 중추신경계은 운동단위 수를 증가시킴으로써 근수축의 힘을 증가시킬 수 있다. 운동단위는 그 크기의 기능에 따라 순차적으로 동원된다. 예를 들면, 가벼운 무게를 들기 위해 근육이 처음 활성화될 때, 점화된 최초의 운동단위는 크기가 작으며 이것은 힘의 생산량 제한을 가져온다. 그러나 더 많은 힘이 요구될 때, 근력 생산을 증가시키기 위해 더 큰 운동신경의 동원이 점차적으로 증가한다. 더 큰 운동단위의 순차적인 동원을 크기원리라고 한다.

- 운동단위들은 일반적으로 정해진 근섬유의 동원 법칙에 의해서 활성화된다. 이것은 '순차적인 동원의 원리'(principle of orderly recruitment)로 알려져 있으며 주어진 근육 내의 운동단위는 일정한 순서를 가지고 있는 듯하다. 예를 들어, 상완이두근을 살펴 보자. 전체 200개의 운동단위가 있다고 가정한다면 운동단위는 1번에서 200번까지의 순서를 가진다. 아주 적은 힘을 요구하는 매우 정교한 동작에서는 1번 운동단위가 동원될 것이다. 힘의 발휘를 증가시키기 위해서는 2, 3, 4, 5번의 운동단위가 계속해서 동원되어져야 하며 최대 힘을 발휘하기 위해서는 전체 운동단위의 거의 대부분이 동원 될 것이다. 요구되는 힘을 발휘하기 위해서는 동일한 운동단위가 동일한 순서에 의해서 동원된다.
- 규칙적인 근섬유 동원을 부분적으로 설명할 수 있는 기전은 '크기의 원리'(size principle)로서 운동단위 동원의 규칙은 직접적으로 운동단위 크기와 관련되어 있다는 것이다. 작은 운동뉴런의 운동단위가 가장 우선적으로 동원된다. 왜냐하면 Type I 운동단위는 작은 크기의 운동뉴런을 가지며 이것들은 점증적인 운동에서 가장 우선적으로 동원된다. 운동을 수행하기 위해서 요구되는 힘이 증가됨에 따라 Type II 운동단위가 동원된다.

(4) 근력의 말초성 조절자

인체가 내・외적인 자극을 받아들여서 그에 따른 적절한 반응을 하게 되는 일반적 경로는 감각수용기(자극감수기) - 구심성신경 - 중추신경(뇌, 척수) - 원심성신경 - 효과기(심장, 내장, 골격근)이다. 감각수용기 중에서 근육과 건, 그리고 관절에 있는 특별한 감각기관을 고유수용기라고 하며, 고유수용기에는 근방추, 골지건기관, 관절수용기가 있다.

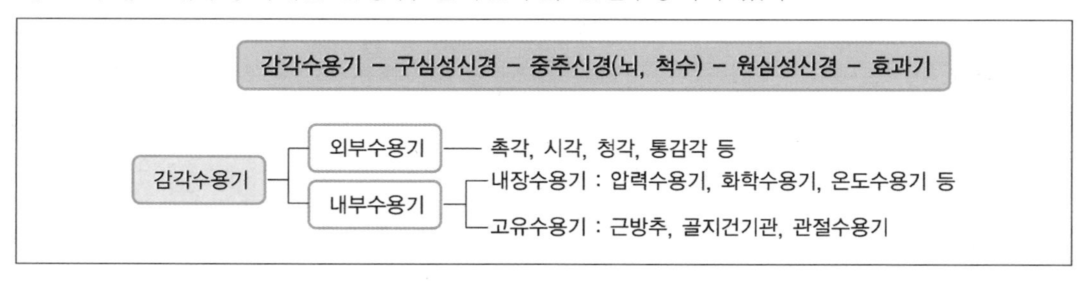

① 근방추

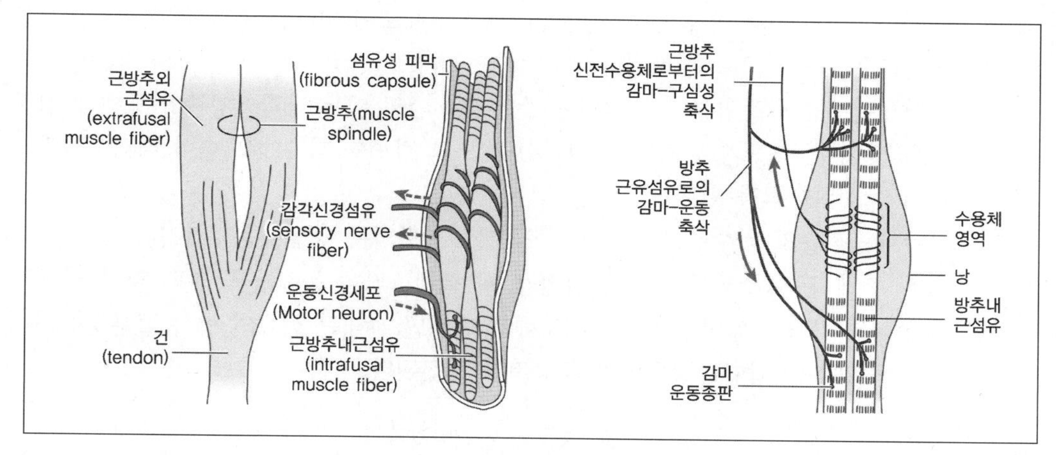

근방추

㉠ 근방추는 근 자체 내에 묻혀 있는 특수한 수용체로서 근 길이의 변화와 변화속도를 감지하는 역할을 한다.

㉡ 근방추와 근방추를 둘러싸고 있는 추외근섬유는 결체조직에 의해 연결되어 있어, 근이 수축하거나 이완할 때 근방추도 역시 수축하거나 이완하게 된다. 내부는 추내근섬유로 불리는 근섬유가 있다.

㉢ 추외근섬유는 알파 운동신경세포에 의해서 조절되고, 추내근섬유는 섬유의 양쪽 말단부에 분포된 감마 운동신경세포에 의해서 조절된다.

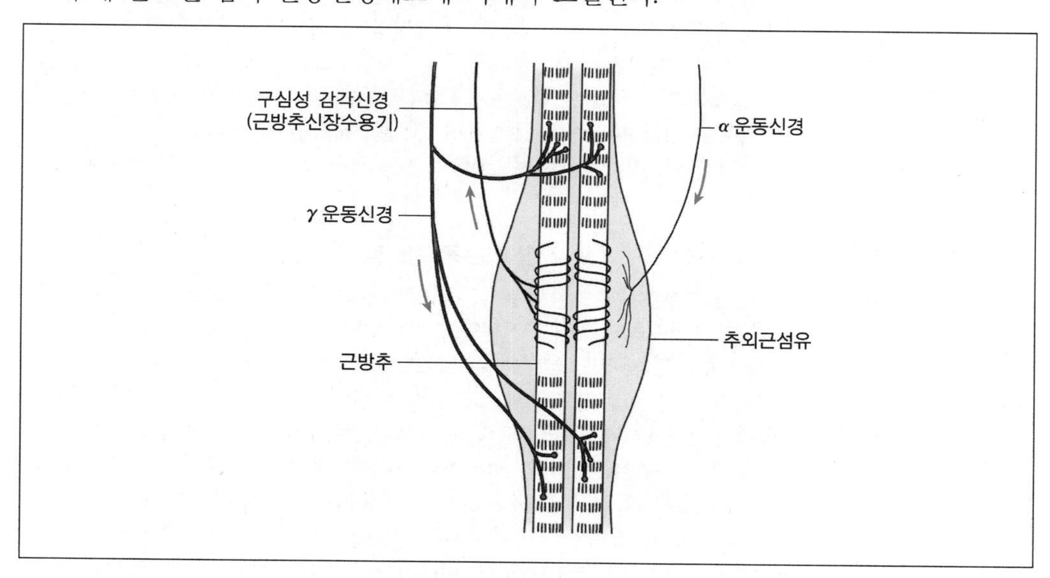

근방추의 구조와 신경전도로

㉣ 추내근섬유의 중앙부는 비수축성 부분이고, 양쪽 끝부분은 수축성 성분으로 이루어져 있다. 추내근섬유의 끝부분이 감마 운동신경세포에 의해서 수축할 때 추내근섬유의 중앙부는 수동적으로 신전된다.

㉤ 추내근섬유의 중앙부가 신전되면 중앙부를 감고 있는 감각신경종말에 의해 신전의 정도 및 신전 속도가 감지되고, 감각신경은 그 정보를 척수에 보내어 대뇌피질과 소뇌로까지 전달하도록 한다.

㉥ 추내근섬유의 비수축성 부분인 중앙부가 신전되는 방법에는 2가지가 있다.

ⓐ 전체 근육(추외근섬유)이 신전될 때 결체조직을 통해 근방추도 역시 신전된다.

ⓑ 신경자극이 감마 운동신경세포에 전달되면 추내근 섬유의 양쪽 끝부분이 수축하여 중앙부를 잡아당김으로써 중앙부가 신전된다.

—◇ 신전반사 ◇—

1. 근방추는 척수반사인 근신전반사를 조절한다.
   - 여러 권의 책을 손 위에 올려놓고 팔꿈치를 천천히 굽혀서 들어 올리고 있을 때, 손 위에 책을 한 권 더 올려놓을 경우 이 때 부하가 갑자기 증가되기 때문에 근육은 신전되어 팔이 약간 아래로 처지게 된다.
   - 동시적으로 근방추 역시 신전되고 그 정보는 감각신경을 통해서 전달되어 척수에서 알파 운동신경세포를 흥분시키게 된다. 그 결과 팔꿈치 굴근은 다시 수축하게 된다. 이때 약간의 과보상이 일어나기 때문에 팔꿈치는 처음의 위치보다 더 높이 굽혀지게 된다.
   - 이러한 과보상은 부하의 증가의 폭이 크거나 급하게 일어날수록 커지게 되는데, 이는 근방추가 근육 길이의 변화속도와 비율에 민감하게 반응함을 나타내준다.
2. 근신전 반사의 또 다른 예는 슬개건 반사이다.
   - 나무망치로 슬개건을 치면 대퇴사두근은 급작스럽게 신전된다. 이러한 추외근섬유(대퇴사두근)의 갑작스런 신전은 결체조직을 거쳐 근방추와 그 내부의 추내근섬유에 전달된다.
   - 추내근섬유의 중앙부가 신전됨에 따라 추내근섬유의 중앙부를 둘러싸고 있는 감각신경종말이 자극되어 흥분성 임펄스를 척수에 있는 알파 운동신경세포에 보낸다. 그러면 알파 운동신경섬유는 같은 근육의 추외근섬유를 자극하여 수축시킴으로써 신전을 해소시키게 된다.
   - 동시에 억제성 임펄스가 길항근(대퇴이두근)으로 전달되어 길항근이 이완되도록 한다.

—◇ 감마 운동 시스템 ◇—

- 추내근 섬유의 말단부에 분포된 조그만 운동뉴런을 감마 운동뉴런이라고 한다. 감마 운동뉴런은 대뇌피질의 운동중추, 즉 고위중추에 의해 직접적인 자극을 받는다.
- 이 뉴런이 흥분하면 추내근섬유의 끝부분이 수축하고, 결국 추내근섬유의 중앙부는 신전하게 된다. 중앙부의 신전은 감각신경종말에 의해 감지되고, 이어서 알파 운동뉴런의 반사적 흥분을 야기시킨다. 알파 운동뉴런의 흥분은 근방추를 둘러싸고 있는 추외근섬유의 보다 강력한 수축을 유발한다.
- 감마 운동뉴런이 없다면, 지속적인 근수축 중에 추내근섬유의 중앙부는 점차 장력이 감소하여(신전자극이 전달되지 않기 때문에) 감각신경의 흥분도는 점차 저하되며, 이어서 알파 운동뉴런의 흥분도 역시 감소하기 때문에 계속적인 근수축이 이루어지기 어렵다.
- 근수축 중에 고위중추로부터 감마 운동뉴런으로 자극이 지속적으로 내려오면 추내근섬유 말단이 수축함으로써 추내근섬유 중앙부는 신전상태를 유지하고, 이는 구심성의 감각신경을 통해 알파 운동뉴런에 의한 보다 강력한 근수축이 유지되도록 한다.

• 이처럼 대뇌피질 및 뇌의 여러 중추로부터의 자극이 감마 운동뉴런을 활성화시키는 동시에 추외근섬유의 알파 운동뉴런을 흥분시키는 조절기전을 '알파-감마 동시활성화'(alpha-gamma coactivation)라고 한다.

② 골지건기관

㉠ 골지건기관은 근과 건의 결합부위에 위치하여, 현재 발휘되고 있는 근장력의 수준을 척수 및 뇌에 보고하는 감각기관(수용체)이다.

㉡ 건기관은 근신전보다는 수축에 의해 민감하게 작용하여 지나치게 강한 근수축이 일어날 때 이를 억제하는 역할을 한다.

㉢ 근수축이 증가할수록 건기관 수용체에서는 비례적으로 더 많은 억제성 자극을 주동근의 알파 운동뉴런으로 보내고, 길항근을 흥분시켜서 수축이 더 이상 일어나지 않도록 한다. 이러한 건기관반사는 과도한 근수축으로 인해 건이 뼈로부터 분리되는 것을 방지해주는 안전장치로서의 역할을 한다.

③ 관절수용체

㉠ 사지 및 관절의 위치를 감지하는 관절수용체는 관절낭을 둘러싸고 있는 결체조직과 인대에 위치하고 있다.

㉡ 관절수용기는 매우 민감하여 척수와 뇌에 정보를 전달하여 신속하게 동작의 수정이 이루어질 수 있도록 한다.

㉢ 예를 들면, 장대 높이뛰기 최고점에서 어떻게 인체의 각부위가 정렬되어 있는지에 대한 정보를 관절수용체에서 감지하여 뇌의 고위중추에 정보를 전달한다. 자신이 봉에 더 접근해야겠다는 정보를 감지하면 봉 쪽으로 몸을 이동시키고, 인체가 봉에 너무 앞서 나갔다고 위치를 감지하면 팔의 수축력을 감소시켜 잘못된 위치를 수정할 것이다.

5. 자율신경계와 운동

인체의 여러 불수의적인 생리적 조절, 즉 심장 및 혈관 운동조절, 호르몬 분비, 내장 운동 등은 자율신경계에 의해 조절된다. 자율신경계의 조절중추는 시상하부에 있으며, 이 조절중추는 교감신경과 부교감신경을 통해 심장 등의 효과기에 원심성 명령을 내리게 된다. 교감신경은 운동이나 스트레스 상황, 긴급 상황에 대비하여 인체가 에너지를 활발하게 소비하는 상황에 인체를 준비하도록 하는 반면, 부교감신경은 정상적이고 휴식적인 상태에서 보다 활발히 작용한다. 운동 시에는 교감신경계의 흥분도가 증가하는 반면, 부교감신경은 대체로 억제된다.

(1) 교감신경

① 교감신경계는 방위 반응계로서 위험에 신체를 준비한다.

② 심박수와 심장 수축력을 증가시킨다.

③ 관상동맥과 심장근의 증가된 요구로 관상동맥의 확장과 심장근에 대한 혈액 공급을 증가시킨다.

④ 혈관 확장으로 더 많은 혈액이 활동하는 골격근에 들어오게 한다.

⑤ 대부분의 다른 조직에서의 혈관 수축은 혈액 흐름을 활동적인 근육으로 전환시켜준다.

⑥ 혈압을 증가시켜 근육에의 관류를 더욱 활성화시키고, 정맥 환류량을 개선시킨다.

⑦ 정신 활동의 증가는 감각 자극을 더욱 잘 인식하며 수행 능력 향상에 더욱 집중하게 한다.

⑧ 글루코스는 간으로부터 방출되어 에너지 원료로서 혈액내로 들어가게 한다.

⑨ 직접적으로 필요하지 않은 기능은 천천히 일어나게 하여 운동에 활용될 에너지원을 보존한다.

⑩ 교감신경종말에서는 에피네프린과 노르에피네프린을 분비한다.

(2) 부교감신경

① 소화, 배뇨, 분비선과 에너지의 보존 같은 과정을 수행하는 역할을 한다.

② 장기간의 훈련에 따른 안정 시 및 최대하운동 시 심박수 감소현상은 부교감신경인 미주신경의 긴장도가 증가되기 때문이다. 미주신경은 전체 부교감신경의 약 75%를 차지한다.

③ 심박수 감소, 관상동맥의 수축, 기관지 수축, 피부의 말초혈관 확장, 침샘분비 등의 역할을 한다.

④ 부교감신경의 신경전달물질은 아세틸콜린이다.

구분	중추	척추기시	작용				
			심장운동	심장혈관	내장혈관	기관지	소화관연동
교감신경	시상하부	등뼈, 허리뼈	촉진	확장	수축	확장	억제
부교감신경		뇌간, 엉치뼈	억제	수축	확장	수축	촉진

6. 중추신경계와 운동

중추신경계는 뇌와 척수로 구성되며 말초신경계에서 전달된 정보를 수집하고 비교·통합하여 체내 각 기관들의 기능을 조절한다. 대뇌는 구심성 감각신경의 정보를 분석하고 그에 알맞은 명령을 원심성 신경을 통해 인체의 효과기에 내려 보낸다. 골격근은 대뇌피질의 운동 영역, 대뇌기저부 및 척수 등의 세 단계로부터 각각 시작된 원심성 신경(운동신경)을 통해 전달되는 자극에 의해서 수축기능이 조절된다. 척수로부터 대뇌피질의 운동영역으로 그 조절중추가 올라감에 따라, 단순한 반사적 움직임에서부터 기본적인 사고과정이 요구되는 복잡한 움직임으로 이행된다.

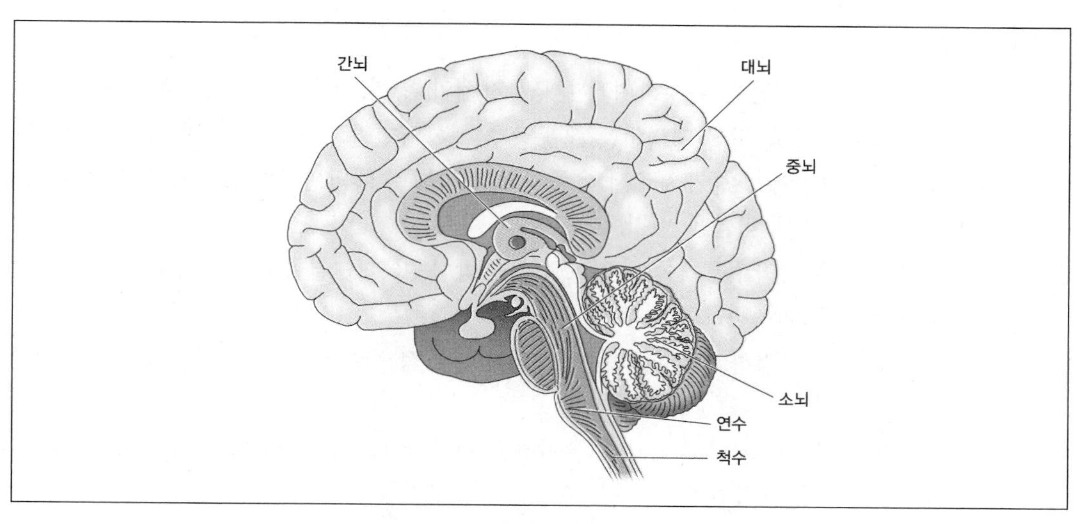

뇌의 기본구조

(1) 뇌의 구조와 기능

뇌는 해부학적으로 대뇌, 간뇌, 뇌간 및 소뇌로 구분된다. 뇌간은 대뇌와 소뇌 및 척수의 연결부로서 작용하는 이외에 생명유지에 필요한 부분으로서 많은 뇌신경이 기시하거나 정지한다.

① 대뇌

㉠ 대뇌반구는 대뇌피질, 대뇌수질, 기저핵, 측뇌실로 구성되어 있다.

㉡ 그 중 대뇌피질이 기능상 가장 중요한데 운동영역(운동중추), 지각영역(지각중추)에서 특징적인 기능을 수행한다.

② 간뇌

㉠ 대뇌반구에 둘러싸여 뇌의 중앙에 위치하며 시상, 시상하부, 뇌하수체로 구성된다.

㉡ 시상은 감각의 연결중추로서 모든 감각을 종합하여 대뇌피질로 전달하는 역할을 한다.

㉢ 시상하부는 시상의 아래에 있으며 체온조절, 체액 및 전해질 균형의 조절(갈증중추), 식욕 조절(식욕중추) 등 신체 항상성 유지에 관여한다.

㉣ 뇌하수체는 시상하부에 붙어 있는 작은 내분비기관으로 전엽과 후엽으로 나누어지며, 각종 호르몬을 생성·분비한다.

③ 뇌간

㉠ 뇌간(뇌줄기)은 중뇌, 뇌교, 연수로 구성되어 있다.

㉡ 연수에는 심장운동, 혈압, 호흡, 타액분비, 발한 등을 지배 조절하는 많은 중요한 중추들이 위치하고 있다.

㉢ 연수에는 추체가 있어 대뇌피질에서 척수로 가는 운동신경섬유의 통로가 되며 연수의 하단에서 좌우로 교차되기 때문에 이를 추체교차라 한다.

④ 소뇌

㉠ 소뇌는 뇌간 뒤편에 위치하며, 신체의 자세와 평형, 운동의 조정에 관여하고 있다.

㉡ 소뇌는 근운동을 직접 명령하는 운동중추는 아니지만 운동기관(골격근)과 대뇌피질 운동중추의 중간에서 중재자로서 운동영역에 의해 수행되는 신체활동을 조정하는 대뇌의 자문기관으로서 역할을 한다.

㉢ 소뇌는 많은 감각수용기에서 정보를 제공받아 이것을 결합하여 추체외로 기능의 전반적인 양상을 만든다.

㉣ 기술 동작을 조정하고 수의적인 동작이나 부분적으로 걷는 것과 같은 불수의적인 동작을 조정한다.

㉤ 근육의 장력을 유지하고 자세를 유지하는 것과 걷거나 수영할 때 협응 동작을 가능하게 하며 각 동작의 범위와 파워를 조정한다.

(2) 중추신경계와 수의적 운동

① 추체로

㉠ 추체로는 대뇌피질의 운동중추에서 기시한 신경섬유가 중뇌, 교, 연수를 경유하여 척수 전각의 운동신경세포까지 직접 이어주는 신경전도로이다.

㉡ 신경의 전도로 중 연수의 앞부분을 지나갈 때 연수 앞부분이 뒤집어진 추체형을 하고 있기 때문에 추체로라고 한다.

㉢ 추체로는 약 100만개의 신경섬유로 구성되어 있으며, 이 중 대부분의 섬유는 연수의 추체교차에서 반대측으로 서로 교차하여 척수로 내려간다.

㉣ 추체로의 교차성 때문에 좌측 대뇌반구는 우반신, 우측 대뇌반구는 좌반신 운동을 지배한다.

② 추체외로

㉠ 추체외로는 연수의 추체를 통과하지 않는 모든 신경로를 의미하며, 추체외로의 가장 기본적인 기능은 추체계에 의한 수의적 운동을 부드럽게 조정하는 역할을 한다.

㉡ 추체계가 존재하지 않는 하등척추동물에서의 운동은 틀에 박힌 본능적인 양상으로만 일어나며, 고등동물일수록 추체로가 잘 발달되어 있다. 그러나 추체계에 의한 다양하고 수의적인 운동이 부드럽게 조절되기 위해서는 반드시 추체외로계의 작용이 있어야 한다.

㉢ 추체외로계의 기능은 지속적으로 하위 운동신경으로 보내지는 흥분성 자극의 전달을 억제하는 일이다. 따라서 추체외로계가 손상되면 근육의 긴장도가 지나치게 높아진다.

㉣ 운동학습과 관련하여 운동기술을 처음 익힐 때는 의식을 집중하지만, 반복연습하면서 그 기술 동작을 크게 의식하지 않고 자동화된 패턴에 의해 수행할 수 있게 된다. 이런 무의식적이고 자동화된 동작이 가능한 것은 전운동영역에서 기시하는 추체외로에 일정한 조절경로의 형성 즉, 패턴화가 이루어졌기 때문이다.

7. 근력개선과 신경계적응

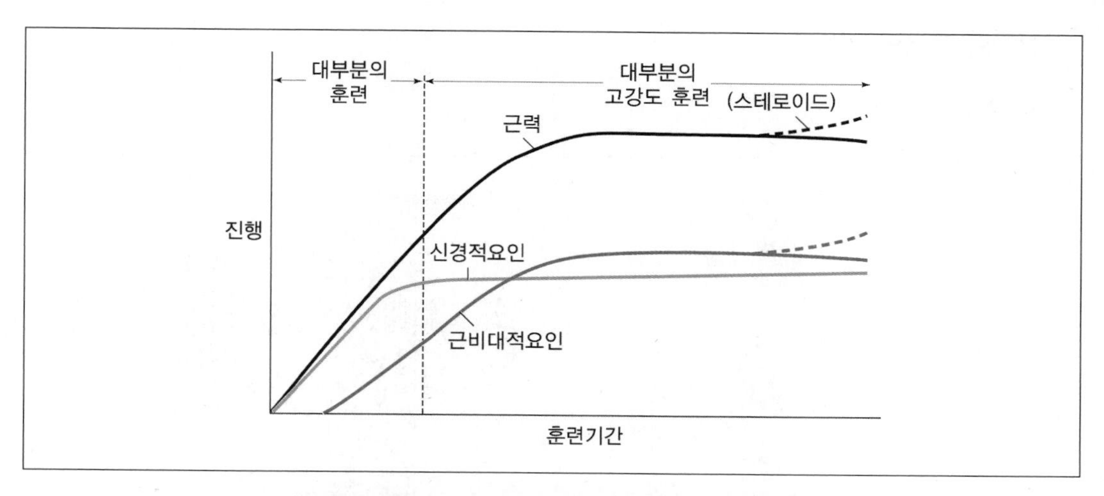

저항운동에 따른 근력개선의 신경요인과 근비대 요인의 기여도

(1) 최대 근력을 개선시키는 기전에는 2가지를 들 수 있는데, 그것은 운동단위수를 증가시키는 것(신경계의 역할)과 각각의 운동단위가 더 많은 힘을 발휘하는 것(근육 자체의 역할)이다.

(2) 근력을 개선시키기 위해 저항성 트레이닝을 수행할 때 근육비대 현상은 훈련 초기에는 나타나지 않고 대체로 4주 이후에 나타난다. 저항성 트레이닝 초기에 근육비대 없이 근력이 개선되는 현상은 주로 신경적 요인의 변화에 의해 이루어진다.

(3) 근육질의 사람과 마른 사람이 팔씨름을 할 때, 마른 사람이 이길 수 있는 것은 근력이 근단면적 이외에도 동원되는 운동단위의 수, 자극의 빈도와 같은 신경적 요소에 의해 결정되기 때문이다.

8 운동과 순환계

1. 심장의 구조와 기능

(1) 순환 기전

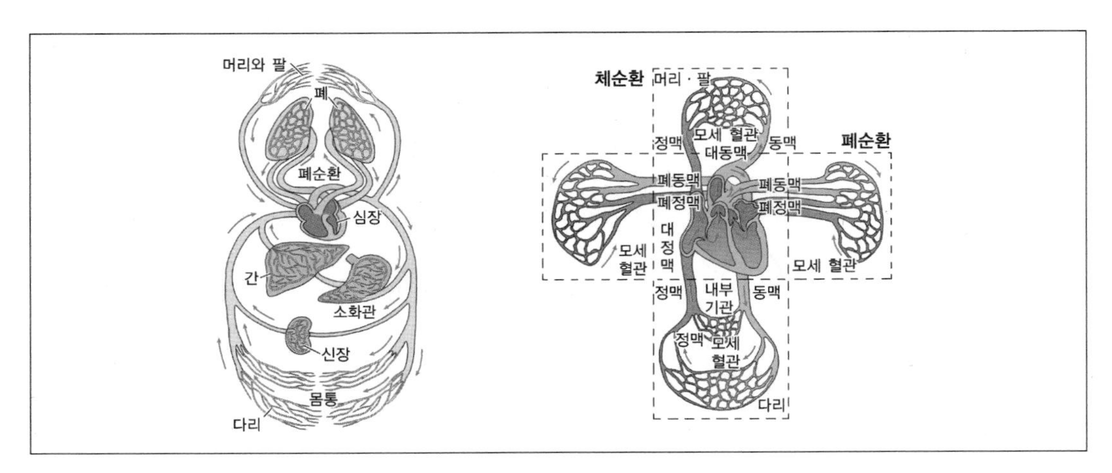

체순환과 폐순환

① 폐순환(소순환) : 우심실 → 폐동맥 → 폐(가스교환) → 폐정맥 → 좌심방

② 체순환(대순환) : 좌심실 → 대동맥 → 조직(가스교환) → 대정맥 → 우심방

심장의 우심실은 폐로 혈액을 보내는 펌프로서 작용하며, 좌심실은 폐를 제외한 인체 모든 부위로 혈액을 보내는 펌프이다. 온몸을 순환하고 돌아오는 혈액은 우심방 → 우심실을 거쳐 다시 폐로 보내지게 되며, 폐에서 가스교환을 마친 혈액은 좌심방 → 좌심실을 거쳐 다시 온 몸으로 보내지게 된다.

(2) 심장의 구조

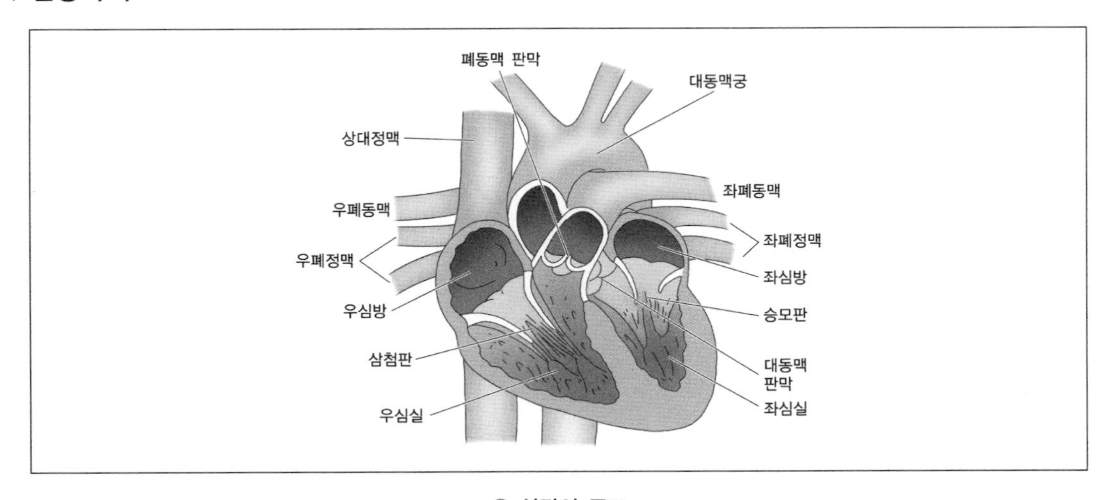

심장의 구조

① 심장은 흉곽 중앙에 위치하며 정중에서 약간 좌측으로 기울어져 있으며 그 크기는 자신의 주먹 정도이다.

② 심장벽은 심내막, 심근층, 심외막의 3개 층으로 구성되며 심장의 외부는 심낭이라고 하는 두겹의 두꺼운 섬유성 주머니가 둘러싸고 있다. 심낭과 심외막 사이의 간격을 심낭강이라고 하는데, 이 속에는 소량의 심낭액이 들어 있어 심낭 속에서 심장이 마찰 없이 수축 운동을 할 수 있도록 한다.

③ 심장의 내부는 두 개의 심방과 두 개의 심실로 나누어져 있으며, 두 심방 사이는 심방중격, 두심실 사이는 심실중격에 의해 완전히 막혀 있다. 심방과 심실 사이에는 혈액을 한 방향으로만 흐르도록 해주는 판막(valve)이 있는데, 우심방과 우심실 사이의 판막은 끝이 뾰족한 3개의 판으로 되어 있는 삼첨판, 좌심방과 좌심실 사이에는 반월모양의 두 개의 판으로 이첨판(승모판)이 있다.

④ 심실과 혈관사이에도 반월형의 판막이 있어, 심실의 수축으로 방출된 혈액이 다시 심장으로 역류하는 것을 방지해주고 있다. 폐동맥 시작부위에 있는 것을 폐동맥판(우심실-폐동맥 사이), 대동맥 시작 부위에 있는 것을 대동맥판(좌심실-대동맥 사이)이라고 한다.

⑤ 좌심실로부터 나오는 혈관을 대동맥, 우심실로부터 나오는 혈관을 폐동맥이라고 하고 좌심방으로 들어가는 혈관을 폐정맥, 우심방으로 들어가는 혈관을 대정맥이라고 한다.

⑥ 심장근 자체에서 혈액을 공급해주는 혈관을 관상동맥이라 하는데, 관상동맥은 심장 후면의 대동맥 기시부에서 빠져나와 우관상동맥과 좌관상동맥으로 분지하여 심장근육에 분포하고 있다.

⑦ 심장근은 횡문근으로 근원섬유와 액틴, 마이오신 세사를 가지고 있으나, 심근섬유는 개재판에 의해 끝과 끝이 서로 연결되어 있어서 전체가 마치 하나의 근섬유처럼 수축한다.

※ 심장근육의 대사작용의 특이점
- 많은 양의 글루코스가 필요한데 심장내에는 글루코스 저장이 없다.
- 젖산도 사용한다.

(3) 심장주기

① 심장에서는 주기적으로 수축과 이완을 반복하는 심장박동이 일어나게 되는데, 심실로 들어온 혈액을 신체 각 부위와 폐로 품어내는 단계를 수축기, 폐와 신체 각 부위로부터 심방과 심실로 혈액이 유입되는 단계를 이완기라고 한다.

② 심장의 주기적인 수축과 이완은 자율적인 흥분을 발생시키는 동방결절에 의해 이루어진다. 동방결절은 심장의 주기적인 수축을 조절하는 기능을 가지기 때문에 페이스 조절기(pacemaker)로 불린다.

③ 동방결절에서 자극이 발생하면 우심방의 벽을 따라 전도되어 심방 전체를 흥분시키며, 이 흥분은 심실과 접하고 있는 우심방 부위의 방실결절을 통해 심실로 전해진다. 즉, 이 자극은 방실결절로부터 방실속으로 전도된 후 좌우심실벽에 분포된 퍼킨제 섬유를 따라 심실 전체로 퍼지게 된다. 이처럼 동방결절로부터 시작되어 심방벽 → 방실결절 → 방실속(방실다발) → 퍼킨제 섬유로 자극이 퍼져나가는 경로를 자극전도계라고 한다.

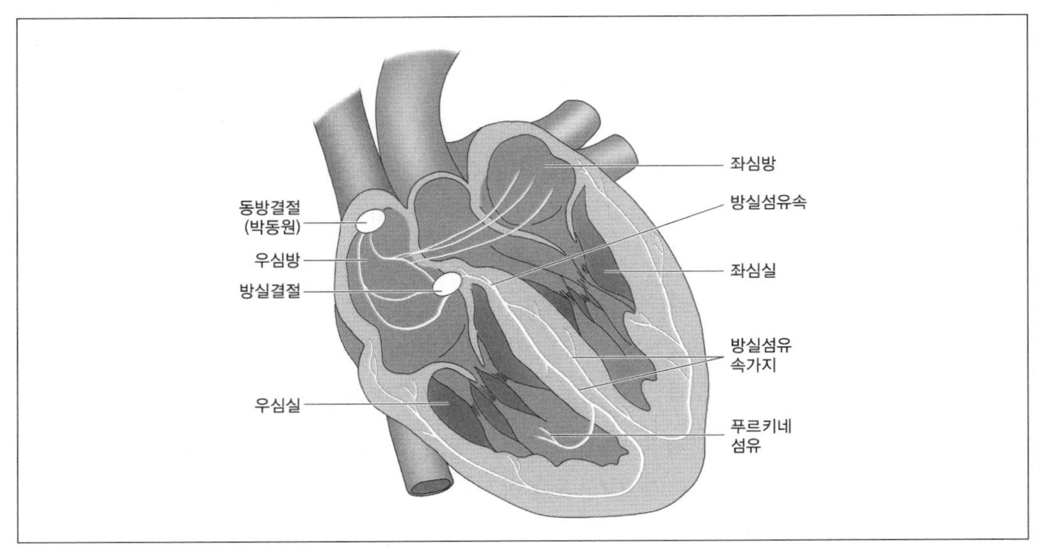

심장의 자극전도계

④ 동방결절에서 발생한 전기적 흥분은 좌우심방에 퍼져 심방 전체를 수축시킨 후 방실결절에 집결된다. 방실결절에서는 심방을 지나온 자극이 심실로 전달되는 속도를 늦추어 심방과 심실 수축시간에 차이를 발생시킨다.

⑤ 방실결절을 통과한 자극이 아주 빠른 속도로 방실다발과 퍼킨제 섬유를 통해 심실 전체로 파급되면, 심실 전체가 일제히 수축하여 결국 폐동맥과 대동맥을 통해 폐와 인체 각부에 혈액을 보내게 된다.

⑥ 안정 상태에서 1회의 심장주기에 소요되는 시간은 약 0.8초로서, 각 시기별 시간 소모는 심방수축기는 0.11초, 심실수축기는 0.27, 이완기는 0.4초이다.

⑦ 심장의 주기 동안 심장에서의 판막과 혈액 움직임을 단계적 설명하면 다음과 같다.

㉠ 이완기 초기에는 모든 판막이 닫혀 있는 상태에서 폐정맥과 대정맥으로부터 심방 안으로 혈액이 유입된다.

㉡ 심방 안에 혈액이 차게 되면서 심방이 수축을 시작하고, 심방압력이 심실압력보다 커져 좌우심방과 심실 사이에 있는 두 개의 판막(삼첨판, 이첨판)이 열리게 된다(심방수축기).

㉢ 판막이 열린 상태에서 심방 안의 혈액이 심실로 유입된다.

㉣ 혈액이 심실 내로 계속적으로 유입되어 심실 내의 압력이 심방압을 초과하면 방실간의 판막이 닫히게 되고, 심실근의 긴장이 증가되어 수축을 할 준비를 한다.

㉤ 이어서 수축이 이루어지고 심실의 강력한 수축력에 의해 심실의 내압이 대동맥압을 초과하면서 대동맥판과 폐동맥판이 열리고 혈액이 온몸과 폐로 흘러가게 된다(심실수축기).

㉥ 수축이 종료되면서 심실내압은 감소되어 폐동맥판과 대동맥판이 다시 닫히게 되고 이완기가 다시 시작된다.

⑧ 판막이 열리고 닫힘, 혈류의 변화 등에 의해 독특한 진동이 발생하는데 이를 심음이라고 하고, 잡음이 들릴 때에는 판막의 구조적 이상에 의한 경우가 많다.

심장판막증

심장의 판막이 충분히 열리지 않는 것을 판막협착증이라 하고, 판막이 닫히지 않는 것을 폐쇄부전증이라 한다. 협착증의 경우에는 혈액을 충분히 보내지 못하게 되고 폐쇄부전일 때는 일단 박출한 혈액이 역류하여 심실 내로 되돌아오게 된다.

(4) 심전도

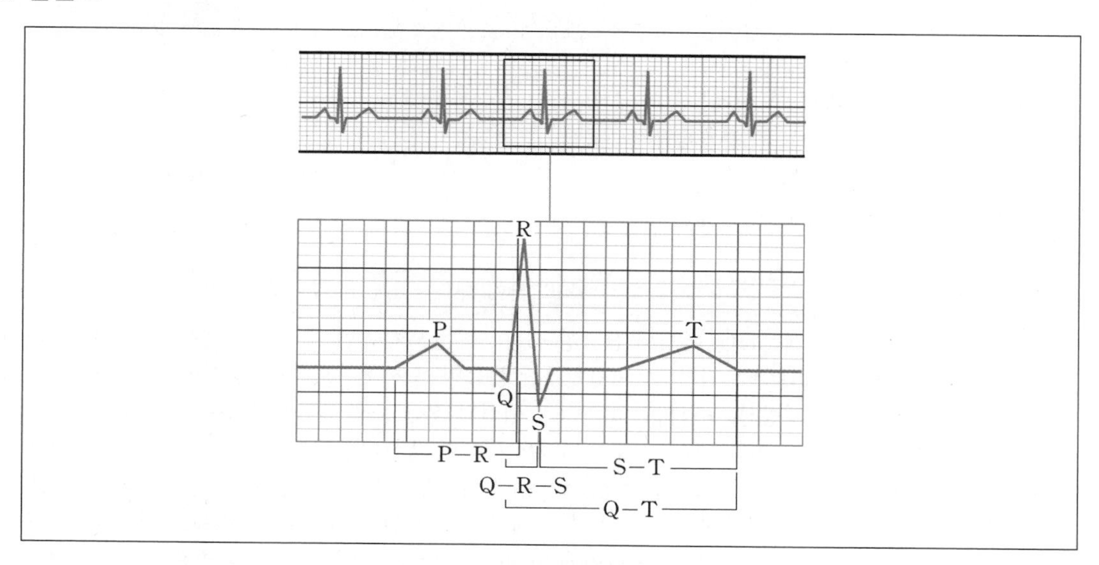

심전도 파형과 명칭

심장에서 일어나는 전기적 활동을 피부 표면에서 유도해낸 것을 심전도(electrocardiograph : ECG)라고 한다. 동방결절에서 발생한 흥분이 심장 전체로 확산되기까지 심전도 파형은 P, Q, R, S, T로서 이름이 붙여져 있다.

① P파

P파는 동방결절에서 발생한 전기적 흥분이 심방근 전체로 확산되면서 만들어진다. P파가 시작된 후 곧바로 심방의 수축이 일어난다.

② P-Q간격

P-Q파 간의 간격은 방실결절에 도달한 흥분이 심실로 전도되기까지 시간적인 지연이 나타남을 의미한다.

③ QRS파

QRS파는 심실근 전체로 흥분이 확산되는 현상을 나타내며, QRS파가 시작된 후 0.01초 후에 심실의 수축이 일어난다.

④ T파

T파는 심실의 재분극을 나타내며 심실 이완기 동안 나타난다. ST부분은 임상적으로 중요시되는 부분으로, 이 부분이 상승되거나 함몰되는 현상은 심근허혈, 심장비대, 전도차단, 약물투여 등에 의해 나타나는 경우가 많다.

⑤ R-R간격

분당 심박수가 많을수록 R-R간격은 짧아진다. 운동 시에는 R-R간격이 짧아지고, 부정맥일 경우에는 R-R간격이 일정하지 않게 나타난다.

순환계의 기능

- 운송기능: 산소와 영양분
- 제거기능: 이산화탄소와 노폐물
- 운반기능: 호르몬을 목표 수용체까지 운반
- 유지기능: 체온 및 pH 유지
- 방어기능: 기관의 감염을 방지

심장근육의 대사

심장근육의 조직은 뼈대근육에 비해 무산소성 대사능력은 약하지만 유산소성 대사능력은 매우 높다. 즉, 심장근육 섬유는 미토콘드리아의 농도가 가장 높으며, 모세혈관도 매우 풍부하게 분포되어 있다. 심장근육은 글루코스, 지방산, 해당과정의 결과로 생성된 젖산 등을 에너지원으로 이용한다. 만일 강도 높은 무산소성 운동으로 인해 뼈대근육에서 다량의 젖산이 생성되면 이 젖산 중 일부는 심장으로 보내져서 에너지원으로 산화된다. 만일 심장혈류가 혈전 등에 의해 장애를 받게 되면 가슴에 통증과 압박감을 유발하는 '협심증'이 나타나게 되는데, 특히 신체활동 시에 잘 나타난다. 그 이유는 심장의 활동수준이 증가함에 따라 심장근육의 산소요구량이 높아지는 데 반해 심장근육으로의 혈류공급은 방해를 받기 때문이다. 심장혈류가 혈전 등에 의해 더욱 차단되는 경우 심장근육이 괴사하는 '심근경색'이 초래된다.

2. 운동과 심장 기능

(1) 심박출량

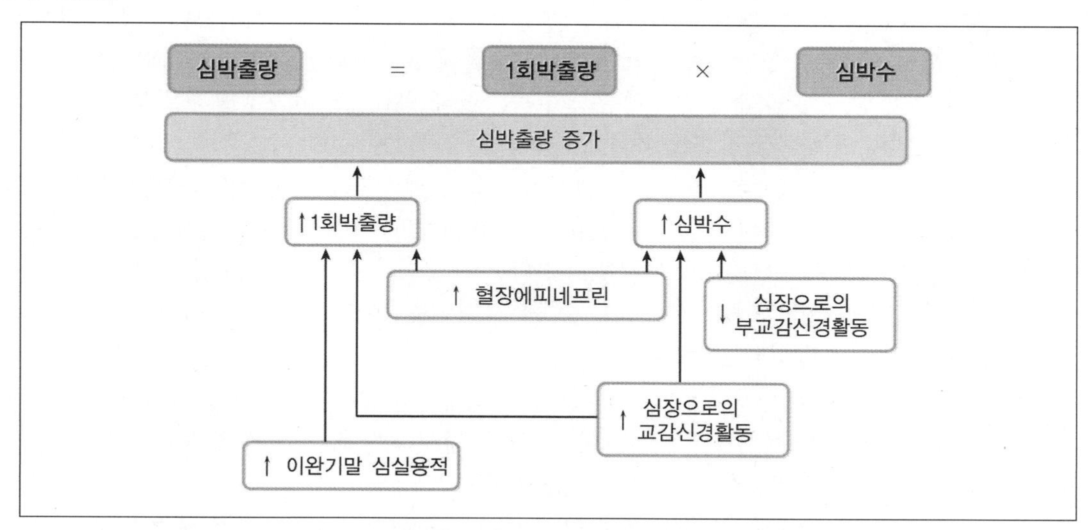

심박출량에 영향을 미치는 주요 인자

① 심박출량은 심장의 수축운동에 의해 1분 동안 박출되는 혈액량으로, 안정 시 성인의 심박출량은 4~6ℓ 정도이다. 심박출량은 심박수와 1회박출량에 의해서 결정된다.

CO	=	SV	×	HR
심박출량(ℓ/분)		1회박출량(mℓ/회)		심박수(회/분)

② 성인 남녀의 경우 최대운동 시 심박출량은 거의 4배까지 증가한다. 최대운동 중 심박수는 안정 시 수준의 3배 정도(190~200회/분), 1회박출량은 2배인 150mℓ 정도까지 증가하며, 최대 심박출량은 30ℓ/분 정도에 이르게 된다.

박출계수

박출계수(%) = (1회박출량 / 확장말기 용량) × 100

좌심실의 수축 전의 혈액의 양에 대한 박출된 혈액의 양의 비율을 박출계수라고 한다. 이 양은 1회박출량을 확장말기 용량으로 나누어 100을 곱하여 산출한다. 박출계수는 일반적으로 %로 나타내며 안정 시 신체 건강한 성인은 평균 박출계수가 약 60% 정도가 된다. 따라서 확장말기에 심실에 모아진 혈액의 60%가 박출되고 40%는 좌심실 내에 남아 있게 된다. 박출계수는 심장의 펌핑 능력의 임상적인 지표로 자주 사용된다.

(2) 1회박출량

① 1회박출량은 심장이 1회 수축하면서 내뿜는 혈액의 양이다. 1회박출량을 결정하는 요인은 3가지를 들 수 있다.

㉠ 심장으로 되돌아오는 정맥혈의 양(정맥환류량)

㉡ 심장의 수축력

㉢ 대동맥 및 폐동맥의 혈압

② 운동 시에는 정맥혈관에 대한 근수축의 압박작용으로 심장으로 돌아오는 정맥 환류량이 증가하며, 운동 시 교감신경의 말단과 부신수질에서 분비되는 에피네프린과 노르에피네프린의 분비 증가로 인해 심근의 흥분도가 증가한다. 즉, 심장박동이 빨라질 뿐만 아니라 심근의 수축력이 증가되기 때문에 1회박출량은 증가하게 된다.

③ 점진적으로 운동 강도를 증가시킬 때 심박수는 최대운동에 이를 때까지 직선적으로 증가하다가 거의 종료 시에 고원현상(plateau)을 보이지만, 1회박출량은 최대 강도의 40~60% 되는 강도에서 더 이상 증가하지 않고 고원현상(plateau)을 보이게 된다. 따라서 그 이상의 운동강도에서 심박출량의 계속적인 증가는 1회박출량에 의해서가 아니라 주로 심박수의 증가에 의해서 달성되는 것이다.

④ 안정 시 누운 상태에서의 1회박출량은 직립자세에서 보다 훨씬 크다. 즉, 누운 자세에서 서 있는 자세로 변화시킴에 따라 1회박출량은 감소하게 되며, 이를 보상하기 위해 심박수가 증가되면서 심박출량은 일정하게 유지된다.

⑤ 누운 자세에서 일어날 때 1회박출량의 감소가 대동맥궁의 압력수용기에 감지되어 심장운동중추에 보고되고, 이어서 반사적인 심박수 증가반응이 일어나는데, 이러한 반사반응이 제대로 일어나지 않을 때 기립성 저혈압이 발생한다.

⑥ 선 자세에서 1회박출량이 감소하는 것은 중력의 영향에 의해 하지에 혈액이 체류하는 시간이 길게 되고, 그 결과 심장으로의 정맥환류량이 감소하기 때문이다.

(3) 심박수의 조절

심장의 운동은 신경성, 액성, 내인성 인자에 의하여 조절된다. 그 중에서 신경성 인자에 의한 영향을 가장 크게 받는다.

① 심박수의 신경성 조절

㉠ 심장은 자율신경계의 교감신경 및 부교감신경의 지배를 받는다.

ⓐ 교감신경섬유는 심장에 분포된 신경말단에서 신경 전달물질인 노르에피네프린과 약간의 에피네프린을 분비하여 심장흥분을 촉진시킨다. 교감신경은 심장의 수축리듬을 증가시킬 뿐만 아니라 심장 근육을 더욱 강하게 수축시킨다.

ⓑ 부교감신경인 미주신경은 그 말단에서 심장의 수축리듬을 감소시키는 아세틸콜린이라는 신경전달물질을 분비한다.

㉡ 교감신경과 미주신경은 뇌의 연수에 있는 심장운동중추에 의해 조절되는데, 이 심장운동중추는 정서적 흥분, 근육의 화학수용기로부터의 신호, 혈압, 동맥혈액의 pH 등 많은 요인에 의해 자극받는다.

㉢ 운동 시에는 주로 미주신경이 억제된 결과로 심박수가 증가된다. 즉, 운동 시 교감신경의 흥분이 증가되지만, 그것이 심장을 촉진시키는 주된 요인이 아니라 미주신경의 억제에 의한 영향을 상대적으로 크게 받는다.

② 심박수의 액성 조절

㉠ 부신에서 분비되는 에피네프린과 노르에피네프린은 강력한 심장흥분 작용을 갖는다. 갑상선 호르몬 역시 심박수를 증가시키는 작용을 한다.

㉡ 운동으로 인해 교감신경이 흥분되면 교감신경은 심장을 직접 자극할 뿐만 아니라 부신수질을 자극하게 되고, 교감신경에 의해 자극받은 부신수질은 에피네프린과 노르에피네프린을 혈중으로 분비하며, 혈액으로 분비된 순환에피네프린과 노르에피네프린은 심장을 더욱 흥분시키게 된다.

③ 심박수의 내인성 조절

㉠ 심장근의 온도가 상승하면 심장박동이 빠르게 되고, 차갑게 되면 박동이 느려진다. 심장의 충만압(심장으로의 혈류유입)이 증가하여 심장의 페이스조절기인 동방결절이 신장되면 동방결절의 흥분도가 증가하여 심장박동이 빨라진다.

㉡ 심장 조직 내의 칼륨(potassium), 칼슘(calcium) 같은 전해질 균형에 변화가 생기면 심박수는 느려지거나 빨라지게 된다.

ⓐ 칼륨농도의 변화는 세포막의 전위를 변화시켜 자극전도를 위한 역치에 도달하는 데 영향을 준다.

ⓑ 심장은 근형질세망에 많은 칼슘을 저장하고 있는 골격근과는 달리 근형질세망이 발달되어 있지 않으므로 세포외액의 칼슘농도에 영향을 받는다.

㉢ 심장근의 온도, 동방결절에 대한 신장성 자극, 전해질 균형과 같은 인자들은 신경계나 호르몬 작용 없이도 심장에 직접적인 영향을 미친다. 이러한 요인들을 심박수 조절의 내인성 인자라고 한다.

※ 내인성조절

심장은 동방결절에 의해 내인성조절(60~80박/분)에 의한 고유의 수축을 한다.

※ 외인성조절

자율신경계에 의해 조절된다.

1. 교감신경계

- 교감신경계에 의해서 내인성 조절보다 많은 심박수를 나타낸다. 주로 운동에 적응할 때 교감신경계의 지배를 받는다.
- 신경전달물질 : 카테콜라민(에피네프린, 노르에피네프린)
- 동방결절의 방전율이 증가해 심박수가 증가한다.

2. 부교감신경계

- 부교감신경계에 의해서 내인성 조절보다 적은 심박수를 나타낸다. 주로 트레이닝 후 적어진 심박수는 부교감신경에 의한 심박수의 제어이다(안정 시 운동성 서맥).
- 신경전달물질 : 아세틸콜린
- 동방결절의 방전율이 감소해 심박수가 감소한다.

(4) 운동 시 심박수 조절

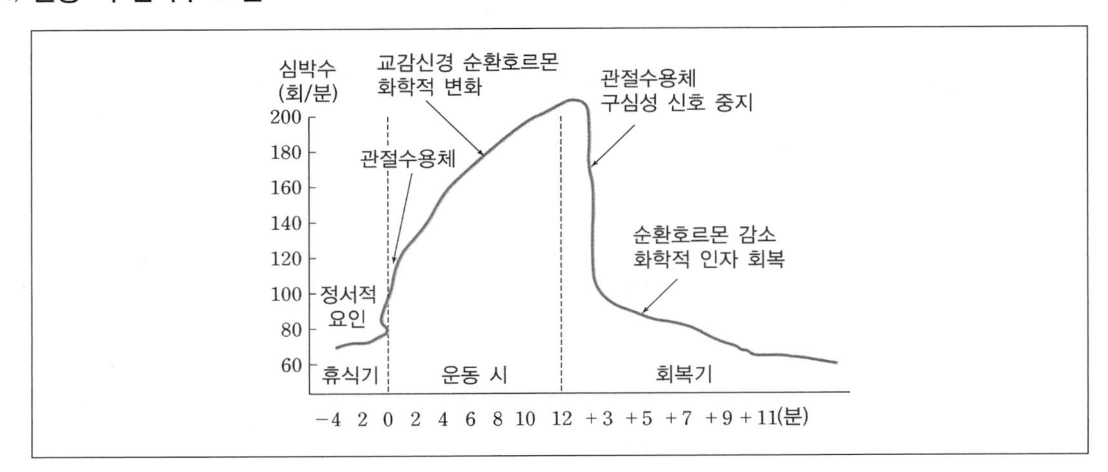

운동 시 심박수 변화 양상과 조절인자

① 운동 전 심박수 상승

㉠ 운동 전의 정서적 흥분이나 불안은 뇌연수의 심장운동중추(흥분중추)를 자극한다.

㉡ 이러한 흥분의 발생은 뇌의 변연계에서 발생하여 심장운동중추로 이어진 신경섬유를 흥분시킨다.

② 운동 중 심박수 상승

㉠ 운동시작과 더불어 거의 동시적으로 심박수가 급격히 상승하는 것은 작업근육과 관절부에 있는 수용체로부터의 신경반사가 그 원인이다. 즉, 근육이 수축하고 관절이 일정 범위의 운동을 시작하면 신경임펄스가 척수를 지나 뇌의 심장운동중추에 이르게 되고, 심장운동중추는 미주신경을 억제함으로써 심박수를 증가시킨다.

㉡ 그 후 운동이 지속됨에 따라 부신수질 및 교감신경 말단에서 분비되는 순환 에피네프린과 노르에피네프린의 수준이 증가되고, 이 호르몬들은 심장 운동을 촉진시키는 작용을 한다. 또한 운동 시 혈중 산소와 이산화탄소 농도, pH의 변화와 같은 화학적 변화는 대동맥궁과 경동맥체에 있는 화학수용기를 자극하고, 화학수용기에서는 심장운동중추에 구심성 신호를 보내어 심장운동에 영향을 미치게 된다.

㉢ 한편 운동 시 우심방으로의 정맥환류량이 증가하면 동방결절에 대한 신장성 자극에 의해 동방결절의 흥분발사속도가 증가되고, 심장근 자체의 온도상승도 심장 흥분을 증가시켜 심박수를 증가시키게 한다.

③ 운동 후 심박수

㉠ 운동종료 후 심박수는 급격히 감소하는데, 근육과 관절부의 압박수용기로부터 구심성 신호가 중지되는 것이 주요인이다.

㉡ 그 후 심박수가 서서히 감소되는 것은 심장근 온도가 감소하고, 순환 에피네프린이 대사되고, 작업근에 의해 생성된 젖산 등의 체액 내 수준이 감소하면서 심장운동중추에 대한 흥분성 자극이 감소되기 때문이다.

맥파와 맥박
심장의 수축운동에 의해 혈액이 심장으로부터 동맥혈관으로 박출될 때마다 동맥벽도 반사적인 수축과 이완운동을 한다. 즉 혈액이 유입되는 지점의 동맥벽은 이완되어 혈액을 수용하고, 이어서 반사적으로 수축하여 혈액을 말초방향으로 밀어내는 일련의 파동운동이 일어나는데, 이러한 파동운동에 의해 혈액은 말초조직의 모세혈관까지 공급된다. 이러한 동맥벽의 파동은 심장이 혈액을 박출할 때마다 심장에 가까운 동맥에서 말초쪽으로 연쇄적으로 일어나며, 이를 '맥파'라고 한다. 인체 표면 가까운 곳에 위치한 동맥으로부터 이러한 맥파를 느낄 수 있는데, 이를 '맥박'이라고 한다. 요골동맥, 측두동맥, 경동맥, 액와동맥, 상완동맥, 슬와동맥, 족배동맥, 후경골동맥에서 맥파를 느낄 수 있으며, 정상정인 경우에는 맥박수와 심박수는 일치한다.

3. 운동과 혈류 변화

(1) 활동근 혈류의 변화

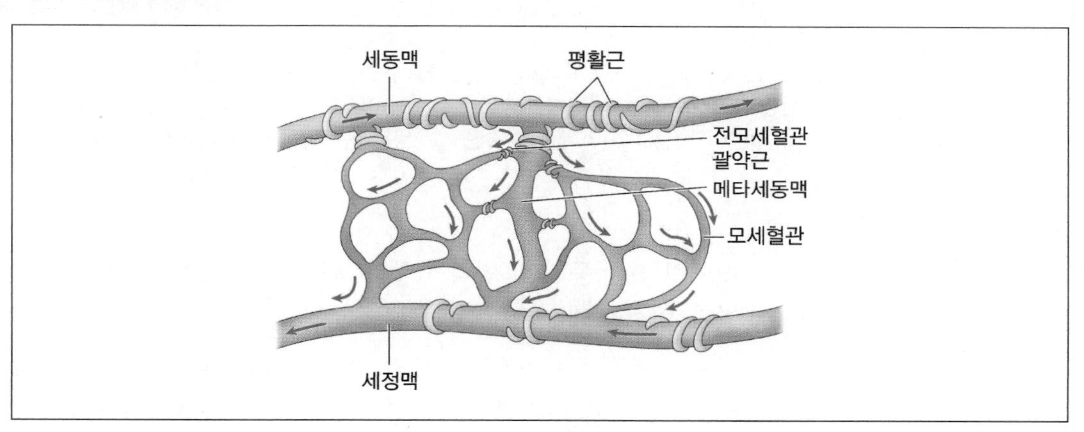

◇ 세동맥 평활근과 전모세혈관 괄약근

① 활동근에 의한 산소수요량을 충족시키기 위해서는 심박출량이 증가될 뿐만 아니라 활동근으로의 혈류량이 크게 증가되어야만 한다. 증가된 심박출량을 활동근까지 보내기 위해서 혈관계에서 두 가지 변화가 일어난다.

㉠ 활동근에 분포된 혈관의 확장

㉡ 반복적인 혈관의 수축과 이완의 반복에 따른 혈류속도 증가

② 안정 시에는 체순환하는 총혈액량의 20%만이 근육으로 보내지고 나머지는 소화기관, 간, 심장, 뇌 등으로 보내지지만, 최대운동 시에는 혈류재분배가 이루어져 활동근은 전체 혈액량의 85~90% 정도를 분배받는다.

③ 운동 시 간, 소화기관 등 비활동 부위의 조직에 분포된 혈관은 수축하여 혈류의 유입이 제한되는 대신, 골격근(활동근)에 분포된 혈관은 확장하여 혈류량을 증대시킨다.

④ 모세혈관으로 혈액을 전달하는 세동맥벽에는 평활근(smooth muscle)이 위치하고 있는데, 이 평활근이 수축하면 세동맥으로의 혈류량은 감소한다. 반면 평활근의 이완상태에서는 세동맥 확장되어 혈류량이 증가한다.

⑤ 모세혈관 분지의 입구에는 평활근 세포(전모세혈관 괄약근)가 위치하고 있어, 수축과 이완 시 모세혈관 내로의 혈류를 차단하거나 유입시키는 밸브로서 역할을 한다.

⑥ 혈관의 수축과 이완은 혈관벽의 평활근에 분포된 자율신경섬유(교감신경과 부교감신경)에 의해 조절되고, 또한 혈관내 내인성 인자에 의한 영향을 받는다.

⑦ 혈액내 O_2 감소, K^+ 증가, CO_2 증가, pH 감소 등 화학적 변화는 세동맥 평활근(민무늬 근육) 세포를 이완시키는 내인성 인자로 작용한다.

- 운동하는 골격근에 산소공급이 증가하는 이유는 심박출량의 증가와 비활동적 조직으로부터 수축하는 골격근으로 혈액이 재분배되기 때문이다.
- 산화질소는 소동맥 내피에서 만들어지며 소동맥의 평활근을 부드럽게 하여 혈관을 확장시키며 혈류의 흐름을 증가시킨다. 운동으로 인한 근수축은 산화질소의 생산을 증가시켜서 수축근육의 혈관 확장을 촉진한다.
- 운동 중 근육 혈류량의 조절은 국부요소들에 의해 조절된다(자율조절). 자율조절은 국부 대사산물(예 산화질소, 프로스타글란딘, ATP, 아데노신, 내피유래 과분극 요소)의 증가에 따른 고유의 혈류조절을 의미한다. 이러한 요소들은 함께 작용해 혈관 확장을 촉진하고 운동하는 근육에 대한 혈류를 증가시킨다.

(2) 내장영역의 혈류

① 운동 시 간, 비장, 위, 소장 및 신장 등 내장 영역의 혈액은 활동근으로 이동하여, 심한 운동 시에 약 80%까지 감소한다. 이것은 내장영역의 혈관에 분포된 교감신경계의 작용 때문이다.

② 내장기관의 혈관수축 정도는 수행하는 운동의 상대적 강도에 좌우된다. 운동을 강하게 할수록 교감신경의 흥분도는 높아지고, 따라서 내장영역의 혈관근육에 분포된 교감신경 말단과 부신에서는 강력한 혈관수축 작용을 갖고 있는 노르에피네프린과 에피네프린의 분비량이 증가한다.

(3) 피부 혈류

① 최대하의 운동 초기에는 피부혈류가 다소 감소하다가 운동이 지속되면서 혈액 중 일부가 피부로 전환되어 작업근에 의해 생성된 열을 피부쪽으로 전도한다(휴식 시의 4~7배).

② 그러나 탈진상태에 이르는 최대운동 시 활동근은 혈액을 최우선적으로 요구하고 증가된 피부혈류 중 일부는 다시 활동근으로 되돌아간다.

③ 열환경에서 운동할 경우에는 체온조절상의 필요에 의해 피부혈류가 보다 증가하는 반응이 나타난다.

(4) 심장의 혈류

① 심장근육이 운동 중 심장근 자체의 산소수요량을 충족시키기 위해 관상동맥(심장에 분포된 혈관)의 혈류는 5배까지 증가한다. 관상동맥의 혈류공급은 관상동맥에서는 혈관 확장작용을 하는 에피네프린과 노르에피네프린에 의해 이루어진다.

② 또한, 심장근육의 상대적인 산소부족(내인성 인자)은 관상동맥의 확장을 촉진한다. 보다 중요한 것은 대동맥압의 상승으로 인해 좌심실에서 대동맥의 기시부에 그 입구가 있는 관상동맥으로의 혈류유입이 증가된다는 점이다.

③ 신체적 훈련에 의해 동일한 강도의 운동 시 심박수가 감소된다는 것은 심장의 이완기가 더욱 길어진다는 것을 의미하며, 그 결과 관상동맥으로의 혈류유입량은 더욱 증가하게 된다.

(5) 지방 조직의 혈류

① 장시간 운동 시 피하 및 신장 주변의 지방조직 혈류는 4~7배까지 증가한다.

② 이러한 혈류증가는 그 원인이 정확히 증명되지는 않았으나, 장시간 운동 시 지방조직에서 지방의 저장형태인 중성지방으로부터 지방산을 동원하는데 중요한 역할을 한다고 볼 수 있다.

(6) 뇌 혈류

① 과거에는 운동수행에 따른 뇌 혈류량의 변화가 증명되지 않았으나, 최근에는 운동 시 뇌혈류 역시 안정 시에 비해 약 25~30% 증가한다고 보고되고 있다.

② 특히 운동 조절에 관여하는 뇌의 국소적 영역, 즉 대뇌피질의 운동영역, 소뇌 및 척수 혈류가 증가된다고 알려지고 있다.

4. 운동과 혈압

(1) 혈압과 혈류순환

① 혈압이란, 혈관을 흐르는 혈액이 혈관의 내벽을 미는 힘 또는 압력이라고 할 수 있다. 심장수축 시에는 대동맥벽에 미치는 혈압의 압력이 높아져서 최고치에 이르게 되는데, 그때의 혈압을 수축기 혈압이라고 하고, 이완기 시 혈압이 낮아져서 최저치에 이를 때의 혈압을 이완기 혈압이라고 한다.

② 안정 시 정상혈압은 각각 120mmHg와 80mmHg이며, 수축기 혈압과 이완기 혈압의 차이를 맥압(pulse pressure)이라고 한다.

평균동맥혈압(MAP) = 이완기 혈압 + 1/3맥압

③ 동맥계(대동맥 - 소동맥 - 세동맥 - 모세혈관)에서 모세혈관쪽으로 갈수록 압력이 낮아지게 되는 현상은 그 혈관들을 모두 합친 용적과 관련이 있다. 혈관 하나하나의 직경은 대동맥이 가장 크고 모세혈관이 가장 작지만, 대동맥에서 분지를 이루어 소동맥이 되고 계속적인 분지를 이루어 결국 무수히 많은 모세혈관을 이루게 된다. 따라서 대동맥에서 모세혈관으로 갈수록 혈관의 총 용적은 점차 증가하게 된다(모세혈관의 총 단면적은 대동맥의 130배에 이른다).

④ 관을 흐르는 유체의 압력은 그 관의 용적에 반비례하기 때문에 혈압은 대동맥에서 가장 높고 모세혈관에서는 4~6mmHg까지 낮아지게 된다. 이에 따라 모세혈관에서의 혈류는 매우 느리게 흐르게 되는데, 이는 조직세포와 모세혈관 사이에 충분한 가스 및 물질 교환의 시간을 갖도록 해준다.

⑤ 운동 중 심박출량이 증가한다는 것은 운동 중 정맥혈 회귀도 그만큼 증가해야 한다는 것을 의미한다. 운동 중 정맥혈 회귀를 촉진시키는 요인으로는 근육에 의한 펌프작용, 호흡에 의한 펌프작용, 정맥 혈관 압축에 의한 펌프작용을 들 수 있다.

(2) 정맥혈 회귀

① 근육에 의한 펌프작용

근육의 리드미컬한 수축작용에 의해 정맥혈관이 기계적으로 압박되어 정맥혈액이 심장쪽으로 밀려서 흐르게 된다. 이때 혈액이 역류되지 않는 것은 정맥혈관에 있는 수많은 판막에 의해서 이루어진다(근육펌프는 규칙적인 골격근 수축활동의 결과이다. 근육이 수축할 때 정맥을 압축하며 심장으로 혈액을 되돌리도록 누른다. 수축 중에 혈액이 정맥에 다시 차게 되며 이 과정이 반복된다).

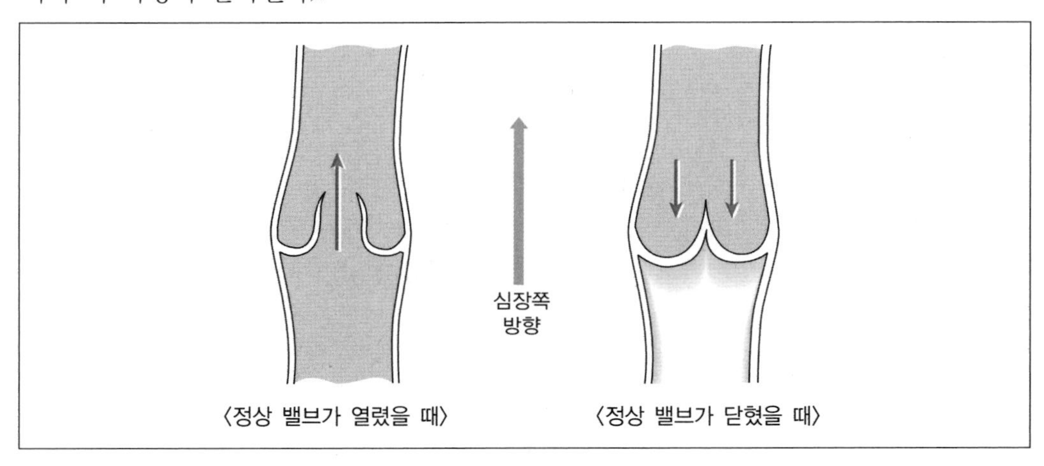

〈정상 밸브가 열렸을 때〉 〈정상 밸브가 닫혔을 때〉

② 호흡에 의한 펌프작용

숨을 들여 마실 때는 횡격막이 복강 쪽으로 내려가서 복강의 압력은 증가시키는 반면, 흉강의 압력은 낮아져서 정맥혈액이 우심방 쪽으로 밀려들어가게 된다. 숨을 내쉴 때는 반대로 복강내 압력의 감소로 복강 부위의 정맥혈관에 다리쪽으로부터 혈액이 채워져서 뒤이은 흡기작용에 의해 정맥혈 회기가 촉진된다. 운동 중 호흡이 증가하므로 운동 강도가 높을수록 호흡에 의한 펌프작용이 효과적으로 이루어진다(호흡하는 동안 가슴 내 압력은 감소하고 복부의 압력은 증가한다. 이것은 복부 부분에서 가슴으로 정맥혈의 흐름을 만들며, 결과적으로 정맥혈 회귀를 증가시킨다).

③ 정맥 혈관 압축에 의한 펌프작용

정맥혈관 수축은 온몸의 정맥 계통의 용적을 줄이도록 작용하므로 혈액을 심장으로 밀어넣는 역할을 하게 된다(정맥수축은 혈액을 저장하는 정맥의 용량 감소에 의해 정맥혈 회귀를 증가시킨다. 정맥 평활근의 반사적인 교감신경 수축을 거쳐 일어나는 정맥수축은 골격근에서 혈액이 흘러나가게 하며 이것은 심혈관조절중추에 의해서 조절된다).

(3) 운동 시 혈압 변화

① 동맥혈압의 변화는 심박출량, 혈관의 내경, 혈액량의 변화에 의해서 일어난다.

㉠ 심박출량의 증가가 혈압의 1차적 상승요인이다.

㉡ 세동맥의 수축과 이완은 혈류저항을 변화시켜 혈압을 변화시킨다. 따라서 세동맥을 저항혈관이라고 하고, 혈액이 세동맥을 통과할 때의 저항을 말초저항이라고 한다. 말초저항은 세동맥의 직경에 반비례한다.

② 혈압은 심박출량과 총 말초저항에 의해 결정된다.

$$혈압 = 심박출량 \times 총말초저항$$

③ 동적인 운동 시 활동근 내의 혈관은 확장되어 동맥계의 저항을 감소시키는 반면 비활동성 조직 내의 혈관은 수축하여 저항을 증대시킨다. 이때 활동근육 내 혈류저항의 감소폭이 내장영역 등 비활동 조직의 혈류저항 증대 폭을 능가하기 때문에 동적인 활동 중 동맥계 전체의 혈류저항은 감소한다.

④ 혈관 내경의 변화만을 고려하면 동적 지구성 활동 중 혈압은 감소하겠지만 실제로는 수축기 혈압이 크게 상승하게 되는데, 그것은 운동과 함께 동시적으로 심박출량이 크게 증가되기 때문이다.

⑤ 동적 운동 중 이완기 혈압은 변화가 없거나 약간 상승 또는 저하하는 양상을 보인다. 그것은 수축기 혈압이 주로 심박출량의 영향을 받는 반면 이완기 혈압은 세동맥의 저항에 의해 조절되기 때문이다. 동적인 운동 중에서도 팔과 같은 소근육운동이 다리와 같은 대근육운동에 비해 더 높은 혈압상승을 초래하는데, 그 이유는 소근육운동이 대근육운동에 비해 혈류저항의 감소폭이 적기 때문이다.

⑥ 정적 근육수축 운동 시에는 수축기 및 이완기혈압이 모두 급격히 상승하는데 이는 활동근에서 신경반사가 증가된 결과로서 강한 근육수축으로 기계적인 압박을 받는 혈관 내로 혈액을 밀어 보내기 위한 작용으로 생각된다.

⑦ 운동 종료 시 동시에 혈압이 급격히 저하되는데 활동 근육부위의 정맥혈관에 대한 근수축의 펌프작용이 중단되고 확장된 혈관 내의 혈액이 저류하기 때문이다. 그로 인해 심장으로 돌아가는 정맥환류량이 감소되고, 이어서 심박출량의 급격한 감소로 뇌빈혈 현상이 초래된다.

⑧ 뇌혈류 부족으로 인한 졸도 등의 위험을 방지하기 위해서는 운동이 종료된 후에도 수분간 가벼운 운동을 유지하는 것이 바람직하다(정리운동의 필요성). 완전 탈진되어 가벼운 운동조차 행할 수 없다면 뇌빈혈을 방지하기 위해 누워있는 자세로 휴식하는 것이 바람직하다.

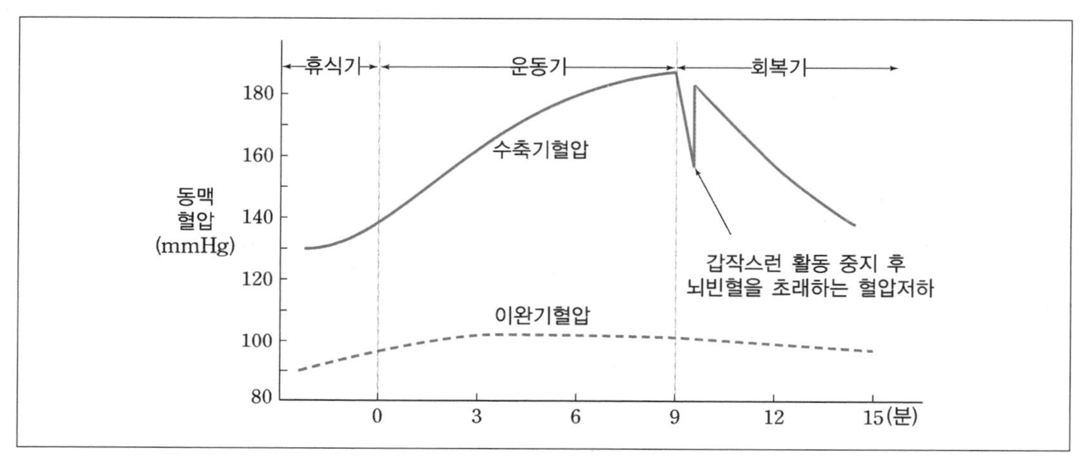

점진부하 최대운동 중 수축기 및 이완기 혈압의 변화

- 혈압 상승에 영향을 주는 요인: 혈액량 증가, 심박수 증가, 1회박출량 증가, 혈액점도 증가, 말초저항 증가
- 혈관체계를 통한 혈류의 비율은 이 체계를 가로지르는 압력차에 비례하지만 혈류저항에는 반비례한다.

$$\text{혈류} = \frac{\Delta\text{압력}}{\text{저항}}$$

[Δ압력: 순환계의 두 말단 간의 압력차(평균동맥혈압 − 우심방압력)]

- 혈류에 대한 저항 원인: 혈액의 점성, 혈관의 길이, 혈관의 직경

$$\text{저항} = \frac{\text{길이} \times \text{점도}}{\text{반지름}^4}$$

심장의 박동수와 수축력	심장의 박동수가 많아지고 또 심장의 수축력이 강할수록 동맥혈압은 높아진다. 심장운동이 증가하면 동맥혈압이 높아지고 심장운동이 약해져서 심장의 박동수가 감소하고 수축력이 약해지면 그것에 비례해서 동맥의 혈압은 낮아진다.
동맥혈관의 탄력성	• 동맥혈관의 탄력성은 심장의 박동과 박동 사이 혹은 심장의 확장압시 동맥혈압을 유지한다. 동맥혈관의 탄력성은 동맥으로부터 모세혈관에 흐르는 혈류를 일정하게 한다. • 심장이 수축하면 그 힘은 운동에너지로서 혈액을 모세혈관으로 흐르게 하며 동맥 혈관벽을 팽창시켜 위치에너지가 된다. 심장이 확장될 때 동맥혈관의 탄력으로 보존되었던 이 위치에너지는 운동에너지로 바뀌어 혈액이 계속 일정하게 동맥에서 모세혈관으로 흐르게 된다.
말초저항	• 혈류에 대한 소동맥의 저항을 말초저항이라 한다. 소동맥에서의 저항으로 인해 대동맥에서는 고압을 유지할 수 있고 정맥에서는 압력을 내린다. • 말초저항의 강도는 소동맥관의 크기에 따라 다르다. 만일 소동맥관이 클 때는 저항이 크지 않기 때문에 보통보다 동맥혈압이 약간 떨어지고 정맥혈압이 약간 오른다. 반대로 소동맥 혈관이 좁으면 동맥혈압은 약간 오르고 정맥혈압이 약간 내려간다. 이러한 소동맥의 말초저항은 소동맥관에 분포되어 있는 신경에 의해 조절된다.
혈액의 양	혈관 내에 있는 혈액의 양 역시 동맥혈압을 유지하는데 중요한 역할을 한다. 혈류 감소가 되면 동맥혈압은 팽창하지 못해 심장이나 뇌와 같이 중요한 기관이 혈액 공급량의 항상성을 유지할 수 없게 된다.
혈액의 점액성	혈액의 점액성은 적혈구의 수와 원형질 때문에 생긴다. 원형질에 비례해서 적혈구 수가 증가하면 점액성이 높아지고 혈압이 오르게 된다.

5. 운동과 혈액

(1) 혈액의 구성과 기능

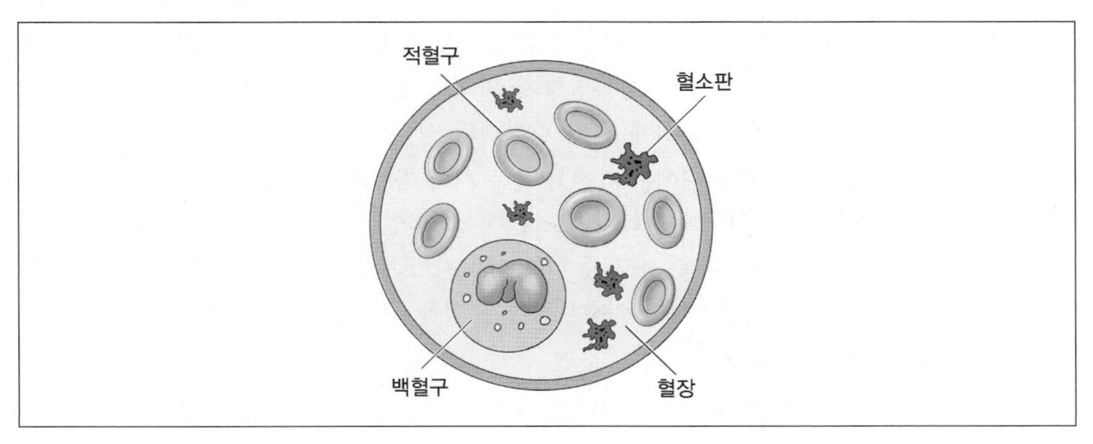

혈액

① 혈액은 혈관 내를 순환하는 유동성 조직으로 혈관과 조직세포막 사이에는 여러 가지 물질 교환이 이루어져 항상 신체의 내부 환경을 일정하게 유지한다. 혈액량은 체중의 약 8%이고, 혈액은 세포성분(약 45%)과 혈장(약 55%)으로 구성되어 있다.

② 세포성분은 적혈구(O_2 · CO_2운반, pH조절), 백혈구(감염방어, 이물처리, 항체생산), 혈소판(혈액응고)으로 구성되어 있다.

③ 혈장은 수분(물질운반, 체온조절, 혈압조절), 염류(pH조절, 삼투압조절, CO_2운반), 유기물(영양물질 및 대사물질), 섬유소원(혈액의 응고)으로 구성되어 있다.

④ 헤마토크리트(혈액 중 세포성분이 차지하는 비율) 수치와, 헤모글로빈(혈색소) 농도가 빈혈을 판단하는 기준이다.

혈액의 주요 기능
• 운반기능 • 체온조절 • 산-염기 평형 유지

(2) 운동(1시간 이상 탈진에 이르는 지구성운동) 시 혈액 변화

① 운동과 혈장 이동

㉠ 혈관 밖으로의 혈장이동은 혈액농축의 원인이 되고 혈관 내로 간질액이나 세포내액이 이동할 때에는 혈액희석이 초래된다.

㉡ 혈장량 손실원인(자전거 에르고메터로 장시간 최대운동)

ⓐ 활동근의 국부적인 수축으로 인해 정맥이 기계적으로 압박되고, 그 결과 모세혈관압이 상승하여 여과에 의한 모세혈관 밖으로의 혈장이동이 증가

ⓑ 조직세포로부터 칼륨, 인, 젖산과 같이 삼투성이 있는 물질이 간질액에 축적되면 모세혈관으로부터 혈장이 삼투압차에 의해 간질액쪽으로 이동

ⓒ 땀을 통해 수분의 손실에 의해 간질액의 삼투질 농도의 증가

㉢ 달리기 운동을 수행할 때에는 자전거 운동 시와 다르게 혈액량이 변하지 않거나 혈액농축 또는 혈액희석 현상이 나타나기도 한다. 그 원인은 자전거 운동 시에는 국부적인 정맥의 기계적 압박이 더욱 크고, 동일한 에너지 소비를 할 때 자전거 운동 시가 달리기 시 보다 초기에 젖산축적이 이루어진다는 점을 고려해 볼 수 있다.

② 적혈구수와 헤모글로빈 농도

㉠ 혈액농축이 일어날 때는 단위 면적당 적혈구수와 헤모글로빈 농도, 그리고 헤마토크리트치는 상승하게 되며, 혈액희석 시에는 반대 현상이 일어난다.

㉡ 운동 후에 혈액의 단위부피당 적혈구수가 증가하는 요인으로는 혈액농축 현상 이외에 비장에 저장되어 있던 적혈구가 방출되기 때문이다.

㉢ 운동 시 교감신경계의 흥분에 의해 부신수질에서 에피네프린의 분비량이 증가하게 된다. 이 에피네프린은 적혈구 저장기관인 비장을 수축시킴으로써 비장으로부터 적혈구 방출을 증가시킨다.

> 적혈구의 생산속도는 에리쓰로포이에틴(erythropoietin)에 의한 음성되먹이기 기전에 의해 조절된다. 에리쓰로포이에틴은 대부분 신장에서 분비되고, 일부소량은 간에서 분비된다.

③ 운동과 백혈구 수

일회적인 운동 후 전형적으로 백혈구수가 증가하는 현상이 나타난다. 백혈구수의 증가는 순환혈류의 증가로 인해 폐, 골수, 간 및 비장에 있는 저장 장소로부터 백혈구가 빠져나오기 때문으로 설명되고 있다. 이러한 백혈구수의 일시적인 증가는 대체로 회복기 수 시간 만에 정상수준으로 돌아간다.

> 백혈구는 적혈구와 달리 아메바운동으로 혈관 벽을 빠져나올 수 있다. 미생물이 인체 내부에 침입하였을 때 특별한 세포들은 침입부위의 혈관을 확장시키는 화학물질을 분비한다. 그중에서 히스타민이 대표적인 물질인데, 이는 혈관을 확장시킴으로써 손상부위의 모세혈관에 더 많은 혈관이 흐르도록 한다. 그로 인해 더 많은 체액이 혈관 내에서 간질액 쪽으로 빠져나와 부종을 일으키는 염증반응이 일어난다. 이러한 염증반응으로 인해 침입한 미생물이 다른 부위로 확산되는 것을 지연시킬 수 있다.

④ 운동과 동정맥 산소차

동정맥 산소함량의 차이는 조직에 의해 혈액으로부터 추출되어 사용된 산소량을 나타낸다. 운동 시에는 근육에 의한 산소 소비가 증가함에 따라 동정맥 산소차는 증가하게 된다.

⑤ 운동과 혈액 pH

운동 시 혈액의 산성도 또는 pH는 젖산 생성량의 증가를 직접적으로 반영하는데, 운동의 강도가 높을수록 인체의 에너지 생산체계는 젖산과정에 의존하게 되고, 그 결과 체내 젖산 축적에 의한 혈액의 pH 감소는 더욱 커지게 된다.

⑥ 운동과 혈액 온도

운동 시 근육 내 탄수화물과 지방분해로 얻어지는 화학적 에너지 중 일부는 열에너지로 손실되며, 근 수축과정 자체에서 발생하는 열에 의해 혈액의 온도는 상승한다.

(3) 혈액 도핑

① 혈액 도핑이란 사전에 채혈된 혈액(자신 또는 타인)을 경기 전에 주입하는 것을 말한다.

② 혈액 도핑의 궁극적인 목적은 혈액의 증가를 통해 산소운반능력을 개선시키고자 하는데 있다.

(4) 운동성 빈혈

① 빈혈이라는 것은 적혈구수나 헤모글로빈량이 감소된 상태를 의미하는 것으로 주로 적혈구 생성과 파괴의 균형이 깨지는 것이 그 원인이다.

② 운동성 빈혈은 운동 초기에 많이 발생하는 현상으로 갑작스런 운동으로 인해 적혈구 용혈이 증가하는 데 있다. 용혈이란, 적혈구 막이 어떤 원인에 의해 파괴되어 적혈구 안의 헤모글로빈이나 효소 등이 방출되는 현상을 말한다.

③ 운동 시에 근수축이나 지면 등과의 반복적인 충돌은 모세혈관을 기계적으로 압박하여 적혈구의 파괴율이 증가된다. 또는 운동으로 인해 혈액이 일시적으로 산성화되면 노후된 적혈구막은 산성도를 견디지 못하고 터지게 된다.

④ 적혈구 용혈로 방출된 헤모글로빈은 간으로 보내져 철분과 단백질로 재처리되지만, 일시에 많은 양의 용혈이 발생하면 처리가 되지 않아서 소변으로 헤모글로빈이 배출되기도 한다. 그러한 이유로 갑작스런 심한 운동 후에 간혹 혈뇨가 나타나는 현상을 볼 수 있다.

⑤ 운동으로 인한 적혈구 파괴율의 증가는 수명(120일)이 다 된 노화된 적혈구를 소멸시키고 골수에 의한 적혈구의 신생능력을 항진시켜 줌으로써, 장기적으로는 젊은 적혈구 비율을 높여 전반적인 수명 분포를 젊게 한다고 볼 수 있다.

⑥ 하지만 격렬한 운동을 지속적으로 행하면서 조혈영양소의 섭취가 뒤따르지 않을 때 운동성 빈혈의 위험성은 높아지게 된다. 따라서 단백질과, 철분, 엽산 등을 충분히 섭취해서 운동 초기에 자주 발생하는 운동성 빈혈을 방지해야 한다.

6. 훈련과 순환계 적응

(1) 심장의 형태적 · 기능적 변화

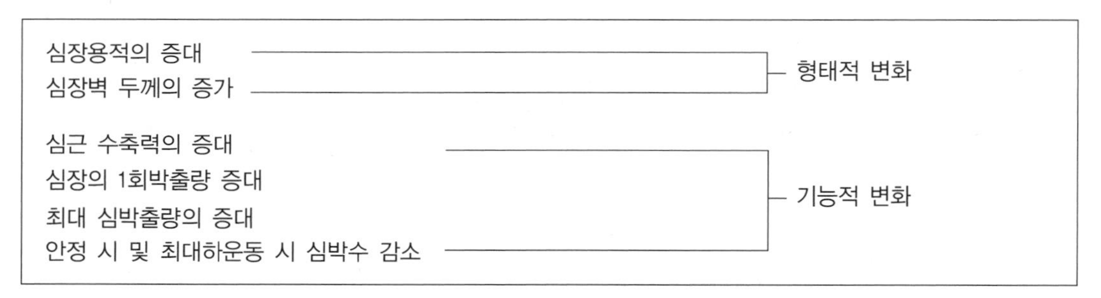

① 반복된 운동 자극에 대한 형태적 · 기능적 변화를 겪은 심장을 '스포츠 심장'이라고 한다. 심장의 형태적 변화는 운동의 유형에 따라 다르게 나타나는데, 지구성 운동선수는 심장벽의 두께보다는 심실용적이 크고, 순발력을 요구하는 종목의 선수들은 심장벽 두께가 증대되는 현상을 보인다.

② 심실용적의 증대는 이완기말 심실로 유입되는 혈액의 양이 크게 됨을 의미하고, 심실벽 두께의 증대와 함께 심근 수축력의 증대라고 하는 기능적 변화를 일으킨다. 그 결과 1회박출량은 증가한다.

③ 안정 시 및 최대하운동 시 1회박출량이 증가하면 심박수는 감소하게 된다. 안정 시 및 최대하 운동 시 심박수 감소는 동일한 일을 수행하는데 따른 심장의 작업 부담이 경감됨을 의미하며, 이를 심장의 예비력이 증대되었다고 표현한다. 이러한 운동성 서맥의 원인은 반복적인 운동에 의해 부교감신경, 즉 미주신경의 흥분도 증가로 인해 심장에 대한 제어작용이 증가된 것이라고 할 수 있다.

분당 심박출량 = 1회박출량 × 심박수

※ 1회박출량을 결정하는 3가지 변인

- 심실에 채워지는 혈액량
- 심실 수축력
- 대동맥 및 폐동맥의 평균 압력

※ 트레이닝으로 인해 1회박출량이 증가하는 세 가지 기전

- 심장용적의 증대로 인해 심장의 이완기말 심실로의 혈액 유입량이 증가한다.
- 심박수의 감소로 인한 심장의 이완기 시간을 연장시킴으로써 혈액이 심장으로 유입되는 시간이 확보된다.
- 훈련은 심장근 섬유의 근초(근육섬유막)가 세포외액의 칼슘과 결합시키는 능력을 높여준다. 근초와 칼슘 간의 결합능력 증대로 인해 심장근의 근원섬유는 더욱 많은 연결교를 형성하게 되고 심장수축력이 증대하게 되는 것이다.

트레이닝으로 인한 심박수 감소 원인	① 안정 시 심박수 감소: 부교감신경의 제어 ② 운동 중 심박수 감소: 교감신경 충격감소
심박수의 활용	① 주어진 운동 강도의 판단 기준 ② 훈련 효과의 판단 기준 ③ ①과 ②를 기초로 하여 점진적인 과부하 원리를 적용하는 효율적인 훈련 프로그램을 작성하도록 하는 기준

※ 1회 박출량을 조절하는 요인

- 기계적 요인: 프랭크-스탈링의 법칙
- 신경적 요인: 교감신경계
- 화학적 요인: 카테콜라민

플랭크 스탈링 법칙

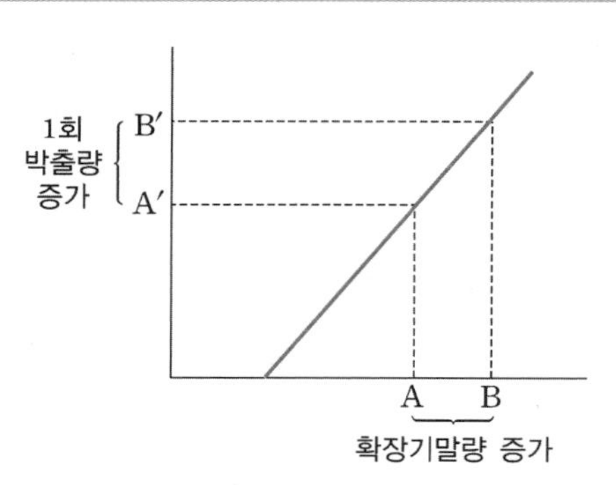

플랭크 스탈링 법칙 곡선

1회박출량은 심장으로의 혈액유입량(정맥환류량)에 의해 결정되며, 정맥환류량이 증가하면 심충만도(이완기 용량)가 증대하고, 심근이 커져 그 길이에 비례하여 심실수축력이 증대하는 법칙을 말한다. 즉, 심장근육의 신전 상태로 인해 뒤이어서 더욱 강한 수축력을 발휘하게 되는 현상을 플랭크 스탈링 법칙이라고 한다.

(2) 골격근 모세혈관의 밀도 증가

① 장기간의 지구성 훈련에 의해 활동근에 분포된 모세혈관의 수가 증가된다.

② 모세혈관의 밀도 증가는 산소수송로가 발달함을 의미하는 것으로서 산소수송 및 영양물질의 공급, 이산화탄소 및 대사산물의 제거능력의 향상에 기여한다.

(3) 안정 시 및 운동 시 혈압의 변화

① 장기간의 지속적인 운동은 혈압의 안정적인 유지에 기여한다.

② 최대운동 시 혈압이 훈련에 의해 변화한다는 증거는 아직 발견하지 않고 있다. 훈련에 의해 최대심박출량과 총혈류량이 증가하는 데도 불구하고 최대운동 시의 혈압이 변화하지 않는 것은 총말초저항이 감소된다는 사실을 나타내준다.

③ 단련된 사람은 비활동조직의 세동맥에 대한 혈관수축이 운동 시 완화되어 일어난다. 그것은 말초저항을 감소시켜 동일한 작업부하에서 훈련전보다 더 낮은 혈압을 유지시키도록 해준다.

(4) 혈액 성분에 미치는 영향

① 지구성 훈련은 총 혈액량을 증가시킨다. 총 적혈구수 10~20%, 혈장량 20~30% 정도 증가한다고 알려져 있다. 혈장량의 증가는 혈장단백(알부민)의 증가에 의해 이루어진다. 즉, 알부민이 증가하면 혈액의 삼투질 농도가 높아져 혈관 내 수분보유력이 증가하기 때문에 혈장량이 증가하게 된다.

② 적혈구 증가기전은 반복적인 운동이 신장으로부터 적혈구 신생에 관여하는 에리쓰로포이에틴(erythropoietin)의 분비를 촉진하기 때문으로 생각된다.

③ 훈련으로 인한 혈장량의 증가폭은 적혈구수의 증가를 능가하기 때문에 혈액의 점성도를 낮추어서 혈류저항을 감소시키는 효과를 갖는다.

<table>
<tr><th colspan="2">트레이닝을 통한 순환계의 변화</th></tr>
<tr><td>안정 시 변화</td><td>1. 심장 크기의 변화
• 지구성트레이닝: 심실강 크기의 증가
• 순발성트레이닝: 심근층 두께의 증가
2. 1회박출량 증가
• 심실에 채워지는 혈액량 증가
– 확장말기 혈액량 증가: 심실용적, 정맥 환류량 증가, 혈장량 증가
– 수축말기 혈액량 감소: 수축력 증가, 총 말초저항 감소
• 심실 수축력 강화
• 대동맥 및 폐동맥 평균 압력 감소
3. 심박수 감소
• 안정 시 심박수 감소: 부교감신경의 제어
• 운동 중 심박수 감소: 교감신경 충격감소
4. 혈압의 감소: 혈관 노폐물 정화
5. 조직에서의 변화
• 모세혈관 밀도 증가
• 미토콘드리아 수 증가</td></tr>
<tr><td>최대하 운동 중 변화</td><td>1. 산소 소비량 감소(최대산소섭취량 감소)
• 인체 효율성 증대
• 미토콘드리아 산화능력 향상
2. 심박출량 무변화 혹은 약간 낮음: 인체 효율성 증대
3. 1회박출량 증가
4. 심박수 감소: 교감신경 충격감소
5. 근혈류량 낮음: 인체 효율성 증대
6. 젖산 생산량 감소, 무산소성 역치 증가
• 지방산 산화 증가에 따른 초기 근글리코겐 이용감소
• 미토콘드리아 산화능력 개선
• 동정맥 산소차 향상
• 미토콘드리아 수와 크기 증가
• 대사연료로서 젖산 사용 증가</td></tr>
<tr><td>최대 운동 중 변화</td><td>1. 최대산소섭취량의 증가(최대산소섭취량 = 최대심박출량 × 최대동정맥산소차)
• 심박출량 증가
• 골격근의 혈액에서 산소추출량 증가
2. 심박출량 증가
3. 1회박출량 증가</td></tr>
</table>

4. 심박수 변화 없거나 약간 감소: 심장용적의 증가, 교감신경자극 감소 등 원인
5. 젖산 생성량 증가: 해당능력 증가, 근글리코겐의 저장량 증가
6. 근혈류량의 변화: 최대운동 중 전체 활동근으로의 혈류는 많아지지만 kg당 근육으로 흐르는 혈류는 차이가 없다(활동근 전반에 혈류 재분배).
7. 동정맥 산소차의 증가
   • 모세혈관 밀도 증가
   • 미토콘드리아의 산화 능력의 향상

7. 순환계의 개선과 최대산소섭취량

(1) 최대산소섭취량은 VO_2max로 표시하는데, 보통 분당 소비되는 산소량을 ℓ 또는 mℓ로 나타낸다. 최대산소섭취량은 궁극적으로 최대운동 시 미토콘드리아에서의 에너지 생성을 위해 소비된 산소량을 의미한다.

최대산소섭취량(VO_2max) = 최대 심박출량 × 동정맥 산소차

(2) **최대산소섭취량을 결정하는 요인**(폐질환이 없는 정상인의 경우)

① 심장의 기능

② 활동조직으로의 혈류순환 능력

③ 근조직에서 산소를 이용하여 대사하는 능력

즉, 최대산소섭취량은 산소운반체계(순환계 기능)와 산소이용효율(근세포 내의 유산소적 대사능력)에 의해서 결정된다.

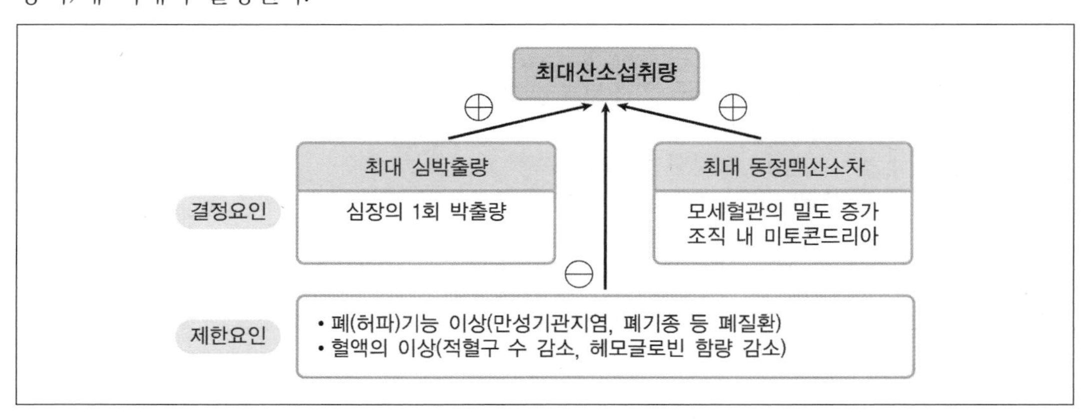

최대산소섭취량의 결정요인(⊕)과 제한요인(⊖)

(3) 최대 동정맥산소차의 증가는 모세혈관 밀도증가, 미토콘드리아 수와 크기의 증가, 마이오글로빈 함량의 증가로 인한 근조직의 산소추출 및 이용능력이 개선되었음을 반영한다.

- 체중당 최대산소섭취량: 최대 심박출량이 25ℓ/분이고 동맥혈액 100mℓ당 산소함량이 20mℓ, 정맥혈의 산소함량이 5mℓ일 때, 동정맥 산소차는 15mℓ가 된다. 동정맥 산소차를 혈액 1ℓ당으로 환산하면 150mℓ 즉, 0.15ℓ이다. 따라서 최대산소섭취량은 25 × 0.15 = 3.75ℓ/분이 된다. 만일 이 사람의 체중이 75kg이라면 체중당 최대산소섭취량은 50mℓ/kg/분이 된다.

준비운동의 필요성

1. 근·인대 등의 상해 위험성 최소화
   - 인체 각 관절 부위를 잇는 인대나 근육과 건 등은 온도에 따라 그 탄성이 변화한다.
   - 근육이나 결체조직은 탄성이 최고가 되는 적정온도는 39℃이다.
   - 온도가 낮으면 조직의 탄성이 저하되는데, 이러한 상태에서 바로 주운동을 하게 되면 근이나 건의 단열과 같은 상해의 위험은 높아지게 된다.
2. 운동 피로의 조기 발현 예방
   - 운동초기에는 운동으로 인한 에너지 소비증대에 대한 인체 순환계통과 호흡계통이 적응하는데 시간이 걸리기 때문에 소비에너지의 많은 부분을 무산소적인 ATP 생성체계에 의존하게 되고, 그 결과 젖산이 조기에 축적될 수 있다.
   - 준비운동은 운동 초기에 그 운동을 보다 유산소적으로 행하도록 하는 효과를 갖고 있다.
3. 신경계통의 통합적 조절기능 향상
   - 준비운동은 인체의 조정능력을 높여 준다고 보고되어 왔고, 이는 신경계의 통합적인 조절에 적응의 절차가 필요하다는 것을 시사하는 것이다.
   - 완벽한 신경지배 경로가 형성되어 있을지라도, 즉 완전한 폼이 형성되었을 지라도 수행에 앞서 행하는 일회적인 연습이 필요함을 보여준다.
4. 심장 손상의 위험 감소
   - 갑작스러운 운동으로 인한 심장근의 활동 수준 증가에 비해 심근으로의 혈류공급은 상대적으로 부족하게 된다. 그 결과 심전도상의 이상소견이나 좌심실의 기능 이상을 나타내는 증후를 보이기 쉽다.
   - 준비운동은 운동의 초기에 나타나는 이러한 심장 손상의 위험을 낮추어 준다.

정리운동의 필요성

1. 젖산 등 피로물질의 제거
   - 동적인 휴식을 할 때가 정적인 휴식 시 보다 젖산의 제거율이 높다.
   - 활동근으로의 혈류량을 어느 정도 유지함으로써 젖산의 추가적인 연소를 돕고 호흡 활동을 통해 인체 산성화에 대한 호흡성 완충작용을 촉진할 수 있다.
2. 뇌빈혈의 예방
   - 갑작스런 활동 정지는 근펌프작용 소실로 인해 정맥환류량이 감소하고, 심박출량이 급격히 감소되어 뇌빈혈을 초래할 수 있다.
   - 정리운동은 근펌프작용을 지속시켜 하체의 정맥 저류현상 또는 급격한 심박출량 감소 현상을 예방할 수 있다.

3. 근통증이나 근경직 예방
  • 젖산 등의 대사물질과 브라디키닌(bradykinin) 등의 축적은 근통증이나 근경직의 원인이 되는 것으로 알려지고 있다.
  • 동적인 정리운동은 근혈류 속도가 급격히 감소되지 않고 서서히 감소하도록 하여 이들 물질의 신속한 제거에 도움을 준다.

9 운동과 호흡계

생명체가 생명활동에 필요한 산소를 받아들이고, 물질대사의 과정에서 생성된 이산화탄소를 배출하는 과정을 호흡이라고 한다. 호흡은 내호흡과 외호흡 두 가지로 구분되는데, 외호흡은 폐호흡이라고도 하며 폐포내 공기와 혈액 사이의 가스교환 과정을 말하며, 내호흡은 조직호흡으로서 혈액과 조직세포 사이의 가스교환 과정을 말한다. 흡기 활동에 의해 폐포로 유입된 공기와 폐포모세혈관을 흐르는 정맥혈 사이에 폐포-모세혈관막을 통한 산소와 이산화탄소의 교환이 이루어진다. 이처럼 호흡활동을 통한 폐 내외로의 공기 이동을 폐환기라고 한다. 이러한 환기 작용은 뇌의 연수에 있는 호흡중추에 의해서 쉬임 없이 자동 조절되고 있다.

1. 호흡기의 구조와 기능

(1) 기도와 폐포

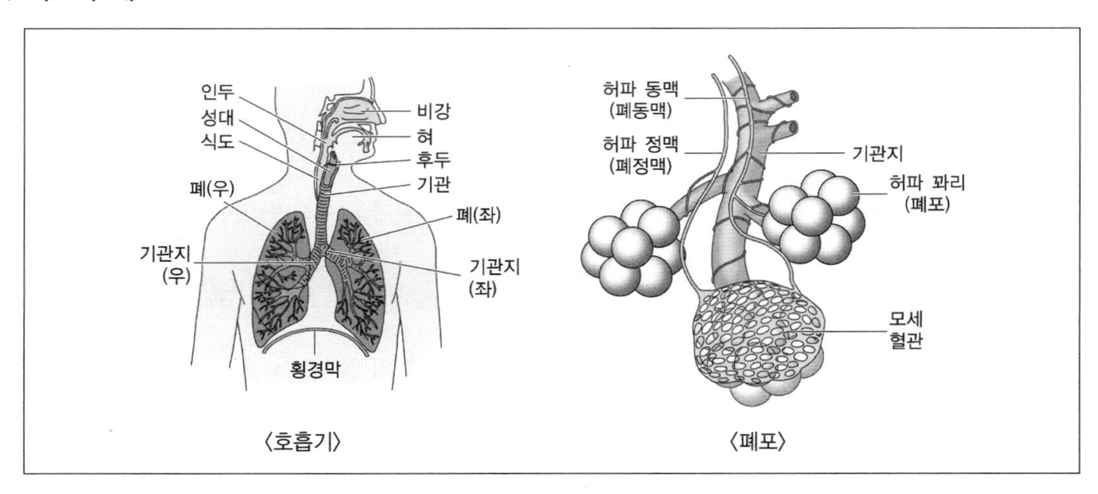

〈호흡기〉 〈폐포〉

① 호흡기는 기도, 폐포(허파꽈리), 흉곽으로 구성되며 공기의 통로인 기도는 입혹은 비강으로부터 시작되어 인두 - 후두 - 기관 - 기관지 - 세기관지 등 20회 이상의 분지를 거듭하여 공기주머니인 폐포에 이른다. 폐포는 좌우 폐에 3억 개 이상이 모세혈관망에 둘러 싸여 있다. 1개의 폐포를 둘러싸고 있는 모세혈관 수는 2000개 정도로 추정된다.

② 폐포와 모세혈관 사이에서 가스교환이 이루어지며, 이들 폐포의 전표면적은 신체표면의 약 40배로 매우 넓어서 효율적인 가스교환이 가능하다.

③ 산소가 폐포로부터 적혈구 내로 확산되기 위해서는 폐포상피 → 기저막(간질액) → 모세혈관 내피 → 혈장 → 적혈구 세포막의 경로를 거치게 된다.

(2) 흉강과 늑막강

① 폐(허파)는 흉벽에 직접 접하여 있지 않고 그 사이에는 두 겹의 얇은 늑막이 있다. 이 중 외측의 흉벽 및 횡격막에 접하고 있는 늑막을 벽측늑막, 폐와 직접 접하고 있는 늑막을 장측늑막이라고 한다.

② 두 늑막 사이를 늑막강이라고 하는데, 이는 하나의 잠재공간으로 공기가 없기 때문에 폐내압이나 대기압보다 항상 5mmHg 정도 압력이 낮은 음압 상태이므로, 흡기 시 폐의 확장에 대한 저항이 없다.

③ 늑막강 안에는 소량의 장액(늑막액)이 있어 호흡 시 폐의 확장과 수축에 따른 마찰을 방지하는 윤활제로서 역할을 한다.

해부학적으로 폐조직은 공기를 순환시키는 통로로 공기를 폐로 여과하고 전달하여 '폐포'라고 칭하는 작은 공기주머니에서 가스교환이 이루어지게 한다.

호흡막
폐포 내의 공기와 폐 모세혈관 내의 혈액 사이에서 이루어지는 가스교환은 '호흡막'을 사이에 두고 이루어진다. 호흡막(폐포-모세혈관막)은 폐포벽, 모세혈관벽, 폐포와 모세혈관의 기저막으로 구성되어 있다. 이 막의 주요 기능은 가스교환이다. 호흡막의 두께는 0.5~4㎛로 아주 얇다. 결과적으로 약 3억 개의 폐포 속에 있는 가스가 모세혈관을 통해서 순환되는 혈액에 매우 근접해 있도록 해준다.

2. 호흡역학

폐와 대기간의 공기 이동은 흉강의 크기 변화에 의한 대기압과 폐내압 간의 압력차에 의해서 이루어진다. 흉강의 크기 변화는 호흡근의 주기적인 수축에 의해서 일어난다.

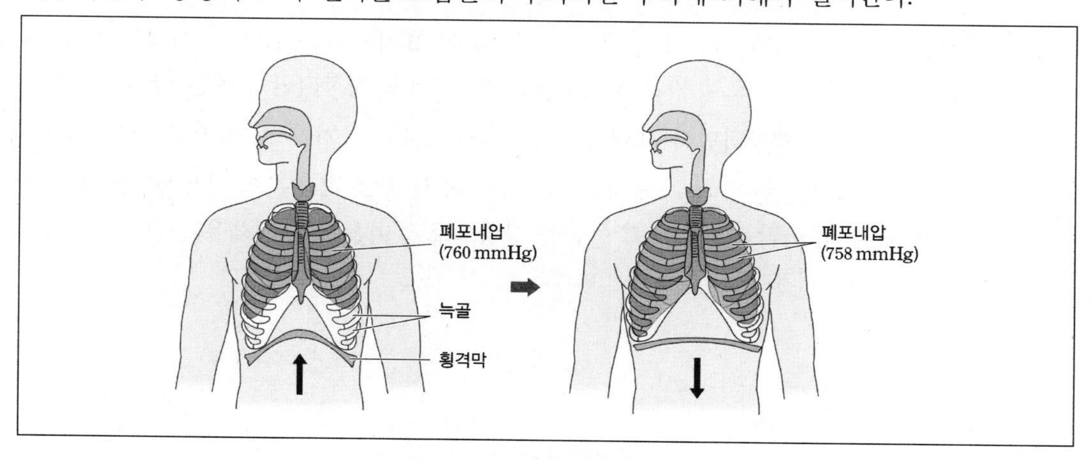

흡기 시 폐내 압력 변화

(1) 흡기(들숨) 작용

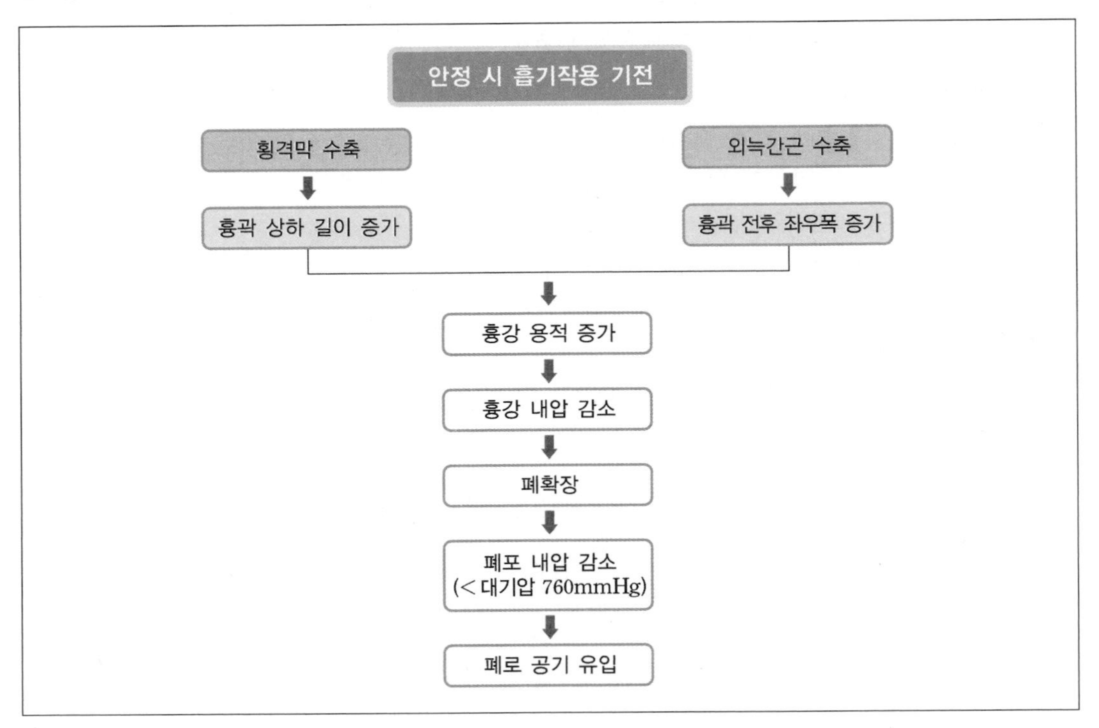

① 안정 상태의 흡기작용 중 흉곽의 용적은 증가된다. 횡격막의 수축에 의해서 아랫방향으로 증가하고, 외늑간근 수축에 의해 외상방으로 증가한다.

② 흡기의 주동근인 횡격막이 횡격막 신경의 흥분에 의해 수축하면 흉강쪽으로 좌우에 볼록하게 올라가 있던 돔 형태의 부분이 복강쪽으로 내려가면서 평평해진다.

③ 외늑간근은 늑골과 늑골 사이의 바깥쪽에 위치하며 수축하면 늑골간의 사이를 벌리면서 위쪽으로 늑골을 끌어올려 흉강의 크기를 증가시킨다.

④ 흉강의 용적이 커지게 되면 흉강내압이 감소하여 흡기가 시작된다. 이때 폐를 덮고 있는 장측늑막과 흉곽을 안으로 싸고 있는 벽측늑막이 서로 밀착되면서 폐를 끌어당기게 된다.

⑤ 폐는 순간적으로 팽창되면서 폐내압이 감소하고, 결국 공기가 폐 속으로 흡입된다.

⑥ 운동 시에는 흡기용량이 더욱 커지게 되는데 그것은 보조 흡기근의 작용에 의해서 가능해진다. 예를 들어, 사각근은 제 1, 2 늑골을 상방으로 들어올리며, 흉쇄유돌근이 수축하면 흉골이 들어 올려지게 된다.

(2) 호기(날숨) 작용

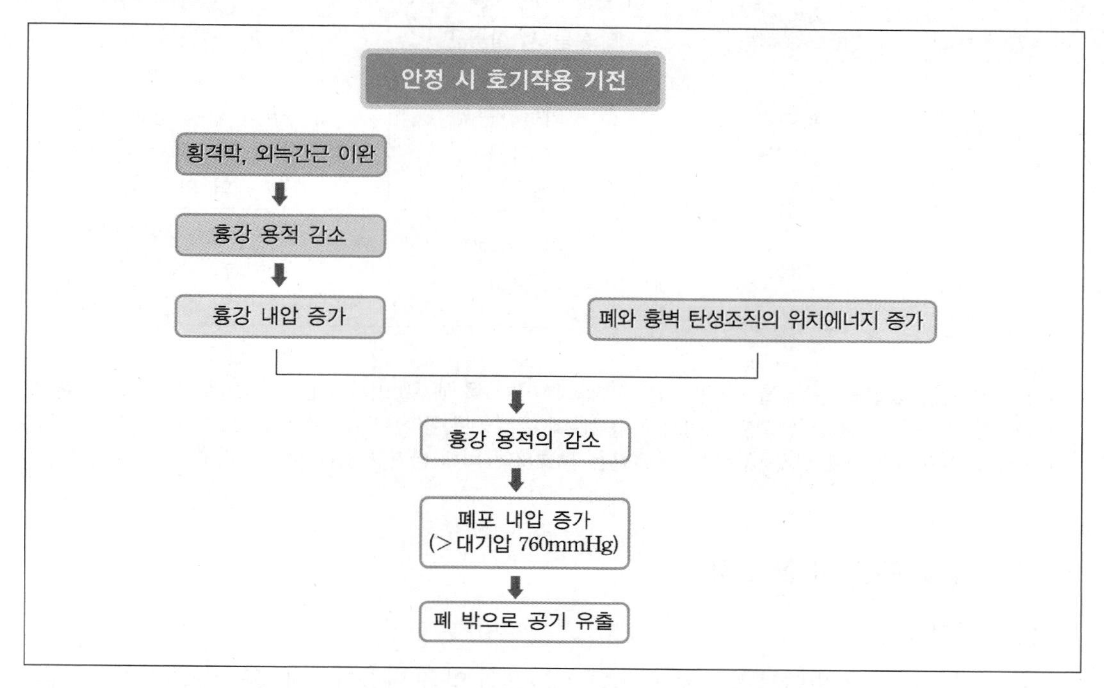

① 안정상태의 호기 시 횡격막과 외늑간근의 이완에 의해서 흉강은 원래의 크기로 돌아간다. 즉, 안정시의 호기작용은 수동적으로 이루어지며, 호기근육은 관여하지 않는다. 흡기로 인해 신전되었던 흉벽이 폐의 탄성조직에 의해 원래의 상태로 위축되면서 흉강의 내압이 증가하고, 이로 인해 공기가 폐 속에서 대기로 나가게 된다.

② 운동 시에는 호기작용이 능동적으로 이루어진다. 호기작용은 호기근, 특히 복부근에 의해 촉진된다. 복부근의 수축에 의해 하위늑골들은 압박되고, 복압이 상승하여 횡격막을 흉강 쪽으로 밀어 올리게 된다.

③ 내늑간근 역시 호기근육으로서, 외늑간근의 안쪽에 섬유 배열이 반대로 이루어져 있다. 내늑간근의 수축에 의해 늑골은 안쪽으로 이동되어 늑골간의 간격이 좁아지면서 흉강의 크기가 줄어든다. 능동적 호기 시 복부근과 내늑간근의 작용에 의해 흉강의 크기는 안정 시보다 더욱 작아지고, 그 결과 흉강 내압은 한층 증가되어 호기를 촉진시킨다.

안정 시 및 운동 시 주호흡 근육의 작용			
호흡 작용	안정 시 작용근	운동 시 작용근	작용
흡기 과정	횡격막 외늑간근	횡격막 외늑간근 사각근 흉쇄유돌근	평평해짐 늑골의 외측 상방 이동 제1, 2 늑골의 외측 상방 이동 흉골의 외측 이동
호기 과정	없음	내늑간근 복부근	늑골의 내측 하방 이동 하위늑골 내측 이동 횡격막의 흉강쪽 이동

늑간근에 의한 호흡을 가슴호흡, 횡격막의 운동에 의한 호흡을 배호흡이라고 한다. 성인은 배호흡에 의존하고 신생아들 횡격막이 아직 발달되지 않아서 가슴호흡에 주로 의존한다. 가슴호흡은 배호흡에 비해 1회호흡량이 적고 호흡수가 증가하게 되기 때문에 가슴호흡은 배호흡에 비해 환기 효율이 떨어진다.

3. 안정 시 및 운동 시 환기 작용

(1) 분당 환기량

① 폐환기량은 폐의 안과 밖으로 이동하는 가스의 양을 말한다. 분당환기량은 1분동안 흡기되거나 또는 호기되는 공기의 양으로, 두 가지를 모두 합친 것이 아니라 흡기량과 호기량 중 어느 한 가지 값을 의미한다. 일반적으로 흡기량보다는 호기량을 의미한다.

② 분당 환기량은 1회호흡량과 분당호흡수를 곱한 값으로 얻어진다.

분당 환기량(VE) = 1회호흡량(TV) × 분당호흡수(f)

③ 환기량의 증가는 호흡의 빈도와 호흡의 심도(1회 호흡량)가 증가함으로 이루어진다. 환기량의 증가를 과호흡이라고 한다.

④ 운동 시 나타나는 환기량의 증가는 대체로 작업근에 의한 분당산소소비량(VO_2)과 이산화탄소배출량(VCO_2)의 증가에 비례한다.

⑤ 분당 환기량은 최대하운동하에서는 산소 소비보다 이산화탄소 제거의 필요성에 의해 조절된다.

⑥ 산소소비량에 대한 환기량의 비율을 '환기당량'이라고 하는데, 대체로 동일한 작업부하에서 단련자가 적게 나타난다.

(2) 운동성 과호흡의 조절 기전

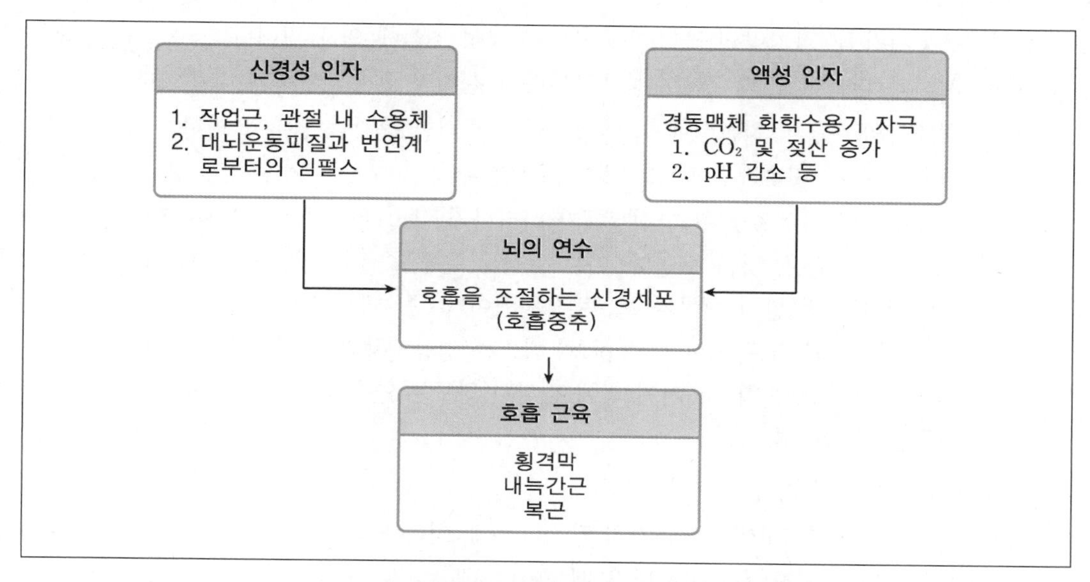

운동 시 환기조절의 신경성 및 액성 인자

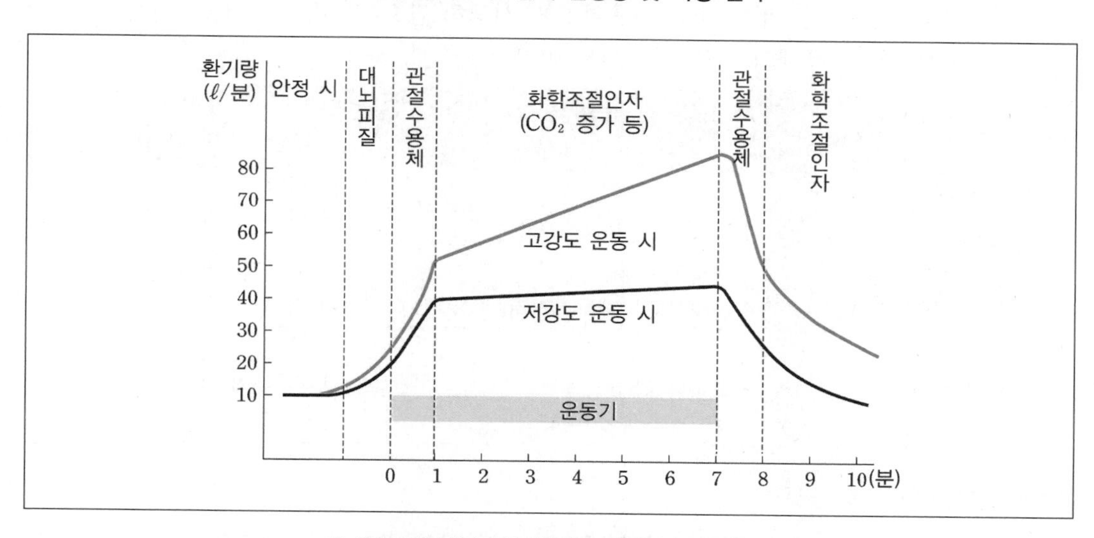

운동 및 회복기의 환기량 변화와 조절 인자

① 운동 전 환기 변화

운동을 시작하기 직전에 환기량이 증가하는 현상이 나타나는데, 이는 뒤이은 운동을 예상하여 대뇌피질로부터 자극이 뇌간의 연수에 있는 호흡중추를 흥분시키기 때문이다.

② 운동 중 환기 변화

㉠ 운동시작 후 환기량의 급격한 증가는 신경성 조절에 의해 일어난다. 즉, 작업근의 활동 개시와 더불어 근과 관절수용체로부터의 신경자극이 증가하기 때문이다.

㉡ 최대하의 운동이 지속됨에 따라 환기량은 급격한 증가를 멈추고 서서히 증가하여 운동 종료 시까지 지속적인 항정상태를 유지한다.

㉢ 최대운동의 경우 이러한 항정상태가 나타나지 않고 운동 종료 시까지 환기량이 지속적으로 증가하는 양상을 보인다. 이는 고강도 운동 중 대사활동의 지속적인 증가로 인한 체액의 화학적 환경 변화가 그 주된 원인이다. 즉, 대사활동의 결과 혈중 CO_2 및 젖산 농도의 증가와 그로 인한 혈액 pH의 감소는 경동맥체와 대동맥궁에 존재하는 화학수용기를 자극하고, 화학수용기에 의해 감지된 정보는 연수에 있는 호흡중추에 보내져 호흡 활동을 자극한다.

③ 회복기 중의 환기 변화

㉠ 운동종료 직후 환기량은 급격히 감소하는데, 이는 활동 정지로 인해 근 및 관절 수용체로부터의 신경자극이 중지되기 때문이다.

㉡ 그 후 환기량은 안정 시에 이를 때까지 서서히 감소하는데, 이는 CO_2 생성량의 감소로 인한 화학수용체의 자극 감소 때문이다.

운동 전, 운동 중, 회복기의 환기량 변화		
구분	변화	조절인자
1. 운동 전	가벼운 증가	대뇌피질
2. 운동 중 운동 초기 수초내 운동 지속기	 급격한 증가 항정상태 또는 점진적 증가	 근 및 관절수용체 화학적 인자
3. 회복기 회복 초기 회복 지속기	 급격한 감소 휴식수준까지 느린 감소	 운동의 중지 CO_2의 감소

(3) 환기량과 무산소성 역치

① 점진적으로 운동 강도를 증가시켜 나갈 때 산소 소비량은 운동 강도와 비례하여 직선적인 증가양상을 보이는 데 비해, 환기량은 최대강도에 근접하는 어느 시점에서 직선적인 증가에서 벗어나 급격한 증가양상을 보인다. 이처럼 환기량이 급격하게 증가하는 시점을 무산소성 역치(anaerobic threshold : AT)라고 하며, 이는 무산소성 대사에 의한 에너지 공급이 가속화되는 것과 관련이 있다.

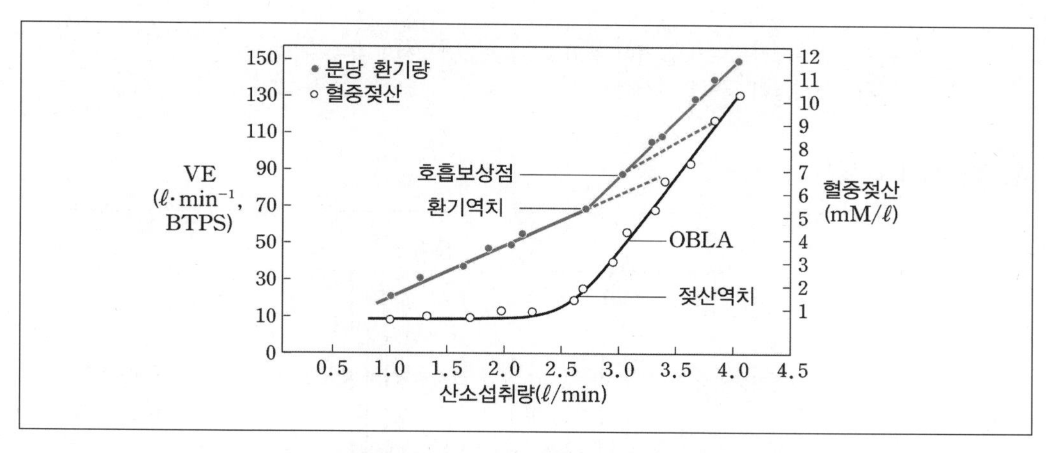

점진부하운동 중 환기량, 혈중젖산의 변화

② 일반인의 경우 대체로 운동 강도가 최대산소섭취량의 약 60%를 초과하는 시점에서는 체내에서 급격히 증가된 대사요구를 산화과정을 통한 에너지 공급(유산소성 대사)에 의해서만 충족시키지 못하고 무산소성 해당과정을 통한 에너지 공급이 크게 증가하여 젖산생성률이 크게 증가하는데, 젖산생성률이 젖산제거율을 초과할 때 체내 젖산 축적이 시작된다. 젖산역치(lactate threshold)란 부하를 점증시켜 나갈 때 혈중젖산농도가 급격한 증가를 시작하기 직전의 운동 강도를 의미한다.

③ 젖산은 체내 완충제인 중탄산나트륨($NaHCO_3$)과 결합하여 젖산나트륨과 탄산(H_2CO_3)을 형성한다. 이어서 탄산은 H_2O와 CO_2로 분해된다. 젖산의 완충과정에서 에너지 대사과정 이외에 추가로 발생된 CO_2의 증가는 화학수용기를 자극하여 환기량을 증가시키도록 호흡중추에 대한 자극신호를 활성화시킨다.

④ 그로 인하여 산소 소비량의 증가 속도에 비해 훨씬 빠르게 증가하는 현상이 나타나는데, 이 시점은 젖산 역치와 일치하거나 약간 지연되어 나타난다. 따라서 환기량이 급증하는 시점을 환기 역치(ventilation threshold), 젖산 축적이 시작되는 시점을 젖산 역치(lactate threshold)로 구분하여 부르기도 한다. 환기량이 급증하는 현상은 젖산의 증가를 완충하는데 그 생리적 의미가 있다고 볼 수 있다.

⑤ 혈중젖산 농도가 4mM에 달하는 시점을 젖산 축적 개시점(onset of blood lactate accumulation : OBLA)이라 하는데, 젖산 역치와 젖산 축적 개시점을 거의 동의어로 사용하는 경우도 있지만, 실제적으로 젖산 역치와 젖산 축적 개시점은 다른 시점에서 나타나는 경우가 많다.

⑥ 점증부하 운동 시 환기 역치 이후에 환기량이 다시 한 번 증가하는 현상이 나타날 수도 있는데, 이것을 호흡 보상점(point of respiratory compensation)이라고 구분하여 부르기도 한다.

⑦ 무산소성 역치는 일반인은 대체로 최대산소섭취량의 55~70%, 지구성 운동 선수는 70~85%의 운동 강도에서 나타난다. 단련자에게 무산소성 역치가 지연되어 나타난다는 것은 단련자는 유산소성 과정에 의한 에너지 생성 능력이 높다는 것을 말해준다.

- 젖산 역치: 혈중젖산농도가 급격한 증가를 시작하기 직전의 운동 강도
- 환기 역치: 환기량이 급증하는 시점

⑷ 폐용적과 폐용량

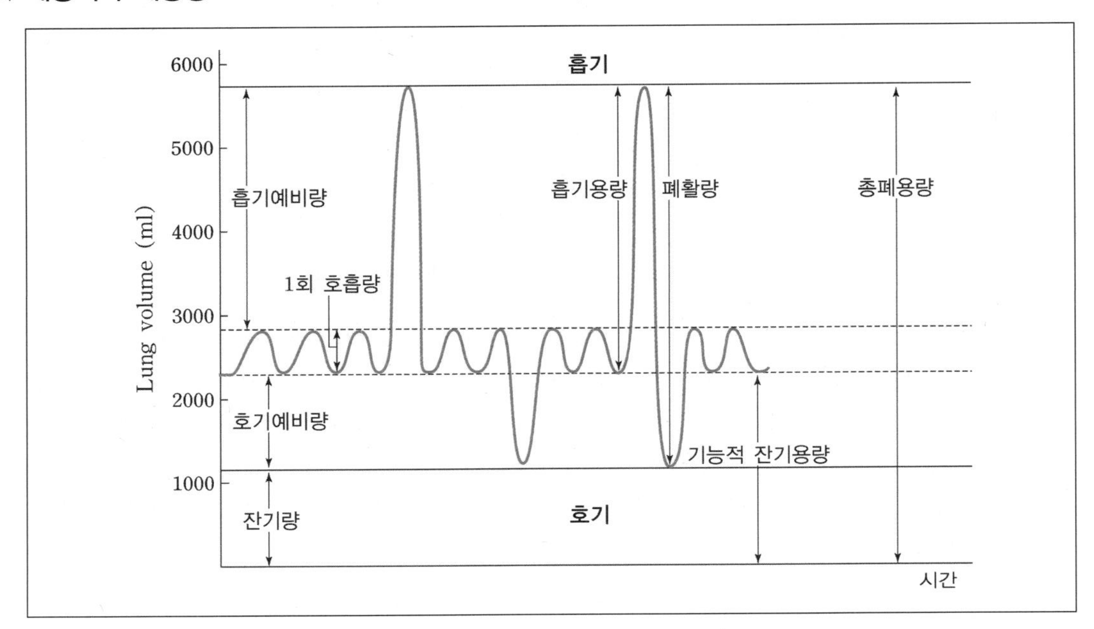

폐용적과 폐용량

① 폐용적

㉠ 1회호흡량: 안정상태에서 1회에 들여 마시거나 내쉬는 공기의 양

㉡ 예비호기량(호기예비용적): 1회호흡량을 내쉰 후에 다시 최대로 내쉴 수 있는 공기량

㉢ 예비흡기량(흡기예비용적): 1회호흡량을 들이쉰 다음 다시 최대로 들이쉴 수 있는 공기량

㉣ 잔기량: 최대로 호기하여 예비호기량을 내보내고도 여전히 폐안에 남게 되는 공기량

② 폐용량(두 가지 이상의 용적을 합한 것)

㉠ 흡기용량: 1회호흡량과 예비흡기량을 합한 값(1회호흡량 + 예비흡기량)

㉡ 기능적 잔기용량: 안정 시 호기한 후, 즉 1회호흡량을 내보내고 폐내에 남아있는 공기량 (예비호기량 + 잔기량)

㉢ 폐활량: 최대로 공기를 들여 마신 후 최대한 배출시킬 수 있는 공기의 양(예비흡기량 + 1회호흡량 + 예비호기량)

㉣ 총폐용량: 최대로 공기를 흡입했을 때 폐내에 있는 공기량(폐활량 + 잔기량)

③ 폐포환기량

폐포환기량(mℓ/min) = 분당환기량(mℓ/min) − 무효공간(mℓ/min)

㉠ 매 호흡 때마다 비강에서 폐포에 이르기까지의 기도를 채우게 되는 공기는 실제로 가스 교환에 참여하지 못하는데, 이를 사강(무효 공간)이라고 한다.

㉡ 사강의 용적은 보통 1회호흡량의 30%인 150mℓ이며, 1회호흡량(500mℓ)에서 사강용적을 뺀 350mℓ정도가 폐포 내에서 실제로 환기에 참여하게 되며, 이를 폐포환기량이라고 한다.

㉢ 폐포환기량은 실질적으로 가스교환에 참여하는 공기량으로 3가지 요인에 의해 영향을 받는다.

ⓐ 호흡의 빈도

ⓑ 호흡의 깊이(1회호흡량)

ⓒ 사강의 용적

A학생	분당환기량(6ℓ/min) 사강용적 150mℓ	1회호흡량 500mℓ, 분당호흡수 12회/분 A의 폐포환기량 = 4200mℓ
B학생		1회호흡량 250mℓ, 분당호흡수 24회/분 B의 폐포환기량 = 2400mℓ

1회호흡량 × 분당호흡수 = 분당환기량
분당환기량 − 사강환기량 = 폐포환기량

호흡마다 일정량의 공기는 공기전달 통로(기관, 기관지 등)에 머물게 되고 이 공기들은 가스교환에 참여하지 않는데 이러한 사용되지 않은 환기량을 사강환기량이라 부르며, 사강환기량이 차지하고 있는 공간을 해부학적 사강이라고 한다.

(5) 기능적 환기량

① 기능적 환기량은 강제적 호기량이나 최대 수의적 환기량을 측정함으로써 얻을 수 있다. 강제호기량은 최대로 숨을 들여 마신 후, 가능한 신속하게 최대로 숨을 내쉴 때 1초 또는 3초간 배출되는 공기의 양을 말한다. 보통은 1초 후에 배출된 기체량(1초량)을 폐활량에 대한 비율(1초량/폐활량)로 나타내는데, 20대에 0.80, 40대에 0.75, 60대에 0.70을 나타낸다.

② 이 비율은 폐기종과 같이 폐의 탄성이 감소하거나 천식과 같이 기도저항이 높은 상태에 있을 때 감소하는데, 이런 상태를 폐쇄성 환기장애라고 한다.

③ 폐섬유증과 같이 폐에 섬유성 결합조직의 증식하면 폐활량이 현저히 감소하지만 강제호기량(1초량)에는 거의 변화가 없다. 이런 상태를 구속성 환기장애라고 한다.

트레이닝을 통한 폐기능의 변화	
폐용량	• 폐활량은 약간 증가한다. 동시에 잔기량은 약간 감소한다(총폐용량의 변화가 없음). • 1회호흡량은 안정 시에는 변화가 없지만 최대운동 시에는 증가한다.
호흡수	• 안정 시와 최대하운동 중의 호흡수는 감소한다. • 호흡수의 감소는 트레이닝에 의해서 호흡효율이 증가된 것을 반영한다. • 최대운동 시에는 트레이닝 후에 호흡수가 증가한다.
폐환기량	• 폐환기량은 안정 시에 비하여 변화가 없거나 약간 감소한다. • 최대운동 시 1회 호흡량과 호흡수의 증가에 따라 최대환기량은 증가한다.
폐확산	• 안정 시나 최대하운동 시에 변화는 없다. • 최대운동 시 폐확산 능력이 증가한다.
동정맥 산소차	• 트레이닝 후 안정 시, 최대운동 시 모두 동정맥산소차는 증가한다. • 동정맥산소차의 향상은 조직에서 보다 더 많은 산소를 추출하여 쓰고 혈액을 보다 더 효율적으로 배분하는 것을 반영한다.
환기효율 상승	환기효율이 높다는 것은 안정 시에 일반인보다 적은 호흡수로도 더 많은 산소를 소비하고 공급할 수 있다는 것이다(호흡수 감소에 의해서 호흡근 활동에 사용하는 산소량을 줄일 수 있기 때문이다).

폐포내에서 이루어지는 가스교환, 즉 폐확산은 트레이닝 후에 안정 시와 상대적 동일 강도의 최대하운동 시에는 변화가 없다. 그러나 최대운동 시에는 폐확산능력이 커진다. 이것은 환기량 증가와 폐혈류량 증가에 의해서 이루어진다.

4. 가스교환과 분압

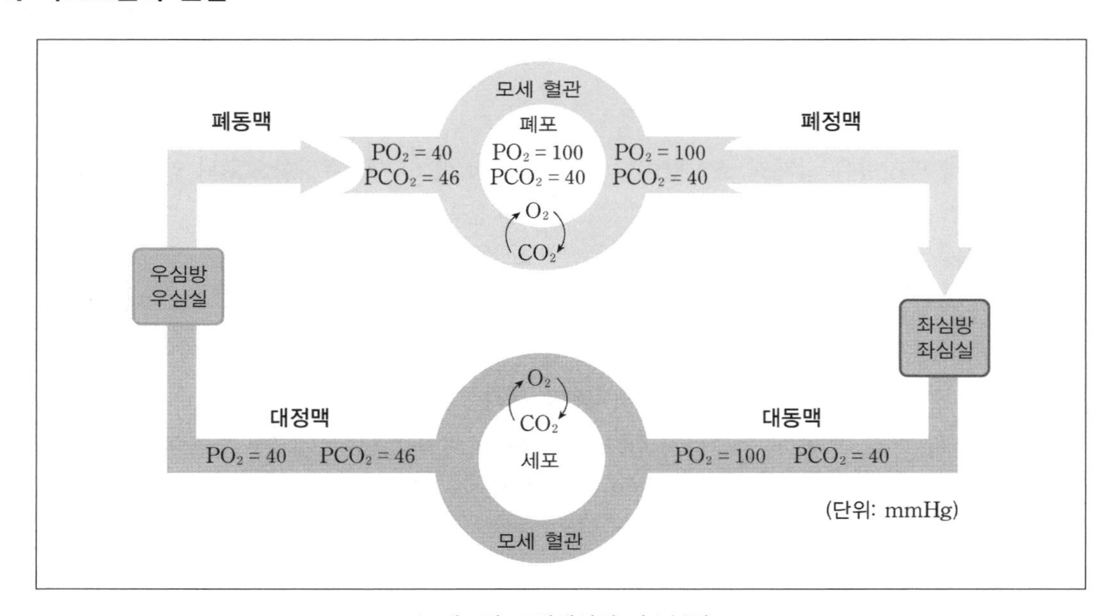

⊙ 폐포와 조직에서의 가스분압

(1) 분압

① 폐포와 모세혈관, 조직세포와 모세혈관간의 가스교환은 분압의 차이에 의한 확산이라고 하는 물리적 과정을 통해 일어난다.

② 분압이란, 대기나 폐포 내에 존재하거나, 혈액과 같은 액체 내에 존재하는 혼합가스 중 각각의 단일가스가 갖는 압력을 나타내는 것으로서, 분압이 높은 경우에 그 가스분자는 분압이 낮은 경우보다 높은 운동성을 갖게 되기 때문에 분압이 높은 곳에서 낮은 곳으로 확산된다.

③ 가스의 분압은 그 가스가 속해 있는 혼합가스의 총압력에 그 가스의 농도를 곱하여 얻어진다. 해수면에서의 대기압은 760mmHg, 대기가스는 질소가 79.04%, 산소가 20.93%, 이산화탄소가 0.03%로 구성되어 있다.

④ 해수면에서 질소 분압은 600.7mmHg(0.7904 × 760), 산소 분압은 159.1mmHg(0.2093 × 760), 이산화탄소 분압은 0.2mmHg(0.0003 × 760)이다.

⑤ 고지대로 올라갈 경우 대기압은 감소하게 되어 가스분압 역시 감소한다. 예를 들면, 3,000m 높이에서는 대기압이 523mmHg를 나타내며, 산소 분압은 109.5mmHg(0.2093 × 523)으로 감소된다.

• 돌턴의 법칙 : 혼합가스의 총 압력은 각 가스가 독립적으로 갖는 압력의 합과 같다.

P(총대기압력) = PO_2(산소분압) + PN_2(질소분압) + PCO_2(이산화탄소분압)

(2) Fick 법칙

$$Vgas(\text{가스운반율}) = \frac{A}{T} \times D \times (P_1 - P_2)$$

(A : 조직의 면적, T : 조직의 두께, D : 가스의 확산계수,
$P_1 - P_2$: 조직의 두면사이의 가스 분압차)

① 산소와 이산화탄소 분자의 확산속도는 경계면의 면적, 두 영역 사이의 분압차에 비례하며, 확산 거리에 반비례한다.

② 확산 면적과 분압

㉠ 폐포-모세혈관막에서의 확산 가능 면적은 환기에 참여하는 폐포에 연접된 기능적 모세혈관 수에 따라 결정된다.

㉡ 안정 시에는 폐포를 둘러싸고 있는 모세혈관들은 모두 활짝 열려져 있지는 않다.

㉢ 운동 중에는 개방된 모세혈관 수가 증가하여 폐의 확산 면적과 확산 능력을 증가시킨다.

③ 확산 거리

㉠ 질병이나 막의 섬유 조직 증식, 간질성 부종 현상이 일어나면 확산로가 길어지게 되고, 그 결과 확산이 느려진다.

㉡ 확산로는 적혈구를 포함하고 있는데, 적혈구는 산소와 이산화탄소를 운반하는 역할을 하기 때문에 적혈구 수의 변화는 가스 교환에 영향을 미치게 된다.

(3) 분압차 이외에 가스교환에 영향을 미치는 기타 요인

① 확산경로의 길이

② 폐포주위의 모세혈관의 혈류량

③ 혈액내 적혈구수 또는 헤모글로빈

④ 폐포환기량

5. 가스의 운반

(1) 산소의 운반

① 산소는 혈장에 의해 용해된 상태(3%)로 운반되거나 적혈구내 헤모글로빈(97%)에 의해서 운반된다.

② 산소는 헤모글로빈과 화학적으로 결합하여 산화헤모글로빈(HbO_2) 형태로 운반된다. 헤모글로빈이 산소를 조직에 유리하고 나면 환원헤모글로빈이라고 부른다.

③ 적혈구 내에 있는 헤모글로빈은 단백질(globin)에 철분이 주성분인 헴(heme)이 결합된 형태의 복합체로서, 헤모글로빈 한 분자에 네 개의 헴이 있어 각각의 헴은 한 분자의 O_2와 화학적으로 결합할 수 있다.

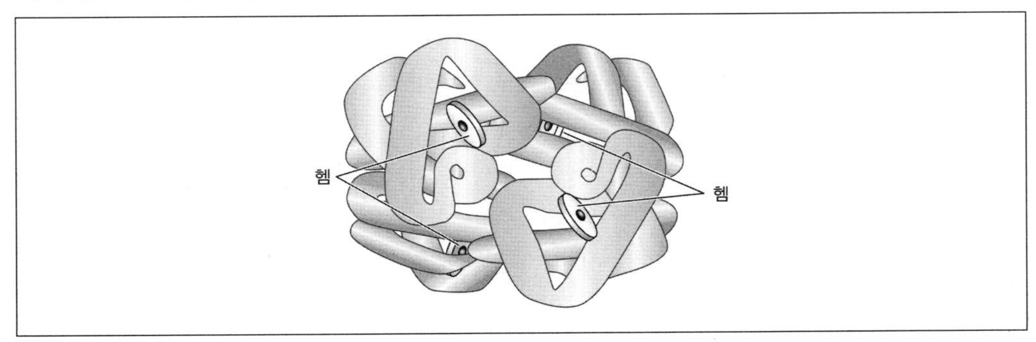

헤모글로빈의 구조

④ 헤모글로빈 1g은 산소 1.34㎖와 결합할 수 있는데, 혈액 100㎖당 헤모글로빈 함량은 약 15g 정도이다. 따라서 안정 시에는 혈액 100㎖당 $15 \times 1.34 = 20.1$㎖의 산소를 운반할 수 있다.

⑤ 고지순화로 인해 헤모글로빈 농도가 증가했거나, 일회적인 운동 시 혈액농축으로 인해 Hb농도가 16.5g으로 증가했다면, 이 경우 혈액의 O_2 운반능력은 16.5 × 1.34 = 22.1㎖로 증가한다.

⑥ Hb농도의 개인적 변동을 고려한 것이 Hb의 산소포화도(%SO_2)인데, 이는 Hb의 O_2 결합능력에 대해 실제로 Hb와 결합하는 O_2량의 비율을 의미한다.

$$\text{Hb의 산소포화도(\%SO}_2\text{)} = \frac{\text{Hb와 실제로 결합한 O}_2\text{량}}{\text{Hb의 O}_2\text{ 운반능력}} \times 100$$

⑦ 예를 들어, 혈액 100㎖당 Hb함량이 15g에서 16.5g으로 증가하였을 때, Hb의 산소포화율이 50%라고 한다면 실제로 Hb와 결합하는 O_2량은 20.1 × 0.5 ≒ 10㎖가 아니라 22.1 × 0.5 ≒ 11㎖가 된다.

⑧ 안정 시 동맥혈의 산소함량은 혈액 100㎖당 20㎖이지만, 정맥계의 모세혈관으로 이동하면서 100㎖당 15~16㎖의 산소 함량을 갖게 된다. 이러한 동맥과 정맥 혈액 간 산소 함량의 차이(동정맥산소차)는 혈액 100㎖당 조직에서 소비한 산소가 4~5㎖임을 나타낸다. 높은 강도에서 운동 시 활동근육의 동정맥 산소차는 혈액 100㎖당 15㎖에 이르게 된다.

⑨ 헤모글로빈 산소해리곡선

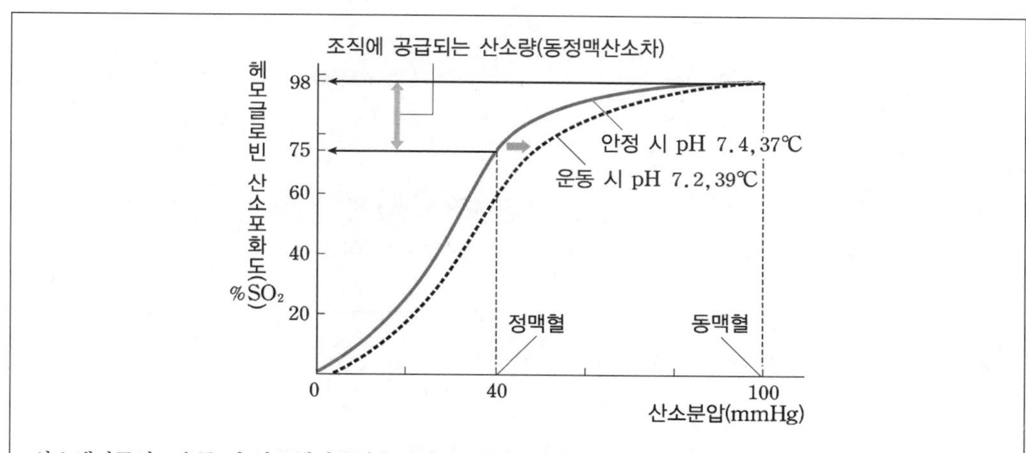

산소해리곡선: 운동 시 산소해리곡선은 우측으로 이동한다. 그로 인해 조직에서는 더욱 쉽게 O_2를 공급받고 동정맥산소차는 증가한다.

㉠ 헤모글로빈의 산소포화에 영향을 미치는 요인으로는 '혈중 O_2분압', '혈액온도', '혈액의 pH', '혈중 CO_2 농도'를 들 수 있다.

㉡ 안정 시의 경우 동맥혈의 PO_2가 100mmHg일 때 헤모글로빈은 산소로 97.5%가 포화되고, 양적으로는 동맥혈 100㎖당 19.5㎖(20 × 0.975)의 O_2를 함유하게 된다. PO_2가 40mmHg일 때 정맥혈의 산소포화도는 75%로서 정맥혈의 O_2 농도는 혈액 100㎖당 15㎖(20 × 0.75)가 된다. 따라서 동정맥산소차는 19.5 − 15 = 4.5㎖가 되며, 이 양은 조직에서 소비된 산소량을 나타낸다.

ⓒ 산소해리곡선의 상부는 거의 평평한 모습을 보이는데, 이는 산소분압이 크게 변화하더라도 헤모글로빈의 산소포화도는 단지 약간만 변화함을 나타낸다. 한편 곡선의 중간부 및 하부의 급격한 경사 역시 다른 방법을 통한 보호기능을 나타낸다. 이 부분(산소분압이 50mmHg이하)에서는 산소분압의 작은 감소에 의해서도 산소포화율은 크게 감소된다. 이는 산소분압의 작은 감소에도 불구하고 헤모글로빈의 O_2해리를 촉진하여 조직에서 다량의 산소를 추출할 수 있도록 해준다.

ⓓ 산소해리곡선 그림에서 점선으로 표시된 곡선은 운동 시의 산소해리곡선을 나타낸 것이다. 산소해리곡선은 온도 증가, pH 감소, CO_2 증가에 의해 우측으로 이동한다. 운동 시에는 CO_2 증가 및 젖산 생성에 의해 pH는 낮아지며 체온이 상승한다. 곡선이 우측으로 이동할 때 동정맥산소차는 크게 증가됨을 보여준다.

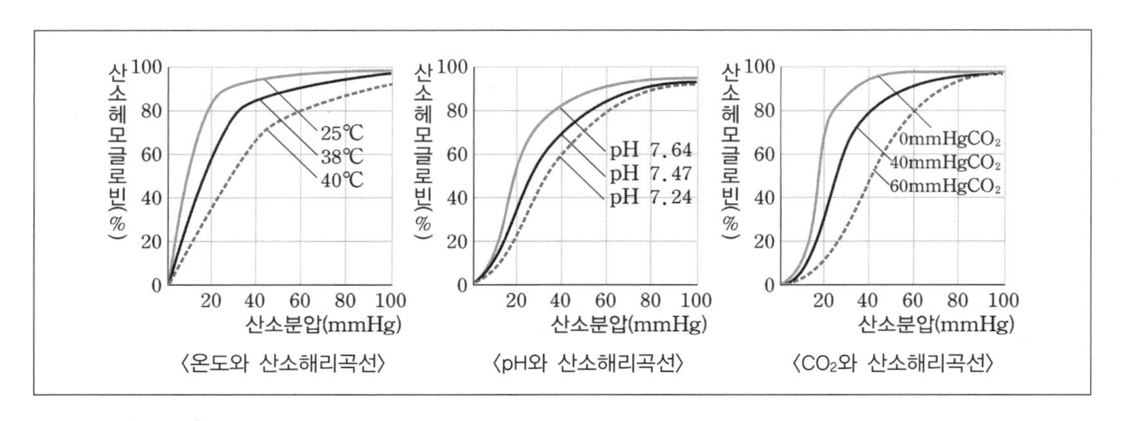

〈온도와 산소해리곡선〉 〈pH와 산소해리곡선〉 〈CO_2와 산소해리곡선〉

보어 효과(Bohr effect)
혈중 pH의 감소로 산화헤모글로빈 해리곡선이 오른쪽으로 이동하는 현상으로 산소 친화력이 감소하여 나타난다.

마이오글로빈과 헤모글로빈에 대한 해리곡선 비교

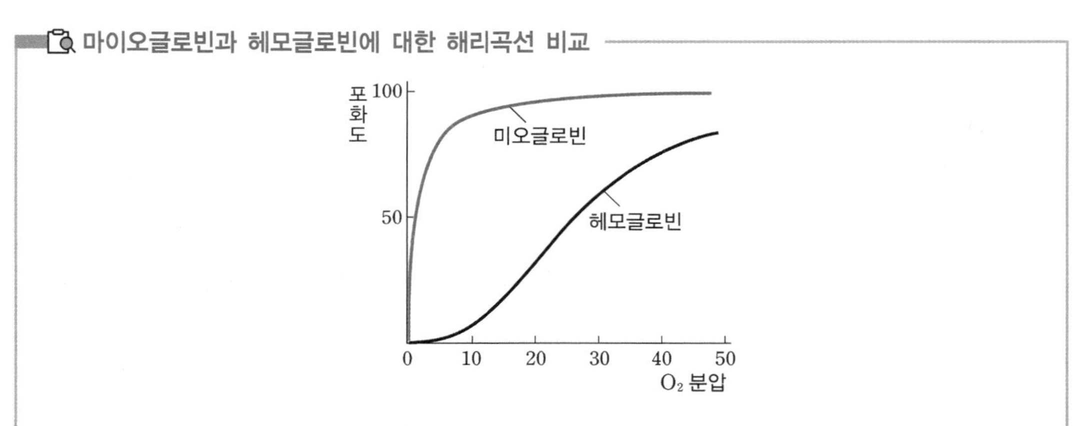

마이오글로빈은 골격근과 심장근에서 볼 수 있는 산소와 결합하는 단백질로서 근육 세포막에서 미토콘드리아로 산소를 운반하는 역할을 한다. 가파른 마이오글로빈 해리곡선은 헤모글로빈보다 더 높은 친화력을 나타낸다.

(2) 이산화탄소의 운반

대사활동의 결과 생성된 이산화탄소는 모세혈관 내로 확산되어 정맥혈이 되며, 혈액이 이산화탄소를 운반하는 형태는 용해된 상태, 중탄산이온(HCO_3), 카바민 화합물(carbamino compound)의 3가지 형태로 혈장과 적혈구에 의해 운반된다.

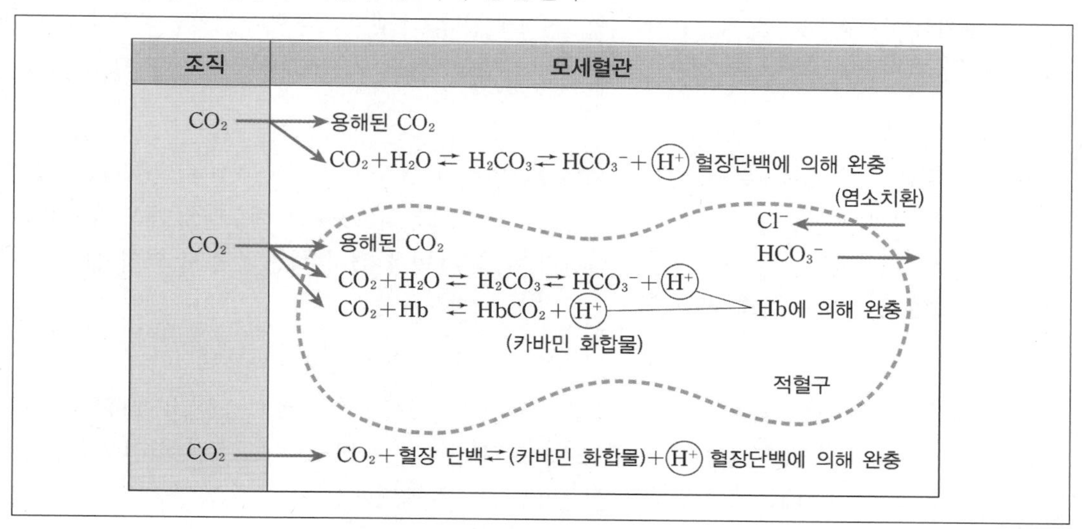

▲ CO_2 운반과정

① 용해된 상태로 CO_2 운반

㉠ 이산화탄소는 산소에 비해 물에 대한 용해도가 약 20배 가량 높다. 혈장 내에 용해된 이산화탄소는 농도차에 따라 적혈구 내로 이동하여 적혈구와 평형상태를 이루게 된다.

㉡ 물리적으로 용해된 형태로 운반되는 이산화탄소량은 전체의 약 9%이다.

② 중탄산이온 형태로 운반

㉠ 78%의 대부분의 이산화탄소는 중탄산이온의 형태로 운반된다. CO_2가 조직에서 모세혈관으로 확산됨에 따라 즉시 혈장과 적혈구내 수분과 반응하여 탄산(H_2CO_3)을 형성한다. 이 반응에는 탄산탈수효소의 작용이 필요하다. 탄산탈수효소는 혈장에는 없고 적혈구 내에 많이 있기 때문에 탄산의 형성은 주로 적혈구 내에서 일어난다. 탄산은 형성되자마자 곧 수소이온(H^+)과 중탄산이온(HCO_3^-)으로 분리된다.

$$CO_2 + H_2O \rightleftarrows H_2CO_3 \rightleftarrows H^+ + HCO_3^-$$

㉡ 이러한 반응은 조직에서는 우측방향으로 진행되고, 폐에서는 좌측 방향으로 진행된다. 대부분 적혈구내에서 형성된 중탄산이온은 적혈구내 농도가 높아짐에 따라 농도경사에 의해 혈장으로 확산된다. 중탄산이온과 함께 형성된 수소이온은 헤모글로빈에 의해 완충된다.

㉢ 혈장 내에서 탄산탈수효소의 작용 없이 서서히 이루어진 반응의 결과로 생성된 소량의 수소이온은 혈장단백에 의해 완충되어 신장을 통해 배출된다.

염소치환(Cl^- shift)
중탄산이온(HCO_3^-)이 적혈구막을 통해 혈장으로 확산될 때 적혈구 내의 전기적 중성을 유지하기 위해서는 혈장의 염소이온(Cl^-)이 적혈구내로 확산되는데, 이를 '염소치환작용'이라고 한다. Cl^-이 적혈구 내로 이동함에 따라, 정맥혈액 내 적혈구는 더 많은 Cl^-을 함유하게 되므로 삼투질 농도가 증가하여 수분(H_2O)을 적혈구 내로 이동시키게 된다. 그 결과 정맥혈의 적혈구 용적이 동맥혈의 적혈구 용적보다 커지게 된다. 즉 정맥혈의 헤마토크리트 값은 동맥혈보다 크게 된다.

③ 카바민 화합물 형태로 운반

㉠ 혈액 내 총 CO_2 중 약 13%는 헤모글로빈이나 혈장 단백질의 아미노기(NH_2)와 결합하여 카바민 화합물 형태로 운반되는데, 그 중 대부분(90%)은 헤모글로빈과 결합하고, 나머지 10%는 혈장 단백질과 결합한다. 이러한 반응 결과 생긴 수소도 역시 혈장 단백과 헤모글로빈에 의해 완충된다.

$$Hb - NH_2 + CO_2 \rightleftarrows Hb - NH - COO^- + H^+$$

㉡ 산소를 내보낸 환원헤모글로빈(Hb)은 산소와 결합한 산화헤모글로빈(HbO_2)보다 더 큰 완충능력을 갖고 있다. 산소가 조직으로 공급되면 산화헤모글로빈은 환원헤모글로빈으로 전환되기 때문에 환원헤모글로빈이 많은 정맥혈에서 더 높은 완충능력을 갖고 있다. 헤모글로빈이 수소이온을 완충함으로써 적혈구 내 수소이온 농도가 감소하게 되면 $CO_2 + H_2O \rightarrow HCO_3^- + H^+$ 반응이 더 쉽게 일어나게 되므로 적혈구는 더 많은 CO_2를 운반할 수 있게 되는데, 이를 홀데인 효과(Haldane effect)라고 한다.

6. 환기능력과 기타 고려사항

(1) 사점

격렬한 운동이나 지속적인 운동을 할 때 운동 초기에 심한 호흡 곤란, 빠르고 얕은 호흡, 가슴에 통증, 두통이나 현기증, 근육에 통증을 느끼게 되는데 이 시기를 사점이라고 한다.

① 원인

㉠ 운동에 의해 내장 혈관이 수축하여 혈액의 공급이 제한되기 때문

㉡ 축적된 젖산 때문에 혈액이 산성화되어 호흡이 곤란해지기 때문

> 운동개시 초기에는 호흡이 짧아 숨이 차고, 호흡과 맥박이 빨라지고, 가슴이 조여지며, 근육이 아픈 여러 가지의 고통스러운 증상이 보이는데, 이 시기를 사점(dead point)이라 한다. 그 원인은 i) 무산소 에너지가 거의 고갈되며, ii) 호흡·순환기능이 적응하지 못하고, iii) 근혈류량을 충족시키기 위한 심장의 부담이 늘며, iv) 호흡성 산증과 대사성 산증도 증가하여 근육을 자극하기 때문으로 추측된다.

(2) 세컨드 윈드

세컨드 윈드는 운동초기에 나타나는 불편감과 통증, 피로가 사라지면서 보다 편안하고 고통이 경감되는 상태로 돌입하게 되는 현상을 말한다. 운동초기에 나타나는 통증이나 불편감은 강한 호흡곤란, 빠르고 얕은 호흡, 가슴통증, 두통이나 현기증, 근통증을 들 수 있다. 이 세컨드 윈드의 원인(Shephard)은 다음과 같다.

① 운동 초기에 환기적응 미비로 초래된 호흡곤란의 해소

② 작업근의 혈류이동 지연에 의해 운동초기에 축적된 젖산의 산화(제거)

③ 체온상승

④ 호흡근의 국부적인 피로경감

⑤ 심리적 요인

> 정상 상태의 운동에서 사점은 심한 발한 등과 함께 여러 가지의 고통이 없어지는데, 이 시기를 세컨드 윈드(second wind)라 한다. 그 원인은 i) 호흡·순환기능이 적응을 하며, ii) 산소수요량에 적당한 산소섭취가 이루어지고, iii) 근혈류량이 충족되어, iv) 심장의 부담이 감소하고, v) 호흡성이나 대사성 산증도 감소하여, 근육의 통증이 없어지기 때문으로 여겨진다.

세컨드 윈드

사점 때의 고통을 참고 지나면 땀이 나면서 혈액 속의 젖산이 제거되고 심장의 심박출량의 증가로 인한 혈액량이 증가하여 호흡이 부드럽게 됨으로써 편안하게 운동을 할 수 있다. 이 시기를 '세컨드 윈드'(second wind)라고 한다. 이는 운동 초기 호흡과 순환의 부적응이 운동을 함에 따라 적응됨으로 나타나는 현상이다. 세컨드 윈드의 원인으로 제시되는 것 중의 하나가 뇌하수체로부터 분비되는 엔도르핀(endorphin)에 의한 심리적 작용이다. 즉, 일정수준 이상의 운동 강도에서 분비되는 엔도르핀은 운동에 의한 기분전환의 효과와 통증의 경감효과와 관련이 있으며, 운동 중에 느끼는 심리적 행복감을 나타내는 '러너스 하이'(runner's high)와도 혼용되어 쓰인다.

(3) 수의적 과환기

① 의식적으로 과환기를 할 경우 혈중 이산화탄소 분압은 감소되며, 혈중 pH가 증가하게 된다. 동맥혈의 산소는 이미 100% 가까이 포화되어 있는 상태이므로 과환기에 의해 동맥혈의 산소분압은 증가하지 않는다.

② 과호흡에 의해 혈중 CO_2분압이 낮아지면 호흡중추에 대한 자극이 억제되므로, 숨멈춤시간이 연장된다. 숨멈춤시간이 연장되는 것은 혈액의 산소함량이 증가되기 보다는 혈중 이산화탄소 분압이 낮아져서 다시 호흡중추를 자극하기까지의 시간이 지연되기 때문이다.

③ 수영 경기 중 스타트 후 수 초간 호흡을 멈추는데, 그것은 숨멈춤이 수영 동작에 역학적 이점을 주기 때문이다. 그러나 경기 전의 과환기는 동맥혈의 산소함량을 높여주지 않기 때문에 수행력을 높여준다는 목적에서는 효과가 없으며, 특히 과환기 후 잠수하는 것은 호흡에 대한 체내 요구가 일어나기 전에 의식을 잃게 되는 원인이 되므로 위험할 수 있다.

과환기 증후군
스포츠 현장에서 간혹 볼 수 있는 현상으로서 수의적 과환기와는 달리 생체가 필요로 하는 이상으로 발작적인 과환기를 하며, 뒤이어 호흡곤란, 졸도, 현기증, 흉부중압감, 다량의 발한, 사지나 안면마비 등의 증세를 보인다. 과환기 증후군의 원인은 불안신경증적 요인에 의한 것으로 생각되며, 필요 이상으로 과환기가 일어남으로써 체내 CO_2가 과잉 배출되면, 혈중 PCO_2가 현저하게 낮아져서 중추신경계 조절에 이상이 나타난다. 증세가 나타나면 호흡을 멈추거나 적게 하도록 하고, 봉투나 병을 이용해 자신의 호기를 재차 흡입하도록 하며 심리적으로 안정시키는 것이 중요하다.

(4) 흡연과 호흡 기능

① 흡연이 호흡에 영향을 미칠 수 있는 두 가지 주요 기전은 첫째, 기도저항의 증가로 인해 환기 자체를 위한 산소소비량이 증가하고, 둘째, 헤모글로빈에 의해 운반할 수 있는 산소량에 영향을 미친다는 것이다.

② 첫 번째 기전은 습관적인 흡연은 기도저항의 증가를 초래한다는 것이다. 이는 호흡근육이 더 힘들게 일해야 함을 뜻하고 일정량의 공기를 환기하기 위해 호흡근육에 의해 소비되는 산소량이 증가함을 의미한다. 이처럼 호흡근에 의한 산소소비량의 증가는 활동근에 보내져야 할 산소공급을 감소시키게 된다.

③ 두 번째 기전은 흡연의 부산물인 일산화탄소(CO)는 산소에 비해 헤모글로빈과의 친화력이 210~250배나 높다는 점이다. 그러므로 흡연을 하였을 경우 일산화탄소는 산소보다 훨씬 빠르게 헤모글로빈과 결합한다. 일단 일산화탄소와 결합한 헤모글로빈은 산소와 다시 결합할 수 없게 되는데, 그 이유는 일산화탄소가 산소와 마찬가지로 헤모글로빈의 헴과 결합하기 때문이다. 그 결과 혈액의 산소운반능력은 감소된다.

10 인체수행력의 지표와 평가

인체의 수행능력은 에너지 대사적 측면에서 유산소적 능력, 무산소성 능력, 무산소성 파워로 나누어 생각할 수 있다. 첫째, 유산소성 능력은 주로 최대산소섭취량(최대산소소비량)과 무산소성 역치의 측정을 통해 평가된다. 둘째, 무산소성 능력은 무산소성 에너지 공급에 주로 의존하는 형태의 운동수행력을 의미하는 것으로, 그 주된 에너지 공급체계는 젖산과정이다. 셋째, 무산소성 파워란 인체가 수행할 수 있는 최대 작업속도로서 주로 순발력을 의미하며, 그 주된 에너지 공급과정은 인원질 과정(ATP-PC시스템)이다. 인체 수행력을 나타내는 여러 가지 측정항목들 중에서도 개인의 수행능력을 나타내는 가장 타당한 방법은 에너지 소비능력을 평가하는 것이다.

1. 에너지 대사량의 측정

(1) 인체가 대사활동을 통해 에너지를 생산하는 측정 방법에는 통열량계를 이용한 직접측정법과 산소소비량을 측정하여 에너지량으로 환산하는 간접측정법이 있다.

(2) 직접측정법은 인체 대사활동의 결과 생겨난 열량은 에너지 생산량과 같다는 사실을 바탕으로 하여, 밀폐된 통열량계 안에서 활동을 수행할 때 발생하는 열을 열량계를 통해 측정함으로써 에너지 생산량을 직접적으로 측정하는 방법이다. 그러나 특수한 시설 및 장비를 필요로 하기 때문에 광범위한 활동 수행의 에너지를 측정하기는 어렵다. 보다 간편한 방법으로 산소 소비량을 측정함으로써 에너지를 간접적으로 측정하는 방법이 이용되고 있다.

(3) 인체의 필요한 에너지는 산소를 이용해 열량원(탄수화물, 지방, 단백질)을 분해함으로써 얻어진다. 이 과정에서 물과 이산화탄소가 최종산물로 생성된다. 그러므로 인체의 대사활동이 증가할수록 산소 소비량과 이산화탄소 생성량은 증가하게 된다.

(4) 인체활동이 증가할수록 호기 중 산소농도는 낮아지게 될 것이다. 즉, 흡기와 호기 중 산소 농도의 차는 인체 내에서 소비하는 산소량을 반영한다. 반대로 흡기 중 이산화탄소 농도에 비해 호기 중의 이산화탄소 농도는 언제나 높을 것이고, 그 농도차는 인체 대사활동 수준이 증가할수록 커지게 된다.

(5) 일정 시간 동안 신체활동 중 들이마시는 공기량(환기량)을 알고, 흡기와 호기 중의 산소 농도와 이산화탄소 농도를 측정한다면, 분당 산소 소비량과 이산화탄소 생성량을 알 수 있다. 호흡가스분석기를 통해 환기량을 측정하고, 흡기 중 O_2와 CO_2의 농도, 호기 중 O_2와 CO_2의 농도를 측정함으로써 휴식 시나 운동 수행 중 O_2 소비량과 CO_2 생성량을 측정할 수 있다.

(6) **산소소비량 측정**

산소소비량(VO_2)을 알기 위해서는 동일한 시간 동안 흡기 중의 O_2량에서 호기 중의 O_2량을 빼야 한다. 즉 흡기량과 호기량, 흡기 중 O_2 농도와 호기 중 O_2 농도를 우선 측정함으로써 두 값을 결정할 수 있다.

VO_2 = 흡기 중 O_2량 − 호기 중 O_2량
흡기 중 O_2량 = 흡기량 × 흡기 중 O_2 농도
호기 중 O_2량 = 호기량 × 호기 중 O_2 농도이므로
VO_2 = (흡기량 × 흡기 중 O_2 농도) − (호기량 × 호기 중 O_2 농도)

예를 들어, 분당 흡기량이 100ℓ이고, 흡기 중 O_2 농도가 20%라면 분당 흡기 중 O_2량은 100 × 0.2ℓ/min = 20ℓ/min이 된다. 분당 호기량이 100ℓ이고, 호기 중 O_2 농도가 15%라면 호기 중 O_2량은 100 × 0.15ℓ/min = 15ℓ/min이다. 이 경우 분당 산소소비량은 20 − 15 = 5ℓ/min이다. 해수면에서 흡기 중 O_2 농도는 20.93%로 일정하므로 분당 흡기량이 100ℓ라면 흡기 중 O_2량은 0.2093 × 100 = 20.93ℓ/min이다. 호기 중 O_2 농도는 호기가스를 채집하여 가스분석기를 이용하여 측정해야 한다.

(7) 흡기량(호기량)의 측정

호기 중 질소(N_2) 농도를 측정함으로써 흡기량 또는 호기량을 알 수 있다. 체내에서 N_2는 사용되지 않고 그대로 배출되므로 흡기 중 질소량과 호기 중 질소량은 같다.

> 흡기 중 N_2량 = 호기 중 N_2량
> 흡기 중 N_2량 = 흡기량 × 흡기 중 N_2 농도
> 호기 중 N_2량 = 호기량 × 호기 중 N_2 농도이므로
> 흡기량 × 흡기 중 N_2 농도 = 호기량 × 호기 중 N_2 농도

해수면에서의 대기 중 N_2 농도는 79.04%로 일정하다.

$$\text{호기량} = \frac{\text{흡기량} \times 0.7904}{\text{호기 중 } N_2 \text{ 농도}}$$

위 식을 이용하여 산소소비량을 다음과 같이 구할 수 있다.

산소소비량 = (흡기량 × 흡기 중 산소농도) − (호기량 × 호기 중 O_2 농도)이므로, 산소소비량

$$= (\text{흡기량} \times 0.2093) - (\frac{\text{흡기량} \times 0.7904}{\text{호기 중 } N_2 \text{ 농도}} \times \text{호기 중 } O_2 \text{ 농도})\text{이다.}$$

예를 들어, 5분간의 운동 중 흡기량이 200 ℓ이고, 채집된 호기가스 중 O_2와 N_2 농도가 각각 17%와 78%라고 한다면, $VO_2 = (200 \times 0.2093) - (\frac{200 \times 0.7904}{0.78} \times 0.17) = 7.41$ ℓ가 되며, 분당 산소소비량은 $\frac{7.41}{5} = 1.48$ ℓ/min이 된다.

호기가스 중 N_2 농도는 보통 100 − (호기 중 O_2 농도 + CO_2 농도)의 식으로 알 수 있다. 왜냐하면, 대기 중 기타 가스의 양은 무시해도 좋을 만큼 극소량만 존재하기 때문이다. 따라서 호기 중 O_2 농도와 CO_2 농도가 각각 18%와 3%로 측정되었다면 호기 중 N_2 농도는 100 − (18 + 3) = 79%가 된다.

(8) 이산화탄소 생성량의 측정

이산화탄소 생성량은 산소소비량과 같은 방법으로 산출한다.

VCO_2 = (호기량 × 호기 중 CO_2 농도) − (흡기량 × 흡기 중 CO_2 농도), 흡기 중 CO_2 농도는 단지 0.03%에 불과하기 때문에 무시해도 좋다.

따라서 VCO_2 = 호기량 × 호기 중 CO_2 농도의 식을 통해 이산화탄소 생성량을 쉽게 산출할 수 있다.

$$VCO_2 = \frac{\text{흡기량} \times 0.7904}{\text{호기 중 } N_2 \text{ 농도}} \times \text{호기 중 } CO_2 \text{ 농도}$$

Chapter 01

2. 호흡교환율

(1) 호흡교환율의 개념

① 호흡교환율(respiratory exchange ratio : RER)이란, 분당 소비된 산소량(VO_2)에 대한 분당 배출된 이산화탄소량(VCO_2)의 비율을 뜻한다.

$$\text{호흡교환율(RER)} = \frac{VCO_2}{VO_2}$$

② 안정 시나 운동 중 인체의 대사연료로는 탄수화물, 지방, 단백질이 이용되는데 이들 각 연료를 미토콘드리아에서 대사시키는 데 따르는 산소소모량은 서로 다르며, 이산화탄소 생성량도 연료마다 다르다. 즉, 각 연료마다 O_2 소비에 따른 CO_2 생성량의 비율이 다르게 된다. 그러므로 호흡교환율은 안정 시 및 운동 시각 대사연료의 기여도를 반영한다고 할 수 있다.

③ 글루코스 한 분자를 완전히 산화시키는 데 소모되는 산소량은 6분자이며, 그 결과 6분자의 CO_2가 생성된다. 한편 지방산 한 분자를 완전히 산화시키는 데는 더욱 많은 산소량을 필요로 하며 소모된 산소량에 비해 이산화탄소 생성량은 상대적으로 더 적다.

탄수화물 $RER = \frac{6CO_2}{6O_2} = 1.00$

지방(팔미트산) $RER = \frac{16CO_2}{23O_2} = 0.70$

단백질(알부민) $RER = \frac{63CO_2}{77O_2} = 0.82$

비단백성 RER과 연료의 에너지 기여 비율

비단백성RER(RQ)	산소1ℓ당 에너지생성량(kcal/ℓO_2)	연료의 에너지 기여도	
		지방(%)	탄수화물(%)
1.00	5.047	0	100
0.98	5.022	6	94
0.96	4.997	12	88
0.94	4.973	19	81
0.92	4.948	26	74
0.90	4.928	32	68
0.88	4.900	38	62
0.86	4.875	47	53
0.84	4.850	53	47
0.82	4.825	62	38
0.80	4.801	68	32

0.78	4.776	74	26
0.76	4.752	81	19
0.74	4.727	88	12
0.72	4.702	94	6
0.70	4.686	100	0

④ 위의 표에서 RER이 1일 경우에는 탄수화물만을 연료로 이용할 때이며, 이때 1ℓ의 산소소비에 따른 에너지 생성량은 5.047kcal임을 알 수 있다.

⑤ RER값이 1보다 적어질수록 상대적으로 지방대사의 참여율이 높아짐을 의미하며, RER이 0.7일 때는 순수하게 지방만을 연료로서 이용할 경우로서 에너지 생성량은 산소 1ℓ당 4.686kcal이다.

⑥ 많은 실험에 의해 운동 시 산소 1ℓ당 에너지 생성량은 5.0kcal 정도인 것으로 밝혀져 운동으로 인한 에너지 소비량을 대략 산출할 경우에 이용되고 있다.

(2) 호흡교환율 해석상 주의점

① 순수한 탄수화물과 지방만을 연소한다면, 호흡교환율은 1보다 크거나 0.7 이하가 되지 않을 것이다. 그러나 실제적으로는 심한 운동 시 RER이 1보다 크게 나타나거나 뒤이은 회복기에 0.7보다 적게 나타나는 경우가 많다. 그것은 연료의 연소와는 관계없이 CO_2의 배출과 O_2 소비에 영향을 미치는 몇 가지 요인들 때문이다.

㉠ 피검자의 심리적 요인에 의한 과환기로 인해 미토콘드리아 내에서의 유산소적 에너지 대사와는 무관하게 호기를 통한 CO_2 배출은 호흡교환율을 상승시킨다.

㉡ 심한 운동 시 무산소성 대사작용의 결과 생성된 젖산의 축적은 호흡교환율을 상승시킨다. 이 경우 2가지 이유가 있는데 첫째, pH 감소는 뇌의 호흡중추를 자극하여 호흡을 증가시키고 이로 인해 CO_2 배출량이 증가된다. 둘째, pH 감소는 혈중 탄산(H_2CO_3)의 분해를 촉진하여 H_2O와 CO_2를 생성시킨다. 즉, 젖산에 의한 혈액 pH의 감소를 완충하기 위해 탄산이 H_2O와 CO_2로 분해되는 과정에 의해 추가적으로 생성된 CO_2가 호기를 통해 배출된다.

㉢ 심한 운동에 후 인체는 CO_2를 체내에 보유하려는 경향을 보이는데, 그 이유는 운동 중 젖산을 완충하는 데 사용된 중탄산염을 재보충하려고 하기 때문이다.

② 호흡교환율과 달리 연료의 대사비율만을 고려한 것을 호흡상(RQ)라고 한다. 즉 호흡교환율(RER)이 폐 수준에서 결정되는 반면, 호흡상(RQ)는 세포 수준에서의 O_2 소비량과 CO_2 생성량을 이용하기 때문에 에너지 연료의 기여비율을 정확히 나타내며, 따라서 RQ값은 언제나 0.7~1의 범위 내에 있게 된다.

3. 운동 시 에너지 소비

(1) 에너지 소비량

① 운동 시 순에너지 소비량은 운동 시 및 회복기의 총에너지 소비량에서 동일시간 동안의 안정 시 에너지 소비량을 뺀 값이다. 에너지 소비량의 측정은 산소 소비량을 측정하여 간접적으로 산출할 수 있다.

운동 중 순에너지 소비량 = 운동 중 순산소 소비량(ℓ) × 산소 1ℓ당 에너지 발생량(kcal)

② 운동 중 순산소 소비량이 10ℓ이고, 산소 1ℓ당 5.0kcal의 에너지를 발생시킨다면 운동 중 에너지 소비량은 10 × 5.0 = 50kcal가 된다.

③ 인체의 에너지원으로 이용되는 탄수화물, 지방, 단백질 중 단백질은 정상적인 조건에서 에너지원으로서의 중요성은 크지 않다. 일반적으로 강한 운동 중에는 탄수화물이 주연료로, 저강도의 장시간 운동 시에는 지방이 인체운동의 주연료로 이용된다.

(2) METs와 체중당 에너지 소비량

① 운동강도 또는 에너지 소비율을 보다 정확하게 나타내기 위한 단위로 METs가 사용되고 있다.

② 1MET는 휴식 시 체중당·분당 에너지 소비량인 3.5㎖/kg/min을 나타낸다. 예를 들어, 5METs는 휴식 시 산소 소비량의 5배에 해당하는 운동강도 또는 에너지 소비량을 나타내며, 산소 소비량은 17.5㎖/kg/min에 해당된다.

$$\text{METs} = \frac{\text{운동 시 대사량}}{\text{휴식 대사량}} = \frac{\text{운동 시 } O_2 \text{ 소비량}}{\text{휴식 시 } O_2 \text{ 소비량(3.5㎖/kg/min)}}$$

③ METs는 분당 에너지 소비량(kcal/min)으로 전환할 수 있다.

분당 에너지 소비량(kcal/min) = METs × 3.5 × 체중(kg) / 200

4. 산소 부채

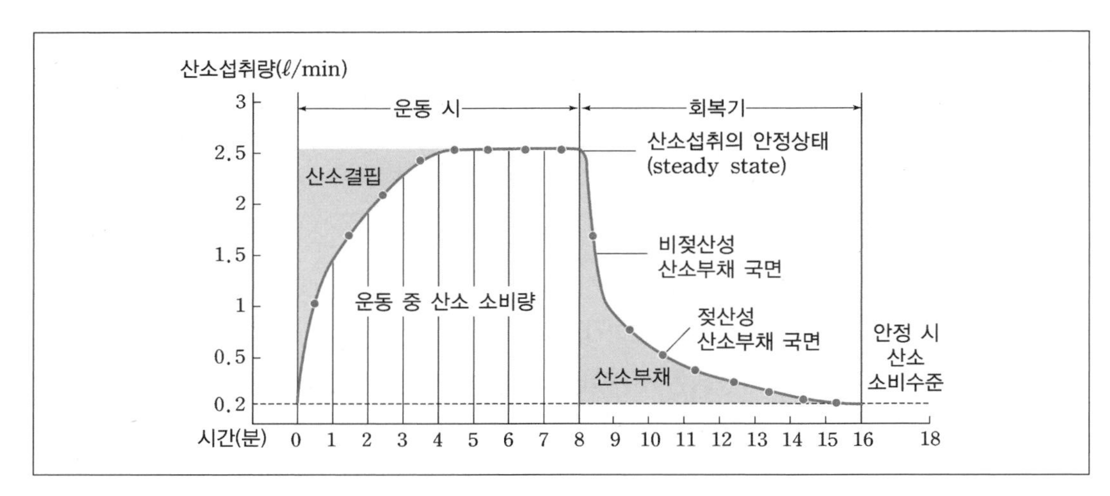

운동 시 및 회복기 에너지소비량(산소소비량)과 산소부채(운동 후 초과산소섭취량)

(1) 산소 부채 이론

① 운동 시 총에너지 수요량 중 유산소성 과정에 의해 충당할 수 없는 에너지 부족분 특히 운동 초기 발생하는 이런 부족분을 산소결핍이라고 한다. 이처럼 운동 중에 발생한 유산소성 에너지의 부족분은 운동 후 회복기에 안정 시 이상의 산소를 소비함으로써 보충된다고 생각되어 왔다.

② 따라서 운동 후 안정 시 수준 이상으로 소비하는 여분의 산소량을 산소부채라고 부르게 되었다. 산소부채란 인체가 운동 중에 빚진 산소 부족분을 운동 후에 갚는다는 개념을 갖고 있다.

③ 운동 시작 후 항정상태에 이르기 전 산소부족으로 인해 생긴 젖산을 산화하기 위해서 운동 후 회복기에 산소소비량이 증가한다는 것이 산소부채 이론이다.

㉠ 안정 시 산소소비량은 0.2ℓ/min: 운동을 수행하지 않더라도 소비되는 산소량

㉡ 운동 시작 후 4분간은 산소결핍: 무산소적인 대사에 의해 에너지가 공급되는 부분

㉢ 운동 후반기 4분간은 2.5ℓ/min의 산소섭취: 에너지 수요량을 유산소성 과정으로 충족

㉣ 산소결핍은 운동 초반 4분 동안에만 발생하였다.

④ 산소결핍량은 최대하의 점진적 운동 중 항정상태에 도달할 때의 산소섭취량에서 그 항정상태에 도달하기 전까지 실제로 소비한 산소량을 뺀 값이 된다.

- 산소결핍량 = 운동 시 총산소수요량 − 운동 중 산소소비량
- 운동 시 순산소소비량 = 운동 및 회복기 산소소비량 − (휴식 시 분당 산소소비량 × 운동 및 회복시간)
- 산소부채 = 회복기 산소소비량 − (휴식 시 분당 산소소비량 × 회복시간)

- 운동 시 총 산소수요량 = 2.5ℓ × 8분 = 20ℓ
- 운동 중 산소소비량 = (1 + 1.6 + 2 + 2.3 + 2.5 + 2.5 + 2.5 + 2.5)ℓ = 16.9ℓ
- 회복기 산소소비량 = (1.7 + 0.9 + 0.5 + 0.4 + 0.3 + 0.25 + 0.22 + 0.21)ℓ = 4.48ℓ
- 휴식 시 분당 산소소비량 = 0.2ℓ

- 산소결핍량: 20 − 16.9 = 3.1ℓ
- 산소부채: 4.48 − (0.2 × 8) = 2.88ℓ
- 운동 시 순 산소소비량: (16.9 + 4.48) − (0.2 × 16) = 18.18ℓ

⑤ 고강도의 운동 중에는 항정상태가 나타나지 않기 때문에 총 산소수요량을 정확히 측정할 수 없고, 따라서 산소결핍량도 알 수 없다. 단시간의 고강도 운동 시에 측정된 '산소부채'는 산소결핍에 비해 훨씬 크기 때문에 산소부채를 이용해서 산소결핍을 정확하게 평가하기는 어렵다. 이는 산소부채가 전적으로 무산소적인 대사의 결과로 발생하는 것은 아니라는 점을 의미한다.

㉠ **비젖산 산소부채**: 회복기 초기 급격한 산소소비량의 감소 시기로 젖산의 제거와 직접적으로 관련이 없는 시기이며, 주로 ATP와 PC의 보충에 산소가 소비된다. 비젖산 산소부채가 큰 선수는 순발적 파워에 유리하다.

㉡ **젖산 산소부채**: 회복기 후기의 느린 감소 시기로 젖산의 제거에 대부분의 산소가 소비된다. 젖산 산소부채가 큰 선수는 지속적 파워에 유리하다.

㉢ **최대 산소 부채량**: 비젖산 산소부채와 젖산 산소부채를 합한 값으로, 최대 산소 부채량이 큰 선수가 순발성 운동에 유리하다.

(2) 운동 후 초과 산소 소비량(EPOC) 이론

운동 후 안정 시 수준 이상으로 추가적인 산소섭취를 일으키는 원인은 단지 무산소성 대사에 의해서만 초래되는 것이 아니라 운동으로 인한 인체의 여러 가지 항정상태의 교란이 관여한다. 이는 심한 운동 시에는 산소부채가 산소결핍량의 두 배 정도에 이르는 현상을 설명해 준다. 운동 중 무산소성 대사로 충당한 산소 부족분을 운동 후에 되갚는다는 개념의 산소부채(oxygen debt)보다는 운동 후 초과 산소 소비량(EPOC: excess postexercise oxygen consumption)라는 용어가 많이 사용되고 있다.

① **빠른 회복기 산소 소비 단계에서 산소 소비 증가의 원인**

ATP-PC의 보충, 마이오글로빈의 보충, 혈액의 산소 보충, 에피네프린과 노르에피네프린의 상승, 체온 상승 등

② **느린 회복기 산소 소비 단계에서 산소 소비 증가의 원인**

젖산의 제거, 글리코겐의 재합성, 카테콜라민 효과, 심장작용을 위한 산소소비, 환기 작용을 위한 산소소비, 체온의 증가 등

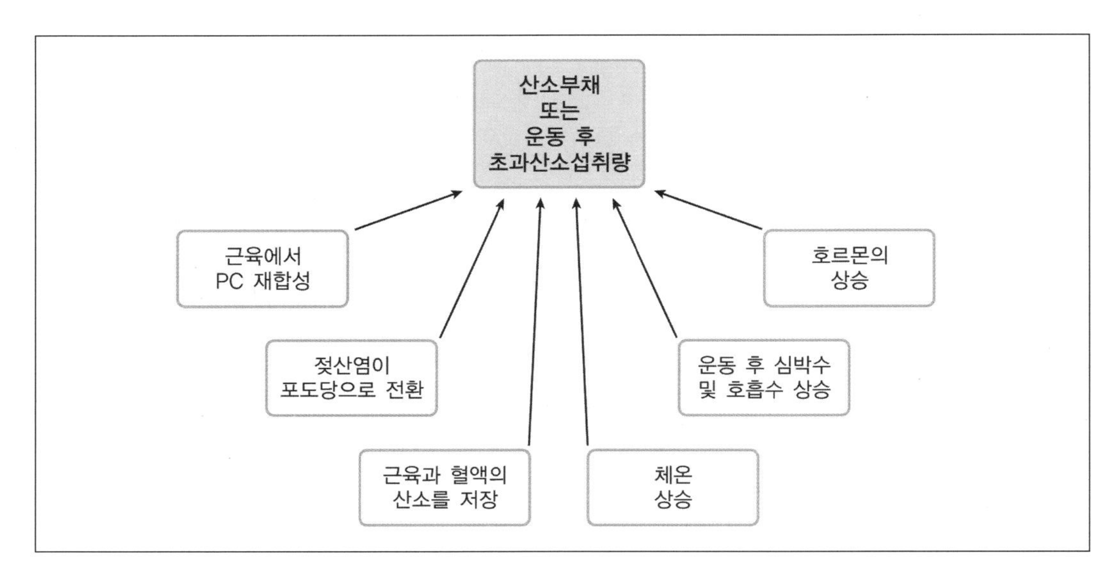

운동 후 초과산소섭취량(EPOC)에 기여하는 요인들

트레이닝 후 EPOC의 변화	
최대운동 후	• 최대운동 후 EPOC는 증가한다. • 원인: ATP-PC의 고갈 비율 증가, 젖산축적량의 증가
최대하운동 후	• 최대하운동 후 EPOC는 감소한다. 지구성 트레이닝 된 사람은 최대하운동부하에서의 에너지 요구에 보다 빠르게 적응할 수 있어서 산소 부족이 보다 적으며, 운동 중단 후 회복률이 빠르다. • 원인: 인체 효율성 증가 — 미토콘드리아 산화능력 증가, 호흡효율 증가, 순환효율 증가, 젖산축적량 감소

5. 최대산소섭취량 검사와 유산소성 지구력

최대산소섭취량은 체력수준 또는 심폐지구력을 예견할 수 있을 유력한 지표로 이용되고 있을 뿐만 아니라, 심혈관 질환의 임상적 증후를 검사하는 데 유용한 방법이다. 최대산소섭취량을 측정하는 검사는 주로 트레드밀 · 자전거 에르고미터 · 벤치 스텝검사 등이 이용되고 있고, 각 운동검사방법은 운동특성상 장단점을 갖고 있다. 운동검사 수행 중 최대산소섭취량 수준에 도달하였음을 알 수 있는 가장 효과적인 기준은 운동부하를 증가시켜도 산소섭취량이 고원상태를 보이거나 약간 감소하는 현상을 보일 때로 결정한다. 최대산소섭취량에 도달하였음을 알 수 있는 또 다른 생리적 지표는 높은 수준의 혈중 젖산수준이나 최대수준의 심박수를 통해 간접적으로 알 수 있다.

(1) 벤치 스텝

70kg의 남자가 0.5m의자 위를 분당 30회 걸음걸이의 비율로 10분 동안 오르내린다고 가정하면 10분 동안에 수행한 작업량은 다음과 같이 계산할 수 있다.

① 힘 = 70kp

② 거리 = 0.5m · $step^{-1}$ × min^{-1} × 30회 × 10min = 150m

③ 총운동량 = 10,500kpm 또는 103KJ(1kpm = 9.81J)

④ 파워 = 10,500kpm/10min = 1,050kpm · min^{-1}

(2) 자전거 에르고미터

> 부하강도(kpm/min) = 브레이크강도(kg) × 분당회전수(rpm) × 1회전 시 전진거리
> 분당 산소소비량(mℓ/min) = (자전거 부하강도(kgm/min) × 2) + (3.5 × 체중(kg))
> (자전거 부하강도(kgm/min) × 2): 저항성분 / (3.5 × 체중(kg)): 휴식성분
> 총에너지 소비량(kcal) = 분당 산소소비량(ℓ/min) × 운동시간(min) × 5kcal
> 산소 1ℓ = 5kcal, 1watt(파워단위) = 6.12kpm/min, 1kpm = 9.81J(일의 단위)
> 1MET(안정 시 산소섭취량) = 3.5mℓ · kg^{-1} · min^{-1}

체중 70kg인 사람이 자전거 에르고미터를 900kgm/min로 20분간 운동할 때 추정되는 분당 산소소비량과 총에너지 소비량을 구하면 다음과 같다.

① 분당 산소소비량(mℓ/min) = 900kgm/min × 2 + 3.5 × 70kg = 2,045mℓ/min = 2.045ℓ/min

② 총에너지 소비량(kcal) = 2.045ℓ/min × 5kcal × 20min = 204.5kcal

(3) 트레드밀

> 트레드밀 걷기 VO_2(mℓ/kg/min)
> = 속도(m/min) × 0.1 + (%grade/100) × 속도(m/min) × 1.8 + 3.5
> 속도(m/min) × 0.1: 수평성분 / (%grade/100) × 속도(m/min) × 1.8: 수직성분 / 3.5: 휴식성분
>
> 트레드밀 달리기 VO_2(mℓ/kg/min)
> = 속도(m/min) × 0.2 + (%grade/100) × 속도(m/min) × 1.8 × 0.5 + 3.5
> 속도(m/min) × 0.2: 수평성분 / (%grade/100) × 속도(m/min) × 1.8 × 0.5: 수직성분 / 3.5: 휴식성분

① 체중 60kg인 사람이 트레드밀 속도가 67m/min이고, 경사도가 12%로 30분간 걷기 운동할 때 추정되는 분당 산소소비량과 총에너지 소비량을 구하시오.

㉠ VO_2(mℓ/kg/min) = (67 × 0.1) + (0.12 × 67 × 1.8) + 3.5 = 24.7mℓ/kg/min

㉡ 24.7mℓ/kg/min × 60kg(체중) = 1,482mℓ/min = 1.482ℓ/min

㉢ 산소 1ℓ의 소비는 5kcal의 에너지를 생성하므로 30분간 운동할 경우 총에너지 소비량(kcal) = 1.482ℓ/min × 5kcal × 30min = 222.3kcal

② 체중 70kg인 사람이 트레드밀 속도가 133m/min, 경사도 16%, 30분간 달리기 운동 시 분당 산소소비량과 총에너지 소비량을 구하시오.

㉠ VO_2(㎖/kg/min) = (133 × 0.2) + (0.16 × 133 × 1.8 × 0.5) + 3.5 = 49.3㎖/kg/min

㉡ 49.3㎖/kg/min × 70kg(체중) = 3,451㎖/min = 3.451 ℓ/min

㉢ 산소 1ℓ의 소비는 5kcal의 에너지를 생성하므로 30분간 운동할 경우 총에너지 소비량(kcal) = 3.451 ℓ/min × 5kcal × 30min = 517.7kcal

6. 에너지 소비량 평가

(1) 1MET는 안정 시 산소섭취량의 의미로 3.5㎖ · kg^{-1} · min^{-1}를 나타낸다. 그러므로 운동 시 에너지 소비량은 안정 시 산소섭취량인 MET에 대한 곱으로 표현할 수 있으며 이는 운동에너지의 필요량을 정량화한 것이다.

(2) 10METs의 에너지 소비를 요구하는 신체활동은 35㎖ · kg^{-1} · min^{-1} 의 산소가 필요하며 이는 안정 시 대사 작용의 10배에 해당된다. 10METs를 요구하는 운동에서 필요한 절대산소섭취량은 개인체중에 산소섭취량을 곱해줌으로써 구할 수 있다.

(3) 60kg인 사람이 10METs의 운동을 한다면 필요한 분당 산소섭취율을 구하시오.
분당 산소 섭취량 = 35㎖ · kg^{-1} · min^{-1} × 60kg = 2,100㎖ · min^{-1}

7. 운동 효율성

(1) 운동효율성

$$\text{순수효율성}(\%) = \frac{\text{운동량}}{\text{안정 시를 제외한 에너지 소비량}} \times 100$$

① 자전거 에르고미터나 트레드밀 운동 시 순수효율성을 계산하기 위해서는 작업량의 측정치와 안정 시, 운동 시 피험자의 에너지 소비량 값을 알아야 한다. 그리고 분당 산소섭취량은 항정 상태 동안에 평가해야 한다.

② 자전거 에르고미터나 트레드밀 운동 시 운동량은 일반적으로 kpm · min^{-1}로 표시된다. 이런 형태의 운동을 하는 동안의 에너지 소비량은 먼저, 개방회로폐활량계를 사용하여 분당 산소 섭취량을 측정하고 이 값을 kcal나 kJ로 전환한다.

③ 자전거 플라이휠 저항 = 2kp, 페달속도 = 50rpm, 안정 시 산소섭취량 항정상태 = 0.25ℓ · min^{-1}, 운동 시 산소섭취량 항정상태 = 1.5ℓ · min^{-1}, 회전당 이동거리 6m · rev^{-1}일 경우 순수효율성을 구하시오.

㉠ 운동량 = (2kp × (50rev/min × 6m/rev)) = 600kpm · min^{-1} 또는 5.89kJ · min^{-1}(1kpm = 9.81J)

㉡ 산소섭취량 = 1.5ℓ · min^{-1} − 0.25ℓ · min^{-1} = 1.25ℓ · min^{-1}

㉢ 산소섭취량 1ℓ · min^{-1} = 21kJ = 5kcal(1kcal = 4.186kJ)

㉣ 에너지소비량 = 산소섭취량 ℓ · min^{-1} × 21kJ · $ℓ^{-1}$ = 1.25 × 21 = 26.25kJ · min^{-1}

㉤ 순수효율성 $= \dfrac{\text{운동량}}{\text{안정시를 제외한 에너지 소비량}} \times 100 = \dfrac{5.89\text{kJ} \cdot \text{min}^{-1}}{26.25\text{kJ} \cdot \text{min}^{-1}} \times 100$
$= 22.4(\%)$

(2) 운동효율성의 영향요인

① 운동 강도와 운동효율성

㉠ 자전거 에르고미터 운동 시 운동 강도에 따른 순수효율성은 운동 강도가 증가할수록 함께 감소하는 경향을 보인다.

㉡ 운동 강도가 증가하면 산소소모량이 더욱 증가하기 때문에, 일에 따른 에너지 소비량 증가의 관점에서 보면 순수효율성이 떨어지게 된다.

② 운동 속도와 효율성

㉠ 주어진 운동 강도에서 최적의 운동속도가 존재하고, 최근의 연구는 파워생산량이 증가할수록 운동의 최적속도 또한 증가한다는 것을 설명해준다. 최대파워를 내기 위해서는 최고 속도로 움직여야 효율성이 증가한다.

㉡ 자전거나 암에르고미터에서 페달의 최적속도는 40~60rpm으로 간주되며 이는 저강도에서 보통강도 사이를 나타낸다. 운동의 최적속도에서 벗어나는 운동은 효율성이 감소한다.

㉢ 느린 속도에서 효율성이 감소하는 이유는 관성 때문이다. 이것은 동작이 느리거나 몸의 움직임이 반복적으로 멈추고 다시 시작할 때 일을 수행하는 추가적인 에너지소비가 증가하기 때문이다. 또한 낮은 운동 강도로 이루어지는 빠른 운동속도는 골격근의 마찰을 증가시키며 신체의 내적 움직임을 증가시켜서 효율성이 감소한다.

③ 근섬유 형태와 효율성

㉠ 지근 섬유의 비율이 높은 사람이 속근 섬유의 비율이 높은 사람보다 운동효율성이 높게 나타나고 있다. 이것은 지근 섬유가 속근 섬유보다 더욱 효율적이며 이는 운동수행능력에 필요한 ATP가 지근보다 속근에 더욱 많이 필요하다는 것을 나타낸다.

㉡ 높은 운동효율성은 운동수행능력을 향상시키기 때문에 매우 중요하다. 높은 효율성을 갖는 운동선수는 낮은 효율성을 가진 선수에 비해 동일한 에너지 소비량당 더 많은 파워를 낼 수 있다. 지구성 운동수행능력은 운동의 효율성을 높임으로써 향상될 수 있다.

8. 무산소성 역치

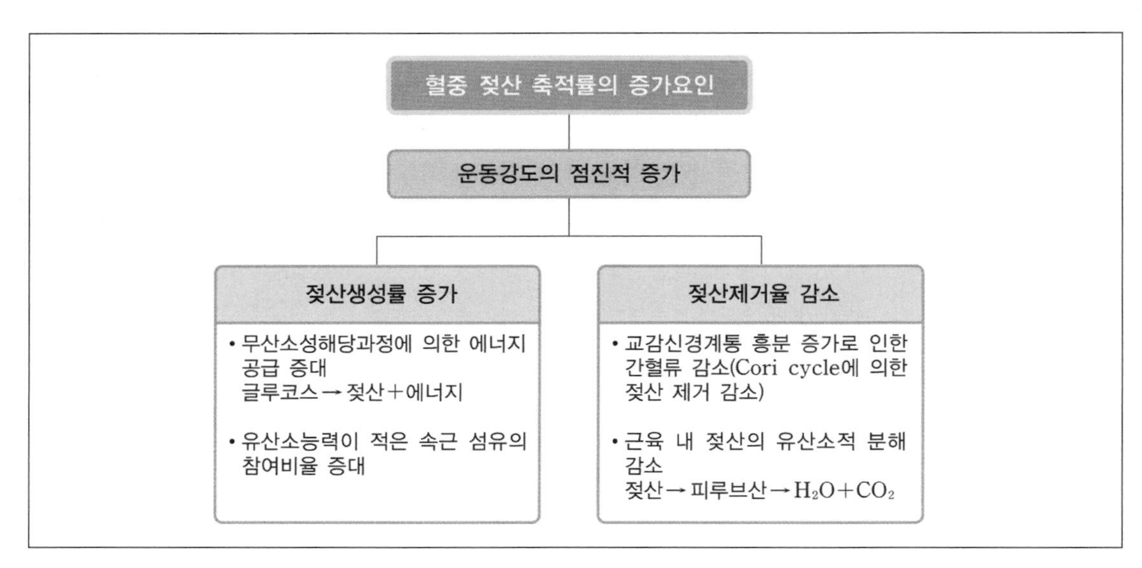

혈중 젖산축적률의 증가 요인

(1) 젖산은 무산소성 해당작용의 최종 산물로서 피로의 원인이 되는 물질이다. 우수한 지구성 선수의 특징은 높은 수준의 최대산소섭취량뿐만 아니라 혈중 젖산이 크게 축적되지 않고 높은 $\%VO_2max$ 수준으로 장시간 운동할 수 있다.

(2) 운동 중 혈중 젖산의 농도는 무산소성 해당과정에 의한 젖산생성률이 증가할 때뿐만 아니라 혈중 젖산의 제거율이 감소되거나, 에너지원으로 젖산이 이용이 감소될 때 증가하게 된다.

(3) 혈중 젖산 농도가 급격하게 상승하는 양상을 보이는 시점을 젖산역치라고 한다. 젖산역치와 동시적으로 또는 약간 뒤이어서 환기량이나 이산화탄소 배출량이 직선적인 증가 양상에서 벗어나 급격하게 증가한다. 이 시점을 젖산역치에 대하여 환기역치라고 한다.

(4) 젖산역치 및 환기역치가 발생하는 원인을 무산소성대사가 시작되기 때문이라고 생각하여 그 시점을 무산소성역치라고 한다. 혈중젖산농도의 상승이 젖산 생성뿐만 아니라, 제거 능력의 영향을 받으며, 젖산의 축적이 환기량을 증가시키는 유일한 요인이 아니라는 것이 밝혀지면서 무산소성역치라는 용어 대신 환기 급증시점이나 혈중 젖산 축적 개시점이라는 용어가 사용되고 있다.

(5) 무산소성역치는 스피드의 지구력을 결정하는 매우 중요한 요소이다. 즉, 최대산소섭취량이 같더라도 무산소성역치가 높은 사람이 더 빠른 속도로 지구성 운동을 수행할 수 있다. 최대산소섭취량이 같더라도 무산소성역치 수준이 더 높은 사람이 더 높은 강도로 운동을 지속할 수 있는 능력을 갖는데, 이를 '스피드의 지구력'이라고 한다.

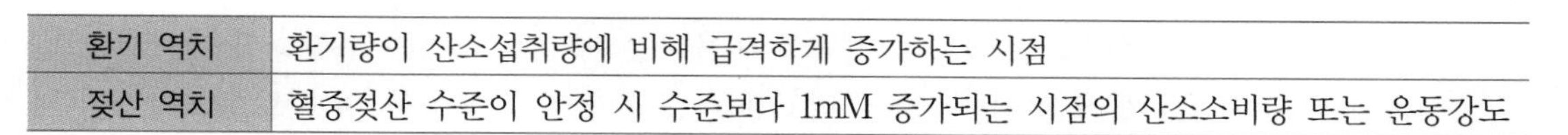

환기 역치	환기량이 산소섭취량에 비해 급격하게 증가하는 시점
젖산 역치	혈중젖산 수준이 안정 시 수준보다 1mM 증가되는 시점의 산소소비량 또는 운동강도

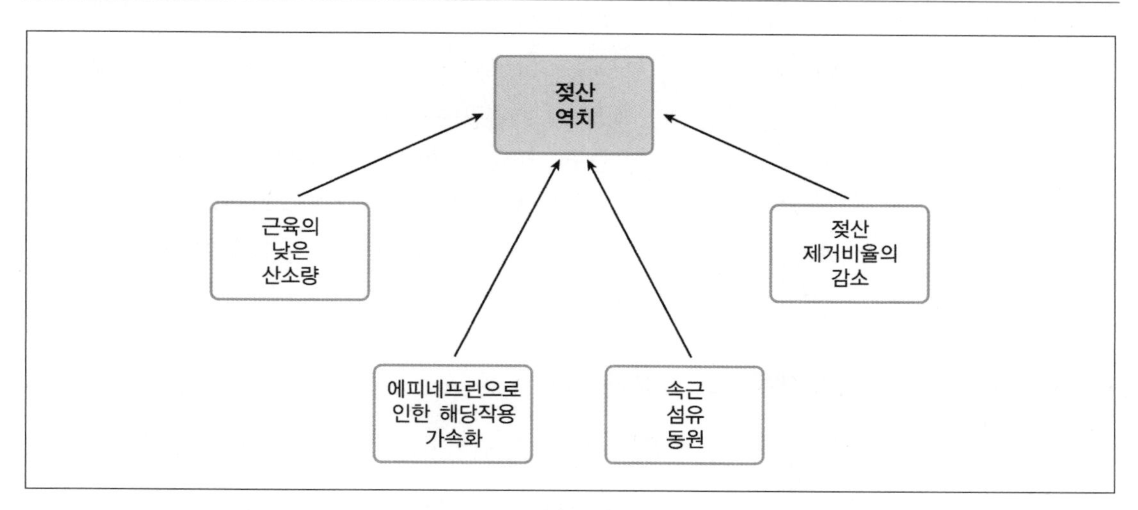

◎ 점층부하 운동 시 젖산역치를 설명하는 다양한 기전들

9. 무산소성 파워와 무산소성 능력

(1) 무산소성 파워

① 무산소성 파워란 유산소성 에너지 공급에 거의 의존하지 않고 수행할 수 있는 단위 시간당 최대 작업량을 의미한다.

② 무산소성 파워는 인체가 수행할 수 있는 최대 작업속도로서, 에너지 공급은 인원질의 무산소적 분해로부터 얻는다.

③ 무산소성 파워는 30초 이내의 단시간 검사를 통해 이루어진다. 투포환이나 점프는 최대 무산소성 파워에 의존하는 종목이다.

④ 무산소성 파워를 측정하는 대표적인 검사방법으로는 마가리아-칼라멘 계단오르기 검사(Margaria-Kalamen power test)와 윈게이트 검사(Wingate test)가 있다.

(2) 무산소성 능력과 산소 부채 능력

① 무산소성 능력은 무산소성 에너지 공급에 의존하여 강한 근수축활동을 반복하여 유지하는 능력을 말한다.

② 산소부채 능력은 대체로 1~3분간의 최대운동 후 초과산소소비량을 측정함으로써 구할 수 있다.

③ 산소부채 능력을 무산소성 능력의 지표로 이용하는 이론적 근거는 무산소성 대사결과 운동 중 고갈된 ATP, 크레아틴인산, 글리코겐을 보충하기 위해 운동 후 미토콘드리아에 의한 추가적인 산소소비가 이루어지기 때문이다.

④ 산소부채 능력은 ATP의 무산소적 생성만 관련되어 있는 것이 아니라 여러 가지 요인(에피네프린 등 호르몬의 증가, 체온상승, 심장 및 호흡근육의 활동수준 증가 등)이 관여하고 있기 때문에 산소부채 능력과 무산소성 능력 간에는 제한적인 관계만이 성립된다. 그럼에도 불구하고 산소부채 능력은 신체적성 수준을 나타내는 훌륭한 지표로 이용되고 있다.

⑤ 최대의 산소부채 능력을 얻기 위한 극최대운동(supramaximal exercise), 트레드밀 무산소 능력 검사(slow test와 fast test의 2가지 형태)가 있다.

10. 최대하 검사를 통한 최대유산소 능력의 측정

(1) 직접적인 방법을 통해 최대산소섭취량을 검사하기 위해서는 대상자가 최대까지 운동을 수행해야 한다.

(2) 대상자의 안전, 기술적 어려움, 시간 · 비용상의 문제를 해결하기 위해 최대하운동 검사로부터 최대산소섭취량을 추정하기 위한 많은 방법들이 개발되어 왔다.

(3) 최대하운동 검사방법들은 주로 운동 시 심박수와 산소섭취량이 비례적으로 직선적인 증가를 한다는 점에 착안하여 표준화된 최대하운동 검사 중 측정된 심박수를 이용하여 산소섭취량을 추정하고 있다.

(4) 검사방법으로는 Fox의 자전거 에르고미터 검사, PWC170 검사, YMCA의 자전거 에르고미터 검사 등이 있다.

11. 필드에서의 유산소능력 검사

필드에서 가장 많이 이용되는 방법으로는 Cooper의 12분 달리기 검사, Rockport의 1마일 걷기 검사, Balke의 15분간 달리기 검사 등이 있다.

11 신장과 산 · 염기 평형

pH가 7이상이면 알칼리성이며, pH가 7이하면 산성이다. 순수한 물의 pH는 7로 중성이다. 인체 체액의 산도는 pH가 7.4의 약알칼리로 일정하게 유지되고 있다. 운동은 인체의 체액을 일시적으로 산성화시키고, 운동으로 인해 인체의 에너지원들이 대사될 때 그 부산물인 젖산 등의 산성 물질이 생성되기 때문에 심한 운동 시에는 근육의 pH는 6.4~6.8까지 감소하게 된다. 인체는 이러한 산성화에 대처하여 체내에서 생성된 산성 물질을 중화제를 이용하여 완충하거나, 호흡을 통해서 배출하거나, 신장을 통해 산성 물질을 배출함으로써 체액의 산도를 일정하게 유지하는 작용을 한다.

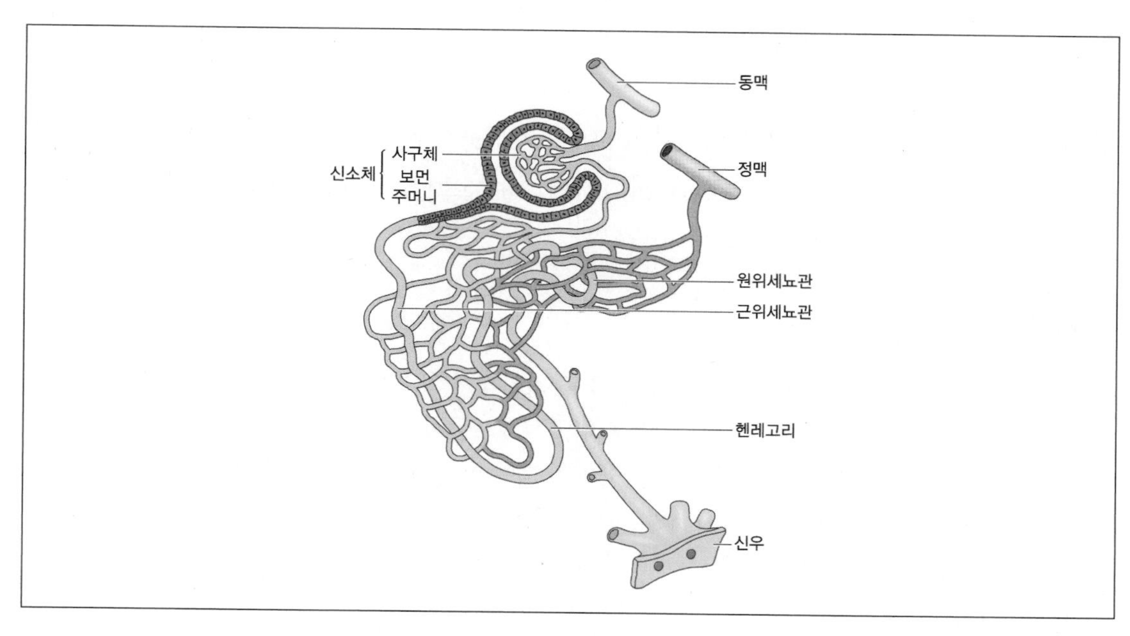

네프론

1. 신장의 구조

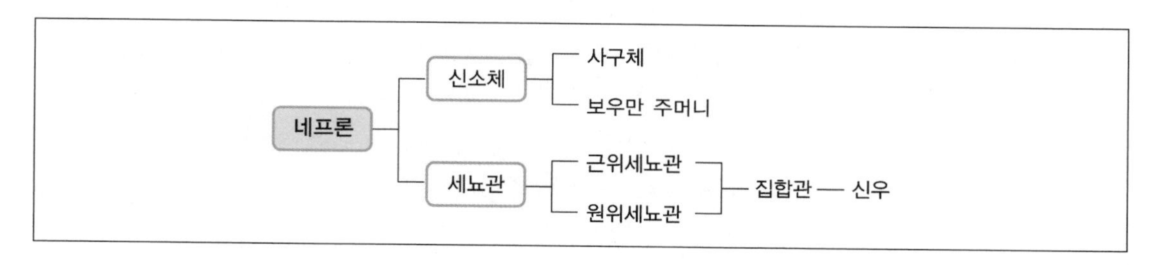

(1) 신장은 인체의 등쪽 횡격막 바로 밑에 척추의 양쪽에 위치하는 완두콩 모양의 자기 주먹만한 기관이다. 신장을 세로로 잘라보면 바깥쪽의 피질과 안쪽의 수질로 구별되며, 수질의 안쪽으로는 생성되는 소변이 방출되는 신우가 있고 이것이 요관으로 이어져 있다.

(2) 신장의 여과기능을 수행하는 기능적 최소단위를 네프론(nephron)이라고 하는 데, 한쪽의 신장은 약 100만개의 네프론으로 구성되어 있으며, 피질에서 수질 쪽으로 배열되어 있다.

(3) 네프론은 신소체와 세뇨관으로 이루어져 있으며, 신소체는 모세혈관 덩어리인 사구체와 사구체를 둥글게 감싸고 있는 보우만 주머니로 되어 있다.

(4) 보우만 주머니에 직접 연결된 세뇨관을 근위세뇨관이라고 하고, 헨레 고리 세뇨관을 통해 다시 피질부로 올라가면서 굵어지는 부분을 원위세뇨관이라고 한다.

(5) 원위세뇨관이 모여서 집합관을 만들어 피질부에서 수질부로 내려간다. 이 집합관이 모여서 신우를 만든다.

(6) 수질에는 헨레 고리와 집합관 일부가 있고, 피질에는 사구체, 근위 및 원위세뇨관이 있다.

(7) 혈액은 사구체를 흐르는 동안 여과되며, 여과된 혈장은 보우만 주머니 → 세뇨관 → 집합관 → 신우 → 방광을 거쳐 소변으로 배출된다.

2. 신장의 기능

신장은 일차적으로 몸의 과잉수분과 노폐물을 걸러내어 체액의 성분과 농도를 일정하게 유지시키는 인체의 여과기로서 작용한다. 인체의 구성세포들이 살아서 그 기능을 효과적으로 수행하기 위해서는 체액의 환경이 항상성을 유지하여야 하는데, 신장은 체액 중 과잉된 수분이나 전해질, 요소 등의 노폐물을 걸러내어 소변을 통해 배출함으로써 체내 수분, 전해질, pH 등 체액환경이 일정한 범위 내에서 유지되도록 한다.

(1) 신장의 사구체 여과

① 신장은 안정 시 심장에서 보내지는 혈액의 약 1/4을 공급받으며, 분당 120㎖ 정도의 혈액이 사구체에서 여과된다.

② 수입세동맥에서 모세혈관 덩어리인 사구체를 지나면서 여과된 혈장은 보우만 주머니 → 근위세뇨관 → 헨레 고리 → 원위세뇨관 → 집합관을 지나가는 동안 대부분 재흡수되고, 불필요한 물질들은 계속해서 집합관 → 요관 → 방광을 통해 소변으로 배설된다.

③ 사구체는 긴 모세혈관이 복잡하게 엉켜 있기 때문에 여과되는 표면적이 넓게 되어 있다. 또한 사구체에서 나가는 수출세동맥의 직경이 수입세동맥보다 작고, 수출세동맥은 다시 모세혈관이 되어서 세뇨관 둘레에서 모세혈관망을 이루기 때문에 혈류저항이 커지므로 사구체의 모세혈관 내압은 매우 높다.

④ 사구체의 혈압(60~70mmHg)은 체내 다른 모세혈관 내압(35mmHg)보다 높고, 사구체 여과막의 투과성도 높아서 단위면적당 여과량이 많다.

⑤ 혈장이 사구체를 지나면서 여과되는 양을 사구체 여과량이라고 하며, 양쪽 신장을 합하여 약 120㎖로서 사구체를 흐르는 혈장의 약 20%가 여과된다. 사구체 1일 여과량은 180ℓ 정도로 전신의 혈장량의 50배 이상이다. 이 정도의 수분량이 그대로 소변으로 배설된다면 수분은 완전히 고갈될 것이다.

⑥ 사구체에서 여과되는 혈장량의 99% 이상은 세뇨관 및 집합관을 지나면서 세뇨관과 집합관막 → 간질액 → 세뇨관주변 모세혈관 내로의 경로로 재흡수되어 신정맥을 통해 다시 순환계로 되돌려지며, 나머지 집합관 → -신우 → 요관을 통해 배설되는 소변은 1일 약 1~2ℓ 정도이다.

(2) 세뇨관, 집합관에서의 재흡수

① 능동적 재흡수

㉠ 세뇨관막을 구성하는 세포가 에너지(ATP)를 소모하면서 물질을 통과시키는 것을 말한다.

㉡ 나트륨(Na^+)은 세뇨관의 어느 곳에서나 모두 흡수되며 포도당, 아미노산은 근위세뇨관에서 재흡수된다.

② 수동적 재흡수

㉠ ATP를 필요로 하지 않는 확산, 삼투, 전기적 경사에 의한 흡수를 말한다.

㉡ 세뇨관 내의 Na^+이 능동적 운반에 의해 간질액 쪽으로 이동함에 따라 삼투압이 간질액 보다 낮아지며, 이 삼투압 차이에 따라 세뇨관 내의 물도 간질액 쪽으로 확산되어 재흡수된다.

㉢ 양이온인 Na^+이 능동적으로 재흡수됨에 따라 세뇨관 내는 (−)으로 되어 세뇨관 내외의 전기적 경사가 생기게 된다. 이러한 전기적 차이에 따라 세뇨관 내의 음이온인 Cl^-가 Na^+에 뒤이어 간질액 쪽으로 이동하게 된다.

(3) 신장과 호르몬

① 알도스테론은 부신피질에서 분비되는 호르몬으로서 원위세뇨관에서 Na^+ 재흡수를 촉진한다. 알도스테론은 이차적으로 Cl^-과 중탄산염(HCO_3^-), 물의 수동적인 재흡수를 촉진시킨다.

② 알도스테론은 체내 Na^+ 및 수분의 보유에 중요한 역할을 수행한다. 즉, 알도스테론은 혈중 Na^+ 농도가 낮거나 K^+ 농도가 높을 때 분비가 촉진되는데, 예를 들어 Na^+이 결핍되면서 혈장량이 떨어지면 신장의 사구체 근접세포군에서 레닌이라는 물질이 분비된다.

③ 레닌은 활성단백질 안지오텐신 Ⅱ의 생성에 중요한 역할을 한다. 안지오텐신 Ⅱ는 부신피질을 자극하여 알도스테론의 분비를 자극함으로써 체내 Na^+ 및 수분의 재흡수를 촉진한다.

④ 항이뇨 호르몬은 뇌하수체 후엽에서 분비되는 호르몬으로서 원위세뇨관 및 집합관의 구멍을 확장시키는 작용을 한다. 그럼으로써 삼투압에 의한 수분의 수동적인 재흡수 속도를 증가시킨다.

⑤ 수분 및 전해질의 재흡수와는 관계없지만 신장의 사구체 근접 세포군에서 분비되는 에리쓰로포이에틴(erythropoietin)이 있는데, 이 호르몬은 골수에서의 적혈구 생성을 촉진하는 작용을 한다.

> 혈중 포도당 농도가 100mg%인 경우 사구체에서 여과된 포도당은 전부 재흡수한다. 만일 혈중 포도당 농도가 180~200mg%로 상승하면 세뇨관에서 완전히 재흡수 기능을 발휘하고도 나머지가 소변으로 배설되는데 이 농도를 포도당의 신장역치라고 한다. 당뇨병에서 소변으로 다량의 포도당이 배설되는 것은 신장 기능이상이 아니라, 포도당의 신장역치를 초과하는 포도당이 재흡수되지 못하고 배설되기 때문이다. 근위세뇨관의 재흡수 구조에 이상이 있어서 신장역치가 낮아지면 혈중 포도당농도가 정상임에도 당뇨를 일으키는 경우가 있는데, 이를 신장성 당뇨라고 한다.

(4) 신장의 pH조절

신장의 기능은 체액의 양과 농도를 일정하게 유지하는 것 외에 체액의 pH를 좁은 범위(약 7.4) 내로 유지하는 것이다. 신장은 일련의 복잡한 화학적 반응과 능동적 운반기전을 통해 수소이온(H^+)의 농도를 조절한다. 신장이 수소농도를 조절하는 주요기전은 중탄산이온(HCO_3^-)의 재흡수율을 높이거나 감소시키는 것이다.

중탄산이온(HCO_3^-)의 재흡수 기전

1. 세뇨관세포 내에서 CO_2와 H_2O는 탄산탈수효소의 도움으로 탄산(H_2CO_3)이 되고, 이는 곧 해리되어 $H^+ + HCO_3^-$으로 된다.
2. 형성된 H^+는 능동적으로 세뇨관강 내로 분비되고, 이때 사구체의 여과에 의해 세뇨관으로 들어온 중탄산염($NaHCO_3$)은 Na^+과 HCO_3^-으로 해리된다.
3. 세뇨관강 내로 분비된 H^+는 HCO_3^-와 결합하여 완충되어 H_2CO_3를 형성하고 탄산탈수효소의 도움으로 CO_2와 H_2O가 된다. 따라서 세뇨관강 내와 세뇨관 세포 사이의 H^+ 농도 경사가 유지된다. 이 때 CO_2는 세포막에 대한 투과도가 높으므로 세뇨관 세포 내로 확산되어 H_2CO_3 형성에 다시 이용된다.
4. 세뇨관강 내에서 Na^+은 분비된 H^+ 대신 농도차에 따라 세포 내로 확산되고, 세포 내에서 형성된 HCO_3^-와 결합하여 혈액 내로 운반된다. 이 과정에서 H^+의 분비는 HCO_3^-의 재흡수에 필수적이다. 이렇게 형성된 HCO_3^-는 Na^+와 함께 혈액의 중요한 완충제($NaHCO_3^-$)로서 이용된다.

HCO_3^-의 재흡수는 세포내 이산화탄소 분압(PCO_2)의 영향을 받는다. 즉 대사과정에 의해 생성된 CO_2가 많을수록 H^+의 분비가 촉진되어 HCO_3^- 재흡수가 증가된다. 반면 세포 내 H^+ 농도가 감소하면 세뇨관강 내로 분비되는 H^+가 감소하고, 세뇨관강 내의 HCO_3^-는 H^+와 결합하여 탄산(H_2CO_3)을 형성하지 않고 배출되는 비율이 높아진다.

3. 운동과 신장 반응

(1) 신(콩팥) 혈류량

① 심한 운동 시 신혈류량은 안정 시 수준의 65% 이상까지 감소된다. 운동 시 신혈류량 감소는 활동근이나 체온조절을 위한 피부로의 혈류전환에 기인한다.(혈류재분배)

② 운동으로 인해 신장혈류가 감소되는 기전은 첫째, 교감신경계의 흥분 증가로 네프론의 수입 및 수출세동맥 수축, 둘째, 부신의 에피네프린과 노르에피네프린 분비증가, 셋째, 강력한 혈관 수축 물질인 안지오텐신 Ⅱ의 혈중 농도 상승이다.

③ 교감신경계의 작용은 단시간 고강도 운동 시에 신혈류량의 감소에 관여하고, 순환 혈액 중 호르몬과 안지오텐신 농도는 보다 장시간의 활동 중 신혈류량 감소에 관여한다.

(2) 사구체 여과율

① 심한 운동 시 사구체 여과율은 신혈류량이 감소됨에 따라 감소되지만, 가벼운 운동 시에는 매우 다양한 변화를 보인다. 심한 운동 시의 사구체 여과율은 사구체 모세혈관압이 증가되기 때문에 대체로 신혈류량 보다는 적게 감소된다.

② 사구체 여과율 역시 신혈류량과 마찬가지로 환경기온이 높아서 수분손실이 커지거나, 수분 섭취를 제한하거나, 체력수준이 낮을수록 크게 감소된다.

(3) 소변생성량

① 운동 시 소변생성량의 감소는 사구체 여과율이 감소된 결과이다. 수분 섭취를 제한할 경우, 항이뇨호르몬의 분비증가는 세뇨관에서의 수분 재흡수를 촉진시키기 때문에 소변생성량은 더욱 감소된다.

② 사구체에서 여과된 물질의 재흡수를 증가시키는 호르몬으로는 알도스테론, 항이뇨호르몬(ADH)이 있다. 알도스테론은 네프론의 원위세뇨관에 작용하여 Na^+과 수분의 재흡수를 촉진한다. 항이뇨호르몬은 원위세뇨관과 집합관에 작용하여 수분의 재흡수를 촉진하는 역할을 한다.

(4) 소변 중 물질의 배출

① 힘든 운동 시 소변 중 물질의 배설은 감소된다. 즉 Na^+, Cl^-, Mg^{++}, 크레아티닌(creatinine)과 같은 물질의 배설은 운동 중에 감소되는데, 그것은 사구체 여과율이 감소된 이외에도 세뇨관에서 재흡수가 증가되기 때문이다.

② 소변 중 물질의 농도를 나타내는 소변 비중은 운동 후에 오히려 감소된다. 이러한 현상은 심한 운동 중 부신에서의 알도스테론 분비가 증가되어 세뇨관으로부터의 Na^+ 재흡수가 촉진되고, Cl^-가 전기적 경사에 의해 재흡수 되기 때문으로 생각된다.

4. 운동과 산·염기 평형

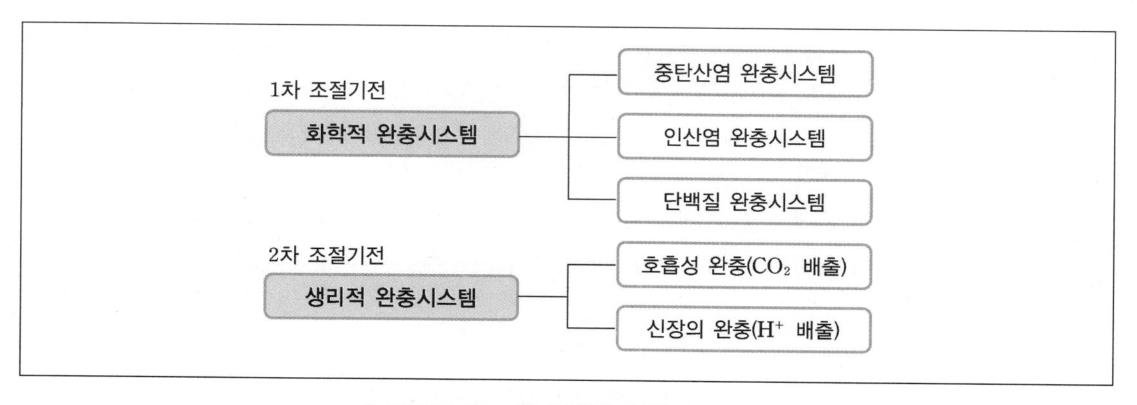

인체의 산 – 염기평형을 위한 조절 기전

(1) 산과 염기

① 산(acid)은 용액 내에서 수소이온(H^+)을 내놓는 화학적 화합물이며, 염기(base)는 수산기이온(OH^-)을 내놓는 화학적 화합물이다. 어떤 용액이 산성인가 염기성인가는 그 용액 중 수소이온의 수 또는 농도에 의한다.

② 순수한 물은 H^+와 OH^-의 수를 똑같이 갖고 있기 때문에 중성이다.

$$H_2O \rightleftharpoons H^+ + OH^-$$

③ H^+이온의 수가 OH^-이온의 수보다 많으면 그 용액은 산성이 되고, OH^-이온의 수가 H^+이온의 수보다 많으면 그 용액은 염기성이다.

④ 용액의 산성도를 표현하기 위해 용액에 용해된 수소이온의 수를 pH로 표현한다. 어떤 용액의 pH는 $-\log[H^+]$로 표현한다. 여기에서 $[H^+]$는 용액 1ℓ에 존재하는 H^+이온의 그램을 나타낸다. 순수한 물의 수소이온 농도는 1ℓ당 약 10^{-7}mole이다. 그러므로, 순수한 물의 pH는 7이다. pH가 7이상이면 알칼리성, pH가 7이면 중성, pH가 7이하이면 산성이다.

$$\begin{aligned} pH &= -\log[10^{-7}] \\ &= -(-7) = 7 \end{aligned}$$

⑤ 생명을 유지할 수 인체혈액의 pH 범위는 휴식 시 7.0~7.7 사이이다. 탈진적인 운동 중 근육의 pH는 6.4~6.6까지 일시적으로 낮아지지만, 신장과 호흡계를 포함하는 인체 완충능력이 작용하여 pH를 곧 정상으로 회복시킨다.

인체의 산·염기 평형을 조절하는 3가지 기전
1. 체액 중의 완충제를 이용한다. 체내의 가장 일반적인 완충제는 탄산(H_2CO_3)과 중탄산나트륨($NaHCO_3$)으로 구성되어 있다.
2. 호흡을 통해 CO_2 배출량을 조절함으로써 인체의 산·염기평형이 유지된다(호흡성 완충).
3. 신장은 산이나 염기를 배출하여 인체의 산도를 조절한다(대사성 완충).

(2) 운동 중 수소이온의 생성

운동으로 인한 근육 산성증에 대한 3가지 중요한 원인 제공 요소, 즉 운동으로 인한 근육 pH 감소는 탄산의 생성, 젖산 생산의 증가, ATP 분해 중 수소이온의 분비와 같은 여러 요소들 때문이다.

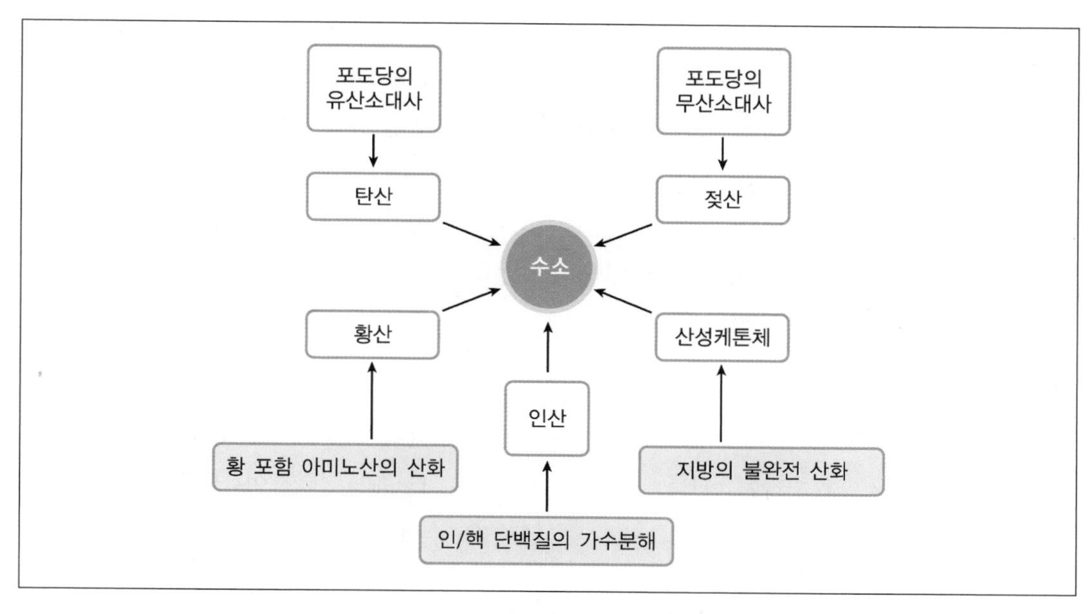

골격근 근수축에서 수소이온 공급원

① 이산화탄소와 탄산의 생산(휘발산)

㉠ 탄수화물, 단백질, 지방 산화의 최종산물인 이산화탄소는 물과 반응하여 탄산을 만들고, 이 탄산은 수소이온과 중탄산염으로 분해되는 능력을 가진 산으로 간주된다.

$$CO_2 + H_2O \leftrightarrow H^+ + HCO_3^-$$

㉡ 이산화탄소는 기체이고 폐에서 제거되기 때문에 흔히 휘발산이라 한다. 운동 중 대사에 의해 이산화탄소 생성이 증가하여 신체에 부가적으로 휘발산의 부담을 가중시킨다.

② 젖산의 생산과 젖산 분비(유기산)

고강도 운동으로 인한 골격근 수축은 많은 양의 젖산을 생성해 산성증이 된다.

③ ATP 분해

근육 수축 중에 에너지를 위한 ATP 분해는 수소이온의 분비를 증진시킨다.

$$ATP + H_2O \rightarrow ADP + HPO_4 + H^+$$

고정산
• 황산은 일부 아미노산의 산화산물인 반면, 인산은 여러 가지 인지질과 핵산의 대사과정에서 형성된다. • 황산이나 인산은 비휘발성이므로 고정산이라 하고, 고정산의 생산은 식이에 매우 의존적이고 급격한 운동에 영향을 받지 않는다. 따라서 운동 중 수소이온을 발생시키는 원인은 아니다.

(3) 완충제

① 세포 내 완충제

㉠ 운동 중 pH 변화를 막기 위한 1차 방어선은 세포 자체 내에 있다.

㉡ 완충제 : 단백질, 중탄산염, 인산염

② 세포 외 완충제

㉠ 혈액은 3가지의 완충시스템을 가지고 있다.

㉡ 완충제 : 중탄산염, 헤모글로빈, 단백질

(4) pH의 호흡성 조절

① 뇌 연수의 호흡중추와 대동맥궁의 화학수용기는 혈액의 수소이온 농도 변화에 민감하다.

② 체액 내 CO_2의 증가는 pH를 감소시킨다. CO_2는 H_2O과 결합하여 H_2CO_3을 형성한다.

$$CO_2 + H_2O \rightleftarrows H_2CO_3 \rightleftarrows H^+ + HCO_3^-$$

③ H^+이온 농도의 증가는 호흡계를 자극하여 환기량을 증가시킴으로써 CO_2를 배출시키게 한다. 반대로 낮은 H^+이온 농도는 호흡기전을 억제한다. 혈중 pH가 안정 시의 정상수준 이하로 감소하면, 호흡은 강하게 자극되어 과환기가 일어난다.

④ 과환기는 CO_2를 배출을 증가시킴으로써 체액의 pH는 상승하게 된다.

(5) 염기 예비량

① 체액의 pH가 CO_2 생성 및 뒤이은 탄산(H_2CO_3)의 생성에 의해 영향을 받는 정도는 이용가능한 중탄산염(HCO_3^-)의 양에 의해 좌우된다.

② HCO_3^-이온 농도 증가는 pH를 상승시키고, 용해된 CO_2 증가는 pH를 감소시킨다. 체내에서 완충을 위해 사용할 수 있는 중탄산이온의 양을 염기 예비량이라고 한다.

산염기 평형 조절

운동 중 생성되는 젖산으로 혈액의 pH는 감소하는데 1차방어선으로 화학적 완충으로 세포 내 완충, 세포 외 완충이 있고, 2차 방어선으로 대사적 산성증에 대한 호흡보상이 있다. 혈액에서의 pH 감소로 인한 경동맥소체의 자극은 폐포환기를 증가시킨다. 폐포환기가 증가하면 혈액 내 이산화탄소의 분압이 감소하는 결과를 보이며 산의 부담을 경감시키는 작용을 한다. 운동 중 젖산 완충에 보조적인 역할을 하는 호흡의 전반적인 과정을 대사적 산성증에 대한 호흡보상이라고 한다.

근육의 수소이온 농도의 증가가 운동 수행에 악영향을 주는 이유

- 수소이온 농도의 증가는 유산소성이나 무산소성 ATP 생산에 관여하는 중요효소를 억제함으로써 근육세포의 ATP 생산 능력을 감소시킨다(ATP 생산에 관여하는 대사 경로를 억제).
- 수소이온은 트로포닌과 결합 시 칼슘이온과 경쟁하므로 근수축을 방해한다(근수축 과정 방해).

12 운동과 내분비계

내분비계는 신경계와 함께 여러 조직세포들이 수행하는 생체의 생리적 활동을 조절한다. 내분비선에 의해 분비된 미량의 호르몬은 전령으로써 혈액에 의해 운반되어 표적기관에 도달하고 그 표적기관은 명령을 수행하게 된다. 이처럼 호르몬 의한 생체의 기능조절을 자율신경계에 의한 '신경성 조절'에 대응하여 '액성 조절'이라고 한다. 신경계는 세포의 항상성이 교란되는 것에 대해 빠르게 반응하고, 내분비계는 신경계에 비해 반응속도는 느리지만 세포의 활동에 더욱 지속적으로 깊은 영향을 미치는 경향이 있다.

1. 호르몬의 종류와 분비양식

(1) 호르몬은 그 생성장소에 따라 뇌하수체호르몬, 갑상선호르몬, 부신호르몬 등으로 분류하거나, 호르몬의 화학적 구조에 따라 단백질펩타이드호르몬, 스테로이드호르몬, 아미노산유도체호르몬의 세 가지로 구분한다.

(2) 호르몬은 내분비선에서 혈액으로 직접 분비되기도 하고 신경분비에 의해 분비되기도 한다. 신경분비는 신경-분비신경(neurosecretory)에 의해서 이루어진다. 신경-분비신경은 호르몬을 합성하고 분비하도록 특수화된 신경세포로서 일반 신경의 모든 특성을 공유하고 있으나, 시냅스를 형성하지 않고 대신 호르몬을 직접 혈액 속으로 유리시킨다.

(3) 신경-분비신경의 세포체는 시상하부에 존재하고 세포체에서 생산된 호르몬은 축삭수송에 의해 뇌하수체 후엽으로 운반된다. 뇌하수체 후엽에서는 축삭 말단부 주위에 모세혈관이나 혈관동이 모여 있어 호르몬을 혈액 중으로 분비하는데, 이것을 신경분비라고 한다.

(4) 뇌하수체 전엽을 조절하는 신경성 분비의 경우에는 후엽의 신경-분비 신경에서 분비된 호르몬이 뇌하수체에 있는 정맥을 통해 뇌하수체 전엽세포로 운반된다. 뇌하수체 전엽에서는 황체형성호르몬, 성장호르몬과 함께 다른 내분비선을 자극하는 여러 가지 호르몬을 분비한다.

(5) 호르몬은 이처럼 내분비선에 의해 직접 분비되거나 또는 신경성으로 분비되는 것 이외에도 안지오텐신(angiotensin)과 같이 혈액 중 전구물질로부터 유래되거나 프로스타글란딘(prostaglandin)과 소마토메딘(somatomedin)과 같이 전신의 여러 세포에서 생산되기도 한다.

<table>
<tr><th colspan="2">분류</th><th>분비부위</th><th>호르몬</th></tr>
<tr><td colspan="2" rowspan="4">스테로이드성 호르몬</td><td>부신피질</td><td>코티졸, 알도스테론</td></tr>
<tr><td>난소</td><td>에스트로겐, 프로게스테론</td></tr>
<tr><td>고환</td><td>테스토스테론</td></tr>
<tr><td>태반</td><td>에스트로겐, 프로게스테론</td></tr>
<tr><td rowspan="3">비스테로이드성 호르몬</td><td rowspan="2">아미노산 유도체 호르몬</td><td>갑상선</td><td>티록신, 삼요드타이로닌</td></tr>
<tr><td>부신수질</td><td>에피네프린, 노르에피네프린</td></tr>
<tr><td>단백질 펩타이드 호르몬</td><td colspan="2">아미노산 유도체 호르몬을 제외한 다른 모든 비스테로이드성 호르몬</td></tr>
</table>

2. 호르몬의 작용기전

(1) 세포막에서 물질운반속도를 조절

① 인슐린이나 성장호르몬 등과 같은 폴리펩타이드(polypeptide)호르몬은 세포막을 통과하지 못하는 대신 세포막에 존재하는 수용체와 결합하여 세포 외부로부터 세포 내부로의 물질 운반속도에 변화를 일으키거나, 세포 내 2차 전령을 이용하여 일련의 활성 반응을 유발한다. 즉, 세포막에 존재하는 특정 호르몬 수용체에 호르몬이 결합하게 되면 특정이온이나 물질에 대한 세포막의 투과도가 변화하여 그 이온이나 물질의 세포 내 유입이 촉진된다.

② 예를 들어, 인슐린이 세포막 표면의 인슐린수용체와 결합하면 세포막에 존재하는 글루코스 운반체 단백질이 활성화되고, 이어서 막 내부로 포도당을 운반할 수 있도록 한다.

(2) 핵 내의 DNA 활성화

① 스테로이드호르몬의 수용체는 세포 DNA의 핵 조절 부분에 위치해 있다. 스테로이드호르몬은 지질과 유사한 특성을 갖고 있어서 세포막의 인지질층을 쉽게 통과할 수 있다.

② 스테로이드호르몬이 세포 내로 확산되어 들어가면 세포질 내의 운반단백질과 결합하여 세포핵 내로 운반되며, 이어서 DNA와 연결되어 있는 특수한 수용체 단백질과 결합하게 된다.

③ 스테로이드호르몬-수용체 결합이 이루어지면 특정 mRNA를 합성하는 단계가 시작된다.

(3) 2차 전령을 통한 조절

① 펩타이드호르몬이 세포막수용체와 결합하면 세포막에 존재하는 G단백질을 활성화시키고, G단백질은 이어서 세포막의 칼슘이온채널을 열어 칼슘이 세포 내로 유입되도록 하거나 아데닐사이클라제(adenylate cyclase)라는 효소를 활성화시킴으로써 세포 내 일련의 반응이 연쇄적으로 일어나도록 한다.

② G단백질이 활성화되면 칼슘이온채널을 통해 세포 밖으로부터 세포 내로의 칼슘 유입이 증가되고, 그 결과 세포질 내의 칼슘농도가 높아지면 칼슘은 칼모듈린(calmodulin)이라는 단백질을 활성화시키고, 활성화된 칼모듈린은 2차 전령으로 세포 내에서 여러 가지 반응을 야기시킨다.

③ 또 다른 2차 전령을 통한 경로는 활성화된 G단백질이 아데닐사이클라제를 활성화시키면 세포질의 ATP는 순환 AMP(cyclic AMP : cAMP)로 전환되는데, 이 cAMP가 세포 내에서 2차 전령으로서 호르몬 역할을 대신하게 된다. 이 같은 과정을 거쳐 세포질 내 cAMP의 농도가 증가하면 간과 근육에서는 당원분해, 지방조직에서는 지방분해가 활발히 일어난다.

> 대부분의 호르몬 분비는 항상성을 유지하기 위해서 네가티브 피드백 형태를 취한다. 혈장 글루코스 수준과 인슐린의 경우를 보면, 혈당 농도가 높아지면 인슐린을 분비한다. 인슐린은 세포의 글루코스 사용을 증가시킴으로써 혈장 글루코스를 감소시키고, 농도가 정상이면 인슐린의 분비는 억제된다.

3. 호르몬의 효과에 영향을 미치는 요인

호르몬의 효과에 영향을 미치는 요인은 혈중 호르몬의 농도와 표적기관에서 호르몬과 결합하는 수용체의 수 또는 활성도에 의해 결정된다.

(1) 호르몬의 혈장농도

혈장의 호르몬농도를 결정짓는 요인으로는 내분비선에서의 분비율, 분비된 호르몬의 대사율 또는 제거율, 운반단백질의 양, 혈장량 자체의 변화 등을 들 수 있다.

① 내분비선으로부터의 호르몬분비율은 내분비선에 대한 흥분성 또는 억제성 자극 여부와 신경 또는 혈액을 통해 전달되는 화학적 자극의 크기에 달려 있다.

② 혈중 호르몬농도는 호르몬분비율 뿐만 아니라 분비된 호르몬이 얼마나 빨리 대사 또는 제거되는가에 의해서도 영향을 받는다. 체내에서 호르몬을 제거하는 주요 기관은 간과 신장이다. 호르몬의 반감기(Half-life)란 혈중호르몬의 농도가 최고치로부터 절반 수준으로 감소될 때까지 걸리는 시간을 나타내는 것으로 호르몬 작용의 지속시간을 나타낸다.

③ 혈액 중에는 호르몬을 운반하는 결합단백질이 존재하는데, 결합단백질은 펩타이드호르몬과 스테로이드호르몬 모두를 운반한다.

④ 혈장량 자체에 변화가 발생하면 호르몬농도에 변화가 생겨 호르몬의 작용에 영향을 미친다. 호르몬분비율이 같더라도 운동 시 탈수로 인해 혈장량이 감소하면 혈중 호르몬농도가 상승하게 되고 표적기관에 더 큰 영향을 미치게 된다.

(2) 수용체의 작용

① 상향 조절(up-regulation)

낮은 혈중 호르몬 수준에 만성적으로 노출된 경우 수용체수가 증가하는 경향

㉠ 적은 양의 호르몬이 오랜 시간 동안 유지될 경우 세포는 그러한 호르몬에 대한 수용체의 숫자를 증가시킴으로써 반응할 수 있다.

㉡ 이 같은 변화가 일어나면 세포는 그러한 호르몬에 대해 보다 민감해지는데 그것은 어느 순간에라도 더 많은 호르몬이 수용체와 결합할 수 있기 때문이다.

② 하향 조절(down-regulation)

높은 혈중 호르몬 수준에 만성적으로 노출된 경우 수용체수가 감소하는 경향

㉠ 특정 호르몬의 증가는 바로 그러한 호르몬과 결합할 수 있는 세포 수용체의 숫자를 감소시킨다.

㉡ 이 같은 변화가 일어나면 세포는 그러한 호르몬에 대해 민감도가 떨어지는데 그 이유는 수용체의 숫자가 줄어들면 결합할 수 있는 호르몬의 양이 감소하기 때문이다.

호르몬이 인체의 특정 표적기관에만 영향을 미치는 것은 그 세포에 특정 호르몬에만 결합되는 수용체가 있기 때문이다. 세포막의 수용체수가 감소하거나 호르몬과 결합하는 수용체의 민감도가 저하되면 혈중 호르몬농도가 높더라도 표적기관에 미치는 영향력이 감소하게 된다. 또한 호르몬이 다량으로 분비되어 특정 표적기관의 수용체가 모두 결합한 포화상태의 경우에는 호르몬이 추가적으로 분비되어도 더 이상 표적기관에 영향을 미치지 못하게 된다.

4. 내분비선과 호르몬

(1) 시상하부 호르몬

① 시상하부에는 내분비기능을 갖고 있는 신경분비세포라고 하는 세포군이 있으며, 이 세포들이 신경계(중추신경계)와 내분비계(뇌하수체)를 형태적・기능적으로 연결한다. 이러한 신경세포들은 신경분비에 의하여 뇌하수체의 여러 호르몬 분비를 촉진하거나 억제하며, 이들 호르몬은 특히 방출인자(RF) 또는 억제인자(IF)라고 부른다.

② 대부분 호르몬 반응을 일으키는 최초의 자극은 중추신경계로부터 시작된다. 고위 뇌중추로부터 신경회로는 시상하부와 시냅스를 통해 연결되어 있어서 시상하부에서 신경자극에 의한 호르몬분비(신경분비)가 시작된다. 시상하부를 거치는 메시지는 뇌하수체에서 증폭되어 두 번째 호르몬을 분비하게 된다.

③ 뇌하수체 후엽에서 분비되는 호르몬은 그 표적기관에 직접 영향을 미치지만, 뇌하수체 전엽 호르몬의 대부분은 표적기관이 다른 내분비선이어서 이 내분비선을 자극하여 제3의 호르몬인 최종 호르몬을 분비하게 한다.

④ 시상하부의 신경분비세포에서 생성되고 분비되는 호르몬 중에서 뇌하수체 전엽으로 이동하여 전엽 호르몬의 분비를 촉진하거나 억제하는 호르몬을 특히 '시상하부호르몬'이라고 한다.

◎ 시상하부 호르몬

분비촉진인자(releasing factor : RF)	분비억제인자(release inhibiting factor : IF)
성장호르몬 방출인자(GHRF)	성장호르몬 억제인자(GHIF)
프로락틴 방출인자(PRF)	프로락틴 억제인자(PIF)
갑상선자극호르몬 방출인자(TRF)	
부신피질자극호르몬 방출인자(CRF)	
난포자극호르몬 방출인자(FSH-RF)	
황체형성호르몬 방출인자(LH-RF)	황체형성호르몬 억제인자(LH-IF)

(2) 뇌하수체 호르몬

뇌하수체전엽호르몬으로는 성장호르몬, 갑상선자극호르몬, 부신피질자극호르몬, 난포자극호르몬, 황체형성호르몬 및 프로락틴, 엔돌핀 등이 있고, 뇌하수체후엽호르몬으로는 항이뇨호르몬과 옥시토신이 있다.

① 성장호르몬

㉠ 성장호르몬(growth hormone : GH)은 출생부터 성장기에 걸쳐 많은 양이 분비되다가 성인이 되면 분비량이 감소되기는 하지만 일생동안 계속해서 분비된다.

㉡ 성장호르몬은 신체 각부의 발달과 증식을 촉진하는데 즉 세포에서 단백질 합성을 촉진하고, 기타 세포성분의 양을 증가시켜 세포의 비대와 분열이 일어나게 한다. 성장기에 성장호르몬이 과잉 분비되면 거인증, 반대로 성장기에 성장호르몬 분비가 정지되면 난장이가 된다.

㉢ 성장호르몬은 간으로부터 포도당의 방출을 촉진시켜 혈당을 상승시키는 작용을 하는 한편, 지방조직에 저장된 중성지방의 분해를 촉진시켜 혈액 중 유리지방산을 증가시키는 작용을 한다.

㉣ 운동 시 성장호르몬의 분비는 증가한다. 성장호르몬은 간에 작용하여 소마토메딘(somatomedin)의 합성 및 분비를 촉진시킴으로써 동화작용을 촉진하는 작용을 하고, 이러한 동화촉진 작용은 신체적으로 단련된 사람에게 나타나는 뼈의 굵기, 힘줄, 인대, 근력증가와 부분적으로 관련되어 있다.

혈당 유지에 있어서 성장호르몬의 역할
• 조직에 의한 포도당 섭취를 감소 • 지방조직에서 유리 지방산 동원을 증가 • 간에서 포도당 신생을 증가

② 갑상선자극호르몬

㉠ 뇌하수체로부터 갑상선자극호르몬(TSH)의 분비는 갑상선의 성장과 발달을 촉진시키고 갑상선호르몬인 티록신(thyroxine : T_4)과 삼요드타이로닌(triiodothyronine : T_3)의 분비가 증가한다.

㉡ 운동 시 갑상선호르몬인 티록신(T_4)의 분비가 증가하기 때문에 갑상선자극호르몬의 분비 역시 증가될 것으로 생각할 수 있으나, 대부분의 연구들은 일회적 운동 시 갑성선자극호르몬의 농도변화를 찾아볼 수 없었다. 그러나 일부 연구에서는 점진부하법에 의해 아주 강한 운동을 수행하면 갑상선자극호르몬 수준이 상승한다고 보고한 바 있다.

③ 부신피질자극호르몬

㉠ 부신피질자극호르몬(ACTH)의 분비는 정신적 · 신체적 스트레스나 혈중 글루코스의 저하가 시상하부를 자극하여 시상하부의 신경분비세포가 부신피질 자극호르몬 방출인자라는 물질(호르몬)을 분비하여 뇌하수체 전엽의 선(샘)세포를 자극함으로써 이루어진다.

㉡ 일회적 운동에 대한 부신피질자극호르몬의 반응은 운동강도와 가장 밀접한 관련을 갖고 있어서, 최대산소섭취량의 60% 수준 이상의 강도에서 현저한 증가를 보이며, 최대운동 시에는 안정 시 수준의 10배까지 증가한다.

④ 난포자극호르몬과 황체형성호르몬

㉠ 난포자극호르몬(FSH)은 여성생식기인 난소에 있는 난포를 자극하여 발육시키고, 난자를 자극하여 여성호르몬의 일종인 에스트로겐의 분비를 증가시킨다. 한편 남성에서는 정자의 발생 유지 및 배아상피를 자극하여 정자의 형성을 촉진한다.

㉡ 황체형성호르몬(LH)은 여성에서 난포가 파열되도록 하여 성숙한 난자가 난소에서 배안으로 배출되어 난관에 이르도록 하며, 배란 후 황체형성을 촉진한다. 또한 황체호르몬인 프로게스테론의 분비를 촉진하며 남성의 고환에 있는 간질세포를 자극하여 남성호르몬인 안드로겐의 분비를 촉진한다.

㉢ 일회적 운동에 대한 대부분의 연구에서는 FSH 및 LH 수준이 변화하지 않는다고 보고하고 있으며, 한 연구는 마라톤 경기 후 이들 호르몬수준이 약간 감소하는 양상을 보였다고 보고하였다.

⑤ 프로락틴

㉠ 프로락틴(prolactin : PRL)은 유선의 발육과 유즙 분비를 자극하는데, 에스트로겐의 분비 증가에 따라 프로락틴의 분비가 증가된다.

㉡ 프로락틴은 임신 중에는 유방의 발달을 촉진하여 출산 후 유즙의 분비를 가능케 한다.

㉢ 프로락틴은 신장에 대한 항이뇨 효과를 통해서 체내 수분을 보존하고, 에너지원으로서 지방의 동원에 관여한다.

㉣ 운동 시 혈중 프로락틴 수준이 증가한다.

⑥ 엔돌핀

㉠ 엔돌핀(endorphin)은 뇌하수체 전엽에서 분비되는 호르몬이다. 특히 베타엔돌핀(β-endorphin)은 부신피질자극호르몬과 함께 운동이나 기타 스트레스 자극에 반응하여 분비된다.

㉡ 일회적 운동 시 베타엔돌핀 반응에 대한 연구 결과를 종합하면, 무산소성 역치 이하의 운동강도에서는 베타엔돌핀 수준에 현저한 변화가 나타나지 않으나, 그 이상의 수준에서 곡선적인 증가양상을 보이며, 탈진 상태에 이르는 최대운동 시 최대치에 도달하는데, 휴식 시 수준의 2~5배에 이르게 된다.

㉢ 운동 시 베타엔돌핀 상승은 다음과 관련하여 주목받고 있다.

ⓐ 단련자에게서 볼 수 있는 운동내성의 증가

ⓑ 운동 후 무드 변화와 관련된 운동탐닉의 경향

ⓒ 장시간 운동 시 나타나는 유쾌한 기분, 즉 runner's high

ⓓ 면역기능

운동 탐닉과 기분 변화

운동중독과 같이 운동을 거르면 정서적 불안, 의기소침, 가벼운 우울증세, 불면 등의 징후를 보이며, 신체적 이상을 무릅쓰고 운동하는 경향을 보인다. 베타엔돌핀 이외에 증가된 교감신경 흥분 수준의 증가를 반복해서 경험하려는 욕구를 그 원인으로 제시한 교감신경각성 가설이 있다. 엔돌핀과 관련해서 이루어지는 또 한 가지의 생리적 현상은 운동 후에 나타나는 무통증감각 또는 통증역치의 상승현상이다. 운동 중에는 통증감각이 둔화되는 현상이 나타나는데, 이것은 운동 중에 분비가 증가되는 엔돌핀과 관련이 있다고 할 수 있다. 한편 정기적인 운동으로 인한 긴장의 완화, 유쾌한 기분, 행복감 등이 가벼운 심리적·정신적 질환을 갖는 특정 환자에게 요법적 효과가 있는데, 그 효과는 엔돌핀과 관련이 있다.

⑦ 항이뇨호르몬

㉠ 항이뇨호르몬(antidiuretic hormone : ADH)은 뇌하수체 후엽에서 분비되며, 일명 바소프레신(vasopressin)이라고 한다.

㉡ 항이뇨호르몬의 주요 작용은 신장의 원위세뇨관과 집합관에서 수분의 재흡수를 촉진하여 소변량을 감소시키는 항이뇨 작용이다.

㉢ 항이뇨호르몬이 없으면 물의 재흡수가 이루어지지 않아 저장성의 소변을 다량으로 배설하고 체액은 감소하게 된다.

㉣ 운동 시, 특히 다량의 수분이 땀으로 배설되는 열환경하에서의 운동 중에 항이뇨호르몬의 분비가 크게 증가한다.

㉤ 갈증중추의 흥분은 뇌하수체 후엽에 전해져 항이뇨호르몬의 혈중 분비를 촉진한다.

⑧ 옥시토신

㉠ 옥시토신(oxytoxin)은 뇌하수체 후엽에서 분비되는 호르몬으로서 임신 시 자궁의 근육층을 강하게 수축하며, 유방근을 수축시켜 유즙의 유출을 촉진한다.

㉡ 옥신토신은 또한 자궁의 평활근을 수축시키는 작용이 있는데, 임신 말기 에스트로겐의 혈중농도 상승에 의해 자궁근육의 옥시토신에 대한 감수성이 증가되는 결과 분만을 촉진하게 된다.

송과체 호르몬

송과체는 눈으로부터 받아들이는 빛에 의존하여 멜라토닌을 분비한다. 멜라토닌은 생체리듬을 조절하는 작용을 한다. 즉, 24시간 동안 분비량이 변화하며 수면-활동의 사이클을 조절한다. 멜라토닌은 강한 항산화작용을 갖고 있으며, 면역계통에도 영향을 미친다. 멜라토닌의 분비가 부족하면 수면 이상과 면역기능의 저하가 나타나고 자유기에 의한 산화적 손상에 대한 인체방어력이 감소한다. 멜라토닌은 세로토닌에 의해 생성되기 때문에 우울증과 같이 세로토닌의 분비수준이 저하되면 멜라토닌의 생성량도 저하되어 불면증과 같은 수면장애가 발생한다.

(3) 갑상선 호르몬

① 티록신, 삼요드타이로닌

㉠ 갑상선호르몬의 작용은 거의 모든 조직에서 신진대사율을 증가시켜 체내 산소소비량을 증가시키고 조직의 성장 및 성숙에 영향을 미친다. 특히, 지방조직에서 지방산을 동원하고 심장비대를 촉진하는 작용이 있는데, 이는 장시간 운동에 따른 신체요구에 쉽게 적응하는데 도움을 준다.

㉡ 티록신(T_4)과 삼요드타이로닌(T_3)은 대사율을 유지시키고 다른 호르몬들이 충분한 효과를 발휘하는데 매우 중요한 역할을 한다.

② 칼시토닌과 부갑상선호르몬

㉠ 칼시토닌

ⓐ 갑상선호르몬인 칼시토닌(calcitonin)은 부갑상선호르몬(PTH)과 함께 혈중 칼슘과 인 수준을 조절하는 역할을 한다.

ⓑ 칼시토닌은 혈중 칼슘농도를 감소시키는 작용을 하는데, 뼈의 칼슘이 혈중으로 유리되는 것을 억제하여 뼈의 침착을 증진시킨다.

ⓒ 혈중 칼슘 수준이 상승하는 고칼슘혈증을 예방하고, 부갑상선호르몬과 길항작용을 한다.

㉡ 부갑상선호르몬

ⓐ 뼈, 장, 신장 세뇨관에서 혈중으로 칼슘 수송을 증진시켜 혈중 칼슘농도를 상승시키는 작용을 한다.

ⓑ 부갑상선호르몬 과잉 시에는 혈중 칼슘농도의 상승으로 신경이나 근육의 긴장도가 낮아져 결석이나 구토, 골에서 골기질의 파괴 부위가 섬유질로 대치되는 골격체의 감퇴현상이 나타난다.

ⓒ 부갑상선호르몬이 결핍되어 혈중 칼슘농도가 낮아지면 신경근 자극성의 증가로 근육의 경련을 동반하는 강직증이 나타난다.

ⓓ 또한 부갑상선 호르몬은 신장을 자극하여 비타민D를 호르몬으로 전환하여 위장에서 칼슘흡수를 증가시킨다.

> 부갑상선호르몬은 세 곳의 목표에 영향을 발휘한다.
> 1. 뼈에서 골 파괴 세포의 활동을 촉진시킨다. 뼈의 분해를 증가시켜 칼슘과 인산염을 혈액으로 방출시킨다.
> 2. 장에서 칼슘 흡수 과정에 요구되는 효소를 자극함으로써 칼슘의 흡수를 간접적으로 증가시킨다.
> 3. 신장에서 칼슘의 재흡수는 증가시키지만 인산염의 재흡수는 감소시킴으로써 소변을 통한 인산염 배설을 촉진시킨다.

(4) 부신피질 호르몬

부신피질은 뇌하수체호르몬인 부신피질자극호르몬에 의해 자극되어 당류피질호르몬(glucocorticoids), 염류피질호르몬(mineralocorticoids), 성호르몬인 안드로겐(androgen)을 분비한다. 당류피질호르몬 중에서는 코티졸이, 염류피질호르몬 중에서는 알도스테론이 각각 95% 이상을 차지하고 있다.

① 시상하부-뇌하수체-부신피질계

㉠ 당류피질호르몬의 분비는 부신피질자극호르몬(ACTH)에 의해 자극되며, 또 ACTH는 시상하부호르몬인 부신피질자극호르몬방출인자(CRF)에 의해서 자극된다. 이처럼 시상하부-뇌하수체 전엽-부신피질계(hypothalamus-pituitary-adrenal gland)는 기능적으로 연결되어 외적 자극이나 내부의 평정상태 교란에 반응하여 활성화되는데, 이를 줄여서 HPA축이라고 한다.

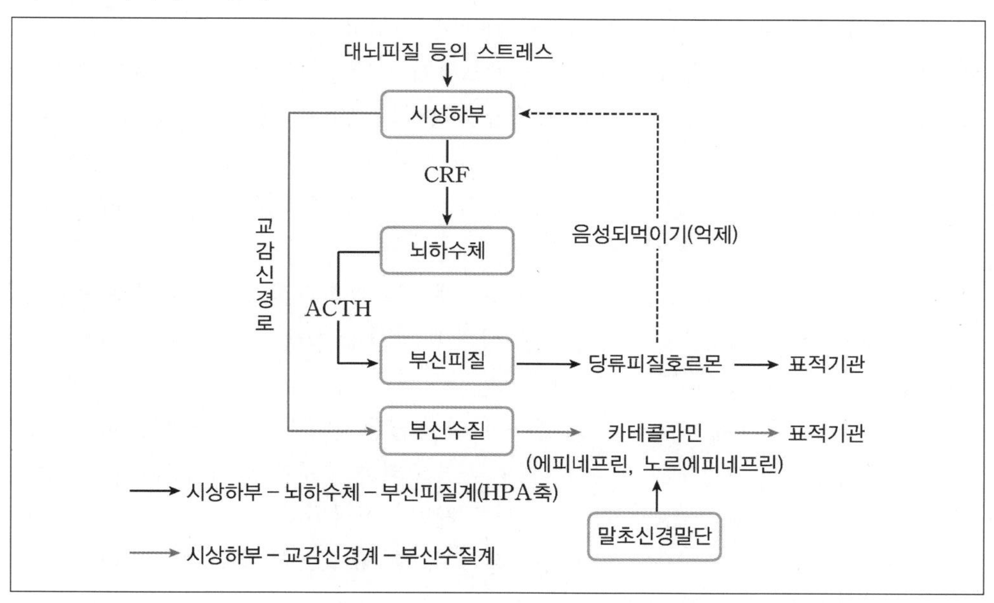

스트레스에 대한 HPA축 호르몬 반응

㉡ 인체가 스트레스에 직면하게 될 때 시상하부-뇌하수체-부신피질계의 내분비경로와 함께 시상하부-자율신경계-부신수질의 신경경로가 활성화되어 부신수질에서는 에피네프린과 노르에피네프린이 분비된다. 이 두 가지 경로는 상호작용하여 인체의 중요한 스트레스 대응기제로 작용한다.

㉢ 스트레스로 인해 자율신경계의 교감신경이 활성화되면 신경흥분이 부신수질에 도달하여 부신수질호르몬(에피네프린과 노르에피네프린)이 방출된다.

㉣ 한편 HPA축도 활성화되는데, 이는 혈액 중 순환하는 에피네프린과 노르에피네프린이 뇌하수체 전엽을 자극하여 부신피질자극호르몬의 방출을 가속화시킴으로써 더욱 가속화된다. 부신피질자극호르몬은 혈류를 통해 부신피질에 도달하여 당류피질호르몬 특히 코티졸의 합성과 분비를 촉진하게 된다.

㉤ 당류피질호르몬 분비는 음성되먹이(negative feedback)기전에 의해 조절된다. 즉, 혈중 당류피질호르몬 농도가 목표치 이상으로 증가되면 이 호르몬은 다시 시상하부로부터 CRF 형성을 억제하고, 이어서 ACTH 형성을 감소시키게 된다.

② 코티졸

㉠ 코티졸(cortisol)은 혈중 포도당 농도를 상승시키며, 근육에 있는 단백질을 아미노산으로 분해한다. 아미노산이 유리되어 혈중으로 운반되다가 간에 이르면, 간에서 아미노산을 포도당으로 전환시키는데, 이처럼 간에서 포도당 이외의 물질을 포도당으로 전환시키는 과정을 당신생(gluconeogenesis)이라고 한다.

㉡ 코티졸은 당신생을 촉진하며 지방조직에서 지방산의 동원을 통해 조직의 지방 이용을 촉진하는 한편, 조직세포의 포도당 이용을 억제하여 혈당량을 증가시키는 작용을 한다.

㉢ 이러한 혈중 글루코스 수준의 보존은 장시간 운동 시 뇌 및 신경조직에 충분한 에너지를 보급하는데 중요한 의미를 갖는다. 왜냐하면, 신경조직은 에너지원으로 혈중 글루코스에 크게 의존하기 때문이다.

㉣ 장기적인 신체훈련에 의한 운동스트레스는 부신피질로부터의 반복적인 당류피질호르몬 분비를 촉진함으로써 결국 부신의 비대(hypertrophy)와 비후(hyperplasia)를 유발한다고 알려지고 있다.

㉤ 일회적 운동에 대한 코티졸 반응에 대한 많은 연구들을 종합해 볼 때, 대체로 단시간의 저 · 중 정도 강도의 운동 시에는 혈중 코티졸 수준에 변화가 나타나지 않으나, 무산소성의 강한 운동을 할 때는 코티졸 분비가 자극된다.

㉥ 운동으로 인한 혈중 코티졸 상승은 운동 후 90~120분 동안 지속되어 운동 후에도 장시간의 효과를 발휘한다.

혈장 포도당의 유지에 있어서 코티졸의 역할
• 지방조직으로부터 유리 지방산 동원을 자극 • 간에서 포도당 합성을 위한 아미노산을 생산하기 위해 조직 단백질을 동원 • 세포의 포도당 이용 비율을 감소

한스 셀리에(Hans Selye)의 일반 적응 현상(GAS)
• 1단계: 코티졸 분비를 포함한 경계반응 • 2단계: 회복이 이루어지는 보상단계 • 3단계: 보상이 충분하지 않아 질병과 사망으로 끝나는 탈진단계

③ 알도스테론

㉠ 염류피질 호르몬의 대부분을 차지하는 알도스테론(aldosterone)은 신장에 작용하여 신장에 의한 수분, Na와 K의 조절에 관여한다. 알도스테론의 체액조절 기구는 레닌-안지오텐신-알도스테론계에 의해 이루어진다.

ⓐ 레닌(renin)은 신장의 사구체에 들어가기 직전의 수입세동맥 내측에 위치한 사구체근접세포(JG세포)에 의해서 분비된다. 사구체근접세포는 체액량의 감수기로 작용하는데, 운동이나 출혈 등의 원인에 의해 신동맥 혈류량이 감소하면 하나의 압력수용기로서 작용하는 사구체근접세포(JG세포)는 레닌을 방출한다.

ⓑ 레닌은 혈액 중의 안지오텐시노겐을 안지오텐신 I 으로 전환시키고, 안지오텐신 I 은 다시 폐 등의 혈관 내피세포에 있는 전환효소에 의해 안지오텐신II가 된다.

ⓒ 안지오텐신II는 이어서 부신피질로부터 알도스테론의 분비를 자극한다.

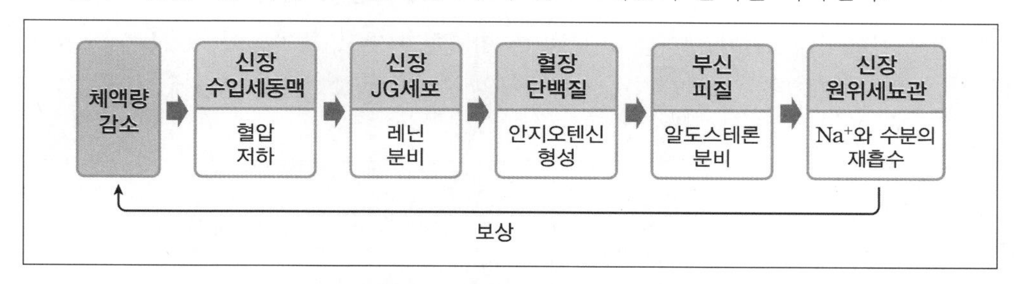

레닌-안지오텐신-알도스테론계의 체액량 조절

㉡ 레닌은 세포외액량의 감소, 혈압저하, 교감신경 흥분 등에 의해서 분비가 촉진되므로 알도스테론 분비도 그러한 경우에 촉진된다.

㉢ 알도스테론은 신장의 원위세뇨관과 집합관에 의한 나트륨의 재흡수 및 수분 재흡수를 촉진하여 체액량을 보충시킴으로서 혈압이 저하되는 것을 막는다.

㉣ 운동강도를 점증시킬 때, 레닌-안지오텐신-알도스테론계는 항이뇨호르몬의 신경분비와 함께 체액량 조절에 중요한 역할을 한다.

㉤ 운동 전이나 운동 중 수분을 섭취할 때는 운동에 대한 알도스테론의 반응이 감소되지만 탈수상태에서는 알도스테론 수준의 증가폭이 더욱 커진다.

(5) 부신수질 호르몬

① 부신수질은 에피네프린, 노르에피네프린, 도파민을 합성·분비하는데, 이들 세 호르몬을 카테콜라민(catecholamine)이라고 한다. 부신수질에서 분비되는 카테콜라민 중 약 80%는 에피네프린이며, 나머지의 대부분은 노르에피네프린이고, 도파민은 소량만이 분비된다.

② 에피네프린과 노르에피네프린은 부신수질에서 뿐만 아니라, 교감신경 말단에서도 분비되기 때문에 이들 호르몬을 특히 교감신경 부신호르몬이라고 한다.

③ 두 호르몬의 작용은 유사하지만 에피네프린은 주로 심장기능을 촉진시키는 작용이 강하고, 간 및 근육에서의 당원분해, 혈중으로의 글루코스 방출에 의한 혈당 상승작용이 강하다. 노르에피네프린은 혈관 수축작용에 의한 혈압 상승작용이 강하다.

④ 에피네프린과 노르에피네프린은 지방조직으로부터 유리지방산을 동원하는 강한 작용을 갖고 있으며, 췌장으로부터 인슐린 분비를 억제하는 인슐린 길항작용을 갖고 있다. 운동 시 다량의 에너지 수요에 대응하여 인체의 심혈관계 및 에너지대사계의 조정은 이들 호르몬에 크게 의존한다.

⑤ 일회적 운동에 대한 이들 호르몬의 반응을 보면, 가벼운 운동 시에는 심리적인 스트레스가 없으면 혈중 수준에 변화가 나타나지 않고, 운동강도가 최대산소섭취량의 약 60%를 수준을 초과할 때 혈중수준이 상승한다. 그 이상으로 운동강도를 점증시키면 급격한 증가양상을 나타내어 탈진 시에는 휴식 시의 6~15배 수준까지 증가한다.

⑥ 노르에피네프린이 에피네프린보다 분비역치가 낮고, 증가폭이 크다는 사실로 미루어볼 때 부신수질보다는 교감신경 끝부분에서의 분비가 혈중수준의 상승에 더 크게 기여한다고 볼 수 있다.

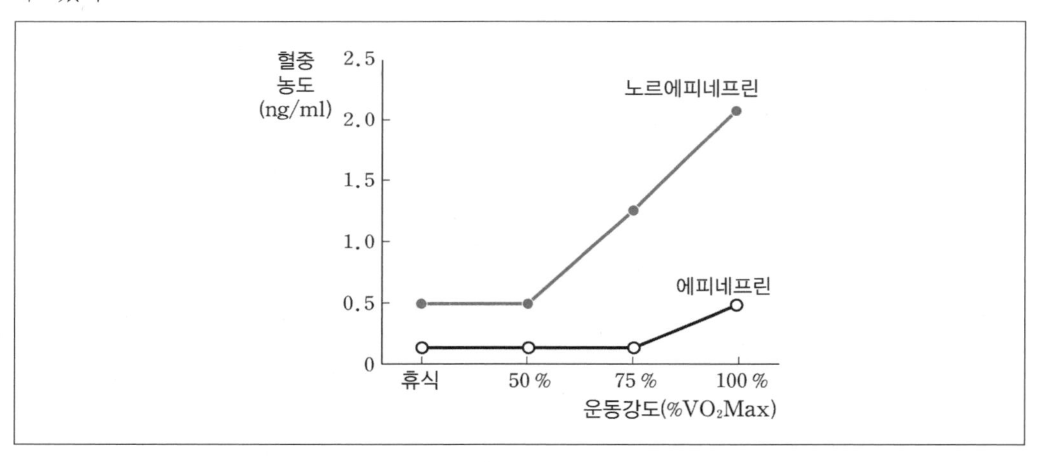

점증부하 운동강도에 대한 카테콜라민의 반응

⑦ 신체적 훈련에 의해 동일한 절대 운동강도에서의 에피네프린과 노르에피네프린의 반응은 감소한다. 이처럼 훈련에 의해 교감신경 부신호르몬의 분비가 감소하는 것은 심박수의 감소, 혈압의 감소, 근수축의 감소로 인한 심근(심장근육)의 산소소비감소로 이어지는 생리적 이점이 있다.

⑧ 최대운동이나 최대하운동을 탈진상태까지 수행할 때 지구력 선수들은 비활동 대상자보다 혈장에피네프린 수준이 더 높은 것으로 알려져 있다. 이처럼 분비 능력이 높아져 있는 것을 '스포츠 부신수질'이라는 용어로 설명하기도 한다.

기질 동원에 있어서 카테콜라민의 역할

- 간으로부터의 포도당 동원
- 지방조직으로부터의 유리지방산 동원
- 조직에 의한 포도당 섭취를 방해

- 혈장 글루코스는 글루카곤, 에피네프린, 노르에피네프린, 코티졸의 복합적인 작용에 의해 증가한다. 이러한 호르몬들은 글리코겐분해와 글루코스신생합성을 증가시키며 따라서 연료로 사용될 수 있는 글루코스의 양을 증가시킨다.
- 인슐린은 혈액 속의 글루코스가 세포 내부로 들어가도록 해주며, 세포 내에서 글루코스는 에너지 생산에 사용될 수 있다. 하지만 장시간 지속되는 운동 동안 인슐린 수준은 감소하는데 이것은 신체활동이 인슐린의 작용을 촉진시키기 때문에 운동 동안에는 휴식 때보다 적은 양의 호르몬이 요구된다는 것을 시사한다.
- 탄수화물 저장량이 줄어들면 인체는 에너지 생산을 위해 지방 산화에 더 많이 의존하게 되며 지방분해가 증가한다. 이러한 과정은 감소된 인슐린 농도에 의해 그리고 증가된 코티졸, 에피네프린, 노르에피네프린, 성장호르몬의 농도에 의해 촉진된다.

(6) 췌장 호르몬

췌장에는 랑게르한스 섬(Langerhan's island)이라는 분비기관이 있는데, 여기에서 분비되는 주 호르몬은 인슐린과 글루카곤이다. 인슐린은 랑게르한스 섬의 β세포에서 분비하며, 글루카곤은 α세포에서 분비한다. 인슐린과 글루카곤은 모두 혈당을 조절하는데, 상호 길항적으로 작용한다.

① 인슐린

㉠ 인슐린(insulin)은 혈당이 골격근 등 여러 조직세포의 세포막을 통해 세포 내로 유입되도록 하여 혈당 수준을 낮추는 작용을 한다.

㉡ 인슐린은 혈중 포도당의 조직 세포내 유입을 촉진시키고, 간 및 근육세포에서 글리코겐의 합성을 촉진한다. 동시에 인슐린은 지방조직에서 호르몬 감수성 리파제 활성을 억제하며, 중성지방으로부터 유리지방산의 동원을 억제한다.

㉢ 인슐린의 기본적인 작용은 카테콜라민, 성장호르몬, 코티졸, 글루카곤과 길항적으로 작용한다. 즉, 인슐린과 길항적인 이들 호르몬들이 간에서 당원분해를 촉진하여 혈당을 상승시키고, 지방조직에서는 지질분해를 통해 유리지방산의 동원을 자극하는 데 반해, 인슐린은 당원분해를 억제하고 혈당의 조직세포 내 유입을 촉진함으로써 혈당 수준을 감소시키며, 유리지방산의 동원을 억제한다.

㉣ 혈당의 상승은 강력한 인슐린 분비 자극이 되고, 혈중 지방산이나 아미노산수준의 상승도 인슐린 분비를 자극한다.

ⓐ 식사에 의한 혈당 수준의 상승은 인슐린 분비량을 증가시킨다.

ⓑ 공복에 의해 혈당이 저하되면 인슐린 분비량은 저하된다.

ⓜ 운동으로 인해 혈중 인슐린 농도는 휴식 시 수준의 50% 이하로 감소하며, 운동 강도와 시간이 증가할수록 감소폭은 커진다. 운동 시 혈중 인슐린 농도가 감소되는 것은 교감 신경계의 흥분도가 증가되어 인슐린 분비를 억제하기 때문이다.

ⓑ 장기간 훈련으로 단련된 사람의 경우에는 동일한 절대 운동강도에서 인슐린 감소폭이 상대적으로 적게 나타난다. 이러한 현상은 인슐린 분비의 억제작용을 하는 카테콜라민의 혈중 수준 역시 단련자에게서 적게 나타나기 때문으로 생각된다.

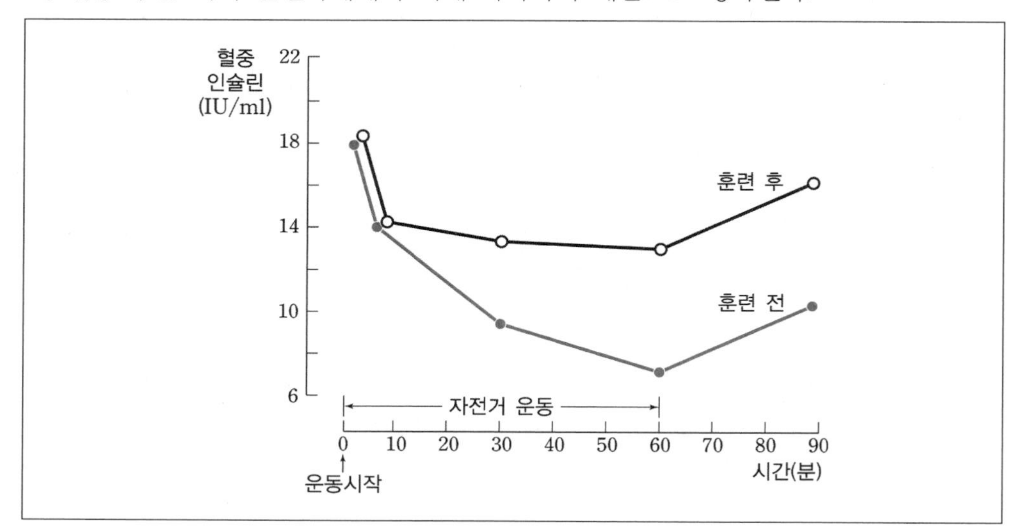

ⓢ 장시간 운동에 따른 인슐린 반응과 훈련 효과

ⓢ 운동 중 인슐린 농도가 감소하더라도 활동근으로 글루코스 유입이 감소되지는 않는데, 그 이유는 운동 중에는 활동근으로 보다 많은 혈액이 공급되기 때문이다.

ⓞ 간으로의 혈류는 운동 중 감소되기 때문에 간으로 순환하는 인슐린량은 더욱 적어지고, 간으로부터 혈류로 글루코스가 방출되는 것을 막는 인슐린의 영향을 최소화된다.

ⓙ 운동이 장시간 지속될 때 인슐린의 저하는 지방조직에서 유리지방산을 동원하는 데 더욱 유리하게 작용한다.

ⓒ 한편, 운동은 인슐린에 대한 말초조직 세포의 민감도를 증가시킨다. 이것은 혈당수준의 상승을 조절하는 데 필요한 인슐린수요량이 훈련 후에 감소된다는 것을 의미한다.

ⓚ 인슐린 수준이 저하되어 고혈당이 되는 경우에는 혈액의 삼투질농도 증가로 인한 삼투성이뇨작용이 촉진되어 소변으로 다량의 수분과 전해질이 배출되는 탈수상태가 초래되며, 근육과 지방조직에서는 지질분해가 촉진되어 혈중 유리지방산농도가 상승하고, 이어서 과다한 유리지방산이 간에서 산성물질인 케톤체로 전환되어 케톤혈증과 그로 인한 혼수를 초래하기 쉽다.

케톤혈증(ketosis)이란 당대사의 장애로 지방산이나 일부 아미노산의 이상대사로 인해 불완전 연소 산물인 케톤체가 혈액 중에 축적되어 상승하는 상태인데, 케톤체는 산성이므로 과잉축적 시 산성증을 초래하고, 심하면 혼수 등을 초래한다.

인슐린과 글루카곤

운동 중 인슐린은 농도가 감소한다. 만일 운동이 인슐린의 증가와 관련된다면 혈장 포도당은 빠른 비율로 모든 조직으로 흡수되어 즉각적인 저혈당증을 유발할 것이다. 운동 중 낮은 인슐린 농도는 간으로부터의 포도당 동원과 지방조직으로부터 유리지방산 동원을 선호하게 된다. 운동 중 혈장 글루카곤 농도의 증가는 지방조직으로부터의 유리지방산과 간으로부터 포도당 동원을 유리하게 하고 당신생합성을 증가시킨다. 글루카곤과 인슐린의 상호보완적인 반응은 근육이 높은 비율로 혈장 포도당을 이용할 때 동시에 작용하여 혈장 포도당 농도의 유지를 유리하게 한다. 지구성트레이닝 프로그램 이후, 고정된 운동수행에 있어서의 글루카곤 반응은 운동 중에 증가되지 않는 반응 시점까지 감소됨을 보여준다. 최대하운동 중 교감신경계에 의한 에피네프린과 노르에피네프린이 인슐린 분비의 감소와 글루카곤 분비의 증가를 통해 유리지방산과 포도당 동원을 조절한다. 포도당은 비록 혈장 인슐린이 감소한다고 해도 안정 시보다 운동 중에 7~20배 정도 더 빠르게 근육에 흡수된다. 이것은 혈류의 증가나 세포내 칼슘이온의 증가에 따른 포도당의 막수송 전달자 수의 증가와 관련이 있다. 인슐린의 감소와 다른 모든 호르몬의 증가는 포도당 섭취를 억제하는 대신, 간으로부터 포도당 동원과 지방조직으로부터의 유리지방산, 간에서의 당신생합성을 촉진한다. 이렇게 결합된 역할은 혈장 포도당 농도에 대한 항상성을 유지시켜서 중추신경계와 근육이 필요한 대사연료를 가질 수 있도록 한다.

② 글루카곤

㉠ 췌장 랑게르한스 섬의 α세포에서 분비되는 글루카곤(glucagon)은 간에 저장된 글리코겐으로부터 혈중으로 글루코스 방출을 촉진하는 작용을 한다. 또한 지방 조직에 저장된 중성지방을 분해하여 지방산을 방출시키도록 하는 효소인 리파제(lipase)를 활성화시킨다.

㉡ 글루카곤은 카테콜라민, 성장호르몬, 당류부신피질호르몬 등과 함께 지질분해호르몬이라고 불린다.

㉢ 단시간의 운동은 혈중 글루카곤 농도에 변화를 일으키지 않거나 약간 감소시키기도 하지만, 최대산소섭취량의 50% 수준에서 운동하거나 1시간 또는 그 이상의 운동 시에는 혈중 글루카곤 수준이 30~300%까지 증가한다.

㉣ 글루카곤의 분비는 혈당의 감소에 자극되어, 혈당수준이 감소되기 시작하는 1시간 이상의 운동 시에 분비되기 시작한다고 할 수 있다.

㉤ 신체훈련은 운동에 대한 글루카곤 반응을 현저히 감소시킨다. 즉, 동일한 절대운동 및 상대운동 강도에서 글루카곤 수준은 훈련 후 훨씬 적은 증가만을 나타낸다.

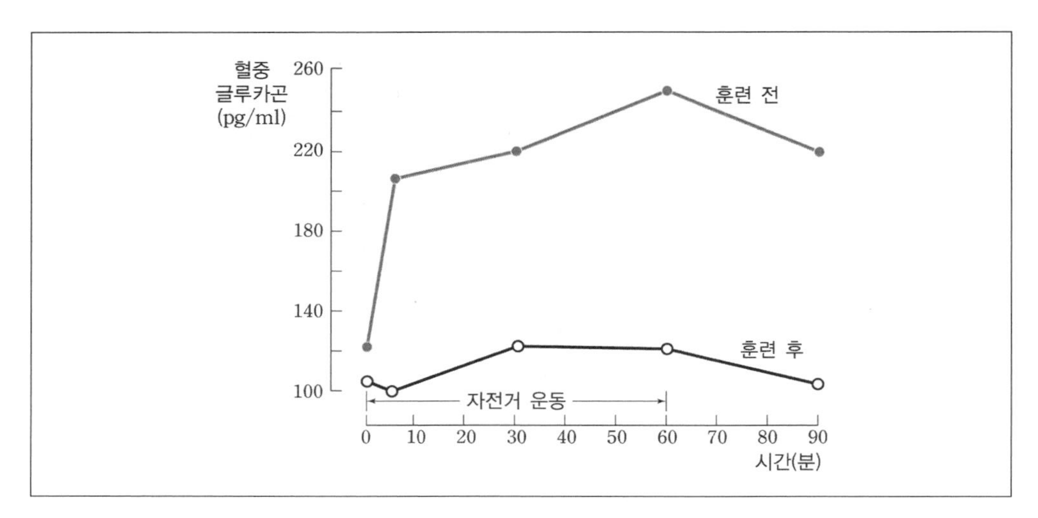

◇ 장시간 운동에 따른 글루카곤 반응과 훈련 효과

ⓑ 운동 중 인슐린 수준은 감소하고 글루카곤은 점차 증가한다.

③ 성장억제호르몬

㉠ 소마토스타틴(somatostatin)은 랑게르한스 섬의 δ세포에서 분비된다.

㉡ 췌장의 소마토스타틴의 분비는 소화 단계에서 증가되고, 소화기계의 활성화를 변경하여 영양소 분자가 순환과정으로 들어가는 속도를 조절한다. 이것은 인슐린 분비의 조절에 관련된다.

(7) 성선 호르몬

성선은 내분비기능을 갖는 생식기관으로 남성의 경우에는 고환, 여성의 경우에는 난소가 된다. 고환에서 분비되는 주 호르몬인 테스토스테론을 포함하여 남성호르몬으로서의 작용을 나타내는 호르몬은 여러 종류가 있으며, 일괄해서 안드로겐이라고 한다. 난소에서는 에스트로겐과 프로게스테론을 분비한다.

① 테스토스테론

테스토스테론(testosterone)의 가장 주목되는 작용은 근단백질 합성과 그에 따른 근력 증가와의 관련성이다. 테스토스테론은 근단백질 합성 이외에도 보다 공격적 성향, 적혈구 생성, 뼈 부피의 증가, 근글리코겐 저장량 증대와 관련이 있다.

> 테스토스테론과 에스트로겐은 생식 기능을 유지하고, 2차 성징을 결정한다. 규칙적 운동 (훈련)은 남성의 테스토스테론 수준과 여성의 에스트로겐 수준을 낮출 수 있으며 낮아진 에스트로겐 수준은 여성에 있어서 골다공증과 관련하여 잠재적으로 부정적인 영향을 미칠 수 있다.

② 에스트로겐

에스트로겐(estrogen)은 에스트라디올, 에스트론, 에스트리올 등 유사한 생리적 작용을 하는 일군의 호르몬을 일컫는다. 에스트로겐은 난소에서 분비된다.

에스트로겐은 뼈의 칼슘 침착을 돕는 작용이 있다. 남자는 테스토스테론 중 일부가 지방조직에서 에스트로겐으로 전환된다.

혈당 포도당 농도 유지의 4가지 과정

1. 간에 저장된 당원으로부터의 포도당 동원
2. 혈장 포도당의 절약을 위해서 지방세포 조직으로부터 혈장 유리지방산의 동원
3. 간에서 아미노산, 젖산, 글리세롤로부터 새로운 포도당 합성
4. 유리 지방산을 연료로 사용하기 위해서 포도당이 세포 내로 들어가는 것을 차단

호르몬이 개별적으로 존재하더라도 각각의 네 가지 과정은 한 가지 이상의 호르몬에 의해 조절되고 네 가지 모든 과정은 운동에 대한 적응에 포함된다.

- 서서히 작용하는 호르몬: 티록신, 코티졸, 성장호르몬
- 빠르게 작용하는 호르몬: 에피네프린, 노르에피네프린, 인슐린, 글루카곤
- 운동 중 혈중 글루코스 대사 조절 호르몬: 글루카곤, 에피네프린, 노르에피네프린, 코티졸
  (운동 중 인슐린 양은 감소한다.)
- 운동 중 지방 대사 조절 호르몬: 코티졸, 에피네프린, 노르에피네프린, 성장호르몬

운동 및 훈련에 따른 내분비 반응

호르몬	운동 시 반응	훈련 후 적응
항이뇨호르몬	증가	운동 시 더 적은 증가
성장호르몬	지속운동 시 증가	운동 시 더 적은 증가
갑상선자극호르몬	무변화	불명확
부신피질자극호르몬	증가	운동 시 더 큰 증가
FSH, LH	무변화	불명확
프로락틴	증가	불명확
베타엔돌핀	증가	불명확
갑상선호르몬(T_3, T_4)	총량 무변화	총량은 약간 감소
	유리 T_4 증가	유리 T_4 증가
부갑상선호르몬	무변화	불명확
칼시토닌	불명확	불명확
코티졸	고강도운동 시 증가	현저한 증가 없음
알도스테론	증가	무변화
카테콜라민	증가	동일부하 시 더 적은 증가
인슐린	감소	휴식 시 감소, 동일부하 시 더 적은 감소
글루카곤	지속운동 시 증가	동일부하 시 더 적은 증가
테스토스테론	약간 증가	무변화
에스트라디올, 프로게스테론	증가	동일부하 시 더 적은 증가

13 체성분과 체지방

1. 체성분 측정

인체의 체지방량와 제지방 체중을 측정하는 대표적인 방법으로는 수중체중측정법(hydrostatic weighing), 피부두겹집기법(skin fold technique), 생체전기저항측정법(bioelectric impedance analysis) 등이 있다.

체지방량	필수지방과 저장지방량을 통틀어 인체의 모든 지방무게를 나타내는 것이다.
체지방률	인체 체중에 대한 체지방량의 비율을 백분율로 나타낸 것으로서 %Fat로 표시한다.
제지방량	총체중에서 체지방량을 뺀 부분을 제지방량(fat-free weight : FFW)이라고 하며, 이는 인체에서 지방을 제외한 나머지 부분, 즉 근육, 뼈, 피부 및 내장기관을 포함한 모든 신체 조직을 일컫는 말이다.

제지방체중 : FFW와 LBM
LBM(lean body mass)은 체내 필수지방량을 포함하는 용어이고, FFW(fat-free weight)는 인체에서 추출가능한 모든 지방을 제외한 몸무게를 의미한다. LBM와 FFW의 차이점은 LBM에는 골수, 척수, 뇌 및 내부장기에 포함된 필수지방을 포함한다는 점으로, LBM을 계산할 때 체중에서 지방무게를 뺀다고 하더라도(LBM = 총체중 − 체지방량) 소량의 필수지방은 여전히 포함된다.

(1) 수중체중측정법

① 지방조직은 근육이나 뼈 기타 조직에 비해 가볍다. 즉 지방조직의 밀도는 인체의 다른 조직의 밀도보다 작다. 체지방량이 많을수록 인체의 밀도는 작아져서 물에 뜨기 쉽다.

② 사체를 화학적으로 분석하여 인체의 밀도를 체지방량으로 환산하는 공식이 만들어졌고, 인체의 밀도를 측정한다면 그 공식을 적용하여 체지방량을 구할 수 있다.

③ 밀도는 단위부피에 대한 그 물체의 무게를 의미하게 때문에 ℓ당 kg이나 cm^3당 g으로 나타낸다. 따라서 인체밀도를 구하기 위해서는 인체의 부피, 즉 체표면적을 측정해야 한다.

④ 체표면적은 아르키메데스의 원리를 이용하여 대기 중의 체중과 수중 체중을 측정하여 구할 수 있다. 즉, 물속에 잠긴 물체는 그 물체의 부피와 동일한 물의 무게 만큼의 부력을 받게 된다. 그러므로 그 물체의 부피와 동일한 물의 무게를 알기 위해서는 대기 중의 체중에서 수중 체중을 빼야 한다.

$$\text{체밀도} = \frac{\text{대기 중의 체중}(g)}{\dfrac{\text{대기 중 체중(g)} - \text{수중 체중(g)}}{\text{물의 밀도}(g/cm^3)} - (\text{잔기량} + 100cc)}$$

$$\text{체지방률(\%Fat)} = \frac{495}{\text{체밀도}} - 450$$

$$총체지방량 = \frac{체지방률}{100} \times 대기\ 중\ 체중$$

$$제지방량 = 대기\ 중\ 체중 - 총체지방량$$

대상자A의 체중(대기 중 무게): 70kg
수중에서의 무게: 2kg
37°C에서의 물의 밀도: 0.9933
A의 부피(체표면적)에 해당하는 물의 무게 = 체중 − 수중 체중이므로 68,000g

$밀도 = \frac{무게}{부피(체표면적)}$ 이므로, $0.9933 = \frac{68,000}{부피(체표면적)}$

$\therefore$ $체표면적 = \frac{68,000}{0.9933} = 68,458cm^3$

이렇게 구한 체표면적은 잔기량과 소화관 내의 공기(보통 100cc로 추정)를 감안하여 수정하여야 한다. 잔기량이 1,500cm^3이고 소화기관 내에 100cm^3의 공기가 있다면, 보정된 체표면적은 68,458 − 1,600 = 66,858cm^3이 된다.

$\therefore$ A의 체밀도는 $= \frac{체중}{체표면적} = \frac{70,000(g)}{66,858(cm^3)} = 1.047g/cm^3$

이러한 과정을 통해 얻어진 체밀도와 체지방률 간의 방정식을 통해 체지방률을 산출할 수 있다. 가장 일반적으로 사용되는 방정식은 Seri와 Brozek 방정식이다.

$$Seri방정식:\ 체지방률(\%Fat) = \frac{495}{체밀도} - 450$$

$$Brozek방정식:\ 체지방률(\%Fat) = \frac{495}{체밀도} - 414.2$$

A의 체지방률(Seri의 방정식을 이용하면) $\%Fat = \frac{495}{1.047} - 450 = 22.78\%$

총체지방량 = 70 × 0.2278 = 15.95kg
제지방체중 = 70 − 15.95 = 54.05kg

(2) 피부두겹집기법

① 인체의 총지방량 중 50%는 피부 바로 아래 있는 피하지방층에 저장되어 있다. 따라서 피하지방을 정확하게 측정할 수 있다면 총체지방량의 유력한 지표로 사용될 수 있을 것이다.

② 인체피하지방의 두께를 측정하기 위한 대표적인 방법인 피부두겹집기법은 특정 부위의 피부를 엄지와 집게손가락으로 잡아서 잡힌 피부의 두께를 집게형의 측정기(피지후계: skinfold caliper)를 이용하여 측정한다.

③ 피부두겹집기의 측정 부위
㉠ 남자: 가슴, 복부, 대퇴전면
㉡ 여자: 삼두박근, 상장골, 대퇴전면

(3) 생체전기저항측정법

① 생체전기저항측정법(bioelectric impedance analysis : BIA)은 제지방조직이나 세포외액에서는 전류의 흐름이 촉진되지만, 지방조직은 전류의 절연체로 작용하기 때문에 전기저항이 높아진다는 원리를 이용한다. 결국 인체의 전기저항은 체지방수준과 직접적인 관련이 있다.

② 생체전기저항측정법(BIA)은 손과 발에 전극을 부착하고 미세한 전류를 흐르게 하여 인체의 전기저항을 측정하는 방법이다. 저항값은 체밀도로 전환되고, Seri나 Brozek의 방정식에 의해 체지방률을 결정한다.

2. 비만

(1) 비만과 체지방률

① 비만(obesity)이란 피하지방을 비롯한 체내 지방저장량이 비정상적으로 많아진 상태를 뜻한다.

② 신장과 체중을 기준으로 판단하는 과체중은 비만상태를 간접적으로 나타내지만, 정확한 비만 여부는 체지방률을 기준으로 판정한다.

③ 체지방률은 대체로 남자의 경우 25%, 여자는 30% 이상일 때는 비만으로 판정한다.

성인 남녀의 체성분 평균값(%)					
성인 남자	근육 44.8%	뼈 14.9%	필수지방 3%	저장지방 12%	나머지 25.3%
성인 여자	근육 36%	뼈 12%	필수지방 12%	저장지방 15%	나머지 25.3%

(2) 비만의 종류

① 세포증식형 비만

㉠ 유아기형 비만이라고도 하며, 지방세포의 수가 증식(비후)되는 형태의 비만이 다. 정상인보다 지방조직세포의 크기는 작지만 그 수가 4~5배 많으며, 지방세포가 전신적으로 분포한다는 특징이 있다.

㉡ 지방조직이 비후된 유아기형 비만은 치료가 힘들고 비록 감량에 성공하더라도 그 효과를 지속시키기 어렵기 때문에 성인기에도 비만이 될 가능성이 높다.

② 세포비대형 비만

㉠ 성인형 비만이라고도 하며, 지방세포의 수는 변화가 없이 지방세포의 크기가 증대(비대)된다는 특징을 갖고 있다.

㉡ 지방조직의 분포형태는 남성의 경우는 주로 복부 부위에, 여성은 엉덩이와 대퇴 부위에 집중되는 특징이 있다.

㉢ 성인형 비만의 경우에는 유아기형 비만보다 식이조절이나 운동을 통한 감량효과가 훨씬 만족스럽게 나타나는 경향이 있다.

- 지방조직의 분포 패턴에 따라 비만을 구분하기도 한다. 주로 배부위에 지방이 축적되는 중심성 비만 또는 안드로이드형 비만은 남성에게 많으며, 심장 질환과 당뇨병 등 성인병과 매우 밀접한 관련이 있다. 엉덩이나 대퇴 부위에 지방이 축적되는 말초형 비만 또는 지노이드형 비만은 여성에게 많이 나타난다.
- 체내에 존재하는 지방은 크게 필수지방과 저장지방으로 분류되며 이를 합한 것이 총지방량이다.
  - 필수지방은 골수, 심장, 폐, 간, 비장, 신장, 대장, 소장, 근육 등에 분포되어 저장된 지방을 말하며, 이러한 부위에 저장되어 있는 필수지방은 생리기능이 정상적으로 작용하는데 반드시 요구되는 지방이다.
  - 저장지방은 피하(皮下) 복강 내의 지방조직에 분포되어 있으며 외부 충격으로부터 내장기관을 보호하고 에너지원 저장고로서의 역할을 한다. 저장지방의 분포비율이 남자 12%, 여자 15%로 비슷하지만, 필수지방량은 여성특이지방을 가지고 있는 여자들이 남자들의 4배 이상을 보유하고 있다.

(3) 비만의 발달특성

① 성장과정에서 세 시기(태아기, 4~6세 전후, 사춘기)가 비만 발생에 중요한 시기라고 지적되고 있다. 사춘기까지는 지방세포수의 증가에 의해 체지방이 증가하는데 반해, 사춘기 이후부터는 지방세포의 크기가 커져서 비만이 초래된다.

② 정상인의 지방세포수는 약 300~500억 개 정도인데, 세포증식형 비만인의 지방세포수는 600~1,000억 개로 2배 이상이 된다.

③ 아동기에 비만한 사람은 성인이 되어서도 비만이나 과체중이 될 확률이 현저히 높아지는 만큼 아동기의 비만관리는 상당히 중요하다.

(4) 비만의 원인과 질병

① 비만의 원인

㉠ 유전적요인, 잘못된 식습관, 운동부족, 심리적요인 등 다양한 요인을 들 수 있다.

㉡ 지방의 축적 및 체중변화에는 여러 요소가 관계되고 있으나 기본적인 원칙은 에너지섭취와 소비간의 불균형에서 초래된다는 것이다.

② 질병 위험인자로서의 비만

㉠ 지방조직의 증가는 그 지방조직까지 혈류를 공급해야 하므로 심장의 운동에 부담을 주고 그 결과 혈압이 상승하는 원인이 된다.

㉡ 지방조직의 증가는 체내 인슐린 수요량을 증가시켜 인슐린을 생산하는 췌장에 더 큰 부담을 주며 결국 장기적으로는 췌장의 인슐린 생성 및 분비기능을 저하시키는 원인이 된다.

㉢ 비만증이 있으면 인슐린 분비량이 증가되어도 간, 근육 및 지방조직 등 말초조직의 인슐린에 대한 민감도가 저하되어 고혈당이 나타나게 된다.

㉣ 비만은 고지혈증과 밀접한 관련이 있는데, 고지혈증은 동맥경화와 그로 인한 각종 심장질환, 뇌졸중의 주된 원인이 된다.

ⓜ 비만은 호흡계통에도 영향을 미치는데, 비만의 경우 대사총량이 증가되어 호흡에 필요한 호흡근육의 작업량은 증가되는 반면 흉벽조직의 지방층에 의해서 흉벽 및 횡격막의 호흡운동은 제한을 받게 된다. 그 결과 호흡의 효율 저하로 인한 폐포 내 환기감소 및 체내 CO_2 축적에 의한 만성피로, 수면이상, 수면성 무호흡 등의 증상을 보이게 된다.

ⓑ 비만 중에서도 복부비만은 인슐린 저항성 상승, 고혈압, 당뇨병, 심장질환 등과 더욱 깊은 관련을 갖고 있다.

ⓢ 복부비만 중에서도 피하지방형보다 내장지방형일 때 지질대사이상이 발생할 위험성이 높으며, 내장지방/피하지방의 비율이 높을수록 혈중 중성지방농도가 높을 가능성이 크다.

고정(Set Point) 이론

- 비만인 사람이 마른 사람보다 적게 섭취하는 이유를 설명하기 위해 제시된 것이 '고정이론'이다. 신체는 미리 정해진 체지방량 수준을 유지하도록 하는 시상하부의 조절장치를 가지고 있다는 이론으로, 체지방이 이 수준에서 안정 상태를 유지한다.
- 각 개인마다 신체의 지방량이 각기 다른데, 이 지방량을 일정 수준으로 유지하도록 정해주는 지점이 바로 지방량의 고정점(set point)이다. 선천적으로 신체지방량의 고정점이 높은 사람은 아무리 체중을 빼도 쉽게 지방이 늘어 체중이 제자리도 돌아간다.
- 에너지 소비율을 과식 시에 증가시키고, 소식 시에 감소시켜 체중의 증가와 감소를 조절함으로써 증감을 반복하는 양상을 설명한 이론이 '고정이론'이다.
- 고정점에 영향을 주는 요인으로 식사, 연령, 운동, 금연을 들 수 있다.

3. 체중조절 시 고려사항

지방 조직 1kg을 감소시키기 위해서는 7,700kcal의 에너지를 소비하거나, 에너지 섭취를 감소시켜야 한다. 순수한 지방 1g은 9.4kcal의 에너지를 발생시키지만, 체내 지방조직에는 수분과 결체조직이 포함되어 있으므로 지방조직 1g은 9.4kcal 보다는 적은 약 7.7kcal의 에너지를 발생한다.

(1) 수분 균형의 문제

① 주로 단시간에 나타나는 급격한 체중의 변화는 지방의 제거가 아닌 수분의 손실에 의해서 발생될 수 있다. 이러한 경우 1kg의 체중감소에 필요한 에너지 감소는 7,700kcal가 아니라 4,400kcal 미만이 된다.

② 식이제한보다는 운동으로 동일한 체중감량을 꾀할 때 지방의 감소비율이 높아지게 된다. 지방보다 수분의 손실을 통한 체중감량은 효과가 일시적이고, 인체순환계 등에 생리적 부담을 주게 된다.

(2) 기초대사율의 변화

① 에너지 섭취의 제한에 의해 휴식 시 대사율도 대체로 감소되며, 과칼로리 섭취 시에는 휴식 시 대사율이 증가되는 경향을 보인다. 체중감량을 위해 단식을 할 때 인체의 휴식 대사율이 30%정도 감소하고, 1일 활동량도 50%까지 감소되어 체중감량에 실패하기 쉽다.

② 식이제한과는 달리 운동은 대체로 휴식대사율을 증가시킨다. 탈진 상태에 이를 때까지 장시간의 강한 운동을 수행한 후에는 휴식대사율이 운동 후 12~24시간까지 증가된다. 즉, 에너지 소비증가의 효과가 운동 후에도 장시간 지속되기 때문에 운동을 통한 체중감량이 보다 유리하다.

기초대사율(BMR)
생명유지에 필요한 최소한의 에너지 수요량으로 12~24시간 동안 운동 및 음식 섭취를 금한 후 온도가 조절된 실내에서 30~60분간 누워 휴식을 취한 상태에서 측정한다.

(3) 섭취하는 영양소의 열효과

① 식사 후 1~2시간 경과한 후와 12시간의 공복상태에서의 산소섭취량을 비교하면, 식사 후의 산소섭취량이 10~35% 가량 크게 나타난다. 즉 공복상태일 때보다 식사 후에 기초대사율이 증가한다. 또 식사 후 운동할 때의 에너지소비가 공복상태에서 운동할 때보다 10% 정도 높다.

② 이렇게 음식을 섭취한 후 추가로 소비되는 산소섭취량은 섭취한 음식의 소화・흡수, 이화작용, 단백질합성 등에 쓰이는데 이러한 현상을 영양소의 열효과(thermic effect)라고 한다.

③ 인체의 에너지원이 되는 3대영양소(탄수화물, 지방, 단백질)중에서 단백질의 열효과가 가장 큰데 그 이유는 단백질의 소화 및 흡수, 인체세포 내에서의 단백질 합성, 단백질을 지방이나 탄수화물로 전환하는 데 따르는 에너지 소비량이 더욱 크기 때문이다. 고단백질의 식사를 하면 열효과는 더욱 커지게 되어 고탄수화물이나 고지방 식이보다 체중감량에 더 효과적이다.

(4) 환경기온이 대사율에 미치는 영향

① 인체의 열생산은 추운환경에서는 크게 증가하고, 덥고 습한 환경에서는 약간 증가하는 경향을 보인다.

② 겨울철에 일정한 체중을 유지하기 위해서 3,000kcal의 에너지 섭취가 필요하던 사람이 여름철에는 동일한 체중을 유지하는데 필요한 에너지 섭취량이 2,700kcal 정도로 줄어들 수도 있다.

4. 체중조절과 운동

(1) 운동과 식욕

① 운동이 식욕을 자극하여 체중감량이나 체지방감소 효과를 상쇄하는 경우는 그 운동이 비정기적이고 간헐적인 경우에 주로 나타나며, 일반적으로는 정기적이고 규칙적인 운동을 통한 에너지소비량은 식욕촉진에 의한 추가적인 에너지섭취량을 능가한다.

② 탈진적인 고강도 운동수행은 식욕을 상대적으로 감소시킨다. 무산소대사과정에 의해 생성된 젖산은 식욕중추를 억제하는 작용을 하기 때문이다.

(2) 운동과 체구성

① 식이제한만을 통한 체중감량은 특히 식이제한 초기에 대량의 수분손실과 제지방량의 손실을 통해 이루어지는 경우가 많다.

② 심한 식이제한을 통해 하루 0.5~0.8kg의 체중감량효과를 달성할 수 있으나, 그 중 약 70%는 수분손실을 통해 이루어지며, 25%는 지방, 5%는 단백질의 손실에 의해서 이루어진다.

③ 식이제한 초기에 다량의 수분손실이 일어나는 이유는 간글리코겐과 근글리코겐이 고갈되기 때문이다. 1g의 글리코겐은 약 3g의 수분과 결합된 형태로 저장되어 있기 때문에 글리코겐의 고갈은 다량의 수분손실을 수반한다.

④ 운동을 통한 체중감량을 하게 되면 제지방조직을 유지하거나 증가시키는 반면, 체지방량은 감소시킴으로써 전체 체중의 감량을 할 수 있게 된다.

⑤ 장기적으로 볼 때 근육의 증대는 에너지 소비의 증대를 가져오기 때문에 근육 조직의 증가가 체중감량에 효과적이다. 따라서 체중감량 시 제지방량의 감소 또는 근위축을 초래하지 않고 체지방을 제거해야만 보다 건강한 상태를 유지할 수 있으며, 체중감량의 효과를 지속시킬 수 있다.

5. 운동과 국부지방

(1) 인체 특정부위의 근육운동에 의하여 그 부위만의 지방을 선택적으로 제거할 수 있다고 생각하는 경우가 많다. 그래서 복부지방을 감소시키기 위해 윗몸일으키기 운동을 하거나, 대퇴부위의 지방을 제거하기 위해 다리운동을 행하기도 한다.

(2) 인체 특정부위의 지방 분포는 유전에 의해 이미 결정되어 있을 뿐만 아니라, 특정부위의 근육운동에 필요한 에너지원은 그 특정부위의 지방조직에서 뿐만 아니라 전신에 분포되어 있는 여러 지방조직에서 동원된다.

(3) 윗몸일으키기를 위한 연료는 복부주변의 지방에만 전적으로 의존하는 것이라 팔이나 간의 저장지방으로부터 동원될 수도 있다. 즉 특정 부위의 체지방량의 감소는 운동부위와 관련되어 있는 것이 아니라, 운동을 통한 총에너지 소비량에 의해서 결정된다.

6. 체중감량을 위한 적정 운동 강도

(1) 일반적으로 체중감량을 위한 적정 운동 강도는 40~65%VO_2max 수준이다.

(2) 운동 강도는 낮은 수준에서 주 단위 또는 2주 단위로 점증시키고, 빈도는 주당 3~5회가 바람직하다.

(3) 운동은 최소한 30분 이상 지속할 수 있어야 하며, 그러기 위해서는 자신의 체력수준에 맞는 적정 강도를 결정하여야 한다.

(4) 평소 좌업적인 생활습관을 갖고 있다면 하루 중 여러 차례로 짧은 시간(10분씩) 나누어서 운동을 하는 것도 체중감량에 도움이 된다.

(5) 국부적인 근육피로를 유발하지 않고 에너지 소비량이 많은 대근육군을 사용하는 전신적 운동이 바람직하다.

(6) 관절에 부담을 주는 운동보다는 부력이나 안장에 의해 체중부하로 인한 관절부담이 적은 수영, 자전거타기가 권장된다.

(7) 저항운동을 적절히 이용한다. 저항운동을 통해 근육의 양을 증가시키는 것이 에너지 소비를 늘려 장기적으로 체중조절에 성공하기 쉽다. 전체 운동시간의 약 30~40%는 저항운동에 할애하도록 한다.

체력수준이 낮은 사람의 적정운동 강도는 낮고, 단련자들은 보다 고강도의 운동을 통해 체중감량 및 체지방 감소에 효과를 볼 수 있다. 고강도 운동 시 대부분의 연료를 탄수화물로부터 공급받게 되며, 지방분해에 의한 에너지 공급은 상대적으로 적게 된다. 그러므로 체력수준이 낮은 사람은 운동의 강도를 낮추고 운동지속시간을 길게 하여 총에너지 소비량을 증가시키는데 역점을 두어야 한다. 운동지속시간이 길수록 총에너지 소비량은 증가될 뿐만 아니라, 지방이 에너지원으로 참여하는 비율이 높아지게 된다.

7. 체중감량을 위한 운동계획의 수립

(1) 목표체중의 설정

① 목표체중을 정하는 절차는 먼저 자신의 제지방량을 결정하고 목표체지방률을 결정한다. 다만 모든 체중의 손실이 지방으로 인한 것이라는 가정 하에 목표체중을 계산한다.

$$목표체중 = \frac{100 \times 제지방량(FFW)}{100 - 목표체지방률(\%Fat)}$$

② 체중 90kg이고 체지방률이 20%인 사람의 체지방량은 90 × 0.2 = 18kg이고, 제지방량은 90 − 18 = 72kg이 된다. 이 사람이 13%수준(목표체지방률)으로 체지방률을 낮추려고 한다면 목표체중은 다음과 같다.

$$목표체중 = \frac{100 \times 72}{100 - 13} = 82.8kg$$

따라서 현재 체중 90kg에서 7.2kg을 감량하여야 목표체지방률을 달성할 수 있다.

③ 목표체지방률은 대체로 보통 성인 남녀의 기준치와 현재 자신의 체지방률을 고려하여 결정한다.

(2) 체중감량의 적정속도

① 체급별 종목의 운동선수들은 단기간 동안 큰 폭으로 체중을 감량시켜야 하는 경우도 있다.

② 일반인들의 체중감량 기준치는 주당 0.45kg이 바람직하며, 주당 체중감량폭이 0.9kg을 넘지 말 것을 권장한다.

(3) 1일 추가 에너지 소비량

① 주당 0.45kg의 감량 시 1g의 지방조직이 7.7kcal의 에너지를 발생시킨다고 할 때 추가적으로 소비해야 할 주당 에너지 소비량은 $450 \times 7.7 = 3,465$kcal이다.

② 매일 운동을 한다고 가정하면 1일 추가 에너지 소비량은 $3,465/7 = 495$kcal가 되며, 주당 5회의 빈도로 운동한다면 1일 추가 에너지 소비량은 $3,465/5 = 693$kcal가 된다.

③ 운동을 즐기고 기본적인 체력이 있는 사람은 운동만으로 1일 추가 칼로리 소비량(300~600kcal)을 달성할 수 있다.

8. 체중감량을 위한 운동의 이점

(1) 체중감량의 효과가 식이제한보다 지속적이다.

(2) 제지방 및 근육의 위축을 초래하지 않고, 근육량을 유지 또는 발달시킨다.

(3) 운동을 통해 심혈관기능, 근력 및 근지구력 개선, 대사기능의 개선 등 부수적인 효과를 거둘 수 있다.

(4) 운동은 체중감량을 지속시키도록 하는 동기부여에 있어 식이제한 보다 우월하다.

(5) 정기적인 운동은 생활습관을 규칙적으로 만들고, 건강에 대한 전반적인 관심제고와 태도변화에 도움을 준다.

14 운동과 환경

1. 열전도

(1) 복사

① 복사(radiation)는 인체와 다른 물체 사이의 공간을 통해서 열파에 의해 열을 교환하는 현상이다.

② 복사에 의한 열손실이나 열축적은 사람의 피부와 환경 사이의 온도차에 의해 이루어진다.

(2) 전도

① 전도(conduction)는 서로 다른 온도를 갖는 두 표면이 직접 접촉할 때 열의 이동이 일어나는 현상을 말한다.

② 지방조직은 근육조직보다 더 훌륭한 절연체(열을 잘 전도하지 않는 물질)이기 때문에 뚱뚱한 사람은 추운 환경에서 열손실이 적은 반면, 더운 환경 하에서는 열방출이 잘 이루어지지 않는다.

③ 해협을 횡단하는 수영선수의 경우에는 체온유지가 성공의 관건이 되기 때문에 체지방을 더 많이 가질수록 유리하다.

(3) 대류

① 대류(convection)는 체표면과 접하고 있는 유체(공기나 물) 사이에 열이 전달되는 것으로, 피부에 접하는 공기나 물분자의 순환에 의해 일어난다.

② 공기 중 대류에 의한 열의 손실은 기류속도의 제곱에 비례한다. 바람의 속도가 두 배라면 열손실은 네 배가 된다.

(4) 증발

① 인체표면에서 수분이 기화되어 날아갈 때 많은 열손실을 동반하게 되며 이와 같은 현상에 의해 체열을 잃게 되는 것을 증발(evaporation)에 의한 열손실이라고 한다.

② 무더운 환경일수록 복사, 대류, 전도에 의한 열발산이 어렵기 때문에 증발을 통한 체열의 발산이 중요하다.

③ 증발은 피부로부터 공기 중으로의 물분자가 확산되는 현상이기 때문에 공기가 수증기로 포화되어 있다면 증발이 잘 이루어지지 않는다.

④ 상대습도가 높은 무더운 날에 열생산이 급격히 증가하는 운동을 한다면 증발을 통한 열의 발산이 저해되어 체내 열축적에 의한 열질환의 위험이 높아진다.

2. 체온 조절 기전

(1) 체내 체온조절 기구는 온도수용기, 체온조절중추, 효과기로 구성된다.

(2) 온도수용기는 피부에 있는 말초 온도수용기와 시상하부의 앞부분에 있는 심부온도수용기가 있다.

(3) 온도수용기는 감지된 피부온이나 심부체온의 변동에 대한 정보를 구심성 뉴런을 통해 시상하부의 체온조절 중추에 전달한다.

(4) 체온조절중추는 자동온도조절기와 같은 구실을 하며, 체내 온도에 대한 기준값이 설정되어 있다는 것이 유력한 이론이다. 체온조절중추는 온도수용기로부터의 정보를 기준점과 비교하여 열손실 및 열생산에 대한 적절한 원심성 명령을 해당 효과기에 내리게 된다.

3. 열환경에서의 운동

(1) 열손실기전

① 피부 혈관의 확장

㉠ 피부혈관 확장을 통한 피부 혈류의 증가는 인체 심부로부터 대기로의 열전도율을 높이게 된다. 운동으로 인해 인체 심부의 활동근에서 발생한 열에 의해 따뜻해진 혈액은 피부로 이동하여 복사, 전도 및 대류에 의해 대기 중으로 열을 방출시키게 된다.

㉡ 피부혈류량은 세동맥의 개폐와 동정맥연결의 개폐에 좌우되는데, 더운 환경에서는 세동맥과 동정맥연결이 모두 열려서 피부혈관 저항이 낮아지고, 순환혈액량 중 피부로 가는 혈류량의 비율이 높아진다.

㉢ 더운 환경일수록 인체가 증발을 통한 열손실에 의존하는 비율은 높아지게 된다. 주위의 온도가 피부온도보다 높아질 때 복사, 전도, 대류는 인체의 열획득에 기여하게 되며, 증발만이 인체가 체열을 발산시키기 위한 유일한 방법이 된다.

② 발한

㉠ 발한은 체온이 상승할 때 적극적으로 증발에 의한 방열량을 증대시키는 작용이다.

㉡ 심부온도가 일정수준이상 상승하게 되면 땀의 분비가 급속히 증가하게 되는데, 이 때의 체온을 발한역치라고 한다.

㉢ 체열을 발산시키는데 있어서 가장 불리한 환경조건은 기온이 높으면서 동시에 습도가 높은 기후조건이다. 이 경우 유력한 체온발산 방법이라고 할 수 있는 증발이 저해되기 때문이다.

- 체내 수분 균형은 수분의 섭취량과 배설량이 같을 때 이루어진다. 수분섭취량이 배설량을 초과하여 총 체액량이 증가되는 경우 수분중독이 초래되고, 감소되는 경우 탈수가 나타난다.
- 대사수란 탄수화물이나 지방 등의 영양소가 유산소적으로 완전히 분해될 때 부산물로 생성되는 수분을 말한다.
- 우리가 느끼지 못하는 사이에 피부와 폐(호흡)를 통해서 수분이 배설되는데 이를 불감손실량이라고 한다.

(2) 열환경과 운동수행력

① 더운 환경하에서 체열발산을 위한 피부혈류에 대해 증가된 요구는 활동근육으로의 혈류와 경쟁적인 관계를 갖게 된다.

② 더운 환경하에서 활동을 위한 근육으로의 혈류요구량이 증대되는 한편 체온의 발산을 위한 피부혈류량의 필요성도 증가된다.

㉠ 인체의 총혈액량은 근육과 피부의 최대용량에 비해 적을 뿐만 아니라 피부에 분포된 정맥 내 혈액의 저류에 의해 심장으로 돌아오는 정맥환류량이 감소하게 된다.

㉡ 정맥환류량이 감소하면 심실충만압도 감소하며, 이어서 심장의 1회박출량이 감소한다.

㉢ 심장의 1회박출량이 감소하면 심박출량을 유지하기 위한 보상반응으로 심박수가 증가하는 현상이 나타나는데, 이러한 심박수의 증가는 동일한 작업부하에 대한 심장의 작업부담이 증가되는 것으로 해석된다.

③ 다량의 발한에 의한 체내 수분손실은 혈액의 농축을 심화시켜 인체의 순환 및 체온조절 부담을 가중시킬 수 있다. 즉, 혈액의 손실에 의해 피부로의 체온 조절성 혈류와 작업근으로의 활동을 위한 혈류에 대한 인체의 수분여유력은 더욱 부족하게 된다. 이 경우 활동근 혈류 감소로 인한 근피로 현상이 나타나거나, 피부 혈류의 감소로 인한 체온의 과도한 상승이라는 두 가지 국면에 직면하게 된다.

④ 열환경에서 운동 중 근혈류량 감소는 그 운동을 무산소성 에너지 대사과정에 더욱 의존하게 하는 한편, 내장혈류를 더욱 감소시켜 젖산 제거율을 감소시킴으로써 동일한 최대하운동강도에서 혈중 젖산의 농도를 상승시킨다.

⑤ 체중의 3%에 달하는 발한에 의해 혈장량은 6~7% 정도 손실되며, 그 결과 지구력과 열내성이 감퇴되며, 열환경에서 1시간 이상의 운동 후 최대산소섭취량이 3~8% 감소하는 현상이 발생한다. 이것은 피부혈관의 혈액저류에 의해 심장으로의 정맥환류량이 감소하는 것에 기인하며, 한편으로는 작업근 혈류의 감소로 인해 동정맥 산소차가 감소되는 것이 원인이다.

⑥ 열환경에서의 힘든 운동 시 운동 초기에는 1회박출량이 감소하더라도 심박수가 증가하기 때문에 심박출량이 유지되지만, 최대심박수에 도달할 경우에는 1회박출량이 감소된 결과로 인해 최대 심박출량과 최대산소섭취량은 감소하게 된다.

탈수와 수행력	
• 혈액 삼투질 농도 증가	• 체온 상승
• 정맥환류량 감소	• 1회박출량 감소
• 심박수 증가	• 근혈류량 감소
• 젖산축적량 증가	• 최대산소섭취량 감소

심혈관계 유동
장시간 유산소 운동을 하거나 고온 환경 하에서 유산소 운동 시에는 1회박출량이 서서히 감소하는데 이때 심박출량을 유지하기 위하여 심박수는 비례하여 증가한다. 이러한 현상을 심혈관계 유동(cardiovascular drift)이라고 일컫는데 이는 피하의 확장된 혈관으로의 점진적인 혈류 증가와 혈관 내의 액체 손실과 관련이 있다.

(3) 열순화

① 발한 반응의 개선

㉠ 열순화 훈련은 발한 역치를 낮추고 땀 분비율을 증가시킨다. 즉, 훈련 전보다 땀을 일찍 분비하기 시작하고, 더욱 많은 땀샘이 확장되어 땀을 신속히 증발시킬 수 있게 된다.

㉡ 발한적응에 의해 열순화된 사람은 동일한 작업부하에서 피부온이나 심부온이 더 낮은 수준으로 유지된다.

② 혈장량의 증가

㉠ 열환경 운동 시 특히 중요한 생리적 적응은 혈장량의 증가이다. 혈장량의 증가는 열환경 운동 시 피부 혈류와 활동근 혈류를 공급하는 데 필요한 체내 수분 여유력을 갖게 해 준다는 점에서 중요하다.

㉡ 단련자는 발한반응을 통해 체열 발산능력이 크기 때문에 비단련자에 비해 피부 혈류가 상대적으로 적다. 혈장단백은 피부혈관을 통해 혈관 밖으로 누출되는 경향이 있기 때문에 동일작업부하에서 피부혈류량이 상대적으로 작은 단련자는 비단련자보다 간질액 쪽으로 혈장단백질의 손실률이 적다. 또한 단련자는 림프액으로부터 혈관으로의 단백질 회귀량이 높다.

㉢ 단련자는 비단련자에 비해 더 많은 혈장단백질을 보유하게 되고, 혈장단백질의 증가는 삼투압에 의해 더 많은 혈장량을 갖도록 해준다.

㉣ 혈장량의 증대는 단련자에게서 볼 수 있는 발한역치의 감소와 발한량 증대에도 불구하고 체내 수분여유력을 갖도록 해준다.

③ 1회박출량의 증가

㉠ 열순화에 따른 혈장량의 증가로 인해 1회박출량이 증가한다.

㉡ 심박수의 감소현상이 열순화 결과 나타나는데, 이는 피부온이나 심부온도가 감소하는데 따른 반사적 반응으로 생각되며, 심박수의 감소 역시 1회박출량의 증가와 관련이 있다.

열장애(온열질환)	
고체온증	체온이 비정상적으로 높은 상태, 특히 심부온도가 높은 상태가 고체온증이다. 보통 외부환경으로부터 열이 유입되어 발생하지만, 체내에서 과도한 열이 발생해서 생기기도 한다.
열경련	일종의 근육경련(주로 손가락, 팔, 다리, 혹은 복부 근육)으로 높은 온도에서 과도하게 힘을 쓰거나 탈수되었을 때 발생하는데, 일반적으로 정신상태는 맑지만 현기증 및 어지러움, 신체에 힘이 없음을 느끼게 된다.
열피로 (열탈진)	열에 노출되어 나타나는 급성 반응으로 비교적 경미한 열 손상으로 간주되는데, 운동 중 발한 작용에 의한 과다한 수분 상실이나 무기질 상실로 혈액량이 감소될 때 주로 발생하며, 심박수의 증가, 직립 자세에서의 혈압 저하, 두통, 현기증 및 무력증 등의 증상을 보인다.
열사병	고체온증을 제대로 처리하지 못해서 시상하부에 있는 체온조절중추가 능력을 잃어버린 심각한 상황으로, 체온이 최소 40℃ 이상 올라가고 뇌, 간, 신장 등의 손상을 초래할 수도 있다. 중추신경계의 기능장애 증상이 나타나고, 땀샘이 파괴되어서 땀의 배출이 중단된다.

4. 추운 환경에서의 운동

(1) 추위에 대한 생리적 반응

① 피부혈관의 수축

㉠ 인체가 추위에 노출될 때 체내 열손실을 줄이기 위해 피부혈관을 수축시켜 체온이 외부로 발산되지 못하게 한다.

㉡ 피부혈관의 수축에 의해 보다 많은 혈액이 인체의 심부로 흐르게 되는데, 심부혈류의 증가로 인해 정맥환류량이 증가하고 1회박출량이 증가한다.

(2) 불수의적인 골격근의 떨림

① 떨림은 어떠한 일도 수반하지 않으므로 100% 모두 열로 전환되어 체온 상승에 도움을 준다.

② 떨림에 의한 열발생은 안정 시 대사를 3배 정도 증가시킬 수 있다.

(3) 추위와 운동수행력

① 외부의 한랭자극에 의해 근육 및 심부온이 감소된 상태에서 운동을 수행할 때 심박수는 감소하기 때문에 결국 최대심박출량이 감소하게 된다.

② 혈액온도의 감소는 산소해리곡선을 왼쪽으로 이동시키며, 이는 조직으로의 산소유입이 감소됨을 의미한다. 그 결과 최대산소섭취량이 감소하게 된다.

③ 근육온도의 저하는 순발력의 저하를 초래하는데, 이는 근육온도의 저하로 인해 근세포 내 수분의 점도가 증가하여 연결교와 액틴의 움직임에 대한 물리적 저항을 증대시키거나, 근세포 내 ATP합성을 위한 화학반응의 속도가 감소하기 때문이거나, 최대 근수축에 이르기까지의 시간이 증가되기 때문이다.

5. 고지환경과 운동

(1) 고지환경과 산소공급

① 고지환경에서 운동을 수행할 때 가장 큰 문제점은 산소분압(PO_2)이 감소하여 충분한 산소를 받아들일 수 없다는 점이다.

② 공기 중에 포함된 산소의 비율은 20.93%으로 변화가 없지만 전체 기압은 감소하기 때문에 산소분압은 고도가 높아질수록 낮아진다. 고도가 높아져서 대기압이 감소될수록 인체 조직 세포로의 산소공급은 감소하게 된다.

(2) 고지환경과 경기력

① 단거리나, 무산소적 신체활동은 인체의 산소 운반 계통에 크게 의존하지 않기 때문에 고지환경에 의해 큰 영향을 받지 않는다. 오히려 고지환경에서는 공기밀도가 낮아져 공기저항이 수행기록에 영향을 미치는 단거리 달리기, 도약, 던지기 등의 종목에서는 유리하게 작용한다.

② 유산소성 에너지 생성이 중요한 역할을 하는 지구성 종목일수록 고도의 변화에 따른 영향을 크게 받게 된다. 지구성 종목의 경기력 저하는 최대산소섭취량의 감소와 거의 비례한다.

(3) 고지환경과 생리적 반응

① 최대산소섭취량

㉠ 일반적으로 해발 1,200~1,500m 이상의 고도에서는 최대산소섭취량의 감소현상이 나타난다. 1,500m 이상에서는 최대산소섭취량이 300m당 약 3.2% 정도 감소하며, 따라서 해발 4,300m의 고도에서 최대산소섭취량은 27~30% 정도 감소하게 된다.

㉡ 고지환경에서의 최대산소섭취량 감소는 2가지가 주원인이다.

ⓐ 동맥혈의 산소분압 감소로 인한 말초 조직에서의 산소확산 농도차의 감소

ⓑ 헤모글로빈의 산소포화도 감소

② 심장혈관계의 반응

㉠ 고지환경에서는 최대하운동 시 심박수는 혈중 산소분압의 감소를 보상하기 위한 반응으로 동일한 운동부하에 대해 평지보다 증가하고, 이에 따라 고지대에서 최대하운동 시 심박출량은 약 50%까지 증가하는 반면 1회박출량은 변화를 보이지 않는다. 고지에서의 심박수 증가는 혈중 산소분압의 감소를 보상하기 위한 반응으로 생각된다. 즉, 안정 시나 최대하 운동시 심박출량이 10% 증가하는 것은 동맥혈의 산소포화도가 10% 감소하기 때문이다.

㉡ 최대운동 시에는 1회박출량에는 변화가 나타나지 않지만, 최대심박수는 감소되는 양상을 보이고, 이에 따라 최대 심박출량은 감소한다. 혈중 산소분압의 감소와 함께 최대 심박출량의 감소는 최대산소섭취량 저하의 원인이 된다.

③ 카테콜라민 반응

㉠ 노르에피네프린은 고지대에서 휴식 시와 운동 시 시간 경과에 따라 점차 증가한다. 고지대에서 혈압과 심박수의 증가는 혈중 노르에피네프린의 증가와 일치하게 된다.

㉡ 에피네프린은 고지대에서도 비교적 변화가 나타나지 않으나, 노르에피네프린은 현저하게 증가하는 현상을 보이고 해수면에 돌아와서도 약 1주일간 상승된 상태를 유지한다.

④ 산-염기평형

㉠ 고지환경에서는 환기량이 평지에서보다 증가하게 된다. 이러한 과환기에 의해 혈액 속의 CO_2가 과도하게 배출되고, 그 결과 혈액의 pH가 상승하는데, 이러한 현상을 호흡성 염기화(respiratory alkalosis)라고 한다. 과호흡에 의한 CO_2 배출 증가는 혈중탄산(H_2CO_3)의 감소를 초래하고, 체액을 염기화시킨다.

㉡ 호흡성 염기화는 호흡중추의 반응성을 감소시키게 되고, 염기화된 체액을 정상으로 회복시키기 위해 신장에서는 중탄산염(HCO_3^-)의 배출량을 증가시킨다.

⑤ 젖산축적률

㉠ 운동 초기에 발생하는 산소 부족은 평지보다 고지에서 크게 된다.

㉡ 운동 시작과 함께 산소섭취량이 평지에서 보다 서서히 증가하여 더 늦게 안정된 상태에 도달하게 된다. 또한 고강도의 운동을 수행할 때 근육 및 혈중 젖산 농도는 고지에서 더 높게 나타난다. 이는 많은 산소가 요구되는 격심한 운동 시 산소공급의 저해로 인해 상대적으로 무산소성 과정에 대한 의존도가 높아지기 때문인데, 이는 조기피로가 발생하는 원인이 된다.

(4) 고지적응

① 고지환경에 인체가 완전히 적응하기 위해서는 일반적으로 최소한 4~6주간이 필요하다고 알려지고 있다. 고지적응에 필요한 기간은 고도에 따라 다르다.

② 고지환경에 따른 가장 뚜렷한 적응현상으로는 적혈구 수의 증가와 그로 인한 헤모글로빈 농도의 증가를 들 수 있다.

③ 혈중 산소분압의 감소에 의해 초래된 장기적인 체내 저산소 상태는 신장으로부터 에리쓰로포이에틴이라는 호르몬의 분비를 자극하는데, 이 호르몬은 적혈구 생성을 촉진한다.

④ 보다 장기적인 고지적응의 결과로 조직에서의 변화가 나타나는데, 모세혈관밀도의 증가, 마이오글로빈농도 증가, 미토콘드리아밀도 증가 및 세포 내 산화효소들의 활성도 증가 등이다. 이러한 변화는 저산소 상태하에서 산소 공급과 산소 이용의 감소를 보상하기 위한 반응이라고 할 수 있다.

⑤ 고지적응 기간이 길수록 적응의 결과로 수행력은 점차 개선되지만, 평지수준까지 도달하지는 못한다고 알려지고 있다. 고지적응 후에도 최대산소섭취량이 평지수준까지 완전히 회복되지 않는 것은 최대 심박출량의 감소가 주된 원인일 것으로 생각된다.

6. 수중에서의 운동

(1) 공기색전과 기흉

① 색전이란 혈관 내에서 혈류의 흐름을 차단하는 물질을 의미하는 것으로, 공기방울이 혈관 내로 유입되어 혈류순환을 차단하는 경우에 공기색전(air embolus)이라고 한다.

② 기흉(pneumothorax)이란 폐조직의 파열로 늑막강 내로 공기가 유입되는 현상을 말한다.

③ 폐포 내 공기의 팽창과 폐포파열에 따른 공기색전이나 기흉을 예방하기 위해서는 잠수했다가 수면으로 올라올 때 항상 숨을 내쉬는 것이 중요하다.

(2) 벤드증상

① 가장 잘 알려진 감압증 형태가 벤드증상(bends)이다. 질소는 호흡에 참여하지 않기 때문에 들여 마시는 질소량과 내쉬는 질소량은 같다.

② 수중으로 잠수하여 압력이 증가함에 따라 혈액 중에 용해되는 질소량이 많아지게 된다. 즉, 압력이 증가할수록 액체 중에 용해되는 기체의 양은 많아지게 된다.

③ 잠수한 상태에서 너무 빨리 압력이 낮은 수면 위로 올라오게 되면 혈액 중에 용해되어 있던 기체 즉 질소가 기포를 형성하여 나오게 된다. 이러한 기포에 의해 야기되는 증상을 벤드증상이라고 한다. 이 기포가 혈류순환을 저해하여 조직 손상을 유발한다.

④ 감압증을 치료하는 방법은 압력이 높은 실내에 다시 들어가도록 하여 기포가 다시 용해되도록 하는 것이다. 그 후 압력을 서서히 낮추면 질소는 기포를 형성하지 않고 서서히 체액으로부터 나와 호기를 통해 체외로 배출된다.

⑤ 수중에서 수면으로 나올 때의 속도는 분당 18.3m를 초과해서는 안 되며, 그 이상의 속도로 올라올 경우에는 감압실이 필요하다.

감압증
주위의 기압과 체내 기압과의 차이로 발생하는 증후군이다.

(3) 산소중독

① 100% 산소를 흡입한다면 잠수에 따른 압력의 증가로 인해 상당량의 산소가 혈액 중에 용해된다. 대기 중에서 혈액 중에 용해되는 산소는 0.3%에 불과하지만 수중에서는 깊이 잠수할수록 용해되는 산소량이 급격하게 증가한다.

② 체내 조직에서는 적혈구에 의해 운반되는 산소보다도 더욱 쉽게 이용할 수 있는 용해된 형태의 산소를 우선적으로 이용하게 된다. 그로 인해 적혈구는 산소와 포화된 상태가 되어 산소를 쉽게 제거할 수 없기 때문에 체내 조직에서 발생하는 이산화탄소와 결합할 수 없게 된다. 그 결과 체내에 이산화탄소 축적 현상이 발생한다.

③ 체내에 산소와 이산화탄소가 과다하게 축적되면 말초조직에서 얼얼한 감각, 시각장애, 환청 증세, 근경련, 호흡장애, 현기증 등의 증세가 나타나는데, 이를 산소중독(oxygen poisoning)이라고 한다.

(4) 질소마취

① 질소마취(nitrogen narcosis)는 보통 3기압 이상의 압력에서 흡입된 질소가 중추신경계에 작용하여 알코올중독 증세와 비슷한 환각, 현기증, 도취감, 집중력 감퇴 현상을 일으키는 것을 말한다.

② 헬륨과 산소의 혼합기체를 사용함으로써 벤드증상, 질소마취 및 산소중독의 위험을 줄일 수 있다.

(5) 중이염

① 중이강과 후두를 연결하는 유스타키오관은 귀속의 압력과 외부 압력을 같게 해주는 역할을 한다.

② 항공성 중이염(aerotitis)은 급격한 기압의 변화에 의해 초래되는 고막외상이나 연조직 혈관의 손상으로 인한 중이염을 말한다.

③ 중이염 등 상부 호흡기 질환이 있으면 유스타키오관이 점액에 의해 막혀 압력의 평형이 깨질 수 있다. 계속 잠수해서 내려갈 때 통증, 점막출혈, 중이내출혈 및 고막파열 등의 가능성이 높아진다.

7. 대기오염과 운동

(1) 일산화탄소

① 일산화탄소(CO)는 냄새가 없는 기체이며, 헤모글로빈과의 결합력이 매우 강하기 때문에 호흡을 통해 쉽게 인체 내로 들어온다.

② 대기 중 일산화탄소 농도는 혈중 일산화탄소 농도와 직접적인 관련을 갖고 있으며, 혈중 일산화탄소 농도가 4.3%를 초과할 때 최대산소섭취량은 감소하기 시작한다.

(2) 오존

① 환기량이 급격히 증가하는 운동 시 가장 많은 영향을 초래하는 오염물질은 오존(ozone)이다. 최대산소섭취량의 65%로 운동을 수행할 때 대기 중 오존이 0.3ppm이라면 이는 호흡계통에 영향을 미칠 수 있는 역치수준이라고 할 수 있다.

② 오존의 흡입이 폐기능에 미치는 영향은 일초량 및 최대 수의적 환기량의 감소 등 기능적 환기용량의 저하 현상을 들 수 있다. 또한 최대운동 시 최대환기량의 감소현상이 나타나는데, 이러한 변화는 오존에 의해 기도저항이 증가하기 때문에 초래된다.

③ 오존은 폐와 기관지에 가장 큰 자극을 주는데, 오존에 노출될 때 나타나는 증상은 눈이 따갑고, 가슴이 답답하고, 기침이 나며, 구토할 것 같은 메스꺼운 느낌 등이다.

(3) 이산화황

① 운동 시 환기량 증가와 입을 통한 호흡에 의해 이산화황(SO_2) 흡입량이 증가하는데, 건강한 사람은 0.4ppm 이하의 이산화황에 노출되면 폐기능에 거의 영향을 받지 않으며, 공기 중 이산화황의 농도가 1.0ppm 이상이면 일초량이 감소하게 된다.

② 천식환자의 경우에는 이산화황에 매우 민감하여 0.4ppm 이하의 농도에서 운동을 수행할 경우라도 기관지 수축이 크게 촉진된다.

MEMO

01. 트레이닝과 건강 및 체력
02. 트레이닝의 기초
03. 트레이닝의 실제

Chapter

02

트레이닝 방법론

Chapter 02 트레이닝 방법론

1 트레이닝과 건강 및 체력

1. 건강의 의미와 관리

(1) 세계보건기구(WHO)에서 건강 정의

① 1946년 세계보건기구(WHO)는 '건강이란 질병이 없거나 허약하지 않은 것만 말하는 것이 아니라 신체적 · 정신적 · 사회적으로 완전히 안녕한 상태에 놓여 있는 것'이라고 정의했다.

② 과거에는 건강이란 육체적 · 정신적으로 질병이나 이상이 없고 개인적으로 정상적인 생활을 영위할 수 있는 신체 상태를 말하였으나, 오늘날에는 개인이 사회생활에 의존하는 경향이 커짐에 따라, 사회가 각 개인의 건강에 기대하는 것도 많아졌기 때문에 사회적인 건강이란 면에서 이와 같은 정의가 생겨난 것으로 보인다.

(2) 웰니스(wellness)

① 웰니스는 질병 상태와 대립되는 개념으로 신체적 · 정신적 · 정서적 · 사회적으로 조화로운 발달을 이루어 최고의 능력을 발휘할 수 있는 최고 수준의 건강 상태를 의미한다. 건강은 정적인 것이 아니라 변화할 수 있는 가능성과 능동적인 활동이 항상 존재하는 것을 의미한다. 이러한 완벽한 건강, 최상의 건강을 유지 증진시키는 행동과 밀접한 관계가 있는 것을 웰니스라고 한다.

② 최상의 웰니스를 유지하기 위해서는 신체적 활동 뿐만 아니라 매일 적당한 영양 섭취, 스트레스 관리, 질병예방, 정서적 안정 등에 능동적으로 대처하는 태도를 가져야 한다.

웰니스의 구성 요소	
정신적 요소	삶의 방향과 의미를 제공해주며, 성장하고 배우고 새로운 도전을 할 수 있도록 힘을 준다.
사회적 요소	다른 사람과 친밀감을 유지 · 발전시키는 능력이다.
정서적 요소	스트레스를 조절하며 감정을 적절히 조절하고 표현할 수 있는 능력이다.
지적 요소	개인과 가족, 직업적 발전을 위해 정보를 효과적으로 배우고 사용할 수 있는 능력이다.
신체적 요소	일과 업무를 효과적으로 수행할 수 있는 능력이다.

체력이란 일상생활이나 신체 활동을 할 때 적극적으로 활동할 수 있는 신체적 능력을 말한다. 체력은 활기찬 생활을 통해 삶의 질을 높이는데 기여하므로, 웰니스의 개념에서 보면 더욱 높은 수준의 건강 상태를 유지하기 위해 필수적인 요소라고 할 수 있다.

웰빙	육체적, 정신적 건강의 조화를 통해 행복하고 아름다운 삶을 추구하는 삶의 유형이나 문화를 통틀어 일컫는 개념
웰니스	건강이나 웰빙 개념에 비해 보다 더 자기 자신의 책임에 의존하여 적극적이고 창조적이며 높은 수준의 건강을 획득하여 유지하고 발전시키고자 하는 실천적인 생활 영역의 종합적인 개념

2. 건강의 요인과 관리

(1) 건전한 생활 방식

① 개인의 건강은 1차적으로 타고난 유적전 특성과 개인의 신체적 · 정신적 · 사회적 건강에 영향을 미치는 생활 방식에 의하여 결정된다.

② 따라서, 개인의 타고난 유전적 결함을 개선하고 소질을 최대한으로 발전시켜, 신체적 · 정신적 능력을 향상시키는 것이 중요하다. 이를 위해서 규칙적인 운동, 균형 있는 영양 섭취, 적절한 휴식을 조화시키는 생활 습관을 유지하고 스트레스를 효과적으로 해소하도록 해야 한다.

(2) 건강과 체력(신체적성) 및 트레이닝

체력(신체적성)의 의미와 구성요소는 다음과 같다.

① 체력은 보통 신체적 활동의 기반이 되는 신체적 능력, 신체적성으로도 해석된다.

② 넓은 의미에서 체력은 인간의 생활을 영위해 가는 데 필요한 신체적 · 정신적 능력을 의미한다.

③ 보통 체격이 좋고 운동을 잘하고 힘이 좋으면 체력이 좋다고 말하지만, 사실 체력의 범주에는 신체적 능력뿐만 아니라 정신적 능력, 행동을 일으키는 능력, 인간의 생명을 유지시키는 방어적 생존 능력 등도 포함된다.

④ 체력은 여러 가지 요소로 구성되어 있다. 사람의 행동에 직접 관여하는 체력 요소와 생존에 관여하는 체력 요소로 구분된다. 전자를 행동 체력이라 하고, 후자를 방위 체력이라고 한다.

⑤ 격렬한 운동을 잘 견디고 적응한다는 것은 그 운동에 관여하는 체력과 건강 요소가 발달되어 있음을 의미하기 때문에 체력과 건강의 관계는 밀접하다.

◈ 행동체력과 방위체력

행동 체력	행동을 일으키는 능력	근력	근육 수축에 의하여 낼 수 있는 힘
		순발력	순간적으로 큰 힘을 발휘하는 능력
	행동을 지속하는 능력	근지구력	근력을 반복적으로 발휘하는 능력
		심폐지구력	전신 운동을 오래 지속하는 능력
	행동을 조정하는 능력	평형성	동적, 정적 상태에서 균형 유지 능력
		민첩성	빠른 방향 전환 및 반복 능력, 반응시간 스피드 등
		유연성	관절의 가동 범위, 근육의 신장 능력
		교치성	복잡한 운동 기능의 효율적 수행 능력, 협응력 등
방위 체력	물리·화학적 스트레스에 대한 저항력		기후, 기압, 오염물질 등
	생물적 스트레스에 대한 저항력		병원균, 바이러스, 기생충 등
	생리적 스트레스에 대한 저항력		공복, 불면, 피로, 갈증 등
	정신(심리)적 스트레스에 대한 저항력		불쾌감, 긴장, 고민, 슬픔 등

(3) 건강과 체력의 관계

① 체력은 활기찬 생활을 통해 삶의 질을 높이는 데 기여하므로 웰니스의 개념에서 보면 더욱 높은 수준의 건강 상태를 유지하지 위해 필수적인 요소라고 할 수 있다.

② 체력의 요소 중에서 면역 능력 및 성인병 예방 등 건강의 유지나 증진과 밀접한 관계가 있는 체력 요소를 건강 관련 체력으로, 운동 기능의 발휘와 관련된 체력 요소를 기능 관련 체력으로 구분한다.

건강과 체력의 관계 – 미국 건강·체육·레크레이션·댄스협회(AAHPERD)	
일반인	체력은 운동 기능 관련 체력과 건강 체력으로 분류할 수 있는데, 건강 유지를 목적으로 하는 일반인의 경우에는 건강 관련 체력 요소를 우선적으로 육성하면 된다.
운동선수	건강 관련 체력의 기초를 튼튼히 한 후에 기능 관련 체력을 고도로 향상시키는 운동을 함으로써 효과적으로 운동 능력을 기를 수 있다.

3. 건강 관련 체력과 운동 관련 체력

건강 체력 요소	근력	근육이 최대로 수축할 때 발생하는 힘
	근지구력	근력을 반복적으로 발휘하는 능력
	심폐지구력	운동에 필요한 산소와 에너지를 공급하는 심혈관계의 능력
	유연성	관절의 가동 범위, 근육의 신장 능력, 신체를 부드럽게 하여 근육 활동을 원활하게 할 뿐만 아니라, 안전사고를 예방하는 데 효과적이다.

	신체 구성	체지방률	체지방률이란 인체 체중에 대한 체지방량의 비율을 백분율로 나타낸 것으로, %fat으로 표시한 것이다.
		제지방률	총 체중에서 체지방률을 뺀 부분을 말하며, 이는 단지 인체의 지방이 아닌 부분, 즉 근육, 뼈, 피부 및 내장기관을 포함한 모든 신체조직을 일컫는 말이다.
운동 (기능) 체력 요소	평형성		동적, 정적 상태에서 신체 균형 및 안정을 유지하는 능력
	민첩성		빠른 방향 전환 및 반복 능력, 반응시간 스피드 등
	협응력		운동 과제를 부드럽고 정확하게 수행하기 위하여 신체 여러 부분의 감각을 잘 사용할 수 있는 능력
	스피드		짧은 시간 내에 움직임을 수행할 수 있는 능력
	순발력		짧은 순간에 에너지를 힘으로 전환시키는 능력

(1) 건강 관련 체력

① 운동 부족으로 인해 인체 기관의 생리적 기능이 감퇴되어 발생되는 질병을 “성인병 또는 운동 부족병”이라고 한다. 이러한 운동 부족으로 인한 성인병을 예방함으로써 건강 유지에 도움이 되는 체력 요소를 건강 관련 체력이라고 한다.

② 근력과 근지구력, 심폐지구력, 유연성, 체지방량(신체조성)이 여기에 속한다.

(2) 운동(기능) 관련 체력

① 기능 관련 체력은 빠르고 폭발적인 동작, 복합한 기술 동작 등 스포츠에서 요구되는 기술을 효과적으로 발휘하는 데 필요한 체력 요소들로 이루어져 있다.

② 민첩성, 순발력, 평형성, 교치성 등이 있으며, 이 체력 요소들은 건강 체력 요소가 뒷받침되어야 높은 수준으로 향상될 수 있다.

2 트레이닝의 기초

1. 트레이닝을 위한 운동 처방과 체력 향상

(1) 트레이닝을 통한 운동 처방의 개념

① 운동 처방은 체력 향상을 통한 건강 증진을 목적으로 개인의 체력 수준, 건강 상태, 연령 등을 고려하여 적절한 운동의 형태와 운동 방법을 구체적으로 제시하는 것을 말한다. 개인이 가지고 있는 체력적 문제점을 해결하기 위하여 가장 효과적인 운동을 제시하는 것이다.

② 개인의 체력 요소는 고르게 발달되어야 건강하고 활기찬 생활을 하는 데 도움이 되기 때문에 운동 처방은 여러 가지 체력 요소들을 고르게 발달시킬 수 있도록 이루어져야 한다.

(2) 트레이닝을 위한 운동 처방의 요소

질적요소	운동 형태, 운동 강도
양적요소	운동 시간, 운동 빈도, 운동 기간

① 운동 형태(양식)

㉠ 트레이닝의 목적에 따라 운동의 형태는 선별되어야 한다.

예 심폐지구력을 양성하기 위해서는 달리기, 수영 등과 같은 유산소 운동, 근력이나 근지구력의 양성을 위해서는 웨이트 트레이닝이나 서키트 트레이닝 등의 중량 부하 운동, 신체의 균형미와 유연성을 증대시키기 위해서는 체조나 에어로빅 등을 하는 것이 효과적이다.

㉡ 운동 양식을 결정하는 데 있어 종목의 특이성과 각 개인의 신체 자원면과 운동 성과면을 고려하고 시설 및 용구, 선수의 흥미 등을 고려해서 선택해야 한다.

트레이닝 형식상 분류	
반복 트레이닝	운동 부하 사이에 완전 휴식을 삽입하면서 반복하는 방법으로서 기술 훈련, 속도 훈련, 저항 부하 훈련, 무산소 훈련 등이 있다.
인터벌 트레이닝	불완전 휴식 혹은 동적 휴식을 운동 강도 사이에 적절하게 삽입하면서 운동 수행을 반복하는 방법으로서, 운동 부하 시간 및 거리, 반복 횟수, 휴식 시간 및 거리, 세트 수 등의 변화를 통해서 심폐 기능 혹은 무산소성 지구력 등의 향상을 의도하는 방법이다.
지속주 트레이닝	일정한 운동 강도를 지속적으로 실시하는 방법으로서, 지구력 강화를 위해서 이용되며 유산소성 훈련, 순환 훈련 등이 있다.

트레이닝 내용상 분류	
기술 트레이닝	경기 현장에 활용되는 기술을 향상시키기 위한 것으로 여러 스포츠 종목에 따라 연습법이 다르다.
근력 트레이닝	웨이트 트레이닝, 파워랙 트레이닝, 사이벡스 트레이닝 등
지구력 트레이닝	인터벌 트레이닝, 서키트 트레이닝, 크로스 컨트리 등
유연성 트레이닝	맨손체조, 스트레칭, 유연체조 등
순발력 트레이닝	플라이오메트릭 트레이닝, 웨이트 트레이닝 등
조정력 트레이닝	셔틀런, 지그재그런 등
전면적 트레이닝	서키트 트레이닝

② 운동 강도

㉠ 운동 강도란 어느 정도로 강한 운동을 할 것인가를 결정하는 중요한 척도가 되는 것이다.

㉡ 운동 강도는 개인의 수준과 목표에 따라 다르게 처방되어야 하지만, 항상 운동 강도의 적정 범위를 고려하지 않으면 안 된다. 즉, 운동 강도는 안전 한계와 유효 한계 범위 사이에서 채택되어야 한다.

ⓐ 안전 한계란 그 이상의 강도에서는 위험을 수반할 수 있는 운동 강도이다.

ⓑ 유효 한계란 그 이하의 강도에서는 효과를 기대하기 어려운 운동 강도이다.

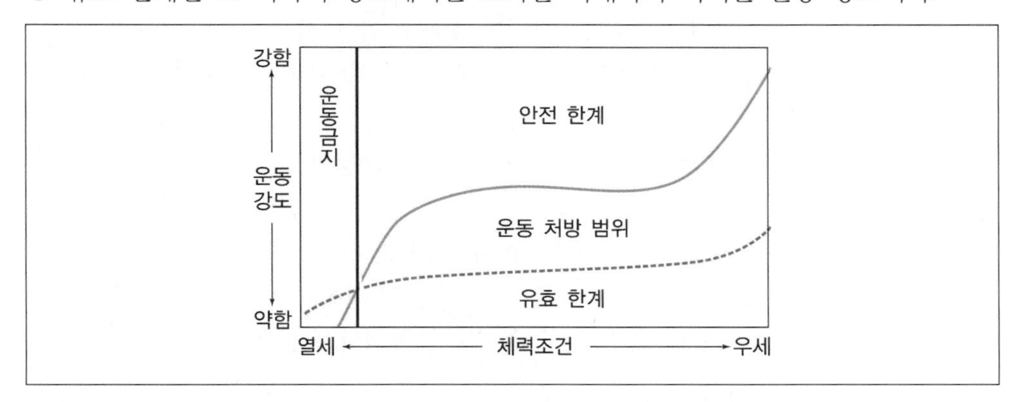

㉢ 운동 강도는 체력 조건이 좋을수록 운동 강도 처방의 범위는 넓어지고, 체력 조건이 떨어질수록 그 범위는 좁아지게 된다.

㉣ 운동 강도는 부하되는 부담으로 중량이나 스피드와 같은 부하량으로 결정함이 원칙이다. 대부분의 경우 운동 강도는 상대적 부하량으로 결정되는데, 보통 근력에서의 최대 반복 횟수(RM)와 스피드에서 %HRmax, 또는 %VO_2max, 최대 스피드의 몇 %로 강도를 표기한다.

운동양식		상대적 부하량의 척도	단위
근력	등척성 운동	최대 수축	kg
	등장성 운동	최대 반복 횟수	RM
	등속성 운동	운동 속도	°/sec
지구력	유산소 운동	% 최대 심박수 % 최대 산소 섭취량	%

절대 운동 강도	개인의 최고 능력을 고려하지 않는 상태에서 운동 강도를 부여하는 것을 의미하는 것으로 일률적인 운동 강도를 적용하기 때문에 개인의 체력에 따라 상당한 차이가 있고 개인적으로 신체적 부담을 줄 수 있는 결점이 있다.
상대 운동 강도	개인의 최고 능력에 대한 비율(%)로 나타내는 것이다. 상대 운동 강도는 자신의 최대운동 강도에 대한 상대적 조절이 가능하기 때문에 신체에 주는 부담도 일률적으로 조절할 수 있는 장점이 있다. 예 자신의 최대 근력이 70kg이라면 운동 강도를 60%로 부하할 때 상대적 운동 강도는 42kg이다.

㉤ 심박수를 이용한 운동 강도

ⓐ 운동 강도를 평가하는데 심박수는 매우 유용하다.

ⓑ 지구성 트레이닝으로 단련된 선수는 안정 시 심박수가 일반인보다 더 낮다. 또한, 운동 중에 증가하는 심박수의 정도도 일반인에 비해 상대적으로 낮으며, 운동 후의 회복은 빠르다. 이는 트레이닝의 효과로 인한 심장의 비대와 심장이 한 번 박동할 때 뿜어내는 혈액량의 증가에 의해 심장 기능이 향상된 결과로, 이를 '스포츠 심장'이라고 한다.

ⓒ 운동 중의 심박수 측정은 지구성 능력 및 운동의 강도를 간접적으로 평가할 수 있는 중요한 지표로서 이용되고 있다.

ⓓ 심박수를 이용한 강도 설정 방법은 다양한 경기 종목 선수들의 트레이닝 시 폭넓게 적용될 수 있기 때문에 가장 많이 이용된다. 심박수는 심장이 1분간에 뛰는 횟수를 의미하고 특수한 측정 도구 없이도 경동맥과 요골동맥을 촉진함으로써 측정할 수 있다.

ⓔ 안정 시와 회복 시에는 비교적 쉽게 심박수를 측정할 수 있으나, 운동 중에는 심박수의 측정이 쉽지 않기 때문에 운동 직후의 10초간의 심박수를 측정하여 6을 곱하는 방법을 이용한다. 대표적인 방법은 카보넨 공식을 이용한 목표 심박수(%HRmax)계산이다.

카보넨(Karvonen) 공식을 이용한 목표 심박수의 계산

- 목표 심박수 = 최대 예비 심박수 × 목표 강도(%) + 안정 시 심박수
- 최대 예비 심박수(여유 심박수) = (최대 심박수 − 안정 시 심박수)
- 최대 심박수(HRmax) = 220 − 나이

18세 여학생의 안정 시 심박수가 분당 70회이다. 50% 운동 강도의 목표 심박수를 구하시오.
− 최대 심박수 : (220 − 18) = 202(회/분)
− 최대 예비심박수 : (202 − 70) = 132(회/분)
− 목표 심박수 : (202 − 70) × 0.5 + 70 = 136(회/분)

심박수를 이용한 목표 심박수 결정 방법 2가지

- 여유 심박수 백분율을 이용한 목표 심박수 결정 방법
  목표 심박수 = 운동 강도 비율(%) × (최대 심박수 − 안정 시 심박수) + 안정 시 심박수
  [HRmax(maximal heart rate) = 220 − 나이, 여유 심박수 = 최대 심박수 − 안정 시 심박수]
- 최대 심박수 백분율을 이용한 목표 심박수 결정 방법
  목표 심박수 = 운동 강도 비율(%) × 최대 심박수

ⓑ 등척성 트레이닝에서는 상대적 운동 강도의 결정을 자신의 최대 반복 횟수(repetition maximum : RM)를 기준으로 %최대근력을 적용하여 운동 효과를 가져 오는 결정방식이 있다.

Chapter 02

최대 반복 횟수(repetition maximum : RM)를 이용한 운동 강도 설정

- 1RM(1회만 반복할 수 있는 최대 중량) = W0 + W1
- W0 : 약간 무겁다고 생각되는 임의의 중량(7~10회 반복 수축이 가능한 무게)
- W1 : W0 × 0.025 × R
- R : 반복 횟수

A선수가 무겁다고 느껴지는 중량 40kg을 선택하여 최대 10회 반복하였다. 이때 A선수의 1RM (최대근력)을 구하시오.

– W1 = 40kg × 0.025 × 10회 = 10kg

– 1RM = 40kg + 10kg = 50kg

1RM 측정

- 공식 Ⅰ
  1RM = W1(7~8회 반복 실시할 수 있는 무게) + W2(W1 × 0.025 × 반복횟수)
- 공식 Ⅱ
  – 단련자 : 1RM = 1.172 × (7~10회 반복 실시할 수 있는 무게) + 7.704
  – 비단련자 : 1RM = 1.554 × (7~10회 반복 무게) – 5.181

운동 강도의 설정

운동 강도는 트레이닝 심박수(THR), 대사당량(MET) 또는 운동자각도(RPE)에 근거해서 정량화할 수 있다.

- 트레이닝 심박수는 VO_2max의 특정 백분율에 해당되는 심박수를 사용하여 설정할 수 있다. 또한 최대심박수 예비량의 주어진 백분율에 휴식 심박수를 더하는 Karvonen 방법을 이용하면서 결정할 수도 있다. 이 방법을 사용할 경우, 최대심박수 예비량의 특정 백분율은 중-고강도 운동에서 VO_2max의 백분율과 거의 일치한다. 현명한 접근법은 하나의 THR보다 THR 범위를 설정하고, 하한 수준의 강도는 젖산역치 아래가 되도록 하는 것이다.
- 섭취하는 산소의 양은 신체활동 동안에 사용되는 에너지의 양을 반영한다. 휴식 동안의 VO_2는 약 $3.5m\ell \cdot kg^{-1} \cdot min^{-1}$이며 이것은 1.0MET와 같다. 운동 강도는 요구되는 산소섭취량을 휴식 대사율의 배수로 나타낼 수 있다.
- 운동자각도 방법은 자신이 운동하면서 얼마나 힘들게 느끼는가를 주관적으로 평가하는 것이다. 운동자각도 방법에서는 운동 강도와 연관된 숫자 척도를 사용하면서 운동이 얼마나 힘든지를 주관적으로 평가하도록 요구된다.

③ 운동 시간

㉠ 운동 시간은 이미 결정된 운동 강도로 얼마 동안 운동을 지속할 것인가에 대한 운동의 양적 조건을 말한다.

㉡ 운동 시간은 운동 수행 시간만으로 결정되는 것이 아니라 운동 형태나 운동 강도를 고려하여 결정된다. 운동 강도가 높으면 운동 시간은 짧게, 운동 강도가 낮으면 운동 시간을 길게 하는 반비례 관계로 트레이닝의 목적에 따라 운동 시간을 조절한다.

㉢ 운동 부하의 지속 시간은 부하되는 운동의 종류나 내용에 따라 다르지만, 일반적으로 초 또는 분의 시간 단위로 처방되는 경우와 횟수라는 카운트 단위로 처방되는 경우가 많다.
   ⓐ 1세트(set) : 반복 횟수를 휴식하지 않고 반복하는 양
   ⓑ 1세션(session) : 수회의 세트(set)로 구성한 그 날의 총 운동량
   ⓒ 세트나 운동 사이의 휴식 : 짧고 강한 운동은 완전 휴식을 취하고, 장시간 운동은 불완전 휴식이 효과적이다.

④ 운동 빈도
㉠ 운동 빈도는 결정된 운동 강도와 운동 시간으로 구성된 한 번의 연습을 몇 번 트레이닝 할 것인가에 대한 운동의 양적 요소를 말한다.
㉡ 운동 부하는 어느 정도의 간격으로 실시해야 하는가로, 하루 또는 주간 단위로 처방된다. 운동 빈도의 기준을 주 단위로 한 것은, 사람들이 주간 단위에 익숙해져 있기 때문이다.
㉢ 지속 시간에 추가해서 운동 부하의 양적 조건으로서 빈도가 필요한 것은 인간의 생체는 활동 중에 그 기관이나 기능에 따라 각각 특정한 자극 간격으로 자극을 받는 것이 높은 수준의 트레이닝 효과를 획득한다는 성질을 갖고 있기 때문이다.
㉣ 운동 빈도는 주로 주당 3일과 6일로 많이 처방하는데, 적정한 운동 빈도는 운동 처방의 목적과 개인의 수준에 따라 결정한다.

⑤ 운동 기간
㉠ 운동 기간이란 한번 결정된 운동 강도, 시간, 빈도 등이 트레이닝 요소에 따라 운동을 실시할 때 얼마 동안의 기간이 경과하면 원하는 효과가 나타날 것인가를 의미한다.
㉡ 트레이닝 효과의 기대 수준을 어디까지로 한정할 것인지에 대한 문제가 운동 기간을 결정하는데 주요 관심사가 된다.
㉢ 선수에게 가해지는 짧은 기간 동안 집중된 트레이닝을 계획함에 있어서 운동 기간의 문제는 무시할 수 있으나, 기간이 긴 경우에는 반드시 고려해야 한다.

ACSM's 운동처방의 일반적 원칙(FITT-VP 원칙)

운동 빈도(Frequency), 운동 강도(Intensity), 운동 시간(Time), 운동 유형(Type), 운동량(Volume), 진전(Progression)

- 빈도(F) : 얼마나 자주 활동이 이루어졌는가로, 이것은 주당 며칠 또는 하루에 몇 회로 표현된다.
- 강도(I) : 얼마나 활동이 강한가로, 강도는 %최대산소섭취량, %최대심박수, 운동자각도, 젖산역치로 나타낼 수 있다.
- 시간(T) : 활동의 기간으로, 이것은 일반적으로 활동의 분단위로 표현된다.
- 유형(T) : 행해진 활동의 종류로, 이것은 단순히 저항성운동 vs 심혈관지구력, 또는 심혈관지구력 안에 수영 vs 달리기 vs 조정 중 어떤 운동인지를 나타낸다.

• FITT 원리는 모든 주요 운동중재요소들을 개인적으로 설명할 수 있게 해준다. 게다가, 빈도 × 강도 × 시간의 곱은 운동의 양(V)을 생산하고 이는 건강혜택과 직접적으로 관련된다. 진전(P)은 개인이 훈련프로그램의 과정에서 쉬운 단계에서 얼마나 많이 힘든 운동으로 이행했는지를 설명한다.

(3) 트레이닝을 위한 운동 처방의 원리

① 과부하의 원리

㉠ 과부하란 훈련 효과를 얻기 위해서는 일정한 수준의 부하 이상으로 기관계나 조직이 자극을 받아야 한다는 것을 의미한다. 기관계 또는 조직은 점진적으로 이러한 과부하에 적응한다. 적응에 이은 이러한 과부하의 형태는 기관계 또는 조직이 더 이상 초과된 부하로 적응하지 않을 때까지 지속된다.

㉡ 일반적으로 과부하를 구성하는 요소에는 운동 강도, 운동 시간, 운동 빈도 등이 있다.

ⓐ 일상생활을 하는 중에 받는 자극보다 더 강한 자극을 주는 것을 의미한다. 체력 향상을 위해 운동을 할 때에는 일상생활에서 하는 활동의 강도보다 강해야 한다. 너무 약해도 효과가 없으므로, 약간 힘든 정도로 운동해야 한다.

ⓑ 처음 운동을 시작하는 단계에서부터 숙련된 선수에 이를 때까지 트레이닝 시의 운동량은 능력에 따라 점차적으로 증가되어야 한다. 사람은 어떠한 자극을 받게 되면, 처음에는 이 자극에 대해 향상을 보이다가 일정 시간 이후에는 멈추고, 나중에는 감소하기 때문이다. 그러한 과도한 부하는 오히려 신체의 생리적·심리적 적응 상태를 무너뜨린다.

오버트레이닝 (overtraining)	운동선수의 트레이닝 세션 수행 능력을 손상시키고 수행력의 장기간 소모를 일으키는 트레이닝 스트레스의 축적으로 정의된다.
오버리칭 (overreaching)	트레이닝의 스트레스의 축적이며, 이는 오버트레이닝의 생리학적 징후 및 증상에 도달/도달하지 않고 수행 능력의 단기간 소모를 가져온다.

② 가역성의 원리

㉠ 과부하가 이루어지지 않거나 운동이 중지되었을 때 운동 능력이 빠르게 감소된다는 것을 의미한다.

㉡ 인체의 조직과 기관은 사용하지 않으면 그 기능이 퇴하되므로 신체의 운동 부하를 조절하여 트레이닝 효과를 높일 수 있다. 즉, 트레이닝의 효과는 트레이닝의 조건에 따라 변화하는데 이를 가역성의 원리라고 한다.

'과부하의 원리'는 훈련의 효과를 가져오기 위해서는 운동 강도, 운동 시간, 운동 빈도가 신체조직이나 신체기관에 충분한 자극을 주어야 한다는 트레이닝 원리이다. 하지만 일정기간 운동을 지속하면 신체조직이나 기관은 이 과부하에 적응하게 된다. '가역성의 원리'는 과부하의 원리와 반대의 개념으로 운동을 하지 않으면 그 신체의 능력이 감소한다는 의미이다.

③ 특수성(특이성)의 원리

㉠ 훈련의 효과는 운동 중에 사용된 근육에만 영향을 미친다.

ⓐ 운동 중에 동원된 근육 형태, 주요 에너지 시스템, 근육 수축 유형에 따라 운동 효과가 달라진다.

ⓑ 10주간의 조깅 프로그램으로는 상체 근육을 발달시킬 수 없으며, 지근 섬유가 동원되는 장거리 달리기 프로그램으로는 동일 근육 내 속근 섬유에서 훈련의 효과가 일어나지 않는다.

ⓒ 자전거 또는 달리기 훈련을 한 피험자의 훈련 전후 자전거와 트레드밀 위에서 젖산역치를 측정한 결과는 특이성 원리의 좋은 예가 된다. 달리기 훈련과 자전거 훈련 후 각각 다른 결과가 나타났다.

㉡ 특이성이란 훈련의 결과로 근육에서 일어나는 적응 형태에도 언급된다.

ⓐ 지구성 운동 형태에 근육이 동원될 경우 주로 유산소적 에너지의 생성능력을 증가시키는 모세혈관과 미토콘드리아 수에서 적응 현상이 일어난다.

ⓑ 중량부하 훈련(저항훈련)에 근육이 동원될 경우 주로 수축단백질의 양이 증가하는 적응현상이 일어나며, 미토콘드리아와 모세혈관의 밀도는 감소하게 된다.

㉢ 특이성의 원리란 트레이닝의 효과가 과부하의 원리에 의해 가해진 신체의 일부 계통에 한정되어 나타나는 것을 말한다.

예 축구에서 차는 능력을 기르기 위해 상체 운동을 하지는 않는다. 그리고 단거리 육상 선수는 마라톤과 같은 종목을 주로 연습하지 않으며, 역도 선수는 가벼운 무게를 반복 연습하는 훈련을 하지 않는다.

㉣ 특이성의 원리는 트레이닝을 통해 얻고자 하는 능력을 키우고자 할 때 경기력 향상에 직접적으로 도움을 줄 수 있는 동작이나 기술, 웨이트 트레이닝 등을 실시해야 함을 뜻하는 원리이다.

㉤ 특이성의 원리 적용

ⓐ **에너지 체계의 특이성**: 유산소 운동과 무산소 운동 등으로 나누어지며 발달시키고자 하는 내용에 따라 운동 양식이 달라진다.

ⓑ **형태의 특이성**: 운동 형태가 기술 수행 동안에 이용된 것과 동일할 때 얻어진다.

ⓒ **근군과 운동 수행 패턴의 특이성**: 근군과 운동 수행 패턴 간에는 상호 관계가 놓여 있어 유사성이 적다면 효과를 기대할 수 없다.

'특수성의 원리'는 각 스포츠 종목의 특성을 고려한 특정 수행능력을 발달하기 위해 트레이닝이 계획되어야 한다는 것이다. 특히 각 스포츠 종목에서 주로 이용하는 에너지 체계를 고려하여 트레이닝 프로그램을 실시해야 한다. 예를 들어, 유산소 능력의 향상을 목적으로 하는 경우에는 유산소 트레이닝, 무산소 능력의 향상이 목적이라면 무산소 트레이닝을 실시하여야만 한다는 것이다. 즉, 단거리 달리기 종목의 선수들은 고강도로 매우 단시간 동안 무산소 형태의 트레이닝을 해야 할 것이다. 이러한 종목의 선수에게 장거리 달리기와 같은 유산소 트레이닝을 하였을 경우, 경기력 향상에는 도움이 되지 않을 것이다. 근력 향상을 위해서는 높은 강도로 낮은 반복횟수를 실시하며, 근지구력을 향상시키기 위해서는 낮은 강도로 많은 반복운동을 하여야 한다.

④ 점증 부하의 원리

㉠ 점증 부하의 원리는 트레이닝 처방 요건에 따라 운동의 질과 양을 점증적으로 늘려가는 것을 의미한다.

㉡ 신체 기관의 적응은 오랜 시간 동안 자극의 강도에 따라 다르게 변화하기 때문에 일정 시간을 두고 적절한 강도의 부하를 점증적으로 올려가야 한다.

㉢ 이 원리는 신체 기관의 발달과 변화 또는 기능의 개선이 트레이닝에 의해서 서서히 이루어진다는 인체 생리학적 이론에 근거를 두고 있다. 일반적으로 점증 부하는 주간 단위의 주기성에 맞추어 계단식으로 증가시키는 것이 가장 바람직하다.

㉣ 점증 부하의 원리를 적용할 경우 먼저 운동 시간을 증가시킨 다음 운동 강도를 증가시키는 방법이 이용된다.

⑤ 전면성의 원리

㉠ 여러 측면의 전면적인 신체 발달을 도모하는 것은 우리 신체를 보다 강하고, 기술을 완숙하고 완벽하게 만드는 데 중요한 역할을 한다.

㉡ 모든 트레이닝 계획의 기초를 이루는 부분은 전면적 발달로 구성되어 있으며, 하위 단계에서 만족할 만한 수준에 도달해야 상위 단계로 올라갈 수 있다. 따라서 이러한 단계를 거쳐 스포츠 선수 경력 중 가장 중요한 단계인 국가 대표나 최우수 선수로 가게 된다.

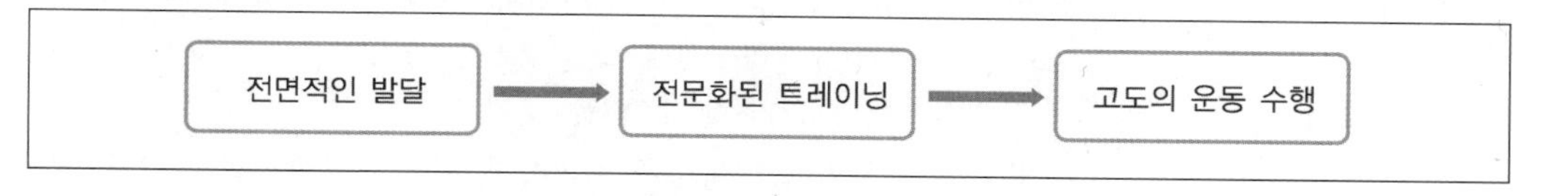

트레이닝의 주요 단계

⑥ 다양성의 원리

㉠ 트레이닝은 많은 시간을 필요로 하는 활동으로 운동량과 운동 강도를 계속 증가시키고 이를 반복함으로써 이루어진다.

㉡ 달리기, 수영 등과 같이 지구력을 요하는 종목들은 자칫 훈련의 단조로운 반복으로 인하여 지루함을 느끼기 쉽다. 이러한 경우에는 트레이닝 방법에 다양한 변화를 줌으로써 슬럼프에 빠지지 않고 경기력을 향상시킬 수 있다.

⑦ 개별성의 원리

㉠ 개별성의 원리는 운동선수의 개개인마다 운동 수행의 정도가 다르고 성격 및 특성, 운동 능력, 잠재력이 다르므로 트레이닝 목표를 개인의 특성에 입각하여 세워야 하는 것을 의미한다.

㉡ 따라서 개개인이 가지고 있는 체력이나 운동 기능의 한계를 파악한 후, 트레이닝 계획을 세우고 이를 적용해야 한다.

ⓒ 개별성의 원리 적용 시 고려 사항
ⓐ 연령에 적합한 운동 강도 설정
ⓑ 운동 수행 능력과 노력에 대한 개인의 가능성 고려
ⓒ 개인의 건강 상태 고려
ⓓ 부하된 운동량의 정도에 따른 선수의 회복 능력 고려
ⓔ 신체적 구성과 신경 조직의 특성 고려

⑧ 적극 참여의 원리
㉠ 트레이닝 목적을 알고 오랜 기간 주어진 트레이닝 요소들을 자발적이고 적극적으로 참여하는 태도는 트레이닝의 결과에 영향을 주게 된다.
㉡ 성실하고 적극적인 참여는 주기적인 상담을 통하여 지도자와 선수간의 협력을 가능하게 하여 훈련의 성과를 높일 수 있다.

트레이닝의 기본적인 원리	
개별성의 원리	이 원리에 의하면 각 개인의 독특성이 인식되어야 하며 그러한 각 개인의 차이는 트레이닝 프로그램을 계획할 때 고려되어야 한다. 각 개인은 주어진 트레이닝 프로그램에 대해서 각각 다른 형태와 다른 범위로 반응하게 될 것이다.
특이성의 원리	이 원리에 의하면 그 효과를 최대화시키기 위해서 트레이닝은 각 개인이 항상 수행하는 종목 혹은 운동 유형과 특수하게 관련지어져야만 한다. 예를 들면, 역도와 같이 엄청난 근력이 요구되는 종목의 운동선수는 지구성 달리기에 의해서 근력의 향상을 기대할 수 없을 것이다.
가역성의 원리	이 원리에 의하면 트레이닝을 계속하지 않거나 갑작스럽게 감소시키게 되면 그 효과를 잃게 될 것이다. 이러한 현상을 방지하기 위해서 모든 트레이닝에서는 유지프로그램이 포함되어야만 한다.
점증적 과부하의 원리	이 원리에 의하면 트레이닝은 정상적인 수준보다 더욱 힘든 신체적 운동량(근육 및 순환계)이 포함되어야 하며, 신체가 적응함에 따라서 트레이닝도 운동량의 수준을 점차적으로 증가시켜야 한다.
고강도 및 저강도의 원리	이 원리는 1~2일의 힘든 트레이닝에 이어서 하루의 쉬운 트레이닝이 이어지도록 해야 한다는 것으로 다음날의 힘든 트레이닝을 위해서 신체 및 정신적으로 충분한 회복상태가 가능하도록 해야 한다는 것을 포함한다.
변화의 원리 (주기화의 원리)	이 원리에 의하면 트레이닝 프로그램은 트레이닝 효과를 최대화시키기 위하여 전체에 걸쳐서 하나 혹은 그 이상의 관점이 변화해야 한다. 트레이닝 양과 강도의 체계적인 변화는 장기간의 진행과정에서 가장 효과적이다.

트레이닝 효과

형태	정의	예
급성효과	운동 중 신체의 변화	심박수 증가, 젖산 축적, 피로로 인한 파워 감소 등
즉시효과	단일 운동으로 인한 신체의 변화와 일일 트레이닝	안정 시 심박수, 혈중 CPK의 증가, 악력변화, 수직점프 증가 등
축적효과	반복적인 운동으로부터 운동 능력과 신체의 변화 / 기술적인 능력	최대산소섭취량, 무산소성 역치 증가, 근력, 지구력 증가 등
지연효과	운동 능력과 신체의 변화 / 특정 훈련 프로그램 후 지정된 기간 동안 획득한 기술 능력	2주 동안 매우 집중 파워 트레이닝 프로그램의 중지 이후에 폭발적인 힘을 획득
잔류효과	특정 기간 동안 훈련을 중단한 후 신체 상태와 운동 능력의 유지	특정 트레이닝 프로그램을 중단한 후 증가된 최대 근력의 유지

트레이닝의 효과는 트레이닝 시 운동의 형태, 강도, 기간 등에 따라 다르게 나타날 수 있다. 위의 표는 각 트레이닝 형태의 효과 간의 관계이며, 이 주된 관계는 다음과 같이 설명할 수 있다.

- 다양한 운동으로부터의 급성효과는 해당 운동 또는 트레이닝의 즉각적인 트레이닝 효과를 형성한다.
- 즉시효과는 축적된 트레이닝 효과를 유발하기 위하여 지속적인 운동의 참여를 형성한다.
- 축적효과는 선수의 준비상태와 운동수행능력을 결정(축적 트레이닝은 두 가지 특정 하위 유형이 있음)한다.
- 지연효과는 트레이닝 자극에 대한 수행능력의 지연된 변화로 인해 발생한다.
- 잔류효과는 특정 트레이닝을 중단한 뒤에도 이전에 달성한 수준을 유지한다.

2. 준비 운동 및 정리 운동

(1) 준비 운동

필요성	원인
근육·인대 등의 상해 위험성 최소화	• 인체 각 관절 부위를 잇는 인대나 근육과 건 등은 온도에 따라 그 탄성이 변화한다. • 근육이나 결체조직은 탄성이 최고가 되는 적정온도는 39℃이다. • 온도가 낮으면 조직의 탄성이 저하되는데, 이러한 상태에서 바로 주 운동을 하게 되면 근이나 건의 단열과 같은 상해의 위험은 높아지게 된다.
운동 피로의 조기 발현 예방	• 운동초기에는 운동으로 인한 에너지 소비증대에 대한 인체 순환계통과 호흡계통이 적응하는데 시간이 걸리기 때문에 소비에너지의 많은 부분을 무산소적인 ATP 생성체계에 의존하게 되고, 그 결과 젖산이 조기에 축적될 수 있다. • 준비운동은 운동 초기에 그 운동을 보다 유산소적으로 행하도록 하는 효과를 갖고 있다.

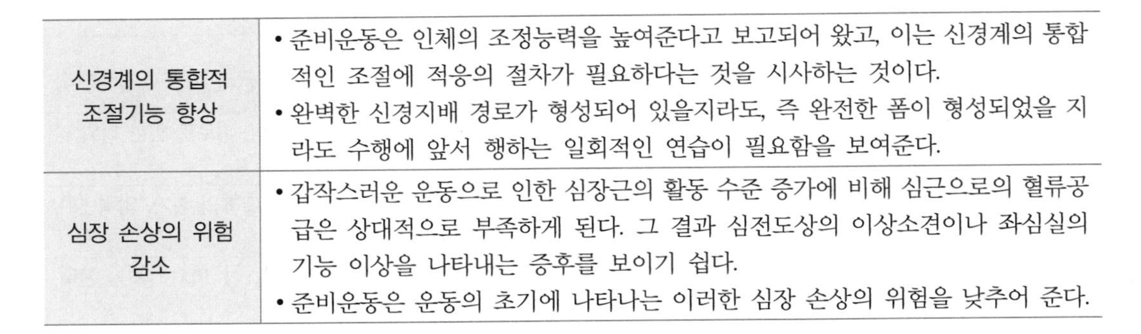

신경계의 통합적 조절기능 향상	• 준비운동은 인체의 조정능력을 높여준다고 보고되어 왔고, 이는 신경계의 통합적인 조절에 적응의 절차가 필요하다는 것을 시사하는 것이다. • 완벽한 신경지배 경로가 형성되어 있을지라도, 즉 완전한 폼이 형성되었을 지라도 수행에 앞서 행하는 일회적인 연습이 필요함을 보여준다.
심장 손상의 위험 감소	• 갑작스러운 운동으로 인한 심장근의 활동 수준 증가에 비해 심근으로의 혈류공급은 상대적으로 부족하게 된다. 그 결과 심전도상의 이상소견이나 좌심실의 기능 이상을 나타내는 증후를 보이기 쉽다. • 준비운동은 운동의 초기에 나타나는 이러한 심장 손상의 위험을 낮추어 준다.

준비운동의 단계별 구성 모형

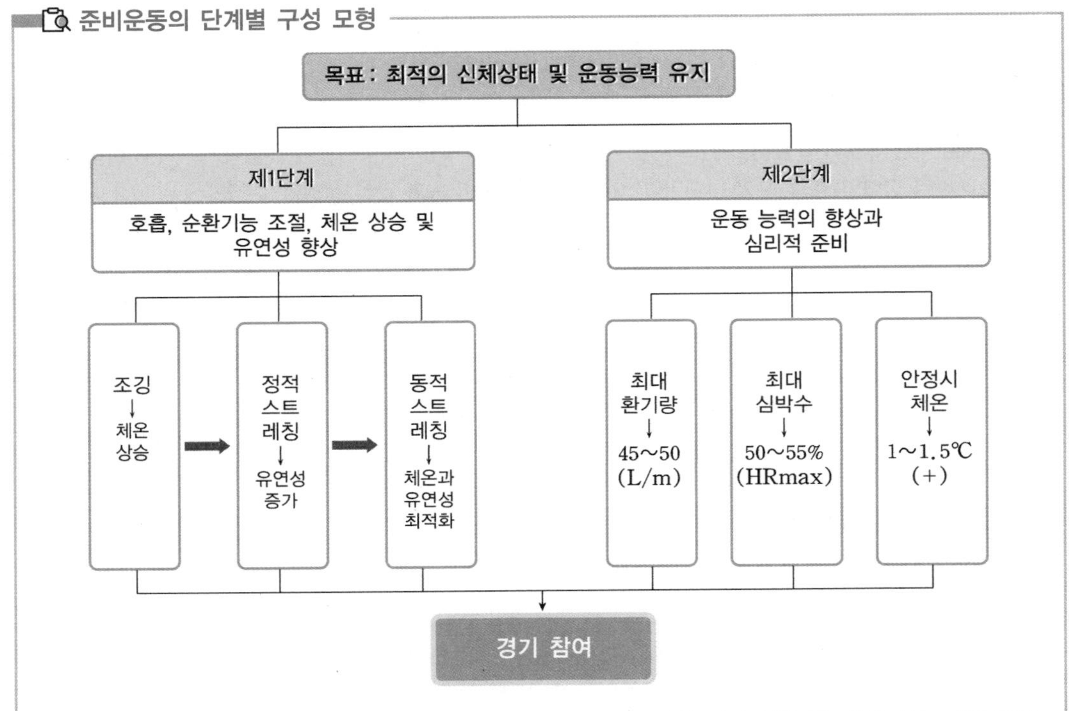

운동능력을 극대화시키기 위한 준비운동의 구체적 방법과 내용에 대한 여러 선행 연구들은 서로 다른 견해를 보이지만 준비운동의 내용과 실시방법이 운동능력 발휘에 많은 영향을 준다는 점에는 일치된 견해를 보이고 있다. 인체의 최적 상태를 유지하기 위해 실시하는 준비운동은 계절 또는 기온, 경기의 중요성, 신체의 컨디션 상태 등에 따라 실시 시간과 내용이 다르지만 일반적으로 위의 모형과 같이 신체 활동의 최적 상태를 조성하기 위한 신체 조성단계와 운동 기능을 최대로 발휘하기 위한 기능 조성단계로 구성된다.

(2) 정리 운동

필요성	원인
젖산 등 피로물질의 제거	• 동적인 휴식을 할 때가 정적인 휴식 시 보다 젖산의 제거율이 높다. • 활동근으로의 혈류량을 어느 정도 유지함으로써 젖산의 추가적인 연소를 돕고 호흡활동을 통해 인체 산성화에 대한 호흡성 완충작용을 촉진할 수 있다.

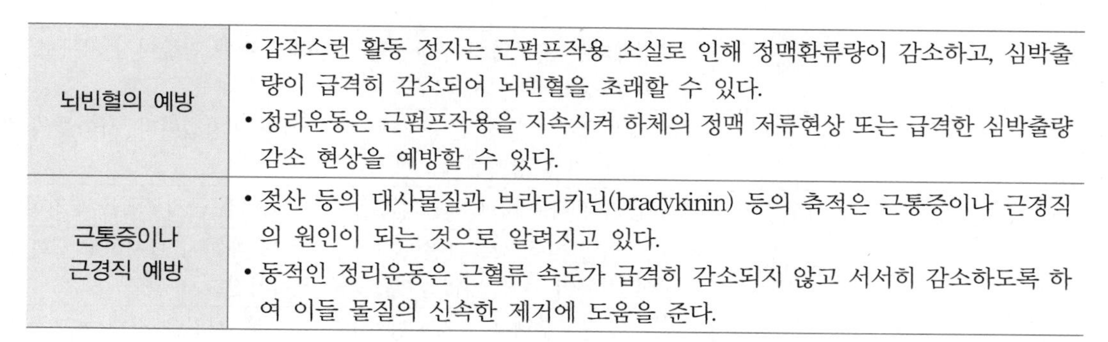

뇌빈혈의 예방	• 갑작스런 활동 정지는 근펌프작용 소실로 인해 정맥환류량이 감소하고, 심박출량이 급격히 감소되어 뇌빈혈을 초래할 수 있다. • 정리운동은 근펌프작용을 지속시켜 하체의 정맥 저류현상 또는 급격한 심박출량 감소 현상을 예방할 수 있다.
근통증이나 근경직 예방	• 젖산 등의 대사물질과 브라디키닌(bradykinin) 등의 축적은 근통증이나 근경직의 원인이 되는 것으로 알려지고 있다. • 동적인 정리운동은 근혈류 속도가 급격히 감소되지 않고 서서히 감소하도록 하여 이들 물질의 신속한 제거에 도움을 준다.

Chapter 02

정리운동의 단계별 구성 모형

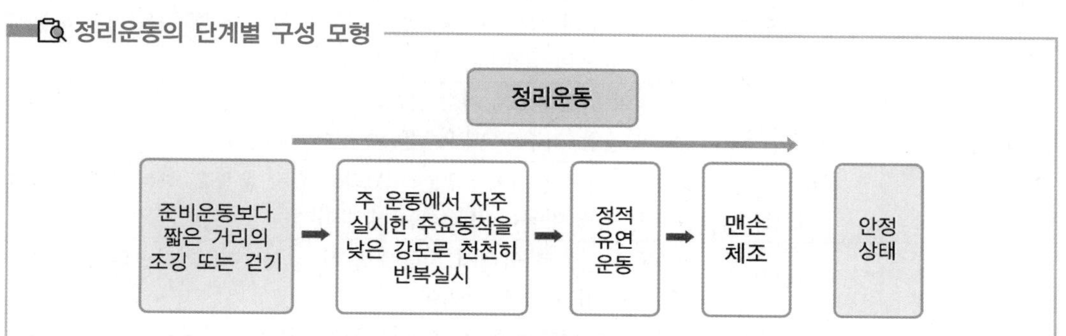

주운동이 끝나면 안정상태를 빠르게 회복하기 위한 과정이 필요하다. 이를 위하여 주운동에서 주로 사용하였던 활동 부위를 약한 강도로 완만하게 3~4회 맨손체조 형태의 운동을 하여 피로를 회복시키고 운동 중 초과 섭취한 산소를 운동 전 안정 상태에 이르게 한다. 주운동 후 걷기나 조깅과 같은 가벼운 활동성 운동과 다리 및 허리 부위에 스트레칭 운동을 실시하면 보다 효과적으로 피로를 회복할 수 있다. 정리운동은 준비운동과 동일한 내용을 반대로 위의 모형과 같이 실시한다.

3. 체력 측정 및 평가

(1) 건강 관련 체력(신체 자원면)

체력 요소	측정 방법	
근력	악력	네 개의 손가락과 엄지손가락과의 협응 및 최대 근력을 측정하는 것으로, 악력계를 사용한다. 악력과의 관계에 주가 되는 근은 전완굴근군과 수근군이며, 전완의 근력을 측정하는 것이다.
	배근력	배근력에 사용하는 근력은 배부 및 상지, 하지와 요부의 근을 포함한 전신의 근육이다. 따라서 배근력은 온몸의 근력을 측정한다고 할 수 있다.
	완력	완력에는 완굴곡력과 완신전력의 두 가지가 있다. 하지와 요부의 근을 포함한 전신의 근육이다.
	각력	각력에는 각신전력과 각굴곡력이 있다. 일반적으로 각신전력이 많이 측정되고 있다.

근지구력	에르고메타	에르고메타는 근작업의 부하량을 측정하기 위해 만들어진 기구로, 근지구력 측정에 많이 사용되고 있다.
	턱걸이	턱걸이는 상지의 동적 근력을 측정·평가하는 방법이다. 사이클의 반복 횟수에 의해 평가된다.
	오래 매달리기	팔을 굽힌 자세로 바에 매달려 있는 시간에 의해 근지구력을 평가한다.
	팔굽혀 펴기	2초에 1회의 리듬으로 완전한 굴신이 안 될 때까지 실시하고, 2회 연속하여 리듬이 늦게 되었을 때는 곧 정지시킨다.
	윗몸 일으키기	복부근의 근지구력을 측정·평가하는 것으로, 시간을 정해 놓고 반복하는 경우와 시간 제한이 없는 경우가 있고, 또 무릎을 펴서 하는 경우와 직각으로 굽혀서 하는 경우가 있다.
심폐지구력	칼슨의 테스트	칼슨의 피로 시험이라고 불리는 테스트로, 운동 부하는 제자리 뛰기를 하여 운동 직후의 맥박수를 측정한 후 판정한다.
	하버드스텝 테스트	50.8cm의 승강대에서 1분간 30회의 승강 운동을 하는 것으로, 맥박수의 변동을 이용해 측정하는 방법이다.
유연성	체전굴	몸통을 앞으로 굽혀서 손끝을 뻗쳐 양 손가락 최하단의 위치에 닿는 눈금을 읽는 측정 방법이다.
	체후굴	피험자가 엎드려 누운 후 보조자가 무릎으로 피험자의 무릎 뒤를 누른다. 피험자는 턱을 가능한 한 높이 올려 상체를 뒤쪽으로 젖히고 마루에서 턱까지의 높이를 측정한다.
	전후개각	양다리의 전후 방향의 가동성을 알아보는 것으로, 앞뒤로 벌릴 수 있는 길이를 가동범위로 나타내는 자료로 하여 신체의 몇 %를 벌렸냐에 따른 지수를 구해 가동도를 말해준다.
신체구성(체지방)	수중체중 측정법	물속에서의 체중과 대기 중에서의 체중을 이용하여 신체 밀도를 구하고, 이 신체밀도를 이용하여 체지방률을 구하여 체지방량을 환산하는 방법이다.
	피하지방 측정법	신체 각 부위의 피하지방두께를 측정하여 신체의 밀도나 체지방의 비율을 쉽고 비교적 정확하게 평가할 수 있다.

(2) **운동 기능 관련 체력**(운동 성과면)

체력 요소	측정 방법	
순발력	수직 뛰기	똑바로 선 자세에서 가능한 높이 뛰어올라 수직으로 높이 뛴 거리를 계측하여 그 기록으로 주로 각부를 중심으로 파워를 평가하는 방법이다.
	제자리 멀리뛰기	도움닫기 없이 제자리에서 앞쪽으로 될 수 있는 한 멀리 폭넓게 뛰는 것으로, 주로 각부의 근육을 중심으로 전신의 순발력을 보려는 방법이다.
	버티컬 암폴 테스트	양 어깨와 팔의 힘으로 로프를 잡고 뛰어올라 잡은 양팔의 거리로서 순발력을 계측하는 종목으로, 평행봉 선수나 체조 선수들의 파워 테스트에 많이 사용된다.

평형성	막대 테스트	눈을 뜨고 막대 위에서 한쪽 발로 얼마나 오랫동안 한곳에 서 있을 수 있는가를 알아보는 방법이다.
	눈감고 한발로 서기	동적 평형 능력을 평가하는 측정 방법이나, 표준편차가 큰 것이 결점이다.
	개구리 서기	양손을 땅에 짚고 쪼그린 자세에서 양 무릎을 팔꿈치에 얹고 서서히 양 다리를 들고 팔 힘으로 밸런스를 취할 수 있는 시간을 측정한다.
민첩성	사이드 스텝 테스트	온몸을 좌우로 이동하는 동작을 규정된 시간 안에 얼마나 많이 할 수 있냐를 측정하는 것으로, 마루 위에 중앙에서 양쪽에 120cm되는 평행선을 긋고 실시한다.
	전신 반응 시간	빛이나 다른 자극에 의해 점프대에 수직으로 떨어져 나가는 동작 시간을 측정해 평가한다.
	버피 테스트	체위를 재빠르게 변화시키는 동작으로서 전신근력의 협응 및 민첩성을 측정하는 종목이다. 선 자세에서 시작하여 팔을 짚고 엎드렸다가 일어나는 자세의 반복으로서 팔, 등부, 복부 및 다리 부분의 굴근이나 신근을 쓰게 되어 온몸의 기민성을 엿볼 수 있으며 오랜 시간을 계속하면 근지구력의 테스트로 활용된다.
	왕복달리기	25m 거리에서 왕복으로 달리기를 하여 몇 초에 뛸 수 있는가를 측정한다.

(3) 현행 체력 검사 종목

체력 요소	검사 종목	측정 방법
근력 및 근지구력	팔굽혀펴기	30cm 높이의 봉을 짚고 2초에 1회 정도의 속도로 최대한 반복한다. 단, 여자는 팔굽혀 매달리기를 한다.
	윗몸 일으키기	양손은 머리 뒤에서 깍지를 낀 채로 무릎을 직각으로 굽히고 누워 1분 동안 윗몸일으키기를 한다.
유연성	앉아 윗몸 앞으로 굽히기	무릎을 펴고 양손이 나란히 앞으로 나가도록 허리를 굽힌다. 0.5cm 단위로 측정한다.
심폐지구력	오래달리기	스탠딩 스타트로 1,600m 오래달리기를 하며, 초 단위로 측정한다. 단, 여자는 1,200m 오래달리기를 한다.
스피드 순발력	50m 달리기	스탠딩 스타트로 50m를 전력으로 달리고 0.1초 단위로 측정한다.
순발력	제자리 멀리뛰기	발을 어깨 너비로 벌리고 제자리에서 멀리뛰기를 하며, 1cm 단위로 측정한다.

(4) 학생 건강 체력 평가 시스템(Physical Activity Promotion System : PAPS)

심폐지구력	• 왕복오래달리기 • 오래달리기 – 걷기 • 스텝검사

유연성	• 앉아 윗몸 앞으로 굽히기 • 종합유연성검사
근력 · 근지구력	• (무릎대고)팔굽혀 펴기 • 윗몸말아올리기 • 악력검사
순발력	• 50m 달리기 • 제자리멀리뛰기
체지방	• 체질량지수(BMI) • 체지방률(%Fat)

3 트레이닝의 실제

1. 근력 트레이닝

(1) 근력 트레이닝의 개념

① 근력은 근육이 최대로 수축할 때 발휘되는 힘의 크기를 의미하며, 근지구력은 근력을 반복적으로 또는 지속적으로 발휘하는 능력을 의미한다.

② 가장 중요한 운동 능력 중 하나이며, 트레이닝을 실시함에 있어 핵심적인 역할을 한다. 흔히 웨이트 트레이닝이라고 하며 중량물을 들어 올리거나 밀거나 당기는 동적인 체력 훈련 방법이다.

(2) 근력 트레이닝의 방법

① 운동 형태

등장성 트레이닝	• 바벨 등과 같이 무게가 있는 물체를 들어 올리고 내리는 동작을 반복하여 근력을 향상시키는 운동이다. • 주변에 시설이 없을 경우 자신의 체중을 이용한 운동을 선택하는 방법도 좋다. • 노력 수준의 결정이 용이하고, 관절 가동 전 범위의 근력 발달이 가능하다. 심리적 자극 효과가 높다.
등척성 트레이닝	• 고정되어 있는 물체를 최대로 밀거나 당기고 난 후 정지한 상태에서 근력을 향상시키는 운동이다. • 시간과 장소에 구애받지 않고, 부상 근육의 재활에 효과적이며, 어려운 동작 범위 지점 극복에 도움이 된다.

② 운동 강도

최대반복횟수(RM)로 최대 근력의 60~80%의 강도로 운동한다.

③ 운동 시간

선택한 중량을 반복할 수 있는 한 최대로 반복하도록 하며, 2~3세트를 한다.

④ 운동 빈도

일주일에 2~3일 정도로 격일제로 하는 것이 효과적이다.

(3) 근력 트레이닝의 효과

① 최대 근력은 근섬유의 수와 근육의 횡단면적에 비례한다.

② 근력 발휘에 참여하지 못하던 근섬유가 발달되어 근력 발휘에 참여하게 되고, 근육을 구성하고 있는 근섬유의 굵기가 커져서 근육의 횡단면적이 증가됨으로써 최대근력이 증가하게 된다.

2. 근지구력 트레이닝

(1) 근지구력 트레이닝의 개념

① 근육이 오랫동안 운동을 지속할 수 있는 능력으로, 근력과 근지구력이 트레이닝에 의해 결합되어 생겨난 것이다.

② 근력이나 근지구력은 큰 힘을 발휘한다는 점에서 유사하다고 볼 수 있지만, 근지구력이 근력보다 시간적 요소가 더 크게 작용한다. 따라서 근지구력에서 효과를 얻기 위해서는 훈련의 질보다 훈련량을 증가시켜야 한다.

(2) 근지구력 트레이닝의 방법

① 운동 형태

㉠ 저항성 운동으로, 주위에서 운동을 하기 위한 시설이나 기구가 없을 때는 자신의 체중을 이용한 운동을 선택하는 것도 좋다.

근수축 유형

구분	내용
정적 근지구력	관절 운동 없이 같은 장력을 발휘하는 능력을 말하며, 운동의 지속시간으로 평가된다.
동적 근지구력	관절 운동이 이루어지면서 같은 장력을 발휘하는 능력을 말하며, 운동의 반복 횟수로 평가된다.
절대 근지구력	최대 근력의 차이를 고려하지 않고, 일반 스포츠의 장면에서 일정 부하에 대하여 얼마나 오랫동안 지탱하는가를 말한다.
상대 근지구력	개인의 최대 근력의 차이를 고려하여, 최대 근력의 몇 % 부하에서 얼마나 오랫동안 지탱할 수 있는가를 말한다.

㉡ 근지구력 트레이닝의 진행 형태

최대 근력의 퍼센트(%)	세트당 반복 횟수(회)	수행 주기	휴식 시간(분)	세트 수	방법	적용 종목
60~40%	20~30 최대 반복 횟수의 50~70%	약간 빠르게	30~40	3~5	서키트 트레이닝	근지구력 강화
40~25%	최대 반복 횟수의 25~50%	약간 빠르게	적당	4~6	서키트 트레이닝	기타의 경우

② 운동 강도
1회 최대 반복 횟수(RM)로 최대 근력의 20~40%의 강도로 운동한다.

③ 운동 시간
운동 시간 1초당 1회의 속도로 지칠 때까지 실시한다.

④ 운동 빈도
일주일에 2~3일 정도로 격일제로 하는 것이 효과적이다.

(3) 근지구력의 트레이닝 효과

① 산소공급 능력의 개선으로 피로를 덜 느끼게 함으로써, 장시간의 작업에도 쉽게 피로를 느끼지 않게 된다.

② 근육통이나 요통을 예방하고, 활기찬 생활을 할 수 있는 원동력으로 작용한다.

3. 순발력 트레이닝

(1) 순발력의 트레이닝의 개념

① 제한된 시간에 많은 양의 일을 할 수 있는 능력을 뜻하는 것으로, 운동선수에게 중요한 트레이닝 요소이다.

② 순발력 트레이닝은 1차적으로는 근력의 강화가 이루어져야 하고, 2차적으로는 속도가 떨어지지 않도록 반복 횟수를 늘리고 운동 속도를 빨리하는 방법으로 실시해야 한다.

구분	내용
순발적 파워	• 일시적인 순발적 파워는 근력과 근수축 스피드를 기반으로 한다. 이와 같이 근육을 순발적으로 수축시키는 데 신경 충격의 집중성이 크게 작용한다. • 순발적 파워를 발휘하는데 ATP나 크레아틴 인산과 같이 에너지원을 많이 비축하여 비젖산 산소 부채를 크게 하는 것이 중요하다. 그리고 근수축의 스피드를 빨리 할 수 있는 속근의 비율이 큰 편이 순발적 파워에 유리하다. • 근수축 스피드를 좌우하는 것은 근섬유 형태의 차이 뿐만 아니라 신경지배에 의한 충격도 많이 작용한다.
지속적 파워	• 지속적으로 파워를 발휘할 때에는 근력과 근수축의 스피드를 기반으로 하는데, 특히 근육을 지속적으로 수축시키는 데는 최대 산소부채량이 크게 관여하고 있다. • 지속성 파워를 발휘하는 데에는 근글리코겐과 같은 에너지원을 많이 비축하여 회복기 산소소비량을 크게 하는 것이 중요하다.

Chapter
02

순발력

정적 상태에서 근육이 발휘하는 힘을 근력이라 한다면 동적으로 발휘하는 힘을 순발력이라 한다. 순발력(power)은 단위 시간에 이루어진 일 또는 "Force(힘) × Velocity(속도) = 일/시간 = 힘 × 거리/시간"으로 나타낼 수 있는 것처럼 빠른 "순간적 모둠 힘"을 의미한다. 순발력의 크기는 근력과 스피드에 비례하므로 순발력을 향상시키기 위해서는 근력과 스피드를 향상시켜야 하는데, 이 두 요건 중에 스피드는 선천적 요인에 영향을 받기 때문에 후천적으로 발달이 가능한 근력을 향상시키면서 스피드를 육성시키는 트레이닝이 순발력 향상에 효과가 높다.

순발력 = 힘(Force) × 속도(Velocity) = 일(Work)/시간(Time)
= 힘(Force) × 거리(Distance)/시간(Time)

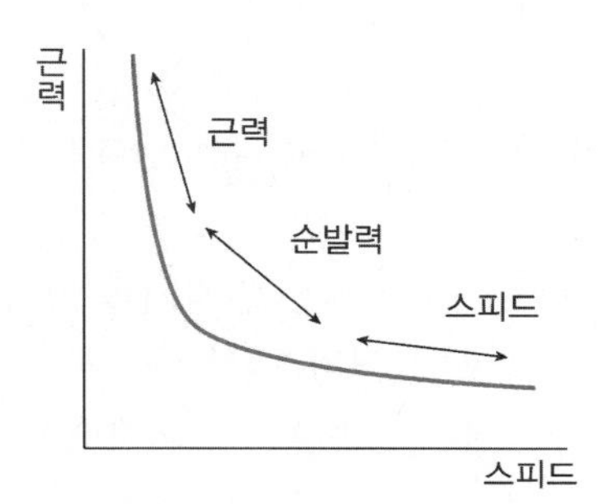

근력과 스피드에 따른 순발력

순발력은 한번에 최대 1회 발휘(1회성 순발력)를 요구하는 스포츠(예 높이뛰기, 멀리뛰기)와 지속적으로 발휘(연속적 순발력)를 요구하는 스포츠(예 100m 달리기, 펜싱경기)로 구분된다. 지속적으로 순발력 발휘가 요구되는 스포츠는 근력 강화에 일차적 목표를 두고 이를 반복적으로 실시하여 스피드가 저하되지 않도록 산소부채를 증가시켜 근 수축 스피드를 육성시켜야 하며, 순간적으로 순발력 발휘를 요구하는 경우는 근육을 순간적으로 수축시키기 위한 집중된 신경 충격과 비젖산 산소부채 능력 향상에 중점을 두고 트레이닝을 실시한다.

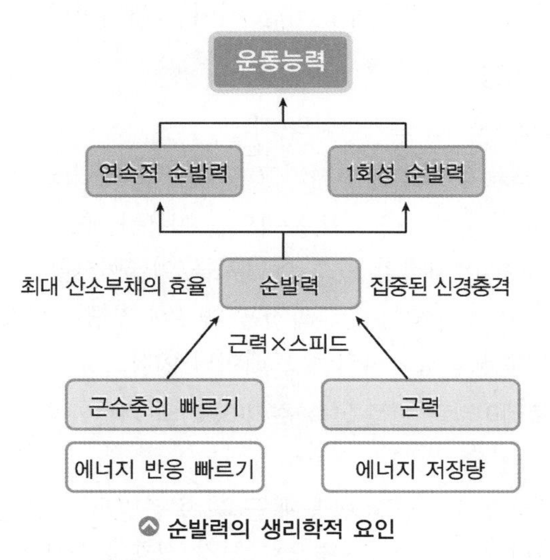

순발력의 생리학적 요인

(2) 순발력 트레이닝의 방법

① 운동 형태

㉠ 웨이트 트레이닝으로 기구를 이용한 트레이닝 방법

㉡ 체중을 이용한 덤블링 및 유연성 운동

㉢ 처음에는 바벨 등의 기구를 이용하고, 그 다음에는 덤블링이나 유연성 운동을 행하는 것이 바람직하다. 이러한 트레이닝 방법은 도약, 투척이 포함된 스포츠 경기 종목, 알파인 스키, 팀 경기, 권투, 레슬링 등과 같이 복합적인 운동 능력 또는 힘을 필요로 하는 스포츠 종목에 효과적으로 이용된다.

㉣ 플라이오 메트릭스

ⓐ 근육의 신장성 수축에 이어서 나타나는 단축성 부하와 근육의 스트레칭을 포함하고 있다.

ⓑ 순간적인 스트레칭은 근육에 있는 감각기를 자극하고, 근육이 짧아질 때 더 강력한 수축을 발생시키는 근육 자체의 탄성력을 자극한다.

ⓒ 대표적인 형태는 벤치에서 지면으로 뛰어내렸다 지면에서 벤치로 올라갔다 하는 것이다.

② 운동 강도

등장성 트레이닝의 경우, 무게는 최대 반복 횟수를 6회 정도로 하여 들어 올리는 속도를 증가시키고 12회까지 점진적으로 늘려 나간다. 12회에 도달하면 다시 최대 반복 횟수 6회의 무게로 조절한다.

③ 운동 빈도

일주일에 2~3일 정도로 격일제로 하는 것이 효과적이다.

(3) 플라이오메트릭 트레이닝

① 플라이오메트릭(plyometric) 트레이닝의 개념

㉠ 근력과 스피드를 동시에 향상시키고자 하는 트레이닝이다.

㉡ 예비신전 또는 반대 방향으로의 움직임을 이용한 빠르고 강력한 움직임으로, 신전 수축 주기를 포함하여 잠재적인 탄성 에너지를 이끌어 낸다.

㉢ 근육이 단축되고, 신장되는 순환과정을 빠르게 진행시켜 짧은 시간 내 폭발적인 근운동을 일으켜 순발력을 강화시키는 트레이닝이다.

② 플라이오메트릭 트레이닝과 신전 단축 주기(SSC)의 기전

㉠ 특성

ⓐ 근육은 갑작스러운 신장 반응에 근육 속 근방추가 신경 신호를 척수로 보내고 근육을 수축하라는 알파운동신경으로 신경 신호를 보내서 근육을 수축시키게 한다. 이것은 척수 반사와 동일한 과정으로 생각하면 된다.

ⓑ 이런 반응은 운동 신경에서 내려지는 근수축보다 훨씬 빠르게 일어난다.

ⓒ 이 근방추의 자극 과정이 신장성 수축단계 동안 일어나고 짧은 아모티제이션 후 단축성 수축 단계에 근방추로 인한 수축이 더해져서 더 큰 힘을 발휘하게 된다는 과정이다.

ⓓ 플라이오메트릭 트레이닝은 더욱 예민하게 근방추를 단련시키고 최대한 짧은 아모티제이션 과정으로 근방추로 인한 근육 수축을 단축성 수축에 더 많이 활용하도록 하는 트레이닝이다.

㉡ 단계

ⓐ 1단계: 신장성 수축 단계(Eccentric phase)

- 신장성 단계로서 주동근군을 예비 부하하는 과정(근방추 자극)
- 멀리뛰기 시 구름판을 내디딘 발의 종아리 근육은 신전하면서 수축하는 신장성 수축을 일으킨다.

ⓑ 2단계: 아모티제이션 단계(Amortization phase)

- 이행 단계로 신장성 단계와 단축성 단계의 중간 단계
- 신장성 수축 단계가 끝나고 단축성 수축으로 전환되는 과정이며 플라이오메트릭에서 가장 핵심적인 단계

ⓒ 3단계: 단축성 수축 단계(Concentric phase)

- 신장성 단계와 아모티제이션 단계에 대한 인체의 반응으로 아모티제이션 단계 후부터의 단축성 수축 단계
- 발이 완전히 떨어질 때까지의 단계

단계	동작	생리학적 결과
1. 신전성	주동근군의 신전	• 탄성에너지가 연속 탄성 요소에 저장됨 • 근방추가 자극됨
2. 아모티제이션	단계 사이의 지연 시간	• 구심성신경이 알파운동신경과 연접됨 • 알파운동신경이 신호를 주동근군에 전달함
3. 단축성	주동근섬유의 수축	• 탄성에너지가 연속 탄성 요소로부터 방출 • 알파운동신경이 주동근군을 자극시킴

㉢ 빠른 신장성 수축은 신전 반사를 자극시키고 탄성에너지를 저장한다. 이것은 이후에 일어나는 단축성 수축 시에 근력을 증가시킨다.

㉣ 멀리뛰기 선수의 운동수행은 수직 방향으로 움직임이 시작되자마자 신전 수축 주기의 단축성 단계가 시작되고, 아모티제이션 단계가 종료된다.

㉤ 비복근이 주동근으로 작용할 때를 보면, 비복근은 발이 지면에 닿자마자 빠른 신전을 일으키며(신장성 수축), 움직임 사이에 약간의 지연시간이 존재하고(아모티제이션), 비복근이 발목 쪽으로 저측굴곡하게 되면서 운동선수는 지면을 이륙할 수 있게 된다(단축성 수축).

ⓐ 신장성 단계는 발이 바닥에 닿을 때부터 시작된다.

ⓑ 아모티제이션 단계는 신장성 단계에서 단축성 단계로의 이행단계로 빠르게 일어나지만 움직임은 일어나지 않는다.

ⓒ 단축성 단계는 아모티제이션 직후에 일어나는 단계로 선수의 발이 바닥에서 떨어질 때까지이다.

플라이오메트릭스는 근육이 단축(shortening)되고 신장(stretch)되는 순환(cycle) 과정을 빠르게 진행시켜 짧은 시간 내 폭발적인 근운동을 일으켜 순발력을 강화시키는 트레이닝이다. 예를 들면, 제자리에서 무릎을 가슴에 닿도록 끌어 올리는 점프 뛰기(tuck jump) 또는 벤치 프레스에서 바벨을 밀었다가 가슴까지 내리는 동작을 최대 빠르게 반복 실시하는 것이다. 플라이오메트릭스는 신경과 근육의 기능을 개선하여 순발력을 향상시키는 것을 주목적으로 한다.

③ 기전

근파워를 향상시키는 기전	
플라이오 메트릭 트레이닝의 역학적 모델	• 역학적 모델에서 근육과 건의 구성요소 내의 탄성에너지는 신속한 신전과 함께 증가되어 저장된다. 다음에 이어지는 동작이 단축성 수축과 동시에 일어날 때 저장된 탄성에너지는 방출되고, 전체 근력이 증가한다. • 역학적 모델의 많은 구성요소 중 연속 탄성요소는 플라이오메트릭 운동의 견고한 기계 역할을 담당한다. • 일부 근육 구성요소에 연속 탄성요소(예 결합 조직)가 포함되어 있다. • 근육과 건의 단위가 신전될 때, 즉 신장성 근수축 시에 연속 탄성요소는 스프링처럼 늘어나게 된다. • 연속 탄성요소가 늘어날 때, 탄성에너지는 저장된다. • 근육의 신장성 수축 후 즉시 단축성 수축을 시작하는 경우 저장된 에너지는 방출되고, 자연적으로 되돌아오는 근육과 건의 신전되지 않은 구조에 의해 연속 탄성요소는 전체 근력에 기여하게 된다. • 신장성 수축 후 즉시 단축성 수축이 일어나지 않거나 신장성 단계가 너무 길 경우 또는 관절의 이동이 너무 많이 요구되는 경우에는 저장된 에너지가 불필요하게 낭비되어 열로 발산된다.

플라이오 메트릭 트레이닝의 신경생리학적 모델	• 근방추는 고유수용성 감각기관으로서 신전의 속도와 크기에 민감하다. 플라이오메트릭 운동 중에 근방추는 갑작스러운 신전에 의해 자극되어지고 반사적인 근육 동작을 일으킨다. 이러한 반사적 반응은 상승되고 주동근 활동의 증가에 의해서 근력 생성이 증가한다. • 근육과 건의 신전 속도는 플라이오메트릭 운동에서 중요한 요소이다. • 신전 속도가 빠르면 신전 수축주기의 단축성 단계 동안에 근육 충전과 활동이 증가한다. • 신전 속도의 중요성은 세 가지의 다른 수직 점프에 의해서 제시되어 있다. • 정적 스쿼트 점프, 반대 방향으로 점프, 일정 스텝 점프로 접근하기, 신전 속도가 증가되면 검사 시 운동선수의 절대적인 수행능력은 향상된다. • 정적 스쿼트 점프는 가장 낮은 높이에서 실시되는 반면 점프로 접근하기는 가장 높은 높이에서 실시된다. • 정적 스쿼트 점프는 점프 후에 스쿼트 자세를 취해야 한다(90°의 고관절 굴곡과 90°의 무릎 굴곡). 이 점프는 저장된 탄성에너지를 이용하지 않으며 속도가 너무 느리기 때문에 신전반사가 점프의 상승작용을 일으키지 않는다. 왜냐하면 신장성 단계가 포함되어 있지 않기 때문이다. 반대방향으로 점프는 급격한 단축성 근활동(점프)에 의해 일어나는 빠른 신장성 요소를 이용한다(하프스쿼트). • 빠른 신장성 단계에서는 운동선수가 신전된 근육과 건의 단위에 탄성에너지를 저장하게 되고 신전반사를 자극하며, 이로 인해 근육활동에 상승작용이 일어난다. • 점프로 접근하기는 단지 반대방향으로 점프하기 보다 더 빠르고 강력한 신장성 단계에서 사용한다. • 신장성 단계 동안에 증가된 신전 속도는 수직점프 높이를 증가시키는 데 기여한다. • 신전 수축주기(SSC)는 역학적 기전과 신경생리학적 기전의 결합이며 플라이오메트릭 운동의 기본이 된다. 빠른 신장성 수축은 신전반사를 자극시키고 탄성에너지를 저장한다. 이것은 이후에 일어나는 단축성 수축 시에 근력을 증가시킨다.

4. 전신지구력 트레이닝

(1) 전신지구력 트레이닝의 개념

① 전신지구력이란 호흡·순환 기능과 모든 운동 기관에 관한 지구력을 말한다. 심폐지구력이라고도 하며, 지속적으로 운동을 수행중인 근육에 산소와 영양소를 효과적으로 전달하는 호흡·순환계의 능력을 의미한다.

② 운동을 하면 신체는 산소를 많이 필요로 하는데, 이 때 장시간의 운동량이나 강도에 의해 산소소비량과 섭취량의 불균형이 이루어지게 된다.

③ 전신지구력 트레이닝의 목적은 이러한 차이를 작게 하기 위하여 최대 유산소 능력을 향상시키는 것이다.

④ 전신지구력 트레이닝의 원리

㉠ 주된 에너지 동원 시스템의 능력을 향상시킬 수 있는 트레이닝 방법을 선택해야 한다. 무산소시스템은 산소를 이용하지 않고 에너지를 생산하는 방법으로, ATP-PC시스템과 젖산시스템으로 구분된다. 유산소시스템은 산소를 이용하여 에너지를 생산하는 방법이다.

㉡ 전신지구력 향상 트레이닝의 운동 형태는 경기 종목에서 사용되는 주 에너지 시스템과 운동 형태(양식)가 비슷해야 한다. 장거리 수영 선수는 수영으로, 장거리 달리기 선수는 달리기로 전신지구력을 향상시키는 것이 경기력에 미치는 효과가 훨씬 크다.

에너지 연속체의 영역		
운동시간	주 에너지 시스템	운동 종목의 예
30초 이내	ATP-PC	투포환, 100m 달리기 등
30초~1분 30초	ATP-PC와 젖산	200m, 400m 달리기 등
1분 30초~3분 이내	젖산과 유산소	800m, 1500m 달리기 등
3분 이상	유산소	축구, 마라톤, 조깅 등

(2) 전신지구력 트레이닝의 방법

① 운동 형태

심폐지구력 향상을 위해서는 유산소 운동으로 불리는 달리기, 수영, 자전거 타기 등 전신운동을 선택하는 것이 효과적이다.

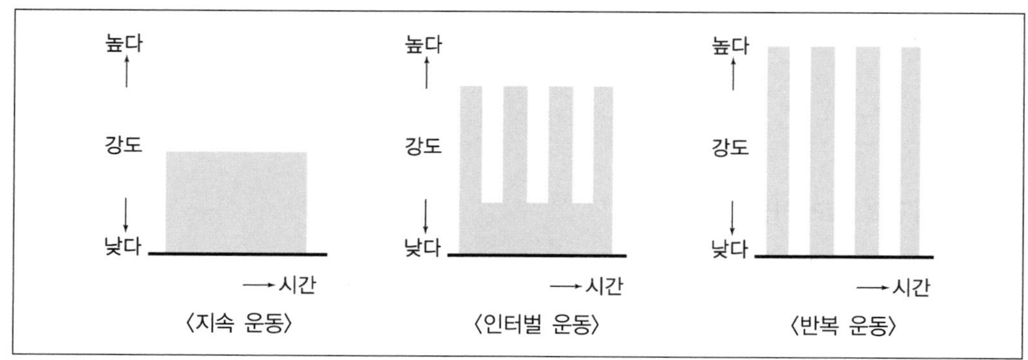

〈지속 운동〉 〈인터벌 운동〉 〈반복 운동〉

전신 지구력 운동 형태	
지속 운동	• 1회 운동의 도중에 휴식을 취하지 않고 지속하는 방법이다. • 지속 운동의 장점은 전신지구력 향상과 피로에 대한 적응 능력 향상, 페이스 조절 능력의 향상이다. 예 10km달리기, 크로스컨트리 또는 42.195km 달리기 등 장거리를 주파하는 방법이다.

반복 운동	• 운동과 운동 사이에 충분한 휴식을 취하면서 반복하는 운동 방법이다. • 반복 운동은 달리는 거리나 시간에 따라 무산소적 또는 유산소적 능력을 집중적으로 향상시키는 데 좋다. 예 400m달리기, 1000m달리기 등을 규정된 스피드로 달리고 난 다음 충분한 휴식을 취하고, 또 달리기를 하는 방법이다.
인터벌 운동	• 운동과 운동 사이에 불충분한 휴식을 넣어 교대하는 운동 방법이다. • 인터벌 운동은 무산소적 과정과 유산소적 과정을 교대함으로써 심장을 일정한 수준에서 항진시켜 활동하게 하는 반면, 다른 기관은 간헐적으로 부담을 경감시키게 되어, 심장을 강력하게 활동시키도록 하는 것이 좋다. • 강도 결정 방법은 심박수에 의한 방법, 반복에 의한 방법, 스피드에 의한 방법이 있으며, 트레이닝의 내용에 따라 달리 선택하지만 대개 혼합하여 활용한다. 심박수에 의한 방법이 운동 강도나 종료 점을 알려주는 지침을 주기 때문에 많이 활용된다. 예 100m달리기와 조깅 등을 교대하는 방법이다.

인터벌 운동	
트레이닝 원리	인터벌 트레이닝은 운동을 하면서 적절한 휴식 시간을 곁들여서 하는 체력 프로그램으로, 호흡·순환기의 계속적 활동에 의한 심박출량의 증가, 유산소적 면하와 무산소적 부하의 교대에 따른 무산소성 역치점의 증가와 근력의 증강을 도모할 수 있는 트레이닝이다.
운동 강도	• 부하기: 최대 스피드의 70~90% • 면하기: 최대 스피드의 30%
운동 시간	부하와 면하의 반복을 10회 이상 실시
운동 빈도	격일제로 실시

② 운동 강도

심박수가 150~160회가 되도록 운동 강도를 결정한다. 강도가 너무 낮으면 효과가 낮고, 너무 높아도 운동을 오래 지속할 수가 없기 때문에 효과가 낮다.

③ 운동 시간

20~30분 이상 계속해야 효과가 있다.

④ 운동 빈도

일주일에 3~5일 정도가 효과적이다.

심폐지구력 트레이닝에 따른 생리적 적응현상

호흡계	• 폐의 가스교환 증가 • 폐의 혈류량 증가 • 최대하운동 시 호흡수 감소 • 최대하운동 시 환기량 감소
순환계	• 심박출량 증가 • 혈액량, 적혈구, 헤모글로빈량 증가 • 골격근 혈류량 증가 • 최대하운동 시 심박수 감소 • 체온조절 기능 향상
근골격계	• 미토콘드리아 크기, 밀도 증가 • 산화계 산소활성 증가 • 마이오글로빈 양 증가 • 근섬유당 모세혈관 수 증가 • 동정맥 산소차 증가

Ptteiger는 심폐계의 능력을 결정하는 주요 생리적 요인을 위의 표와 같이 근활동 에너지원의 축적과 회수, 영양소와 산소를 조직에 운반하는 혈관의 발달, 산소섭취 능력으로 설명하였다.

파트렉 트레이닝

공원과 호수의 합성어로(park + lake = fartlek training)로 Lydiard에 의해 고안되었다. 숲이나 도로, 잔디밭, 언덕과 같은 자연에서 조깅 또는 최고 스피드까지 자신에게 맞게 스피드를 자유롭게 변화시키며 거리와 시간에 제한 받지 않고 달린 후 충분한 휴식을 취하는 심폐지구력 트레이닝이다. 충분한 준비운동 후 평지, 언덕, 내리막 등 다양한 도로를 2~3시간 달린다. 평지에서는 일정한 속도로 달리다가 오르막에서는 젖산역치 수준인 HRmax 90% 이상의 빠르기로, 내리막에서는 다시 가벼운 조깅으로 달리다가 평지에서 HRmax 80% 내외의 스피드로 달린다. 초보자들에게는 유산소 근지구력과 스피드를 향상시키고 단련자에게는 스피드 지구력과 리렉스(relax)한 달리기 능력을 기르는 트레이닝으로 심장과 근육의 지구력을 강화하는 목적으로 실시한다. 달리는 강도를 낮춰 실시하면 상쾌하고 부드러우며 부담 없이 달리는 동적 피로회복 방법으로도 활용할 수 있다.

LSD 트레이닝

LSD(long, slow, distance) 트레이닝은 장시간, 천천히 그리고 긴 거리를 최대심박수(HRmax)의 60~70% 범위에서 달리는 스피드와 거리보다는 오랫동안 달릴 수 있는 시간에 대한 적응력과 심폐지구력 향상 트레이닝이다. 달리는 시간이 2시간 이상일 때 트레이닝의 효과를 얻을 수 있으며 장거리 또는 마라톤 선수들에게 하루 24~48km, 1주일에 160~320km를 달려 장거리 달리기에 대한 거리와 시간 부담을 덜어주는 효과가 있다. 인터벌 트레이닝이 심장과 폐의 기능을 강화시켜 산소섭취량과 박출량을 증가시키는 것이 주요 생리적 효과라면 LSD 트레이닝은 모세혈관의 혈류와 혈액 공급을 향상시켜 체내 모든 기관과 조직에 혈액과 산소를 원활하게 공급한다. 뿐만 아니라 체력을 바람직하게 유지시키면서 부담 없이 트레이닝에 참여하여 심폐지구력을 향상시킬 수 있는 트레이닝으로서 초보자에서 숙련자 모두가 실시할 수 있다. 달리는 강도를 낮추면 상쾌하고 부드럽게 달리는 동적 피로회복 방법으로 활용할 수 있다.

5. 유연성 트레이닝

(1) 유연성 트레이닝의 개념

① 관절을 정상적인 가동 범위까지 움직여서 관절 주위의 근육, 건, 인대를 늘려주는 운동이다.

② 관절의 가동범위를 의미하는 것으로, 유연성을 향상시키면 기술의 활용 범위를 넓혀 줄 뿐만 아니라 동작도 빠르게 할 수 있다.

'유연성'이란 관절 또는 관절가동범위(range of motion, ROM)를 의미하는 것으로 자유롭게 움직이기 위한 관절 및 능력으로 정의되며, 관절가동범위는 근육의 수축력과 관절 및 인대의 발달 상태 등에 따라 좌우된다.

(2) 유연성 트레이닝의 방법

① 운동 형태

동적 스트레칭	반동을 이용하여 역동적으로 관절의 범위를 크게 하는 운동으로 부상의 위험이 있고, 효과도 높지 않다.
정적 스트레칭	근육을 천천히 늘려주고 적당히 늘린 상태에서 그 자세를 10~30초 간 유지하는 방법으로 부상의 위험도 적고 효과도 높다.
능동적 스트레칭	늘려주는 근육의 반대쪽 근육을 수축시키면서 스트레칭을 하는 방법으로 안전하다.
수동적 스트레칭	보조자의 도움을 받아 스트레칭을 하는 방법으로 무리하면 다칠 수 있다. 일반적으로 능동적이고 정적인 스트레칭을 자주 이용한다.

특성	동적 스트레칭	정적 스트레칭	근신경 촉진법
상해의 위험	높음	낮음	중간
고통의 정도	중간	낮음	높음
스트레칭에 대한 저항	높음	낮음	중간
실용성(시간과 보조자)	좋음	우수	약함
효율성(에너지 소비)	약함	우수	좋음
가동 범위증가의 효과	좋음	좋음	좋음

정적 스트레칭	• 가동범위의 한계점까지 근육을 천천히 이완시키고 편안한 신전상태에서 일정시간 동안 움직임 없이 자세를 유지하는 방법으로 부상이나 근육통증의 발생이 가장 적은 스트레칭 방법이다. • 관절 가동범위의 증진과 근육의 이완에 효과적인 운동 방법이므로, ROM의 향상을 위한 훈련 프로그램 또는 운동 후 정리운동으로 실시하는 것이 좋다. • 정적 스트레칭의 형태는 정적 능동적 스트레칭과 정적 수동적 스트레칭으로 구분된다.

	– 능동적 스트레칭은 유연성을 발달시키고자 하는 근육부위의 반대쪽 근육을 수축시켜 자신 스스로 근육의 신전을 도모하는 방법이다. 따라서 어떠한 외적인 물리적인 방법을 사용하지 않고, 주동근의 힘에 의해 길항근을 최대한 이완시키는 것이다. 스트레칭 방법 중 가장 안전하며, 동시에 근력을 발달시킬 수 있기 때문에 가장 권장되는 방법이다. – 수동적 스트레칭은 근육의 신전을 위해 타인의 보조를 받거나 외적인 힘의 도움을 받는 것을 의미한다. 즉, 유연성 운동을 실시할 때 보조자, 자신의 체중, 벽, 바닥, 기구 등을 이용하거나 혹은 신체의 다른 부분으로 잡아 유지하는 등 다양한 외력에 의존하여 근육의 이완을 유지하는 방법이다. 따라서 외력의 힘이 자신의 유연성보다 더 크기 때문에 정상적인 능동적 스트레칭의 가동 범위보다 더욱 크며, 일시적으로 관절과 근육 등의 통증을 경감시켜 줄 수 있지만 부상의 위험이 뒤따를 수 있다. • 원리 모든 스트레칭 기법에 적용되는 주요원리는 신전반사, 상호억제, 자가억제이다. 근육이 빠르게 수축될 경우 근육은 신전반사라고 불리는 근육의 빠른 수축을 야기시키게 되지만, 부드럽고, 느린 속도의 정적 스트레칭은 근방추의 민감성을 줄여주어 근육이 이완되고 더 큰 범위로 신전되는 것을 허용한다. 또한 인체의 근방추는 상호억제 작용을 초래하여 주동근의 수축 시 원활한 동작을 수행할 수 있도록 반대편 근육을 이완시키는 기능을 담당한다. 따라서 능동적 스트레칭의 방법은 주동근의 수축에 의해 길항근을 이완시키는 상호억제 기전을 주로 이용하는 방법이다. 마지막으로, 골지힘줄기관은 근육과 힘줄 사이의 장력을 감지하며, 근육이 자극을 받아 힘줄의 긴장이 증가되면 근육을 이완시키는 자율억제 기전을 가진다. 약 5초 동안의 지속되는 정적 스트레칭은 골지힘줄기관을 자극시키게 되며, 결국 신전 부위의 근육을 이완시킨다. 따라서 정적 스트레칭 훈련의 주요 기전은 자율억제 기전이다.
동적 스트레칭	• 스포츠 특이적 운동 범위를 통해 신체의 부분 또는 전체를 움직이면서 점진적으로 가동범위와 움직임의 스피드를 증가시키는 능동적 형태의 스트레칭 방법이다. • 다양한 스포츠 활동의 운동 전 또는 경기 전에 관절의 움직임과 근육 및 건 탄성의 증가를 위한 준비운동의 일환으로 사용되고 있다. • 동적 스트레칭 방법으로는 다이내믹 스트레칭(dynamic stretching)과 볼리스틱 스트레칭(ballistic stretching)으로 구분된다. 그러나 많은 사람들이 동적(dynamic) 스트레칭과 탄성(ballistic) 스트레칭을 혼동하여 사용하고 있다. – 탄성 스트레칭은 스윙, 바운스, 점핑 등의 동작을 반동을 이용하여 실시하는 방법이다. 탄성 스트레칭 동안 나타나는 빠르고, 갑작스런 움직임은 근육의 확장성 한계를 초과할 수 있다. 이러한 동작은 근육의 미세외상과 운동 상해, 그리고 근통증을 야기할 수 있다. – 동적 스트레칭은 움직임의 스피드를 이용하여 수행되는 것은 탄성 스트레칭과 유사하지만 반동을 이용하지 않고 동작 범위의 한계 내에서 부드러우면서도 적극적인 동작으로 스포츠 특이적 동작과 관련되어 실시한다. • 원리 동적 스트레칭은 능동적인 스트레칭의 형태로서 신체의 움직임을 발생시키기 위한

<table>
<tr><td></td><td>주동근 수축으로 길항근의 이완작용을 초래하는 상호억제 기전을 주로 이용하는 방법이다. 또한 근육의 신전반사를 억제하는 느린 속도의 정적 스트레칭과는 다르게 동적 스트레칭은 빠른 속도로 근육을 신장시키면서, 신전반사의 작용을 허용하기 때문에 스트레칭 후근력 감소량이 정적 스트레칭에 비해 적게 줄어드는 장점을 가지고 있다.</td></tr>
<tr><td>고유수용성
신경근
촉진
스트레칭</td><td>• 고유수용성 신경근 촉진 스트레칭(Proprioceptive neuromuscular facilitation stretching, PNF stretching)은 근골격계의 안정성과 균형의 향상과 근력의 증가, 그리고 주동근과 길항근의 협응력 증가를 목적으로 실시된다.
• 운동수행능력과 재활의 관점에서 능동적, 수동적 관절가동범위를 향상시키기 위해 환자 뿐 아니라 전문 운동선수들에게 주로 사용되고 있는 방법이다.
• PNF 스트레칭의 기법에는 크게 3가지, 즉 유지-이완, 수축-이완, 그리고 주동근 수축에 의한 유지-이완-수축 기법이 일반적으로 잘 알려져 있다.
– 유지-이완과 수축-이완의 PNF 기법은 스트레칭 전 능동적 또는 수동적으로 신전된 근육에 등척성 근수축을 사용한 기법이다. 유지-이완 기법은 수동적으로 신전된 근육 부위에 등척성 근 수축을 실시한 후, 다시 수동적 스트레칭을 실시하여 가동범위를 확장시키는 방법이며, 수축-이완 기법은 등장성 수축을 통해 능동적으로 한계점까지 목표 근육을 신전시킨 후 보조자에 의해 수동적으로 스트레칭을 하는 방법이다.
– 주동근 수축에 의한 유지-이완-수축 기법은 등척성 근 수축 후 마지막에 능동적으로 주동근을 수축하여 길항근을 이완시키는 방법이다.
• 원리
PNF 스트레칭은 인체에 분포되어 있는 고유수용기의 자극을 통한 신경근육계의 반응을 촉진시키는 스트레칭 방법이다. PNF 기법에는 정적 스트레칭과 등척성 근수축, 그리고 때로 동적 스트레칭이 혼합되어 사용된다. PNF 스트레칭 기법의 주된 기본 원리는 등척성 근수축을 통해 주동근과 길항근의 상호억제 작용을 이용한다. 이는 주동근을 수축시키면 길항근이 이완되고, 반대로 길항근을 수축시키면 주동근이 이완하는 작용을 의미하며, 신경지배의 상호작용을 이용한 방법이다.</td></tr>
</table>

② 운동 강도

편안한 느낌을 갖는 단계, 약간의 긴장을 느끼는 단계, 통증을 느끼는 단계를 거치는데 '약간의 긴장을 느끼는 단계'에서 정지 자세를 유지하는 정적인 스트레칭이 안전하다.

스트레칭 운동의 단계			
	1단계	2단계	3단계
스트레칭의 단계	편안한 단계	약간의 긴장을 느끼는 단계	통증을 느끼는 단계
운동 지침	스트레칭 운동의 범위		금지단계

③ 운동 시간

편안한 단계에서부터 약간의 긴장을 느끼는 단계까지 가동 범위를 증가시켜 10~30초간 유지하며, 이러한 방법으로 2~3회 반복한다.

④ 운동 빈도

매일 하는 것이 바람직하다.

(3) 유연성 트레이닝의 효과

근육의 신진 대사를 활발하게 하여 갑작스런 수축이나 이완 운동을 부상의 위험 없이 부드럽게 수행할 수 있게 하며, 운동 후의 피로 회복에도 효과가 있다.

스트레칭의 효과
• 신체의 가동 범위를 증가시킨다. • 근육의 긴장을 풀어 주어 심리적으로 편안함을 제공한다. • 협응력을 향상시키며 동작 표현을 자유롭게 해 준다. • 근육의 저항력을 증가시켜 스포츠 상해를 예방할 수 있다. • 신체의 감각 기능을 향상시킨다. • 신경 반사 작용을 통해 격렬한 운동을 원활히 수행할 수 있도록 한다. • 혈액 순환을 촉진시킨다. • 심리적 안정을 가져다준다.

스트레칭 실시 요령(Pat Croce)
• S(stretch daily): 매일 실시하여야 몸의 유연성이 발전한다. • T(take you time, stretch slowly): 서두르지 말고 여유를 갖고 천천히 실시한다. • R(repeat each exercise before moving on to the next stretch): 스트레칭 운동 부위에 예비 동작을 실시하여 근과 관절을 워밍-업 후 주 운동을 실시한다. • E(easy dose it, relax as you stretch): 무리하지 말고 자연스러우면서 부드럽게 실시한다. • T(try not to bounce): 몸에 반동을 주지 않고 실시한다. • C(concentrate on smooth, regular breathing): 집중력을 갖고 부드러우며 규칙적으로 호흡하면서 실시한다. • H(hold each position for 10~20 seconds): 각 동작은 10~20초 동안 유지한다.

6. 서키트 트레이닝

(1) 서키트 트레이닝의 개념

① 근력과 근지구력을 향상시키기 위한 훈련 방법으로 개발한 것으로 운동능력의 기본이 되는 근육계와 호흡순환계의 기능을 강화하는 데 주목적이 있다.

② 서키트 트레이닝은 여러 종목의 운동 기구나 방법을 한 세트로 배열하여 순서에 따라 하나씩 운동해 나가는 방법이다. 1세트의 운동이 끝나면 다시 처음의 위치로 돌아와서 2세트와 3세트를 실시한다.

③ 서키트 트레이닝은 체력 요소 대부분을 강화할 수 있는 것으로, 기초 체력을 향상하는 데 상당히 효과적인 프로그램이라 할 수 있다.

(2) 서키트 트레이닝의 방법

① 운동 형태

㉠ 서키트 트레이닝을 선정한다.

㉡ 점진적 과부하의 원리에 따라 운동 부하를 설정한다.

㉢ 다양한 체력요소를 강화할 수 있도록 운동 종목 수를 6~12 종류를 설정한다.

㉣ 근력과 근지구력의 경우 모든 부위를 강화할 수 있도록 한다.

② 운동 강도

최대운동 능력의 30~40%의 강도로 운동한다.

③ 운동 시간

㉠ 1세트 운동 시간 : 10~20분

㉡ 순환 횟수 2~3회, 전체 소요 시간 20~25분

㉢ 운동 사이의 휴식 : 15~90초

㉣ 서키트 사이의 휴식 : 2~3분

④ 운동 빈도

주 2~3회 이상이 바람직하다.

⑤ 운동 기간

6주 이상이 바람직하다.

주기화
주기화(periodization)란 트레이닝 프로그램의 변인들을 체계적으로 조직화하는 것으로 엘리트 선수들의 트레이닝 적응을 적정화하는 데 필수적이며, 많은 종목에서 주기화 개념에 의한 트레이닝의 중요성이 강조되고 있다. 주기화는 트레이닝의 효과를 최적화하기 위해 일정한 기간을 관리하기 쉬운 더 작은 단위의 기간으로 나누어 주요 시합에서 최고의 경기력을 발휘하기 위해 트레이닝 프로그램을 과학적으로 세분화하는 과정이다. 주기화의 또 다른 핵심적 고려사항은 피로축적의 방지이다. 운동수행 시 피로는 선수에게 요구되는 근력과 파워를 의지대로 발휘할 수 없게 하는 문제점을 일으킨다. 이러한 트레이닝 과정에서 효과를 높이기 위한 방안으로 Hans Selye가 발표한 '일반적응이론'은 주기화의 접근과정에서 주요한 근간을 이룬다. 경보단계, 저항단계, 적응 및 부적응 단계의 주기가 반복되면서 운동피로 증후군을 방지할 수 있으며, 과보상 효과를 기대할 수 있다. 따라서 과도한 트레이닝에 의한 문제점을 방지하기 위해서 종목과 선수의 특성, 시합 시즌을 고려하여 훈련량과 훈련강도의 조절과 충분한 휴식기의 제공 등이 주어져야 한다.

일반 적응 이론(General Adaption Syndrom : GAS)

- 제1단계 : 경고(alarm) 단계
  트레이닝 초기 운동 자극으로 1~2주 동안 근육과 관절에 통증 현상이 나타나면서 운동 수행력이 저하되는 단계이다.
- 제2단계 : 적응(adaptation) 단계
  인체가 생화학적, 해부학적 또는 역학적으로 운동 자극에 적응하면서 운동 수행력이 향상되는 단계이며, 이를 초과보상 단계라 한다.
- 제3단계 : 실패(failure) 또는 재도약(rebound) 단계
  운동 자극이 적절치 못하거나 운동 스트레스가 너무 크면 훈련에 권태가 오고 의욕이 상실하면서 운동 수행력이 감소되지만 적절한 휴식과 운동 자극의 조절로 운동을 재도 약 단계로 전환시킬 수 있다.

인간이 스트레스에 적응하는 Hans Selye의 3단계 과정을 트레이닝에 적용하여 트레이닝 주기화의 이론적 기초가 개발되었다.

MEMO

01. 운동 역학의 연구 영역
02. 운동 역학의 기초 개념
03. 정역학적 운동
04. 운동학적 분석
05. 선운동의 운동역학적 분석
06. 각운동의 운동역학적 분석
07. 운동역학의 현장 적용

최병식
전공체육
체육내용학 I
운동생리학, 운동역학

Chapter

03

운동 역학

03 운동 역학

1 운동 역학의 연구 영역

운동역학은 인체나 스포츠 용구 등에 작용하는 여러 가지 힘들의 효과를 분석하고 예측하는 학문으로 이 힘들 간의 상호 관계를 이해하는 것이 매우 중요하다. 인체에 작용하는 힘들은 서로 평형을 이루거나, 비평형에 의한 운동 상태의 변화를 유발한다. 운동역학의 연구 영역은 인체에 작용하는 힘들의 평형을 다루는 정역학 분야와 비평형을 다루는 동역학 분야로 나뉜다.

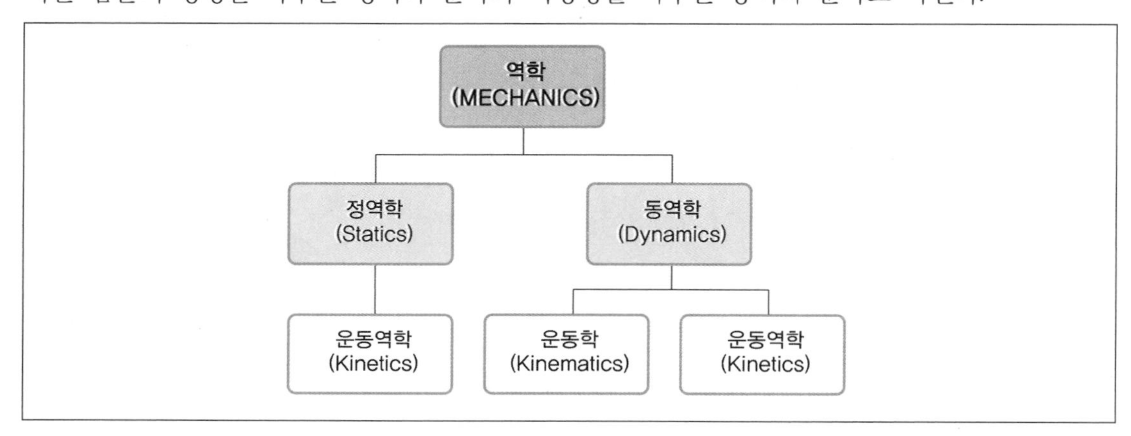

생체역학의 연구 영역

1. 정역학

정역학은 작용하는 힘들 사이의 평형 상태를 주요 분석 대상으로 한다. 정역학은 작용하는 모든 힘들의 합이 0이 되는 평형 상태를 주요 분석 대상으로 하는 역학의 한 분야이다. 평형 상태란 인체가 휴식 상태로 움직임이 없거나 일정한 속도로 움직인다는 것을 의미한다. 정지 상태 역시 일종의 운동 상태이므로 정역학에서는 힘들 사이에 존재하는 상호 관계를 규명하여 운동을 외부적으로 표현하는 것을 중요시한다(체조의 링에서의 십자버티기, 100m 크라우칭 스타트 자세 등).

2. 동역학

동역학은 작용하는 힘들 사이에 평형이 이루어지지 않아 운동이 일어나는 상황을 연구하는 분야이다. 동역학은 인체가 움직이는 동작을 설명하고 그것의 원인에 관심을 가지는 것으로 다시 운동학과 운동역학으로 구분할 수 있다. 동역학은 작용하는 힘들 사이에 평형이 이루어지지 않아 운동 상태가 변화하는 것에 관심을 둔다.

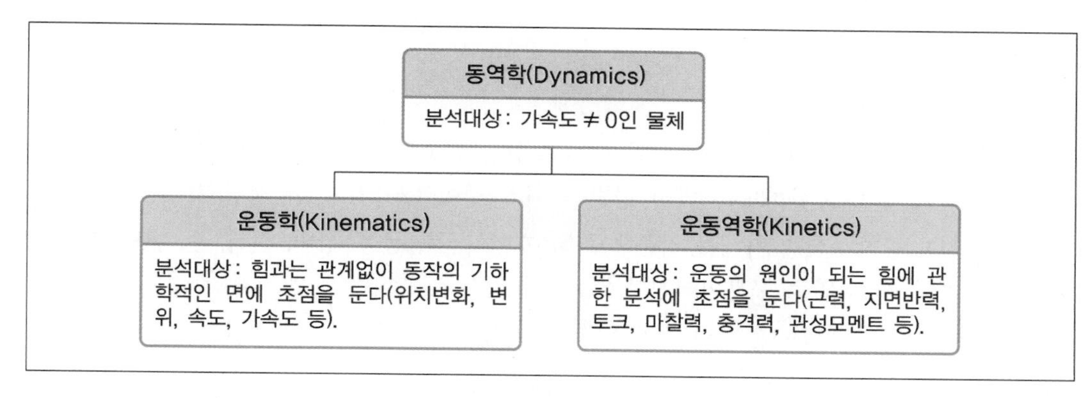

동역학의 분야

(1) 운동학

운동학은 운동의 원인이 되는 힘은 고려하지 않고 대상 물체의 현상, 즉 위치, 속도, 가속도 등을 연구하는 분야로 운동 현상학이라고도 한다. 운동학적 분석은 운동의 원인이 되는 힘을 고려하지 않고 동작의 움직임이나 현상 등의 변인을 정량적으로 기술하는 방법이다(위치 변화, 속도, 가속도, 변위 등).

(2) 운동역학

운동역학은 운동의 원인이 되는 힘에 대하여 연구하는 분야로 운동 원인학이라고도 하며 내력 및 외력이 중요한 변인이다. 운동역학은 운동을 유발하거나 변화시키는 원인인 힘을 다루는 분야로 인체에서 작용하는 외적인 힘을 중요시한다(근력, 토크, 운동량, 충격량, 지면반력, 관성모멘트, 마찰력 등).

운동역학은 연구하는 대상의 움직임에 따라 정역학(statics)과 동역학(dynamics)으로 나눌 수 있다. 정역학은 연구 대상이 정적인 상태, 즉 연구 체계가 받는 모든 힘의 합이 0일 때의 연구이다. 이에 반해 동역학은 모든 힘의 합이 0이 아닌 경우로 항상 가속도가 발생하는 상황에 초점을 맞추고 있다. 한편, 연구하는 내용상으로 분류한다면 운동학(kinematics)과 운동역학(kinetics)으로 분류할 수 있다. 운동학은 스포츠 현장에서 나타나는 인체 운동을 관찰하고 그 움직임을 변위, 속도, 가속도 등을 이용하여 설명하는 것인 반면에 운동역학은 다양한 힘 등과 같이 그 움직임의 원인을 규명하는 것이라 할 수 있다. 운동역학은 스포츠 또는 운동 중 인체에 작용하는 힘 또는 그 힘에 의한 움직임 자체의 운동 현상을 다루는 분야를 일컫는다.

2 운동 역학의 기초 개념

1. 인체 운동의 역학적 표현

인체의 각 부분의 위치는 3차원의 좌표로 표시될 수 있으며, 모든 인체의 운동을 3개의 서로 직교하는 운동축과 이 축에 직각인 운동면을 통하여 표현할 수 있다.

(1) 인체의 기준 자세

① 해부학적 자세

㉠ 해부학적 자세란, 시선을 정면에 두고 양팔을 동체의 측면에 늘어뜨린 채 양손은 손바닥이 전면을 향하도록 하며 양발을 어깨 넓이로 벌리고 선 직립 자세를 말한다.

㉡ 인체는 해부학적 자세를 기준으로 하여 머리-목, 몸통, 상완, 전완, 손, 대퇴, 다리, 발의 여덟 개 부위로 구분되어진다.

㉢ 해부학적 자세는 인체의 각 부위별 위치 및 인체운동의 동작에 대한 기술 시에 기준자세로 삼고 있다.

② 인체 부위의 방향(위치)에 관련된 용어

전	인체의 앞면에 보다 가까운 쪽
후	인체의 뒷면에 보다 가까운 쪽
상	머리에 보다 가까운 쪽
하	발바닥에 보다 가까운 쪽
내측	인체를 좌우로 이등분하는 정중선에 보다 가까운 쪽
외측	인체를 좌우로 이등분하는 정중선에 보다 먼 쪽
근위	몸통 부위에 보다 가까운 쪽
원위	몸통 부위에 보다 먼 쪽
기점	근육의 양끝은 뼈에 부착되어 있는데, 근수축 시 움직이지 않고 있는 쪽의 끝 부위
착점	근수축 시 움직이는 쪽, 즉 끌려오는 쪽의 끝 부위
표층	인체 및 인체 분절의 표면이나 표면에 가까운 쪽
심층	인체 및 인체 분절의 표면이나 표면으로부터 먼 쪽

인체는 골격계에 의해 지지되고 유지되며 골격계는 뼈, 관절, 연골 등으로 구성된다. 이것들은 주로 인대에 의해서 관절로 연결되어 인체의 체형을 형성하며, 관절과 관절 사이를 분절이라 한다. 이러한 분절들은 골격근의 작용에 의해서 각종 운동을 할 수 있도록 되어 있다.

(2) 인체의 운동면과 운동축

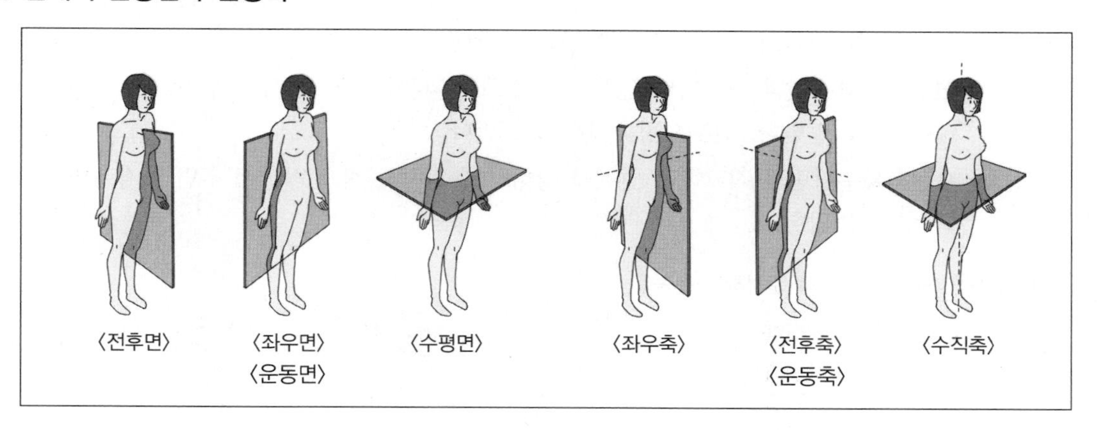

① 운동면

평면이란 2차원의 표면으로 정의되는 바, 인체의 무게중심을 통과하는 평면을 1차면이라 하고, 인체중심을 통과하지는 않지만 1차면과 평행한 평면을 2차면이라 한다. 세 개의 1차면은 전후면(시상면), 좌우면(관상면), 수평면의 3개의 면으로 분류되는데, 해부학적 자세를 취하고 있는 사람의 무게중심을 서로 직교하며 통과한다.

㉠ **전후면**: 인체를 전후로 통과하여 인체를 좌측반과 우측반으로 나누는 평면을 말한다. 특히, 인체를 좌우로 정확하게 이등분하는 전후면을 정중면이라고 한다.

> 전후면은 인체를 좌우의 두 부분으로 나누는 수직면이다. 해부학적인 자세로 서 있는 사람이 행하는 모든 굴곡, 신전 그리고 과신전 운동은 전후면 상에서 일어난다. 이 면에서 이루어지는 운동의 예는 달리기, 허리 굽히기, 등 젖히기, 바벨 들어올리기 등이 있는데 인체는 전후면상으로 움직이기에 유리한 구조로 되어 있다.

㉡ **좌우면**: 인체의 측면을 통과하여 인체를 앞쪽 반과 뒤쪽 반으로 나누는 평면을 말한다.

> 좌우면은 인체를 전후의 두 부분으로 나누는 수직면이다. 사지의 외전 및 내전 운동과 척추의 측면 굴곡 운동이 이 면에서 일어난다. 좌우면상에서 일어나는 운동은 손짚고 옆돌기, 옆으로 뛰기, 옆으로 굽히기 등이 있다.

㉢ **수평면**: 인체를 위쪽 반과 아래쪽 반으로 나누는 평면을 말한다.

> 수평면은 인체를 상하 두 부분으로 나누는 면을 말한다. 뛰어 돌기, 상완골의 내측 회전, 좌우로 머리 돌기와 같은 회전 운동은 모두 이 면에서 이루어진다.

② 운동축

인체에는 세 개의 가상적인 운동축을 형성할 수 있는데, 이들 각각은 세 개의 운동면과 직각을 이루며 형성되어 있다. 세 개의 운동면 중에서 두 개의 면이 서로 수직으로 교차하면서 한 개의 직선을 형성하는데 이를 인체의 축이라 한다.

㉠ 좌우축: 전후면과 직교하여 인체를 좌우로 통과하는 축으로서, 좌우면과 수평면이 공유하는 축을 말한다. 좌우수평축이라고도 한다.

㉡ 전후축: 좌우면과 직교하며 인체를 전후로 통과하는 축으로서 전후면과 수평면이 공유하는 축을 말한다. 전후수평축이라고도 한다.

㉢ 수직축: 수평면과 직교하며 인체를 상하로 통과하는 축으로서, 전후면과 좌우면이 공유하는 축을 말한다.

인체의 운동면과 그에 일치하는 운동축

평면	축
전후면	좌우축
좌우면	전후축
수평면	수직축

(3) 인체의 관절 운동

① 전후면에서의 관절 운동

㉠ 관절운동: 굴곡, 신전, 과신전, 배측굴곡, 족저굴곡

㉡ 전후면상에서 수행되는 대표적인 관절운동으로는 굴곡과 신전을 들 수 있다.

㉢ 걷기, 달리기, 앞구르기, 윗몸일으키기, 핸드스프링 등의 인체 기본 운동은 하지 고관절, 슬관절, 족관절을 중심으로 하여 이들 관절과 인접한 분절들이 전후면 상에서 굴곡과 신전 동작을 연속적으로 반복 수행한 결과라고 할 수 있다.

전후면상의 운동

- 굴곡: 관절을 중심으로 연결되어 있는 두 개의 분절이 이루는 관절각이 감소하는 움직임
- 신전: 굴곡 되었던 관절이 본래의 형태로 되돌아옴으로써 관절각이 증가하는 움직임

② 좌우면에서의 관절 운동

㉠ 관절운동: 외전, 내전, 내번, 외번, 거양, 강하, 외측굴곡, 내측굴곡

㉡ 좌우면상에서 일어나는 대표적인 관절운동은 외전과 내전을 들 수 있다.

㉢ 옆으로 굽히기, 다리 옆으로 벌리기, 측전, 옆구리 운동, 사이드 스텝 등과 같이 인체의 주요 운동에 대한 보조 운동이나 변화를 요하는 운동에 주로 행해진다.

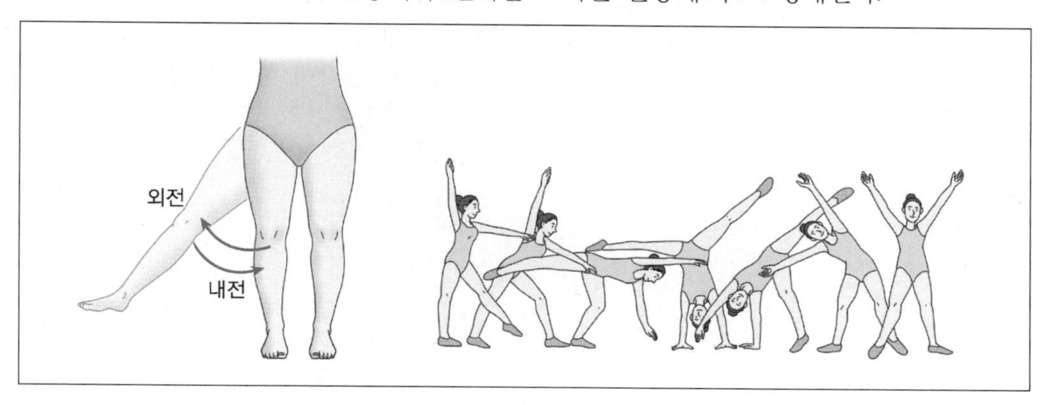

좌우면상의 운동

- 외전: 인체를 좌우 대칭으로 나누는 중심선으로부터 인체분절이 멀어져가는 움직임
- 내전: 인체분절이 중심선 쪽을 향하여 가까워지는 움직임

③ 수평면에서의 관절 운동

㉠ 관절운동: 회전, 회내, 회외, 수평외전, 수평내전, 오른쪽으로의 회전, 왼쪽으로의 회전

㉡ 몸통 회전, 목 회전, 머리 회전 등 장축 인체 분절 명칭을 따서 부르며, 피겨스케이팅 회전, 원반던지기 등이 이에 해당된다.

수평면상의 운동

- 수평외전: 수평면 상에서 인체중심선으로부터 멀어져 가는 관절운동
- 수평내전: 수평면 상에서 인체중심선 쪽을 향해 이동하는 관절운동

④ 기타 관절 운동(복합면 상에서의 운동)

대부분의 인체 분절은 관절을 축으로 하여 원뿔형태의 운동을 행할 수 있는데, 이와 같이 분절의 운동궤적이 원뿔을 형성하는 관절운동을 회선이라 한다. 예를 들면, 손목을 움직여서 손가락으로 원을 그리는 동작이나 팔 휘돌리기 동작이 이에 해당된다.

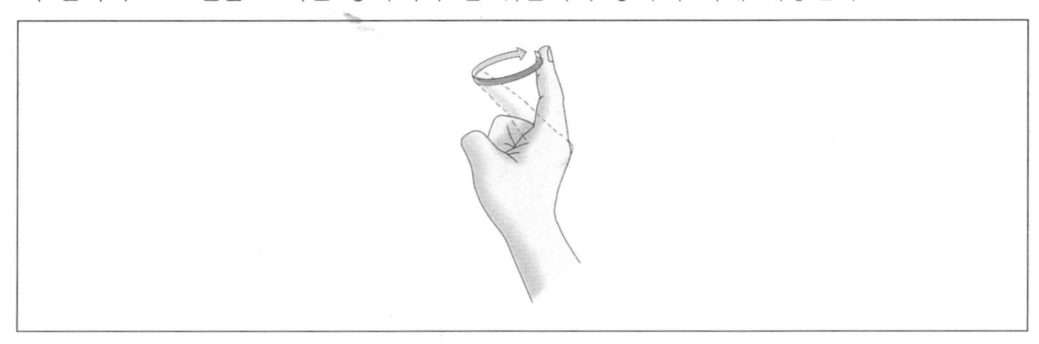

회선의 예

운동 기술 용어	
굴곡 신전 과신전	두 분절 사이의 각이 감소할 때 발생하는 굽힘 운동 두 분절 사이의 각이 증가할 때 발생하는 운동 해부학적 자세 이상으로 과도하게 신전되는 동작
배측굴곡 족저굴곡	발등이 경골에 가까워지는 동작 발바닥이 경골로부터 멀어지는 동작
외측굴곡 내측굴곡	척추가 좌우면상에서 측면으로 휘어지는 동작 외측굴곡의 반대동작
외전 내전	중심선으로부터의 인체 분절이 멀어지는 운동 인체 분절이 중심선에 가까워지는 운동
수평외전 수평내전	좌우면이 아닌 수평면에서 이루어지는 외전 좌우면이 아닌 수평면에서 이루어지는 내전
거양 강하	견갑대를 좌우면 상에서 위로 들어 올리는 동작 견갑대를 아래로 내리는 운동으로 거양의 반대 동작
회전 내선 외선	수직축 또는 인체 분절의 장축을 중심으로 분절 내의 모든 점이 동일한 각거리로 이동하는 운동(여러 개의 분절이 가담) 몸의 중심선으로의 회전 몸의 중심선으로부터의 회전
회선	회전운동의 특수한 형태로, 인체 분절의 운동궤적이 원뿔을 형성하는 관절운동
회내 회외	전완과 손이 내측으로 회전하는 동작 전완과 손이 외측으로 회전하는 동작으로 회내의 반대 동작
내번 외번	발의 장축을 축으로 하여 발바닥을 내측으로 드는 동작 발의 장축을 축으로 하여 발바닥을 외측으로 드는 동작

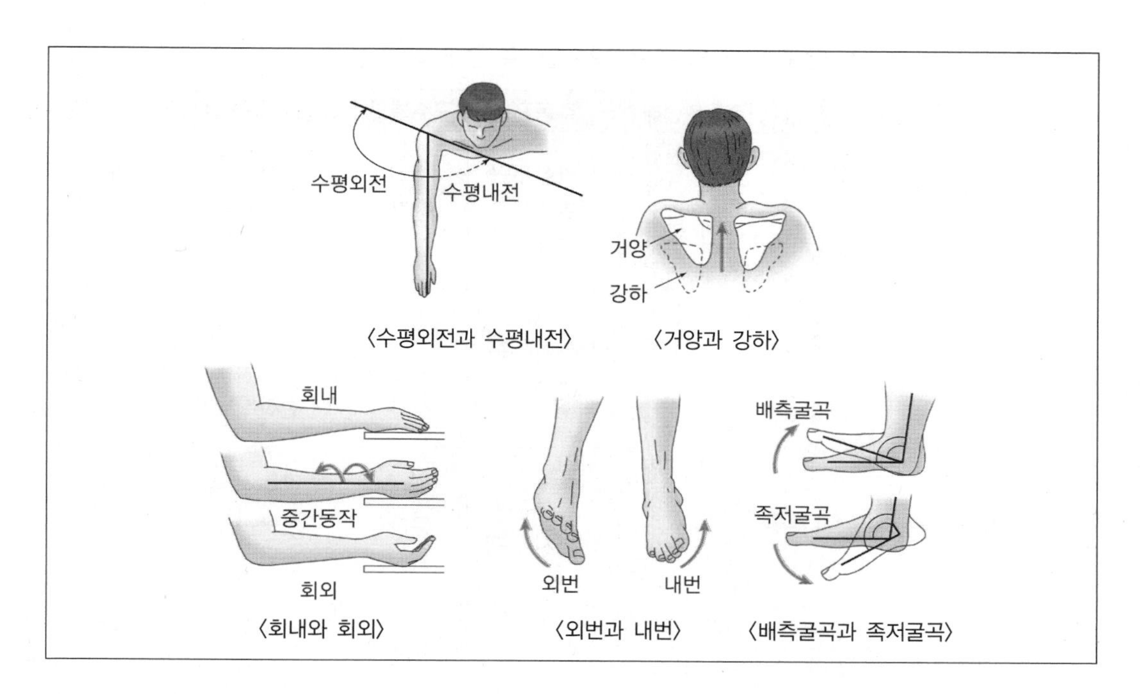

〈수평외전과 수평내전〉 〈거양과 강하〉

〈회내와 회외〉 〈외번과 내번〉 〈배측굴곡과 족저굴곡〉

(4) 관절에 따른 근육형태

① 굴근과 신근

㉠ 굴근: 관절이 굴곡 시에 단축성 수축을 하는 근육군

㉡ 신근: 관절이 신전 시에 단축성 수축을 하는 근육군

② 운동 시 근육군

㉠ 주동근: 어떤 특별한 움직임을 위하여 필요한 힘의 대부분을 발휘한다. 근육은 부착된 뼈에 작용하면서 부착된 뼈가 서로 가까워지도록 당긴다.

㉡ 협응근: 주동근의 작용에 도움을 주고 때때로 움직임의 작용을 정밀하게 조절하도록 도와주는 것이 포함된다.

㉢ 길항근: 주동근과 서로 반대되는 작용을 동시에 하는 근육. 주동근이 신근이면 길항근은 굴근이 된다.

> 상완이두근(주동근)이 수축할 때 상완삼두근(길항근)도 수축한다. 이것은 상완이두근의 강한 수축에 의하여 상완삼두근이 과도하게 늘어나는 것을 예방하며 더욱 잘 통제된 움직임을 가져온다. 또한 이러한 주동근과 길항근의 반대적인 작용은 근육의 긴장을 가져온다.

③ 운동에 따른 관절 운동 형태 및 주동근의 근수축 형태 및 특징

운동형태		관절운동형태	주동근	근수축형태	근수축형태특성	원인
팔굽혀펴기 벤치프레스	상승	주관절 신전 견관절 굴곡	상완삼두근 광배근 대흉근	등장성	단축성 수축	내력>외력
	하강	주관절 굴곡 견관절 신전			신장성 수축	내력<외력
턱걸이	상승	주관절 굴곡 견관절 신전	상완이두근 광배근	등장성	단축성 수축	내력>외력
	하강	주관절 신전 견관절 굴곡			신장성 수축	내력<외력
하프스쿼트	상승	고관절 신전 슬관절 신전	대둔근 대퇴사두근	등장성	단축성 수축	내력>외력
	하강	고관절 굴곡 슬관절 굴곡			신장성 수축	내력<외력
윗몸 일으키기	상승	척추 굴곡	복직근	등장성	단축성 수축	내력>외력
	하강	척추 신전			신장성 수축	내력<외력

2. 선운동과 각운동의 운동학적 분석

(1) 선운동의 운동학적 변인

① 거리와 변위

㉠ 거리: 물체가 한 위치에서 다른 위치로 이동하였을 때 그 물체가 지나간 궤적의 길이

㉡ 변위: 그 물체의 이동 시점과 종점 사이의 직선 거리

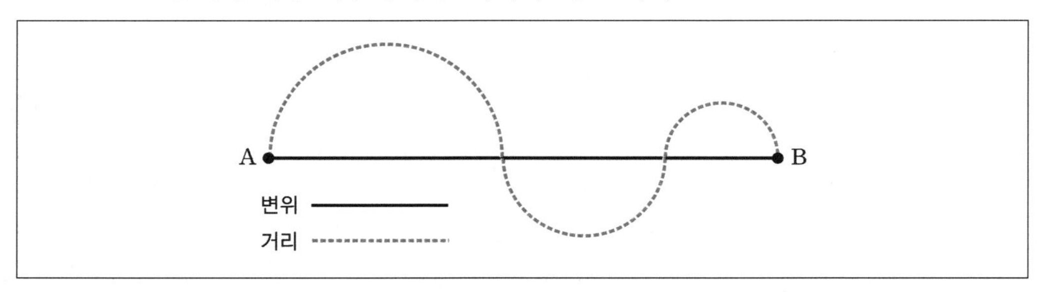

거리와 변위

벡터	크기와 방향을 갖는 물리량(변위, 힘, 속도, 가속도, 중력 등)
스칼라	크기만 있고 방향은 없는 물리량(길이, 거리, 부피, 시간 등)

A는 400m 트랙을 한 바퀴 돌았고, B는 400m 직선도로를 달렸을 경우에 거리와 변위?

→ A: 거리 = 400m, 변위 = 0
→ B: 거리 = 400m, 변위 = 400m

② 속력과 속도

㉠ 속력(평균속력) = $\frac{\text{이동거리}}{\text{경과시간}}$: 스칼라량으로 크기만 있을 뿐 방향은 없다.

속력(speed)은 단순히 물체가 얼마나 빨리 이동하는가라는 크기에 국한되어 있는 반면에 속도(velocity)는 얼마나 빨리 이동하는가 하는 크기뿐 아니라 어느 쪽으로 움직이는가 하는 방향까지도 포함하고 있다. 그러므로 속도의 크기를 속력이라 할 수 있다. 대부분의 스포츠 상황에서는 속력과 속도의 개념에 대한 구별이 그다지 중요하지 않으며 흔히 이들 용어가 서로 혼용하여 사용되기도 한다.

㉡ 속도(평균속도) = $\frac{\text{이동변위}}{\text{경과시간}}$: 벡터량으로 크기와 방향이 있다.

길이 50m의 수영장에서 자유형 50m 경기와 100m 경기의 소요시간이 각각 30초와 70초였다고 했을 경우에 속력과 속도?

- 자유형 50m 경기의 경우(30초 소요)
  → 평균속력 = 50/30(m/sec), 평균속도 = 50/30(m/sec)
- 자유형 100m 경기의 경우(70초 소요)
  → 평균속력 = 100/70(m/sec), 평균속도 = 0/70(m/sec)

자유형 100m 경기 시의 평균속도가 0이 되는 것은 왕복코스로 인하여 변위가 0이기 때문이다.

㉢ **평균속도**: 순간 순간의 속도변화를 무시한 채 특정 거리 혹은 변위를 이동하는데 소요되는 시간으로 나눈 속도

예 100m를 10초에 달렸을 경우 평균속도는 100/10 = 10(m/sec)가 된다.

㉣ **초속도**: 시간을 측정하기 시작한 그 순간(시각이 0 sec인 순간)의 속도

예 정지상태의 인체 또는 물체가 움직임을 시작하는 순간의 초속도는 0이 된다.

㉤ **종속도**: 일정 거리나 변위 혹은 시간의 종료점에서의 속도(동작의 완료 또는 끝이나 결승점에 이르렀을 때의 속도)

㉥ **순간속도**: 순간적인 특정 시간이나 지점에서 측정된 속도(물체의 순간 이동거리를 시간의 변화량으로 나눈 값)

$$v = \frac{d_2 - d_1}{t_2 - t_1} = \frac{\Delta d}{\Delta t}$$

(∵ Δd: 물체의 순간이동거리, Δt: 시간의 변화량)

순간속도

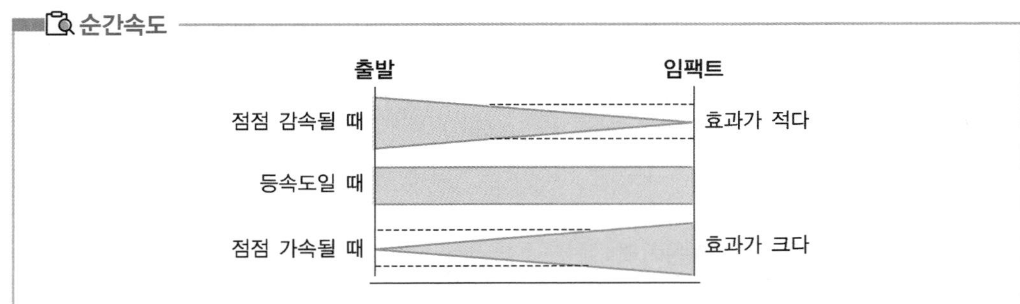

동일한 평균속도일 때 순간속도 차이에서 오는 충돌효과의 차이

- 아주 짧은 시간 즉 0에 가까운 시간간격으로 측정한 속도를 순간속도라 한다.
- 경기력 향상을 목표로 운동을 분석할 때 평균속도가 갖는 의미도 중요하지만 물체가 릴리스 되거나 충돌할 때에는 순간속도가 갖는 의미가 더욱 중요할 때가 많다.
- 야구경기에서 타구된 공이 날아가는 속도는 타자가 배트를 스윙하기 시작하여 공을 칠 때까지 배트의 평균 스윙속도에 의하여 결정되는 것이 아니라, 배트와 공이 임팩트 되는 순간 배트의 속도에 의하여 결정된다.
- 해머가 얼마나 멀리 날아가는지는 해머를 휘돌리다 놓는 순간의 각속도에 의하여 결정된다.

③ 선가속도

가속도는 단위 시간당 속도의 변화율을 말한다. 속력이 증가하는 물체는 정적(+)가속도를 지니며, 반대로 속력이 감소하는 물체는 부적(−)가속도를 갖는다.

㉠ 속도가 변하지 않고 항상 일정한 운동을 등속도운동이라 하며, 움직이는 속도가 변하는 운동을 가속도(비등속도)운동이라 한다.

㉡ 가속도는 단위시간에 변화한 속도(마지막 속도 − 처음 속도)를 의미하는데, 단위시간에 변한 속도가 일정한 운동을 등가속도운동이라 한다.

㉢ 일반적으로 가속도는 속도가 빨라지는 것을 의미하고, 속도가 느려지는 것을 감속도라고 하지만 역학적인 표현에서는 이 두 가지 경우를 모두 가속도라고 한다.

ⓐ 속도가 증가할 때는 가속도를 양(+)으로 표시한다(정적가속도).

ⓑ 속도가 감소할 때는 가속도를 음(−)으로 표시한다(부적가속도).

$$\text{가속도}(a) = \frac{\text{마지막 속도} - \text{처음 속도}}{\text{경과시간}}$$

㉣ **평균가속도**: 평균가속도는 속도와 마찬가지로 움직이는 물체의 소요시간에 대한 속도의 변화율로서 나타낼 수 있다.

$$\text{평균가속도}(\bar{a}) = \frac{v_f - v_o}{t}$$

($\because v_t - v_o$: 속도의 변화량, t : 총소요시간)

ⓜ 등가속도 운동

ⓐ 자유낙하에서와 같이 중력이 일정하게 작용하는 경우 속도의 증가나 감소비율이 일정한 운동을 하게 되는데 이를 등가속도 운동이라 한다.

ⓑ 등가속도 운동에서는 단위시간에 변하는 속도가 일정하므로 처음속도, 나중속도, 물체가 이동한 거리, 이동하는데 소요된 시간 사이에는 일정한 관계가 있다. 가속도를 a, 처음속도를 v_o, 나중속도를 v_f, 시간을 t, 거리를 S라고 할때 다음과 같은 관계가 성립한다.

제1운동 방정식	제2운동 방정식	제3운동 방정식
$v_f = v_o + (a \times t)$	$v_o t + \frac{1}{2}at^2 = S$	$2as = v_f^2 - v_o^2$

(2) 각운동의 운동학적 변인

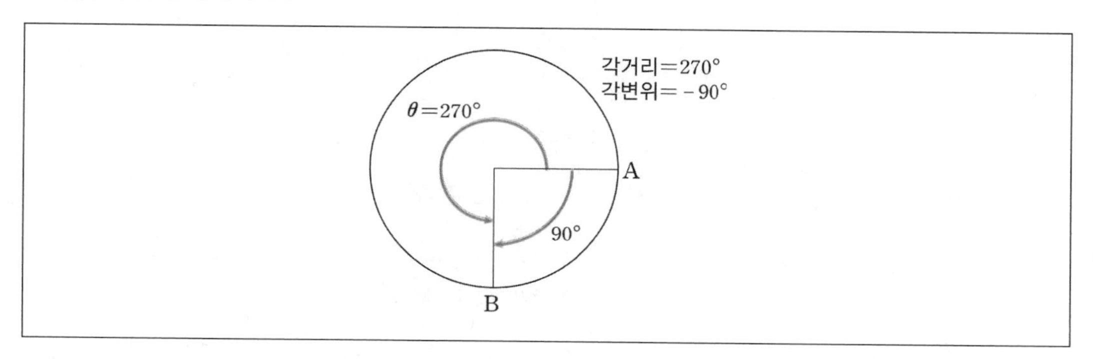

① 각거리와 각변위

㉠ 각거리는 그 물체가 이동한 궤적의 처음과 마지막 위치 간에 이루는 각의 크기를 의미한다.

㉡ 각변위는 그 물체가 이동한 궤적의 처음과 마지막 위치 간에 이루는 두 개의 각 중에서 작은 각의 크기와 같다.

㉢ 각거리는 크기만 가지고 있는 스칼라량이고, 각변위는 크기와 방향을 모두 가지고 있는 벡터량이다.

㉣ 각운동에서의 각거리는 방향의 개념이 없으나, 각변위의 방향은 시계 방향을 마이너스(−), 반시계 방향을 플러스(+)로 한다.

㉤ 선거리에서는 m단위를 사용하는 반면, 각운동단위는 도(degree)와 라디안(radian)을 사용한다.

ⓐ 1°(도)의 크기는 1회전을 360등분한 각의 크기이다.

ⓑ 각도를 나타내는 또 하나의 단위인 라디안(radian)은 호의 길이(d)를 반지름으로 나눈 비율단위(d/r)이다.

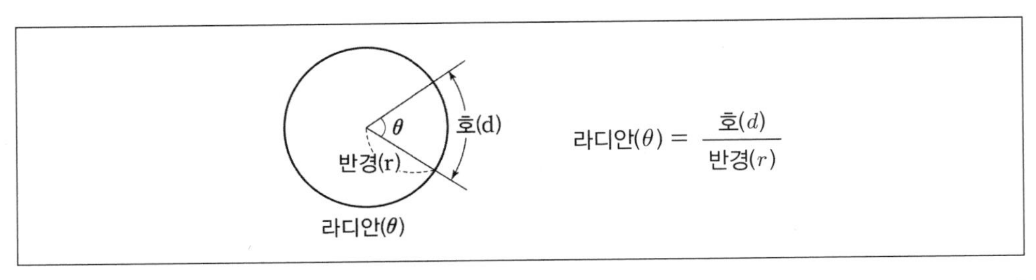

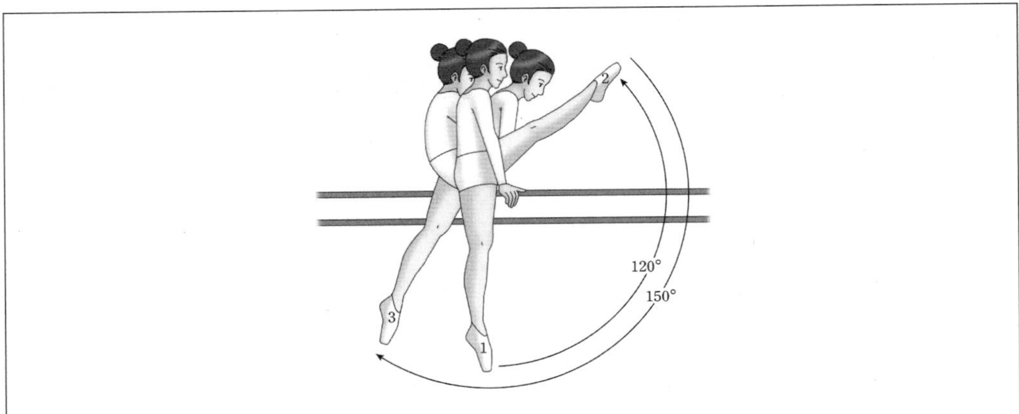

체조선수가 평행봉 위에서 다리를 전방으로 120° 스윙한 후 다시금 후방으로 150° 스윙을 한 경우에 선수의 다리가 이동한 각거리는 270°, 각변위는 −30°이다.

◆ 각거리와 각변위

② 각운동의 벡터

㉠ 선운동에서 벡터의 표기는 화살표를 이용한 직선이다.

㉡ 회전운동에서 벡터의 표기는 오른손 엄지손가락 법칙을 사용한다.

㉢ 오른손의 네 손가락 끝을 물체의 회전방향에 맞춘 후 네 손가락에 수직방향으로 엄지손가락을 펼치면 엄지손가락의 끝 방향이 된다. 이때 화살표의 길이로 각운동 벡터의 크기를 표시한다.

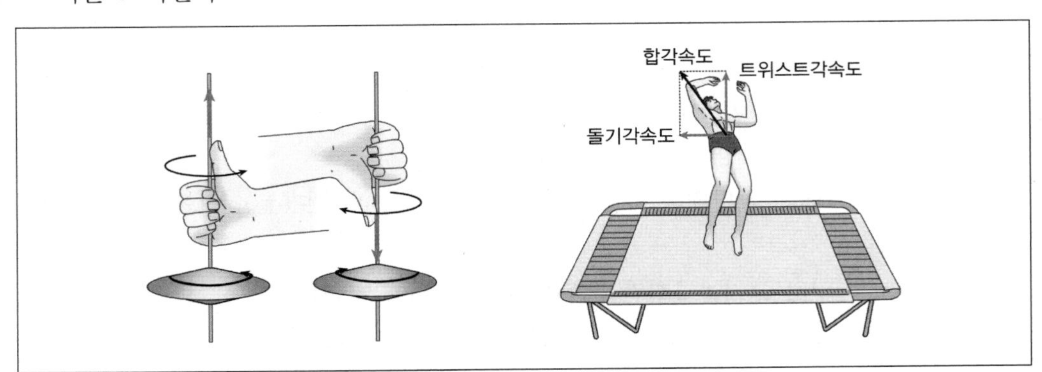

◆ 오른손 엄지손가락 법칙을 통한 각운동 합벡터 표시

③ 각속도와 각가속도운동

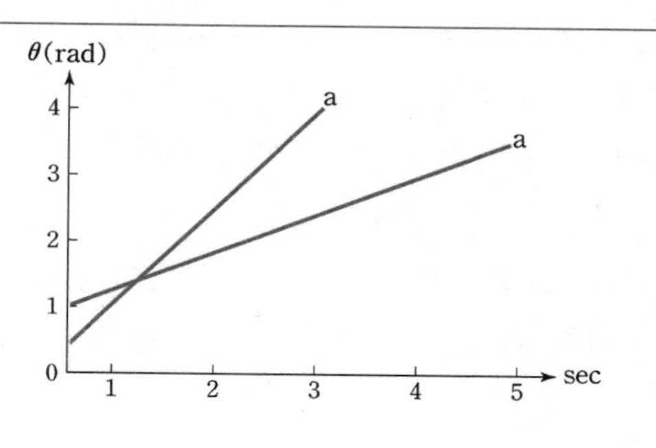

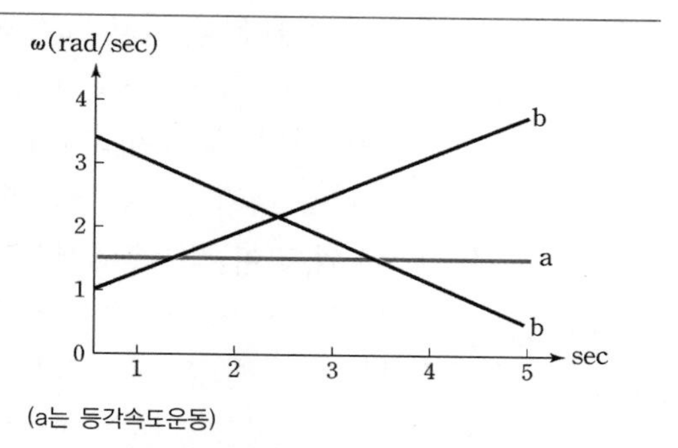

등각속도운동	등각가속도운동
등각속도운동은 일정한 각속도로 회전하는 운동이다.	각가속도운동에서 회전속도의 증가와 감소율이 일정하게 변하는 운동을 등각가속도 운동이라 한다.

㉠ 각속도

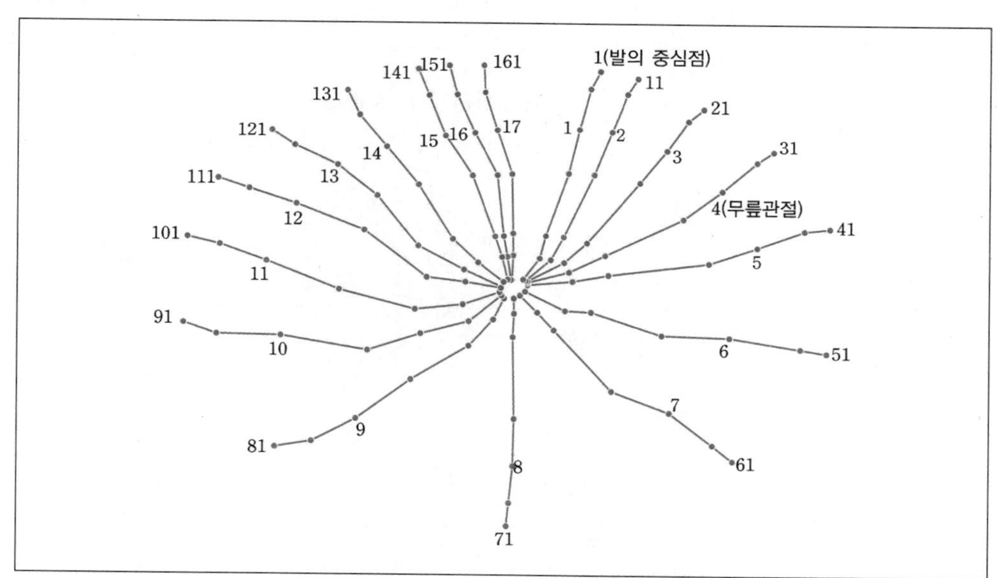

ⓐ 각속도: 각변위의 변화율이다.

ⓑ 각속도는 단위시간에 회전한 각변위이며, 문자로 표기할 때는 ω(오메가)를 사용한다. 각변위를 θ(세타), 시간을 t로 표시하면 다음과 같다.

$$각속도(\omega) = \frac{각변위(\theta)}{시간(t)}$$

ⓒ 기계체조선수가 철봉에서 휘돌기를 하는 것을 손목관절, 팔굽관절, 어깨관절, 엉덩관절, 무릎관절, 그리고 발의 무게중심점의 7개 표시점을 10프레임마다 나타낸 그림이다. 이 선수가 1회전을 하는 데 1초당 300°의 속도로 회전을 하였다는 것을 의미한다. 그러나 실제로 휘돌기의 각속도는 등각속도운동이 아니라 각각의 위치마다 속도가 다른 각가속도운동을 하는 것을 알 수 있다.

ⓓ 선속도와 같이 각속도에서도 평균각속도와 순간각속도로 구분하여 생각할 수 있다. 회전운동에서도 스포츠 기술을 분석할 때 평균각속도보다는 순간각속도가 더 많은 정보를 제공해 줄 때가 많다.

- 각속도 $= \dfrac{\text{각위치 변화량}}{\text{소요시간}} = \dfrac{\text{나중 각위치} - \text{처음 각위치}}{\text{나중시간} - \text{처음시간}}$
- 각가속도 $= \dfrac{\text{각속도의 변화량}}{\text{소요시간}} = \dfrac{\text{나중 각속도} - \text{처음 각속도}}{\text{나중시간} - \text{처음시간}}$

ⓛ 각가속도

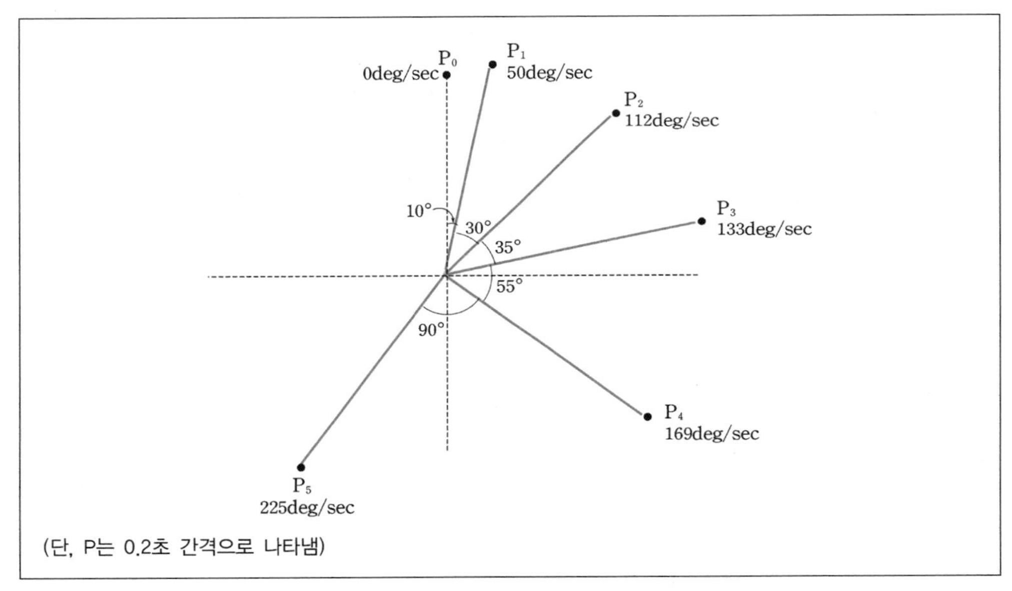

(단, P는 0.2초 간격으로 나타냄)

ⓐ 각가속도: 각속도의 변화율이다.

ⓑ 철봉 휘돌기의 회전 속도는 중력 때문에 위로 올라갈 때보다 내려올 때 빠르다. 철봉에서와 같이 스포츠 경기에서 대부분의 회전운동은 비등각속도운동을 하는데, 회전속도가 일정하지 않은 운동을 각가속도운동이라 한다.

ⓒ 각가속도는 단위시간에 변한 각속도로 문자로 표기할 때에는 α(알파)를 사용한다. 나중 각속도를 ω_f, 처음 각속도를 ω_o, 시간을 t라 하면 다음과 같다.

$$각가속도(\alpha) = \frac{\omega_f - \omega_o}{t}$$

구간	평균 각가속도
$P_0 \sim P_1$	250°/sec²
$P_1 \sim P_2$	310°/sec²

(3) 선운동과 각운동의 관계

① 선속도와 각속도

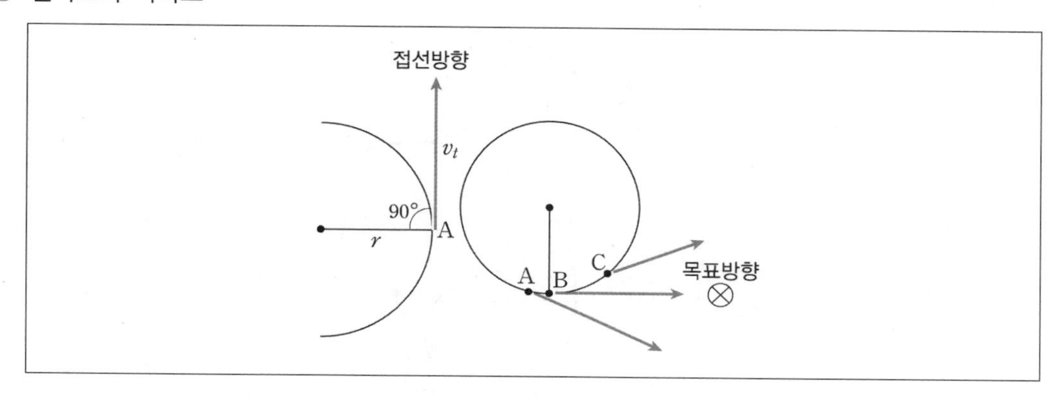

접선방향과 접선속도

㉠ 해머를 돌리다 릴리스하면 해머는 원운동을 계속하지 않고 선운동을 한다. 이처럼 스포츠 경기에서는 회전 운동을 통하여 병진 운동으로 전환되는 경우가 많다.

㉡ 회전운동을 하던 물체가 (A)지점에서 릴리스 되면 반지름과 90° 방향으로 선운동을 하게 되는데, 이러한 방향을 접선방향이라고 하며 이때의 속도를 접선속도라고 한다.

㉢ 야구의 피칭과 같이 목표방향으로 공을 던지기 위해서는 목표방향과 회전호가 접점(B)을 이루는 곳에서 공을 놓아야 한다.

㉣ 스포츠에서 나타나는 인체 운동은 대부분 각운동의 결과로 선운동이 일어나기 때문에 선속도와 각속도의 관계를 명확하게 이해해야 한다.

② 선거리와 각거리

㉠ 원의 호를 따라 각도 θ를 횡단한다고 가정하자.

㉡ 여기에서 원주를 따라 진행되는 바깥쪽 경로는 긴 경로이고, 안쪽 경로는 더 짧은 경로다. 각거리는 두 경로가 동일하지만, 선거리는 원의 반지름에 의해 영향을 받는다.

㉢ 원의 호의 길이에 해당하는 선거리(d)는 원의 반지름(r)과 각거리(θ)의 곱으로 산출된다.

③ 선속도와 각속도의 공식

- 라디안(θ) $= \dfrac{\text{호의 길이}(d)}{\text{반경}(r)}$
- 호의 길이(d) = 반경(r) × 라디안(θ)
- 선속도(v) $= \dfrac{\text{거리}(d)}{\text{경과시간}(t)}$, 선속도($v$) $= \dfrac{r \times \theta}{t} = r \times \omega$
- 선속도(v) = 회전반경(r) × 각속도(ω)

㉠ 철봉의 대차돌기에서 선속도와 각속도

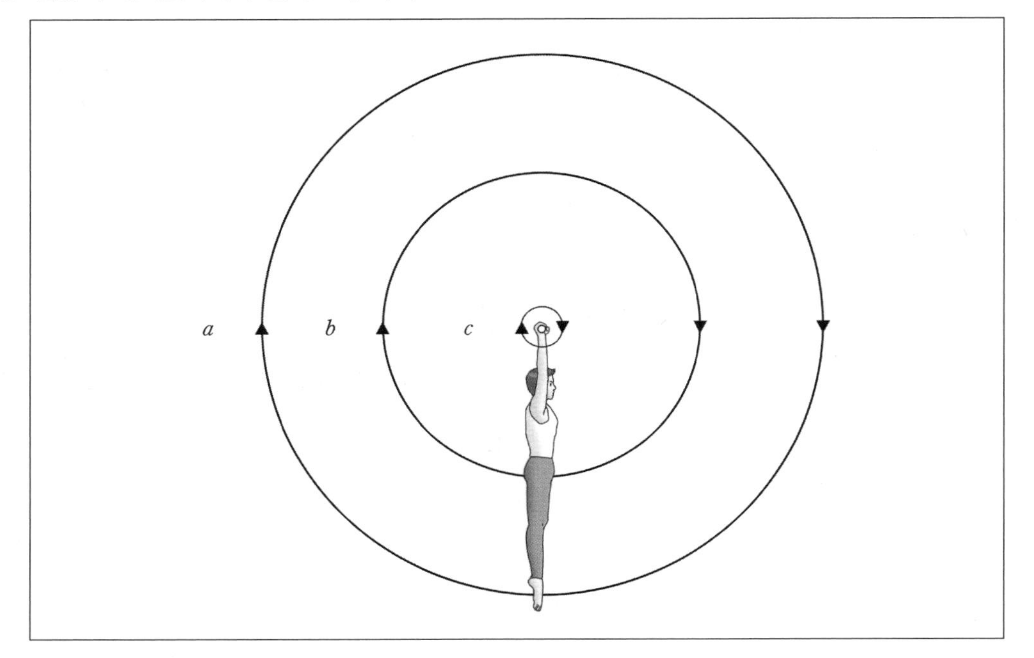

ⓐ 엉덩이는 발보다 더 작은 원을 그리며 회전하고, 철봉으로부터 더 멀리 떨어져 있는 발은 엉덩이보다 더 큰 원을 그린다.

ⓑ 엉덩이와 발은 서로 크기가 다른 원을 동일한 시간 동안에 완성한다. 엉덩이와 발은 동일한 각속도를 가진다.

ⓒ 발의 위치가 철봉에서 엉덩이까지 거리의 두 배이면, 두 배로 큰 원을 돌게 되므로 두 배 빠른 속도로 움직인다. 따라서 발은 엉덩이보다 두 배의 선속력을 가지게 된다.

㉡ 회전반경의 길이와 운동량

ⓐ 회전체의 각속도가 일정할 때, 그 물체의 선속도는 회전반경의 길이에 비례한다.

$$v = r \times \omega$$

ⓑ 회전체의 선속도가 일정할 때, 그 물체의 각속도는 회전반경의 길이에 반비례한다.

$$\omega = \frac{v}{r}$$

④ 선속도와 각속도의 적용

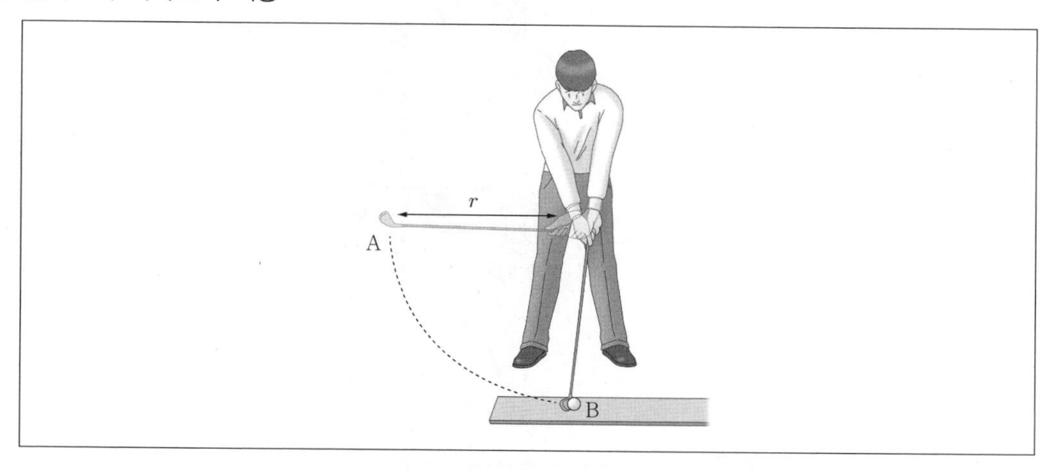

골프 스윙에서 클럽의 헤드 속도

㉠ 골프의 스윙에서 반지름의 길이가 r인 클럽 헤드가 A지점에서 t초 사이의 임팩트 되는 B지점까지 다운스윙이 되었을 때 클럽 헤드의 속도는 다음과 같다.

ⓐ 각운동에서 선운동으로 전환될 때 물체의 선속도는 릴리스 되는 순간의 각속도와 회전반지름의 곱으로 나타난다.

ⓑ 선속도 = 각속도 × 회전반경, 따라서 선속도를 증가시키려면 임팩트(타격) 순간의 각속도와 반지름의 크기를 크게 해야 한다.

㉡ 해머던지기 선수가 해머를 멀리 던지려면 서클 안에서 해머를 점점 빨리 휘돌려 회전속도를 최대한 증가시킨 후에 던져 해머의 투사속도를 높여야 한다. 프트볼의 투수가 빠른 공을 던지기 위하여 팔을 빠르게 휘돌려 각속도를 증가시키는 것도 이러한 이유 때문이다.

㉢ 골퍼가 공을 멀리 보내기 위해서는 길이가 긴 클럽을 사용하여 팔을 최대로 신전시킨 상태로 샷을 해야 하고, 야구에서 타자는 배트의 안쪽보다는 바깥쪽으로 공을 타격(임팩트)해야 공을 멀리 쳐 보낼 수 있다.

㉣ 그러나, 반지름을 너무 증가시키면 회전관성이 증가해 큰 힘을 발휘해야 하므로, 이때 힘이 약한 선수는 회전속도가 오히려 감소하게 된다. 따라서 자신의 체력에 맞는 반지름을 가진 타격도구를 사용하는 것이 유리하다.

㉤ 속력은 시간당 회전한 정도와 회전축으로부터 떨어진 정도에 의해 결정된다. 클럽 헤드의 속력을 더 내기 위해서는 빠르게 스윙하여 클럽의 각속도를 증가시키거나 클럽의 손잡이를 더 높이 올려 잡아서 회전축으로부터 헤드까지 거리(반경)를 증가시켜야 한다.

$$v = r \times \omega$$
($\because$ v : 속도, r : 회전반경, ω : 각속도)

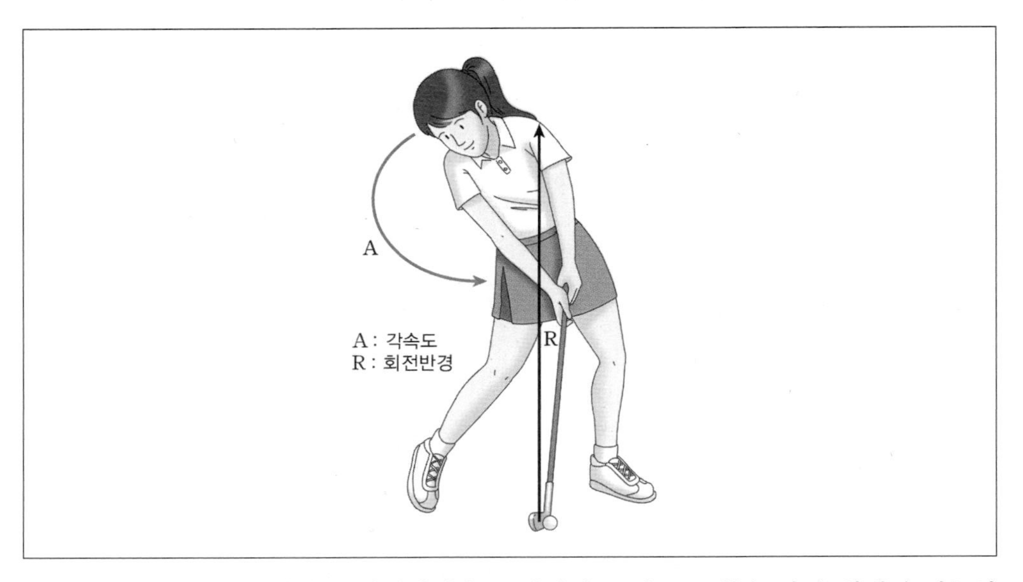

ⓑ 공을 정확히 칠 수만 있다면 회전반경을 증가시키고 빠른 스윙을 하기 위해서 가능한 한 그립의 끝 쪽을 잡는 것이 유리하다. 배트를 빠르게 스윙한다는 것은 각속도를 최대로 하는 것을 의미하며, 회전반경을 최대한 크게 하여 최대 각속도를 유지하면 클럽, 배트 등의 맞히는 부분에 가장 큰 속력을 발휘할 수 있다. 스윙에서 (A)각속도에 (R)반경을 곱하면 클럽 헤드의 속력이다.

회전반경이 길수록 유리한 경우 ($v = r \times \omega$)	• 신체분절의 각속도가 최대에 이르렀을 때의 선속도는 회전반경의 길이를 길게 함으로써 증가시킬 수 있다(배구의 스파이크, 테니스의 서브, 야구의 배팅, 골프의 스윙 등). • 회전반경을 길게 함으로써 선속도를 증가하여 운동량을 증가할 수 있다. (운동량 = 질량 × 속도)
회전반경이 짧을수록 유리한 경우 ($\omega = \frac{v}{r}$)	• 물체의 선속도가 최대가 이르렀을 때 그 물체의 각속도는 회전반경을 짧게 함으로써 증가시킬 수 있다. • 다이빙 공중돌기의 경우 빠른 속도로 회전하기 위해 허리를 구부린 터크 자세를 취하여 회전반경을 짧게 함으로써 속도를 증가시킬 수 있다.

⑤ 선속도와 각가속도

㉠ 구심가속도와 접선가속도

접선성분 (점A에서 원의 탄젠트)	구심가속도와 접선가속도 (원운동에서 선가속도)	구심가속도와 접선가속도 적용 (볼링의 딜리버리 동작)
O, A, OA: 원의 반지름	a_t, a_r, B, A	A, B

$$구심가속도 = \frac{접선속도^2}{회전반경} = 회전반경 \times 각속도^2,\ 접선가속도 = 회전반경 \times 각가속도$$

ⓐ 회전운동에서 물체가 곡선경로를 따라 움직일 때의 가속도는 접선성분과 구심성분의 두 성분을 갖는다.

ⓑ 구심성분의 가속도(a_r)는 회전축의 방향으로 작용하는 가속도이며, 구심가속도 때문에 힘은 원의 중심을 향하고 이 힘을 구심력이라 부른다.

ⓒ 접선성분의 가속도(a_t)는 구심성분에 직각 방향으로 작용하는 가속도이다. 탄젠트는 원의 반지름에 직교하고 원주 상의 어떤 점을 통해 지나가는 선을 말한다.

ⓓ 볼링의 투구동작을 처음 시작할 때 공은 어깨높이에서부터 거의 수직방향으로 내려오지만, 릴리스 직전에는 거의 수평방향의 운동을 한다. 이처럼 투구동작을 시작하여 릴리스 직전까지 공을 아래로 내려오면서 앞으로 이동하는 두 방향의 연속적인 운동이 된다.

구분	내용
구심가속도	• 공의 방향이 변한다는 것은 공에 힘이 작용하기 때문이며, 물체에 힘이 작용하면 속도와 방향에 변화가 생긴다. • 투구동작에서 공의 방향이 변화하는 이유는 공이 계속하여 본래 가려고 하는 방향으로 가지 못하도록 굴러가 회전축이 어깨관절 방향으로 공을 끌어당기기 때문이다. 이처럼 작용된 힘이 공의 회전중심인 어깨관절 방향으로 공에 가속을 일으키게 된다.
접선가속도	• 일반적으로 볼링의 투구동작에서 스윙이 시작되어 릴리스 될 때가지 공의 속도와 방향을 계속 변하는데, 공이 곡선 궤적을 따라 움직이는 속도의 변화율이 접선가속도이다.

3. 일과 에너지

(1) 일

$$일(W) = 힘(F) \times 거리(d)$$

① 역학에서 "일"을 했다는 것은 일정한 거리에 걸쳐 저항에 대항하는 힘이 작용되었다는 것을 의미한다. 이때 일의 크기는 물체의 변위와 그 변위 방향과 같은 방향으로 물체에 가해진 힘의 곱으로 나타낸다. 이와 같이 역학적 일의 개념에는 거리가 포함되어 있기 때문에, 역학적으로 "일을 했다"는 것은 선수 또는 물체가 이곳에서 저곳으로 이동했다는 것을 시각적으로 확인할 수 있다.

② 창던지기 선수는 일정한 거리에 걸쳐 창에 힘을 가함으로써 일을 하게 된다. 또한 웨이트 트레이닝에서 덤벨은 일정한 거리를 올라가게 된다. 반대로, 가슴 높이의 받침대에 고정되어 있는 바를 10초 동안 정적 수축하면서 누르거나 당기면, 바가 전혀 움직이지 않았기 때문에 역학적 관점에서는 일을 전혀 하지 않은 것으로 간주한다.

③ 근 수축이 얼마나 강하게 일어났는지 또는 얼마나 많은 생리학적 일을 하였는지는 문제가 되지 않는다. 창이나 공, 덤벨이 움직이지 않았다면 역학적인 일은 하지 않은 것이다.

—◇ 일의 단위 ◇—

- 일의 단위(J 또는 N · m) : 힘의 단위 × 거리의 단위
- 1J : 1N의 힘으로 물체를 1m 이동시켰을 때의 일의 양
- 1J = 1N · 1m
- kg중 · m : 1kg중의 힘으로 물체를 1m 들어 올릴 때 한 일의 양
- 1kg중 · m = 1kg중 × 1m = 9.8N × 1m = 9.8N · m = 9.8J

(2) 수평 방향의 일

① 일의 크기를 수평방향으로 생각할 때 힘과 이동거리의 방향이 수직일 경우는 일의 값은 0이다. 물건을 들고 서 있을 때는 중력에 대항하는 힘은 작용하지만 움직인 거리가 0이므로 일은 없다. 물체를 들고 수평 방향으로 이동한 경우에는 움직인 방향의 힘이 $F\cos 90° = 0$이므로 이때 한 일은 없다.

② 아래 그림에 물체를 실제로 움직이게 하는 힘은 F가 아니라 F의 수평 성분의 힘이다.

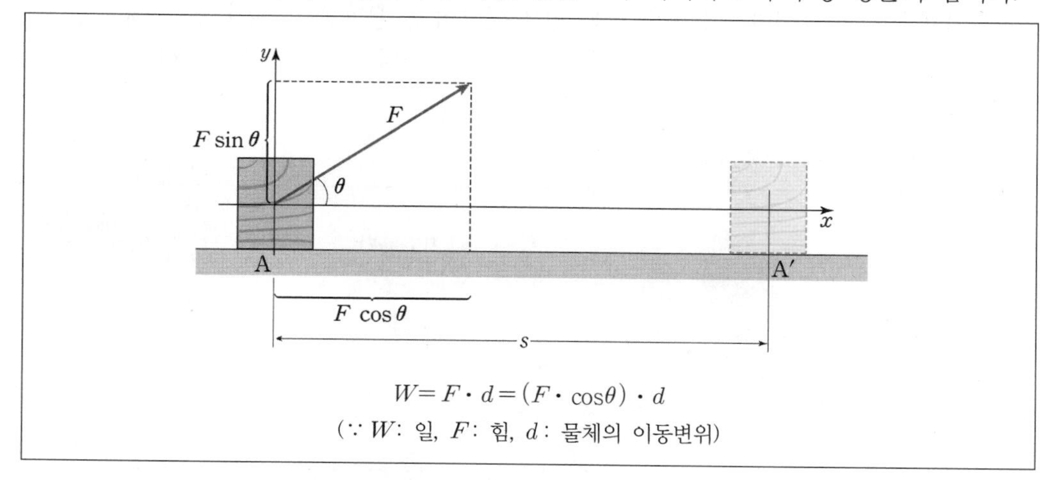

힘의 작용에 의한 물체의 이동과 일

포환던지기 선수가 써클 안에서 포환에 가한 힘이 20kg · 중이고, 그 힘을 가하기 위해 허용된 직선 운동거리가 1.5m라고 할 때 이 선수가 한 일의 양?

→ W = 20 × 1.5 = 30kg중 · m

일을 하지 않은 경우

- 힘을 가하지 않았을 때
- 변위가 생기지 않았을 때
- 힘과 변위의 방향이 90°일 때

(3) 수직 방향의 일

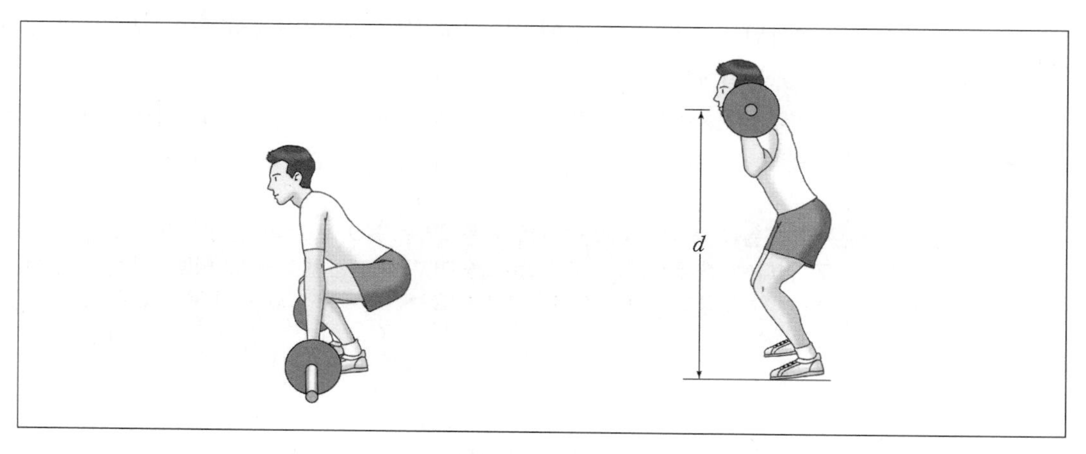

바벨을 들어 올릴 때 일

물체를 들어 올릴 때의 일에서는 중력이 항상 작용하므로 물체의 질량이 클수록 무겁기 때문에 물체를 같은 높이만큼 들어 올리는 경우 질량이 큰 물체에 더 많은 일을 해야 한다. 물체의 무게는 질량에 비례하므로 일의 양은 질량에 비례한다. 중력에 대하여 한 일의 양은 $W = P \cdot S$(물체의 무게 × 높이)이다.

① 중력에 대하여 수직방향과 경사면의 일

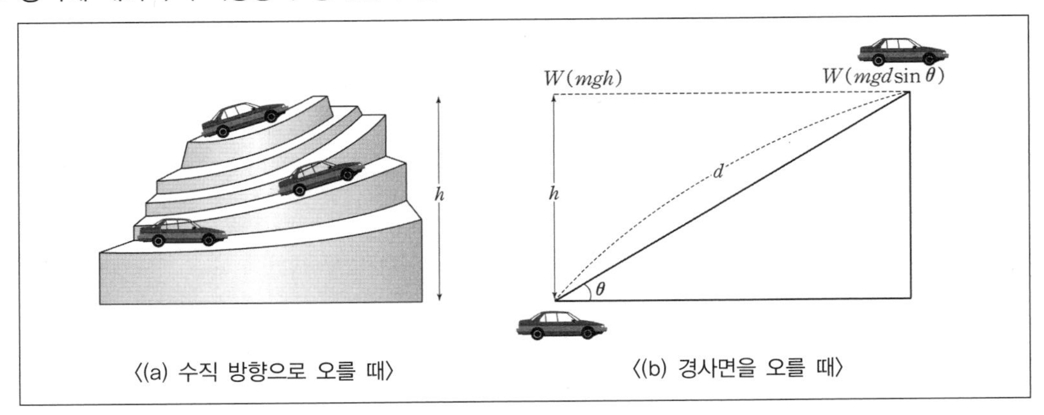

〈(a) 수직 방향으로 오를 때〉 〈(b) 경사면을 오를 때〉

㉠ (a)와 같이 자동차가 높은 언덕을 올라갈 때 나선모양의 경사면을 따라 올라간다.

㉡ 지면으로부터 같은 위치를 올라갈 경우 수직방향으로 직접 올라갈 때 한 일이나 빙글빙글 돌아 올라갈 때 한 일은 그 크기는 모두 동일하다(무게가 같고 수직이동거리가 동일하기 때문).

ⓐ 수직방향으로 직접 올라갈 때: $W = m \cdot g \cdot h$

ⓑ 경사면을 올라갈 때: $W = m \cdot g \cdot d \cdot \sin\theta$

$$m \cdot g \cdot h = m \cdot g \cdot d \cdot \sin\theta$$

㉢ 결론적으로 최종 수직높이가 같은 경우

ⓐ (a) 경사가 90°인 수직으로 올라가면 이동거리는 짧은 반면 작용한 힘이 크다.

ⓑ (b) 낮은 경사면을 따라 올라갈 때 이동거리가 긴 반면 작용한 힘이 작으므로 두 경우의 일량은 동일하다.

ⓒ (a)와 (b) 모두 이동거리는 다르지만 실제 수직방향의 이동거리와 차의 무게가 같기 때문에 일량은 동일하다.

운동역학에서는 일을 "힘을 들여서 물체의 위치를 이동시키는 것"이라고 정의한다. 그러므로 걷는 것도, 창을 던지는 것도, 상대선수를 밀어내는 것도 모두 일이다. 1N의 힘을 들여서 1m 이동시켰을 때 한 일을 1J이라고 하면, 일 = 힘 × 힘의 방향으로 이동한 거리 또는 $W = F \cdot S$와 같이 표시할 수 있다.

② 힘을 수직 상방으로 작용

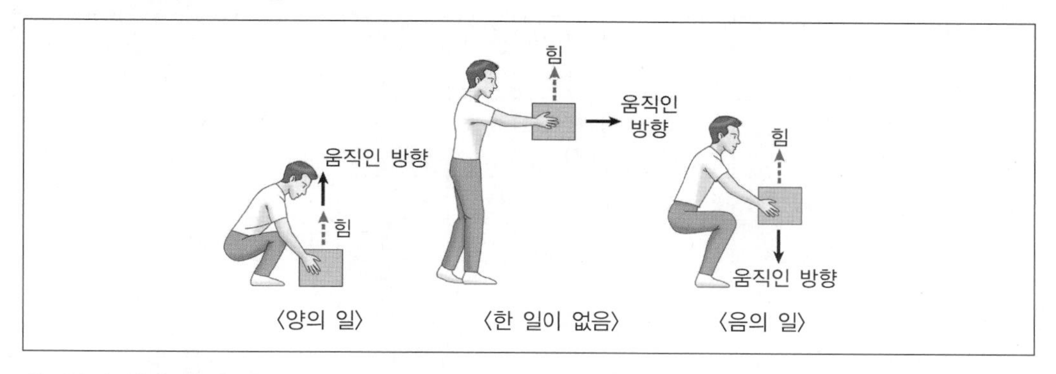

㉠ 양의 일과 음의 일

ⓐ 양(+)의 일 : 물체에 작용된 추진력의 방향으로 물체가 움직일 경우

ⓑ 음(−)의 일 : 중력과 저항력이 추진력 보다 커서 추진력의 반대방향으로 움직일 경우

㉡ 위 그림은 바닥에 있는 물체를 어깨 높이만큼 들어 올린 다음(+), 그 높이를 유지하면서 수평으로 물체를 이동시킨 후(0), 다시 물체를 바닥에 내려놓는 모습(−)이다.

③ 근수축에 따른 음과 양의 일

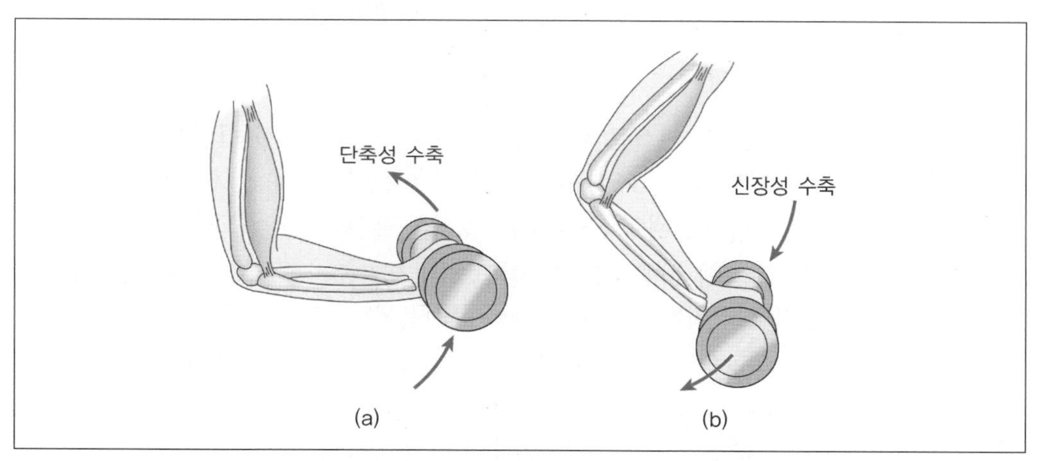

㉠ (a)는 상완이두근의 단축성 수축방향과 같은 방향으로 덤벨이 움직이므로 양(+)의 일을 한 것이다.

㉡ (b)는 덤벨의 부하가 주동근인 상완이두근의 수축력보다 커서 바벨이 아랫방향으로 내려오기 때문에 상완이두근이 신장성 수축을 하므로 음(−)의 일을 한 것이다.

㉢ 팔굽혀 펴기는 상지 근육군의 단축성 수축과 신장성 수축이 반복되는 운동으로 상지 근육군이 단축성 수축(팔꿈치가 신전될 때)때는 양(+)의 일을, 신장성 수축(팔꿈치가 굴곡될 때)때는 음(−)의 일을 하게 된다.

㉣ 양의 일과 음의 일을 번갈아 수행하여 변위가 0이 되면, 일의 크기도 0이 된다.

	양(+)의 일	음(−)의 일
설명	힘과 변위가 같은 방향	힘과 변위가 반대 방향
벤치프레스 (주동근)	중량을 들어 올리는 동작 (대흉근, 상완삼두근)	중량을 내리는 동작 (대흉근, 상완삼두근)
주동근의 수축	단축성 수축	신장성 수축
근력 vs 저항력	근력 > 저항력	근력 < 저항력

(4) 파워

① 파워는 일을 수행하는 빠르기의 정도, 즉 단위시간당 행한 일의 양을 뜻하며 일률(Power)이라 한다. 역학에서는 일을 하는 속도를 파워라고 한다. 따라서 파워는 일을 시간으로 나눈 값이다.

② 일정한 시간에 행하는 일이 많을수록 파워는 크다. 그러므로 일을 하는 것이 빠를수록 파워는 크다.

③ 파워는 $F \times V$로 표현하기도 한다.

$$\text{파워}(P) = \frac{W}{t} = \frac{F \cdot S}{t} = \frac{F \cdot V \cdot t}{t} = F \cdot V$$

$$P = F \times V$$

㉠ 파워는 힘과 속도의 곱으로 되기 때문에 힘과 속도 중에서 어느 하나를 희생시키고 다른 한 쪽이 너무 클 경우에 최대 파워가 나올 수 없다.

㉡ 파워를 최대로 하려면 최대 근력의 30% 정도의 힘과 최대의 속도(스피드)로 움직여야 한다.

④ 파워는 일정한 시간 안에 행해진 역학적인 일의 양으로, 일률이라고도 한다. 일상생활에서는 자동차 엔진의 파워를 측정하는 마력이 사용된다.

⑤ 역도 경기에서 두 선수가 동일한 무게의 바벨을 들어 올리는 상황

㉠ 머리 위로 들어 올리는 데 각각 2초와 1초가 소요되었고 모두 똑같은 거리를 들어 올렸다면, 후자의 선수가 보다 더 파워가 있다고 할 수 있다.

㉡ 두 선수 모두 동일한 무게를 동일한 거리만큼 이동하는 데 비슷한 양의 역학적 일을 하였지만, 후자의 선수는 전자의 선수에 비하여 시간이 적게 소요되었기 때문이다.

⑥ 근력은 힘이 작용할 때, 속도가 필요하지 않기 때문에 파워와는 다르다. 이러한 논리에 의하면, 파워 리프팅 경기는 스쿼트 자세에서 파워보다는 근력을 측정하는 것에 더 가까우므로 "들어올리기"나 "근력경기"라고 부르는 것이 타당하다.

⑦ 던지기와 도약 경기, 역도(인상과 용상), 그리고 빠르게 수행해야 하는 앞・뒤 공중 돌기가 포함된 체조와 같은 경기에서는 강력한 파워를 요구하고 있다. 따라서 이러한 경기를 성공적으로 수행하기 위해서는 강한 힘을 매우 빠르게 작용시켜야 한다.

—◇ 파워의 단위 ◇—

• 파워의 단위 : 힘의 단위(kg · 중) × 속도의 단위(m/sec)
• 1kg · 중m/sec : 1초 동안에 1kg중으로 1m 일을 할 때의 일률
• 1J/sec = 1N · m/sec = 1W(Watt)

(5) 역학적 에너지

역학적 에너지는 역학적인 일을 수행할 수 있는 능력을 의미하고, 운동 에너지와 위치 에너지로 분류된다. 어떤 물체에 힘이 가해져서 그 물체가 힘의 작용방향으로 변위가 발생했을 때 그 힘은 F × S 만큼의 역학적 일을 수행하였으므로 그 크기는 역학적 에너지의 변화량과 같다. 따라서 역학적 에너지의 단위는 일의 단위와 같다.

① 운동 에너지

$$\text{운동 에너지} = \frac{1}{2} \cdot m \cdot v^2 \ (\because m : \text{물체의 질량}, v : \text{운동 속도})$$

㉠ 물체의 운동 에너지는 그 물체의 질량과 운동 속도의 제곱에 비례한다.

㉡ 정지해 있는 물체는 속도가 0이므로 운동 에너지를 지니고 있지 않으며 어떠한 일도 수행할 수 없음을 의미한다. 어떤 물체가 운동 에너지를 지니고 있다고 하는 것은 그 물체가 운동 중에 있음을 의미한다.

㉢ 운동 에너지를 크게 하기 위해서는 물체의 질량과 속도를 크게 해야 한다.

예 미식 축구의 태클 : 상대 공격수를 밀어서 넘어뜨리는 경우 같은 속도로 움직이더라도 몸무게가 큰 선수가 작은 선수에 비해 운동 에너지가 크므로 쉽게 상대를 넘어뜨릴 수 있다. 몸무게가 작은 선수는 달리는 속도를 빠르게 함으로써 운동 에너지를 크게 해 이에 대항할 수 있다. ⇨ 7m/s로 달리는 100kg의 선수(운동에너지 = 2450kgm²/s² = 2450J)를, 80kg의 선수가 8m/s(운동에너지 = 2560kgm²/s² = 2560J)으로 마주보고 달려가 태클한다면, 질량이 작은 선수라도 더 큰 운동에너지를 가지므로 상대를 쓰러뜨릴 수 있다.

㉣ 회전하는 물체가 보유하는 에너지는 그 물체의 관성모멘트, 즉 축으로부터의 질량분포를 나타내는 물체의 관성모멘트와 각속도에 의해서 결정된다. 그러므로 운동을 하기 시작한 물체가 소유하는 전체 운동 에너지는 선운동 에너지와 각운동 에너지의 총합이라고 할 수 있다.

에너지

에너지는 일을 수행할 수 있는 능력을 말한다. 에너지는 운동의 원천으로써, 전기에너지, 자기에너지, 열에너지, 화학에너지, 복사에너지, 핵에너지, 역학적에너지 등 많은 에너지가 있다. 많은 에너지 중 운동역학에서 다루는 에너지는 물체의 운동에 관계되는 역학적에너지로 운동에너지와 위치에너지의 합이다. 다시 위치에너지는 중력에 의한 위치에너지, 탄성에 의한 위치에너지로 분류된다. 에너지의 단위는 일의 단위인 J 혹은 Nm를 같이 사용한다.

② 위치 에너지

$$위치\ 에너지 = m \cdot g \cdot h\ (\because\ m:\ 질량,\ g:\ 중력가속도,\ h:\ 높이)$$

㉠ 위치 에너지는 물체가 높여져 있는 위치에 의해 저장된 에너지를 의미하고, 질량의 변화가 없다면 위치 에너지는 물체의 위치에 의해 결정된다. 이때 중력은 일정하다.

㉡ 물체는 중력의 작용을 받는데 이러한 중력에 대항하여 물체를 특정 높이까지 올리기 위해서는 일을 수행해야 하며, 높이를 가진 물체는 수행한 일 만큼의 위치 에너지를 갖게 된다.

㉢ 다이빙선수가 스프링보드에 오르면 위치 에너지를 갖게 되고, 다이빙을 하면 운동 에너지를 얻는 대신 같은 양의 위치 에너지를 잃게 된다. 결국 물에 부딪히는 순간 위치 에너지는 완전히 잃게 되고 운동 에너지는 최대가 된다.

다이빙 경기에서 몸이 수면을 향해 낙하하므로 위치 에너지가 감소하는 대신 낙하 속도가 증가하여 운동 에너지가 증가한다. 이때 수면에 도달하면 선수의 위치 에너지는 0이 되는 대신 처음 구름판에 서 있던 위치 에너지와 같은 운동 에너지를 가지게 된다.

$$\frac{1}{2} \cdot m \cdot v^2 = m \cdot g \cdot h$$

즉, 입수속도 V는 $V^2 = 2gh$

$$V = \sqrt{2gh}$$

수영 하이다이빙(10m)에서 무게가 많이 나가는 A선수(70kg중)와 무게가 적게 나가는 B선수(60kg중)가 있을 때, A선수의 위치에너지는 $70 \times 9.8 \times 10 = 6860$J, B선수의 위치에너지는 $60 \times 9.8 \times 10 = 5880$J가 된다. 따라서 A선수가 B선수에 비해 위치 에너지가 커서 똑같은 자세로 물에 입수하더라도 물로부터 선수가 받는 충격력은 더 크다.

③ 탄성 에너지

$$탄성\ 에너지 = \frac{1}{2} \cdot k \cdot l^2\ (\because\ k:\ 탄성계수,\ l:\ 변형의\ 크기)$$

㉠ 물체가 변형된 후에 원래의 형태로 복원시킬 수 있는 능력을 의미한다.

㉡ 물체가 변형되었다가 원상으로 복원될 때 그 물체는 일을 하게 된다. 달리고, 던질 때 신전된 근육의 탄성 반동도 탄성 에너지의 예이다.

㉢ 활을 완전히 당기고 있으면 활의 변형 때문에 에너지를 갖게 된다. 활을 놓는 순간 활이 가지고 있던 변형 에너지가 화살의 운동 에너지로 바뀌게 된다.

탄성에너지
• 늘어나거나 오므라든 탄성체가 변형이 없어지는 동안에 탄성력이 하는 일의 양을 탄성에 의한 위치에너지 혹은 탄성에너지라고 한다. 즉, 탄성에너지는 신축성 있는 물체인 근육, 스프링 등의 안에서 원상태로 돌아가기 위해 저장해 놓은 에너지이다. • 인체운동에서 탄성에너지의 사용 예로 근육의 탄성을 들 수 있는데, 이완 후 원래의 길이로 돌아가려는 탄성에너지 때문에 수축력이 발생하는 것이다. 그러나 탄성에너지는 직접적으로 측정하기 어려워 일반적으로 산출하는 역학적에너지는 운동에너지와 위치 에너지이다. 따라서 인체가 운동을 했을 경우 역학적에너지와 생리적으로 소모한 에너지는 탄성에너지, 열에너지 등의 요인으로 인해 일치하지 않는다.

④ 역학적 에너지 보존

$$\text{역학적 에너지} = \text{운동 에너지} + \text{위치 에너지} = \frac{1}{2}m \cdot v^2 + m \cdot g \cdot h = \text{일정}$$

㉠ 위치 에너지와 운동 에너지를 합하여 역학적 에너지라 하는데 중력의 영향을 받으면서 운동하는 물체는 다른 외력이 작용하지 않는 한 에너지의 총합은 일정하고 다만 각 에너지의 크기만 바뀌게 된다. 이를 역학적 에너지 보존의 법칙이라고 한다.

㉡ 중력의 영향을 받으면서 운동하는 물체는 다른 외력이 작용하지 않는 한 에너지의 총합은 일정하며 다만 에너지의 형태만 바뀌게 된다. 에너지는 운동 에너지에서 위치 에너지로 또는 위치 에너지에서 운동 에너지로 바뀐다.

㉢ 선수가 자신의 인체중심을 상승시키거나 또는 물체를 들어 올리는 경우에 이러한 역학적 에너지의 보존 개념은 매우 중요한 의미를 지닌다. 즉 역학적 에너지 보존의 법칙에 의해 운동 수행 시 중력 위치 에너지는 인체 또는 물체의 무게중심 높이가 변화함에 따라 위치 에너지의 크기도 변하게 되며 그 변화량은 운동체의 운동 에너지 변화량과 같다.

㉣ 다이빙대에서 뛰어내리는 선수는 점차적으로 위치 에너지를 잃는 대신에 이에 비례하는 운동 에너지를 얻는다. 즉 화학적 에너지를 사용하여 일을 수행하면 이는 위치 에너지의 형태로 저장되었다가 운동 에너지로 전환된다.

$$F \cdot S = \frac{1}{2}m \cdot v^2 + m \cdot g \cdot h$$

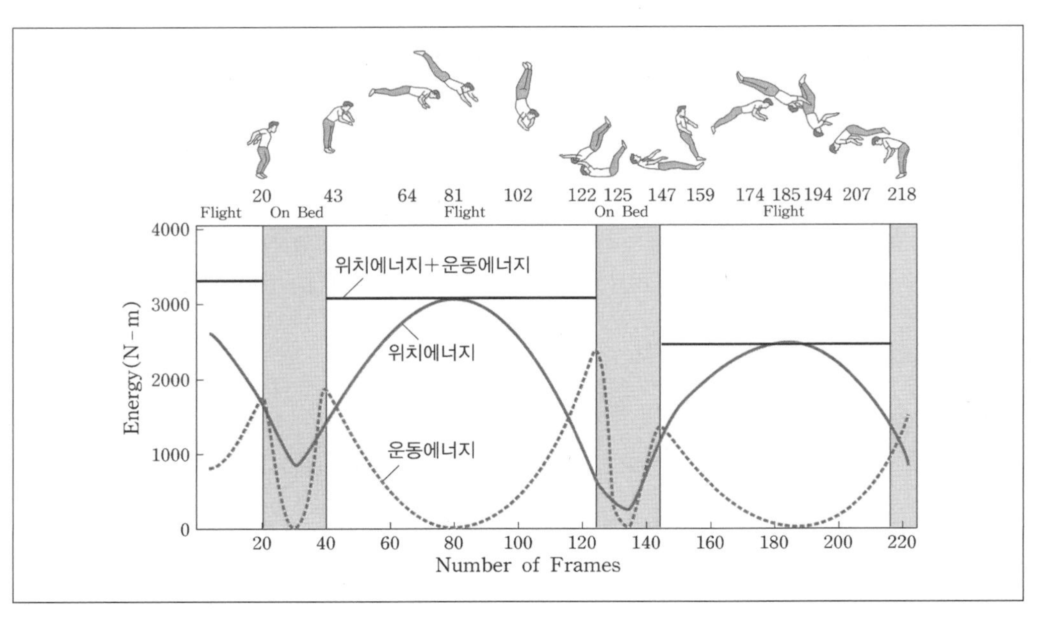

트램폴린 연기 중의 역학적 에너지 변화

트램폴린 연기 중 역학적 에너지 변화
• 공중으로 투사된 후 역학적 에너지는 보존된다. • 역학적 에너지는 위치 에너지와 운동 에너지를 갖는다. • 위치 에너지가 증가할수록 운동 에너지는 감소한다. • 운동 에너지가 증가할수록 위치 에너지는 감소한다. • 트램폴린의 탄성 에너지가 완전히 보존되지 않기 때문에 역학적 에너지가 점차 감소하고 있다.

⑤ 장대 높이뛰기에서 운동 에너지, 위치 에너지, 탄성 에너지

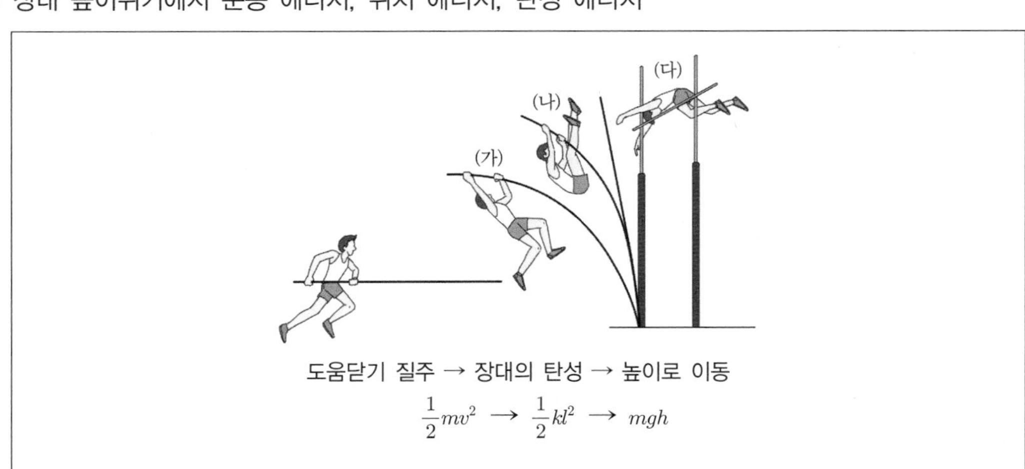

도움닫기 질주 → 장대의 탄성 → 높이로 이동

$$\frac{1}{2}mv^2 \rightarrow \frac{1}{2}kl^2 \rightarrow mgh$$

지면에서 최대이던 운동 에너지는 사람의 위치가 (가), (나), (다)로 높아짐에 따라 감소하고 그 대신 위치 에너지가 최대가 된다. 그러나 운동 에너지와 위치 에너지를 합한 역학적 에너지는 어느 위치에서나 일정하다.

㉠ 운동 에너지와 탄성 에너지

ⓐ 장대 높이뛰기 선수가 장대를 들고 도움닫기 구간을 전력으로 질주한다.

ⓑ 선수는 도움닫기 동안에 생성한 운동 에너지를 이용하여 장대를 휘게 하며, 그 결과로 장대는 탄성 에너지를 갖게 된다.

ⓒ 선수는 도움닫기 구간을 빠르게 달리거나 장대를 길게 잡을수록 장대가 많이 휘어지기 때문에 보다 더 강력한 에너지를 저장할 수 있게 된다.

㉡ 역학적 에너지

ⓐ 도약 단계에서 휘어진 장대가 곧게 펴지고 선수는 바를 향해 올라가게 된다. 장대에 저장된 탄성 에너지는 운동 에너지로 변환되어 선수를 상방으로 추진시킴으로써 선수는 바를 향해 공중으로 올라가게 된다.

ⓑ 선수가 바를 향해 올라가는 과정에서 운동 에너지로 변환되며, 바를 넘는 정점에서는 운동 에너지가 "0"이 되어 선수는 순간적이지만 일시적으로 정지하게 되고 이때 선수의 위치 에너지는 최대가 된다.

장대높이뛰기에서 높이를 결정하는 요인
장대높이뛰기 과정에서 에너지의 유입이나 유실이 없다면 $\frac{1}{2}mv^2 = mgh$이 된다. $h = \frac{v^2}{2g}$이 되므로 높이의 결정요인은 선수의 도약속도(v)에 달려있음을 알 수 있다.

(6) 일과 에너지의 관계

① 일은 물체의 이동과 관계가 있으며, 물체가 이동한다는 것은 그 물체 속도의 변화 혹은 위치의 변화가 발생한다는 것을 의미한다.

② 속도 변화는 운동 에너지의 변화를, 위치의 변화는 위치 에너지의 변화를 동반하므로, 결국 한 물체에 일을 하는 것은 그 물체의 역학적 에너지 변화를 가져온다.

③ 일과 에너지는 밀접한 관계를 갖고 있으며 일과 에너지의 관계를 '일과 에너지 정리'라 하고 다음과 같이 정의한다.

$$W = \Delta E = \Delta KE + \Delta PE$$

(중력 이외의 힘이 작용해 이루어진 일은 그 힘이 작용한 물체의 에너지의 변화와 같다.)

④ 에너지는 일을 할 수 있는 능력으로, 어떤 물체에 일을 하게 되면 에너지가 생긴다. 물체에 힘을 작용하여 그 힘의 방향으로 물체가 이동할 때 그 힘이 일을 하였다고 한다. 또한, 에너지란 물체가 일을 할 수 있는 능력을 일컫는 것으로, 이러한 일과 에너지는 서로 전환될 수 있는 관계에 있다.

⑤ 외부에서 물체에 일을 해주면 물체의 에너지가 증가한다. 그러므로 물체가 받은 일의 양과 물체의 증가한 에너지의 양은 같다. 이와 반대로 물체가 외부에 대해 일을 하게 되면 물체의 에너지는 감소하게 되므로 물체가 외부에 한 일의 양만큼 물체의 에너지가 감소하게 된다.

⑥ 힘이 한 일은 측정할 수 있으나, 물체가 가지고 있는 에너지는 일로 전환되어야만 그 크기를 알 수 있다. 즉, 물체가 가지고 있는 에너지의 양은 그 물체를 그 상태로 만들기 위해 외부의 힘이 해준 일의 양이나 그 물체가 외부에 할 수 있는 일의 양을 측정함으로써 알 수 있는 것이다.

⑦ 물체가 외부의 일을 하게 되면 물체의 에너지가 감소하며 또한 에너지를 가진 물체는 다른 물체에 대해 일을 할 수 있으므로 일은 에너지의 전달 수단으로 서로 밀접한 관계를 가지고 있다.

⑧ 어떤 물체의 에너지가 100이 있는데 50의 일을 하게 되면 남은 에너지는 50이라고 설명될 수 있다. 즉, 물체가 일을 하게 되면 에너지는 감소하게 되고 에너지는 일로 전환된다.

⑨ 물체에 준 힘이 물체에 한 일은 물체의 운동 에너지 변화량과 같다.

일 = 운동 에너지 변화량 = 운동 에너지 2 − 운동 에너지 1

(7) 운동 에너지와 운동량의 관계

① 움직이는 모든 선수나 물체는 운동량과 운동 에너지를 가진다.

② 운동 에너지는 움직이는 물체가 접촉하는 물체에 일을 할 수 있는 능력이다. 이는 움직이는 모든 선수나 물체에 해당된다. 움직이는 물체가 일을 할 수 있는 능력을 가지게 되면, 접촉 물체에 상관없이 일정한 거리에 걸쳐 힘이 작용하게 된다.

③ 운동 에너지의 크기는 속도의 제곱에 비례하여 증가되기 때문에, 속도는 특히 중요하다. 반면에 2배의 질량은 운동 에너지를 2배만 증가시킨다. 움직이는 물체의 질량을 동일하게 유지하고 속도를 2배 증가시키면 운동 에너지의 크기는 4배로 증가한다.

④ 선수가 움직일 때면 운동량과 운동 에너지를 가진다.

⑤ 물체가 고속으로 움직이게 되면 그 물체는 일정한 거리에 걸쳐 거대한 힘을 발휘하는 능력을 가지게 된다. 이러한 능력은 충돌상황에서 종종 상해로 나타날 수 있다. 스포츠 상황에서도 비록 체중이 가벼운 선수라 할지라도 매우 빠른 속도로 상대 선수를 태클할 경우에는 상대 선수는 물론이고 태클하는 선수도 부상을 당할 수 있다.

⑥ 야구의 타격에서 가벼운 배트를 사용하더라도 배트의 스윙 속도를 증가시키면, 무거운 배트를 사용할 때보다 야구공을 더 멀리 보낼 수 있다.

(8) 운동 에너지를 소멸시키는 방법

① 움직이는 모든 물체는 운동량과 운동 에너지를 가진다.

② 움직이는 물체를 잡거나 정지시키기 위해서는 그 물체의 운동량을 소멸시켜야 하며, 이 때 부상을 예방하기 위해서는 충격이 가해지는 면적을 넓히고 신체에 작용하는 힘의 작용 거리와 작용 시간을 증가시키는 것이 중요하다.

4. 인체의 기계 작용

(1) 인체 지레

① 지레 시스템은 일하는 양을 변화시키지는 않지만 더 큰 힘을 들여 거리, 속도의 이득을 보거나, 속도, 거리에서는 이득을 보지 못하지만 적은 힘을 들여 움직일 수 있게 한다는 이점이 있다.

② 모든 지레에는 힘점, 저항점, 받침점(축)이 존재하는데 인체의 경우, 뼈가 지렛대의 역할을 수행하며 신체 관절은 지레의 축이 되고 뼈를 움직이는 근육의 착점 위치가 힘점이 된다. 그리고 해당 분절의 무게 중심 위치 및 그 분절에 가해진 외적 부하의 무게 중심 위치에 저항점이 위치한다.

③ 지레에 힘이 가해지면 지레는 힘의 작용 방향으로 회전하게 되고 저항이 가해지면 힘의 작용 방향과 반대 방향으로 회전하게 된다. 이와 같이 지레에 작용한 힘과 저항은 서로 대립적이다.

④ 신체의 힘은 근육의 수축에 의해 생성된다. 그리고 해당 분절의 무게와 움직이고자 하는 외적 부하의 무게는 저항을 생성한다.

⑤ 힘이 작용되는 힘점에서부터 축까지의 수직 거리를 힘팔이라고 하고, 저항이 작용하는 저항점에서부터 축까지의 수직 거리를 저항팔이라고 한다.

$$F \times FA = R \times RA$$

($\because$ F: 힘, FA: 힘팔, R: 저항, RA: 저항팔)

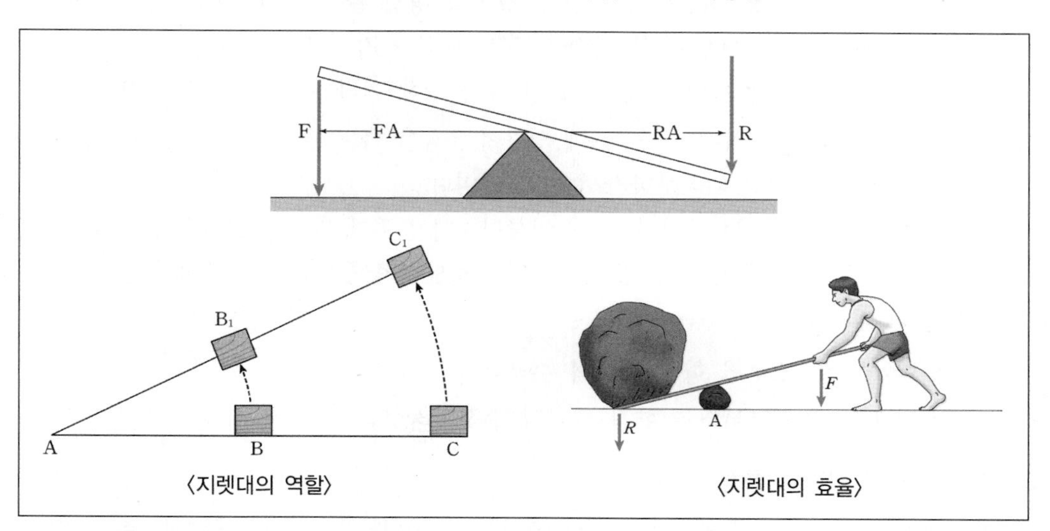

〈지렛대의 역할〉 〈지렛대의 효율〉

⑥ 순발력, 근력, 속도 사이에서는 $P = F \times V$ 관계가 있으므로 지렛대의 팔을 길게 하는 것이 큰 순발력을 발휘할 수 있다.

⑦ 인체 지레의 요소

㉠ 힘점: 뼈를 움직이게 하는 해당 근육의 착점 위치

ⓐ 인체에서 힘점은 근육의 닿는 곳 즉 착점이다.

ⓑ 근육을 싸고 있는 근육바깥(근외막)의 끝부분이 힘줄로 되어 뼈를 싸고 있는 뼈막에 부착되어 있다.

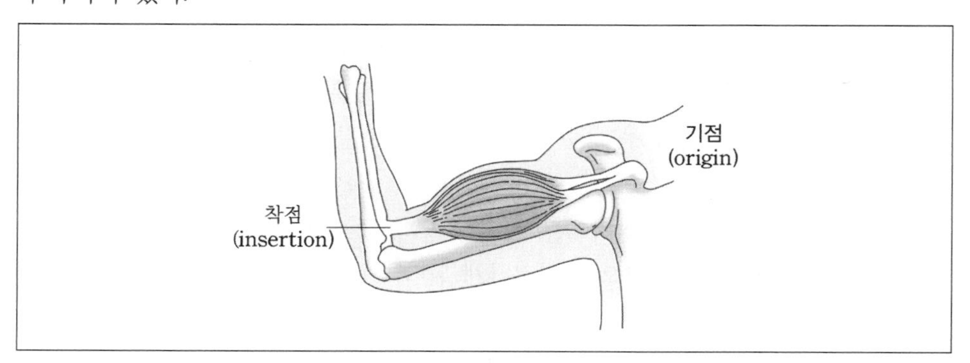

덤벨컬에서 힘점, 즉 착점(닿는 곳) 위치

㉡ 축: 해당 관절의 위치

ⓐ 지레에서 축이란 지렛대가 각운동을 할 때 움직이지 않는 고정된 점으로, 인체 지레에서의 축은 관절이다.

ⓑ 사지에 있는 윤활관절에서 각운동이 일어날 때 움직이는 관절의 관절 머리는 상하, 전후, 좌우로 약간씩 움직인다. 그러나 경첩 관절은 비교적 고정되어 있으며 운동역학에서는 모든 윤활 관절을 경첩 관절로 가정하게 된다.

㉢ 저항점: 이동 분절의 무게 중심 및 그 분절에 가해진 외적 부하가 위치한 곳

ⓐ 인체에서 저항점은 근수축에 의하여 운동을 하는 분절의 질량(무게)중심점 및 그 분절에 가해진 외적부하가 위치한 곳이다.

ⓑ 만약 움직이는 분절이 두 개 이상이거나 분절에 라켓이나 볼링공과 같은 다른 운동기구나 물체가 부착되었을 때에는 전체 질량중심점이 저항점이 된다.

⑧ 힘팔과 저항팔

㉠ 힘팔: 축으로부터 힘점 사이의 수직거리

㉡ 저항팔: 축으로부터 저항점 사이의 수직거리

(2) 인체 지레의 원리와 특징

지레는 1종, 2종, 3종의 세 종류로 분류된다. 이러한 분류는 힘점, 저항점, 축의 위치에 따라 결정된다. 신체는 대부분 3종 지레 형태이지만, 운동 상황에서는 세 가지 지레 형태 모두를 자주 사용하고 있다.

- 제1종 지레: 받침점이 힘점과 저항점 사이에 있는 형태
- 제2종 지레: 저항점이 받침점과 힘점 사이에 있는 형태
- 제3종 지레: 힘점이 받침점과 저항점 사이에 있는 형태

① 1종 지레

㉠ 힘점과 저항점 사이에 축이 있는 형태의 지레

㉡ 1종 지레시스템의 축은 힘점과 저항점 사이의 어느 곳에나 위치할 수 있기 때문에 힘팔의 길이는 저항팔의 길이보다 길 수도 있고 짧을 수도 있으며, 또 같을 수도 있다. 다른 지레와 달리 힘의 방향과 물체의 이동방향이 다르기에 방향전환 효과가 있다.

ⓐ 힘팔의 길이 > 저항팔의 길이: 힘에서 이득이지만, 움직인 거리나 속도에는 손해, 방향을 전환시키는 효과

ⓑ 저항팔의 길이 > 힘팔의 길이: 움직인 거리나 속도에서 이득이지만, 힘에서 손해, 방향을 전환시키는 효과

ⓒ 힘팔의 길이 = 저항팔의 길이: 이득과 손해 없이 동일하며 방향을 전환시키는 효과

㉢ 인체에서의 예시 I

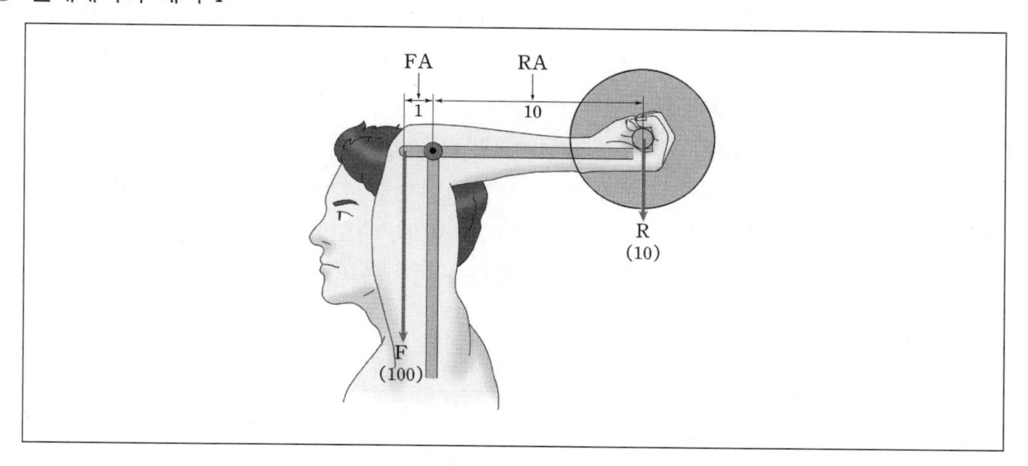

1종 지레로서의 상완삼두근 신전

ⓐ 상완 삼두근의 수축에 의해 전완이 신전되는 경우, 상완 삼두근 원위가 착점이며, 힘점이 된다. 주관절(팔꿈치관절)이 축이 되고, 전완의 무게중심이 저항점이 된다.

ⓑ 두개골의 안정 상태를 유지하기 위하여 후두부(뒤통수)에 부착된 근육의 원위가 착점이며, 힘점이 된다. 경추(목뼈)가 축, 안면부의 무게중심이 저항점이 된다.

ⓒ 평형을 유지하기 위해서는 힘 × 힘팔은 저항 × 저항팔과 같아야 한다(힘 × 힘팔 = 저항 × 저항팔).

ⓓ 저항의 총 무게가 덤벨에 모여 있다고 생각해 보자. 덤벨의 무게가 10파운드이고 저항팔의 길이가 10unit이라면, 힘팔의 길이가 1unit이기 때문에 덤벨을 올리거나 떨어

지지 않게 지탱하기 위해서는 100파운드 이상의 힘이 필요하다. 따라서 덤벨을 위쪽으로 들어올리기 위해서 상완삼두근은 100파운드 이상의 힘을 발휘하여야 한다.

㉣ 인체에서의 예시 Ⅱ

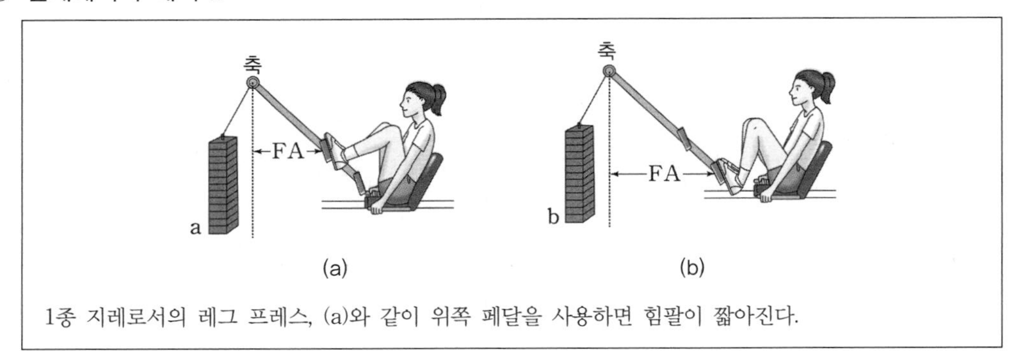

1종 지레로서의 레그 프레스, (a)와 같이 위쪽 페달을 사용하면 힘팔이 짧아진다.

ⓐ 오른쪽 페달(b)을 사용해서 레그 프레스를 수행할 경우가 왼쪽 페달(a)을 사용할 경우 보다 힘이 적게 든다. 그 이유는 오른쪽 페달 세트의 힘팔이 왼쪽 페달보다 더 길기 때문이다.

ⓑ 같은 크기의 힘이라도 오른쪽 페달에 가해지면 더 큰 토크를 만든다. 토크의 회전 효과는 중량을 끌어 올리지만, 한쪽을 얻게 되면 다른 쪽은 잃게 된다. 오른쪽 페달을 사용할 때에는 왼쪽 페달을 사용할 때 보다 더 먼 거리를 밀어야 한다.

② 2종 지레

㉠ 저항점이 받침점(축)과 힘점 사이에 있는 형태의 지레

㉡ 2종 지레는 축, 저항, 힘의 순서로 배열되므로 힘팔의 길이가 저항팔의 길이보다 항상 길다. 따라서 항상 힘에는 이득을 보는 반면, 속도와 거리에서는 손해를 보게 된다. 2종 지레를 사용하는 사람이 무거운 저항을 들어올리기 위해서 작은 힘을 더 먼 거리에 걸쳐 작용시켜야 한다.

㉢ 인체에서의 예시 Ⅰ

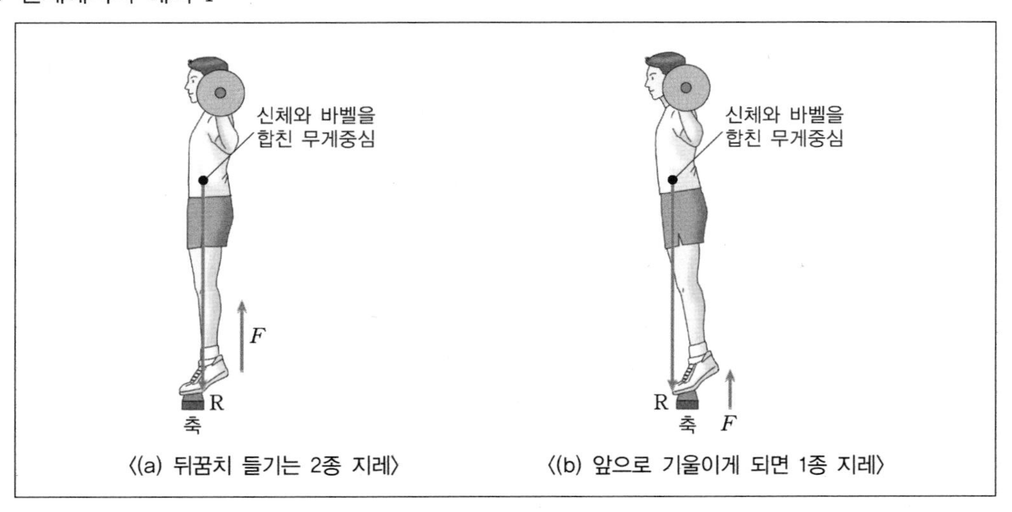

⟨(a) 뒤꿈치 들기는 2종 지레⟩ ⟨(b) 앞으로 기울이게 되면 1종 지레⟩

ⓐ 발 뒤꿈치를 들고 족관절(발목관절)의 족저굴곡을 위한 상황에서 비복근의 원위가 착점이며 힘점이 된다. 족관절이 축, 전신의 무게중심이 저항점이 된다.

ⓑ (a)는 바벨의 무게중심선은 인체의 발끝이나 발등에 위치하는 축에 매우 가까이 위치하고 있어서 저항팔이 매우 작고 그에 비해 힘팔이 더 크기 때문에 거대한 무게를 들어 올릴 수 있다. 앞으로 기울이게 되면 바벨의 무게중심선이 발끝 앞에 위치하게 되어 1종 지레가 된다.

㉣ 인체에서의 예시 Ⅱ

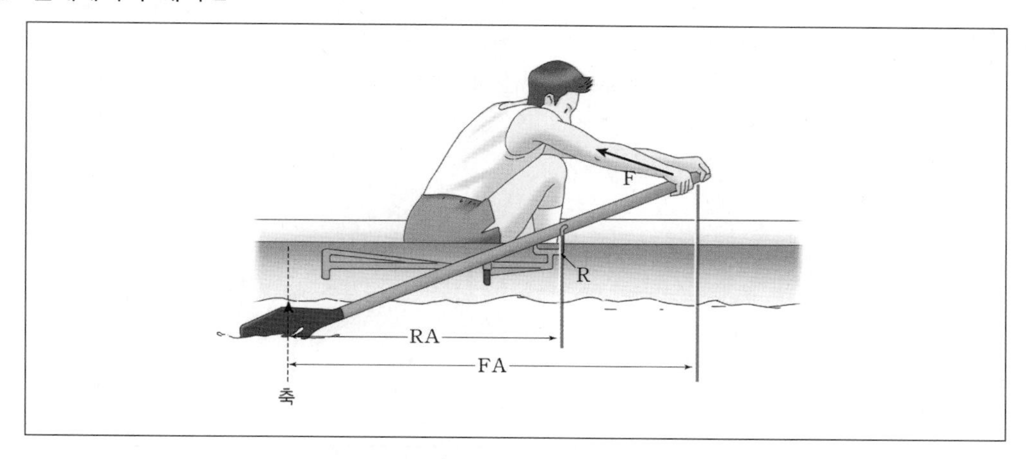

2종 지레로서의 노젓기

ⓐ 조정에서 노의 깃이 물을 당길 때 물은 순간적인 이동 축으로서 작용하고 저항은 노받이에서 일어난다. 노를 저으면 힘이 제공된다. 노젓기 동작의 이 국면에서는 2종 지레가 작용한다.

ⓑ 여기서 힘팔은 노를 당기는 곳에서부터 깃이 물에 잠기는 곳까지의 수직거리이고, 저항팔은 노받이로부터 깃이 물에 잠긴 곳까지의 수직거리이다.

③ 3종 지레

㉠ 힘점이 축과 저항점 사이에 있는 형태의 지레

㉡ 힘팔의 길이가 저항팔의 길이보다 항상 짧다. 따라서 항상 힘에서는 손해를 보지만 거리와 속도에서는 이득을 얻게 된다.

㉢ 인체 분절 운동

ⓐ 인체 구조상 제3종 지레에 속하기 때문에, 큰 힘을 소모하는 대신에 운동속도와 운동범위에서 이득을 보게 된다.

ⓑ 테니스 라켓, 골프 클럽, 야구 배트, 하키 스틱 등의 스포츠 기구는 그 대부분이 인체분절의 말단 길이를 연장시켜, 저항팔의 길이를 길게 함으로써 보다 큰 운동속도와 운동범위를 얻어 궁극적으로 파워를 증가시키고 있다.

ⓒ 파워(P) = 힘(F) × 속도(V)이므로 이들 용구를 사용하여 인체 지레의 저항팔 길이를 길게 하여 보다 큰 운동속도를 얻음으로써 운동 수행에 따른 파워의 증가를 가져올 수 있다. 각종 라켓, 기구, 배구의 스파이크, 축구의 킥, 투척운동을 수행할 때 해당 인체 분절을 쭉 뻗쳐 말단 부위를 최대로 길게 유지하도록 요구하는 것이 이러한 이유 때문이다.

㉣ 인체에서의 예시

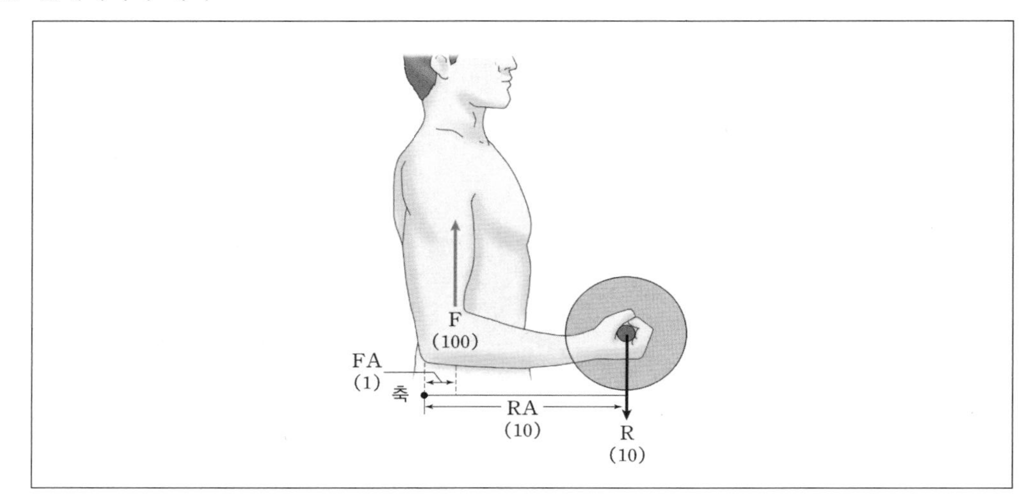

3종 지레로서의 상완이두근 컬

ⓐ 덤벨을 평형상태로 들고 있을 때 위 방향으로의 회전효과(토크)는 팔과 덤벨의 무게가 중력으로 인해 아래 방향으로 당겨지는 힘과 동일한 크기로 생성된다.

ⓑ 힘팔에 대한 저항팔의 비율 10 : 1이고, 저항이 10unit이고 팔꿈치에서 관절까지 거리가 10unit이라면, 저항으로 인해 발생하는 아래 방향의 회전효과는 10 × 10 = 100unit이다.

ⓒ 힘팔의 길이가 1unit이라면 수평으로 전완을 유지하는데 필요한 힘은 100unit, 즉 저항의 10배가 된다.

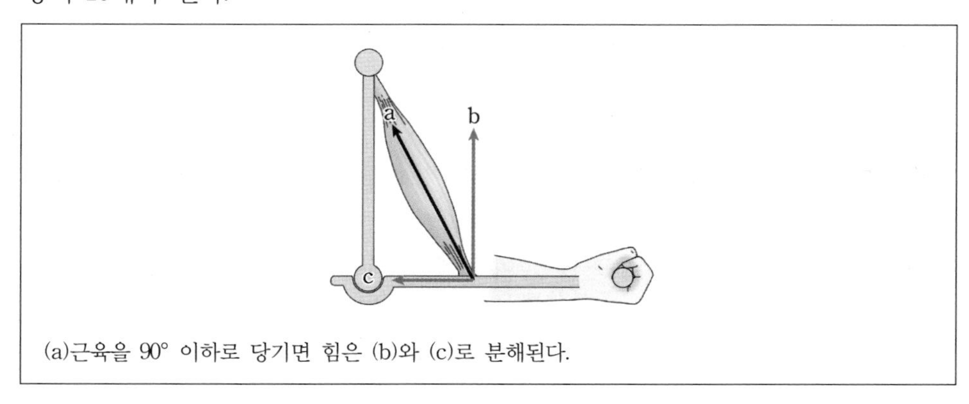

(a)근육을 90° 이하로 당기면 힘은 (b)와 (c)로 분해된다.

ⓓ 상완이두근에 의해서 전완이 굴곡 될 때 주관절이 축이며, 상완이두근의 원위가 착점이며 힘점이 된다. 전완의 분절 중심이 저항점이 된다.

ⓔ 팔을 수평으로 유지하기 위해서는 상완이두근이 전완을 90°보다 약간 작은 각도로 당겨야 한다.

ⓕ (a)는 상완이두근에 의해 생성된 힘이며, (b)는 토크를 생성하고 전완을 들어 올리는 힘의 한 부분이다. (c)는 팔꿈치 관절에 직접 가해지는 힘을 나타낸 것이다. 이러한 특성들로 인해 3종 지레는 적당하지 않은 각도로 당기게 되면 선수가 더 많은 근력을 발휘해야 한다는 단점이 있다.

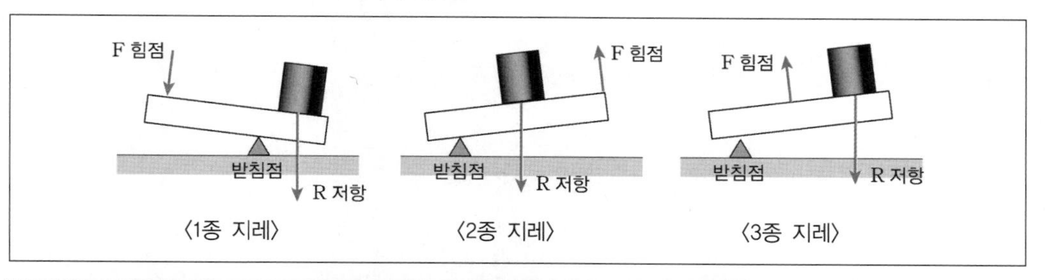

구분	원리	특징
1종 지레	축이 힘점과 저항점 사이에 위치	축이 저항점에 가까우면 힘팔이 길기 때문에 힘에, 힘점에 가까우면 저항팔이 길기 때문에 운동범위 및 속도에 이득을 갖는다.
2종 지레	저항점이 힘점과 축 사이에 위치	힘팔이 길기 때문에 힘의 이득을 갖는다.
3종 지레	힘점이 축과 저항점 사이에 위치	저항팔이 길기 때문에 운동 범위나 속도에 이득을 갖는다.

지레의 기계적 작용은 축으로부터 힘팔과 저항팔까지의 상대적 길이에 따라서 다르게 나타난다. 인체의 지레는 뼈지레가 저항팔보다 더 짧은 힘팔을 가지고 있기 때문에 인체는 일반적으로 힘 있는 운동을 하게 하는 것보다 운동을 빠르게 하도록 되어 있다.

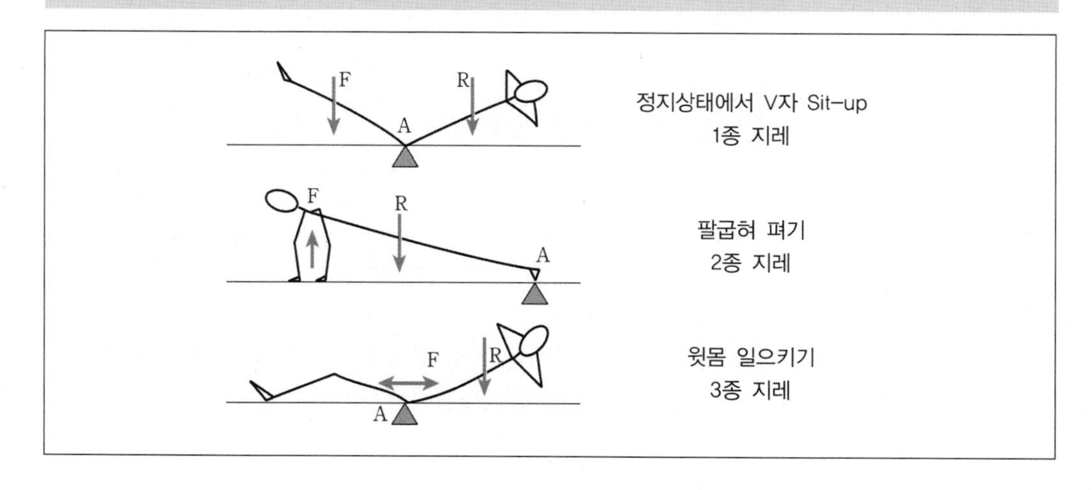

④ 지레와 토크

㉠ 지레는 한 개의 축을 중심으로 회전하기 때문에 항상 토크라고 불리는 회전 효과를 생성한다.

㉡ 덤벨을 통한 암컬 트레이닝을 할 때, 상완이두근이 전완을 당김으로써 회전효과, 즉 토크가 생성된다. 토크의 크기는 상완이두근에 의해 생성된 힘과 힘팔의 길이를 곱한 값이다. 힘팔의 길이는 전완의 상완이두근 부착점으로부터 축(팔꿈치 관절)까지의 수직거리이다. 이 때 중력은 덤벨과 전완을 아래 방향으로 당기며 이로 인하여 덤벨과 전완의 무게는 그 자체적으로 아래 방향의 토크를 생성한다.

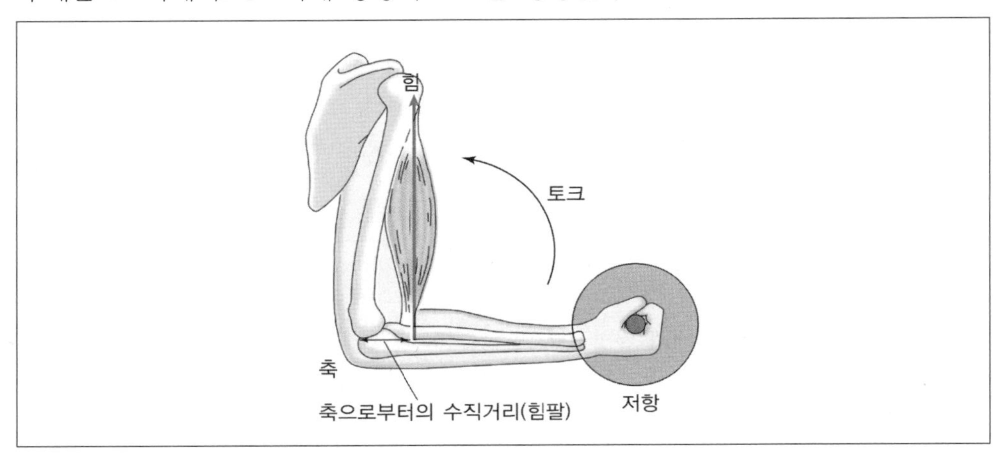

㉢ 토크를 크게 하기 위해서는 힘팔의 길이를 길게 하는 것이 중요하다. 상완이두근의 컬 동작의 경우, 상완이두근이 매우 짧은 힘팔로 작용한다.

$$T = F \times d = I \times \alpha$$

($\because$ T: 토크, F: 힘, d: 축에서 힘점까지의 수직 거리, I: 관성모멘트, α: 각가속도)

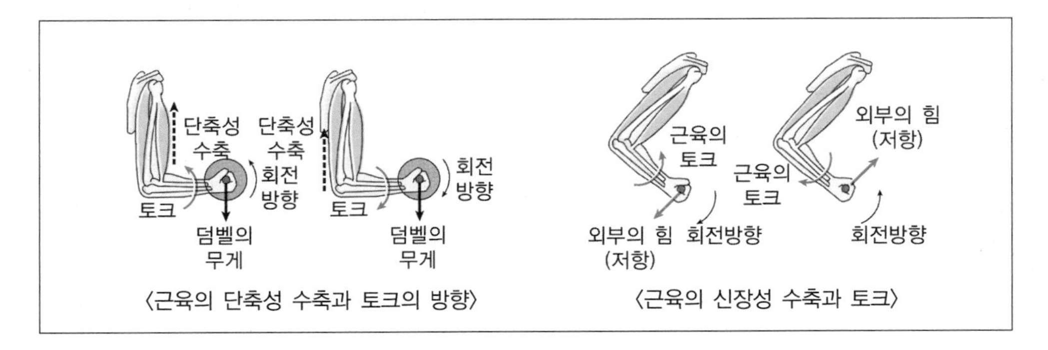

〈근육의 단축성 수축과 토크의 방향〉 〈근육의 신장성 수축과 토크〉

⑤ 분절 길이의 장·단점

㉠ 신체분절의 길이가 길수록 매우 가벼운 저항을 움직이는 데에도 거대한 근력을 발휘해야 하기 때문에 그 만큼 힘이 더 든다. 분절이 더 길수록 근력이 더 요구된다.

ⓛ 팔이 호를 그리면서 움직일 때, 팔이 길면 손이 더 큰 속도로 큰 거리를 움직이게 된다. 충분한 근력을 발휘하면 긴 분절은 가벼운 저항(공, 원반)을 움직일 수 있게 된다.

ⓒ 보다 강한 근력과 긴팔이 유리하지만 반대로 분절이 짧으면 긴 분절보다 힘의 손실은 상대적으로 더 적다.

ⓔ 원반던지기는 팔이 길수록 큰 이득을 얻을 수 있다. 팔이 길면 투척 경기에서는 큰 장점이 될 수 있지만 대부분의 체조 기술에서는 단점이 된다.

ⓜ 체조의 십자버티기는 광배근과 흉근이 수축되어야 한다. 흉근과 광배근의 근육들은 주로 팔과 손으로 링을 아래 방향으로 당겨서 신체를 위로 끌어올리는 데 사용한다.

ⓑ 농구선수는 긴 팔이 긴 저항팔을 형성하는데, 작은 힘팔을 곱하고 저항(신체 무게)과 긴 저항팔(팔 길이)을 곱하면 저항토크가 크게 나타나 십자버티기를 하기 어렵다.

ⓢ 팔이 짧은 체조선수는 이 기술에서 성공 가능성이 훨씬 높다. 팔이 짧다는 것은 저항팔이 짧다는 것을 의미하며, 짧은 저항팔과 가벼운 체중으로 인해 토크가 작게 되어 효율적으로 십자버티기를 할 수 있다.

ⓞ 엘리트 체조 선수의 체중이 가볍고 분절이 짧으며 체중 조절에 많은 노력을 하는 것이 이러한 이유 때문이다. 약간의 체중 차이가 많은 체조 기술의 성공과 실패를 좌우할 수 있다.

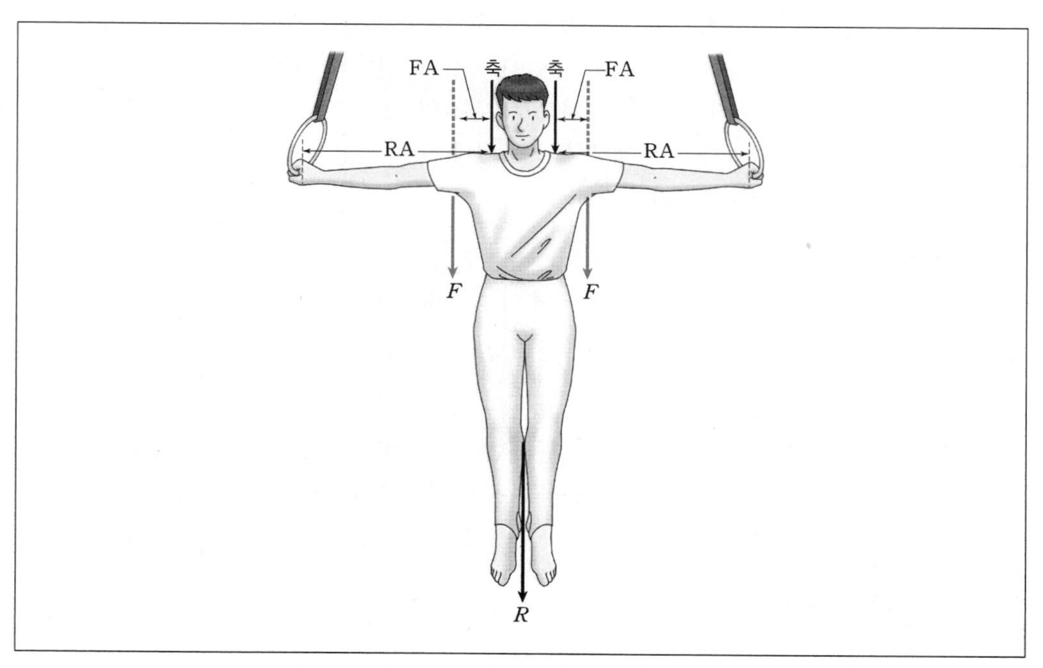

⊙ 십자버티기에서의 힘팔과 저항팔

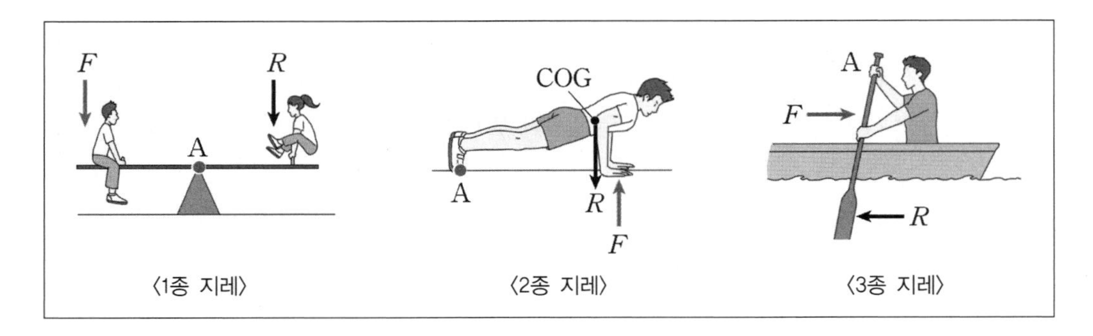

〈1종 지레〉 〈2종 지레〉 〈3종 지레〉

⑶ 인체의 바퀴와 축

① Ⅰ 유형

㉠ 바퀴에 힘을 가해서 축에서 보다 큰 힘을 얻고자 하는 유형

㉡ 2종 지레와 같이 운동속도와 운동범위에 있어서는 손해를 보지만 힘에 있어서는 이득을 보게 된다.

예 운전대, 문의 손잡이

② Ⅱ 유형

㉠ 축에 힘을 가해서 바퀴에서 빠른 회전력을 얻고자 하는 유형

㉡ 3종 지레와 같이 힘에 손해를 보지만 운동속도와 운동범위에서는 이득을 보게 된다. 인체의 바퀴와 축은 대부분이 Ⅱ 유형에 속하며, 인체의 트위스팅이나 회전 동작의 대부분은 바퀴와 축의 작용에 의한 것으로, 머리의 좌・우측 회전, 몸통 회전, 팔이나 대퇴의 내・외측 회전 등을 그 예로 들 수 있다.

예 자전거의 페달, 자동차의 바퀴

⑷ 인체 도르래

① 도르래는 고정 도르래와 이동 도르래의 두 가지 유형으로 구분된다.

② 인체 도르레의 대표적인 예로는 무릎 부위의 경골내과와 발목 부위의 비골외과에서 찾아볼 수 있다.

③ 인체 내에는 단일 고정 도르래만이 존재한다. 그 역할은 축으로부터 힘팔과 저항 팔의 길이가 동일한 1종 지레와 유사한 기능을 수행하게 되므로 힘의 방향만을 바꾸어 주는 작용을 한다.

⑸ 인체 기계의 효율성

① 지레의 법칙

㉠ 지레에 작용하는 모든 토크의 합이 0일 때 그 지레는 평형 상태에 있게 된다. 평형 상태에 있는 지레는 시계 방향으로 회전을 일으키는 모든 토크의 합과 반시계 방향으로 회전을 일으키는 모든 토크의 합이 동일한 경우를 말한다. 이를 '지레의 법칙'이라고 한다.

$$\text{힘} \times \text{힘팔} = \text{저항} \times \text{저항팔}$$

㉡ 즉, 지레의 법칙이란 '힘 × 힘팔 = 저항 × 저항팔'일 경우에 평형상태를 이루게 되어 어떠한 움직임도 일어나지 않게 된다는 것이다. 이때 힘팔과 저항팔은 힘이나 저항의 작용선과 축과의 수직거리를 말한다.

② 기계적 이익(MA : mechanical advantage)

기계적 이익이란 그 기계의 능력을 측정하는 방법 중의 하나로 입력과 출력과의 비율로서 나타낼 수 있다. 지레의 경우 기계적 이익을 지레에 가해진 힘과 저항과의 비율로 나타낼 수 있다.

$$\text{기계적 이익} = \frac{\text{저항}}{\text{힘}} = \frac{\text{힘팔}}{\text{저항팔}}$$

$$\text{실제상의 기계적 이익(AMA : actual mechanical advantage)} : \frac{\text{저항}}{\text{힘}}$$

$$\text{이론상의 기계적 이익(TMA : theoritical mechanical advantage)} : \frac{\text{힘팔}}{\text{저항팔}}$$

㉠ 인체 지레의 대부분은 저항팔이 힘팔보다 긴 3종 지레에 속하기 때문에 기계적 이익이 1보다 적어 힘에 있어서 손해를 본다.

㉡ 실제상의 기계적 이익이 이론상의 기계적 이익보다는 항상 적게 되는데 이는 마찰력의 작용 때문이다.

1종 지레	MA	< = >	1
2종 지레	MA	>	1
3종 지레	MA	<	1

③ 기계적 효율성(ME : mechanical efficiency)

$$\text{기계적 효율성(ME)} = \frac{\text{실제상의 기계적 이익(AMA)}}{\text{이론상의 기계적 이익(TMA)}}$$

예 어떤 기계의 실제상의 기계적 이익이 9이고, 이론상의 기계적 이익이 10이라고 할 때 그 기계의 효율성은 0.90이다.

3 정역학적 운동

1. 자세와 안정

안정성이란 물체가 정적 자세 또는 동적 자세의 평형을 잃어버리지 않으려는 저항이다. 즉, 운동 상태가 변하는데 대한 저항을 의미한다. 이러한 안정에는 정적 상태의 안정과 동적 상태의 안정으로 분류하고 있으나, 공과 같은 중심의 위치가 항상 일정하여 중립적 평형을 이루는 경우도 있다. 이때 평형이라 함은 물체의 작용하는 모든 힘의 합력이 0이 되는 경우를 말한다.

(1) 평형, 균형, 안정성

① 평형 또는 균형은 협응과 조절을 의미한다. 균형 감각이 뛰어난 선수는 평형 상태를 유지하면서 운동수행을 방해하는 여러 가지 힘을 적절하게 조절할 수 있다.

② 균형 유지에 방해를 주는 요소로는 중력, 마찰력, 공기저항, 그리고 상대방에 의해서 가해진 힘과 같은 외력 등이 있다.

③ 안정성은 평형을 방해하는 요인에 대항하여 선수가 얼마나 많은 저항을 투입시키느냐와 밀접한 관계가 있다. 선수의 안정성이 클수록 평형을 방해하는 힘에 대항하여 보다 많은 저항력을 발휘할 수 있다.

④ 선수들은 평형상태를 유지하기 위해 안정된 상태로 있을 수도 있지만, 매우 불안정한 상태에서도 평형을 유지할 수 있다.

(2) 정적 안정성

정적 안정은 자세 유지와 매우 밀접한 관계가 있다. 육상이나 수영 스타트 자세, 체조의 물구나 무서기, 평균대의 균형잡기, 사격이나 양궁에서 정적 안정의 요소가 경기력에 매우 중요하며, 이러한 안정을 위한 요소는 다음과 같다.

① 중심의 높이

안정성은 기저면에서 물체중심까지의 거리에 반비례한다. 즉 중심의 높이가 낮을수록 안정성이 증가한다.

〈기저면과 중심과의 관계〉 〈중심의 높이와 안정성〉

② 신체 균형과 기저면의 관계

㉠ 기저면이란 물체가 지면에 접촉하고 있을 때 그 접촉점들을 상호 연결시킨 면적을 말한다. 신체를 지지하는 기저면의 크기가 클수록(넓을수록) 신체 균형에서 정적 안정성이 높아진다.

㉡ 양발로 신체의 전체 체중을 지지하고 있는 경우 그 기저면은 양발 뿐 아니라 두 발 사이의 면적까지도 포함된다. 따라서 양발을 넓게 벌리면 벌릴수록 기저면이 넓어져서 신체 평형 상태가 안정되어진다.

㉢ 기저면의 크기 이외에 기저면의 모양도 정적 안정성의 요인이 된다.

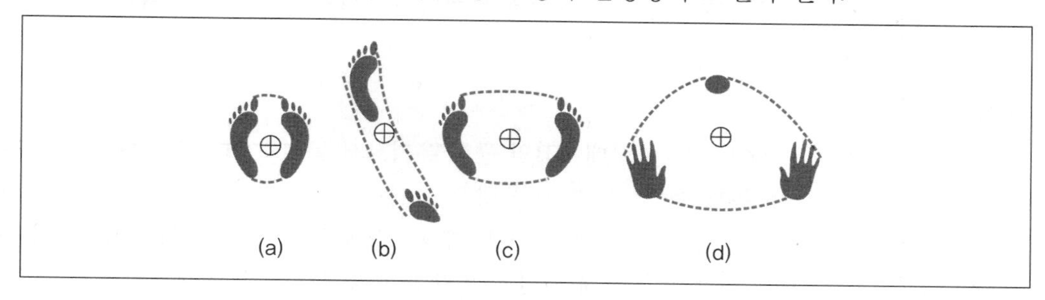

기저면의 크기

③ 기저면과 중앙선(중심선의 위치)

㉠ 기저면이 클수록 무게중심선을 기저면 안에 위치시키기가 쉽다. 신체는 중앙선이 기저면 안에 있을 때에 신체 균형을 유지한다. 중앙선이 기저면의 중심에 가까울수록 정적 안정성이 크다. 반대로 중앙선이 기저면의 가장자리에 가까울수록 신체균형이 깨지기 쉽다.

㉡ 사람들은 무거운 짐을 한쪽 손에 든 경우에는 중심이 그 쪽으로 이동하게 되어 중앙선은 기저면의 가장자리에 가까워진다. 따라서 반대편의 팔을 옆으로 든다던지 반대편으로 몸을 굽힘으로써 중앙선을 기저면의 중심에 가깝게 접근시킨다.

㉢ 세찬 바람이 불어올 때에 그 방향으로 몸을 굽힘으로써 중앙선을 작용해 오는 힘에 가장 가까운 기저면의 가장자리에 접근시켜 평형을 유지하는 한편, 달리기를 할 때에는 출발 자세에서 중앙선을 되도록 앞 가장자리에 가깝게 함으로써 신체균형을 잃게 하여 앞으로 빨리 달려 나갈 수 있도록 하기도 한다.

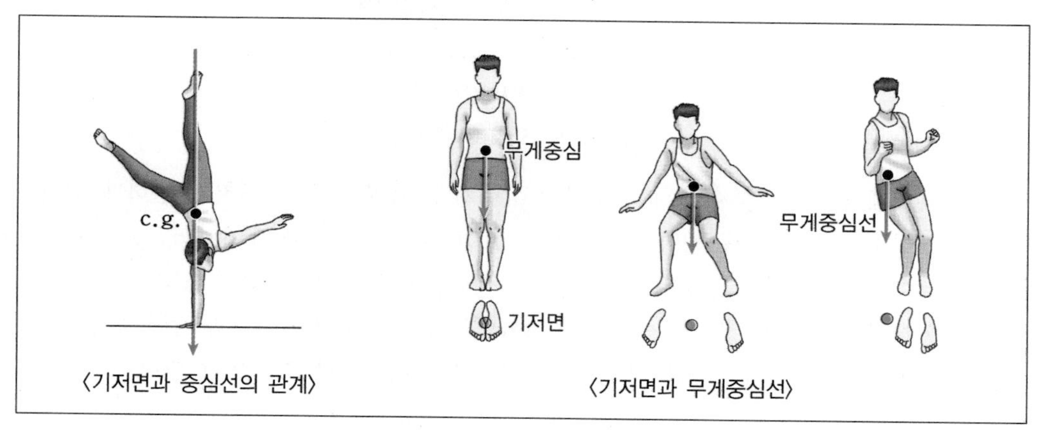

〈기저면과 중심선의 관계〉 〈기저면과 무게중심선〉

④ 인체의 질량

㉠ 안정성에 관련되는 다른 모든 요인들이 동일할 경우에 체중이 많이 나가는 선수가 그렇지 않은 선수보다 안정적이다. 이는 격투기(레슬링, 유도 등)에서 체급을 나누어 실시하는 이유이기도 하다.

㉡ 50kg의 가벼운 체중을 가진 사람은 60kg의 체중을 가진 사람 보다 안정성을 깨뜨리기가 더 쉽다.

㉢ 이와 같은 현상들은 뉴턴의 운동법칙 중에서도 작용과 반작용의 법칙과도 밀접한 관계가 있다.

(3) 동적 안정성

동적 안정성이란 움직이고 있는 상태에서의 균형 유지로서 동적인 안정을 취하기는 매우 어렵다. 동적 운동에서는 무게 중심선이 기저면 밖으로 이동되는 경우가 자주 주어지므로 균형을 유지한다는 것은 동작의 연속성을 의미하기도 한다. 걸을 때나 달릴 때에 한발로 지면을 밀 때 중심선을 기저면 밖으로 이동하게 되면서 불안정한 자세로 넘어지는 자세가 될 때 순간적으로 새로운 기저를 찾아 안정을 취하면서 동작의 연속성 운동을 하게 된다.

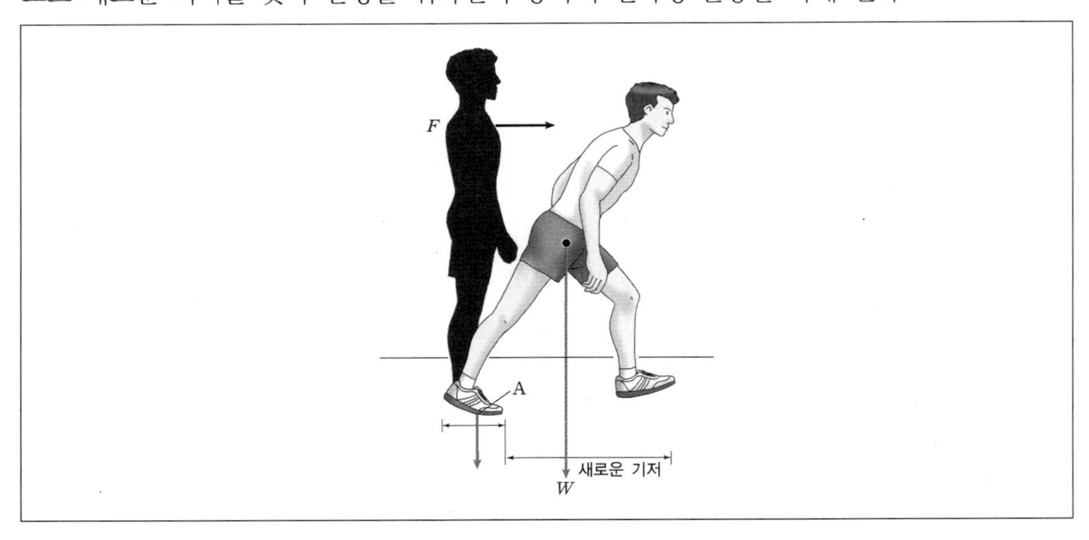

새로운 기저

① 신체중심 이동 원리

㉠ 신체 운동 시에 신체의 모양이나 상태가 바뀌면 중심의 위치도 변하게 된다.

㉡ 이것은 신체 운동 시에 운동기술을 발휘하는 데 중요한 요인이며, 높이뛰기 경기에서 보다 신체의 중심 위치를 효과적으로 바꿈으로써 더 높이 뛸 수 있다. 200m, 400m 달리기 시에 트랙을 돌 때, 스피드 스케이트나 쇼트트랙 스케이팅과 같이 회전 운동을 요구하는 운동 시에는 반드시 경기자들은 몸을 내측으로 기울여야 한다.

㉢ 원심력에 대항한 이와 같이 몸을 안쪽으로 기울이는 동작은 신체중심이 원운동을 하게 되어 원의 중심으로 향하려는 구심력의 크기를 크게 하여 넘어지지 않으려는 동작이다.

② 동적 안정성과 마찰

신체 운동 시에 두 물체의 접촉면 사이에 운동을 방해하는 저항을 마찰이라고 한다. 이러한 마찰은 운동에 도움을 주기도 하고 방해되기도 한다. 마찰이 없으면 걷거나 달릴 수 없게 된다.

㉠ 운동화의 고무 바닥, 골프 신발의 바닥, 운동화 바닥의 스파이크 등은 신발과 지지면과의 마찰을 크게 하여 동적 안정성을 높인다.

㉡ 골프 장갑, 각종 운동기구의 고무 손잡이는 마찰을 크게 하여 안정성을 높이며, 이와는 반대로 볼링 신발, 스케이트 날, 스키 바닥의 왁스 칠, 자전거의 구리스칠, 롤러스케이트의 볼링 등은 마찰을 적게 해서 잘 미끄러지게 하여 안정성을 낮춘다.

㉢ 마찰은 두 표면을 밀고 있는 힘에 비례하며, 마찰력은 서로 닿아 있는 표면에 평행이면서 운동 방향과는 반대 방향이다.

㉣ 마찰 F에 해당하는 데 필요한 힘 P와 두 표면 사이에 하나로 연결하고 있는 힘 W와의 사이의 비율을 마찰계수(μ)라고 한다.

$$마찰계수(\mu) = \frac{마찰력(P)}{수직항력(W)}$$

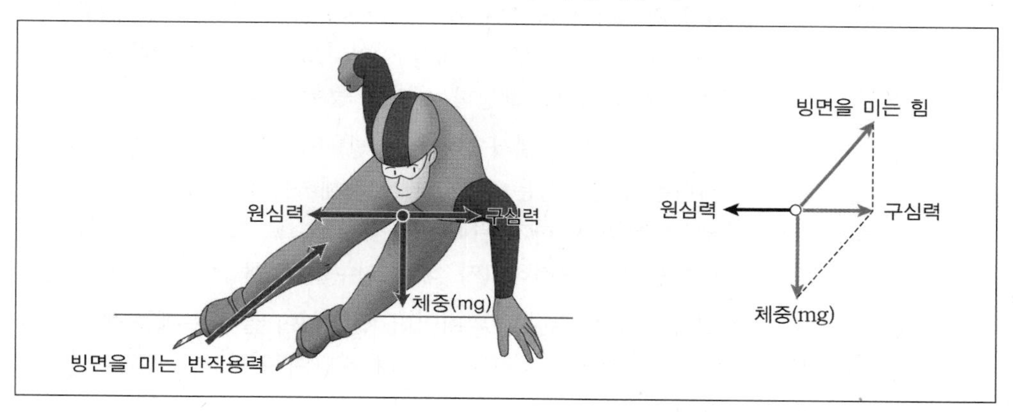

마찰력과 구심력

㉤ 곡선주로를 달리는 스케이트 선수는 빙면을 밀어내는 힘에 의해 구심력을 증가시키며, 원운동에 의한 구심력의 작용으로서 동적인 안정을 취할 수 있다.

③ 수중에서의 동적 안정성

㉠ 수중에서는 신체체중 때문에 몸 아래로 작용하는 힘 이외에 물 위로 작용하는 부력이 함께 작용한다. 이 두 가지 힘이 신체에 작용하여 합쳐 0으로 되었을 때 신체는 평형 상태로 되어 정지하여 물에서 뜨게 된다.

ⓛ 중력은 신체중심에 작용하는데, 골반 가운데의 어느 한 지점에 작용하게 된다. 수중에서 몸을 위로 뜨게 하는 부력은 신체중심 쪽으로 작용하는데 중심보다 머리에 가까운 쪽으로 작용한다.

ⓒ 만약 신체의 밀도가 일정하다면 신체중심과 부심은 일치한다. 그러나 신체는 가슴부위의 비중이 작으므로 부심이 중심보다 높다. 부심이란 가상적으로 신체 크기의 모양 속에 물을 넣었을 때 물 용적의 중심이 되는 점을 의미한다.

ⓔ 물의 밀도는 일정하므로 그 신체중심은 용적이 큰 가슴 부근에 있게 된다. 수중으로 뜨는 경우는 신체중심과 부심이 동일한 연직선 안에 있을 때이다. 수중에서 다리 부분이 가라앉는 경우에는 부력을 돕기 위해 손목을 물위로 내놓고 다리를 굽히면 부심이 상체로 이동하면서 몸이 뜨게 된다.

(4) 선안정성

① 체중은 질량과 관계가 있으며, 질량은 그 선수가 얼마나 많은 관성을 지니고 있는가를 의미하다. 선수가 무거울수록 관성이 커지며 관성이 클수록 선수의 안정성은 증가하게 된다. 따라서, 선안정성은 정지 또는 움직이는 물체나 선수의 질량 또는 관성과 직접적인 관계가 있다. 이러한 요인들 중 어느 하나가 증가하게 되면 안정성도 증가하게 된다.

② 조정 선수들은 경기 중에 가능한 직선코스를 유지하고자 한다. 노를 젓는 8명의 조정 선수는 매우 큰 선안정성을 지니고 있다. 8명의 조정선수와 보트의 질량을 합친 전체 질량은 매우 크다. 또한 길고 가느다란 모양의 보트는 노를 젓는 동작과 짝을 이뤄 직선으로 아주 빠르게 나아간다. 이때 보트를 직선코스에서 벗어나도록 하는 외력은 바람, 물결, 그리고 공기와 물을 가로질러 이동할 때 발생하는 마찰 등이 있다.

③ 파도타기, 스케이트, 스키 활강 등에서 선수들은 방향을 급작스럽게 변화시켜야 하므로, 조정선수와는 달리 커다란 선안정성은 운동수행을 저해하는 요인이 된다. 일정한 선안정성이 요구되지만, 급하게 방향전환을 하기 위해서는 직선코스로 계속해서 전진하기를 바라지 않는다. 또한 빠르게 이동하고 회전하고자 하는 선수들은 체중이 많이 나가면 안 된다.

④ 체중이 많이 나가면 안정성이 크다는 의미이며, 안정성이 클 경우에는 빠른 속도의 반작용이 요구되는 운동기능을 수행할 때에는 오히려 부담이 된다.

(5) 선안정성과 마찰

① 선수에 작용하는 마찰이 클수록 선수를 이동시키기가 더욱 어려워진다. 무거운 선수를 당기거나 밀어서 매트에 넘어뜨리려면 증가된 마찰력만큼의 더욱 큰 힘과 에너지가 필요하다.

② 미식축구 경기에서 지면을 누르고 있는 육중한 라인맨의 질량에 의해 생성된 압력은 보다 가벼운 런닝백의 질량에 의해 생성된 압력보다 크며, 따라서 라인맨의 신발과 잔디 사이의 마찰은 런닝백에 비하여 상대적으로 크다(라인맨은 질량과 관성이 런닝백보다 크기 때문에 접촉력은 크지만, 런닝백 만큼의 기동성은 가지지 못한다). 그러므로, 상대편이 라인맨을 넘어뜨리려면 라인맨과 잔디 사이에 작용하는 마찰을 이겨내야 한다.

(6) 회전 안정성

회전 안정성은 정지해 있는 선수나 물체를 기울이거나, 뒤집거나, 엎어지게 하거나, 또는 원주위를 회전시킬 때, 이에 대항하는 선수나 물체의 저항을 뜻한다. 한편, 회전 중에 있는 선수나 물체의 경우에, 회전 안정성은 선수나 물체가 회전을 지속하려는 능력으로 묘사되기도 한다. 안정성이 클수록 균형을 무너뜨리기 위해서는 보다 많은 토크가 필요하다. 선수 균형을 무너뜨리는 토크의 불안정 효과는 중력, 공기저항, 상대방이 가하는 힘 등의 외력에 의해 발생되거나, 이들 외력의 상호작용에 의해서 발생된다. 외력에 의하여 생성된 토크가 선수에게 작용될 경우에, 선수는 회전축 주위를 회전하게 된다. 이 때, 선수의 특정 부위가 회전축이 될 수 있다. 발이 회전축이 되는 경우가 빈번하지만, 어깨, 엉덩이 손도 회전축이 된다. 평균대에서 선수가 균형을 잃게 되면 회전축은 평균대와 접촉하고 있는 신체 부위가 되고, 한 손으로 물구나무서기를 할 때에는 손이 회전축이 된다. 유도의 허리채기에서는 상대방의 엉덩이와 접촉하는 신체 부위가 회전축이 된다. 100M 육상 선수가 결승선을 향해 몸을 앞으로 숙이게 되면 트랙과 접촉하고 있는 스파이크가 회전축이 된다.

① 토크 대 토크

㉠ 우수한 체조선수가 한 손으로 물구나무서기를 할 때, 체조선수는 매우 불안정한 평형 상태가 된다.

ⓐ 체조선수가 신체를 조금만 이동시켜도 균형이 무너져서 회전을 일으키는 토크가 발생하게 된다.

ⓑ 지구의 중력은 체조선수의 무게 중심을 수직 하방으로 끌어당기며, 회전축은 마루를 딛고 있는 한 쪽 손에 위치한다.

ⓒ 이 선수가 한 손으로 균형을 잡고 물구나무서기를 한 자세로 신체를 멀리 움직일수록 토크는 더욱 커지게 된다.

ⓓ 체조선수들은 한 손으로 균형을 잡은 안정된 자세를 유지하기 위하여, 신체를 지탱하고 있는 한 쪽 손과 전완에 힘을 가함으로써 균형을 무너뜨리려는 토크를 상충시킬 수 있는 대응 토크를 생성한다.

ⓔ 이러한 대응 토크의 회전효과가 충분하면 체조선수는 균형을 무너뜨리려는 토크의 반대 방향으로 신체가 회전하게 됨으로써 다시 안정된 균형 상태를 유지할 수 있게 된다.

ⓕ 수정된 자세에서 중심이 너무 많은 거리를 이동하게 되면 균형을 다시 유지하기 위해서 힘을 쓸 수가 없게 되어 결국은 균형을 잃게 된다.

㉡ 레슬링에서 공격하는 선수의 토크(힘 × 힘팔)와 방어하는 선수의 토크(저항 × 저항팔)는 상호 대립적이다.

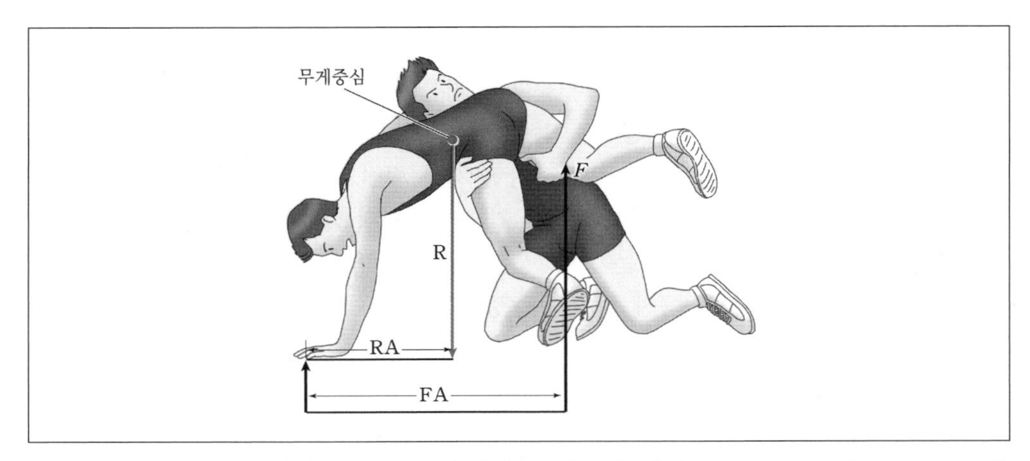

ⓐ 공격하는 선수가 가하는 토크는 방어하는 선수가 반대 방향으로 가하는 토크와 대응하게 된다. 방어하는 선수의 체중은 저항으로 작용하며 그의 손은 회전축이 된다.

ⓑ 공격하는 선수는 상대 선수에게 가하는 힘을 증가시키고 힘팔의 길이를 길게 함으로써 회전효과를 증가시키려고 노력한다.

ⓒ 방어하는 선수는 시합 중에 자신의 체중을 증가시킬 수 없으므로 공격하는 선수로부터 자신의 손을 멀리 이동시킴으로써 가능한 저항팔의 길이를 증가시켜야 한다.

ⓓ 레슬링 선수는 체중이 무겁고, 무게 중심을 지면에서 아주 낮게 위치시킬 수 있으며, 공격하는 선수에 의해 가해진 토크를 상쇄시키기 위하여 체중을 이동시키고 팔과 다리를 넓게 벌린다.

㉢ 평균대에서 체조선수는 한 발로 균형을 유지하고 있기 때문에 기저면이 매우 작다. 체조선수는 최소한의 회전 안정성만을 확보하고 있기 때문에 작은 힘이나 토크가 가해지게 되면 곧바로 불안정한 상태에 놓이게 된다.

무게중심선이 기저면 안에 위치

② 회전 안정성을 결정하는 요소

㉠ 기저면의 크기를 증가시키면 안정성이 증가한다.

ⓐ 기저면은 신체의 접촉지점들에 의해 둘러싸인 면적을 의미한다. 선수가 발휘한 힘에 대항하여 저항을 제공하는 것은 모두 기저가 될 수 있다.

ⓑ 이단평행봉에 매달려 있는 체조선수의 경우에는 기저의 위치는 바가 되며, 이때 형성된 기저면은 체조선수의 머리 위에 위치하게 된다.

ⓒ 체조선수가 평균대 위에서 한 발로 균형을 유지하면서 서 있을 경우에는 발의 면적이 기저면이 된다. 다른 발을 평균대에 위치시키면 기저면은 더욱 커지게 되므로 한 발로 서 있을 때보다 더 큰 안정성을 확보할 수 있게 된다.

㉡ 무게 중심선이 기저면 상에 위치하게 되면 안정성이 증가한다.

ⓐ 선수의 무게 중심을 통과하는 수직선, 즉 무게 중심선을 기저면 안에 위치시키면 균형을 유지하기가 쉽다.

ⓑ 무게 중심선이 기저면의 중앙에 가까울수록 안정성은 더욱 커지고, 반대로 기저면 가장자리에 가까워질수록 불안정하게 된다.

ⓒ 기저면이 클수록 무게 중심선을 기저면 안에 위치시키기가 쉽다.

㉢ 체중을 증가시키면 안정성이 증가한다.

ⓐ 안정성에 관계되는 다른 모든 요인들이 동일할 경우에 체중이 무거운 선수가 가벼운 선수보다 안정적이다.

ⓑ 이는 격투기 경기에서 체급을 나누어 실시하는 이유이기도 하다.

㉣ 힘이 가해지는 방향으로 기저면을 넓히면 안정성이 증가한다.

▲ **힘이 가해지는 방향, 즉 투구 방향으로 기저면을 넓히는 모습**

㉤ 힘이 가해지는 방향으로 중심선을 이동시키면 안정성이 증가한다.

㉥ 무게 중심이 낮을수록 안정성이 증가한다.

③ 회전 안정성 원리들의 상호작용

㉠ 회전 안정성을 조절하는 모든 요소들은 서로 밀접한 관계가 있다.

ⓐ 선수들이 안정성을 유지하기 위하여 한 가지 요소만 만족시키고 다른 요소들은 만족시키지 못한다면 적절하지 않다.

ⓑ 선수가 기저면을 넓힐 때에는 힘이 가해지는 방향으로 넓혀야 한다. 하지만 중심선이 왼쪽 모서리 근처에 위치해 있으면 태클에 의해서 쉽게 중심이 무너지게 된다.

ⓒ 일반적으로 슈퍼헤비급 선수는 라이트급 선수보다 안정성이 크지만, 슈퍼헤비급 선수의 기저면이 좁고 무게 중심의 위치가 높으며 기저면의 모서리 근처에 위치하면 체중으로 인한 안정성은 거의 소용이 없다.

ⓓ 무게 중심을 낮게 유지하는 선수는 안정성은 증가시킬 수 있지만 무게 중심선이 기저면을 벗어난 경우에는 안정성이 쉽게 떨어진다.

㉡ 안정성에 관한 모든 원리는 서로 밀접한 관계가 있으며 상호 의존적이므로 하나의 원리만을 적용시키는 것은 바람직하지 않고 여러 가지 원리를 동시에 적용시켜야 한다.

⑺ 최소한의 안정성만 요구되는 운동 기능

① 안정성을 최소화하여야 하는 운동 기술은 폭발적인 가속을 수행할 때 일어난다.

㉠ 수영 출발 동작과 단거리 출발 자세가 이러한 예에 포함된다.

㉡ 단거리 달리기의 출발 시, 선수는 무게 중심을 전방으로 이동시켜 트랙을 짚은 손에 무게 중심선을 매우 가깝게 위치시킨다. 이러한 매우 불안정한 크라우칭 스타트 자세는 다음의 두 가지 요인을 충족 시켜준다.

단거리 출발 자세에서 무게중심선이 기저면의 전방 가장자리에 가깝게 이동된 장면

ⓐ 선수의 양 다리를 강력하게 추진시킬 수 있는 자세이다.

ⓑ 결승선을 향하여 몸을 추진시킬 때에 힘이 가장 적게 요구되는 자세이다.

② 신속한 방향 전환이 요구되는 스포츠 기능에서 선수들은 특정 방향으로 빠르게 움직여야 한다.

㉠ 서브를 리시브하는 배구 선수와 슛을 방어하는 축구 골키퍼 모두는 어느 방향으로든지 빠르게 움직일 수 있어야 한다.

㉡ 이들은 기저면을 매우 좁게 유지한 상태에서 무게 중심선을 기저면 중앙에 위치시킴으로써 움직이고자 하는 방향으로 무게 중심을 신속하게 이동시킬 수 있다. 이들은 어느 방향으로든지 재빠르게 이동하면서 공의 변화에 신속하게 반응할 수 있다.

장대와 외줄타기 안정성

- **정역학**
  장대와 사람을 합친 무게 중심이 낮아지기 때문에 안정적이다.
- **운동역학**
  관성모멘트가 커져 회전에 대한 저항이 커진다. 긴 장대는 회전관성이 크므로 회전하는 시간이 길다. 회전하는 시간을 이용하여 몸의 균형을 잡게 된다.
- **뉴턴의 법칙**
  시계방향으로 기울어질 때 시계방향의 토크를 주면 막대는 곡예사에 반대 방향의 동일한 토크를 작용해 균형을 되찾을 수 있다.

- 외줄타기를 할 때 장대의 길이가 길고, 장대의 양끝이 아래쪽으로 휘어지고, 장대의 양 끝에 무게가 집중될수록 더욱 안정적인 이유?
  → 장대가 아래로 휘면 사람과 장대를 합친 무게중심이 낮아진다. 장대의 양 끝에 무게가 추가된다면, 사람과 장대를 합친 무게중심은 더욱 낮아진다. 게다가, 장대의 길이가 길어지고 무게가 증가하게 되면, 관성모멘트가 증가하여 회전에 대한 저항이 커지게 된다. 이런 이유로, 외줄타기 선수는 길고 휘어진 무거운 장대를 사용하여 안정성을 확보하여 균형을 유지한다.

(8) 트위스트와 회전할 때의 회전 안정성

① 선수나 물체가 회전 또는 돌기를 할 때, 회전 안정성은 각운동량에 의존한다. 각운동량이 크면 클수록 안정성도 커진다.

② 각운동량은 물체의 질량, 회전축에 대한 질량의 분포, 물체의 회전속도(각속도)에 따라 결정된다.

㉠ 남자용 원반은 여자용 원반보다 더 크고 무겁기 때문에 여자용 원반보다 바람에 의한 비안정성 효과를 잘 극복해 낼 수 있다.

㉡ 미식축구공의 경우에는 스핀이 가해지면 좀 더 안정적으로 날아가게 된다. 스핀을 많이 가할수록 미식축구공의 각운동량과 안정성은 더욱 더 커진다. 선수는 미식축구공 자체의 무게와 질량 분포를 변화시킬 수는 없기 때문에 공의 스핀(각속도)을 증가시킴으로써 각운동량을 증가시킬 수 있다.

③ 공의 장축을 기준으로 한 빠른 스핀은 공에 회전으로 인한 안정성인 "자이로스코프 안정성"을 제공한다.

㉠ 자이로스코프 안정성은 공이 공기 흐름과 저항에 의해 발생되는 비안정성 힘을 극복하는 데 도움을 준다.

㉡ 스핀이 없다면 미식축구공은 공중에서 요동치며 불규칙하게 움직일 것이다. 그래서 공의 비행 방향과 비행 거리를 예측할 수 없게 된다.

④ 유선형 효과를 향상시키기 위하여 공기 역학적인 디스크 바퀴를 사용하는 선수들은 출발 시에 살로 된 바퀴를 사용할 때만큼 사이클을 빠르게 가속시킬 수 없다.

㉠ 디스크 바퀴는 살로 된 바퀴보다 무거워서 관성이 더 크다. 그러나 일단 바퀴가 회전하게 되면 바퀴는 회전을 지속하고자 한다. 따라서 바퀴의 회전 안정성은 증가하게 된다.

㉡ 계속적으로 회전하려는 바퀴의 성질은 관성모멘트뿐만 아니라 회전 안정성과도 밀접한 관련이 있다.

㉢ 디스크 바퀴를 사이클의 앞뒤에 모두 사용할 경우에는 문제가 발생된다. 회전하는 디스크 바퀴의 안정성은 클지라도 디스크 바퀴의 표면적이 증가되므로 옆바람이 강하게 불면 사이클 선수는 옆으로 밀리게 된다. 이러한 이유 때문에 바람이 없거나 바람을 막아주는 벨로드롬이 아닌 경우에는 일반적으로 뒤쪽 바퀴에만 디스크 바퀴를 사용한다.

> 회전하는 물체의 회전 안정성은 각운동량에 비례한다. 즉 물체의 질량과 각속도가 증가할수록, 그리고 물체의 질량이 회전축으로부터 멀리 떨어져 분포할수록 그 물체의 회전 안정성은 증가한다.

2. 중력

(1) 중력과 중력 가속도

① 중력이란 지구 위의 물체가 지구로부터 받는 힘이다. 중력의 크기는 물체의 질량에 비례하며, 자유 낙하하는 물체는 질량에 상관없이 일정한 가속도로 떨어진다. 약 $9.8m/s^2$의 이 가속도를 중력가속도라 한다.

② 고지대이며 적도에 근접해 있는 경우가 해수면과 가깝고 북극에 근접한 경우보다 중력의 영향을 덜 받는다. 경기력은 중력의 차이보다는 공기 밀도의 차이에 더 큰 영향을 받는다.

㉠ 고지대의 밀도가 희박한 공기는 해수면의 공기에 비하여 산소의 함유량이 적다. 이때 선수들은 산소를 섭취하기 위해 더 자주 호흡을 하게 된다.

㉡ 공기의 밀도가 적을 때 : 거리나 속도에 유리하다(투사체 운동).

㉢ 공기의 밀도가 높을 때 : 공의 휘어짐이 크게 나타난다(항력이 커지기 때문).

③ 스프링보드나 다이빙 선수는 등가속도를 유지한다. 하지만 낙하산을 타고 낙하하는 사람은 다이빙 선수에 비해 보다 긴 시간을 자유낙하 하기 때문에 그렇지 않다. 낙하산이 지표면에 근접할수록 대기의 밀도가 높아져 공기 저항이 증가하게 되어 낙하산은 일정한 속도로 낙하하게 된다.

(2) 무게 중심

질량 중심점 (질점)	모든 물체는 질량을 가지고 있는데, 그 질량이 한 곳에 집중되어 있는 가상점을 질량 중심점 또는 질점(COM)이라 한다.
무게 중심점 (중심)	중력을 받는 물체의 힘을 중량(Weight)이라 하며, 중량이 한 곳에 모여 있는 점을 무게 중심점(COG) 또는 중심이라 한다.

① 중력은 선수가 이겨내야 하는 가장 큰 반대 힘 중의 하나이다. 사람에게 작용하는 지구의 중력은 인체의 무게 중심에 집중된다. 이러한 현상은 지구의 중력이 미치는 범위에 있는 모든 물체에도 동일하게 적용된다. 서 있거나 자세를 변화시키는 것에 상관없이 지구의 중력은 항상 무게 중심에 집중된다.

② 완벽하게 구형이고 전체가 동일한 물질(철)로 구성된 포환의 무게 중심은 포환 표면의 모든 방향으로부터 동일한 거리, 즉 포환의 정중앙에 위치한다. 포환의 중심을 기준으로 아래쪽 질량과 위쪽 질량, 그리고 왼쪽 질량과 오른쪽 질량은 서로 동일하게 분포되어 있다.

③ 신체는 전체가 동일한 물질로 구성되어 있지 않고 머리에서 발끝까지 질량이 동일하게 분포되어 있지 않기 때문에 포환과는 상황이 다르다.

㉠ 신체는 뼈, 근육, 지방, 조직 등과 같은 다양한 모양과 물질로 구성되어 있고 이들의 밀도 또한 각각 다르다.

㉡ 뼈와 근육은 지방보다 밀도가 높기 때문에 동일 공간 내에서 상대적으로 보다 많은 질량이 압력을 받게 된다. 지구의 인력은 질량이 적은 부분보다 많은 부분에 더 많이 작용하게 된다.

④ 머리나 상체의 질량이 다리보다 크면 신체의 무게 중심은 상체 쪽에 위치하지만 다리의 질량이 더 크면 그 반대가 된다.

㉠ 신체의 무게 중심이 체표면으로부터 동일한 거리에 위치하지 않을지라도 신체 질량은 무게 중심을 기준으로 균형을 이룬다.

㉡ 포환과 마찬가지로 무게 중심을 기준으로 바로 아래의 질량과 바로 위의 질량은 같고 왼쪽과 오른쪽의 질량도 동일하다.

⑤ 무게 중심을 구하는 방법

인체의 무게 중심은 팔을 옆에 대고 똑바로 서있는 자세에서 대부분의 성인 남자의 무게 중심은 거의 벨트 높이이거나 배꼽보다 1인치 위에 위치한다. 여자의 경우에는 약간 낮다. 그 이유는 남자의 경우에 어깨 쪽에는 질량이 보다 많고 엉덩이 쪽은 다소 적은데 반해 여자의 경우는 그 반대이기 때문이다.

㉠ **평형측정판 이용 방법**: 신체의 무게 중심 위치는 그 점을 기준으로 신체가 평형을 이루는 지점이므로 회전력의 합이 "0"인 지점으로 가정하여 신체의 무게 중심 위치를 구하는 방법이다.

㉡ **영상분석법 이용 방법**: 운동을 하게 되면 신체의 무게 중심이 항상 변화하기 때문에 운동 상황에서 신체의 무게 중심 위치를 구하기 위해서 영상분석법을 이용한다. 이는 인체측정학적 자료를 이용해 각 분절의 길이, 질량, 분절 중심 위치 등을 계산한 후, 이를 바탕으로 신체의 무게 중심 위치를 계산하는 방법이다.

⑥ 무게 중심의 이동

㉠ 무게 중심 위치는 특정 시간동안 동일한 위치에 머물러 있는 경우가 극히 드물다. 무게 중심 위치는 신체 위치가 약간만 바뀌어도 신체 질량이 재분배되기 때문에 신체의 무게 중심 위치가 변하게 된다.

㉡ 똑바로 서서 다리를 앞으로 움직이면 무게 중심도 같은 방향으로 이동한다. 이때 다리와 팔을 함께 움직이게 되면 보다 많은 질량의 움직임으로 인하여 무게 중심이 앞으로 더 많이 이동하게 된다.

㉢ 무게 중심이 이동한 거리는 얼마나 많은 질량이 얼마나 멀리 움직였는가에 의존한다. 다리는 무겁고 많은 질량을 가지고 있기 때문에 팔을 움직이는 것보다 무게 중심을 더 많이 이동시킨다. 허리를 굽히면 무게 중심도 머리 쪽으로 이동한다.

㉣ 무거운 바벨을 팔 길이만큼 머리 위로 들어 올릴 때 커다란 바벨의 질량이 수직 상방으로 높이 올라갔기 때문에 선수의 질량과 기구의 질량을 합친 무게 중심도 위로 많이 올라가게 된다. 게다가, 이때에 팔의 질량도 머리 위로 이동하게 된다.

ⓐ 팔이 길거나 무겁고 바벨이 보다 육중할수록 선수와 바벨을 합친 무게 중심은 더 멀리 움직이게 된다.

ⓑ 선수가 바벨을 더 이상을 지탱할 수 없게 되면 무게 중심은 신체 자세에 따라 다시 변하게 된다. 선수가 팔을 아래로 내리면, 무게 중심도 아래로 내려오게 된다.

㉤ 다이빙 선수가 팔을 앞으로 쭉 펴고 허리를 굽힌 파이크(pike) 자세를 취하면서 발끝에 닿게 할 경우에 이러한 동작은 무게 중심을 앞쪽으로 이동시켜 신체 외부에 위치시킨다.

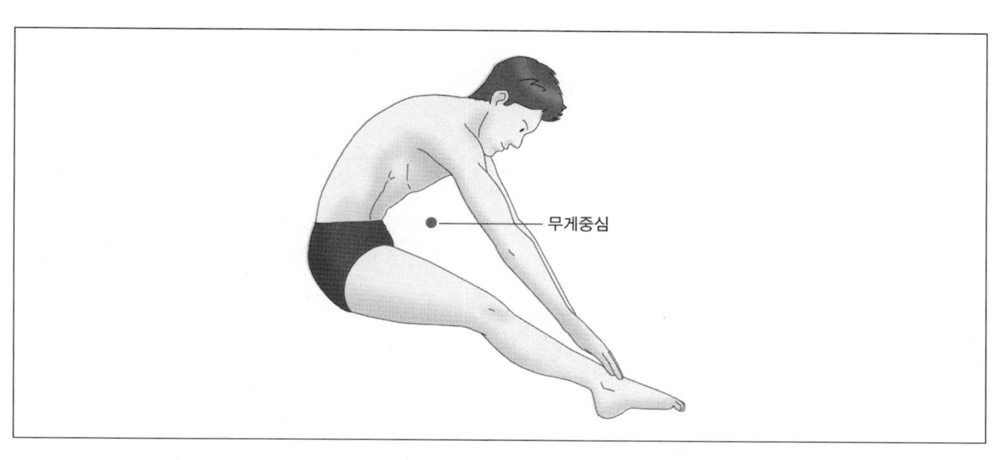

파이크 자세에서 다이빙 선수의 무게중심

ⓑ 체조 선수가 허리를 뒤로 젖히거나(high back arch) 허리재기(back walkover)를 수행할 때 신체 내부에 위치한 무게 중심이 일시적으로 신체 외부로 이동하게 된다. 무게 중심은 다리, 상체, 팔 등의 질량 이동에 따라 움직인다. 더 많이 구부릴수록 무게 중심의 이동은 더 커진다.

허리재기 할 때의 무게중심

ⓢ 체조 선수가 허리를 뒤로 젖힌 자세는 높이뛰기 선수가 바를 넘을 때에 사지를 쭉 펴고 뒤로 늘어뜨린 자세와 매우 유사하다.

ⓐ 유연한 선수는 바를 통과할 때 무게 중심이 바 아래를 통과하도록 공중 자세를 취할 수 있다. 이처럼 신체를 뒤로 늘어뜨려 넘는 플롭 기술의 장점은 동일한 선수가 정면뛰기의 스쿼트 점프를 사용하여 바를 넘은 후 이들 두 동작을 비교해 보면 쉽게 이해할 수 있다.

ⓑ 배면뛰기에서 플롭 기술을 이용하면 무게 중심을 6피트만 올려도 넘을 수 있는 높이를 정면뛰기의 점프를 사용하면 동일한 높이를 넘기 위해서는 무게 중심을 8피트 정도 올려야 한다.

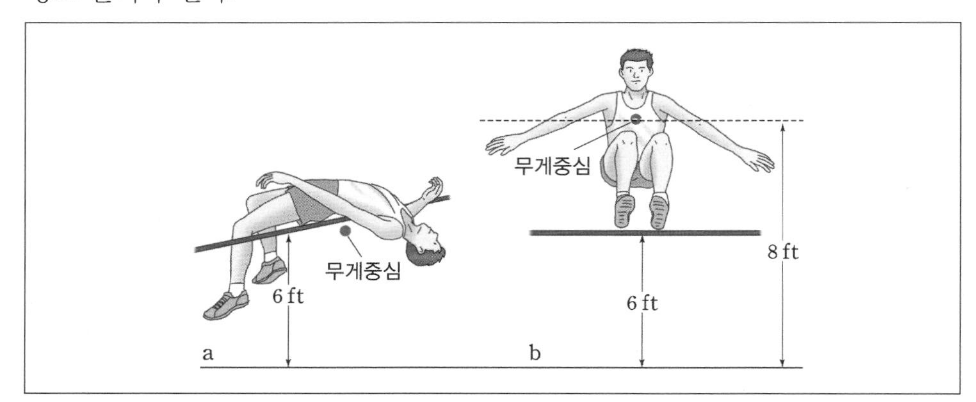

배면뛰기의 플롭기술(a)과 정면뛰기의 스쿼트점프(b)의 무게중심의 높이

ⓒ 배면 뛰기 공중동작에서 바를 넘기 전과 넘은 후에 무게 중심점은 신체 내부에 있지만 바를 넘는 순간에는 신체 외부에 있다. 인체 무게 중심점의 위치는 운동중이나 정지상태의 인체를 분석할 때 필수불가결한 역학적 요인이다.

무게중심 위치변화

(3) 공중에서의 중력의 영향

① 공중에 있는 선수도 지면에 있는 선수와 마찬가지로 무게 중심을 가지고 있다. 공중에서 무게 중심의 위치를 바꾸는 동작도 지상에서 하는 방식과 동일하다.

② 다이빙 선수가 스프링보드를 발구름하여 상방으로 추진시키면 선수의 상승 속도는 중력에 의해 즉시 감속되며 그래서 상승 속도가 "0"이 되면 아래로 하강하게 된다. 다이빙 선수의 하강 속도는 중력에 의하여 상승할 때의 감속 비율과 동일한 비율로 가속된다.

③ 공중에서 중력은 물체의 무게 중심에 집중된다. 이는 선수가 공중에서 어떤 자세를 취하든지 관계없이 중력은 신체의 무게 중심을 하방으로 끌어당긴다. 공중에서 팔과 다리를 움직이면 지상에서처럼 무게 중심이 계속해서 변화하지만 지구는 여전히 무게 중심에 인력을 집중시킨다.

④ 중력은 항상 선수의 무게 중심을 잡아당기지만, 선수가 신체를 신전시켰다가 상체를 구부린 터크(tuck) 자세를 취하는 것을 막을 수는 없다. 다이빙 선수는 터크 자세를 취함으로써 좀 더 빠르게 회전할 수 있는데 이와 같이 신체의 자세가 바뀐다 할지라도 중력은 변함없이 항상 신체의 무게 중심에 집중된다.

⑤ 높이뛰기, 멀리뛰기, 체조, 다이빙 등과 같이 짧은 시간 동안에 공중자세를 취해야 하는 스포츠에서 무게 중심의 비행경로는 도약하는 순간에 이미 결정되며 공중에서 비행경로를 바꾸는 것은 불가능하다.

㉠ 다이빙 선수가 보드에서 회전 동작을 잘못 취하게 되면 이를 모면할 수 있는 기회는 없게 된다.

㉡ 공중에서 팔과 다리를 움직여 보아도, 신체의 비행경로는 전혀 바뀌지 않는다.

(4) 밀도에 따른 무게 중심의 변화

① 밀도는 선수나 물체가 특정한 공간을 차지하는 물질(질량)의 양을 의미한다. 즉 단위 부피당 차지하는 물체의 무게 또는 질량을 뜻한다. 선수나 물체는 특정 공간에서 보다 많은 압력을 받게 되면 밀도가 증가하게 된다.

② 인체에서 뼈와 근육은 지방보다 밀도가 크기 때문에 상체가 발달한 보디빌딩 선수들의 무게 중심 위치는 일반인에 비하여 상대적으로 높다. 무게 중심이 높은 선수는 레슬링이나 유도와 같이 안정성이 중요시되는 스포츠에서는 불리하다.

③ 역도 선수가 100파운드의 바벨과 50파운드의 바벨을 각각 머리 위로 팔 길이만큼 들어 올렸을 때, 선수와 바벨을 합친 무게 중심은 100파운드의 경우가 50파운드의 경우에 비하여 상대적으로 높게 위치하게 된다. 그러므로 역도 선수는 들어 올린 바벨의 무게가 무거울수록 균형을 유지하기가 더욱 어려워진다. 무게 중심이 높은 선수는 균형을 유지하기 위해 더욱 노력해야 한다.

밀도
• 밀도는 주어진 부피 내에 얼마나 많은 물질이 압축되어 있는가를 나타내는 척도이다. 즉, 밀도는 물체의 질량을 부피로 나눈 값이다. • 밀도의 단위는 kg/m^3이다. 같은 부피의 물체라도 무게가 무거우면 밀도가 크다. 즉, 철은 나무보다 밀도가 크다.

3. 부력

(1) 아르키메데스의 원리

물속에 잠긴 물체는 물속에 잠긴 부피만큼의 물에 무게에 해당하는 상향의 힘, 즉 부력을 받게 된다.

$$F_B = V \cdot D \cdot g$$

($\because$ F_B: 부력, V: 물체가 액체에 잠긴 부피, D: 액체의 밀도, g: 중력가속도)

① 부력은 정수압과 관련이 있으며, 중력에 대항해 수직상방으로 작용하는 힘이다.

㉠ 물체의 압력은 수심에 따라 증가한다. 신체의 밑 부분 수심이 옆이나 윗 부분보다 깊기 때문에, 선수의 신체에 가해지는 옆 또는 위에서의 압력보다 밑에서 상방으로 밀어 올리는 압력이 상대적으로 크게 작용한다.

㉡ 신체를 밑으로부터 수직상방으로 밀어 올리는 힘이 존재하게 되는데, 이러한 힘을 부력이라고 한다.

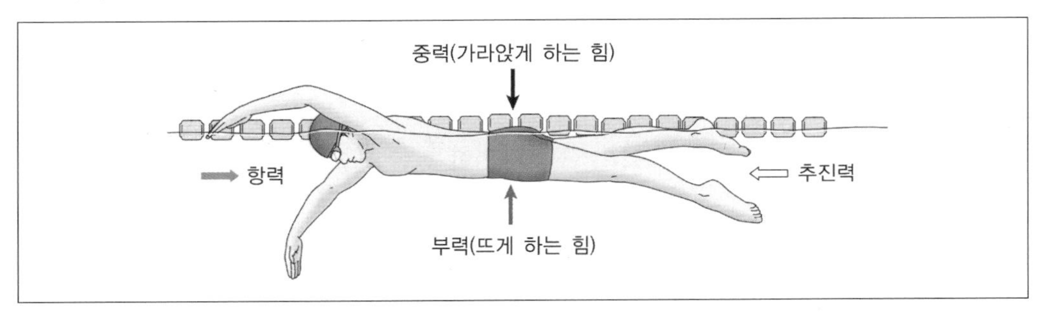

② 부력은 단지 물에서만 존재하는 것이 아니라, 부력은 대기에서도 존재한다.

③ 수영, 카약, 요트 등의 수상 스포츠도 부력의 영향을 받는다.

④ 물속에 잠긴 선수에게 작용하는 부력의 크기는 신체가 밀어낸 물의 무게와 같다. 따라서 그 물체의 부피만큼의 물에 무게에 해당하는 상향의 힘, 부력을 받게 된다.

⑤ 물에 잠긴 어떤 선수가 다른 선수에 비해 많은 양의 물을 사방으로 밀어 냈다면, 그 선수는 다른 선수에 비하여 상방으로 밀어 올리는 부력을 보다 크게 받게 된다. 선수를 하방으로 끌어당기는 중력보다 부력이 더 클 경우, 선수는 수면으로 떠오르게 된다.

⑥ 뼈가 크고 근육질이면서 지방이 적은 선수는 물에 뜨기 어렵다. 뼈와 근육의 비중은 1보다 크고 지방의 비중은 1보다 작다. 따라서 근육질 선수의 경우 신체를 하방으로 끌어당기는 중력이 신체를 상방으로 밀어 올리는 부력보다 상대적으로 더 크게 작용하기 때문에, 물에 가라앉게 된다.

⑦ 바다에서는 체용적에 해당하는 바닷물의 무게가 민물의 무게보다 무겁다. 따라서 선수에 가해지는 부력 또한 그만큼 커지게 되어 물에 뜰 수 있게 된다.

⑧ 선수의 체지방은 장거리 수영, 특히 차가운 바닷물에서의 장거리 수영을 할 때 중요한 역할을 한다.

㉠ 신체의 체지방은 물보다 비중이 작기 때문에 체지방이 많은 선수는 적은 선수에 비하여 부력을 많이 받으므로 물에 잘 뜰 수 있다.

㉡ 신체의 체지방은 수중에서 체온을 유지하는데 도움을 준다. 체지방은 부력을 크게 해 줄 뿐만 아니라, 신체 표면을 기름으로 코팅한 것과 같은 효과를 내어 체온의 손실과 저체온증을 막아 준다.

㉢ 체지방이 적은 선수는 체지방이 많은 선수에 비하여 좀 더 일찍 저체온증으로 고통을 받게 된다.

⑨ 심호흡을 하여 흉곽을 팽창시킨다면 신체는 체용적이 증가하여 수중에서 더 많은 공간을 확보하게 된다. 이와 같이 부력은 체중의 변화 없이도 증가될 수 있다. 심호흡을 한 상태에서는 뜨기 동작을 수월하게 행할 수 있으나, 반대로 숨을 내쉬게 되면 가라앉게 된다.

⑩ 선수에 작용하는 부력은 유체의 밀도와 온도에 따라 변한다.

㉠ 유체온도가 올라갈수록 유체밀도는 낮아진다. 그래서 따뜻한 민물보다 차가운 바다의 소금물에서 더 잘 뜨는 것이다.

㉡ 차가운 바닷물은 동일한 양의 민물보다 밀도가 더 높고 더 무겁기 때문에, 상대적으로 보다 큰 부력을 발생시킨다.

(2) 비중

$$\text{비중} = \frac{\text{물체의 무게}}{\text{동일부피의 물의 무게(4°c)}}$$

① 유체 속에서 물체가 뜨기 위한 조건은 부력이 중력보다 커야 한다. 즉 비중이 1보다 작은 경우에는 뜨게 되고 1보다 클 경우에는 가라앉는다.

② 비중은 물의 무게를 1로 했을 때, 이에 대한 상대적인 물체의 무게를 의미하는 것으로 수치는 밀도와 동일하다.

③ 체지방을 제외한 부분의 조직이 물보다 큰 비중을 갖고 있다. 따라서 지방 조직이 발달한 사람일수록 부력은 커지게 된다.

④ 인체의 경우 일반적으로 비중이 1보다 크지만 물에 뜰 수 있는 이유는 공기를 들이 마시게 되면 체용적이 증가되어 이에 상당하는 추가적인 부력을 받게 되기 때문이다.

⑤ 유아나 아동의 경우 머리가 크고 폐활량이 적어서 뜨기에 불리하지만, 골격이 가늘고 근육의 비중이 낮아서 오히려 성인에 비해서 부력을 더 받는다.

⑥ 수영선수의 경우 타종목의 선수에 비해 체지방 함량이 더 많다.

비중
• 비중은 어떤 물체의 무게와 이것과 같은 부피를 가진 표준물체의 무게(4℃의 물)와의 비이다. • 4℃의 물의 비중은 1이고, 물체의 무게가 같은 부피의 4℃의 물의 무게보다 크면 물체의 비중은 1보다 크고, 작으면 1보다 작다. 즉, 비중이 1보다 크면 물에 가라앉고, 작으면 뜬다.

(3) 부력 중심

① 경심

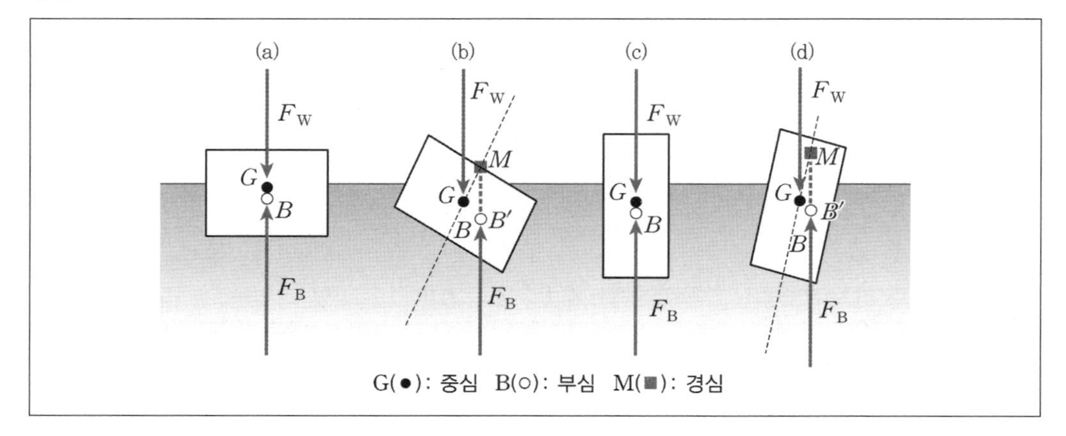

㉠ 수중에 있는 모든 물체는 중력과 반대방향으로 작용하는 부력을 받는데, 부력이 작용하는 중심을 부심이라고 한다. 인체가 공기 중에서는 무게 중심을 축으로 하여 회전하지만 물속에서는 부력 중심이 인체의 회전 중심이 된다.

㉡ 물체가 수중에 떠 있을 때 물체의 무게 중심(G)과 부력 중심(B)이 동일 수직선상에 위치하고 이 두 점에 작용하는 물체무게와 부력의 크기가 동일한 경우에 물체는 평형을 유지하면서 정지해 있게 된다(a, c).

㉢ 중력의 중심과 부력의 중심이 동일 수직선상에 위치하지 않을 때는 물체의 무게와 부력에 의한 토크가 발생하여 물체는 기울어지게 된다(b, d). 이때 기울어진 물체의 부력 중심(B′)을 통과하는 수직선과 최초의 부심축(BG)과의 교차점(M)을 경심이라고 한다.

㉣ 수중에 떠 있는 물체의 안정과 불안정은 물체의 중심과 경심과의 거리에 의하여 결정된다. 즉 물체의 중심과 경심과의 거리가 크면 클수록 물체의 흔들림이 커지며 반대로 거리가 짧을수록 물체의 흔들림은 감소된다.

② 수중에서의 부력과 중력

㉠ 팔을 옆구리에 붙이고 누운 자세를 취한 경우에 부력 중심은 인체 중심에 비하여 가슴 쪽에 가깝게 위치한다. 이러한 경우에는 중력의 영향에 의하여 다리 쪽에 회전력이 생겨서 발이 가라앉게 된다.

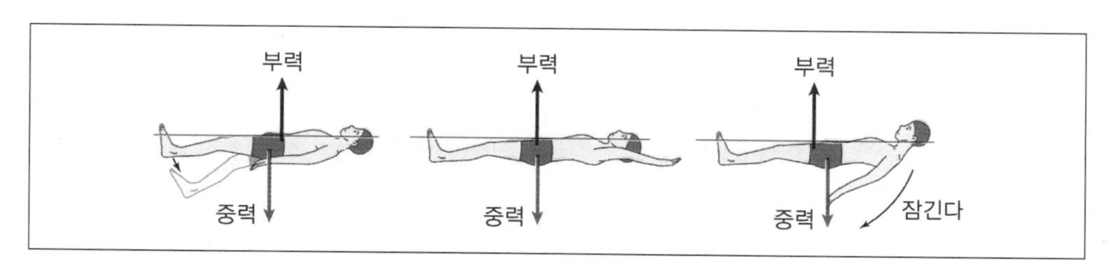

수중자세와 뜨기 및 가라앉기

㉡ 팔을 머리 위로 곧게 뻗으면 인체 중심이 상체 쪽으로 이동하여 부력과 중력의 작용선이 일치하게 됨으로써 평형을 유지하면서 물에 떠 있을 수 있게 된다.

㉢ 머리를 들 경우 물속에 잠긴 인체의 부피가 적어져서 부력이 감소하기 때문에 곧이어 머리가 물속으로 잠기게 된다.

(4) 뜨는 자세

① 수중에서 신체의 가슴 부위는 다리에 비하여 체용적이 크기 때문에 큰 부력을 받는다. 신체의 부력 중심은 인체의 무게 중심과 일치하지 않는다. 부력 중심은 수중자세에 따라 달라지는데 양팔을 머리 위로 뻗고 누운 자세로 뜨기를 할 때 부력 중심이 신체 무게 중심보다 더 위쪽에 위치한다.

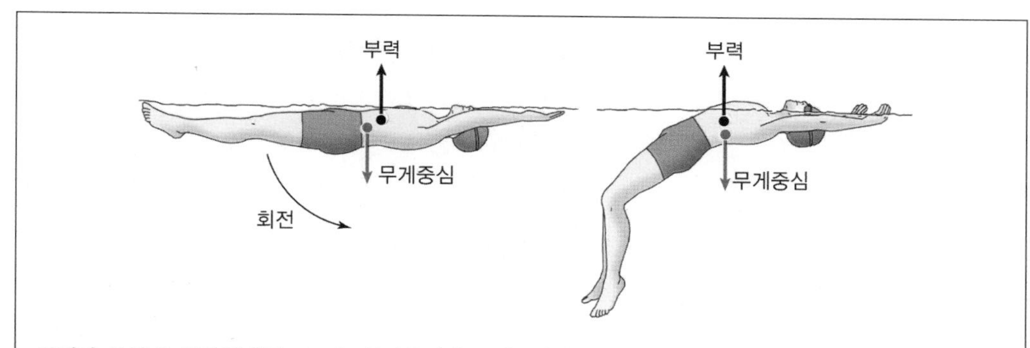

중력과 부력에 의해 발생된 토크는 부력중심이 무게중심의 수직 방향에 위치한 뜬 자세를 취할 때까지 신체를 회전시킨다.

㉠ 일반적으로 수중에서 신체를 상방으로 밀어 올리는 부력의 중심은 흉곽 바로 밑에 위치하며, 이 때 신체를 하방으로 당기는 중력의 중심(신체무게중심)은 거의 허리 근처에 위치한다. 부력과 중력은 하나(부력)는 상방으로, 다른 하나는 하방으로 작용함으로써 신체의 회전을 일으킨다.

㉡ 그리하여 다리는 아래쪽으로 가라앉는 반면에 상체의 가슴 부위는 위쪽으로 떠오르게 된다. 그 후 이 두 힘의 중심이 동일 수직선상에 위치할 때, 즉 신체 무게 중심의 위치 바로 위에 부력 중심이 위치하게 되면 신체의 회전이 멈추게 된다. 이 때 신체의 자세는 가슴이 위쪽으로 떠있고 하체와 다리는 밑으로 가라앉는 뜨기 자세를 유지하게 된다.

② 신체가 회전하려는 성향은 다리가 저지방의 근육질일 경우에 더욱 심해진다.

㉠ 저지방의 근육질 다리를 가진 사람은 다리가 가라앉지 않도록 유선형의 신체 자세를 유지하면서 효율적인 다리 차기를 수행하여야 한다. 차기 동작이 좋지 못하면 다리는 가라앉게 되고 이에 따라 물의 항력이 증가하게 된다.

㉡ 다리가 물속으로 가라앉아 신체의 자세가 후・하방으로 내려간 비효율적인 자세(a)는 물의 항력이 증가하게 된다. 반면에 신체가 이동 방향과 평행을 이루는 경우(b)에는 물의 저항이 현저하게 감소하게 된다.

하퇴의 위치에 따른 항력의 크기

4 운동학적 분석

운동의 형태는 선운동, 각운동, 선운동과 각운동의 혼합 형태인 복합운동으로 구분된다. 운동 상황에서는 선운동과 각운동이 혼합된 복합운동이 가장 일반적으로 일어나며, 이때 각운동이 주도적인 역할을 한다.

1. 운동의 형태

(1) 선운동

선운동은 병진운동이라고도 하며, 물체의 모든 부분이 동일한 시간에 동일한 거리, 동일한 방향으로 움직이는 것을 의미한다. 선운동은 무게 중심이 직선으로 움직이는 직선 선운동과 무게 중심이 곡선으로 움직이는 곡선 선운동으로 구분된다.

① 직선 선운동: 달리기, 스케이트 등에서와 같이 신체의 중심이 직선으로 움직이는 운동

② 곡선 선운동: 수영의 다이빙, 멀리뛰기의 공중 동작, 허들 등에서 나타나는 것과 같이 신체의 중심이 곡선으로 움직이는 운동

〈직선 선운동〉 〈곡선 선운동〉

(2) 각운동

각운동은 회전운동이라고도 하며, 일정한 축을 중심으로 물체의 모든 부분이 일정한 시간 동안 같은 각, 같은 방향으로 움직이는 것을 말한다. 스포츠 현장에서 흔히 회전운동, 스핀, 스윙, 원운동 등으로 표현된다. 인체의 모든 각운동은 관절을 축으로 하여 이루어지는데, 그 중 가장 대표적인 회전운동은 팔과 다리에서 일어난다.

① 내축에 대한 회전
던지기의 팔 동작, 축구의 킥 동작, 배구의 스파이크 동작

② 외축에 대한 회전
체조, 철봉, 다이빙 등에서의 공중 동작

(3) 복합운동

스포츠의 대부분은 병진운동과 회전운동이 함께 일어난다. 이와 같이 병진운동과 회전운동이 함께 일어나는 것을 복합운동이라 한다. 달리기를 할 때 다리는 회전운동을 하지만 몸 전체는 병진운동을 하고 있으며, 자전거 타기 역시 다리는 회전운동을 하고 있지만 몸은 직선운동을 한다.

복합운동
복합운동은 병진운동과 회전운동이 혼합된 운동 형태로 대부분의 스포츠 현장에서의 운동은 이에 해당된다. 예를 들어, 야구에서 투수가 던진 커브볼은 볼 자체적으로 회전운동을 하지만 볼의 중심은 선운동(혹은 곡선 운동)을 하게 된다. 철봉의 대차 돌기를 하는 동안 신체의 움직임은 바를 중심으로 회전운동을 하다가, 바를 이탈하여 공중에서 회전하며 착지하기까지 무게 중심을 축으로 회전운동을 함과 동시에, 포물선 궤적을 따라 병진운동도 하는 복합운동에 해당된다. 또한 운동체 전체와 그 운동체의 일부가 서로 다른 복합운동 형태를 보이기도 한다. 걷기를 하는 동안 하지 분절은 고관절과 무릎관절을 중심으로 회전운동을 하지만 신체 역시 전체적으로 앞으로 나아가는 병진운동을 한다. 분절 운동을 전체적으로 봤을 때, 최종적인 분절의 위치는 관절을 축으로 한 자체적인 회전운동과 분절 중심의 이동에 따른 병진운동이 합쳐진 형태로 나타나게 된다. 이와 같이 대부분의 인체 운동은 복합운동에 가깝다.

<table>
<tr><th colspan="2">운동의 형태</th></tr>
<tr><td rowspan="3">선운동</td><td>물체의 각 부위가 똑같은 궤적을 그리는 운동</td></tr>
<tr><td>• 직선 병진운동: 무게중심이 직선으로 운동하는 것(예 달리기, 걷기)
• 곡선 병진운동: 무게중심이 곡선으로 운동하는 것(예 다이빙, 멀리뛰기)</td></tr>
<tr><td>• 병진운동은 자유로운 물체에 힘을 가할 때 물체의 중심을 향한다.
• 궤도가 직선이고 그 위를 운동하면 힘의 작용점과 관계없이 병진운동을 한다.
• 평탄한 면에서 밀거나 끌 때 병진운동을 한다.</td></tr>
<tr><td rowspan="2">각운동</td><td>물체의 각 부위가 특정한 회전축을 중심으로 같은 각도만큼 회전하는 운동</td></tr>
<tr><td>• 자유로운 물체에 힘을 가할 때는 중심을 벗어난 편심쪽에 가한다.
• 인체가 회전할 때 무게 중심을 축으로 할 때의 운동
• 인체의 일부가 축이 되어 운동할 때
• 인체의 관절을 축으로 할 때</td></tr>
<tr><td>복합운동</td><td>선운동과 각운동이 혼합된 형태의 운동
예 휠체어 경기에서 선수와 휠체어는 직선으로 가고, 바퀴는 회전운동을 한다.
예 다이빙 선수의 신체 전체가 회전을 하면서 물속으로 낙하하는데 이때 신체의 중심은 병진운동을 하면서, 동시에 신체는 회전운동을 한다.</td></tr>
</table>

2. 선운동의 운동학적 분석

(1) 거리와 변위

① 거리

물체가 한 위치에서 다른 위치로 이동하였을 때, 그 물체가 지나간 궤적의 길이

② 변위

물체가 한 위치에서 다른 위치로 이동하였을 때, 그 물체의 이동 시점과 종점 사이의 직선 거리

(2) 속력과 속도

① 속력과 속도의 개념

㉠ 속력: $\frac{\text{이동거리}}{\text{경과시간}}$

㉡ 속도: $\frac{\text{이동변위}}{\text{경과시간}}$

② 인체 운동과 속도(속력)

㉠ 많은 스포츠에서 속도(속력)는 경기력을 좌우하는 중요한 요인

㉡ (평균)속도 자체를 겨루는 경기: 평균속도가 중요 예 100m달리기, 수영, 스피드 스케이팅 등

㉢ (특정 시점의 순간)속도가 운동 수행에 결정적인 영향을 미치는 경우

ⓐ 높이뛰기, 멀리뛰기에서 이지 순간의 신체중심의 속도가 높이와 거리를 결정

ⓑ 던지기에서 릴리스 속도가 투사 높이와 거리를 결정

ⓒ 골프, 테니스, 축구 슈팅, 배구 스파이크 등에서 충격하는 순간의 도구나 인체(분절)의 속도는 충격 후 공의 속도에 큰 영향을 미침

ⓓ 복싱, 태권도, 럭비 태클 등에서 충격(충돌) 순간의 인체(분절)의 속도는 상대에게 작용하는 충격에 큰 영향을 미침

③ 순환적 이동 운동의 속도

㉠ 걷기, 달리기, 수영, 조정 등은 같은 동작이 반복되면서 이동하는 운동들이다.

㉡ 순환적 이동 운동의 속도는 보폭과 보빈도의 곱으로 결정된다.

$$\text{속도} = \text{보폭} \times \text{보빈도} = \frac{\text{이동거리(m)}}{\text{걸음수(회)}} \times \frac{\text{걸음수(회)}}{\text{시간(sec)}}$$

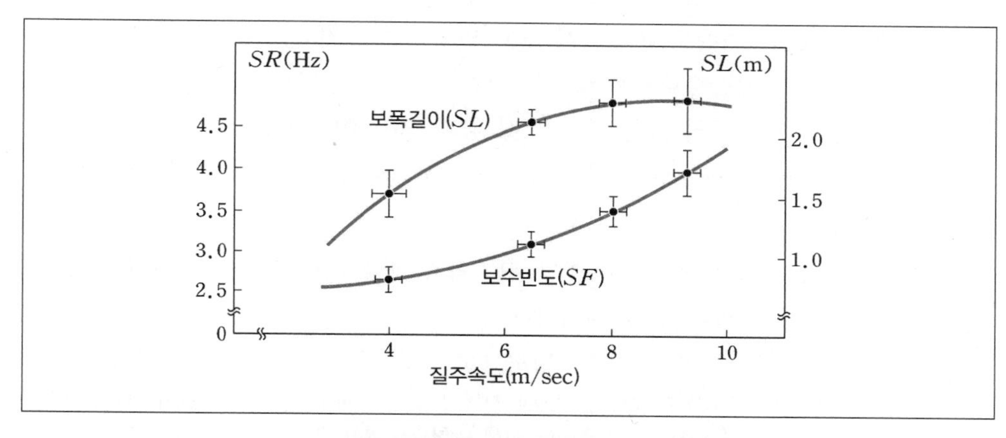

질주속도에 대한 보폭과 보수의 변화

㉢ 달리기 속도가 증가할 때, 저속에서의 속도 증가는 보폭의 증가에 의해 주로 이루어지는 반면 고속에서의 속도 증가는 보빈도의 증가에 의해 이루어진다.

(3) 가속도

① 가속도의 개념

시간에 따른 속도의 변화를 가속도라 하며 속도의 변화율을 의미한다.

$$\text{가속도 } a(\text{m/s}^2) = \frac{\text{속도의 변화량}}{\text{소요시간}} = \frac{\text{나중 속도} - \text{처음 속도}}{\text{나중 시간} - \text{처음 시간}}$$

0.8m/s 퍼팅한 골프공이 2초 후에 정지했다면 가속도?

$\rightarrow \frac{0 - 0.8\text{m/s}}{2\text{s}} = -0.4\text{m/s}^2$(지면의 마찰력이 진행 반대방향으로 작용해서 공이 정지함)

7.5m/s의 속도로 달리던 자전거가 −1.5m/s²의 평균가속도로 멈춘다면 완전히 멈추는 데 걸리는 시간?

$\rightarrow \frac{0 - 7.5\text{m/s}}{-1.5\text{m/s}} = 5\text{s}$

② 등속도 운동과 등가속도 운동

㉠ 등속운동: 속도가 변하지 않고 일정하게 유지되는 운동

ⓐ 등속운동에서는 가속도가 0이고 작용한 힘도 0이다.

ⓑ 공중에 던져진 물체(인체)는 수평방향으로 등속운동을 한다(공기저항 무시).

㉡ 등가속운동: 가속도가 변하지 않고 일정하게 유지되는 운동

ⓐ 속도가 시간경과에 따라 일정하게 증가 혹은 감소(증가나 감소비율이 일정)

ⓑ 일정한 크기의 힘을 작용할 때 등가속운동이 된다.

ⓒ 공중에 던져진 물체(인체)는 수직방향으로 등가속운동을 한다(공기저항 무시).

③ 가속도의 해석

㉠ 가속도는 물체가 작용하는 힘의 크기와 방향과 관계된다. 단 여기서 힘은 그 물체에 작용한 모든 힘들의 합을 의미한다.

ⓐ 가속도가 (+)면 힘이 (+)방향으로 작용함을 의미, 그 역도 성립

예 100m 달리기의 출발 초기에는 진행 방향으로 힘이 작용하여 속도가 증가하여 가속도가 (+)인 반면, 결승선을 지난 후에는 반대 방향으로 힘이 작용하기 때문에 속도가 감소하고 가속도는 (−)가 된다.

ⓑ 가속도가 크다는 것은 큰 힘이 작용함을 의미, 그 역도 성립

예 100m 결승선을 지나 급작스럽게 정지하는 것은 단위시간당 속도의 감소가 크다는 것을 의미하며, 이를 위해 진행 반대 방향으로 큰 힘이 작용해야 한다.

㉡ 가속도는 속도의 크기뿐만 아니라 속도의 방향(운동 방향)이 변해도 발생한다.

예 곡선주로를 같은 크기의 빠르기로 돌고 있다면, 운동 방향이 변하기 때문에 가속도가 존재하며, 운동장 중심으로 향하는 힘이 작용하고 있음을 의미한다.

② 투사각도

투사점과 착지점의 높이가 같고 외력이 작용하지 않는 한 45° 각도로 던져야 가장 멀리 나간다.

③ 공을 던진 투사높이

원점에서 투사될 경우 상승 시간은 하강 시간과 같다. 투사점이 높으면 높은 만큼 멀리 나간다.

(6) 투사속도

① 투사체 운동의 경우 투사속도가 크면 클수록 투사거리는 증가한다.

② 공을 수직과 수평 사이의 각도로 던질 경우에는 투사속도를 증가시키면 공의 높이뿐만 아니라 투사거리도 증가시킬 수 있다.

③ 체조나 다이빙선수의 경우에는 체공 시간이 길수록 공중에서의 다양한 동작을 연출할 수 있으므로 수직속도를 증가시킬 필요가 있다.

④ 야구의 경우에는 빠른 송구를 위해 수직속도를 감소시키고 수평속도를 크게 할 필요가 있다.

⑤ 축구, 농구, 배구, 핸드볼의 경우에는 패스 받는 상대가 움직이는 상태에서 정교한 패스를 위해서는 경기 상황에 알맞게 수직속도와 수평속도를 컨트롤할 수 있는 능력을 갖추어야 한다.

(7) 투사각도

① 공의 비행경로 형태는 투사각도에 의해 결정되며 비행경로의 크기는 투사속도에 의해 결정된다. 따라서 비행경로의 형태와 크기가 다양하게 나타난다.

② 공의 비행경로 형태는 다음의 세 가지 유형으로 나타난다(공기저항 무시).

㉠ 공을 똑바로 위로 던지면 공은 곧바로 위로 올라가고 중력에 의해 똑바로 아래로 떨어진다. 이때 비행경로는 직선이며 중력은 공이 올라갈 때는 감속시키고 내려올 때는 가속시키는 역할을 한다.

㉡ 공을 수직(90°)과 수평(0°) 사이의 각도로 던진다고 할 때 45°이상으로 던지면 거리보다는 높이에서 우세하다.

㉢ 공을 45°이하로 던지면 길고 낮은 비행경로를 가지며, 비행경로가 낮기 때문에 높이보다 거리가 우세하다.

③ 공기저항은 물체의 형태와 움직임(스핀)에 따라 변하기 때문에 물체의 비행경로 형태가 일정하게 유지된다는 것은 불가능하다. 야구의 투수는 공의 비행경로를 교묘하게 조작할 수 있으며 원반의 비행경로는 스핀, 투사각도, 풍향 등에 의하여 다양하게 바뀌게 된다.

④ 투사각도는 투사체의 거리를 결정하는 변인으로 공기저항 등의 외력의 작용이나, 투사점과 착지점의 차이에서도 투사각도는 상대적으로 변하게 된다.

⑤ 투사점과 착지점의 높이가 같을 때, 또한 외력이 작용하지 않을 때의 이론적 각도는 45° 이다.

⑥ 실제 투사운동에서는 이론치보다 낮게 작용하며, 투사점의 높이가 높은 경우는 더욱 그 각도가 작아진다.

투포환
• 최적 투사각도는 항상 45°보다 작다. • 투사점의 높이가 일정할 경우 투사속도가 크면 클수록 투사각도가 45°에 근접하게 된다. • 투사속도가 일정할 경우에 투사점의 높이가 높을수록 최적 투사각도는 작아진다. • 투사속도나 투사점의 높이가 일정하게 증가한다 하여도 최적 투사각도나 투사거리는 일정하게 변하지 않는다.

(8) 투사높이

① 포물선 운동을 하게 될 경우 수평속도는 공기의 저항을 무시했을 때, 동일한 수평속도를 유지하게 되고, 체공 시간은 상승 시간과 하강 시간이 같게 된다.

② 투사점이 착지점보다 h 높이만큼 높은 위치에서 투사운동을 일으켰을 때, 하강거리는 상승거리보다 h 높이만큼 더 길게 날아갈 것이다.

(9) 투사속도, 투사각도, 투사높이의 상대적 중요성

① 포환던지기 선수는 어깨 위에서 포환을 던지며, 원반던지기 선수는 포환던지기 선수보다 약간 낮은 높이에서 원반을 던진다. 키가 큰 선수는 키가 작은 선수보다 투사높이를 증가시킬 수 있다.

② 포환던지기는 지면보다 높은 위치에서 포환을 던지기 때문에 포환을 가장 멀리던지기 위해서는 45°보다 약간 낮은 투사각도로 던져야 한다. 엘리트 선수들은 35°~42°의 각도로 포환을 던지는데 이는 스키점프 선수의 도약각도에 비하면 매우 크다고 할 수 있다.

③ 스키점프 선수들은 착지지점보다 위에 있는 점프대를 활강하여 내려오다가 공중으로 멀리 도약하게 되는데, 이때 그들의 신체 도약각도는 거의 수평에 가깝다. 스키점프 선수들은 아래쪽으로 곡선을 그리며 낙하한다.

④ 멀리뛰기 선수들의 도약각도는 20°~22° 사이로 세단뛰기 선수들의 도약각도에 비하여 약간 작게 나타난다.

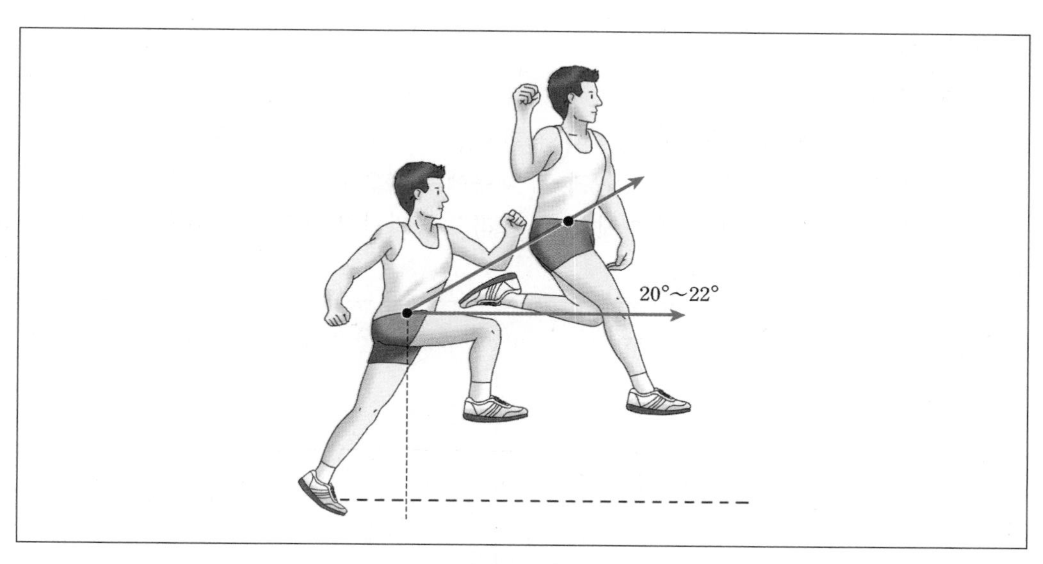

멀리뛰기의 발구름 각도

㉠ 멀리뛰기와 세단뛰기 선수가 45° 각도로 도약하기 위해서는 도움닫기 속도를 억지로 감속시키는 수밖에 없다.

㉡ 멀리뛰기 선수는 도약속도와 도약각도를 절충해야 하는데, 도약속도가 좀 더 중요한 요인이므로 도약각도를 45°에서 20°~25°로 감소시키는 것이 바람직하다.

⑤ 투사체의 투사거리는 투사속도, 투사각도, 투사높이의 세 가지 요인에 의하여 결정되는데 이들 중 투사속도가 투사거리에 가장 큰 영향을 미치는 요인이다.

변인	실측치	가상치		
		투사속도 5% 증가	투사각도 5% 증가	투사점의 상대적 높이 5% 증가
투사속도	8.90m/s	9.35m/s	8.90m/s	8.90m/s
투사각도	20°	20°	21°	20°
투사점의 상대적 높이	0.45m	0.45m	0.45m	0.47m
수평 투사거리의 변화	–	0.54m	0.16m	0.04m
기록	7.00m	7.54m	7.16m	7.04m

투사체의 궤적은 투사속도, 투사높이, 투사각도에 의해 결정된다. 중력과 공기저항에 의해 발휘되는 힘은 종합적인 비행경로를 결정한다. 공기저항이 없다면 수평면상의 지면 높이에서 물체를 투사할 때 가장 유리한 각도는 45°이다. 물체가 지면보다 높은 위치에서 투사될 때는 45°보다 약간 작은 각도로 던져야 먼 거리를 날아가게 된다.

(10) 투사운동별 분석

① 수직투사 운동

㉠ 수직으로 투사된 물체는 중력과 공기 저항이 없다면 주어진 속도로 계속 갈 것이다. 이때의 중력은 항상 아래로 작용하기 때문에 수직으로 투사된 물체가 정지할 때까지 감속시키는 저항력으로 작용하게 된다. 그리고 공기의 저항력은 항상 물체의 운동방향과 반대방향으로 작용한다.

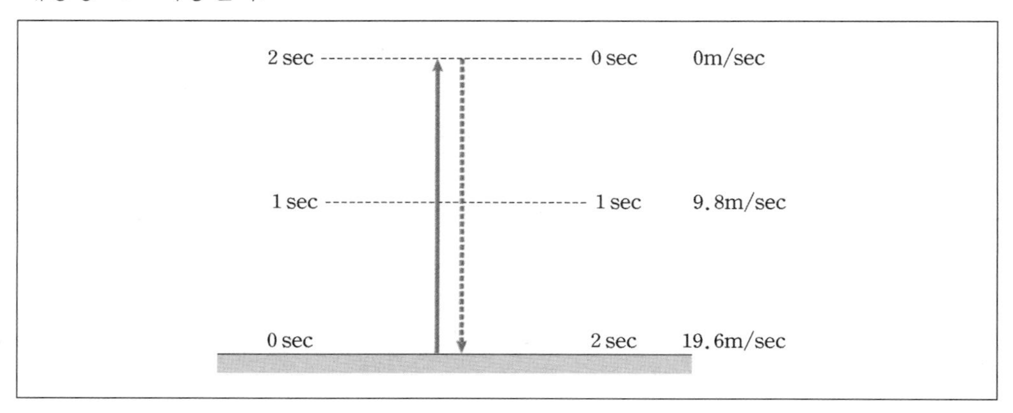

㉡ 초속도 v_o으로 수직 상방으로 던진 물체의 t초 후의 속도를 v, t초 동안에 운동한 거리를 S라 하면 가속도 g는 $-g$로서 다음과 같이 표시된다. 최고점 높이와 운동시간의 관계를 볼 때 최고점에서는 속도가 0이 되므로 $v=0$으로 놓고 푼다.

$$v = v_o \pm gt$$

$$S = v_o t \pm \frac{1}{2}t^2$$

$$2gs = v^2 - v_o^2$$

ⓐ 최고 높이에 도달하는 시간 t

$$t = \frac{v_o}{g}$$

ⓑ 최고 높이 h는 $-2gh = 0 - v_o^2$

$$h = \frac{v_o^2}{2g}$$

ⓒ 지상에서 낙하하는 시간 t'

$$t' = \frac{2v_o}{g}$$

시간과 높이 및 속도의 관계
• 최고점에 도달한 시간과 최고점에서 처음 위치에 되돌아오는 시간은 같다. • 초속도 v_o와 낙하하는 종속도 v는 같다. • 어느 높이까지 올라가는 시간과 그 지점에서 다시 낙하하는 시간은 같다. • 임의의 한 점에서 상승 속도와 낙하 속도는 같다.

㉢ 스포츠의 순수한 수직투사의 경우는 서전트 점프, 농구의 리바운드 점프볼, 배구의 스파이크 점프와 같은 신체의 투사 운동으로 신체가 얼마나 높이 올라가느냐 하는 것은 도약할 때 무게 중심의 수직속도의 크기가 도약력을 결정하게 된다.

② 수평투사 운동

㉠ 수평으로 투사된 물체는 수평속도를 크게 할 때 수평 방향으로 더 멀리 운동하게 한다. 수평으로 던져진 공이 비행하는 궤도는 던지는 힘과 아래로 향하는 중력의 가속도에 따라 결정된다. 수평으로 던져진 물체는 처음에는 수평으로 나가지만 곧 이에 작용하는 중력 때문에 아래로 향하는 곡선의 궤도를 지나게 된다.

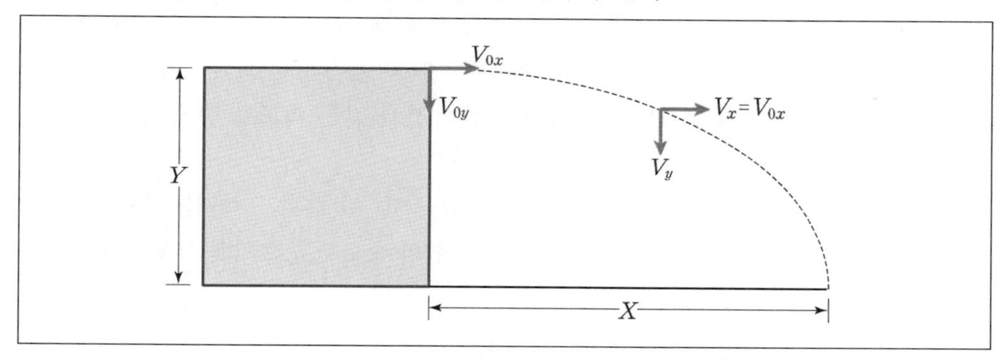

㉡ 같은 높이에서 수평 방향으로 던진 공의 속도 v_1(5m/sec)과 v_2(8m/sec)에 있어서 v_2의 속도로 투사한 공이 v_1의 속도로 투사한 공보다 수평거리가 증가하게 되고, 투사지점이 낮고 높음에 따라 수평거리의 확보도 증감된다. 한편 수평속도 성분의 값은 뉴턴의 관성의 법칙에 따라 변하지 않으며 실제로 수평속도에 지나지 않는다.

ⓐ 수직방향으로는 자유낙하운동을 한다.

ⓑ 수평방향으로는 공기의 저항을 무시하는 경우 등속도운동을 한다.

㉢ 하나의 탄환을 수평으로 발사하는 동시에 다른 또 하나의 탄환을 총구의 높이에서 단순히 자유낙하로 떨어뜨렸을 때 중력은 수평속도에 관계없이 두 탄환에 똑같이 작용하기 때문에 두 탄환은 동시에 지면에 도달하게 된다.

③ 사투사 운동

㉠ 물체를 던질 때의 투척거리는 투사속도, 투사각도, 투사높이에 의해서 결정된다. 이때 투사속도를 최대로 하기 위해서는 던지는 손과 물체의 동작에 대해서 지면으로부터 충분한 저항을 받을 수 있어야 한다. 왜냐하면 물체에 가해지는 힘은 지면의 반작용에 따라 다르기 때문이다.

㉡ 물체에 가해지는 힘이 일정하다면 물체의 도달 높이는 던져지는 각도에 의해 결정된다. 진행하는 속도가 일정하다면 그것이 도달한 높이는 그것이 갈 수 있는 거리를 결정한다. 투사체의 운동 방향은 수직 방향과 수평 방향의 운동을 동시에 포함하고 있다.

㉢ 투사체의 투사거리를 조정하기 위해서는 다음과 같은 공식 $R = v_o \cos\theta \times t$ 에서 수평속도를 변화시키거나 체공 시간을 조절함으로 가능하게 된다.

㉣ 체조나 다이빙 선수의 경우에는 체공 시간이 길수록 공중에서의 다양한 동작을 연출할 수 있으므로 수직속도를 증가시킬 수 있다. 그러나 한편 야구의 경우에는 빠른 송구를 위해서 수직속도를 감소시키고 수평속도를 크게 해야 한다.

㉤ 따라서 비스듬히 던져 올린 사투사 운동에 작용하는 힘은 수직하방으로 작용하는 중력을 받으며 가속도 g가 생긴다. 즉, 연직방향으로는 g를 가속도로 하는 등가속도 운동을 하고 수평 방향으로는 초속도의 수평 성분과 같은 속도로 땅에 닿을 때까지 속도가 일정한 등속도 운동을 하게 된다.

㉥ 지면에서의 각으로 비스듬히 던져 올렸을 때, 이 물체가 가지는 초속도 v_o의 수평 방향의 속도 $v_o x$로 등속도 운동을, 연직 방향의 속도 $v_o y$로 낙하 운동으로 등가속도 운동을 하게 된다.

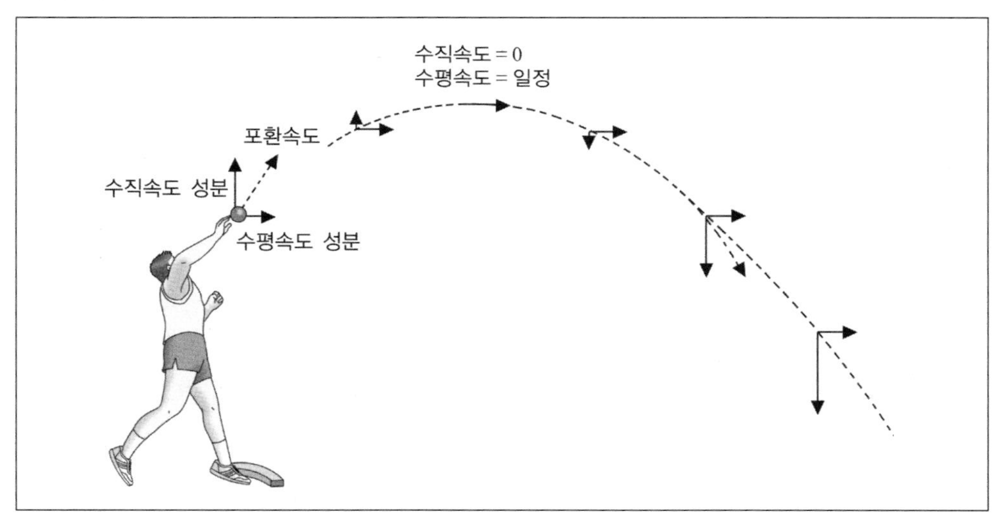

포환의 속도 성분

ⓐ **초속도**: 초속도 v_o로 던졌을 때, 좌표축 x, y를 정하면 v_o의 x성분 v_ox와 y성분 v_oy는 다음과 같다.

$$v_ox = v_o\cos\theta$$
$$v_oy = v_o\sin\theta$$

ⓑ **최고 높이에 도달한 시간**: 최고점에 도달하는 높이는 수직 성분의 함수이며, 투사체의 수평 속력에는 영향을 받지 않는다. 따라서 최고 높이의 최고점에 도달하는 시간 t는

$$t = \frac{v_oy}{g} = \frac{v_o\sin\theta}{g}$$

ⓒ **총 비행시간**: 최고점에 도달하는 시간을 2배하거나 다음 식으로 구하면 된다.

$$t = \frac{2v_oy}{g} = \frac{2v_o\sin\theta}{g} \quad \text{또는} \quad t = \frac{v_oy}{g} + \frac{v_oy}{g} = \frac{2v_oy}{g} = \frac{2v_o\sin\theta}{g}$$

ⓓ **최고 높이**: 최고 높이 h는 $v_f^2 - v_o^2 = 2as$ 에서 $v_f = 0$, $v_o = v_oy = v_o\sin\theta$ 그리고 $S = h$이므로

$$\text{높이} = \frac{(v_o\sin\theta)^2}{2g}$$

또는 식 $t = \frac{v_oy}{g}$를 식 $S = v_ot - \frac{1}{2}gt^2$에 대입하면

ⓔ **정점의 고도** h

$$h = v_o \times \frac{v_oy}{g} - \frac{1}{2}g\left(\frac{v_oy}{g}\right)^2$$
$$= \frac{v_o^2y}{2g} = \frac{(v_o\sin\theta)^2}{2g} = \frac{v_o^2\sin^2\theta}{2g}$$

ⓕ **최대 수평거리**: 투사점에서 착지점까지의 수평거리는 수평속도 × 체공시간으로 구할 수 있는데,

$$R = v_ox \times t = v_o\cos\theta \times \frac{2v_o\sin\theta}{g} = \frac{v_o^2 2\sin\theta\cos\theta}{g} = \frac{v_o^2\sin2\theta}{g}$$

결국 최대 수평변위(R)는 속도가 일정하다고 가정하면 $\sin2\theta$의 값이 최대일 때 R값도 최대가 된다. $\theta = 45°$일 경우, $\sin2\theta = 1$이 되고, R의 최댓값은 $\frac{v_o^2}{g}$ 이 된다. 45° 각도로 투사한 투사체가 이론적으로는 가장 멀리 날아간다.

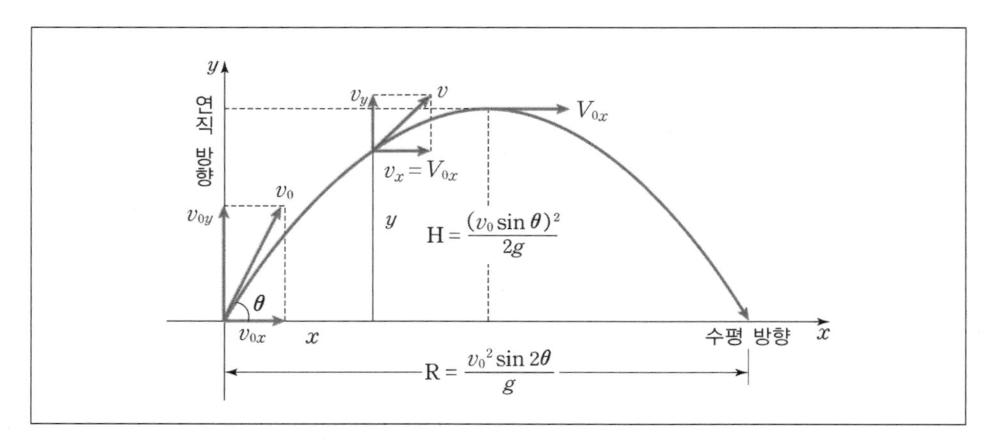

투사체 운동

4. 각운동의 운동학적 분석

(1) 각거리와 각변위

① 각의 표현과 방향

㉠ 각운동에서는 일반적으로 각을 표현하는 세 개의 단위가 있다.

ⓐ 회전: 1회전은 물체가 완전히 한 바퀴 돌아간 것을 의미한다. 피겨스케이팅에서 2 1/2회전, 3회전 점프 등으로 표현한다.

ⓑ (각)도(°): 1회전을 360개로 나눈 각도로 1회전은 360°이다.

ⓒ 라디안(rad): 1라디안은 원둘레 위에서 반지름의 길이와 같은 길이를 갖는 호에 대응하는 중심각의 크기이며 이에 해당하는 각도는 약 57.3°이다.

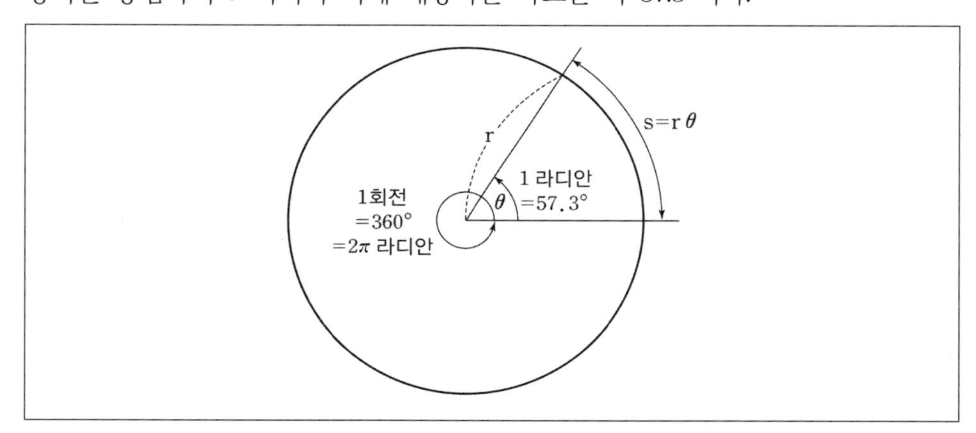

회전, 각도, 라디안

㉡ 각도를 비롯해 회전운동에서는 일반적으로 시계반대방향을 (+), 시계방향을 (-)로 정의한다.

② 각거리와 각변위의 개념

㉠ 각거리: 회전하는 물체가 이동한 각거리는 그 물체가 이동한 궤적의 처음과 마지막 위치 간에 이루는 각의 크기를 의미한다(처음 각위치에서 나중 각위치까지 물체가 이동한 각도의 총합).

㉡ 각변위: 회전하는 물체의 각변위는 그 물체가 이동한 궤적의 처음과 마지막 위치 간에 이루는 두 개의 각 중에서 작은 각의 크기와 같다(회전하는 물체의 각위치 변화량, 처음 각위치와 나중 각위치가 이루는 각도).

㉢ 각거리는 방향성은 없고 크기만 존재하는 반면 각변위는 방향성과 크기를 모두 지닌다.

㉣ 회전하는 물체가 단일 방향으로 180° 이하로 이동하였을 경우에는 각거리와 각변위의 크기는 동일하다.

Chapter 03

(2) 각속력과 각속도

① 각속력과 각속도의 개념

㉠ 각속력: $\dfrac{\text{각거리}}{\text{소요시간}}$ (각거리를 소요시간으로 나눈 값)

㉡ 각속도: $\dfrac{\text{각변위}}{\text{소요시간}} = \dfrac{\text{나중 각위치} - \text{처음 각위치}}{\text{나중시간} - \text{처음시간}}$

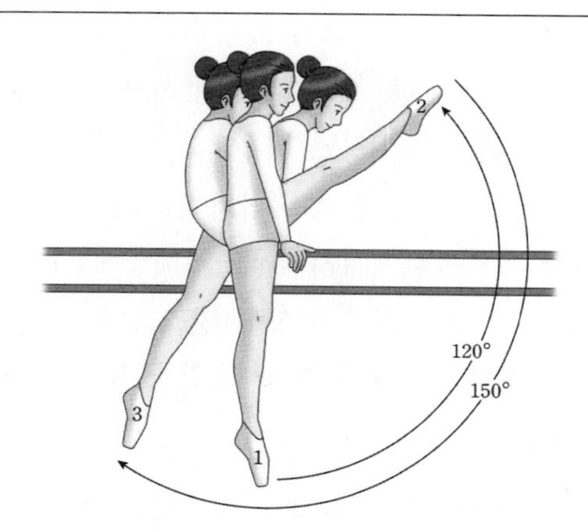

체조선수가 평행봉 위에서 다리를 전방으로 120° 스윙한 후 다시금 후방으로 150° 스윙을 한 경우에 2초가 소요되었다면 평균각속력은 $\dfrac{120 + 150}{2} = 135(°/sec)$이고, 평균각속도는 $\dfrac{-30}{2} = -15(°/sec)$가 된다.

각속력과 각속도

볼링 투구에서 팔이 0.8초 동안 시계방향으로 240° 회전한 경우에 (평균)각속도는?

$\rightarrow \frac{-240}{0.8} = -300(°/s)$

② 인체 운동과 각속도(각속력)

㉠ 분절 운동은 주로 관절을 축으로 한 회전운동으로 이루어지는데, 분절의 각속도는 분절이나 도구의 선속도에 큰 영향을 미친다.

예 야구 배팅에서 몸통의 각속도가 클수록 배트의 회전속도가 증가하고 결국 배트 끝의 선속도도 증가한다.

㉡ 공중회전에 이은 착지동작에서 인체의 각속도는 착지의 안정성에 영향을 미친다.

예 체조의 공중돌기 후에 전신의 각속도가 지나치게 크면 착지 안정성이 감소하며, 안정된 착지를 위해 선수들은 착지 전에 웅크린 몸을 펴며 각속도를 감소시킨다.

(3) 각가속도

$$\text{각가속도} = \frac{\text{각속도의 변화량}}{\text{소요시간}} = \frac{\text{나중 각속도} - \text{처음 각속도}}{\text{나중시간} - \text{처음시간}}$$

① 각가속도는 각속도의 변화율 혹은 주어진 시간 동안에 변화한 각속도의 변화로 정의된다.

② 각가속도는 회전하는 물체의 각속도가 빨라지거나 느려질 때 발생한다.

③ 각가속도는 각속도의 크기 변화, 즉 보다 점점 더 빨리 회전하거나 점점 더 천천히 회전하는 것과 관련된다. 각가속도가 0이면 회전속도가 변하지 않음을 의미한다.

④ 처음 각속도와 마지막 각속도가 같으면 각가속도는 0, 마지막 각속도가 더 크면 각가속도는 (+), 처음 각속도가 더 크면 각가속도는 (-)가 된다.

⑤ 각가속도가 항상 일정할 수는 없기 때문에 평균각가속도를 사용하지만 어느 한순간의 각속도의 변화를 알기 위해서는 순간각가속도가 필요하다.

(4) 선속도와 각속도와의 관계

① 회전체의 각속도가 일정할 때 그 물체의 선속도는 회전반경의 길이에 비례한다.

각도(라디안 θ) = 호의 길이(d) / 반경(r)

$d = r \times \theta$, $v = \frac{d}{t}$, $d = r \times \theta$에 대입하면,

$v = r \times \frac{\theta}{t}$, 즉 $v = r \times \omega$ (단, 라디안 각도가 적용)

$$선속도(v) = 각속도(\omega) \times 회전반경(r)$$

㉠ 선속도가 클 것을 요구하는 운동에 적용한다.

㉡ 선속도는 각속도가 일정할 때, 회전반경에 비례한다.

㉢ 신체 분절이나 라켓 등의 각속도가 일정할 때, 선속도는 회전반경의 길이를 증가시킴으로써 큰 선속도를 가진다.

㉣ 테니스 서브의 경우는 팔을 곧게 펴 최대의 회전반경 크기를 증가시킴으로써 큰 선속도를 얻을 수 있고, 배구의 스파이크, 골프의 클럽이 골프공을 치는 순간 팔을 곧게 신장시켜야 최대의 회전반경으로 최대의 선속도를 얻을 수 있다.

② 회전체의 선속도가 일정할 때 그 물체의 각속도는 회전반경의 길이에 반비례한다.

$$각속도(\omega) = \frac{선속도(v)}{회전반경(r)}$$

㉠ 각속도가 클 것을 요구하는 운동에 적용한다.

㉡ 각속도는 선속도가 일정할 때, 회전반경의 길이에 반비례한다.

㉢ 체조의 공중 동작의 경우처럼 많은 회전수를 원할 경우, 즉 각속도를 크게 하기 위해서는 최대한 신체 분절을 인체 중심에 가깝게 위치함으로써 회전반경의 길이를 작게 해 각속도를 빠르게 할 수 있다.

㉣ 야구의 타자가 스윙 시 상완을 겨드랑이 부위에 밀착시키는 시킴으로써 회전반경을 작게 하여 스윙 시의 각속도를 증가시키게 되고, 축구의 킥동작이나 달리기 질주 시 무릎을 구부리는 것은 다리의 각속도를 증가시켜 축구공을 멀리차거나, 피치수를 증가하기 위함이다.

③ 회전 반경의 길이와 운동량

㉠ 운동량은 질량 × 속도이기 때문에 질량이 일정할 경우 속도를 증가시킴으로써 운동량을 높일 수 있다.

㉡ 각속도가 일정할 경우 회전 반경의 길이가 크면 클수록 선속도는 증가하므로 더 큰 운동량을 갖게 된다.

(5) 선운동과 각운동의 관계

① 회전하는 물체의 선운동은 회전 반경에 직각이 되거나 곡선 궤적의 접선 방향에서 이루어진다. 회전하는 물체의 선운동은 항상 곡선과 접선을 이루기 때문에 이를 접선운동이라고 부르기도 하며 회전하는 물체의 접선운동은 곧 선운동을 의미한다.

② 선속도와 각속도의 관계에서 신체운동을 분석해 보면, 아래의 그림에서 볼 때 각속도가 동일한 상태에서 지레 운동의 B쪽이 A쪽보다 단위 시간당 더 많은 이동거리를 얻으므로 B의 경우가 더 큰 선속도를 갖게 된다.

③ 선속도의 공식 선속도(v) = 각속도(ω) × 회전반경(r)을 응용할 줄 알아야 한다.

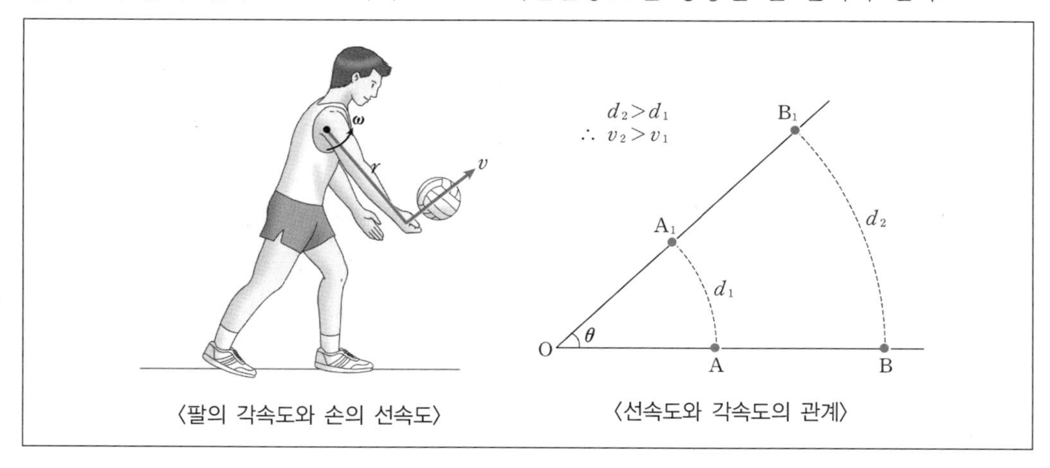

〈팔의 각속도와 손의 선속도〉 〈선속도와 각속도의 관계〉

④ 신체 분절의 운동이나 라켓 등의 말단부의 선속도는 회전반경의 길이를 증가시키므로 크게 할 수 있다.

회전반경이 길수록 유리한 경우
선속도 = 각속도 × 회전반경 회전체의 각속도가 일정할 때 그 물체의 선속도는 회전반경의 길이에 비례한다.
• 신체 분절의 각속도가 최대에 이르렀을 때의 선속도는 회전반경의 길이를 길게 함으로써 증가시킬 수 있다. • 배구의 오버핸드 서브-스파이크, 테니스의 스트로크-서브-스매싱, 야구의 피칭-배팅, 골프의 스윙 등을 할 때 팔꿈치 관절을 곧게 신장시켜서 회전반경을 길게 함으로써 선속도를 증가시켜 보다 큰 운동량을 얻을 수 있다(운동량 = 질량 × 속도). 인체의 질량은 일정한 데 비해, 반경이 클수록 선속도가 증가하기 때문에 운동량이 커져서 강한 킥을 할 수 있다.

회전반경이 짧을수록 유리한 경우
각속도 = 선속도 / 회전반경 회전체의 선속도가 일정할 때 그 물체의 각속도는 회전반경의 길이에 반비례한다.
• 회전반경이 짧을수록 각속도는 증가하기 때문에 체조의 수영의 다이빙이나 체조의 공중동작 등에서 적절히 이용할 수 있다. • 공중 동작에서 공중 회전수를 증가하기 위해서는 빠른 속도로 회전하여야 하며, 이를 위해서는 허리를 구부린 터크 자세를 취하여 회전반경을 짧게 함으로써 각속도를 증가시켜야 한다. 또는 신체의 회전이 너무 빠른 경우는 회전반경을 크게 하여 각속도를 감소시켜야 한다.

5 선운동의 운동역학적 분석

1. 뉴턴의 운동 법칙

(1) 제1법칙 – 관성의 법칙

모든 물체는 외부로부터 힘이 가해지지 않는 한 그 물체는 현재의 정지 또는 운동 상태를 계속 유지한다.

① 물체가 외부의 힘이 가해지지 않으면 현재의 운동이나 정지 상태를 계속 유지하려는 성질을 말한다.

예 100m달리기 결승선을 통과한 후 정지하지 않고 계속해서 달려 나가는 것

㉠ 관성의 크기는 물체의 무게와 속도에 비례한다.

㉡ 테니스 경기의 경우 체중이 무거운 선수는 가벼운 선수에 비해 출발, 정지, 방향 전환 등을 하는 데 더 많은 시간을 필요로 하게 된다. 따라서 이런 경우에는 체중이 가벼운 선수가 더 유리하다.

㉢ 미식축구에서 쿼터백을 보호하는 역할을 하는 라인맨들이 대부분 체중이 무거운 선수들로 구성되는 이유는 상대편 라인맨들을 저지하기 위해서는 정지 상태인 이들이 보다 더 큰 관성을 필요로 하기 때문이다.

② 관성이란 원래의 운동 상태를 계속 유지하려는 물체의 속성으로, 그 물체의 운동 상태를 변화시키려 할 때에 저항으로서 작용하는 가상적인 힘을 관성력이라고 한다.

③ 정지 상태에서의 관성력은 그 물체의 질량에 비례하며 운동 중에 있는 물체의 관성력은 그 물체의 운동량(질량 × 속도)에 비례한다.

④ 등속 운동에서는 속도가 일정하므로 가속도는 0이 된다. 그러므로 관성의 법칙은 물체가 힘을 갖지 않는다는 의미이기도 한다($F = ma$, $a = 0$). 따라서 모든 물체는 관성을 갖고 있으므로 물체의 속도를 바꾸는 데에는 힘이 필요로 한다.

⑤ 물체의 속도를 바꾸는데 필요한 힘의 양은 그 물체의 관성량에 비례한다. 어떤 물체의 관성의 측정치는 그 물체의 질량과 같다. 그러므로 정지 상태의 관성은 그 물체의 운동량에 비례한다.

외력이 작용하지 않는 한 정지한 물체는 계속 정지해 있으며(정지관성), 운동하는 물체는 계속 운동을 지속한다(운동관성).

예 자동차가 급격히 출발할 때 몸이 뒤로 넘어지는 것은 정지관성 때문이며, 급격히 제동할 경우 앞으로 넘어지는 것은 운동관성 때문이다.

• 무게(W) : 무게는 어떤 물체를 지구가 끌어당기는 힘
• 질량(m) : 질량은 어떤 물체를 구성하고 있는 물질의 양

$W = mg$(중력가속도 : 9.8m/sec^2)

인체의 경우에 무게와 질량은 정비례의 관계다. 즉 인체의 질량이 크면 클수록 지구의 인력이 크게 작용하여 무게가 커지게 된다. 무게는 일종의 힘으로서 벡터량이지만 질량은 스칼라량이다.

제1운동법칙 – 관성의 법칙

뉴턴의 제1운동법칙은 '외력이 작용하지 않는 한 물체나 인체는 원래의 운동 상태를 유지하려 한다'라고 정의된다. 여기에서 원래의 운동 상태는 정지한 물체에서는 정지된 상태, 운동하고 있는 물체에서는 동일한 속도와 방향의 운동 상태로서 물체의 가속도는 0m/s^{2}이 됨을 의미한다. 또한 외력이 작용하지 않음은 물체에 가해지는 힘이 없거나 작용하는 모든 힘의 합이 0이 되는 것을 가정할 수 있다. 결국 제1운동법칙에 의하면 물체에 작용한 외력들의 합이 0인 경우 정지된 물체는 정지하려 하고 운동하고 있는 물체는 원래의 운동 상태를 계속해 유지하려 한다. 물체가 외부 힘에 저항하며 운동 상태를 유지하려는 특성을 관성이라 하므로 제1운동법칙을 관성의 법칙이라고도 한다.

(2) 제2법칙 – 가속도의 법칙

물체의 가속도는 그 물체에 가해진 힘에 비례하며 그 힘이 작용한 방향에서 발생한다.

① 운동 방향이나 운동 속도와 같은 물체의 운동 상태에 변화를 일으키는 원인을 힘(F)이라고 한다. 움직이는 물체에 같은 방향으로 힘(force)이 작용하면 그 힘만큼 가속도가 생긴다. 물체의 가속도는 작용하는 힘의 크기에 비례하고 질량에 반비례한다($a = \frac{F}{m}$).

② 야구의 투구 동작 시 투구 폼은 공의 진행 방향과 일치하는 방향으로 신체 분절이 이동해 힘에 의한 가속도의 크기를 크게 한다.

③ 볼링의 경우 무거운 무게의 공을 사용하는 것이 유리하다. 이것은 공의 속도가 일정할 경우 공의 무게가 무거울수록 커다란 충격량을 발생시키므로 핀과 충돌할 때의 힘이 더욱 커지기 때문이다.

④ 육상 경기에서 멀리뛰기 선수가 일정한 거리에서 달려오는 것은 가속도를 얻어 도약력을 크게 하기 위해서이다.

⑤ 가속도가 운동에 도움이 되는 경우는 높이뛰기를 위하여 도움닫기를 할 때, 야구에서 베이스 러닝을 할 때, 배구 스파이크를 할 때 등이 있다.

⑥ 높이뛰기의 경우, 가속을 받아 달려오면서 발생한 운동 에너지를 수직 상승력으로 전환하는 요령이 필요하다. 왜냐하면 운동 에너지가 클수록 보다 큰 수직 상승을 얻을 수 있다.

⑦ 가속도가 운동 상황에서 불리하게 작용하는 경우로는 축구 등의 구기에서 빠른 속력으로 달리다가 급하게 정지하는 경우, 배구 스파이크를 한 후 네트에 닿지 않게 멈추는 경우 등이 있다.

관성의 법칙과 가속도의 법칙의 관계

관성의 법칙은 가속도의 법칙의 특별한 경우라고 할 수 있다. 물체에 작용하는 힘의 크기가 0일 때(힘이 작용하지 않을 때), 발생하는 가속도는 0이다(속도의 변화가 없는 것).

$$F=m \cdot a,\ F=0\text{이면 } a=0$$

제2운동법칙 – 가속도의 법칙

외력이 작용하지 않으면 현재의 운동 상태를 유지하지만 외력이 작용하면 그 물체는 운동의 변화가 생긴다. 이 운동의 변화를 가속도라 한다. 이 때 가속도는 힘에 비례하고 질량에 반비례한다. 뉴턴의 제2운동법칙은 힘과 운동의 관계를 설명한 것으로 수식으로 나타내면 $a=\frac{F}{m}$라고 표시한다.

(3) 제3법칙 – 작용과 반작용의 법칙

모든 힘의 작용에는 항상 크기가 같고 방향이 반대인 힘의 반작용이 있다.

① 한 물체가 다른 물체에 힘을 가하게 되면 다른 물체도 그 물체에 크기가 같고 방향이 반대인 반작용력을 가한다는 것이다.

② 팔굽혀펴기를 할 때 팔의 근수축력은 지면에 수직 하방으로 작용하게 되고, 이때 지면으로부터 크기가 같고 방향이 반대인 반작용력이 손에 가해져서 그 결과 인체는 수직 상방으로 움직이게 된다.

③ 단거리달리기 선수는 인체가 가지고 있는 관성에 의해 스타트를 빠르게 하기 힘들기 때문에 스타트 블록을 사용한다. 선수가 스타팅 블록에 힘을 주는 동시에 스타팅 블록은 선수에게 같은 크기의 반작용력을 가해 주게 되어 이 힘을 이용하여 스타트를 빠르게 할 수 있게 된다.

④ 멀리뛰기와 높이뛰기 도움닫기 후 발구름을 하는 운동에서는 지면을 힘차게 구를수록 지면 방향으로 가해진 힘이 커져서 인체를 공중으로 추진시키기 위한 반작용력을 보다 크게 얻을 수 있다.

⑤ 배트로 공을 칠 때 그 충격량이 손에 전달된다. 이는 인체가 어떤 물체에 힘을 가했을 때 그 물체로부터 힘을 가한 만큼의 반작용력을 인체가 되받기 때문이다.

제3운동법칙 – 작용/반작용의 법칙

운동의 제3법칙은 물체와 물체 간 힘의 상호작용에 관한 법칙이다. 한 물체가 다른 물체에 힘을 가하게 되면 동시에 그에 상응하는 반작용력이 가한 물체에 정반대 방향으로 가해진다. 작용과 반작용의 법칙은 지구상에서 인체의 걷기, 달리기, 뛰기 동작이 인체가 지구에 가한 힘의 반작용에 의한 것임을 설명해 준다.

달리기(스파이크 착용)
• 관성의 법칙: 가속을 하는 경우 추진력에 의해 계속 앞으로 나가려고 한다. • 가속도의 법칙: 지면을 강하게 밀수록 가속이 커진다. • 작용과 반작용의 법칙: 스파이크에 못을 박아 지면을 강하게 후방으로 밀수록 그 반작용에 의해 보다 큰 추진력을 얻을 수 있다.
축구(킥 동작)
• 관성의 법칙: 킥 동작 후 킥한 다리가 계속 진행 방향으로 나아가려고 한다. • 가속도의 법칙: 다리의 스윙 속도를 증가시키면 공을 보다 강하게 찰 수 있다. • 작용과 반작용의 법칙: 발이 공과 부딪히는 순간에 작용과 반작용이 이루어진다.
배구(스파이크 동작)
• 관성의 법칙: 스파이크를 하기 위해 달려온 속도 때문에 앞쪽으로 이동한다. • 가속도의 법칙: 팔의 스윙 속도를 증가시킴으로써 공을 보다 강하게 스파이크 할 수 있다. • 작용과 반작용의 법칙: 스파이크를 하기 위해 지면을 강하게 발구름 할수록 그 반작용에 의하여 높게 점프할 수 있다.

(4) 지면반력

① 작용-반작용의 법칙과 지면반력

㉠ 지면반력(ground reaction force)은 인체가 지면과의 접촉을 통하여 힘을 가했을 때 그 힘에 대한 반작용력을 일컫는 말이다.

㉡ 지구가 신체를 밀어 올리는 힘을 지면반력이라고 하는데, 이는 모든 작용에는 동일하고 반대 방향의 반작용이 있다는 원리에 근거한다.

㉢ 근수축에 의해 발휘된 근력은 관절과 뼈 등 인체 골격계의 작용과 더불어 인체 분절의 운동을 유발하고 이러한 분절 운동에 의하여 인체와 접촉된 다른 물체나 지면 등에 힘을 가하면, 그 반작용력이 인체 분절에 역으로 가해짐으로써 인체가 운동을 수행하게 된다.

㉣ 선수가 지표면에 부동자세로 서 있는 경우, 지구가 신체를 상방으로 밀어내는 힘과 신체가 지구를 하방으로 누르는 힘은 상쇄되어 소멸하게 된다. 이때 선수의 체중에 대한 지구의 반작용으로 생성된 상방의 힘(지면반력)이 소멸됨으로써, 선수에게는 지구의 중심으로 향하여 하방으로 당겨지는 힘, 즉 중력만 작용하게 된다.

㉤ 지구가 선수를 밀어 올리는 반작용력의 크기는 선수가 지면을 밀어내는 힘의 크기에 따라 결정된다. 그러므로 지구의 반작용력은 체중뿐만 아니라 운동의 형태에 따라서 결정된다.

㉥ 신체가 지구를 아래로 누르는 힘과 지구가 신체를 밀어 올리는 힘은 선수와 지표면 사이에 작용하는 마찰력의 크기를 결정하는 데 중요하다.

ⓢ 마찰은 접촉하는 면간의 밀착성이 필요하고, 이 밀착성은 운동에 필수적이다. 모든 스포츠에서 마찰과 밀착성은 선수의 필요성에 달려 있다. 선수들은 종종 마찰과 밀착성이 최대가 되기를 바라기도 하고 또 어떤 경우에는 최소가 되기를 바란다.

ⓞ 지면반력 작용의 예

ⓐ 스키

- 스키에서 "웨이팅과 언웨이팅"이라는 용어를 사용한다. "웨이팅"이란 스키에 체중을 가하는 동작을 말하며, "언웨이팅"이란 스키에 체중이 실리지 않게 하는 동작을 말한다.
- 스키선수가 다리를 신장시키면서 체중을 실어 압력을 가하게 되면, 선수를 밀어 올리는 지면반력이 증가하게 된다. 그 결과 스키는 눈과 강하게 밀착되며 이로 인해 마찰력이 증가하게 된다.
- 다리를 가슴 쪽으로 끌어당기면서 굴곡시키면 체중이 실리지 않게 된다. 그리하여 스키가 지면을 누르는 압력이 감소함에 따라 지구가 선수를 상방으로 밀어 올리는 힘이 감소하게 된다. 그 결과 스키와 눈 사이의 마찰력이 감소하게 된다. "웨이팅"과 "언웨이팅" 동작은 방향전환(턴 동작)을 용이하게 수행하도록 도와준다.

ⓑ 제자리높이뛰기

- 제자리높이뛰기에서 점퍼가 효과적인 이륙 속도를 얻기 위해서는 수직 지면반력에 의한 보다 큰 충격량을 얻어야 하는데 지면반력도 분절 각각의 가속도 크기에 비례하기 때문에 수직 지면반력을 크게 하기 위해서는 몸통과 사지의 상방 가속도를 증가시킬 필요가 있다.
- 이론적으로는 지면반력에 의한 충격량을 크게 하기 위해서는 힘을 증가시키거나 힘의 작용시간을 늘려야 하나, 실제적으로는 이륙을 위한 발구름 시에 다리를 가능한 한 빨리 곧게 신장시킴으로써 지면반력에 의한 충격량을 크게 할 수 있다.
- 무릎을 곧게 빨리 펴면 힘의 작용 시간이 상대적으로 감소하여 충격량이 감소하지만, 이보다는 신체의 상승 가속도를 크게 함으로써 증가되는 충격량이 상대적으로 더 크기 때문이다.

② 지면반력의 적용

㉠ 걷기, 달리기, 뛰뛰기 등의 동작은 발로 지면을 밀어낸 힘에 의하여 지면으로부터 발에 작용하는 지면반력에 의하여 이루어지는 것이다.

㉡ 발로 지면을 밀면 지면으로부터 동일한 크기의 지면반력이 반대 방향으로 작용한다.

㉢ 지면반력은 수평성분력과 수직성분력으로 분해된다.

ⓐ 수평성분력은 신체를 전방향으로 이동

ⓑ 수직성분력은 신체를 상방향으로 이동

예 100m 달리기 선수가 스타팅 블록을 사용하여 출발할 때 선수가 발로 스타팅 블록을 밀어내면 스타팅 블록으로부터 발에 동일한 크기의 반작용력이 생기는데, 이때 생긴 반작용력으로 선수가 출발한다.

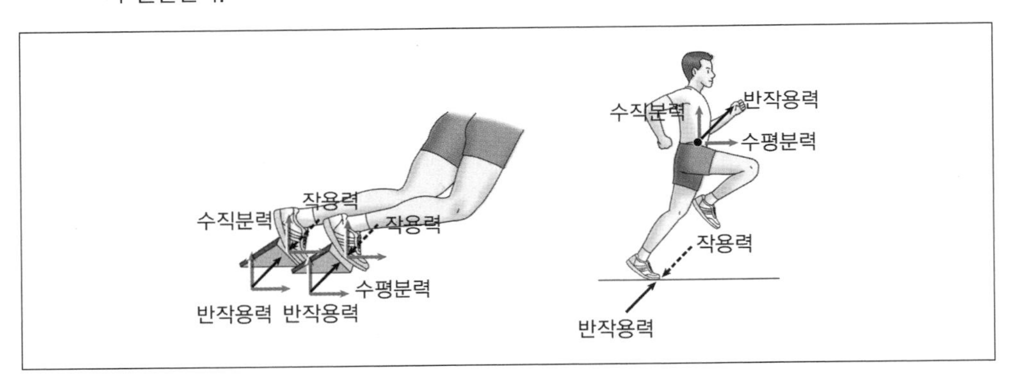

ⓔ 반작용력을 얻기 위하여 물체에 힘을 발휘할 때는 운동 목적에 따라 적절한 방향으로 힘을 써야 한다.

ⓐ 달리기의 스타팅과 같이 수평운동을 목적으로 할 때는 지면에 작용하는 각도를 적게 하는 것이 유리하다.

ⓑ 높이뛰기와 같이 수직운동을 하려고 할 때는 90°에 가깝도록 해야 한다.

ⓒ 이동 중에 정지하려고 할 때 진행방향의 반대쪽으로 힘을 써야 한다.

ⓜ 걷기와 달리기의 지면반력

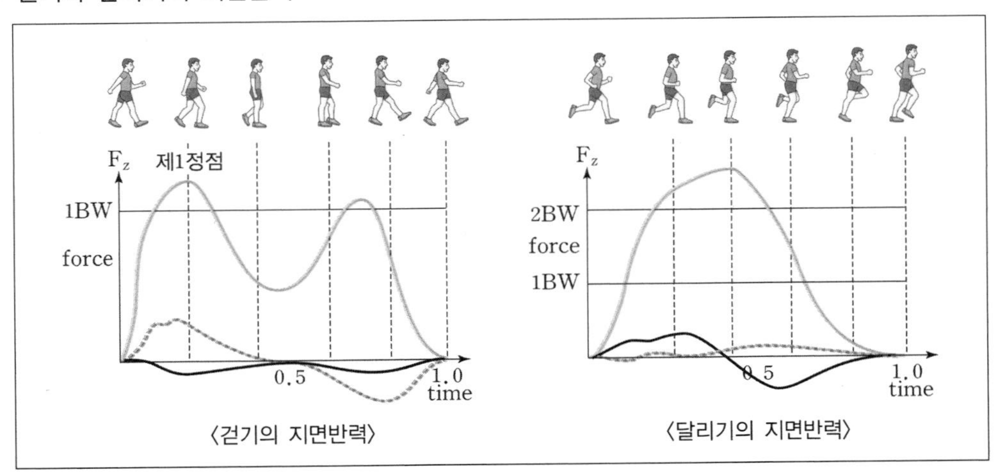

〈걷기의 지면반력〉 〈달리기의 지면반력〉

ⓐ 걷기의 지면반력

- 힐 스트라이크(heel strike) : 한쪽 발뒤꿈치가 땅에 닿는 시기
- 스텝(step) : 한쪽 발뒤꿈치가 땅에 닿는 시기(heel strike)에서 반대쪽 발뒤꿈치가 땅에 닿는 시기까지의 동작

- 스트라이드(stride) : 한쪽 발뒤꿈치가 땅에 닿는 시기(heel strike)로부터 같은 쪽 발뒤꿈치가 땅에 닿는 시기까지의 동작
- 걸을 때 한쪽 발이 지면에 착지하여 이지할 때까지 0.58sec 동안 지지되었을 때 전후, 좌우, 수직 지면반력의 일반적인 모습은 다음과 같다. 수직방향 지면반력은 M자와 같은 형태로 2개의 정점이 나타나는데, 제1정점 이후에는 수직지면반력이 급격히 감소하고 최하점을 지난 후에는 증가하여 제2정점을 이루고 있으며, 그 이후에는 다시 급격히 감소한다. 이와 같은 양상은 속도의 변화에 관계없이 일관성을 유지하고 있지만, 수직방향의 지면반력은 속도가 빨라질수록 제1정점이 높아지는 반면, 제2정점은 낮아진다.

걷기 시 지면반력의 분석	
전후방향의 지면반력	속도가 증가할수록 전후방 교차점 발생시기가 빨리 나타나는데, 이는 후방보다 전방으로 작용하는 지면반력을 증가시키는 원인이 되고 있다.
좌우방향의 지면반력	수직지면반력보다 매우 적고 개인에 따라 매우 다양하다. 좌우 방향의 지면반력은 신체무게중심을 좌우로 움직이게 하는 힘으로 작을수록 좋다.
수직 지면반력	제1정점 직전에서 갑작스런 변화 상태가 자주 나타나는데, 이는 발꿈치가 지면에 접촉하는 순간 장딴지근의 작용이 중지되어 발목관절의 족저굴곡이 발생하기 때문에 수직지면반력의 증가가 잠시 정체하여 생기는 현상이다. 이러한 현상은 부자연스러운 보행동작의 원인이 되며, 보행 주기의 계속적인 진행에 방해를 가져와 효율적인 걷기동작의 수행을 저하시키기 때문에 걷기동작의 효율성을 정상적으로 평가하는 유용한 지표로 사용될 수 있다.

ⓑ 달리기의 지면반력

- 6.66m/sec로 달리기를 하였을 때, 전후, 좌우, 및 수직지면반력을 나타낸 것이다. 걷기에서는 수직방향의 지면반력이 두 개인 반면에 달리기에서는 단일 정점만 나타난다. 달리기의 수직지면반력은 체중의 약 3배가 되어 걷기에서보다 매우 높다.
- 달리기에서 발이 지면에 착지하는 유형은 발앞쪽 착지형, 발가운데 착지형, 발꿈치 착지형 등이 있다.

구분	발이 지면에 착지하는 유형	지면반력의 특징
단거리 선수	발앞쪽, 발가운데 착지형	한 개의 정점
장거리 선수	발꿈치 착지형(80%)	두 개의 정점

- 발이 지면에 접촉한 직후 뒤쪽 방향의 지면반력이 나타나고, 이지될 때는 앞쪽으로 작용하는 지면반력이 나타난다.
- 전후방향의 지면반력의 교차점은 달리기가 걷기보다 빨리 나타났으며, 달리기의 속도가 증가할수록 전후방의 지면반력의 교차점도 점점 빨리 나타났다. 이와 같은 결과는 전진방향의 충격량을 증가시키는 요인이 되고 있어 지면마찰력과 공기저항을 극복할 때 작용하는 것으로 볼 수 있다.

2. 힘

(1) 힘의 이해

① 힘의 종류는 그 생성원인이 인체 내에 있는가 아니면 인체 외부에 있는가에 따라 내력과 외력으로 구분한다. 내력(internal force)과 외력(external force)의 구별은 인체의 내부에 근원을 두는 힘을 내력, 외부에 근원을 두는 힘을 외력이라 한다. 내력은 근력, 관절과 관절 사이에 작용하는 반작용력, 관절 내부에 작용하는 마찰력 등이 속하고 외력은 중력, 부력, 공기저항, 구심력, 압력 등이 포함된다.

② 힘은 운동효과, 근원, 접촉여부 등에 따라 분류할 수 있다. 운동효과 측면에서는 추진력과 저항력으로 분류할 수 있다.

㉠ 추진력은 운동을 유발하는 힘이며, 저항력은 운동을 방해하는 힘이다. 따라서 인체의 운동은 추진력이 저항력보다 클 때 수행된다.

㉡ 저항력은 물체의 관성과 마찰력 등이다. 스포츠장면에서 저항력은 크게 중력과 마찰력이 있다. 중력은 항상 연직 하방으로 작용하는데 비하여 마찰력은 운동의 반대방향으로 작용한다.

③ 힘은 접촉여부에 따라서 면력과 물체력으로 구분할 수 있다. 면력은 두 물체간의 접촉에 의해 가해지는 힘으로 마찰력, 근력 등의 힘이 여기에 속하며, 물체력은 접촉하지 않은 물체사이에 작용하는 힘으로 중력이 여기에 속한다.

④ 저항력은 운동 상태를 방해하는 힘이므로 추진력보다 클 수는 없다.

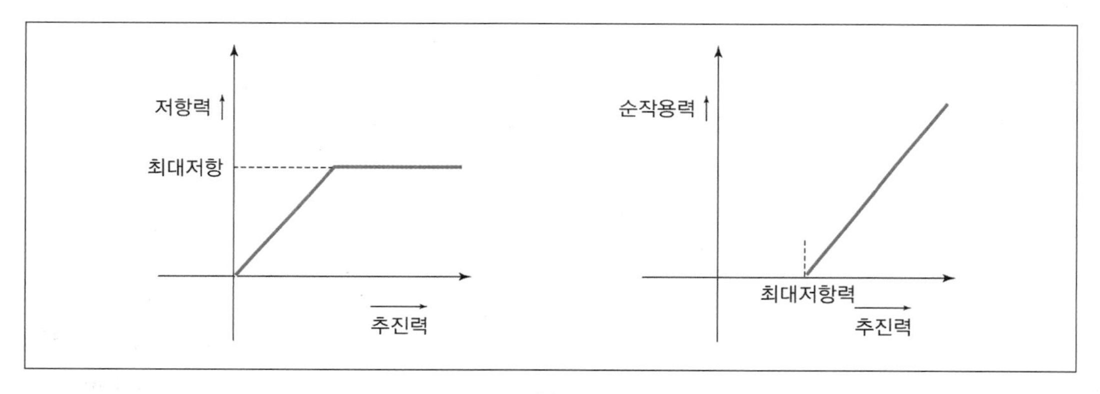

추진력과 저항력의 관계

⑤ 추진력이 최대저항력보다 작을 때에는 저항력이 가해진 추진력의 크기와 상쇄되어 순 작용력이 0이 되고, 추진력이 최대저항력보다 크면 그 차이가 순 작용력으로 작용하게 된다.

(2) 힘의 종류

① 내력과 외력

㉠ 내력: 근육의 수축에 의해 생성된 근력, 관절과 관절 사이에 작용하는 반작용력, 관절 내부에 작용하는 마찰력 등

㉡ 외력: 중력, 공기 저항, 지면반력, 마찰, 부력, 원심력과 구심력, 상대선수가 발휘한 힘 등

② 추진력과 저항력

㉠ 추진력: 운동을 유발하는 힘

㉡ 저항력: 운동을 방해하는 힘

(3) 힘에 따른 물체의 운동 형태

물체의 운동은 가해진 힘의 작용선과 무게 중심의 상대적인 위치에 따라 운동유형이 결정된다. 가해진 힘의 작용선과 무게 중심의 상대적인 위치는 크게 두 가지로 나눌 수 있는데 하나는 작용점이 같고 힘의 방향이 다른 경우이고, 다른 하나는 힘의 방향은 같고 작용점이 다른 경우이다. 힘의 작용선이 물체의 무게 중심을 지나는 힘을 향심력이라 하고 무게 중심을 지나지 않는 힘을 편심력(이심력)이라 한다. 향심력은 병진운동을 유발하며, 편심력(이심력)은 병진운동과 회전운동을 동시에 유발한다.

① 힘의 3요소

㉠ 힘의 크기: 거리와 속도를 결정

㉡ 힘의 방향: 물체의 이동 방향을 결정

㉢ 힘의 작용점: 힘의 능률이나 회전을 결정

② 향심력과 이심력

㉠ 향심력(구심력): 물체나 인체의 중심을 지나는 힘

㉡ 이심력(편심력): 무게 중심을 지나지 않는 힘

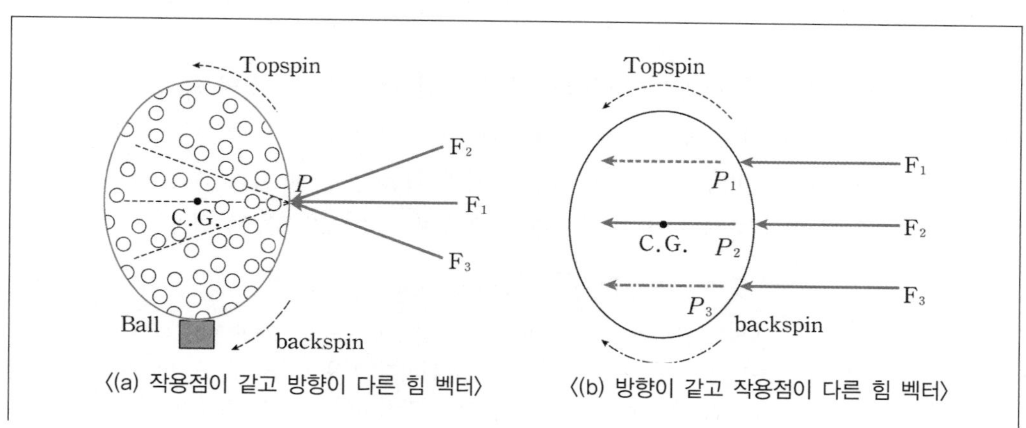

〈(a) 작용점이 같고 방향이 다른 힘 벡터〉 〈(b) 방향이 같고 작용점이 다른 힘 벡터〉

(a)와 같이 동일한 작용점 P에 힘의 작용방향이 각각 다른 세 가지의 힘 F_1, F_2, F_3이 따로 작용할 경우에 힘 F_1의 작용선은 공의 무게중심을 지나기 때문에 스핀이 생기지 않지만, 힘 F_2와 힘 F_3은 각각 백스핀과 톱스핀을 유발시키게 된다.
(b)와 같이 힘의 작용방향은 동일하지만 힘의 작용점이 각각 다른 경우에 P_1에 가해진 힘은 골프공에 톱스핀을 일으키며, 작용점 P_2에 가해진 힘은 스핀이 없고, 작용점 P_3에 가해진 힘은 백스핀을 일으키게 된다. 이런 경우 P_2에 가해진 힘과 같이 작용선이 물체나 인체의 무게중심을 지나는 힘을 구심력이라 부르며 P_1이나 P_3에 가해진 힘과 같이 작용선이 무게중심을 지나지 않는 힘을 편심력이라고 부른다. 편심력은 물체의 무게중심을 이동시킬 뿐만 아니라 무게중심을 축으로 하는 물체의 회전을 동시에 유발시킨다.

자유물체도(free body diagram)

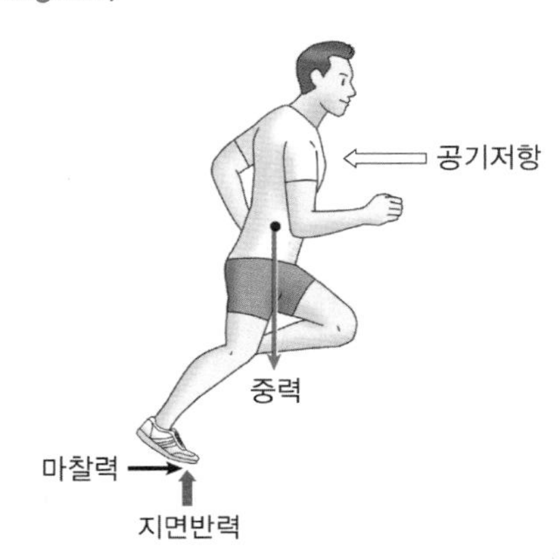

자유물체도란 어떤 시스템에 작용하는 모든 벡터힘을 분리해서 정의내린 시스템을 보여주는 간단한 그림이다. 물체에 작용되는 힘을 찾기 위해서는 분석 대상을 먼저 한정한 다음 그 물체의 움직임에 영향을 주는 여러 가지 외적 힘들을 고려해야 한다. 외력을 포함해서 물체의 움직임에 영향을 주는 힘들을 도해한 것이 자유물체도이다. 달리기 선수의 자유물체도에서 선수의 움직임에 영향을 주는 힘들은 우선 중력과 지면반력이 있으며, 만약 빠르게 달려간다면 공기저항도 있을 것이다. 자유물체도에 흔히 제시되는 힘에는 중력, 접촉면에서의 외력, 물이나 공기 등의 유체에 의한 힘, 자장에 의한 힘 등이 있다.

③ 힘의 특징

㉠ 운동은 물체에 가해지는 힘이 물체가 가진 저항력보다 커야 된다.
㉡ 물체나 인체의 운동은 힘의 작용선과 무게 중심의 위치 관계에 의해서도 달라진다.
㉢ 물체의 속도 변화는 작용한 힘의 크기와 작용 시간에 비례한다.
㉣ 여러 힘이 동시에 같은 방향으로 작용하면 가속도가 증가한다.

근력의 요인	
근육의 길이	근육의 길이가 너무 길거나 너무 짧으면 근력을 적게 발휘한다. 즉 근육의 길이가 중간 정도 일 때 가장 큰 힘을 발휘한다(이유: 근필라멘트 이론에서 연결다리의 수가 너무 적거나 연결다리가 서로 겹쳐지면 힘을 발휘하기 어렵다).

관절각도	관절이 쭉 펴져 있으면 근육의 길이가 너무 긴 편이고, 관절 각도가 너무 작으면 근육의 길이가 너무 짧은 편에 속한다. 관절의 각도에 따라서 근육이 뼈를 잡아당기는 각도가 달라지고, 근육 자체의 부피가 운동을 방해할 수도 있다. 그러므로 관절마다 최대근력을 발휘할 수 있는 각도가 다르다.
수축속도	관절을 펴거나 굽힐 때 수축속도에 따라서 발휘되는 근력의 크기가 다르다. 일반적으로 관절을 굽힐 때는 속도가 느릴수록 발휘되는 근력이 크고, 관절을 펼 때는 속도가 빠를수록 발휘되는 근력이 크다. 그러므로 무거운 물체를 끌어당길 때는 천천히 끌어야 하고, 발로 찰 때에는 빠르게 차야 한다.
신전력 > 굴곡력	일반적으로 펴는 힘이 굽히는 힘보다 강하다. 무릎을 펴면서 공을 차는 것(kick)이 굽히면서 차는 것(hill kick)보다 빠르다. 그러므로 대부분의 차고, 치고, 던지는 동작은 신전성 동작으로 해야 한다.
반동동작	관절을 펴기 전에 약간 굽히고, 관절을 굽히기 전에 약간 펴면 근력에 이득이 된다. 반동동작을 하면 근력을 발휘할 수 있는 시간이 증가되는 것(운동범위가 넓어지는 것)이 가장 큰 이점이고, 근육에 약간의 탄성에너지를 저축했다가 사용한다는 것도 이점 중의 하나이다.

근력(muscular force)

- 근력은 근육의 수축에 의해 생성되는 힘으로 인체 전체를 하나의 계로 볼 때 내력의 범주에 속한다. 형성된 근력은 인체 골격을 통하여 외부에 전달되어 생기는 마찰력이나 반작용력에 의하여 인체 운동이 유발된다.
- 근수축은 근육의 길이 변화의 유무에 따라 등장성 수축과 등척성 수축으로 분류
  - 등장성 수축 형태에는 단축성 수축과 신장성 수축이 있다. 단축성 수축은 근육군에 의해 발휘되는 힘 모멘트가 저항 모멘트보다 커서 근육이 줄어들면서 발생하는 수축 형태이고, 신장성 수축은 저항 모멘트가 힘 모멘트보다 커서 근육의 길이가 길어지면서 발생하는 수축형태이다. 일반적으로 단축성 수축의 경우가 많으며, 신장성 수축은 근육에 과부화나 인체 부상 유발과도 직접적인 상관이 있다.
  - 등속성 수축은 근육의 수축 속도가 일정한 운동으로 근육의 길이도 변하고 수축 속도에 따라서 부하도 달라진다. 즉 수축 속도가 증가하면 근력은 감소한다.
- 주동근과 길항근, 고정근과 중화근
  - 물체의 운동을 일으키는 근육을 주동근이라 하고, 주동근의 수축운동을 제어하는 근육을 길항근이라 한다. 길항근은 주동근의 반대쪽에 붙어 있어서 주동근의 과도한 수축을 제어한다.
  - 고정근은 관절운동을 직접적으로 일으키지는 않지만 관절을 고정시켜 의도하는 다른 관절운동이 일어나도록 도와주거나 관절을 보호하는 근육을 말한다. 중화근은 다른 근육의 작용을 서로 상쇄시키는 근육을 말한다. 대흉근과 광배근이 같은 수준으로 같이 수축하면 상완의 굴곡운동도 신전운동도 아닌 내전이 일어난다. 이때 대흉근과 광배근은 서로 중화근으로 내전운동의 주동근이 된다.

근력

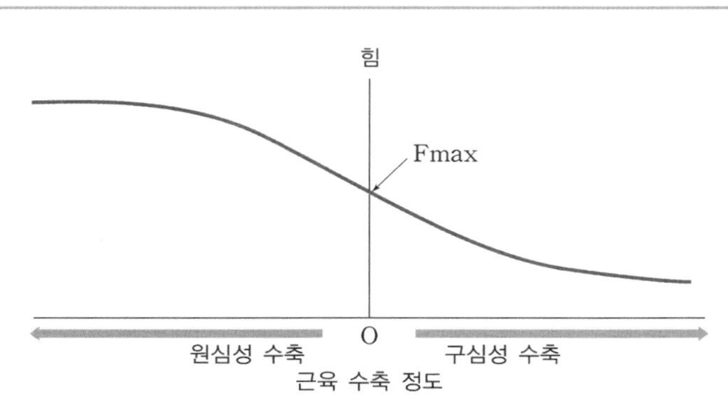

근육의 수축 속도와 최대 힘과의 관계

- 근육의 수축 속도와 수축의 형태에 따라서 우리가 발현할 수 있는 힘은 달라진다. 가장 큰 힘을 낼 수 있는 경우는 원심성 수축의 속도가 아주 빠르고 근육의 길이가 최대로 늘어났을 때이다. 즉, 근육이 파열되기 직전에 최대의 힘을 발현하게 된다.
- 구심성 수축은 인체활동에서 가장 많이 활용되고 있지만 그렇게 큰 힘을 발현하지 못하는 수축이다. 구심성 수축의 속도가 빠르면 빠를수록 발현할 수 있는 힘은 작아진다.
  - 예를 들어, 사과와 포환을 포환던지기 방법으로 던지면 포환이 더 큰 힘을 낸다. 실제적으로 우리가 느끼기에도 포환을 던질 때가 훨씬 더 큰 부하를 느낀다. 사과를 던질 때는 근수축 속도는 빠른데 헛나가는 기분을 느낀다.
  - 한편, 줄다리기를 할 때 발현한 힘의 크기는 이긴 팀이 크지만, 내적인 힘의 소모는 진 팀이 더 크다. 진 팀은 끌려가면서 원심성 수축을 해 가능한 최대 힘을 냈는데도 불구하고 지게 된 것이고 이긴 팀은 구심성 수축을 해 최대 힘을 내지 않고도 이긴 것이다.
- 일반적으로 운동장면에서 큰 힘을 내기 위해서는 원심성 수축을 한 후 구심성 수축을 해야 한다. 근육의 길이가 늘어나면서 하는 수축과 근육의 길이가 줄어들면서 하는 수축으로 이어지는 동작은 거의 대부분의 운동 동작에서 나타난다. 테니스 포핸드 스트록을 할 때, 그냥 정지된 상태에서 포워드스윙을 하지 않고 백스윙을 한 후 포워드스윙을 한다. 이것이 바로 원심성 수축 후 구심성 수축을 하는 동작이다. 그 외에도 제자리 높이뛰기, 야구 피칭 동작 등 많은 동작이 이 원리를 이용하고 있다.

(4) 힘의 효과와 토크

① 이심력(편심력)

㉠ 축구 선수가 킥을 할 때 축구공을 차는 지점에 따라 회전하는 방향이 달라진다.

㉡ 선수가 공의 정중앙을 킥하면 회전이 되지 않고, 중앙을 벗어난 지점을 킥하면 공에 회전이 걸려 곡선 병진운동과 회전운동을 하면서 날아가게 된다.

㉢ 병진운동의 가속도의 크기, 즉 $a = \frac{F(\text{힘})}{m(\text{질량})}$이 된다.

② 짝힘

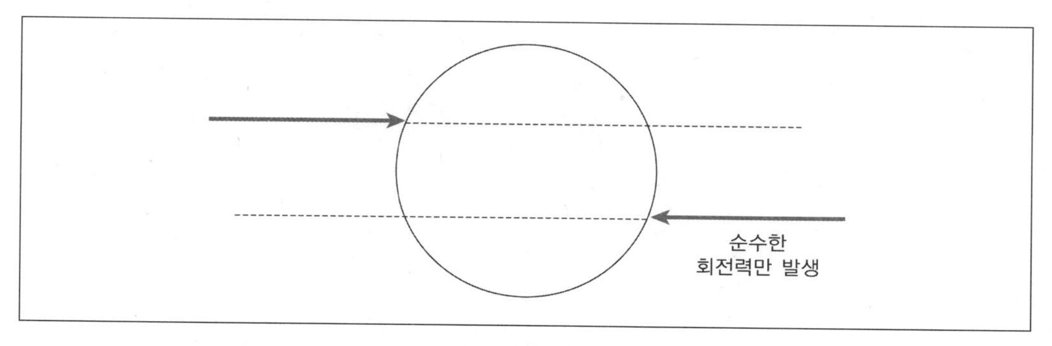

짝힘의 예

㉠ 짝힘(couple)이란 크기가 같고 방향이 정반대이며 서로 나란한 힘을 일컫는다.

㉡ 크기가 같고 방향이 정반대이면서 서로 나란한 힘들, 즉 같은 작용선 상에 있지 않은 힘들은 순수한 회전력만을 일으키는 짝힘이다. 짝힘은 두 종류의 힘이 가해지는데도 불구하고 서로 상쇄되기 때문에 선운동은 일어나지 않으며 순수한 회전운동만을 일으킨다.

㉢ 체조선수 두 명이 안마를 90° 회전시키는 경우 두 사람은 크기가 같고 방향이 반대인 평형력을 작용시킨다. 이때 두 선수는 (+)와 (—)방향으로 병진운동시켜 안마는 회전하게 된다.

③ 토크($T = F \times D$, F : 편심력, D : 모멘트 팔)

㉠ 편심력 : 물체의 중심을 통과하지 않는 힘

㉡ 모멘트 팔 : 물체의 중심으로부터 힘의 작용선까지의 수직 거리

④ 관성 모멘트($I = m \times r^2$, m : 질량, r : 반경)

㉠ 같은 질량을 가지고 있는 물체라 할지라도 그 질량이 축에 가까이 위치할수록 물체의 각운동이 쉬워진다.

㉡ 야구의 배트를 휘두를 때 짧게 잡고 휘두르는 것이 길게 잡고 휘두르는 것보다 쉽다(관성모멘트가 작아질수록 각속도가 커진다).

⑤ 힘 벡터

두 명의 선수가 근력을 합치는 경우 두 선수의 합쳐진 힘은 어떤 크기를 가지고 특정 방향으로 작용하게 된다. 작용된 힘의 방향과 크기를 알 때, 이 둘을 합친 것을 힘 벡터라고 한다. 벡터는 방향을 가진 크기를 의미한다. 역학에서는 힘 벡터를 화살표로 나타내기도 하는데 화살표의 머리는 힘이 작용하는 방향을 가리키고 길이는 작용할 힘의 크기를 대략적으로 나타내는 척도를 의미한다.

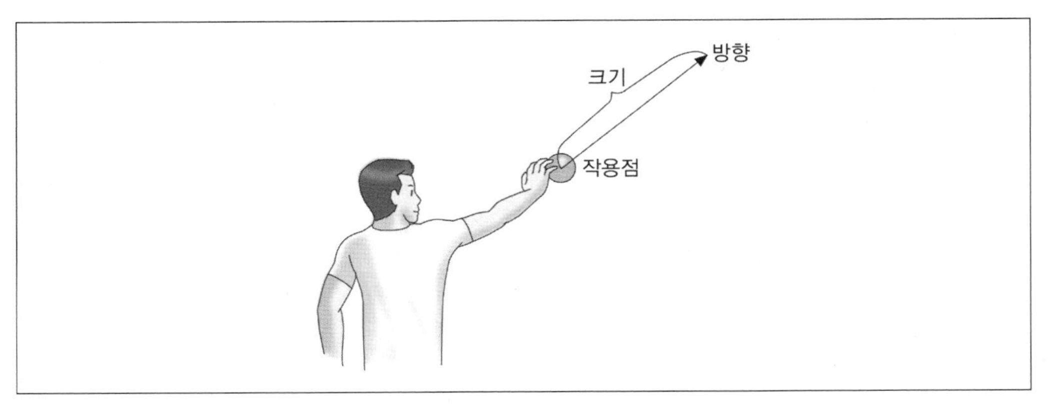

벡터의 표시

㉠ 한 선수는 바벨을 수직으로 들어 올리려고 하고 다른 선수는 수평으로 당기려고 한다면 결과적으로 바벨의 한 부분은 위로 향하고 다른 부분은 옆으로 향하게 된다.

㉡ 두 선수에 의해 작용된 힘의 크기에 의해, 바벨은 합력 벡터의 방향으로 움직인다.

㉢ 이 상황에서 합력 벡터는 다른 방향으로 바벨은 동시에 당기는 두 힘과 평형을 이룬다. 이 때 발생한 힘은 "힘의 평행사변형"을 이용해 나타낼 수 있다.

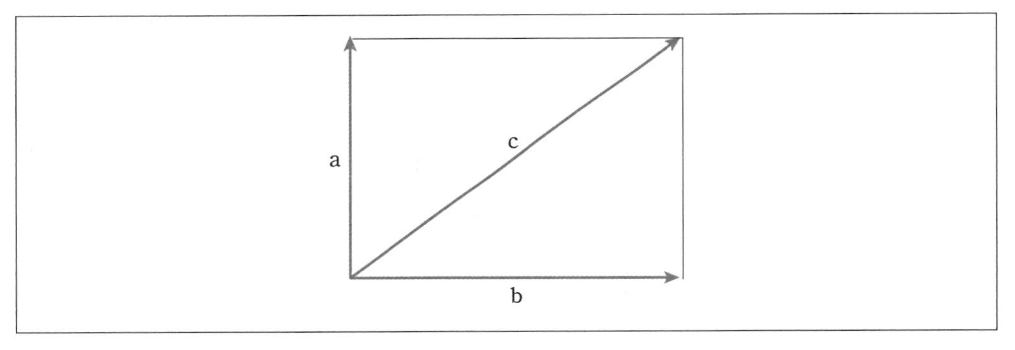

합력 벡터

㉣ 하나의 화살표 (a)는 수직으로 가한 힘의 방향과 길이이고, 두 번째 화살표 (b)는 바벨을 수평으로 당긴 선수가 가한 힘의 작용을 나타낸 것이다.

㉤ 이 두 힘의 반대 면에 각도가 같은 선을 그려서 평행사변형을 만들면, 이 평행사변형의 대각선(c)이 바로 합력 벡터이다. 이 화살표와 화살표의 길이는 두 선수가 바벨을 당긴 합력과 방향을 의미한다.

㉥ 위 그림에서 (a)는 바벨에 수직으로 작용한 힘이고, (b)는 수평으로 작용한 힘이며, (c)는 합력 벡터이다.

• 벡터: 크기와 방향을 함께 가지고 있는 물리량
벡터는 일직선상에 일어난 경우를 제외하고는 삼각형법과 평행사변형을 이용하여 기하학적으로 취급되어야 한다. 일반적으로 벡터를 표시할 때 화살표의 길이가 크기에 해당하며, 꼬리는 작용점, 머리는 작용 방향을 의미한다.
예 힘, 속도, 가속도, 운동량, 충격량, 변위 등

• 스칼라: 크기만 가지고 있는 물리량
스칼라 측정에서는 방향은 아무런 영향을 미치지 않으므로 스칼라는 산술적으로 처리할 수 있다.
예 길이, 넓이, 속력, 질량, 시간 등

⑥ 힘의 단위

㉠ 질량의 기준 단위: kg(MKS단위계) 질량 1kg의 물체의 무게를 1kg · 중이라고 하는데 일반적으로 혼돈하지 않는 범위 내에서 흔히 "중"을 생략하고 있다.

㉡ 힘의 크기: MKS(meter-kilogram-second)계에서는 N(뉴턴)으로 힘의 단위를 표시하고 있다. 이는 질량 1kg인 물체에 작용하여 $1m/sec^2$의 가속도를 유발하는 힘의 크기를 뜻한다.

$$1kg \cdot 중 = 9.8N$$
$$1N = 1kg \cdot m/sec^2$$
$$1kg \cdot 중 = 1kg \cdot 9.8m/sec^2 = 9.8N$$
$$1N = 1kg \cdot m/sec^2$$

㉢ $1N = 1kg \cdot m/sec^2$ 중력가속도 g는 $9.8m/sec^2$이기 때문에 질량 1kg의 물체의 무게는 9.8N이고 1kg · 중과 같다.

100kg의 물체에 $5m/sec^2$의 가속도가 생기게 하는 힘?

→ $F = m \cdot a$, $F = 100kg \cdot 5m/sec^2 = 500kg \cdot m/sec^2 = 500N$

3. 운동량

(1) 체중과 질량

① 체중

㉠ 체중(body weight)은 저울에 나타난 눈금으로 뼈, 근육, 지방, 조직 등을 포함한 신체 질량의 크기이다. 일반적으로 체중은 저울의 스프링을 눌러 스프링의 압축된 정도를 수량화된 눈금으로 표시하여 나타낸다.

㉡ 체중이란 지구가 신체를 끌어당기는 힘으로, 바꾸어 말하면 지구를 당기는 신체의 인력이다. 저울에 나타난 눈금은 둘 사이에 얼마나 많은 인력이 존재하는지를 나타낸다. 지구는 선수를 하방으로 당기고 또 선수는 지구를 상방으로 당긴다.

② 질량

㉠ 질량(mass)은 단순히 물질이나 물체를 의미한다. 어떠한 물체가 물질을 가지고 공간을 차지하고 있다면 이것이 바로 질량이다.

㉡ 중요한 것은 한 물체가 질량을 가진다면 역시 질량을 가지는 다른 물체를 당길 수 있다는 것이다. 신체는 근육, 뼈, 지방 등으로 구성되어 있고 이 모든 것들이 물질이나 물체이며 질량을 가진다. 그러므로 질량을 가지는 선수는 지구를 당기고, 지구 역시 질량을 가지고 있으므로 선수를 끌어당긴다.

㉢ 물체의 고유한 양을 질량이라고 하고, 그 질량을 낙하시키는 원인 즉 지구가 물체를 잡아당기는 힘을 무게(weight)라고 한다. 무게(W)는 질량(m)과 중력가속도(g)의 곱이다. 질량은 어디에서나 동일하게 유지되지만, 체중은 어디에 있느냐에 따라 변화한다.

체중과 질량

지구의 중심에 가까이 위치할수록 지구의 인력은 강해진다. 지구는 완전한 구형이 아니기 때문에 적도에 있는 선수는 북극이나 남극에 서 있는 것보다 중심으로부터 멀리 떨어져 있게 된다. 그 결과 선수나 창의 무게는 극지방보다 적도에서 다소 작을 것이다. 적도에 있는 산 정상을 올라가면 지구의 중심으로부터 더 멀리 떨어지게 되며 체중이 감소하게 된다. 질량은 항상 일정하게 유지되지만, 동일인의 체중은 지구의 어느 지점에 있느냐에 따라 변화한다. 비록 체중과 질량의 개념은 다르지만, 이러한 차이는 대부분의 경기가 지표면 근처에서 행해지기 때문에 스포츠 상황에서는 그렇게 중요하지 않다. 이러한 상황하에서 체중과 질량은 동일한 비율로 경험하게 된다. 즉, 다른 선수보다 체중이 무거운 선수는 역시 더 많은 질량을 가지게 된다.

$$W = m \cdot g = F_{grav} = G\frac{M \cdot m}{r^2}$$

$$g = G\frac{M}{r^2}$$

W: 체중, F_{grav} : 두 물체간의 인력, G: 만유인력상수, g : 중력가속도
M: 물체 M의 질량, m : 물체 m의 질량, r : 두 물체의 무게중심간의 거리

(2) 질량과 관성

① 관성은 동작이나 변화에 대한 저항을 의미한다.

㉠ 모든 물체는 움직이지 않으려고 하지만 물체가 특정한 방향으로 움직이기에 충분히 큰 힘이 가해지면 힘의 작용방향과 동일한 방향으로 일정한 속력을 유지한 채 계속해서 움직이려고 한다.

㉡ 보다 많은 질량을 가진 물체가 움직이려면 움직임을 유지하는 데 보다 큰 힘이 요구된다. 물론 운동 중에 다른 힘들이 작용하게 되면 일정한 시간 동안 일정한 속력이 유지되지 않는다. 공기저항, 중력, 마찰력, 상대방에 의해 작용하는 힘들은 움직이는 선수나 물체를 느리게 하고 결국은 정지시키는 반대의 예이다.

㉢ 보다 무거운 선수일수록 신체 질량이 변화에 저항하는 정도는 더욱 더 커진다. 반면 신체 질량이 적게 나가는 선수는 관성이 작고 움직이는 데에도 작은 힘이 필요하다는 것을 의미한다. 따라서 무거운 선수들보다 움직이거나 정지할 때 힘이 적게 소요된다.

② 미식축구의 쿼터백과 라인맨의 관성

㉠ 쿼터백은 거대한 질량을 지닌 공격라인맨에 의해 보호되는데, 상대편 수비라인맨들을 막아내려면 매우 큰 힘이 필요하다. 그러나 상대편 수비라인맨들의 방어벽을 무너뜨리고 쿼터백을 제압하려고 할 때 공격라인맨들은 상대편 수비라인맨들을 저지하기 위하여 그들과 거의 동일하게 커다란 힘을 발휘해야 한다.

㉡ 공격라인맨은 정지관성을 의미하고 수비라인맨은 운동관성을 의미한다. 공격과 수비라인맨의 육중한 크기는 관성을 유리하게 이용하는 하나의 예이다.

③ 배드민턴과 스쿼시에서의 관성

㉠ 체중이 많이 나가는 선수는 체중이 적게 나가는 선수보다 체중에 대한 근력비율이 떨어지기 때문에 출발, 정지, 방향 전환 등을 하는 데 시간이 많이 소요된다.

㉡ 배드민턴과 스쿼시에서 마르고 가벼운 선수가 육중한 선수보다 상대적으로 유리하다.

㉢ 작고 가벼운 스쿼시 선수가 육중한 선수와 경기를 할 때 상대방을 벽면에 부딪치게 할 수도 있는데, 이는 상대방의 관성을 잘 이용했기 때문이다.

④ 선수가 비행할 때의 관성

㉠ 한 사람이 다른 사람에 비해 두 배로 무거운 경우 두 사람이 다리 위에서 동시에 자유낙하는 경우, 지구를 향하는 두 사람의 가속도는 동일하다.

㉡ 지구가 둘 중 더 무거운 사람을 두 배로 끌어당기기 때문에 두 배로 빠르게 가속해야 한다고 생각할 수도 있지만, 그러나 무거운 사람은 두 배의 관성을 더 가지고 있으므로 중력에 의한 가속에 두 배의 크기로 저항을 하게 된다. 이 상황에서 공기 저항을 무시할 때, 이들 두 사람은 동일한 비율의 가속도로 떨어진다.

(3) 선운동량

$$P = m \times v \ (P: \text{운동량},\ m: \text{질량},\ v: \text{속도})$$

① 선수의 질량이 움직이면, 선수는 일정한 양의 운동량을 가지게 된다. 운동량(momentum)은 발생한 운동의 양을 의미한다. 운동량의 크기는 물체의 질량과 속도에 달려있다. 질량이나 속도, 또는 두 가지 모두를 증가시키면 운동량이 증가한다.

㉠ **질량을 증가시켜 운동량을 크게 하는 경우**: 라켓이나 배트 등의 도구의 무게를 증가시켜서 운동량을 크게 한다.

㉡ **속도를 증가시켜 운동량을 크게 하는 경우**: 배구의 스파이크의 경우 질량의 변화가 없으므로 선속도를 증가시킴으로써 운동량을 크게 한다.

② 역학에서 운동량의 크기는 선수나 움직이는 물체의 속도와 질량에 의하여 결정된다.
  ㉠ 가벼운 선수에 비해 무거운 선수는 동일한 속도에서 보다 큰 운동량을 가진다.
  ㉡ 가벼운 선수가 빠른 속도를 낼 수 있으면 무거운 선수보다 더 많은 운동량을 가질 수 있다.
  ㉢ 체중이 가벼운 선수가 체중이 무거운 선수와 동일한 운동량을 갖기 위해서는 속도를 증가시켜야 한다.

③ 운동량을 증가시키기 위해서는 질량과 속도를 증가시켜야 한다.
  ㉠ 선수가 질량을 증가시키는 최선의 방법은 지방보다는 근육의 질량을 증가시키는 것이다.
  ㉡ 근육이 발달하게 되면, 파워가 증가하여 선수는 보다 빠르게 움직이면서 동작을 효율적으로 수행할 수 있게 된다.

④ 모든 스포츠 상황에서 최대의 운동량이 요구되는 것은 아니다. 대부분의 운동 기능에서는 최대의 운동량보다 적절히 조절된 운동량을 더욱 더 필요로 한다. 농구에서 3점 슛을 시도하는 외곽 슈터는 공이 림(rim) 안으로 들어가도록 공에 정확한 운동량을 발휘하여야 한다.

⑷ 선운동량 보존의 법칙

"물체에 작용하는 외력이 없다면 물체의 전체 선운동량은 항상 일정하게 보존된다." = 관성의 법칙

① 볼링 볼이 핀을 때릴 때 볼이 핀에 작용한 힘은 핀이 볼에 작용한 힘과 같다. 볼링 볼과 핀은 부딪힐 때만이 서로 다른 쪽에 힘을 작용시키게 한다.
  ㉠ 충격량은 힘과 시간의 곱이기 때문에 각 물체가 받은 충격은 다른 물체가 받는 것에 대해 크기는 같고 반대 방향인 것이다.
  ㉡ 충격량과 운동량의 관계에 따라 두 물체의 운동량에 있어서의 변화 역시 같고 반대 방향이다.
  ㉢ 볼이 손실한 운동량은 핀이 얻은 운동량과 같고 반대이기 때문에 볼과 핀의 총운동량은 충격에 의해 변하지 않는다. 이러한 것을 운동량 보존의 법칙이라고 한다.

② 충돌 시 속도의 변화는 질량비와 반비례의 관계에 있다. 물체 A의 질량이 물체 B의 질량보다 3배가 크다면 물체 B는 충돌 후에 물체 A의 속도 변화보다 3배가 큰 속도 변화를 일으킨다.

③ 충돌 전의 운동량과 충돌 후의 운동량은 같다.

선운동량 보존법칙
체계에 작용하는 외력이 없다면 체계의 전체 선운동량은 항상 일정하게 보존된다.

4. 충격량

물체를 움직이거나 가속시키고 운동량을 일으키려면 근력이 발휘되어야 한다. 힘을 가할 때에는 항상 시간이 소요된다. 물체에 일정한 시간 동안 일정한 크기의 힘을 작용시킨 것을 물체에 "충격량(impulse)를 주었다"라고 한다.

$$F \cdot T = P_2 - P_1$$

($F \cdot T$: 충격량, P_1: 충돌 전의 운동량, P_2: 충돌 후의 운동량)

충격량 = 충격력(힘) × 작용시간 = (질량 × 가속도) × 작용시간
= 충돌 후 운동량 − 충돌 전 운동량 = 운동량의 변화량

충격량 = 운동량의 변화량

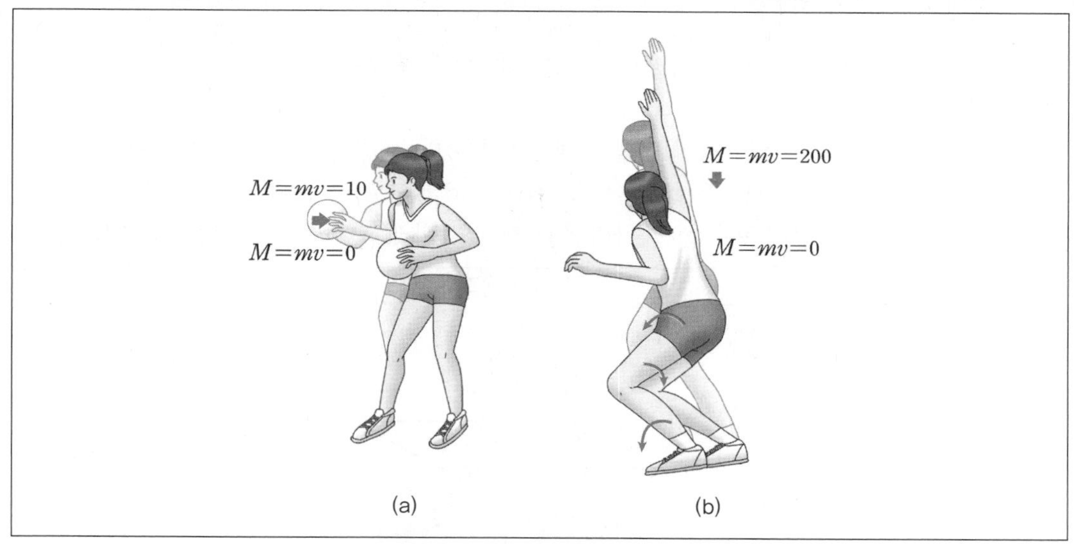

충격량의 흡수

운동 기능에 따라 짧은 시간에 강한 힘을 작용시켜야 하기도 하고, 약한 힘을 보다 긴 시간 동안에 작용시켜야 할 경우도 있다. 충격량은 정지한 물체를 운동하게 하려면 얼마동안 힘이 가해져야 한다. 보다 운동을 크게 하려면 시간을 길게 할 때 역적(충격량)이 크게 된다. 따라서 힘과 힘이 작용하는 시간의 곱을 충격량이라 한다. 주어진 운동량의 변화는 작은 힘을 긴 시간 동안 작용하거나 큰 힘을 짧은 시간 동안 작용한 결과가 된다.

가속도(a) $= \frac{V - V_0}{t}$의 공식을 $F = m \cdot a$에 대입하면

$$F = \frac{mV - mV_0}{t}, \quad Ft = mV - mV_0 \ (V_0\text{가 0인 경우})$$

$$F \cdot t = m \cdot V$$

- 물체의 속도가 빠르면 역적도 이에 비례하여 커진다.
- 힘이나 힘이 작용하는 시간 중에 어느 하나의 요소가 증가하면 속도도 빠르게 되어 있다. 힘이나 지속시간 중에서 어느 하나가 2배로 증가 되었다면 속도도 2배로 증가되는 것이다.
- 타격이나 충돌은 짧은 시간에 큰 속도 변화가 일어나는 것이므로 이러한 때는 큰 힘이 작용하게 된다.
- $Ft = mV$(V_0가 0인 경우)는 빠른 공을 잡거나 뜀뛰기 운동에서 착지할 때에는 상당히 큰 운동량을 0에 가깝게 감소시켜야 한다. 이러한 경우에는 공의 운동량은 속도가 빠르고 뜀뛰기의 운동량은 체중이 크기 때문에 운동량이 크다.
- 이때 물체의 운동량을 0에 가깝게 감소시키는데 있어서 짧은 시간에 멈추게 하려면 멈추는 힘이 커야 하며 작은 힘으로 멈추려면 시간이 길어지게 되는 것이다.

충격을 가하는 동안의 평균적인 힘을 충격력이라 한다. 예를 들어, 배구공에 200N의 힘을 0.05초 동안 작용했다면 충격량은 200N × 0.05sec = 10Ns이고, 이때 충격력은 200N이다. 시간의 경과에 따라 물체에 작용한 힘을 나타낸 그래프의 아래 면적은 충격량을 나타낸다.

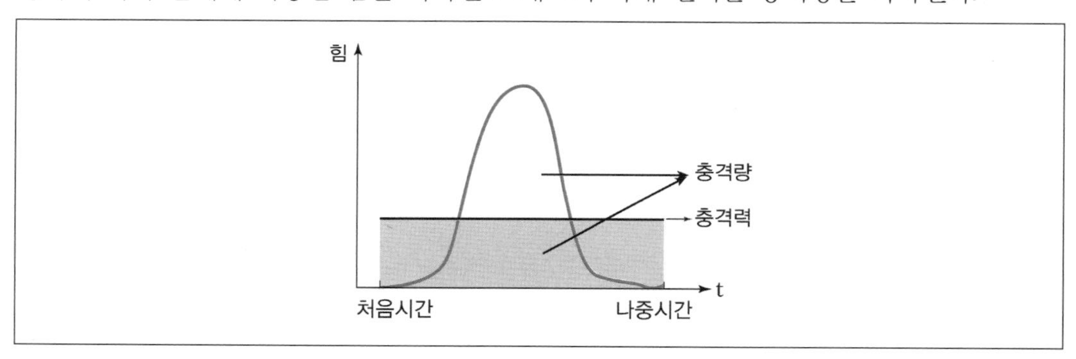

(1) 충격량 증가

한 물체의 운동량의 변화는 작용된 힘과 그 힘의 작용 시간과의 곱으로 나타낼 수 있기 때문에 작용된 힘이 커지거나 작용 시간이 길어질수록 충격량을 증가시킬 수 있다. 야구의 배팅의 경우 배트의 운동량이 커야 하고 맞는 순간의 작용 시간을 길게 해야 충격량을 증가시킬 수 있다(작용 시간을 길게 할 때 배트의 운동량이 일정하다고 가정할 경우).

① 창던지기

엘리트선수는 (a) 몸을 뒤로 젖혀 창을 신체 뒤로 당긴 후에, (b) 창을 전방으로 멀리 투사시킴으로써, 긴 시간에 걸쳐 창에 힘을 작용시킨다.

㉠ 창던지기에서는 보다 긴 시간에 걸쳐 많은 힘을 작용시켜야 하므로 근력과 유연성이 많이 요구된다.

㉡ 우수한 선수는 창을 신체 뒤로 당겼다가 앞으로 멀리 나가면서 던짐으로써 가속시켜 창에 긴 시간 동안 긴 거리에 걸쳐 힘을 작용시킨다.

㉢ 우수한 창던지기 선수는 보다 먼 거리에 걸쳐 창을 가속시킬 수 있다. 따라서 더욱 많은 힘이 보다 긴 시간 동안 창에 작용하게 되고, 그 결과 창에 가해지는 충격량이 커지며 창이 투사될 때 큰 속도로 움직이게 된다.

② 높이뛰기

우수한 선수는 (a) 발구름하기 전에 신체를 뒤로 젖힌다. (b) 지면에 힘을 가하는 시간이 길게 연장된다. 지구는 선수의 발구름에 대한 반작용으로 선수를 위로 추진시킨다.

㉠ 높이뛰기는 매우 빠른 투사속도가 요구되는데, 선수는 근력에 의하여 선수 신체가 상방으로 추진됨으로써 공중에서 포물선 운동을 하게 된다.

㉡ 높이뛰기 선수는 발구름 시에 커다란 힘을 가능한 오랜 시간에 걸쳐 큰 힘을 작용시키기 위하여, 가능한 한 신체자세를 높은 위치까지 끌어 올리고자 노력한다.

ⓐ 높이뛰기 선수가 발구름 시에 풀 스쿼트 자세로 발구름을 시작한다면, 풀 스쿼트 자세로부터 발구름하는 다리를 완전히 신장시킴으로써 발구름하는 다리가 상방의 추진력을 오랜 시간 동안 작용시킬 수 있지만, 풀 스쿼트 자세에서는 선수의 다리 근육들이 선수를 상방으로 추진시키기에 부적합한 위치에 있기 때문에 선수는 최대의 힘을 발휘할 수 없게 된다.

ⓑ 이러한 이유 때문에 대부분의 높이뛰기 선수들은 비교적 짧은 시간에 강력한 힘을 작용시키기 위하여 1/4 스쿼트와 유사한 자세로 발구름 동작을 시작한다.

㉢ 우수한 도약 선수들은 발구름하기 전에 신체를 뒤로 기울인다. 뒤로 기울린 후방 경사 자세를 똑바로 일으키게 되면, 지면에 힘을 작용하는 시간을 더 길게 증가시킬 수 있으며, 그 결과 증가된 지면반력은 선수를 더욱 위로 밀어낸다.

㉣ 스파이크와 블로킹을 하기 위해 점프하는 배구선수와 헤딩하기 위해서 점프하는 축구선수, 그리고 농구선수가 슛 블록이나 레이 업을 하기 위해 점프할 때에도 동일한 기술이 사용된다. 발구름하기 전에 신체를 뒤로 기울이는 후방 경사 자세는 선수들이 공중으로 보다 높게 도약할 수 있도록 도와준다.

③ 육상 스타트

㉠ 일롱게이티드 스타트는 블록 반력에 의한 충격량(반작용력)이 수평 속도에 영향을 더 많이 주기 때문에 번치 스타트보다 더 큰 속도를 얻을 수 있다.

㉡ 일롱게이티드 스타트는 블록에 가하는 힘을 크게 하고 작용 시간을 길게 함으로써 번치 스타트보다 스타트는 늦지만 이후 수평 속도의 증가로 더 빠른 기록을 나타낸다.

④ 태권도 격파

㉠ 태권도선수는 손의 강력한 힘을 매우 짧은 시간 동안 콘크리트 벽돌에 집중적으로 작용시킨다. 작용반작용의 법칙에 의해 선수가 벽돌에 가한 만큼의 힘을 벽돌이 선수의 손에 되돌려주게 된다.

㉡ 선수에게 되돌아오는 반작용은 손의 뼈에 부상을 줄 수 있지만, 뼈는 콘크리트보다 단위 면적당 40배 이상의 스트레스나 힘을 이겨낼 수 있고, 손은 하나의 뼈로 이루어져 있지 않고 탄성 물질에 의해 연결되어 있기 때문에 단련된 손은 실제로 5,000파운드 이상의 큰 힘을 견딜 수 있다.

㉢ 선수가 벽돌에 힘을 가하면, 벽돌의 위 부분은 압축력(compression)을 받게 되고 아래 부분은 장력(bending)을 받게 되어 아래 부분부터 균열이 나타나고 콘크리트는 반으로 격파된다.

충격량(impulse): 주어진 시간 동안 가해진 힘의 총량

충격력(impact force): 충격 시 가해진 힘

(2) 충격력 감소

$$충격력 = \frac{충격량}{작용시간}$$

(충격력은 충격량이 일정할 때 작용시간에 반비례한다.)

① 작용시간을 길게 해 충격력을 감소시킨다.

충격량이 일정할 때 충격이 가해지는 시간을 길게 하면 충격력은 감소한다(작용하는 방향과 동일한 방향으로 작용시간을 길게 함으로써 충격력을 감소시킬 수 있다).

㉠ 육상의 달리기, 던지기, 뜀뛰기 등에서는 운동량이 클수록 기록을 향상시킬 수 있으나, 야구공을 받거나 공중에서 지면으로 착지할 경우에는 반대로 운동량을 감소시킴으로써 상해 예방과 평형 유지에 도움을 줄 수 있다.

㉡ 충격을 흡수하기 위하여 사지의 굴곡운동이 수반된다. 만약 굴곡운동이 일어나지 않는다면 극히 짧은 시간에 공 또는 인체의 운동 속도를 0으로 감소시켜야 한다.

㉢ 매우 큰 충격을 완화하기 위해서는 운동체의 충격시간을 길게 함으로써 충격력을 감소시켜야 한다. 즉, 운동량을 서서히 감소시킬 필요가 있다.

② 작용시간을 길게 할 수 없을 때 충격력을 분산시킨다(운동량 보존의 법칙).

충격 면적을 크게 함으로써 충격력을 분산시킬 수 있다.

㉠ 충격을 받는 시간을 연장시킬 수 없을 때는 유도의 낙법처럼 넓은 면적으로 충격을 받음으로써 충격력을 분산시켜야 한다.

㉡ 운동량 보존의 법칙에 따라 충돌 시 전체 면적의 운동량의 합이 충돌 전의 운동량과 같아지기 때문에 충격이 적다.

(3) 착지 및 정지 시의 충격량 이용

① 필드하키에서 구르는 공은 잔디의 마찰과 작은 양의 공기 저항에 의하여 공은 서서히 정지하게 된다. 공에 가해진 저항력의 크기는 작지만, 미세한 저항력이긴 시간에 걸쳐 지속적으로 공에 가해지게 되면 공이 정지하게 된다.

② 농구선수가 점프 후에 바닥에 착지하면, 바닥의 반작용력(지면반력)은 선수가 바닥을 때린 힘과 동일한 크기의 힘을 선수에게 되돌려 준다. 신체는 이런 힘들을 흡수하는 시간이 매우 짧으므로 신체에 가해지는 충격은 매우 크다. 대부분의 선수들은 본능적으로 발목과 무릎, 그리고 고관절을 구부린다. 그것은 선수의 신체가 지면으로부터 가해지는 힘을 받거나 흡수할 때, 힘의 작용 시간을 길게 연장시켜야 한다는 것을 의미한다.

③ 야구에서 1루수의 경우 공을 빨리 잡기 위해 팔을 길게 내민 채로 공을 받는데, 이때 1루수는 공의 충격을 완화시키기 위하여 팔을 몸 쪽으로 끌어당길 수 있는 시간적 여유가 없기 때문에, 공에 의한 충격의 대부분이 글러브에 전달된다. 그래서 글러브의 패딩은 접촉 시간을 연장시켜 주며 공과의 접촉하는 면적이 넓도록 제작되어 있다. 이러한 글러브는 공에 의해 손에 가해지는 힘을 흡수하는 데 도움을 준다.

④ 선수들은 충격을 완화시키기 위하여 신체에 가해지는 힘의 작용시간을 연장시킴과 동시에 힘이 가해지는 면적을 가능한 넓게 확장시키기 위하여 노력한다. 야구에서 슬라이딩은 주자의 태그 면적을 줄여줄 뿐만 아니라 선수를 정지시키는 지면의 마찰 시간을 연장시켜 준다. 또한, 슬라이딩 동작은 지면과 접촉하는 주자의 신체 면적을 넓게 해준다.

⑤ 선수들은 충격 완화와 부상 방지를 위하여 힘의 작용시간을 길게 하고 힘의 작용 면적을 확장시키고자 노력한다.

㉠ 스키점프 선수는 착지할 때 다리를 구부려 충격력을 흡수한다.

㉡ 유도선수는 낙법 기술을 사용하여 신체에 가해지는 충격시간과 면적을 확장시킴으로써 매트에 넘어질 때의 충격을 완화시킨다.

⑥ 충격을 받게 되는 상황에서 부상을 모면하기 위해, 외력의 작용에 대한 시간을 연장시키고 면적을 크게 해주도록 고안된 장비의 도움이 필요하다. 헬멧, 패딩, 글러브, 공기주머니 등과 같은 장비를 사용하는 경우에 선수의 신체에 가해진 전체 힘의 크기에는 변화가 없지만, 신체의 특정 부위에 순간적으로 가해진 힘을 서서히 흡수하거나 분산시킴으로써 충격을 현저하게 완화시킬 수 있다.

(4) 충격량의 정적 효과와 부적 효과

① 단거리 선수의 접지기 동안에 수평속도의 변화

㉠ 출발 시: (−)충격량이 (+)충격량보다 적어 수평속도가 증가한다.

㉡ 전력 질주 시: (−)충격량과 (+)충격량이 같아 수평속도의 변화가 없다.

㉢ 결승선 통과 후: (−)충격량이 (+)충격량보다 크기 때문에 수평속도가 감소한다.

② 질주속도 = 보폭 × 보수

㉠ 보폭에 의해 (+)충격량, (−)충격량이 결정된다. 인체 중심 수직 하방앞쪽에 위치할 경우 (−)충격량으로 작용하고, 뒤쪽에 위치하면 (+)충격량으로 작용한다.

㉡ 보수에 의해 충격량의 횟수가 결정된다.

(5) 충격량과 빈도

① 단거리 달리기, 스피드 스케이팅, 조정에서의 충격과 빈도

㉠ 단거리 달리기, 스피드 스케이팅, 조정 경기 등에서는 선수들이 경기 중에 특정의 운동기능을 주기적으로 반복한다. 엘리트 단거리달리기 선수는 100미터를 달리는 약 10초 동안 달리는 동작을 계속 반복한다. 조정 경기에서 8명의 선수는 약 6분 동안 노를 반복해서 젓는다.

ⓐ 경기를 하면서 조정선수들은 근력의 크기와 작용시간을 변화시킨다. 8명의 조정선수들은 출발할 때, 가속을 얻기 위하여 레이스 도중에 비하여 스트로크(stroke)를 더 자주 한다. 8명의 선수들 각자가 노를 빠르게 강력하게 당기지만 노를 젓는 범위(거리)는 짧다.

ⓑ 스피드 스케이트 선수 역시 초기에는 조정선수와 마찬가지로 스트라이드(stride)를 짧고 빠르게 하여 가속한다.

ⓒ 위의 상황은 커다란 힘이 짧은 동작 거리 또는 범위를 걸쳐 빠르고 반복적으로 작용함으로써, 출발 시 관성을 가장 효율적으로 극복할 수 있기 때문이다.

㉡ 조정선수나 단거리 선수가 출발하여 가속을 얻고 최대 속도에 이르게 될 때까지는 큰 힘을 짧은 범위에 걸쳐 빠르게 반복적으로 작용시켜야 한다. 그러나 스트로크나 보수의 빈도가 높으면 에너지가 많이 소모되기 때문에 가속할 때에는 효율적일지라도 고속으로 움직일 때에는 비효율적이다.

ⓐ 단거리 선수와 스피드 스케이트 선수는 최대 속도에 이르게 되면 보수를 감소시키고 보폭의 길이를 증가시킨다. 그리고 조정 선수는 노의 스트로크 범위를 보다 크게 하여 당긴다.

ⓑ 비록 보수와 스트라이드 빈도는 감소되지만, 큰 힘을 증가된 동작 범위에 걸쳐 느린 빈도로 작용시킴으로써 에너지의 소멸을 방지하면서 최대 속도를 지속적으로 유지하는데 도움이 된다.

② 200m 달리기가 100m 달리기보다 평균 속력이 빠른 이유

육상에서 200m의 평균 속력이 가장 빠르다. 그 이유는 달리기 시작한 후 3초 후에 최고 속도에 도달하게 되는데 100m 달리기인 경우에는 최고 속도로 달리는 시간이 짧기 때문이다.

③ 400 계주의 기록이 4명의 100m 기록의 합보다 우수한 이유

100m 달리기는 4명 모두 정지관성이 존재하지만 400계주의 경우 2, 3, 4번 주자가 배턴 터치 구간에서 가속을 받아 정지관성이 적게 작용하기 때문이다.

(6) 충격량의 운동량의 관계

① 충격량과 운동량

충격량 = 운동량의 변화량
힘 × 시간 = 질량 × 속도의 변화량 = 질량 × (나중 속도 − 처음 속도)

운동 중 변화 없음
↑
충격량 = 운동량의 변화 = 힘 × 작용시간 = (질량 × 가속도) × 작용시간
↓
운동방향에 따라 +, - 가속도를 가짐
+ : 충격량 증가
− : 충격량 감소

㉠ 물체에 작용한 충격량은 그 물체의 운동량의 변화량과 같다. 일반적으로 물체의 질량은 변하지 않기 때문에 충격량은 결국 속도를 변화시킨다.

> 정지된 0.5kg의 공에 20Ns의 충격량이 가해졌다면 공의 속도는?
>
> → 20Ns = 0.5kg · (나중속도 − 0m/sec) = 40m/s

㉡ 운동량의 변화량은 그 물체에 작용한 충격량과 같다.

> 오른쪽으로 15m/sec로 날아오는 0.2kg의 공을 캐치하여 정지시켰다면, 인체가 공에 가한 충격량은?
>
> → 0.2kg · (0m/sec − 15m/sec) = −3Ns(왼쪽으로 충격량이 작용함)

② 야구의 장타

㉠ 공은 투수의 힘에 의해 일정한 운동량을 갖게 된다. 공과 방망이의 임팩트 시 작용하는 역학적 요인은 작용력에 대한 반작용력이다. 방망이가 갖고 있는 운동량이 공이 가진 운동량보다 크기 때문에 공이 갖고 있던 운동량은 반작용력에 의해 방향이 정반대로 바뀌게 된다. 이후 공이 더 큰 운동량을 갖게 되는 것은 방망이가 갖고 있는 운동량이 공으로 전이되기 때문이며 그 힘이 가해진 시간의 합이 충격량이 된다.

㉡ 공에 작용하는 운동량은 공의 반작용력과 방망이의 충격량에 의해 결정되어진다. 따라서 타자는 충격량을 크게 하기 위해 배트의 각속도를 최대로 하고, 회전반경을 최대한 길게 하여 최고의 선속도로 임팩트 시 시간을 길게 함으로써 장타를 칠 수 있게 된다.

③ 야구의 번트

㉠ 번트 공격 시 타자는 공과 방망이가 임팩트 할 때 공의 진행 방향과 같은 방향으로 배트를 이동시킴으로써 이 때 작용하는 충격량에 작용하는 속도 요인이 (−)값을 갖게 되어 충격량이 (−)충격량으로 작용한다.

㉢ 따라서 타자는 공의 운동량이 감소하게 되어 원하는 위치에 적절한 공격을 할 수 있게 된다.

(7) 선운동량의 보존

① 선운동량 보존의 법칙

㉠ 외부로부터 힘이 작용하지 않을 때, 특정 체계의 총 운동량은 그대로 유지된다.

㉡ 체계는 관심의 대상이 되는 물체 혹은 물체들이다. 한 개의 당구공 또 충돌하는 두 개의 당구공 전체가 체계가 될 수 있다.

㉢ 체계에 외력이 작용하면 운동량 보존의 법칙이 성립되지 않는다.

예 공기저항을 무시할 때, 투사체 운동에서 외력이 작용하지 않는 수평방향으로는 운동량 보존의 법칙에 의해 속도가 그대로 유지된다.

Chapter 03

② 충돌 상황에서의 선운동량 보존

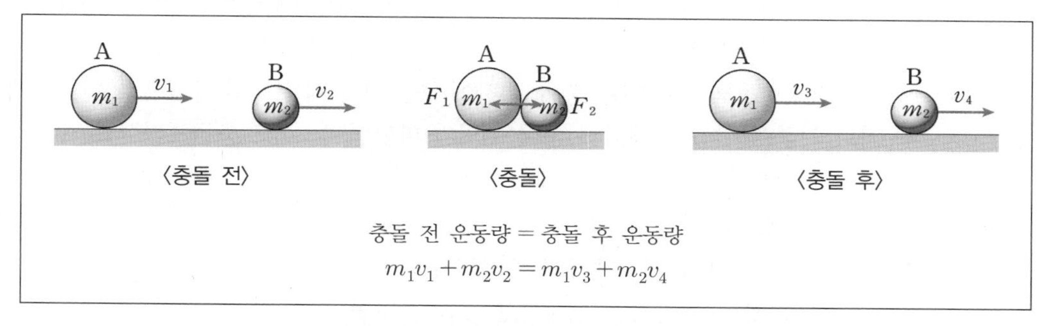

충돌 전 운동량 = 충돌 후 운동량

$$m_1v_1 + m_2v_2 = m_1v_3 + m_2v_4$$

㉠ 충돌 상황에서, 외력이 작용하지 않으면 충돌 전 두 물체의 운동량 총합은 충돌 후 운동량 총합과 같다.

㉡ 충돌 전후 'A의 운동량 변화량 = B의 운동량 변화량'의 관계도 성립한다.

예 컬링 경기에서 스톤 A가 미끄러져 정지된 스톤 B에 부딪치면, 스톤 A는 속도가 줄어들고(혹은 정지) 스톤 B는 움직이게 된다. 작용과 반작용 법칙에 의해 스톤 A와 B는 크기가 같고 방향이 반대인 힘을 주고받게 되며, 충돌에 따른 두 스톤의 운동량 변화는 같다. 스톤 A에서 감소한 운동량만큼 스톤 B의 운동량이 증가하기 때문에 충돌 전의 운동량은 충돌 후에도 변하지 않는다.

무게 98N의 볼링공이 7m/s로 이동하여 무게 19.6N의 핀을 쳐냈을 때, 만약 충돌 후에 핀이 충돌 전 볼링공의 속도보다 2배나 큰 속도를 얻었다고 하면, 이 때의 핀의 운동량과 볼링공의 속도?

$\rightarrow \dfrac{98\text{N}}{9.8\text{m/s}^2} \times 7\text{m/s} = \dfrac{98\text{N}}{9.8\text{m/s}^2} \times v + \dfrac{19.6\text{N}}{9.8\text{m/s}^2} \times 14\text{m/s}$

→ 볼링공의 속도 = 4.2m/s, 핀의 운동량 = 28Ns

5. 충돌과 탄성

(1) 충돌의 형태

충돌의 형태에는 완전 탄성충돌, 불완전 탄성충돌, 완전 비탄성충돌의 세 가지로 구분된다.

① 완전 탄성충돌

㉠ 충돌체 상호간의 충돌 전과 충돌 후의 상대속도가 같은 경우로서 충돌에 의한 에너지 손실이나 에너지 형태의 전환이 없는 경우를 말한다. 이때의 탄성계수는 1이다.

㉡ 스포츠 상황에서 완전 탄성충돌에 대한 예는 거의 찾아볼 수 없으며 당구공의 충돌이 이에 가까운 경우라고 볼 수 있다.

② 불완전 탄성충돌

㉠ 충돌에 의하여 물체가 일시적으로 변형된 후에 다시 충돌 전의 형태로 복원되는 경우를 말한다. 농구의 리바운드, 야구의 배팅, 축구의 킥 등을 예로 들 수 있다. 이때의 탄성계수는 0보다 크고 1보다 작다.

㉡ 불완전 탄성충돌의 경우에는 충돌 순간에 충돌체의 형태가 순간적으로 변형되기 때문에 이로 인하여 약간의 에너지 손실이 있기 마련이며 그 후 충돌체가 서로 분리되면서 본래의 형태로 복원된다. 스포츠에서 불완전 탄성충돌에 대한 예는 모든 종목에 걸쳐서 손쉽게 찾아볼 수 있다.

㉢ 구기 운동의 세 가지 범주(불완전 탄성충돌)

ⓐ 공이 접근하여 충돌하는 경우 예 농구의 드리블

ⓑ 정지해 있는 공에 충돌체가 접근하여 충돌하는 경우 예 축구의 프리킥

ⓒ 공과 충돌체가 동시에 접근하여 충돌하는 경우 예 야구의 배팅

③ 완전 비탄성충돌

㉠ 충돌체가 충돌 후에 서로 분리되지 않는 경우이다.

㉡ 화살이 과녁에 꽂히는 경우, 미식축구에서의 태클, 모든 구기에서의 받기 동작을 예로 들 수 있다. 이때의 탄성계수는 0이다.

(2) 탄성

① 탄성의 개념

한 개의 공이 인체 혹은 기구에 의하여 타격되는 순간에는 공의 모양이 약간 변형되었다가 다시 원래의 형태로 환원되는데 이와 같이 외력에 의하여 일시적으로 변형된 물체가 원래의 형태로 복원되고자 하는 성질을 탄성(elasticity)이라고 한다.

② 탄성 계수

탄성계수(반발계수)는 두 개의 물체가 충돌하였을 때 충돌 전과 충돌 후의 속도에 대한 절대비를 의미하며, 어떤 힘이 물체를 일그러지게 한 것을 다시 원상태로 가려는 성질의 비율이다.

$$탄성계수 = \frac{충돌\ 후의\ 상대\ 속도(분리속도)}{충돌\ 전의\ 상대\ 속도(접근속도)}$$

$$탄성계수(e) = \frac{|U_A - U_B|}{|V_A - V_B|}$$

V_A : 충돌 전 물체 A의 속도, V_B : 충돌 전 물체 B의 속도
U_A : 충돌 후 물체 A의 속도, U_B : 충돌 후 물체 B의 속도

Chapter 03

㉠ 야구공이 20m/sec로 라켓에 접근하고 라켓은 40m/sec의 속도로 동일선상의 반대방향에서 접근하여 충돌한 다음에, 라켓과 공이 동일 방향으로 10m/sec와 30m/sec로 이동하였다고 할 때 충돌 전의 공의 이동방향을 (+)로 설정하면 이때의 탄성계수는 다음과 같이 산출된다.

$$e = \frac{|U_A - U_B|}{|V_A - V_B|},\ 탄성계수(e) = \frac{|-30-(-10)|}{|20-(-40)|} = 0.33$$

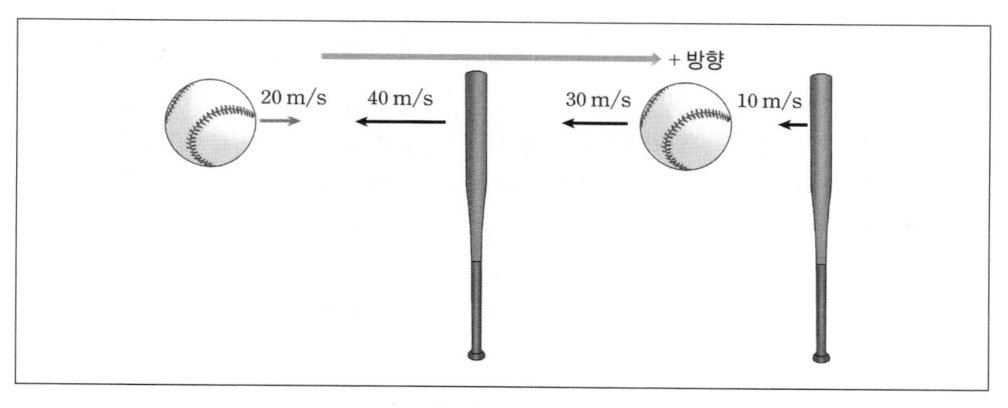

야구 배트와 공의 충돌 전후의 속도

㉡ 공의 탄성계수는 일정 높이에서 공을 지면에 자유 낙하시켜서 공이 리바운드된 높이를 측정함으로써 알아낼 수 있다.

$$탄성계수\ e = \sqrt{\frac{h}{H}}$$

(H: 낙하된 높이, h : 리바운드된 높이)

ⓐ 튀어 오르는 높이가 크면 클수록 탄성계수가 크며 또 충격 후의 속도가 충격 전의 속도보다 빠르면 탄성계수가 큰 것이다.

ⓑ 5m 높이에서 떨어뜨린 공이 2.5m 높이로 튀어 오른 공의 탄성계수는 $e = \sqrt{\frac{2.5}{5.0}} =$ 0.71이다.

③ 탄성계수에 영향을 미치는 요인

탄성계수에 영향을 미치는 요인으로는 표면의 재질, 충돌체의 재질, 충격강도, 충격속도, 온도 등이다.

㉠ 탄성계수에 가장 큰 영향을 미치는 요인으로는 공이 리바운드 되는 표면의 재질을 들 수 있다.

ⓐ 야구공은 나무 배트보다 스틸 배트로 타격되었을 때 더 큰 탄성계수를 지니게 된다. 또한 야구공이 잔디구장 보다는 클레이구장에서 바운드 될 때 더 큰 탄성계수를 지니게 된다.

ⓑ 테니스공도 클레이나 잔디 코트 보다는 콘크리트나 아스팔트 코트에서 더 큰 탄성계수를 지니게 된다.

㉡ 충돌체의 재질이나 충격의 강도도 탄성계수에 영향을 주는데, 예를 들면 야구공을 낮은 곳에서 지면에 낙하시키면 충격량이 적기 때문에 고무공이 경식공보다 높이 리바운드 되지만 높은 곳에서 자유 낙하시킬 경우에는 경식공이 고무공보다 상대적으로 높이 리바운드 된다.

㉢ 충격속도가 증가함에 따라 탄성계수가 감소하는데, 이는 충격속도가 빠를수록 충돌 시에 충돌 전의 에너지가 열로 전환되는 비율이 증가하기 때문이다.

㉣ 온도가 탄성계수에 영향을 미치는데, 공이 가열되면 탄성계수가 높아지고, 공이 냉각되면 탄성계수가 낮아진다. 그래서 테니스 서브 전 공을 몇 번 튀긴 후 열을 높여서 서브한다거나, 골퍼가 양손으로 골프공을 비벼서 따뜻하게 하면 공의 온도를 높여서 더 큰 비거리를 낼 수 있다.

④ 도구에 의한 공의 타격

배트나 라켓 등에 의하여 타격된 공의 충돌 후 속도는 다음의 변인에 의하여 그 크기가 결정된다.

㉠ 도구의 질량이 무거울수록 충돌 후 공의 속도가 크다.

㉡ 공의 질량이 가벼울수록 충돌 후의 공의 속도가 크다(실제는 불변).

㉢ 도구의 충돌 전 속도가 클수록 충돌 후 공의 속도가 크다.

㉣ 공의 충돌 전 속도가 클수록 충돌 후 공의 속도가 크다.

㉤ 충돌 각도가 작을수록, 즉 정면에 가까울수록 충돌 후 공의 속도가 크다.

㉥ 탄성계수가 클수록 충돌 후 공의 속도가 크다.

여섯 가지 변인 중에서 공의 질량은 불변이고 탄성계수 또한 거의 일정하므로 타격 후 리바운드 속도를 크게 얻기 위해서는 무거운 배트나 라켓을 사용하여 빠른 속도로 이동하는 공을 가급적 빠르게 타격하여야 한다.

⑤ 공의 변형과 후크의 법칙

㉠ 후크의 법칙(Hook's law)은 물체의 변형은 외력의 크기에 비례한다는 법칙이다.

ⓐ 정구공을 1m 높이에서 마루 바닥에 떨어뜨렸을 때 보다 2m 높이에서 떨어뜨렸을 때 공이 더 많이 찌그러진다. 이는 변형과 외력이 비례하기 때문에 나타나는 현상이다.

ⓑ 반면 1m 높이에서 마루 바닥에 떨어뜨렸을 때 공이 튀어 오르는 높이보다 2m 높이에서 떨어뜨렸을 때 공이 더 높게 튀어 오른다. 이는 변형이 커서 복원력이 크기 때문인데, 복원력도 변형에 비례한다.

㉡ 이처럼 변형의 한계 내에서는 물체의 변형은 외력에 비례하고 복원력도 변형에 비례하므로 결과적으로 외력과 복원력은 비례한다.

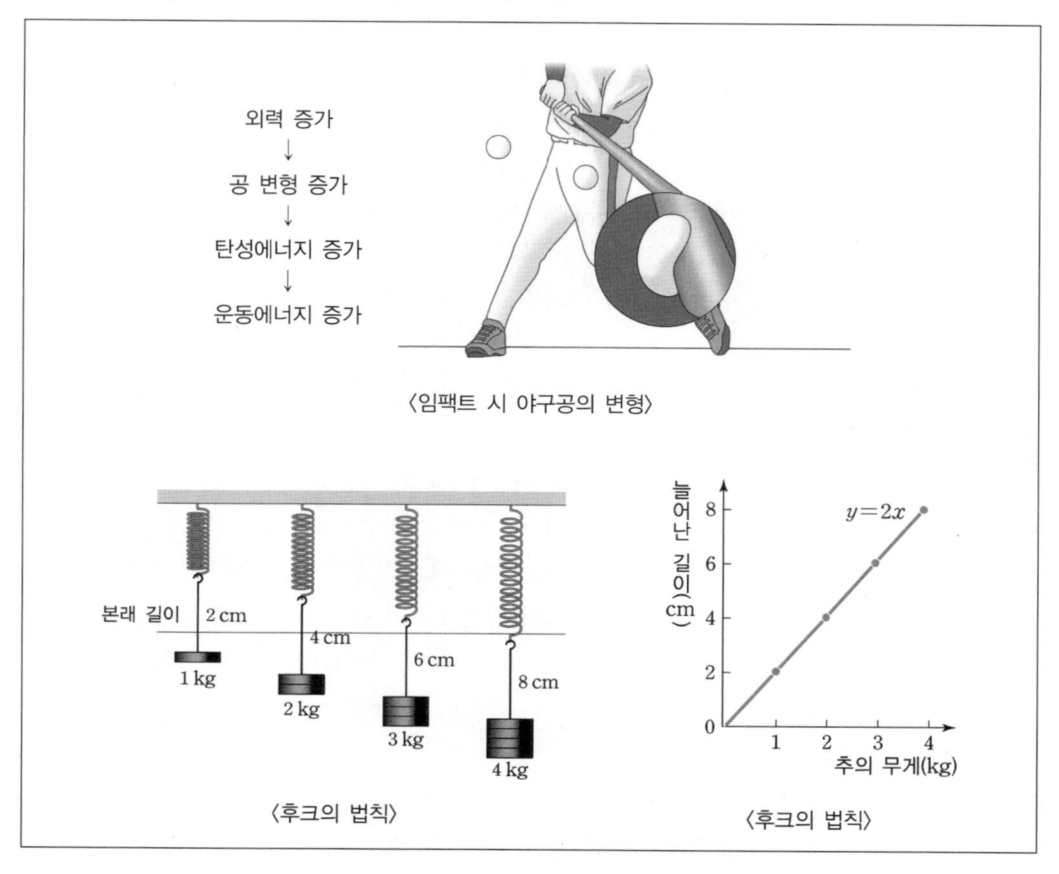

〈임팩트 시 야구공의 변형〉

〈후크의 법칙〉

〈후크의 법칙〉

⑥ 탄성변형

㉠ 외력과 물체에 힘을 가했을 때 생기는 변형은 항상 비례하지는 않는다. 줄을 너무 세게 잡아당기면 줄이 끊어지거나, 설령 끊어지지 않더라도 본래의 길이로 되돌아가지 않고 늘어난 상태로 있을 경우가 있다. 공도 아주 큰 힘으로 누르면 터져서 본래의 모양으로 복원되지 않는다.

㉡ 물체에 외력이 가했을 때 물체의 변형을 나타낸 것이다. O-A구간에서는 외력과 변형이 비례하는데, 이를 변형의 한계 또는 탄성 한계라 한다. 후크의 법칙은 탄성의 한계에서만 적용되며, 탄성의 한계 내에서 일어난 물체의 변형은 본래의 상태로 복원된다.

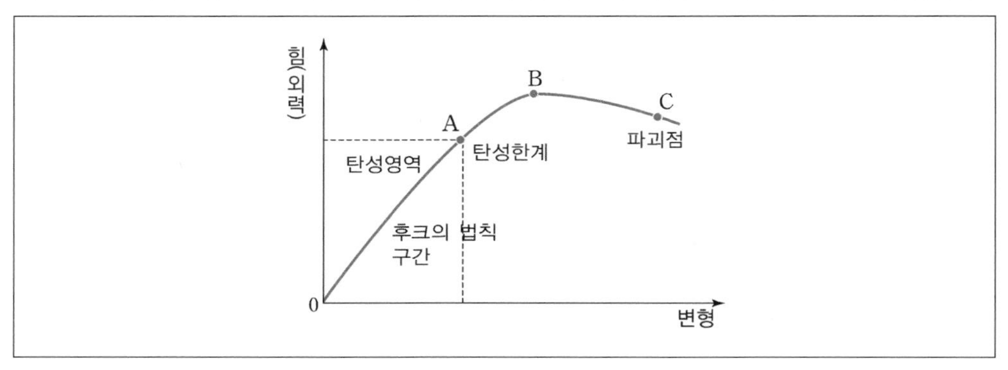

ⓐ A-B구간까지는 외력이 증가할수록 변형도 증가하였지만, 외력에 비례하지 않고 곡선모양으로 증가하였다.

ⓑ B-C구간은 오히려 외력은 커졌지만 변형은 감소되었음을 알 수 있다.

ⓒ A-B구간에서 보는 바와 같이 물체에 가해진 힘이 특정한 수준을 넘으면 물체의 구조적 변형으로 인하여 변형의 정도가 감소하여, 결국에는 구조가 부서지거나 끊어지게 된다.

ⓓ 물체에 작용한 힘이 B지점 이후부터는 소멸되어도 물체가 원상태로 복원될 수 없고, 영구적인 구조적 손상을 보인다.

ⓔ 고무줄을 강하게 잡아당기면 끊어지는데, 그 끊어지는 시점을 파괴점(C)이라 한다.

㉢ 우리 신체도 운동 중에 체내의 여러 결합조직인 근육이나 인대 등에 과도한 힘이 작용하면 결합조직이 탄성한계점을 지나 파괴점에 접어들어 근육이나 인대 등에 큰 손상을 입게 된다.

⑦ 스포츠 상황에서 탄성력

㉠ 탄성력이 추진력으로 작용

ⓐ 양궁에서는 활체의 탄성을 증가시켜 화살을 가속시킨다.

ⓑ 장대높이뛰기에서는 알루미늄 장대 대신 탄성이 매우 좋은 화이버 글레스로 제작된 장대를 이용하여 상방향으로의 추진력을 증가시킨다.

ⓒ 스프링보드 다이빙에서도 탄성이 높은 발구름판을 이용하여 수직속도를 증가시킨다.

ⓓ 체조의 뜀틀에서도 스프링이 장착된 발구름판을 사용하여 도약력을 높인다.

㉡ 탄성력이 완충력 또는 저항력으로 작용

ⓐ 장대높이뛰기에서 사용되는 매트는 지면으로 떨어지는 신체와 충격량이 변화하는 시간을 증가시켜 충격력을 감소시킨다.

ⓑ 스프링이 설치된 마루운동 매트는 착지할 때 몸에 가해지는 충격력을 완화시키고 발구름을 할 때 도약력을 증가시킨다.

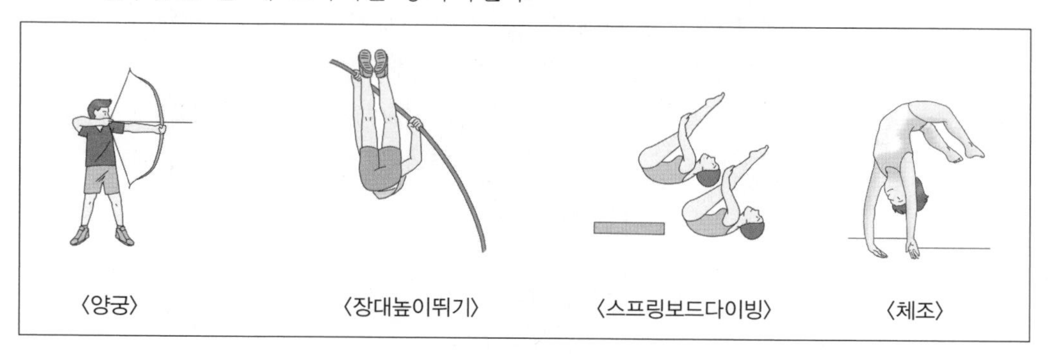

탄성력이 추진력으로 사용되는 대표종목

(3) 충돌(임팩트)과 리바운드

① 충돌(impact)힘 크기에 영향을 주는 요인

어떤 물체가 다른 물체에 충돌하는 순간 충돌힘에 영향을 주는 요인은 충돌 순간 두 물체의 총 운동에너지, 힘이 가해진 거리, 충돌면적이다.

② 충돌체의 역학적 에너지

㉠ 충돌힘에 영향을 가장 크게 영향을 주는 것은 물체의 운동에너지이다. 충돌 물체의 운동에너지가 크면 클수록 충돌힘이 크며 작으면 작을수록 충돌힘도 작아진다.

㉡ 운동에너지는 물체가 선운동을 할 때 가지고 있는 선운동에너지와 회전운동을 할 때 가지고 있는 각운동에너지로, 충돌힘은 선운동에너지와 각운동에너지의 합이 된다.

총 운동에너지 = 선운동에너지 + 각운동에너지

$$\text{총 운동에너지} = \frac{1}{2}mv^2 + \frac{1}{2}I\omega^2$$

㉢ 탁구경기에서 스매싱을 할 때, 공을 강하게 쳐서 공의 속도를 증가시키는 동시에 공에 회전을 주는 것이 좋다.

ⓐ 스매싱을 할 때 회전을 주면 공의 각운동에너지가 증가시킨다.

ⓑ 리바운드 되는 공의 진로가 바뀌어 상대방이 정확하게 리시브 할 수 없어 성공률을 높여준다.

충돌체의 총 운동에너지(선운동에너지와 각운동에너지)의 실제	
선운동에너지	• 공의 질량과 속도를 증가시켜야 하지만 공의 질량은 일정하다. • 실제로는 공의 속도를 증가시켜야 한다.
각운동에너지	• 관성모멘트와 각속도를 증가시켜야 하지만, 공의 관성모멘트는 일정하다. • 공의 각속도(회전속도)를 증가시켜야 한다. 공의 각속도를 증가시키려면 공에 강한 회전을 주어야 한다.

③ 힘이 가해진 거리

㉠ 충돌힘에 영향을 주는 두 번째 요인은 힘이 가해진 거리이다. 임팩트 순간 힘이 작용되는 시간이 길면 충돌힘은 작아지고, 시간이 짧으면 커진다.

㉡ 운동을 하고 있는 물체는 운동에너지를 가지고 있기 때문에 일을 할 수 있는 능력이 있다.

$$\text{선운동에너지}(\frac{1}{2}mv^2) = \text{선운동 일}(F \times D)$$

$$\text{선충돌힘(임팩트힘)}(F) = \frac{\text{선운동에너지}}{\text{힘을 가한 거리}(D)}$$

예 날아오는 야구공을 받을 때 글러브를 몸 쪽으로 끌어당기며 받을 때가 글러브를 뒤로 끌어당기지 않고 받을 때보다 글러브에 힘을 가한 거리가 길어진다. 따라서 야구공이 글러브에 작용한 충돌힘이 작아져서 공이 글러브에 닿은 후 튀어나가는 리바운드 힘이 작아 공을 안전하게 받을 수 있다.

㉢ 각운동에너지를 가지고 있는 물체는 각운동 일을 한다. 각운동 일은 토크(T)에 각거리(θ)를 곱한 값이다.

$$\text{각운동에너지}(\frac{1}{2}I\omega^2) = \text{각운동 일}(T \times \theta)$$

$$\text{각충돌힘(임팩트토크)}(T) = \frac{\text{각운동에너지}}{\text{힘을 가한 거리}(\theta)}$$

예 회전하고 있는 공을 받을 때도 공의 회전방향으로 글러브를 움직이면서 받으면 각충돌힘을 감소시켜 공을 안전하게 받을 수 있다.

④ 힘이 가해진 면적

㉠ 물체가 충돌하는 순간 충돌힘이 가해진 충돌면적에 반비례한다. 충돌면적이 넓으면 충돌힘이 작아지는 반면, 충돌면적이 좁으면 충돌힘이 커진다.

㉡ 단위면적당 가해지는 힘을 역학적 스트레스라 한다.

$$\text{역학적 스트레스} = \frac{\text{힘}(F)}{\text{면적}(A)}$$

㉢ 스포츠 상황의 예시

ⓐ 야구의 포수는 다른 수비수들이 사용하는 글러브보다 면적이 넓고 두툼한 미트를 사용한다. 미트는 글러브에 비하여 야구공을 받는 순간 접촉면적이 크고, 공의 이동거리가 길기 때문에 충돌힘을 감소시키는 효과가 있다.

ⓑ 미식축구에서 어깨에 대는 패드도 충돌이 일어날 때 면적이 커서 힘을 분산시켜 신체의 특정 부위에 작용하는 스트레스를 감소시키는 역할을 하여 상해의 위험을 줄여준다.

ⓒ 스카이다이버가 지면에 낙하할 때 어깨와 등으로 굴러서 스트레스를 감소시키고, 야구의 러너가 베이스에 들어갈 때 가슴과 배를 지면에 대고 슬라이딩을 하는 것도 접촉면적을 넓게 하여 스트레스를 감소시키기 위한 것이다.

(4) 리바운드

배트로 공을 치거나 공을 바닥에 바운드시킬 때, 충돌(collision) 또는 충격(impact)이 일어나게 된다. 충돌 후, 한 물체가 다른 물체로부터 분리될 때 이를 "리바운드(rebound)" 된다고 말한다. 공과 물체가 충돌될 때, 대부분의 경우에 공과 물체는 함께 움직인다. 테니스 라켓으로 공을 치게 되면, 테니스 라켓과 공은 함께 움직이게 된다. 그렇지만 볼링공이 핀을 때리는 경우에서처럼, 가끔 한 물체는 움직이고 다른 물체는 일시적으로 정지하기도 한다. 볼링공은 충돌 후에 서서히 느려지고 운동량을 잃게 되는 반면에, 핀은 가속되면서 운동량을 얻게 된다. 또 다른 상황은, 벽이나 바닥과 같이 정지해 있는 거대한 물체와 충돌하는 경우와 같이 한 물체(농구공이나 스쿼시공)만 충돌 후에 리바운드 되기도 한다. 충돌이 일어나는 각도는 다양하다. 농구공을 바닥에 수직하방으로 떨어뜨려 바운드 시킬 경우 농구공은 바닥에 정면으로 충돌하게 되며 충돌하는 방향과 정반대 방향(수직 방향)으로 튀어 나간다. 하지만, 당구에서 큐볼이 잇따라 두 개의 표적 공을 맞추는 캐롬 샷(carom shot)이나 핸드볼과 농구에서의 바운드 패스 등과 같이 비스듬한 각도로 튀어 나갈 수도 있다.

① 리바운드와 탄성

㉠ 충돌 후에 발생하는 현상을 결정하는 중요한 요인은 물체가 가지는 탄성의 크기이다. 탄성이란 물체가 원래의 형태로 복원되기 위해 밀어내는 힘을 의미한다.

㉡ 선수가 운동장에서 중심을 잃고 넘어졌을 때, 선수의 몸은 탄성이 거의 없기 때문에 공중으로 바운드 되지 않는다.

㉢ 골프공의 탄성은 매우 크다. 골프공은 클럽에 맞게 되면 변형된다. 골프공은 스프링처럼 압축되어 탄성에너지를 저장했다가 다시 원래의 형태로 복원되면서 운동에너지로 전이된다. 이 때 생성된 운동에너지에 의하여 골프공은 공중으로 날아가게 된다.

㉣ 장대높이뛰기에서 장대의 탄성에너지는 운동에너지를 생성시키며, 이러한 운동에너지는 장대높이뛰기 선수를 바를 향해 상방으로 추진시킨다.

ⓜ 타자가 투구된 야구공을 배트로 강하게 타격했을 때, 그 야구공은 거의 반쯤 찌그러졌다가 배트에서 떠나면서 다시 원래 형태로 돌아온다. 이러한 작용으로 생성된 운동에너지는 비행하는 공에 속도를 더해준다.

ⓑ 물체의 탄성은 충돌하는 물체의 성질에 의존한다. 미식축구공은 인조 잔디에서 상당히 빠른 속도로 리바운드 된다. 그러나 미식축구공이 젖은 곳이나 진흙에 떨어진 경우에는 리바운드에 매우 극적인 차이가 나타난다.

② 리바운드와 온도

㉠ 온도는 공의 충돌 후에 리바운드 되는 형태에 영향을 미친다. 열은 공 내부의 공기를 팽창시키며, 내부의 공기가 팽창된 공은 리바운드 능력이 증가하게 된다.

㉡ 스쿼시를 할 때, 선수들은 공이 더워져서 바운드가 잘 될 때까지 경기 전에 랠리를 충분히 한다. 차가운 스쿼시 공은 바운드가 거의 없기 때문에 리턴시키기가 어렵다.

㉢ 엘리트 선수들은 공이 충분히 더워져 공 안의 공기가 팽창되어도 바운드가 매우 적게 되도록 제작된 공을 선호한다.

㉣ 초보자들은 공의 바운드가 비교적 크게 되는 공을 선호한다. 공의 체공시간이 증가하면 초보자들이 공을 따라가서 스트로크를 할 시간을 더 많이 확보할 수 있기 때문이다.

③ 리바운드에서의 각도와 속도, 그리고 마찰력

㉠ 공의 바운드나 리바운드는 많은 요인들 외에도 공이 접촉하는 물체의 표면상태, 접촉각도 및 속도, 그리고 공의 회전 여부와 공과 접촉 물체 사이에 발생하는 마찰의 정도에 의해 결정된다.

㉡ 탁구경기에서 표면이 거칠고 스폰지로 된 라켓은 공에 많은 스핀을 줄 수 있다.

ⓐ 공이 시계방향으로 회전하도록 탑스핀(topspin)이 가해지면 공은 탁구대에 접촉한 후 높은 각도로(반사각 증가) 가속되는 반면에, 공이 시계 반대방향의 회전하는 백스핀(backspin)에서는 반대의 상황이 일어난다.

ⓑ 강력한 백스핀은 공의 진행 방향을 시계 반대 방향으로 바꿀 수도 있는데, 엘리트 선수는 백스핀을 사용하여 상대방 코트로 보내진 공이 스스로 방향을 바꾸어 다시 네트를 넘어오게 할 수도 있다. 또 골프 선수는 골프공에 강력한 백스핀을 가함으로써, 그린 위에 떨어진 공이 비행 방향과 반대방향으로 구르게 할 수도 있다.

㉢ 스핀의 방향은 스포츠에서 큰 영향을 미친다.

ⓐ 당구에서 큐볼에 가해진 스핀은 큐볼이 다른 당구공과 충돌하였을 때 충돌된 공의 방향뿐만 아니라 충돌 후 큐볼의 방향에도 영향을 미친다.

ⓑ 골프에서 공에 가해진 백스핀은 공에 더 많은 양력을 일으켜 공중에 오래 머물도록 해준다.

ⓒ 농구선수는 슛을 할 때, 공이 손에서 릴리스 되는 순간에 손목의 스냅을 이용하여 손가락 끝으로 공의 하단부를 긁어줌으로써 공에 백스핀을 가한다. 농구 슈팅 시, 백스핀 된 공이 림이나 백보드에 맞게 될 경우에 그 공은 속도가 감소하여 많이 튕겨나가지 않기 때문에 바스켓 안으로 들어갈 확률이 상대적으로 높아지게 된다. 슛팅된 공이 림이나 백보드에 맞게 될 경우 백스핀은 공이 바스켓 안으로 들어가도록 도와주지만, 탑스핀은 공을 코트 쪽으로 다시 튕겨 나가게 한다.

백스핀

④ 충돌 각도와 리바운드

㉠ 수평면 상에서 충돌과 관련된 각도

ⓐ 접지각: 충돌 전 지면과 공이 이루는 각도

ⓑ 입사각: 충돌 전 수직선과 공이 이루는 각도

ⓒ 반사각: 충돌 후 수직선과 공이 이루는 각도

ⓓ 리바운드각: 충돌 후 지면과 공이 이루는 각도

(입사각 + 접지각 = 반사각 + 리바운드각 = 90°)

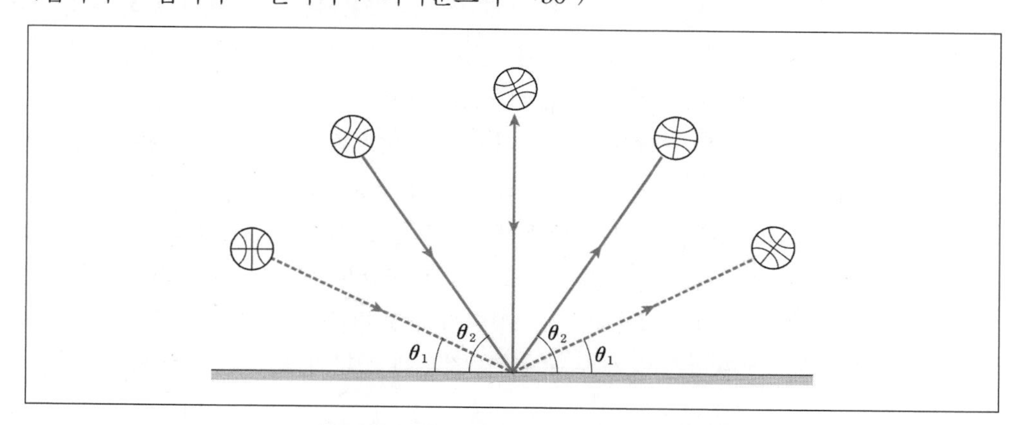

회전이 없으면 완전 탄성충돌의 입사각과 반사각은 동일

완전 탄성충돌에서의 사각충돌은 입사각과 반사각이 같으며 충돌 전의 운동에너지와 충돌 후의 운동에너지는 동일하게 보존된다. 하지만 스포츠 현장에서의 일반적인 충돌은 불완전 탄성충돌이기 때문에 공의 스핀과 마찰을 무시했을 경우에 반사각이 입사각보다 항상 크기 마련이다.

ⓛ 정면충돌과 사각충돌: 충돌은 각도에 따라 정면충돌과 사각충돌로 분류할 수 있다. 정면충돌은 두 물체가 충돌 전 같은 일직선상을 운동하거나 둘 중에서 하나는 정지해 있고 다른 하나는 접촉이 일어나는 표면이나 물체에 대하여 직각으로 움직이는 경우이다. 직각이 아닌 사각으로 충돌하는 경우가 더 많은데, 이를 사각충돌이라고 한다.

ⓒ 공의 사각 충돌 시 스핀의 효과

ⓐ 충돌 후 공의 수평 속도, 절대 속도 그리고 반사각은 스핀이 없는 경우에 비하여 백스핀의 경우에는 작으며 톱스핀의 경우에는 크다.

ⓑ 공의 스핀에 의해 생긴 수평방향의 힘(마찰력)은 공의 수직운동에는 아무런 영향을 미치지 않기 때문에 스핀에 관계없이 충돌 후 리바운드 되는 높이는 일정하다. 탑스핀, 백스핀, 스핀이 없는 경우 모두에 있어서 충돌 후의 리바운드된 공의 최대 높이는 일정하다. 리바운드 높이에 영향을 주는 요인은 낙하 높이와 탄성계수이다.

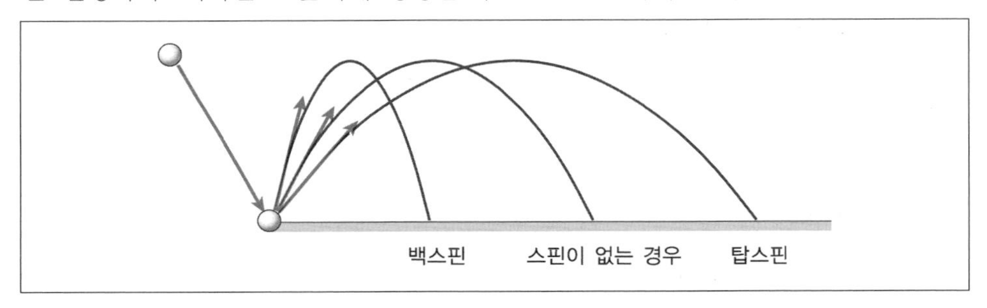

스핀과 리바운드

ⓒ 공의 스핀효과로 인하여 충돌 시 수평방향의 힘(마찰력)이 작용하기 때문에 충돌 후의 공의 속도와 방향은 표면에 직각으로 작용하는 탄성효과뿐 아니라, 표면에 수평으로 작용하는 마찰에 의하여 결정된다. 수직으로 작용하는 탄성은 탄성계수가 동일하기 때문에 리바운드 높이가 일정하다.

ⓓ 톱스핀의 경우 지면과 마찰할 때 작용력인 스핀이 후방으로 작용하고, 반작용력은 전방으로 작용해 수평-절대 속도, 반사각, 리바운드 거리가 스핀이 없는 공보다 크다.

ⓔ 백스핀의 경우 지면과 마찰할 때 작용력인 스핀이 전방으로 작용하고, 반작용력이 후방으로 작용해 수평-절대 속도, 반사각, 리바운드 거리가 스핀이 없는 공보다 작다.

ⓕ 고정면에 공이 사각충돌 시, 고정면이 수평면(테니스, 탁구, 농구의 바운드 패스)인 경우와 수직면(농구의 백보드 슛)인 경우에 스핀의 효과는 정반대의 효과를 가져온다.

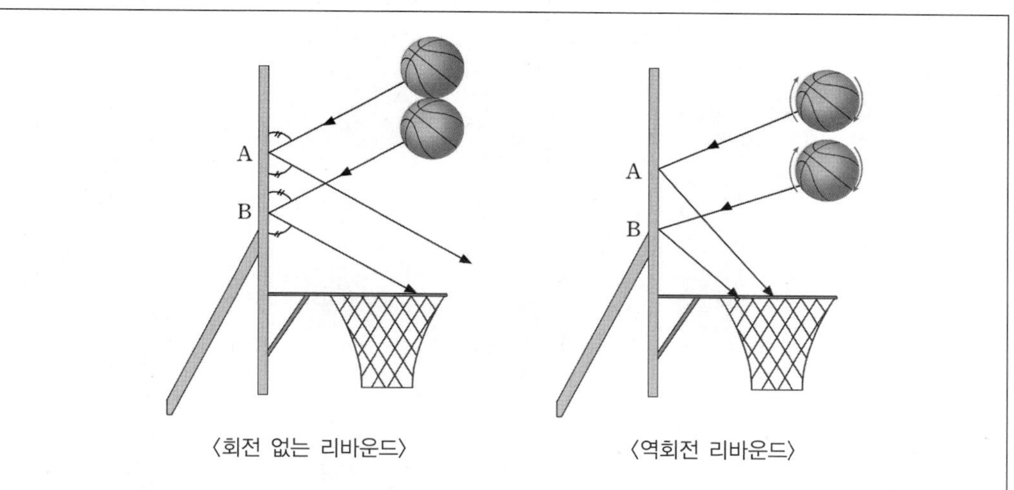

농구 백보드 슛의 경우 공이 백보드와 충돌할 때 작용하는 마찰력은 공의 진행 방향과 반작용력의 방향이 일치하기 때문에 공의 속도가 증가하고, 반사각이 커진다. 농구공이 효율적으로 들어가는 이유는 백보드를 기준으로 공이 작은 각도로 리바운드 되기 때문이다. 즉 반사각이 커졌기 때문이다.

㉣ **공의 리바운드에 영향을 미치는 요인** : 공의 리바운드는 공과 충돌면과의 탄성의 크기에 의존한다. 공의 리바운드에 영향을 미치는 요인에는 탄성계수, 공의 압력, 주위의 온도, 공의 속도와 회전, 부딪히는 물체와의 마찰력, 충격각도 등이 있다.

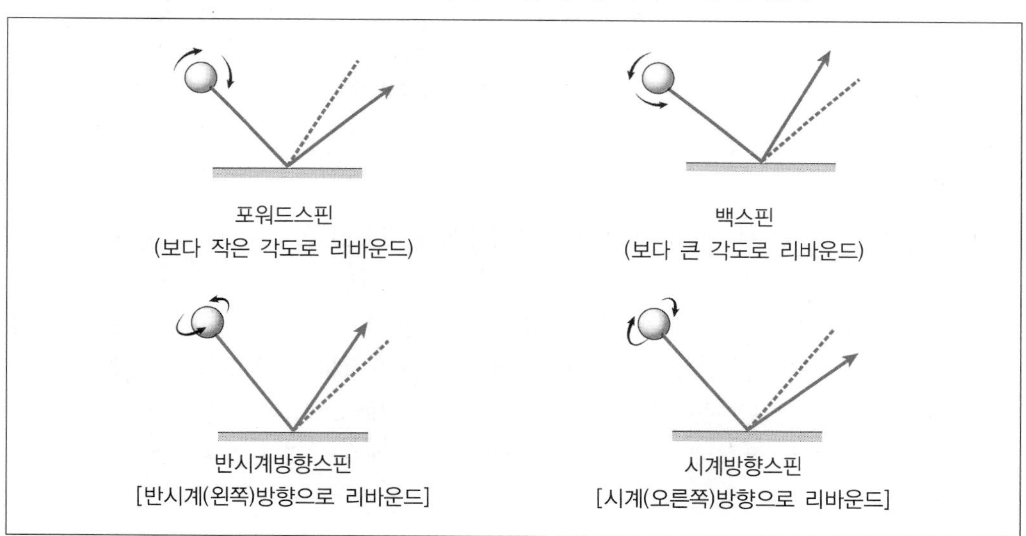

수평면 상에서 스핀

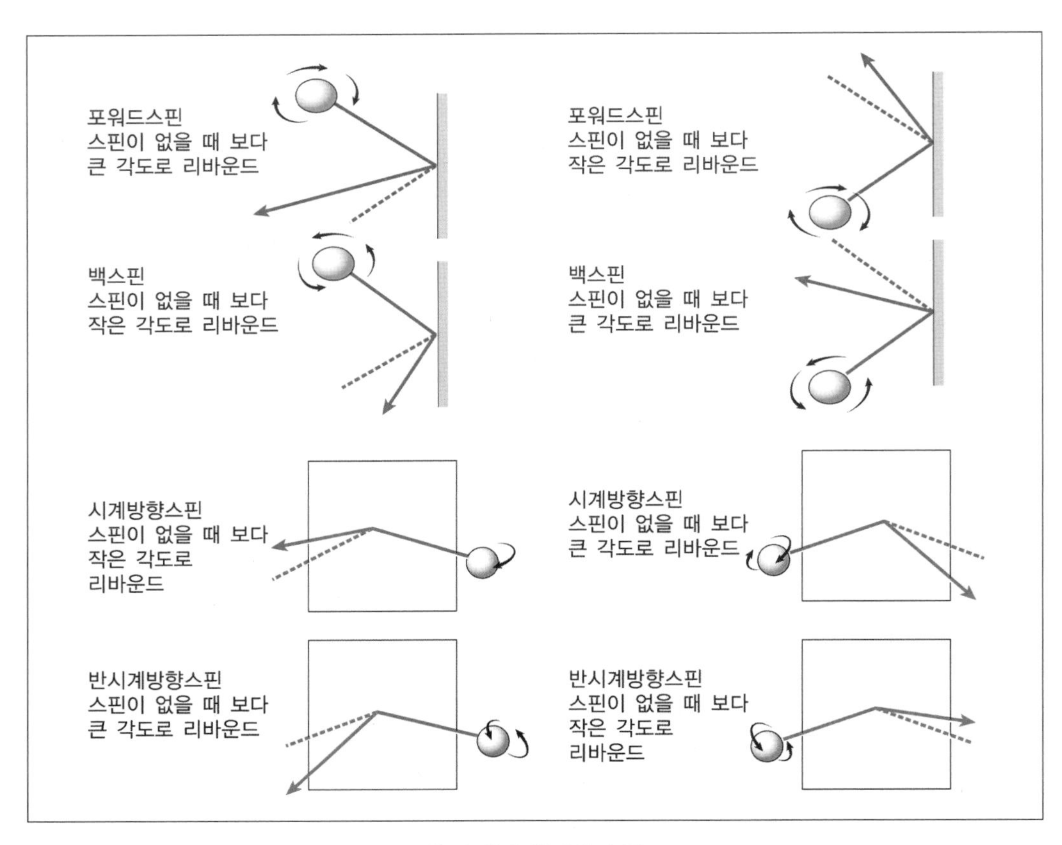

⊙ 수직면 상에서 스핀

6. 마찰력

마찰은 한 물체가 다른 물체와 접촉한 상태에서 움직이거나 움직이려고 할 때 발생하는 힘이다. 모든 물체는 정지해 있거나 운동을 할 때에 예외 없이 마찰의 영향을 받게 된다. 표면마찰력은 표면마찰에 의해 두 물체 사이의 접촉면에 작용하는 힘으로, 물체가 운동하는 방향이나 운동하려는 방향과 반대 방향으로 작용하며, 그 크기는 접촉면에 수직으로 작용하는 수직항력에 비례한다. 마찰은 운동 상태에 따라 정지마찰(static friction)과 운동마찰(moving friction)로 구분되고, 운동 유형에 따라 미끄럼마찰(sliding friction)과 구름마찰(rolling friction)로 세분된다.

(표면)마찰력 = 마찰 계수 × 수직 항력

어떤 물체의 무게가 200kg · 중이며 최대 정지마찰력과 평형을 이루기 위해서는 100kg · 중의 장력이 요구된다면 물체와 접촉면과의 최대 정지마찰계수는 마찰계수 $= \frac{\text{마찰력}}{\text{수직항력}}$ 이므로 0.5가 된다. 이 마찰계수를 이용하면 그 물체와 같은 재질로 만들어졌으나 무게가 다른 물체가 동일 접촉면 위에 정지해 있을 때 그 물체의 최대 정지마찰력과 평형을 이루기 위하여 요구되는 힘을 산출할 수 있다. 예를 들어, 500kg · 중의 무게를 지닌 물체가 최대 정지마찰력과 평형을 이루기 위해서는 마찰력 = 마찰계수 × 수직항력 = 0.5 × 500 즉 250kg · 중의 힘이 수평면과 평행하게 그 물체에 가해져야 한다. 바꾸어 말하면 500kg · 중의 무게를 가진 물체가 수평면 상에서 운동을 일으키기 위해서는 그 물체에 250kg · 중 보다 약간 더 큰 힘이 수평면과 평행하게 가해져야 한다.

마찰계수

경사 각도를 점진적으로 높여갈 때 경사면 위에 있는 물체가 내려오기 시작하는 임계점을 나타낸 것이다. 물체를 내려오도록 하는 추진력과 내려오지 못하도록 작용하는 미끄럼마찰력은 서로 반대방향이고 그 크기는 동일하기 때문에 두 물체에 작용하는 마찰계수는 다음과 같다.

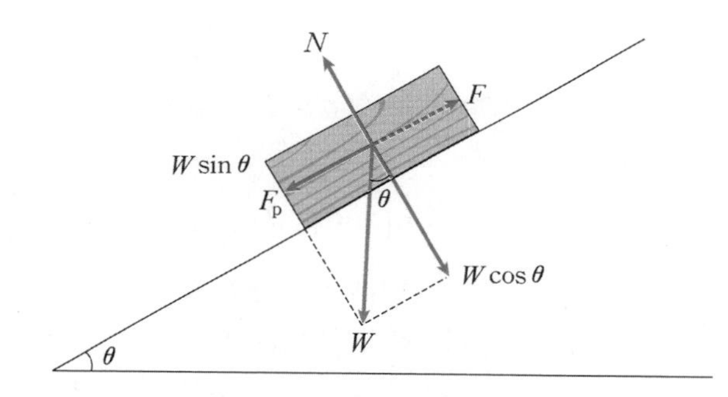

(F_P: 추진력, F: 마찰력, W: 중량, θ : 물체가 내려오기 시작하는 각도)

평지 수직항력(W) > 경사면 수직항력($W\cos\theta$)

경사각이 커지면 수직항력의 감소로 인해 마찰력이 감소하기 때문에 쉽게 움직일 수 있다.

- 마찰력 = 마찰계수(μ_s) × 수직항력(N)
- 추진력은 $W\sin\theta$ 이고 수직항력은 $W\cos\theta$ 이다.
- 추진력과 마찰력은 동일하기에 추진력($W\sin\theta$) = 마찰계수(μ_s) × 수직항력($W\cos\theta$)

∴ 마찰계수 $= \frac{W\sin\theta}{W\cos\theta} = \tan\theta$

(1) 표면마찰의 형태

① 정지마찰

$$정지마찰력(F_s) = 정지마찰계수(\mu_s) \times 수직항력(N)$$

정지마찰은 정지해 있는 두 물체의 접촉면 사이에 존재하며 운동의 시작을 방해하는 저항력을 제공한다.

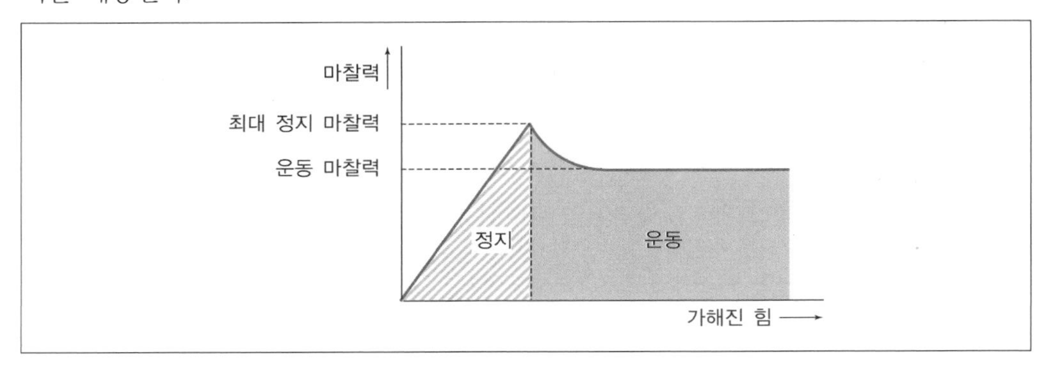

▲ 정지마찰력과 운동마찰력

② 미끄럼마찰

$$미끄럼마찰력(F_m) = 미끄럼마찰계수(\mu_m) \times 수직항력(N)$$

㉠ 미끄럼마찰은 두 물체가 접촉한 상태에서 상대적으로 미끄러질 때 서로에 대해 발생시킨 마찰을 뜻한다. 미끄럼마찰은 최대정지마찰보다 항상 작다. 그렇기 때문에 정지해 있는 물체를 움직이기보다는 움직이는 물체를 계속해서 움직이게 하는 것이 더 쉽다.

㉡ 미끄럼마찰력에 영향을 주는 요인은 마찰면의 굳기, 거칠기, 습기 등이다. 인체 운동에 있어서 추진력은 거의 대부분 미끄럼마찰로부터 얻는다.

㉢ 트랙경기에서 선수들은 모두 스파이크 신발을 착용하여 발과 트랙면 사이의 미끄럼마찰력을 극대화하여 그 반작용으로 인체를 강력하게 추진한다. 골프 경기에서도 선수가 착용하는 골프화의 징은 발과 지면사이의 미끄럼마찰력을 크게 하여 그 반작용으로 볼에 큰 힘을 가한다. 겨울철에 자동차의 스노우 타이어도 미끄럼마찰력을 크게 하여 자동차의 미끄럼을 방지하기 위한 장치이다.

㉣ **미끄럼마찰을 극대화하는 경우**: 단거리에서 스파이크 착용, 핸드볼에서 송진 가루, 운동화의 재질 구조 차이 등

㉤ **미끄럼마찰을 극소화하는 경우**: 썰매, 스키, 스케이트, 스노보드 등

③ 구름마찰

$$구름마찰력(F_r) = 구름마찰계수(\mu_r) \times 수직항력(N)$$

㉠ 구름마찰은 공이나 바퀴와 같은 물체가 지지하거나 접촉하면서 면 위를 구를 때, 어느 한쪽 또는 양쪽 물체의 형태가 접촉면에서 변형됨으로써 생기는 마찰이다.

ⓛ 구름마찰은 어느 한쪽이나 양쪽 모두가 순간적인 변형에 의하여 기인되며, 재질이 딱딱할수록 변형 정도가 감소하므로 두 물체사이의 구름마찰력은 감소한다.

ⓒ 골프 경기는 구름마찰의 영향을 가장 많이 받는 종목이다. 골프의 퍼팅뿐만 아니라 드라이브 비거리에도 상당한 영향을 미친다. 이러한 구름마찰은 한계마찰력보다 적은 미끄럼마찰력과 비교해 볼 때 크기에 있어서 매우 작다는 것을 알 수 있다.

예 볼링, 당구, 롤러스케이트, 사이클, 구기 종목 등

ⓔ 단거리 사이클 선수들이 폭이 좁은 튜블러 타이어를 고압으로 주입하는 것은 구름마찰을 최소화시키기 위함이다. 산악자전거의 경우 두꺼운 타이어를 저압으로 주입하는 것은 구름마찰을 크게 해 산악지형에서의 안정성과 밀착성을 발휘하도록 하기 위함이다.

ⓜ 스포츠 경기에서는 세 가지 마찰 모두가 단일 물체의 운동을 방해하는 저항으로 함께 작용하기도 한다. 정지하고 있는 필드하키공과 잔디 사이의 정지마찰은 공의 움직임에 저항한다. 선수가 스틱으로 공을 치게 되면 공은 미끄럼과 구름이 동시에 일어나게 되고 이 경우, 공과 잔디 사이의 미끄럼마찰과 구름마찰은 공의 운동에 저항으로 작용한다. 그러나 공이 완전히 구를 때는 구름마찰만이 존재하며 미끄럼마찰은 일어나지 않는다.

(2) 표면마찰에 영향을 주는 요인

① 수직항력에 영향을 미치는 요인

㉠ 수직항력은 두 물체의 접촉면에 수직으로 작용하는 모든 힘의 합력이므로, 한 물체가 어떤 물체의 표면에 접촉하여 정지해 있을 때 수직항력의 크기는 접촉면 위에 정지해 있는 물체의 무게와 같다.

ⓛ 두 개의 단단한 물체간의 표면마찰력은 수직항력의 크기와 비례 관계가 있다. 그러므로 수직항력을 적게 함으로써 물체간의 표면마찰력을 줄일 수 있다.

② 마찰계수에 영향을 미치는 요인

㉠ 접촉면과 접촉의 물질

ⓐ 접촉면과 접촉체의 물질이 같은 경우는 분자의 응집력이 크기 때문에 접촉면과 접촉체가 상이한 물질일 때에 비하여 마찰이 크다.

예 고무로 밑창을 댄 신발과 고무 재질로 만들어진 바닥 사이의 표면마찰이 고무로 밑창을 댄 신발과 나무 바닥 사이의 표면 마찰보다 크다.

ⓑ 마찰계수는 접촉면과 접촉체의 거친 정도에 따라 변할 수 있다.

예 농구선수가 왁스칠을 한 무용실바닥에서 연습을 하기 위해서는 미끄럼을 방지하기 위해 신발 밑창에 매우 거친 홈을 내야만 할 것이다. 투포환이나 투원반의 서클 표면은 경기자의 미끄럼을 방지할 수 있도록 시멘트 재질로 거칠게 만들어져 있다.

ⓛ 접촉 상태: 마찰력은 접촉면의 물질뿐 아니라 접촉 환경에 따라서도 변화된다.

예 눈 위에서 스키의 마찰력은 눈의 상태에 따라 상당한 차이가 있다. 야구 선수가 타석에 들어가기 전에 배트의 손잡이에 접착성이 강한 물질을 바르거나, 핸드볼 선수가 손에 송진 가루를 바르는 것은 손과 접촉 물질과의 환경조건을 인위적으로 변화시켜 보다 큰 마찰을 얻기 위한 것이다. 골프, 야구, 축구 선수들은 신발과 그라운드와의 맞물림 효과를 크게 하여 마찰력을 증가시키기 위하여 징이 박힌 운동화를 신는다.

㉢ 물체간의 상대적 운동 상태: 물체가 운동을 시작하게 되면 미끄럼마찰력은 현저하게 감소한다. 그리고 운동을 시작한 물체의 운동속도가 어느 정도 증가하게 되면 더 이상 미끄럼마찰계수에 유의한 변화가 나타나지 않는다. 미끄럼 정지마찰은 미끄럼 운동마찰보다 상당히 크다.

㉣ 물체간의 운동 유형: 미끄럼마찰은 구름마찰보다 상대적으로 매우 크며, 구름마찰의 경우에는 접촉체와 접촉면이 단단할수록 구름마찰력이 작다.

예 골프선수의 경우에 골프장에 잔디가 무성하고 부드러우며 젖은 상태일 경우에는 골프공과 지면과의 구름마찰력이 비교적 크기 때문에 이를 극복하기 위하여 보통 때보다 약간 큰 힘으로 공을 쳐야 한다.

(3) 정지마찰과 미끄럼마찰

① 정지하고 있는 블로킹 썰매는 잔디와의 정지마찰을 발생시킨다.

㉠ 썰매가 최대로 정지 상태를 유지하는 임계치(critical level)의 정지마찰을 최대정지마찰이라고 한다.

㉡ 선수가 미는 힘을 더 증가시키면 썰매는 최대정지마찰을 극복하여 미끄러지기 시작한다. 그리하여 썰매 면과 잔디 사이의 운동마찰(이 경우에는 미끄럼마찰)에 의해 대체된다.

② 미끄럼마찰은 최대정지마찰보다 항상 작다. 그렇기 때문에 정지해 있는 물체를 움직이기보다는 움직이는 물체를 계속해서 움직이게 하는 것이 더 쉽다.

정지마찰과 미끄럼마찰의 크기에 영향을 주는 요인	
두 표면이 함께 누르는 힘	• 블로킹 썰매의 경우 썰매 바닥이 잔디를 누르는 힘은 아래로 누르는 썰매의 무게와 지구가 밀어내는 반작용력과 동일하다. 이 두 힘이 썰매와 잔디 사이의 접촉 표면을 누른다. • 코치가 썰매에 올라타면 썰매의 무게가 아래로 누르는 힘과 지구가 위로 밀어내는 반작용력은 모두 증가하게 된다. 즉, 썰매와 잔디 사이의 마찰이 더 커지게 된다. 그 결과 선수가 썰매를 밀 때 썰매의 운동 방향과 반대 방향으로 작용하는 마찰력이 증가하게 된다. • 물체의 질량이 크다는 것은 잔디와 썰매의 접촉면을 함께 누르는 압력이 더 크다는 것을 의미한다. 썰매와 잔디 사이의 마찰을 최대로 하기 위해서는 썰매에 가해진 무게가 지지면에 수직으로 작용하여야 한다. 만약에 코치가 몸을 기울여 썰매에 매달리면, 코치의 체중 일부분만이 썰매를 아래로 미는데 기여하게 된다.
두 면 사이의 실제적인 접촉 면적	• 마찰은 접촉하는 두 면 사이에서만 일어나기 때문에, 접촉 면적이란 물체와 접촉할 때 실제로 접촉된 면적을 의미한다. 물체의 바닥이 지면과 접촉하지 않은 부분에서는 마찰이 일어나지 않는다. • 썰매를 앞으로 밀면서 위로 들어 올리면, 썰매와 지면이 접촉하지 않는 곳이 발생하고 그곳에서는 마찰이 일어나지 않는다. 또한 축구화의 징은 축구화가 지면에 접촉하는 유일한 부분이기 때문에 축구화에 달린 징의 표면만이 접촉 면적에 기여하고, 축구화 바닥의 나머지는 지면과 접촉하지 않으므로 마찰이 발생하지 않는다.

	• 실제 접촉면적(접촉하는 표면의 면적)과 두 표면이 함께 누르는 힘(수직항력)의 관계를 보면, 무게는 동일하지만 접촉면의 크기가 다른 두 썰매의 경우 접촉면이 작은 썰매와 접촉면이 큰 썰매를 밀 때 동일한 크기의 힘이 요구된다는 것을 느낄 수 있다. 접촉면이 큰 썰매는 썰매의 무게가 넓은 접촉면에 분산됨으로써 썰매의 무게가 접촉 면적당 누르는 힘이 비례적으로 감소할 뿐이며, 두 썰매의 마찰력 크기는 접촉 면적의 크기에 관계없이 동일하다(무게가 동일).
접촉하는 물질들의 재질과 형태	• 접촉하는 물질들의 재질과 형태는 썰매 바닥의 물질뿐만 아니라 썰매가 접촉하는 표면의 형태까지도 포함한다. • 밑바닥이 거칠고 홈이 파져있는 썰매가 진흙투성이의 표면 위를 지나간다면, 썰매의 운동에 저항으로 작용하는 마찰력은 평평한 표면 위를 미끄러질 때보다 더 크게 작용하게 된다. • 스피드스케이트 경우 스케이트 날이 빙판 위를 미끄러져 나갈 때 스케이트 날의 압력으로 인해 빙판에 물의 엷은 막(thin film)이 형성되어, 스케이트 날과 빙판과의 마찰을 매우 낮은 수준으로 감소시키는 윤활작용을 한다. • 고무바닥으로 된 운동화가 고무로 입혀진 표면을 누르면, 매우 높은 수준의 마찰이 발생하게 된다.
두 표면간의 상대적 운동	• 정지해 있는 물체에 힘을 가하여 그 물체가 움직이기 시작했을 때 또는 물체가 이미 지면에서 움직이고 있을 때, 물체와 지면 간에는 상대적 운동(relative motion)이 존재하게 된다. • 정지마찰이 미끄럼마찰보다 저항하는 정도가 더 크기 때문에, 정지해 있는 물체를 미끄러지게 할 때보다는 미끄러지고 있는 물체를 움직이는 것이 더 쉽다.

(4) 구름마찰

① 구름마찰은 어떤 물체(공이나 바퀴와 같은 둥근 물체)가 다른 물체의 표면과 접촉하면서 구르거나 지지할 때 발생한다. 이러한 구름마찰의 예는 당구, 볼링, 골프, 사이클, 축구 등에서 쉽게 찾아볼 수 있다.

② 구름마찰에 의해 생성된 저항력은 미끄럼마찰에 의한 저항력보다 상당히 작다. 바퀴의 사용이 널리 보편화된 이유는 바퀴가 지지면을 굴러갈 때에 지지면과의 마찰을 최소화시킬 수 있기 때문이다. 이처럼 물체의 표면이 둥글수록 구르기 쉽기 때문에 마찰이 작게 발생한다.

③ 운동경기에서는 공의 지름, 질량, 공과 바퀴의 표면 상태 등을 경기규칙으로 제한하고 있다. 골프공의 홈들은 골프공의 비행 특성을 개선하지만, 반면에 그린 위에서 굴러갈 때에 는 마찰을 증가시킨다.

구름마찰에 영향을 주는 요인
• 접촉면과 접촉체의 물질 • 두 표면을 함께 누르는 압력(수직항력) • 구르는 물체의 직경

Chapter 03

압력
압력은 단위면적당 가해지는 힘의 크기로 정의할 수 있다. • 압력을 증가시켜 스포츠 장면에 이용하는 방법 스케이트 날에서 볼 수 있는데, 스케이트 날은 매우 좁아서 선수의 체중이 빙판과 접촉하는 좁은 날을 통해서 빙판에 힘이 가해진다. 이때 단위 면적당 힘이 많이 작용하므로 압력은 높게 상승한다. 순간적으로 압력이 상승하면, 빙점이 강하되므로 일시적으로 물이 생긴다. 이때 스케이트 날과 빙판 사이의 얇은 수면 층에 의하여 마찰력이 감소되므로 스케이트 날이 잘 미끄러지게 된다. • 압력을 감소시켜서 스포츠 장면에 이용하는 방법 주로 접촉 면적을 증대시켜서 충격력을 흡수하는데 이용된다. 축구의 정강이 보호대, 아이스하키 등의 헬멧, 복싱의 헤드기어와 장갑 등은 힘이 가해지는 접촉 면적을 넓게 함으로써 압력을 감소시켜 단위면적당 작용하는 힘이 감소하게 되는 것이다.

7. 유체마찰

운동체가 유체를 통과할 때에 물체의 표면과 유체 사이의 마찰을 유체마찰이라고 한다. 공기와 물은 유체의 대표적인 것으로, 이러한 유체 환경 속에서 운동을 하는 물체나 인체는 유체마찰의 영향을 받게 된다. 스포츠에 있어 유체마찰에 의한 영향력이 종목의 특성에 의하여 결정된다. 수영, 카누, 요트, 수중 발레 등의 수상 경기는 물의 마찰이 경기력의 주요 변인으로 작용하며 스키, 스케이트, 육상 트랙 경기, 사이클 경기 등과 같이 빠른 속도를 요구하는 운동이나 육상의 투척 경기, 다이빙, 스키 점프 등과 같이 공중에서 투사체 운동을 수반하는 경기 종목은 공기 마찰의 영향을 받게 된다.

(1) 유체마찰력의 형태

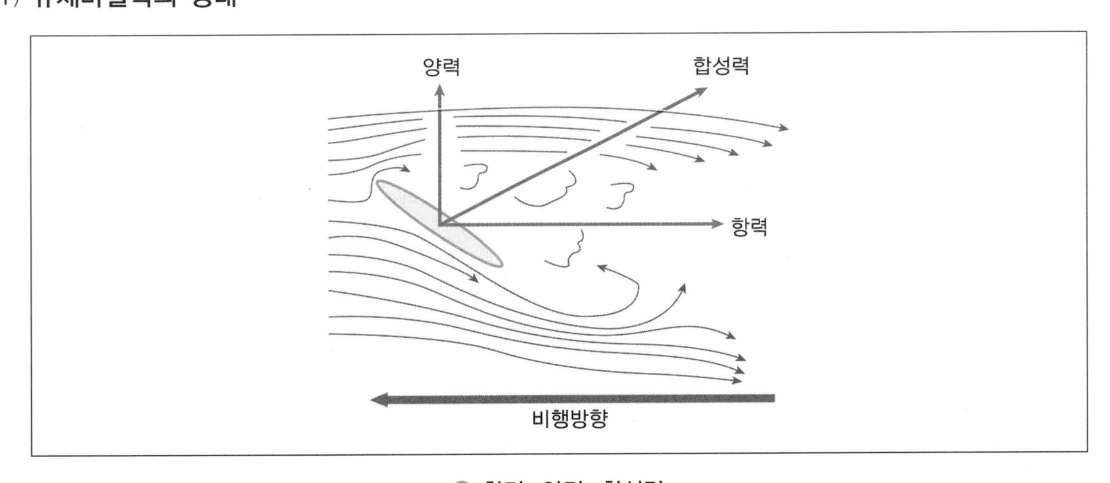

항력, 양력, 합성력

① 항력

운동체의 속도 방향과 반대 방향으로 작용하는 운동 성분으로 항상 유체와 운동체 사이에서 상대적인 운동을 방해한다(항력: 비행경로에 대한 수평 분력).

② 양력

운동체가 움직이는 방향에 수직으로 작용하는 힘으로 운동체의 속도에는 영향을 미치지 않으나 운동 방향을 바꾸게 한다(양력: 비행경로에 대한 수직 분력).

양력 효율 지수

공기마찰력의 성분간의 비, 항력에 대한 양력의 비($\frac{양력}{항력}$)로 물체가 공중에서 비행할 때 양력효율지수가 크다고 하는 것은 그 물체가 받는 공기 저항이 그 물체의 전진을 방해하는 저항으로 작용하기 보다는 그 물체를 떠받치는데 상대적으로 크게 작용하고 있음을 뜻한다. 따라서 원반이나 창이 공중을 비행할 때에 양력효율지수가 크면 클수록 그만큼 원반이나 창을 떠받치기 때문에 공중 비행시간을 증가시켜 기록의 향상을 꾀할 수 있다. 양력효율지수는 앙각과 관계가 있으며, 이는 곧 투사체의 투사각에 의해서 결정된다.

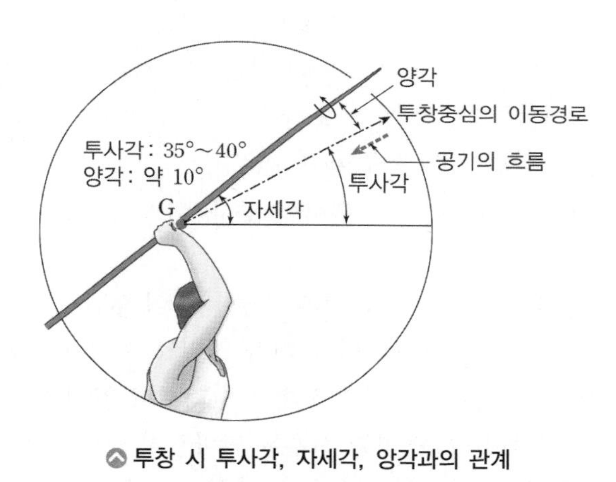

투창 시 투사각, 자세각, 앙각과의 관계

(2) 항력의 크기에 영향을 주는 요인

유체마찰력(유체저항)은 가스나 액체가 고정된 물체 주위를 흐르거나 물체가 고정된 유체를 통과할 때 유체와 물체 간의 마찰에 의한 저항을 뜻한다.
유체마찰은 유체와 운동체의 상대속도, 운동체의 모양과 표면 구조, 운동체의 횡단면적의 크기, 유체의 밀도, 유체의 압력과 온도에 의해 영향 받는다.

유체마찰력

$$F_d = \frac{K \cdot P \cdot S \cdot V^2}{2}$$

F_d: 유체항력, K: 물체의 모양, 구조, 유체 온도 등에 의하여 결정되는 상수,
P: 유압, S: 물체의 횡단면적, V: 유체와 물체간의 상대속도

① 상대 속도

㉠ 물체가 유체에서 비교적 느린 속도로 운동을 할 때에는 층류의 형성으로 인하여 유체 마찰력은 상대속도에 비례하게 된다.

㉡ 운동속도가 증가함에 따라 난류가 발생하면 유체마찰력은 상대속도의 제곱에 비례하게 되며 이에 따라 상대적으로 유체마찰에 의한 저항력이 증가하게 된다.

㉢ 인공수로에서의 수영, 수영장에서의 수영, 강에서의 수영을 통해서 상대적 운동의 유형을 살펴보면 다음과 같다.

ⓐ 인공수로에서는 물이 선수를 통과하여 이동한다. 선수는 같은 위치에 있고 물만 이동한다.

ⓑ 수영장에서는 선수가 물을 통과하여 이동한다. 물은 정지해 있고 선수만 이동한다.

ⓒ 강에서는 선수와 물 모두가 이동한다.

㉣ 상대운동은 하나의 주체가 다른 또 하나의 주체에 대하여 상대적으로 수행하는 운동이다. 위의 예에서 하나의 주체는 수영선수이고 나머지 다른 하나의 주체는 물이다. 이런 상황에서, 수영선수와 물이 상호간에 서로 통과하는 상대운동을 동일하게 수행한다면, 이 때 양쪽 각각에 발생한 항력 또한 동일하다. 바꾸어 말하면, 상호간에 항력은 누가 무엇이 운동을 하던 간에 똑같을 수 있다.

㉤ 바람의 속도와 방향에 따라서 원반의 투사각도와 비행속성(비행궤적, 비행각도 등)이 변하게 된다.

ⓐ 풍동 실험 및 원반던지기의 경우 모두 바람이 없는 상태보다는 약 시속 15~20마일의 맞바람 속에서 원반을 던질 때가 20피트 이상 더 멀리 투사되었다.

ⓑ 원반던지기 선수는 여러 가지 상황을 고려해서 원반의 비행을 적절하게 조절하면서 경기에 임해야 한다. 영리한 선수는 맞바람이 불어오는 경기장을 선호하며 맞바람이 부는 방향을 빨리 탐지하여 그 방향으로 원반을 던진다.

상대 속도(relative velocity)

상대속도는 관찰자가 관찰하는 대상의 속도를 말한다. 두 물체가 어떤 기준 좌표계에 대하여 각각 v_B, v_A의 속도로 움직이고 있을 때 물체 A가 본 물체 B의 속도를 물체 A에 대한 물체 B의 상대속도라고 한다. 즉, A에 대한 B의 상대속도 = B의 속도 − A의 속도가 된다. 자동차 A에 타고 있는 사람이 보았을 때 B의 속도는 B의 속도에 A의 반대 방향의 속도를 더하는 것처럼 보이기 때문에 상대속도는 다음과 같이 표시된다.

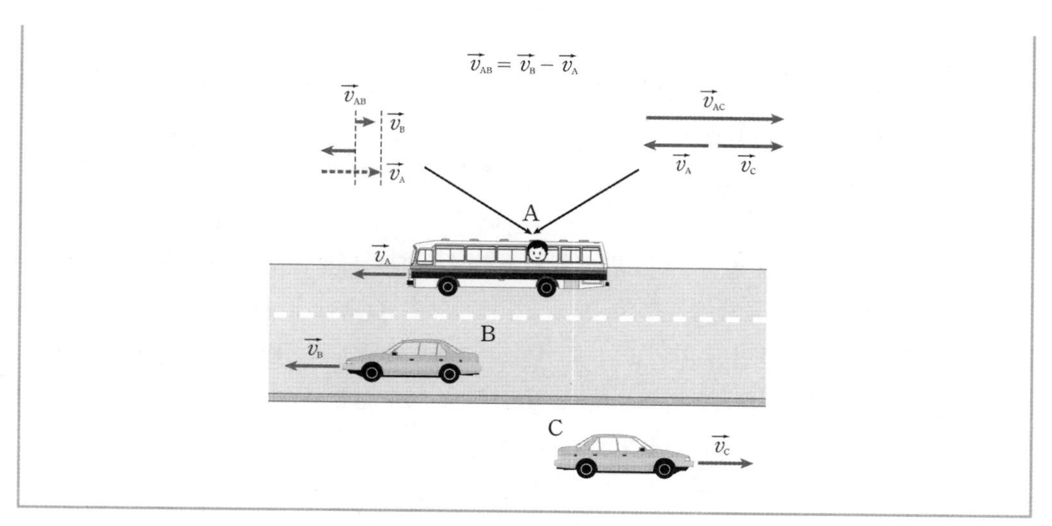

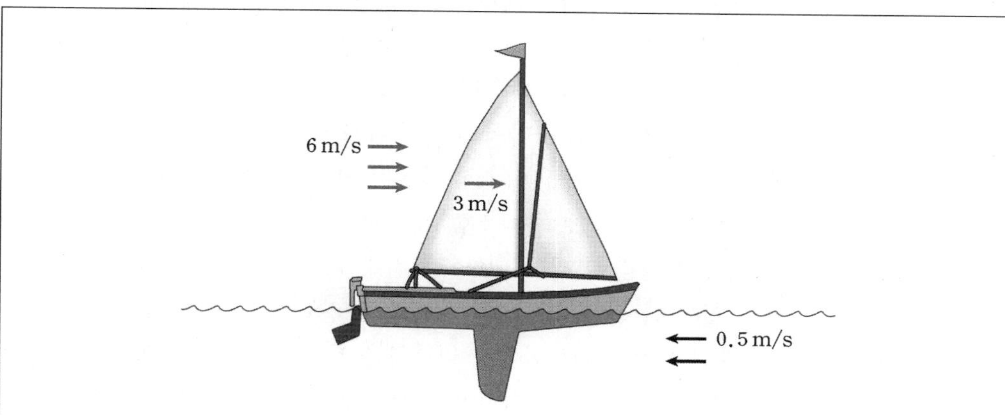

보트가 6m/s의 뒷바람과 0.5m/s의 조류에 대항하여 3m/s의 절대속도로 항해하고 있을 때, 보트에 대한 강의 흐름속도는 보트가 진행하는 방향과 정반대 방향으로 3.5m/s이고, 보트에 대한 바람의 속도는 보트가 항해하는 방향으로 3m/s이다.

② 횡단 면적과 표면 구조

㉠ 공기나 물을 통과하는 물체의 유체 마찰력은 유체의 흐름에 직각을 이루는 물체의 가장 큰 횡단 면적에 비례한다.

예 수영: 유선형의 자세를 취하는 것이 유리하다.

㉡ 유체마찰력은 물체의 표면이 거칠수록 더 커진다.

예 수영: 수영선수가 머리를 짧게 깎고 몸에 밀착되는 수영복을 착용하는 이유도 체표면을 매끄럽게 함으로써 물의 저항을 감소시키기 위함이다.

③ 공기와 물의 특성

㉠ 공기와 물은 모두 끊임없이 변화한다. 공기는 물만큼 농후하거나 조밀하거나 또는 끈적거리지 않으나 물과 공기 모두 밀도가 변화한다. 압력의 변화, 온도의 변화, 그리고 물과 공기 속 함유물(공기 중의 수증기, 물속의 소금)의 변화 등에 의하여, 유체(공기, 물)의 작용 방식이 변하게 됨으로써 이들 유체가 경기력에 영향을 미치는 방식도 달라진다.

㉡ 공기의 온도가 상승하면, 공기가 팽창되어 공기밀도는 감소하게 된다. 이러한 상황에서는 이동하는 물체에 대항하는 공기의 저항이 감소하게 된다.

㉢ 기압이 증가하면 공기밀도가 증가하고, 또한 이동하는 물체에 대항하는 공기의 저항도 역시 증가한다. 일반적으로 공기의 압력은 해수면에서 가장 크고, 고도가 높아짐에 따라 점차 감소한다. 따라서 높은 고도로 올라 갈수록 공기의 저항은 감소하게 된다.

㉣ 습도가 증가하면 공기의 밀도는 감소한다. 습도가 높은 날에는 공기가 무겁다는 느낌을 갖게 되는데, 이것은 몸의 생리적 현상(공기 속에 습기가 많을 때는 땀이 천천히 증발한다) 때문이며 실제로 공기 밀도가 증가하여 느끼게 되는 것은 아니다. 습기가 많은 날에는 산소와 질소 분자가 가벼운 무게의 물 분자로 교체된다. 그리하여 습도가 높아지면 공기의 밀도는 감소하게 된다. 따라서 동일한 온도와 압력 조건에서는 이동하는 물체에 가해지는 공기의 저항은 습한 공기의 경우가 건조한 공기의 경우보다 상대적으로 적다.

㉤ 선수나 모든 물체는 추울 때보다 따뜻할 때, 고도가 낮을 때보다 높을 때, 건조한 공기보다 습한 공기에서 빨리 그리고 더 멀리 비행할 수 있다.

ⓐ 해수면보다 훨씬 더 높은 고지대에서 타자는 공을 더 멀리 칠 수 있고, 투수가 야구공의 실밥 부위를 잡고 커브볼이나 너클볼을 투구할 때는 밀도가 높고 조밀한 공기(저지대의 공기)는 공의 비행궤적이 휘어지게 하는 데 도움을 준다.

ⓑ 야구공의 속도가 높은 고도에서 더욱 빨라지는 것처럼 사이클의 속도경기에서도 마찬가지이다. 고지대가 속도경기에서 훨씬 유리하다.

㉥ 물의 밀도는 공기의 밀도와 다르다. 물은 함유된 다른 물질의 비율에 따라 밀도가 달라진다.

예 사해(Dead Sea)

④ 유체점도

㉠ 점도는 유체의 점성을 측정한 것으로, 점도는 유체의 점착성과 어떤 물체의 표면에 접착하는 능력이다.

㉡ 공기의 점착성은 물보다 훨씬 덜하다. 그러나 공기는 물과 달리 온도가 증가함에 따라 점도가 아주 천천히 증가하는 반면 물의 점도는 온도가 증가할수록 감소한다.

㉢ 물과 공기의 점도는 "표면항력"에 커다란 영향을 미친다.

(3) 유체항력의 형태

유체의 저항력은 표면항력, 형태항력, 파동항력의 3가지 유형으로 분류된다.

① 표면항력

㉠ 표면항력은 점성항력 또는 표면마찰, 마찰항력이라고도 불린다.

㉡ 운동선수나 운동체가 유체 속을 움직일 때 유체는 소위 "경계층"을 형성한다. 경계층은 유체의 점도, 항력, 점착성 등의 속성에 의하여 생겨난다.

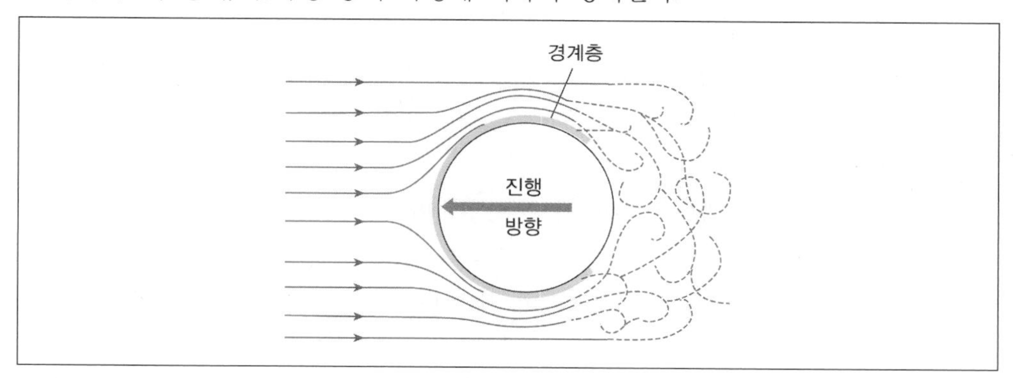

◎ 공 주위의 경계층

㉢ 선수가 공기나 물속을 이동할 때 선수는 유체를 당기거나 민다. 이 때 유체도 이동하는 선수에게 똑같은 일을 수행한다.

㉣ 사이클 경주에서 공기는 선수의 정면으로 접촉하게 되고, 이 때 신체와 자전거는 공기에 힘을 가하게 되며, 이로 인해 공기의 흐름은 느려지게 된다. 이때 공기는 선수와 자전거에 크기가 같고 작용하는 힘에 반대로 작용하는 힘인 반작용력을 가하게 된다. 이러한 유체의 반작용력을 표면항력이라고 한다.

㉤ 물체가 유체 속에서 이동할 때, 이들의 표면에 형성된 경계층은 유체 흐름을 느려지게 하고, 그 결과 경계층과 인접한 공기층의 흐름도 느려지게 된다. 이러한 과정은 표면항력의 효과가 소멸될 때까지 경계층 외부의 다음 공기층으로 차례로 확대된다.

㉥ 수영선수들은 표면항력을 줄이기 위하여 온몸을 면도하고, 몸에 기름을 바르거나 인조섬유제품의 몸에 밀착되는 매끄러운 수영복을 착용한다. 이러한 표면항력은 형태항력 및 파동항력과 밀접한 관계가 있다.

표면항력 크기의 결정 요인
• 유체의 점도 또는 점착성 • 유체와 접촉하는 표면의 면적 • 접촉 표면의 매끄러움 • 물체와 유체와의 상대속도
유체의 점도가 높고, 물체의 표면적이 넓고, 선수와 유체가 각각 상대적으로 빠르게 지나갈수록 표면항력은 커지게 된다.

② 형태항력

㉠ 형태항력은 모양항력, 단면항력, 압력항력이라고도 불린다. 이것은 유체 속에서 이동하는 선수와 장비의 모양 및 크기에 의해 생성된 유체의 저항력이다.

㉡ 물체가 공기나 물과 같은 유체 속에서 빠르게 이동할 때, 물체의 앞면에 유체가 다가와 부딪치게 된다. 이때 유체의 압력은 증가하고, 물체의 뒷면에서는 정상적인 유체 흐름이 혼란하게 되어 소용돌이가 일어나면서 낮은 압력의 난류 지역이 형성된다. 이와 같이 앞면과 뒷면간의 유체압력의 차이에 의해 발생된 저항을 형태항력이라 한다.

㉢ 선수가 공기나 물속에서 아주 빠르게 이동할 때 신체는 공기나 물을 밀어내게 되며 이로 인하여 신체의 뒤쪽에 난류(turbulence) 지역이 발생하게 된다. 이 지역을 "항적(wake)"이라고 한다.

ⓐ 난류 지역에서는 유체 입자간 상·하·좌·우로 불규칙하게 뒤섞여서 소용돌이를 일으키며 이 지역의 압력은 감소하게 된다.

ⓑ 이에 따라 전후면의 압력차가 생겨 압력이 큰 쪽에서 작은 쪽으로 항력이 발생하게 된다.

㉣ 고속 스포츠에 참가하는 선수는 신체 자세와 장비의 형태에 따른 표면항력과 형태항력을 최대로 줄일 수 있도록 노력해야 한다.

ⓐ 공기 또는 물을 통과하는 물체의 단면적을 최소화한다.

ⓑ 융기, 돌기, 거친 모서리 등 돌출된 것을 제거한다.

ⓒ 표면을 매끄럽게 한다.

ⓓ 유선형 배의 후미와 같이 선수나 물체의 후미에 낮은 압력이 발생하는 지역을 줄인다. 이와 같은 이유로 사이클이나 스키, 자동차 경주, 루지, 보트 경주 등의 스포츠 경기에 종사하는 디자이너들은 선수의 신체나 장비를 "떨어지는 눈물방울"이나 "타원형의 계란"과 같이 매끄러운 표면을 가진 유선형으로 만들려고 노력한다.

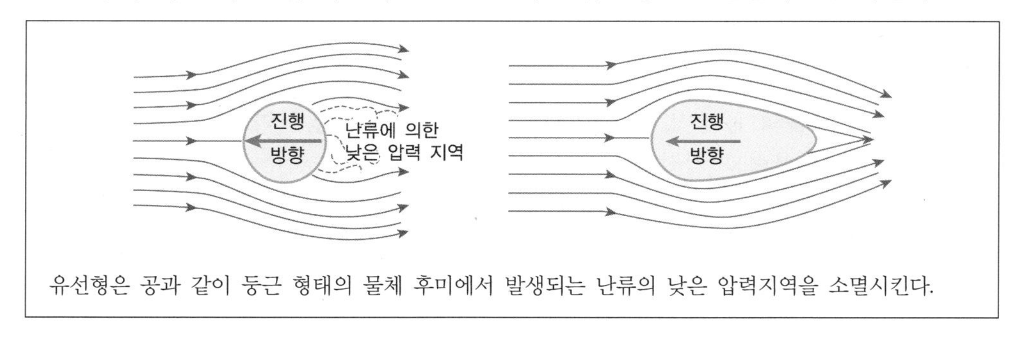

유선형은 공과 같이 둥근 형태의 물체 후미에서 발생되는 난류의 낮은 압력지역을 소멸시킨다.

㉤ 사이클 경주에서 유선형으로 설계된 장비에서의 형태항력의 감소

ⓐ 사이클 경주의 우수 선수는 가벼운 금속과 현대적인 합성물질로 제작된 자전거를 타고 경주한다.

ⓑ 핸들 프레임은 앞바퀴 쪽을 향해 아래로 기울어진 갈퀴 모양을 하고 있으며, 뒷바퀴는 크고 핸들 손잡이는 넓게 설계되어 있다. 이러한 자전거를 탄 선수는 지면과 평행하게 등이 구부러지고 머리를 숙인 채로 양팔을 앞으로 뻗은 매끄러운 공기역학적 자세 즉 유선형 자세를 용이하게 취할 수 있다.

ⓒ 이러한 유선형 자세는 선수 전면의 높은 압력을 감소시키며 양팔과 양손을 앞으로 뻗은 자세는 공기를 가르며 지나가는 창살이나 화살촉 같은 역할을 한다.

ⓓ 선수들은 표면마찰을 감소시키기 위해 주름이 없고 몸에 밀착되는 원피스의 경기복을 착용한다. 또한 손에 꼭 맞는 벙어리장갑과 끈이 없는 신발이나 부츠를 착용하고 얼굴, 다리, 팔의 털을 면도한다. 그리고 마치 "떨어지는 눈물방울"의 형태를 한 유선형의 공기역학적 헬멧(aerodynamic helmet)을 착용한다.

ⓔ 뒷바퀴에는 디스크 덮개를 사용하기도 한다. 앞바퀴는 가벼운 무게의 합성물질로 만들어져 있다. 자전거의 나머지 부품도 대부분이 공기 역학적 원리를 적용하여 유선형으로 디자인되어 있으며 케이블 등도 모두 프레임 안으로 들어가 있다.

ⓕ 일부 사이클 선수의 경우 그들의 신체 또는 장비에 오일을 바르거나 실리콘을 뿌리는 극단적인 조치까지도 서슴지 않는다.

㉥ 스키활강 선수의 형태항력의 감소

ⓐ 일정한 코스를 가능한 최대의 속도로 활강하기 위해서 사이클 선수와 마찬가지로 형태항력을 최소화시키려고 여러 가지 노력을 한다.

ⓑ 활강 선수는 상체를 구부려서 최대로 유선형의 자세를 유지하고 몸에 밀착되는 유니폼과 공기역학적 헬멧 및 스키 부츠를 착용하여 표면항력과 형태항력을 최대한 감소시키고자 노력한다.

형태항력을 증가시키는 요인

- 물체가 상호간에 빠르게 이동할수록 증가한다.
- 유체의 밀도가 높을수록 증가한다.
- 신체의 앞면 압력이 증가하고 후면 압력이 감소하는 형태로 신체 자세를 취해도 증가한다.

항적의 이용: 후류현상

1. 사이클 추발 경기에서 두 팀은 트랙의 양쪽 반대편에서 출발하여 상대팀과의 거리 간격을 줄이려고 노력한다. 각 팀의 선두 선수는 공기 속으로 진로를 트기 위해서 팀의 다른 선수들보다 더 많은 에너지를 소비한다. 두 번째 선수는 선두 선수의 후미에 발생된 낮은 압력의 항적지대에 위치하면서 따라간다. 세 번째 선수도 똑같이 두 번째 선수를 따라가고, 마찬가지로 네 번째 선수는 세 번째 선수를 따라간다. 팀이 코너를 주행할 때 선두 선수는 뒤로 처지고 두 번째 선수가 선두의 역할을 맡는다. 이러한 방법으로 각 팀의 선수들은 동료 선수의 뒤를 따르며 에너지를 보존한다.

2. 이러한 뒤따르기 방법의 장점은 뒤따르는 선수는 에너지를 적게 소모하면서도 선두 선수와 동일한 속도를 유지할 수 있다는 것이다. 뒤따르는 선수는 선수의 전면에 형성되는 것과 같은 높은 압력이 거의 형성되지 않는다. 오히려, 앞쪽 선수의 후미에 형성된 항적지대로 뒤쪽 선수가 끌어당겨지며, 이로 인해 뒤쪽 선수는 앞쪽으로 끌려가게 된다. 이러한 현상은 "후류(slipstreaming)"라고 한다. 뒤따르기 하는 선수는 선두 선수와의 거리가 가까우면 가까울수록 좋다. 선두 선수의 뒷바퀴와 뒤따르기 선수의 앞바퀴 사이의 거리가 약 12인치 정도일 때 가장 효과적이다. 2인승 자전거가 혼자 타는 자전거보다 더 빠른 이유 중의 하나도 뒷좌석에 탄 선수가 뒤따르기 효과를 얻을 수 있기 때문이다.
3. 철인 3종 경기의 사이클 경기에서 뒤따르기를 하는 선수가 상대적으로 유리하기 때문에 이를 금지하고 있다.

항력이 야구공, 테니스공, 골프공의 비행에 미치는 영향

1. 공과 같은 원형의 물체는 유선형의 물체에 비하여 상대적으로 큰 항력을 유발시킨다. 게다가 경주용 차나 봅슬레이와 같은 물체는 공기역학적으로 새롭게 다시 제작할 수 있지만, 공의 크기는 차이가 있을 수는 있어도 그 형태는 언제나 둥글다.
2. 표면이 매끄러운 공을 공기 중에 아주 천천히 던져보면, 공의 표면과 접촉하는 공기경계층의 속도는 공 주위를 매끄럽게 흘러간다. 이때 공기의 흐름은 한 조각 합판의 층판과 같은 형태이다. 이런 흐름의 형태를 층류 또는 유선이라고 한다. 이와 같이 낮은 속도로 움직일 때, 공에 영향을 주는 항력은 경계층의 점착하는 성질에 의해 표면항력이 주도적인 역할을 한다.
3. 공을 더 빠르게 던지면, 공 주위의 공기 흐름의 속도가 증가되어 층류의 흐름이 깨지기 시작한다. 매끄러운 층류는 교란되고 소용돌이치며 함께 섞여서 난류의 형태를 갖게 된다. 공기는 빠른 속도로 공을 지나가기 때문에, 천천히 지나갈 때와는 달리 공기가 공의 외곽선을 따라 흐를 수 없게 된다. 공기는 공의 외곽선 바깥에 형성된 경계층을 따라 흐르다가 경계층이 공의 후면에서 분리될 때 공의 표면으로부터 공의 후미로 향하여 갈라지면서 흐르게 된다. 때문에 공의 후미에서는 빈 공간이 생겨 공기가 교란되면서 저압대의 난류가 발생하게 된다.
4. 공기와 공의 상대속도가 증가하게 되면, 공기와 공이 충돌할 때 압력이 증가하게 된다. 그리하여, 공의 전면은 압력이 높아지고 반대로 공의 뒷면 후미는 압력이 낮아진다. 이와 같이 공기와 공의 상대속도가 증가하게 되면, 공의 앞면과의 압력 차이가 증가하여 형태항력이 증가하게 된다.
5. 공기 경계층의 분리는 공과 공기가 아주 큰 속도로 서로 지나칠 경우에, 공의 후면으로부터 점차 공의 전면을 향해 확장된다. 그 결과 공의 후미에 형성된 항적지역이 매우 커지게 된다. 이와 같이 공의 전면은 높은 압력이 더욱 높아지고, 공의 후면은 압력이 더욱 낮아진다. 그리하여 공과 공기의 상대속도가 매우 클 경우에는 형태항력이 현저히 증가하게 된다.
6. 공과 공기가 최대로 빠른 속도로 지나갈 경우에는 공 주위 전체에 난류의 경계층이 형성된다. 공 주위 전체가 난류의 경계층으로 둘러싸이게 되면, 공기 경계층의 분리지점은 공의 후면을 향해 다시 뒤쪽으로 이동한다. 그 결과 공의 후면에 생기는 낮은 압력의 항적지역이 감소하여, 공의 형태항력 또한 감소하게 된다.
7. 공의 표면에 털, 실밥, 홈 등이 있는 테니스, 야구, 골프공은 이들 공의 주위에 난류경계층이 형성(공의 속도가 빠르거나 느린 것에 상관없이)되어 공의 형태항력을 감소시킨다. 그래서 테니스, 야구, 골프공과 같이 표면에 털, 실밥, 홈 등이 있는 공은 표면이 매끄러운 공보다 상대적으로 더 멀리, 더 빨리, 그리고 비행궤적을 더 잘 유지할 수 있다.

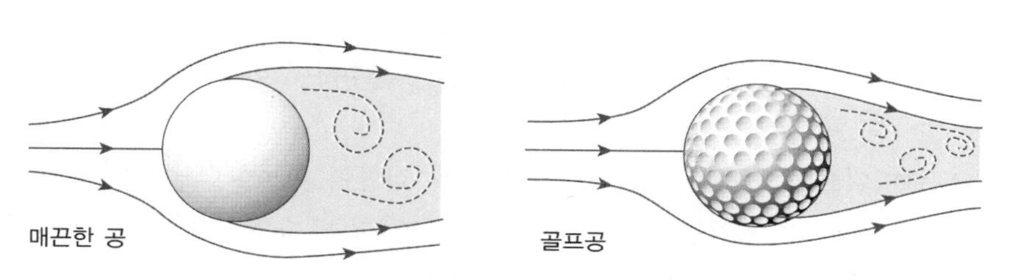

▲ 골프공 딤블의 역할

8. 공의 표면이 매끄럽지 못하고 거친 경우에는 공의 표면항력이 증가하는 반면, 공의 형태항력이 더 크게 감소하기 때문에, 공에 가해진 전체 항력은 결과적으로 감소하게 된다.
9. 테니스, 야구, 골프 경기에서 공에 스피드를 가하면, 이로 인해 공의 비행궤적은 표면이 매끄러운 공보다 상대적으로 더 많이 휘어지게 된다. 이러한 특성을 이용하여 야구에서 투수는 커브볼이나 너클볼을 자유자재로 구사할 수 있으며, 테니스 선수는 탑스핀, 슬라이스, 드라이브 기술을 구사할 수 있게 된다.

③ 파동항력

㉠ 파동항력(wave drag)은 물과 공기가 만나는 접촉면(물표면)에 형성되는 난류에 의하여 생성된 저항이다.

ⓐ 수영선수가 물표면 가까이에서 이동할 경우에는 물결의 크기가 증가하여 파도가 일면서 난류가 형성된다.

ⓑ 이로 인해 선수가 전진해 나가는 전방에 높은 압력이 형성되어 선수의 전진을 방해한다.

㉡ 파동항력은 물체 이동속도의 3제곱에 비례하며, 수영 자세 및 물 표면에서의 움직임 크기에 영향을 받는다.

ⓐ 파동항력은 수영경기(특히, 신체가 상하운동을 많이 수행하는 평영과 접영) 및 카약, 요트 등의 수상 스포츠에 영향을 미친다. 선수가 물에서 전진할 때 전방에 물결(파도)이 형성된다. 이 물결은 마치 수영선수의 전방 이동을 저지하는 “높은 압력의 물의 장벽”과 같다.

ⓑ 수영선수가 사지를 허우적거리며 신체를 요동치면서 수영할 경우 신체의 전진 방향에 대한 신체의 횡단 면적이 증가하여 파동항력이 증가하게 된다.

㉢ 수영경기는 기록경기로서 빠른 속도가 요구되기 때문에 파동항력은 표면항력과 형태항력에 비해 상대적으로 부정적 영향을 더 크게 미친다.

ⓐ 표면항력과 형태항력의 크기는 속도의 제곱에 비례하여 증가한다. 예를 들면, 수영선수가 속도를 두 배로 증가시키면 표면항력과 형태항력은 각각 4배씩 증가한다. 이때 파동항력은 속도의 3제곱에 비례하여 증가하기 때문에 8배가 증가하게 된다.

ⓑ 시설이 잘 된 좋은 수영장은 물결을 흡수하는 배수로가 모든 벽면에 설치되어 있다. 또한 특수 고안된 레인로프는 물결을 흡수하여 한 쪽 레인에서 옆쪽 레인으로 물결이 확산되는 것을 멈추게 한다.

㉣ 수영기술이 미숙한 사람은 형태항력과 더불어 파동항력도 증가하게 된다.

ⓐ 숙련된 수영자는 파동항력을 최소화하기 위해 수영기술을 꾸준히 연마하고 앞에 가는 수영자의 항적지역으로 뒤따르기를 수행하여 형태항력을 감소시키는 기술을 구사한다.

ⓑ 수영할 때 뒤따르기 기술을 구사하여 에너지의 소모를 줄일 수 있다.

ⓒ 철인 3종 경기의 사이클 경기종목에서는 뒤따르기를 금지하고 있다.

파동항력을 줄일 수 있는 방법 형태
• 선수가 가능한 한 오래 동안 완전히 잠수하여 수영하는 것 • 선수가 물 위로 스치듯이 활주(hydroplaning)하는 것

(4) 양력

① 항력과 수직을 이루며 작용하는 힘

양력은 단어의 의미로 인해 "밀어 올리는 힘", 즉 상방으로 작용하는 힘이라고 단정하기 쉽다. 그러나 양력은 상방뿐만 아니라 어느 방향으로도 작용할 수 있다.

㉠ **양력이 상방으로 작용하는 경우**: 원반의 앞부분이 상방으로 경사져서 비행할 때 원반은 공기를 하방으로 편향되게 누르고 공기는 이에 대한 반작용으로 원반에 크기가 같은 상방의 압력을 가함으로써 원반에 작용하는 상방의 양력이 발생하게 된다.

㉡ **양력이 전혀 작용하지 않는 경우**: 원반의 상방 경사각도가 거의 직각에 가까울 정도로 클 경우에는 양력은 소멸되지만 항력은 엄청나게 증가되어 원반의 비행 속도가 현저히 감소하게 된다.

㉢ **양력이 하방으로 작용하는 경우**: 원반의 앞부분이 하방으로 경사진 경우에는 양력이 원반에 상방으로 가해지는 것이 아니라 하방으로 가해진다.

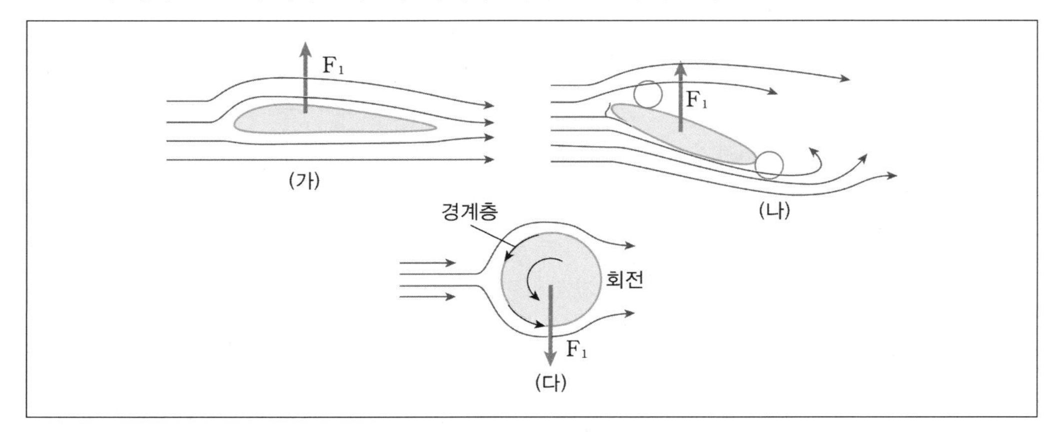

▲ 양력의 발생 원리

② 물체의 형상은 기류 형태에 영향을 미치기 때문에 양력은 선수의 형상과 신체 자세에 영향을 받는다. 스키점프 선수가 점프 경사대를 하강할 때의 신체 자세와 점프 경사대를 이륙한 직후의 신체 자세와는 상당한 차이가 있다.

㉠ **스키점프 선수가 점프 경사대를 가속·하강할 때**: 선수는 점프 경사대에 평행이 되도록 허리를 구부린 자세를 취한다. 이러한 자세는 항력을 감소시킬 뿐만 아니라 선수의 가슴에 가해지는 공기 압력 및 공기의 상방 양력을 감소시킨다.

㉡ **선수가 점프 경사대를 이륙할 때**: 선수의 전신은 전·상방 경사를 이루며 곧게 신장되고 이러한 전·상방의 자세각은 양력을 증가시켜 체공시간을 늘려 준다.

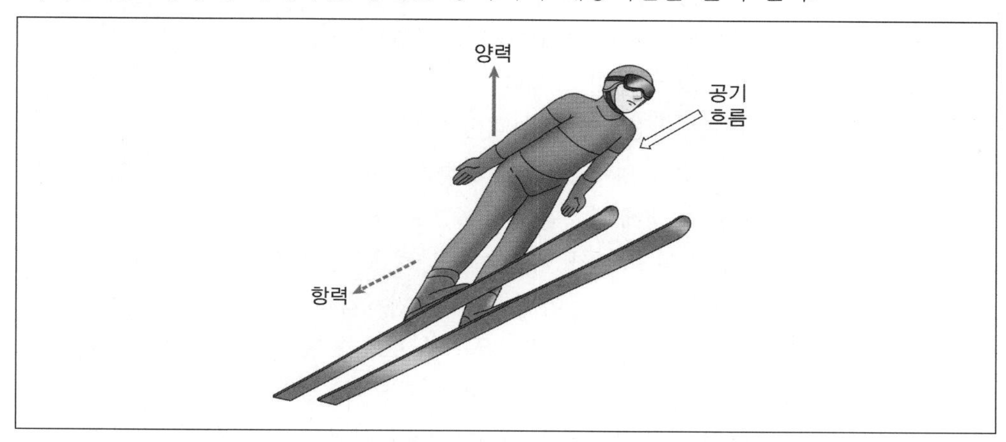

스키점프에서의 양력과 항력

ⓐ 스키점프 선수가 공중으로 빠르게 비행할수록 선수를 상방으로 밀어 올리는 양력은 더욱 커진다.

ⓑ 양력의 크기는 스키점프 선수가 취하는 자세각에 의해 결정된다. 따라서 스키점프 선수는 비행속도의 크기에 따라 자세각을 적절하게 변형시킴으로써 양력을 최대로 이용할 수 있다.

ⓒ 스키점프 선수가 기류와 이루는 신체 각도, 즉 자세각을 취했을 때 신체 표면적의 크기 또한 양력에 영향을 미친다. 비행기의 날개 표면이 클수록 양력이 증가하듯이 비행자세의 표면적이 증가하면 그에 따라 양력도 증가하게 된다.

ⓓ 이러한 이유 때문에, 스키점프 선수 복장 규정이 있어서 일정량의 공기가 통과할 수 있는 원피스 복장을 착용해야만 한다. 만일 앞면은 공기가 통과하고, 뒷면은 공기가 차단되는 재질로 만들어진 원피스를 착용할 경우, 다른 선수에 비해 큰 양력을 받을 수 있기 때문에 특수한 규정이 제정되어 있다.

③ 유체의 밀도와 유체의 상대적 운동은 양력에 상당한 영향을 미친다. 공기와 물의 밀도(농도)가 클수록 그리고 유체와 물체간의 상대속도가 빠를수록 양력의 크기는 증가한다.

㉠ 수상스키 선수는 바다에서 수상스키를 탈 때가 민물의 호수에서 탈 때보다 양력을 크게 받게 된다.

㉡ 스키점프 선수가 스키점프를 할 때 공기밀도가 낮은 고지대보다는 공기밀도가 높은 저지대에서 보다 큰 양력을 받게 될 것이다.

④ 운동선수들은 스포츠 상황에 따라 양력의 크기를 적정하게 변화시킴으로써 경기력을 증대시킬 수 있다.

㉠ 스키의 활강경기에서 스키선수는 매우 빠른 속도로 질주한다. 따라서 활강경기 선수들은 양력을 받지 않도록 길이가 길고 무거워 활강 시에도 전혀 흔들림이 없는 스키 플레이트를 선호한다. 그리고 상체로부터의 양력을 최소화하기 위하여 상체가 지면과 평행이 되도록 허리를 구부린 자세를 취한다.

㉡ 수상스키 선수는 활강스키 선수와는 달리 양력을 필요로 한다.

ⓐ 수상스키 선수가 양력을 얻지 못하면 수면 위로 신체를 일으킬 수 없게 된다.

ⓑ 보트는 양력 발생에 도움을 줄 수 있도록 수상스키 선수를 적정 속도로 이끌어 당겨야 한다. 보트의 속도가 빠를수록 양력은 더 커진다.

ⓒ 수상스키의 앞부분을 들어 올린 각도(자세각)는 출발할 때가 상대적으로 커져야 한다. 그리하여 물로부터의 반작용력과 보트가 당기는 힘이 함께 작용함으로써 선수는 수상스키 타는 자세를 용이하게 취할 수 있다.

㉢ 자동차경주에서는 일반적으로 하방 양력(항력과 양력의 합력)이 이용된다.

ⓐ 경주용 자동차는 주행 시 차체에 하방 양력을 가하기 위해서 차체의 전면과 후면에 장착된 스포일러의 앞부분이 하방으로 경사지게 제작되어 있다.

ⓑ 경주용 자동차의 스포일러는 타이어와 도로 표면간의 마찰력을 증가시켜 경주용 자동차의 밀착성을 향상시켜 준다.

ⓒ 하방 양력은 수영의 팔 젓기에서도 일어난다.

(5) 추진력으로서의 양력과 항력

① 비행기의 날개를 절단해 보면 날개의 아래 면은 평평한 반면에 윗면은 굽어진 곡선을 이룬다.

㉠ 비행기가 활주로에서 전방으로 이동할 때 날개의 윗면 곡선 부위를 넘어가는 공기흐름은 빠르게 가속된다. 반면에 날개의 아래 면을 지나는 기류의 속도에는 변화가 없다.

㉡ 유체의 속도가 증가할수록 그 유체가 가하는 압력이 감소하기 때문에, 비행기 날개 윗면의 공기 압력은 상대적으로 아래 면의 공기 압력보다 작아지게 된다.

㉢ 비행기 날개의 아래 면에 형성된 상대적으로 높은 압력은 날개의 아래 면으로부터 윗면을 향하여 상방의 힘(양력)을 가하게 한다. 이와 같이 날개의 형태에 의하여 형성된 양력은 날개 앞부분(앞전)의 상방 경사(예 기류에 대한 비행기 날개의 자세각)를 크게 할수록 더욱 강화된다.

② 수영에서 선수의 양 손은 마치 비행기의 양 날개와 같은 형태를 취하고 있다. 양 손을 물속에서 적정 방향으로 움직이게 되면 양력을 발생시켜 신체를 추진하는 데 도움을 준다. 이와 더불어 팔 젓기의 추진국면에서 양손의 각도를 적절하게 조절하면 수영선수는 최적의 자세각을 유지할 수 있다. 이러한 동작은 양력을 증가시켜 신체를 추진시키는 데 도움을 준다.

③ 수영선수의 손과 발은 대부분의 경우에 프로펠러 날개와 유사한 작용을 한다.

㉠ 보트의 프로펠러가 회전하면 각각의 프로펠러 날개의 앞면은 물속으로 경사를 이루며 비스듬히 들어간다. 이때 날개의 후미 부분을 향하는 물의 흐름이 프로펠러 각 날개를 통과할 때 비행기날개와 마찬가지로 양력을 발생시킨다.

㉡ 보트의 프로펠러 날개는 전면이 곡선으로 굽어져 있기 때문에 후면에 비하여 물의 흐름이 빠르고 이에 따라 물의 압력은 상대적으로 작아지게 된다. 그 결과 날개의 후면으로부터 전면으로 향하는 양력이 발생하게 된다. 이 때 발생한 양력에 의하여 보트는 전방으로 추진된다.

④ 크롤 스트로크의 초기에 손을 물 속 하방으로 입수시켰을 때 발생한 양력은 수영선수를 전방으로 추진시키는 데 도움을 준다.

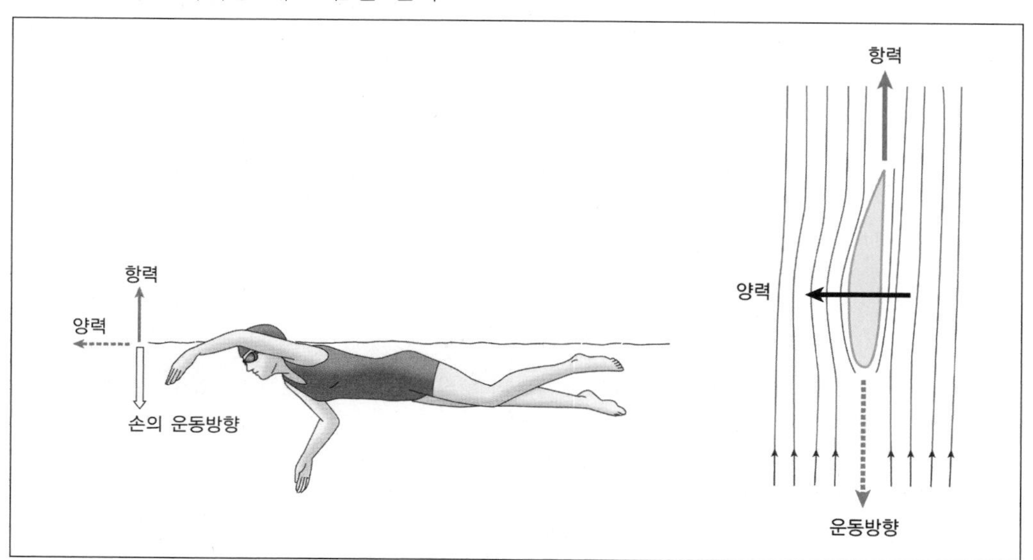

크롤 수영의 손이 하방젓기를 할 때 발생한 양력은 추진력으로 작용

㉠ 크롤 스트로크의 전반부에서 손 각도의 다양한 변화와 함께 다방향의 S자 형태의 팔 젓기는 양력과 항력을 발생시켜 추진에 도움을 준다.

㉡ 스트로크의 마지막 국면에서는 양력과 항력의 합력이 추진력으로 작용한다.

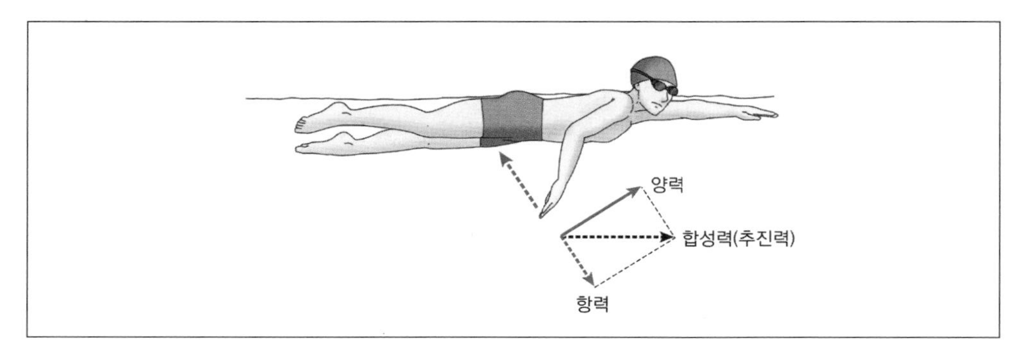

크롤 스트로크에서 팔 밀기의 마지막 국면

ⓒ 손 운동 중에는 항력과 양력이 동시에 발생하기 때문에 이 두 힘의 합력의 전방 성분이 추진력으로 사용된다.

ⓔ 다리 동작은 마치 프로펠러의 양쪽 날개가 가운데 축을 중심으로 한쪽 날개는 상방으로 움직이고 동시에 반대쪽 날개는 하방으로 움직이는 경우와 마찬가지로 상·하방으로 교대로 발차기를 수행한다. 이러한 다리 동작에 의해 발생된 양력은 선수를 전방으로 추진시키는 데 도움을 준다.

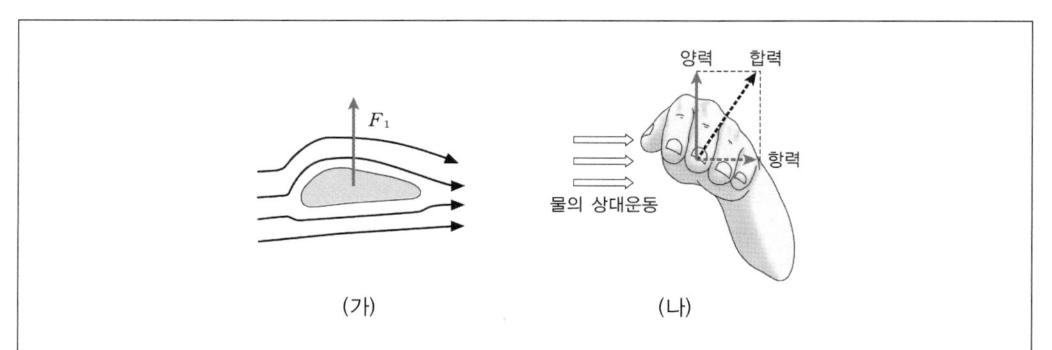

팔다리 운동에 대한 항력은 추진력의 근원이 되고, 전신운동에 대한 항력은 운동을 방해하는 저항이 된다. 따라서 수영선수에게 있어 최대과제는 팔다리를 효율적으로 움직여 충분한 추진력을 발생시킴과 동시에 몸의 자세를 적절히 유지하여 최대한 저항을 줄이는 것이다. 젓기 국면 동안 좌우 운동을 하는 손의 모양은 날개(가)에 매우 가깝고, 그 결과 손바닥으로부터 손등 쪽으로 향하는 양력이 발생한다(나). 손등으로 향하는 양력의 전방성분 역시 추진력으로 사용될 수 있다. 자유형에서는 대개 추진력의 70%가 팔 운동에 의해, 30%가 다리 운동에 의해 발생하는 것으로 알려져 있다. 자유형과 배영에서는 팔 동작에 대한 의존도가 높고 접영에서는 서로 비슷한 기여도를 보이며, 평영에서는 다리동작에 대한 의존도가 상대적으로 높다.

⑤ 신체와 다리 동작에 의해 형성된 와류 형태의 소용돌이(vortex)는 수영선수의 추진에 도움을 줄 수 있다.

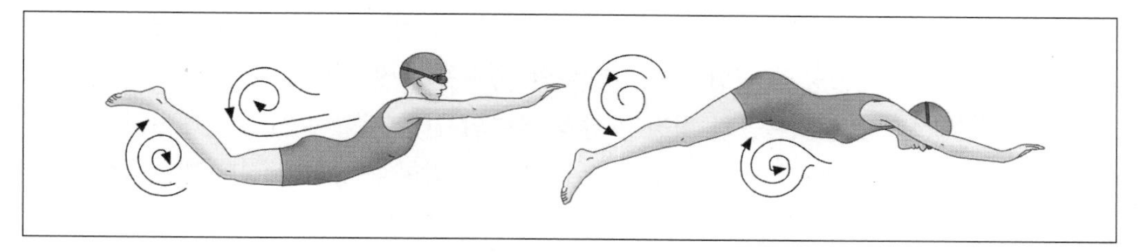

접영에서의 소용돌이 추진

㉠ 접영 동작은 마치 돌고래가 파동 치며 물속을 이동하는 모습을 연상케 한다. 소용돌이는 파동 치는 동작에 의해서 형성된다.

㉡ 소용돌이는 항력을 감소시킬 뿐만 아니라 물고기나 선수를 순간적으로 밀어내어 제트 추진시키기 때문에 공기 역학적으로 매우 효율성이 높은 형태이다.

(6) 베르누이의 정리와 마그누스 효과

① 베르누이의 정리

$$P+\frac{1}{2}\cdot\rho\cdot V^2=\text{일정}\quad(\rho:\text{ 유체밀도, } V:\text{ 유속, } P:\text{ 유압})$$

밀도가 일정할 때 유속(V)이 커지면 이에 따라 유압(P)은 작아지며 반대로 유속(V)이 작아지면 유압(P)이 커진다는 원리이다.

㉠ 비행기의 날개 표면의 윗부분에서는 둥그렇게 휘어지지만 날개 아랫부분에서는 평형하기 때문에 날개 윗부분을 지나가는 공기는 날개 아랫부분을 지나는 공기에 비하여 통과해야 할 거리가 상대적으로 길다.

㉡ 따라서 베르누이의 정리에 의하여 날개 윗부분을 지나가는 공기가 날개 아랫부분을 지나는 공기와 동일 시간에 동일 지점에 이르기 위해서는 가속되어야 하며 따라서 날개 윗부분을 지나는 공기의 흐름은 조밀하게 된다.

㉢ 즉 비행기의 날개 윗부분의 유속이 아랫부분의 유속에 비하여 상대적으로 빠르게 되며 이는 날개 윗부분을 지나는 공기의 압력이 아랫부분을 지나는 공기의 압력보다 상대적으로 낮음을 뜻한다.

㉣ 그 결과 날개의 윗부분과 아랫부분의 공기에 압력차가 발생하여 공기는 날개의 아랫부분으로부터 윗부분으로 흐르게 되며 이로 인하여 비행기의 날개는 윗 방향으로 상승하려는 힘을 받게 된다. 이러한 상승력을 양력(lift force)이라고 한다.

② 마그누스 효과

㉠ 원반이나 창이 공중을 비행할 때에 양력 효율 지수가 크면 클수록 그 만큼 원반이나 창을 떠받치기 때문에 공중 비행시간을 증가시켜 기록의 향상을 꾀할 수 있다.

㉡ 마그누스 효과는 양력의 작용에 의하여 발생하여 공의 비행궤적을 휘어지게 하려고 의도하는 모든 스포츠에서 매우 중요하게 활용된다. 공에 스핀을 가하여 던질 때나, 치기, 차기 동작을 수행할 경우에 공의 비행궤적은 마그누스 효과에 의하여 휘어지게 된다.

ⓒ 톱스핀이 걸린 공이 공중을 비행할 경우 공의 회전 속도 성분과 항력의 진행방향과의 관계에 따라 공의 상단부와 하단부의 속도차가 생기게 된다.

ⓐ 공의 상단부는 공의 회전 방향과 항력의 진행 방향이 서로 반대이기 때문에 유속이 느려지게 된다. 공의 하단부는 공의 회전 방향과 항력의 진행 방향이 일치하기 때문에 유속은 빨라지게 된다.

ⓑ 베르누이의 정리에 의하면 유체의 속도가 증가하면 유체에 의해 발휘되는 압력은 감소하게 되므로, 공의 상단부에 가해지는 공기의 압력이 하단부에 가해지는 공기의 압력보다 상대적으로 높아지게 된다. 그 결과 순수한 힘(양력)이 공의 상단부 쪽에서 하단부 쪽으로 가해지게 된다.

ⓒ 톱스핀이 걸린 공은 정상적인 포물선 궤적보다 아래쪽으로 휘어지게 된다. 이와 같은 현상을 마그누스 효과(Magnus effect)라고 부르며 스핀공에 작용하는 양력을 마그누스 힘(Magnus force)이라고 한다.

예 축구의 코너킥, 탁구의 드라이브, 야구의 구질 등

마그누스 효과

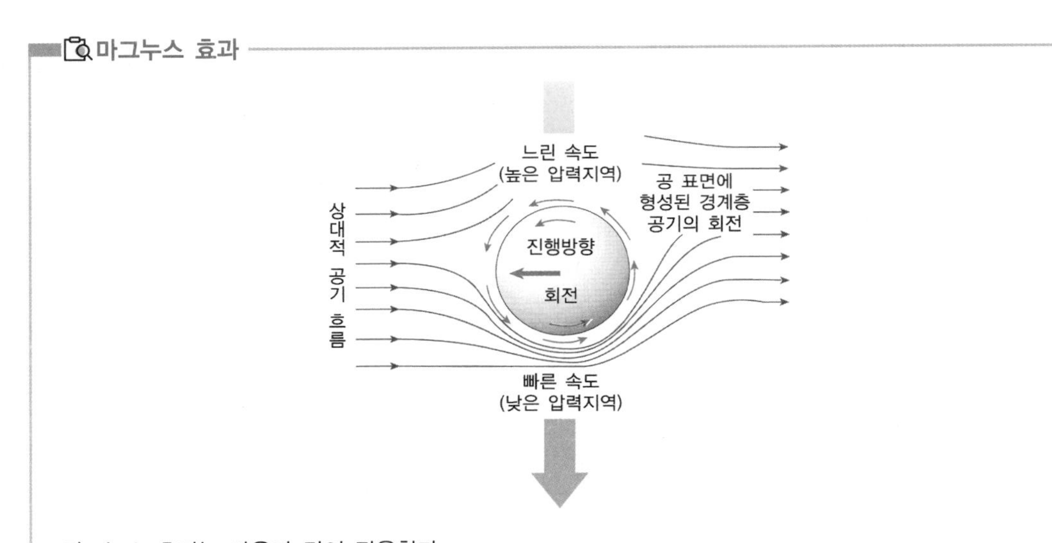

마그누스 효과는 다음과 같이 작용한다.

- 회전하는 공이 공기 속을 이동할 때, 공 표면에 달라붙은 경계층 공기는 공의 회전으로 인하여 함께 회전하게 된다.
- 이 때, 공의 한쪽의 경계층 공기는 기류의 반대 방향으로 회전하면서 기류와 충돌하게 된다. 이러한 충돌은 기류의 속도를 감소시키고, 높은 압력지역을 발생시킨다.
- 반대쪽의 경계층 공기는 기류와 같은 방향으로 회전하면서 어떠한 충돌이 없이도 기류와 함께 빠르게 이동함으로써 낮은 압력 지역을 형성한다.
- 베르누이의 정리에 의하면 유체의 속도가 증가하면 유체에 의해 발휘되는 압력은 감소하게 된다.
- 이와 같이 공의 경계층 공기가 한 쪽은 압력이 높아지고, 다른 한쪽은 압력이 낮아져서 공 표면에 압력 차이가 발생하게 된다. 이러한 압력 차이는 양력을 발생시켜 공을 압력이 높은 곳에서 낮은 곳으로 이동시키며, 그 결과 공의 비행궤적이 회전방향으로 휘어지게 된다.

마그누스 힘과 코너킥에 의한 슛
마그누스 힘은 스핀이 가해진 지점에서 반대방향으로 휘어져 진행한다. • 오른쪽 코너에서 슛을 할 경우는 오른발로 공의 오른쪽에 스핀을 가해야 한다. • 왼쪽 코너에서 슛을 할 경우는 왼발로 공의 왼쪽에 스핀을 가해야 한다.

③ 골프선수, 야구 투수, 테니스선수, 탁구선수 등은 공의 비행궤적을 휘어지게 하기 위해서 마그누스 효과를 이용한다.

㉠ 테니스나 배구 경기에서 선수가 공에 톱스핀을 가하면 그 공은 마그누스 효과에 의하여 비행 도중에 갑자기 지면을 향해 떨어지게 된다.

㉡ 우수한 골프선수는 마그누스 효과를 이용하여 훅(hook), 드로(draw), 페이드(fade) 공을 자유자재로 구사할 수 있는 반면에 아마추어 선수는 잘못된 스윙으로 인하여 슬라이스(slice) 공을 자주 치게 된다. 그 결과 마그누스 효과에 의해 골프공은 목표하는 방향의 우측으로 휘면서 날아가는 오류를 종종 범하게 된다.

④ 마그누스 효과는 중력과 결합하여 작용할 수도 있고 반대로 중력에 대항하여 작용할 수도 있다.

㉠ 톱스핀은 중력과 함께 공을 하방으로 잡아당기는데, 테니스 선수가 톱스핀 포어핸드 스트로크 기술을 구사하여 테니스공이 커다란 아치를 그리면서 네트 위를 넘어가 상대편 코트 안에 떨어지게 한다.

㉡ 백스핀은 중력에 대항하여 공을 상방으로 밀어 올린다. 백스핀으로 로브한 공은 중력이 하방으로 당기는 힘에 대항하는 밀어 올리는 힘이 작용하여 공의 체공 시간이 더 길어진다.

㉢ 골프의 8번 또는 9번 아이언 클럽의 헤드는 경사각이 크기 때문에 골프공에 강한 백스핀을 줄 수 있다. 백스핀이 가해진 골프공은 중력에 대항하여 높이 떠오르게 되며, 지면에 떨어졌을 때는 바로 멈추게 된다.

⑤ 야구공의 실밥은 골프공의 홈(dimple)과 거의 동일한 효과를 유발한다. 야구공의 실밥을 잡고 투구할 경우 공에 스핀을 강하게 줄 수 있기 때문에 보다 큰 마그누스 효과가 발생하게 된다.

㉠ 투수는 손목의 강력한 스냅 동작을 구사하여 커브볼을 던진다. 스핀이 많이 걸릴수록 마그누스 효과는 커지고 이에 따라 공의 궤적은 더 큰 커브를 그리며 휘어지게 된다.

㉡ 투수가 투구된 공이 홈 플레이트를 향해 뚝 떨어지면서 동시에 바깥쪽으로 휘어지도록 톱스핀과 사이드스핀이 섞인 공을 던진다. 이 경우에는 스핀, 중력, 항력이 모두 함께 작용하게 된다.

⑥ 투수가 공에 스핀을 거의 가하지 않고 투구했을 때의 공을 "너클볼(knuckleball)"이라고 하며, 배구 선수가 배구공에 스핀을 거의 가하지 않고 넣는 서브를 "플로터 서브(floater serve)"라고 한다. 너클볼과 플로터 서브의 특징을 한마디로 표현한다면 "예측불가" 하다는 것이다.

㉠ 너클볼과 플로터 서브는 둘 다 공이 비행궤적 주변으로 불규칙하게 흔들리면서 이동한다. 이러한 불규칙적인 공의 움직임은 야구의 타자나 배구의 리시버를 혼란시킨다.

㉡ 투수가 로빙하거나 밀면서 너클볼을 구사하면 그 공은 천천히 이동하고 타자 앞에 도달할 때까지 한 바퀴 정도 회전할 스핀만이 가해진다. 너클볼이 비행하는 도중에 공기의 흐름은 어떤 순간에는 공의 실밥 봉합선(돌출표면)과 접촉하다가 또 다른 순간에는 공의 매끄러운 표면과 접촉하게 된다. 때문에 공은 잠시 동안 직진하다가 그 후 갑자기 좌우로 흔들리며 방향을 바꾸다가 다시금 직진하는 비행을 계속 반복한다.

㉢ 특정한 속도로 투구된 너클볼은 처음 얼마간은 일정한 비행궤적을 따라 날아간다. 너클볼은 피치 구간의 중간 지점으로부터 타자가 감식할 수 있는 지점까지 천천히 떨어지게 된다. 그러다가 타자가 감지할 수 있는 지점에서 항력이 극적으로 크게 형성되어 공이 갑자기 떨어지게 된다.

㉣ 투수들은 표면에 기름칠을 하거나 칼자국을 내거나 문지르거나, 물이나 침을 바른 야구공은 너클볼처럼 예측불가의 기묘한 비행 패턴을 만들어 낸다. 이러한 야구공은 너클볼과 유사하게 작용하면서 동시에 빠른 스피드를 지니고 있기 때문에 타자는 투구된 공의 구질을 파악하기가 더욱 어렵게 된다. 야구공의 표면에 인위적인 처리를 하는 행위는 투수를 더욱 우세하게 만들기 때문에 규칙으로 금하고 있다.

카르만 효과
카르만 소용돌이 효과라고도 한다. 축구공과 같은 둥근 물체가 회전 없이 날아갈 때 마주 오던 공기가 뒤로 흐르면서 공의 뒷면에 공기의 소용돌이가 위상을 번갈아 규칙적으로 생기며 이것에 의해 공의 양력이 +/-로 변하여 움직임이 상당히 불규칙해지는 것이다. 축구에서의 무회전 슛, 야구에서의 너클볼, 배구에서의 플로터 서브 등이 날아갈 때 공이 제멋대로 날아가는 이유도 바로 카르만 효과 때문이다. 골프공의 수많은 파인모양도 카르만 효과에 의한 불규칙한 움직임을 최대한 방지하기 위해서이다.

⑦ 투구된 공은 환경적 조건에 영향을 받는다.

㉠ 공기의 밀도가 높으면 공이 휘어지면서 이동하는 데 도움을 준다.

㉡ 고지대의 경우와 같이 공기의 밀도가 낮으면 공이 빠르게 이동하는 데 도움이 된다.

㉢ 너클볼은 고도가 높아지고 기온이 올라갈수록 상대적으로 타자를 현혹시키기가 어려워진다.

(7) 물의 마찰

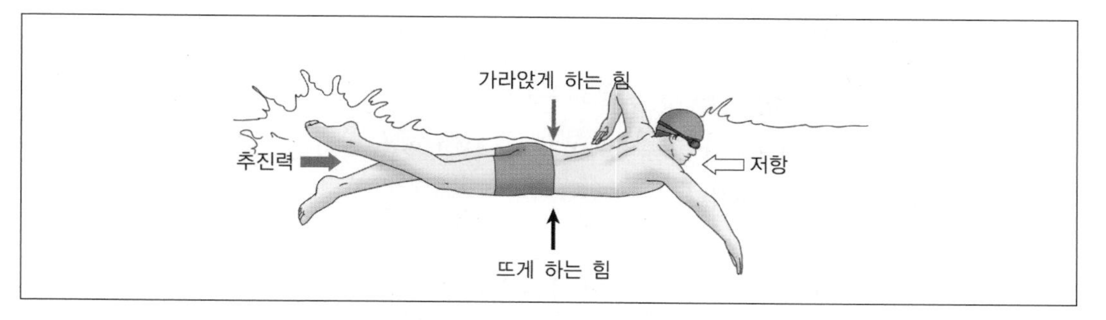

수영선수에게 작용하는 힘

① 수중에서 운동하는 물체가 받게 되는 물의 마찰(저항)은 공기 마찰에 관련된 원리가 그대로 적용된다. 즉 물체가 받는 물의 저항은 물체의 횡단면적, 물의 밀도, 수압, 상대 속도 등과 함수 관계에 있다.

$$F = \frac{K \cdot P \cdot S \cdot V^2}{2}$$

② 수영에서의 마찰(물에서의 저항력) – 형태저항, 표면저항, 조파저항

㉠ 수영선수의 전진 속도는 물의 저항과 추진력에 의하여 결정된다. 물의 저항을 줄이기 위해서는 항력을 최소화시키면서 추진력을 최대로 발휘할 수 있어야 한다.

㉡ 수영자에게는 추진력, 저항력, 부력, 몸무게의 네 가지 힘이 가해진다. 선수는 전진 방향에 대한 물의 저항 즉 항력을 최소화하기 위하여 유선형의 자세를 취하고 몸에 밀착되는 수영복을 착용하며 물에 노출되는 신체 부위는 털을 짧게 해 횡단면적과 피부 마찰 저항을 최소화한다.

㉢ 또한 인체가 수중을 이동할 때 완전한 수평 자세를 유지하지 못하고 대부분의 경우에 신체의 장축과 이동 방향 간에 앙각이 존재하게 된다. 따라서 물의 마찰력에 있어서 수평분력은 전진을 방해하는 저항으로 작용하지만 전진 방향과 수직을 이루는 양력은 부력과 더불어 인체를 떠받치는 작용을 한다.

㉣ 그러나 양력을 증가시키기 위하여 앙각을 지나치게 크게 하면 항력이 급격히 증가하여 오히려 보다 큰 저항을 받게 될 뿐만 아니라 인체 뒤쪽에 소용돌이가 일어나 전진 속도를 감소시키는 원인이 된다.

6 각운동의 운동역학적 분석

1. 뉴턴의 각운동 법칙

(1) 제1법칙 – 각관성의 법칙(각운동량 보존의 법칙)

순수한 외적 토크가 작용하지 않는 한 회전체는 동일 축을 중심으로 일정한 각운동량을 가지고 회전 상태를 계속 유지한다.

① 각운동량 보존의 법칙
회전체에 순수한 외적 토크가 물체에 작용하지 않는 한 그 회전체는 크기와 방향이 일정한 각운동량을 지닌다.

② 각운동량은 벡터량으로서 크기와 방향을 지니고 있으며 회전체의 관성모멘트와 각속도의 곱으로 나타내고 있다. 선운동에서는 관성의 척도는 물체의 질량이지만, 각관성의 척도는 관성모멘트이다.

$$각운동량 = 관성모멘트 \times 각속도 = 질량 \times 회전반경^2 \times 각속도$$

③ 피겨스케이팅에서 회전을 빨리 하는 경우와 느리게 하는 경우

㉠ 피겨스케이트에서 제자리에서 회전을 할 때 몸을 붙이면 관성모멘트가 작아지며 각속도를 크게 해 빠른 회전을 할 수 있다.

㉡ 회전을 멈추고자 할 때 팔을 폄으로써 관성모멘트를 크게 해 각속도를 작게 할 수 있다.

예 피겨스케이트 경우에 제자리에서 회전을 할 때 처음에는 두 팔과 한 발을 벌리고 돌다가 팔과 다리를 몸에 바싹 붙이게 되면 빠른 속도로 돌게 된다. 회전체는 인체 질량의 재분배, 즉 회전 반경이 변화하게 되면 회전체의 관성모멘트가 달라지게 되어 각속도가 변화하게 된다.

▲ 팔과 다리 동작에 따른 회전속도의 변화

④ 100m 달리기에서 보수를 빨리 하는 경우

100m 달리기에서 발이 지면을 킥한 후에 슬관절을 깊게 굴곡시켜 하지의 질량을 회전축에 근접시킴으로써 하지의 회전 반경이 짧아져 보다 빨리 발을 앞으로 내디딜 수 있게 된다. 이 때 회복 시 소요시간을 단축해 보수를 빨리 할 수 있다.

⑤ 다이빙 회전/역회전 동작 시 각운동량 보존의 법칙 적용

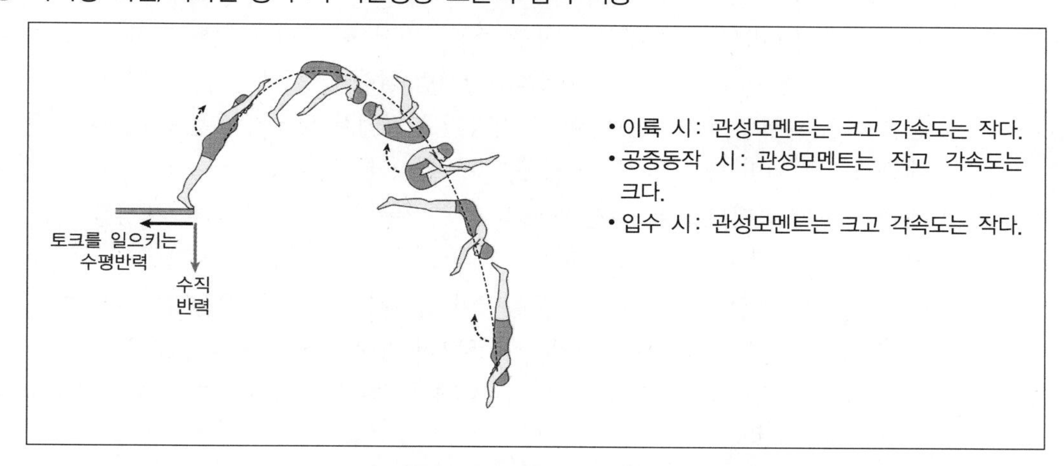

선수의 각운동량은 항상 일정

다이빙이나 체조의 회전 동작 시 각운동량은 이륙(도약)하는 순간부터 입수(착지)하기 직전까지 일정하게 보존됨을 알 수 있다. 따라서 이륙하는 순간에는 신체를 최대로 신전시켜 관성모멘트를 크게 함으로써 일단 보다 큰 각운동량을 얻을 필요가 있다. 그 후 공중에서 회전을 할 때에는 몸을 웅크려 신체의 모든 분절이 인체 중심에 가깝게 분포하도록 함으로써 관성모멘트를 극소화시키고 각속도를 증가시켜서 빨리 회전할 수 있도록 해야 한다. 입수(착지) 시에 신체를 다시 신전시켜 관성모멘트를 크게 하고 각속도를 감소시킴으로써 회전 운동이 일어나지 않은 입수(착지)자세를 유지할 수 있게 된다.

⑥ 야구배팅에서의 각운동량 전이

㉠ 야구의 배팅에서 몸통, 팔, 손의 순서로 회전을 하게 된다. 야구공을 멀리 쳐 보내려면 배트와 공이 임팩트 될 때 배트의 선운동량이 커야 한다. 배트의 선운동량은 배트의 각운동량으로부터 전환된 것으로 배트의 각운동량은 몸통, 팔(위팔, 아래팔, 손)에서 생성된 각운동량이 전이된 것이다.

㉡ 타자의 배팅동작을 보면 투구된 공을 주시하면서 제일 먼저 몸통을 회전시킨 다음 위팔, 아래팔, 손목의 순서로 회전시킨다. 이처럼 질량이 큰 분절에서 시작하여 질량이 작은 분절의 순서로 움직이는데, 이 때 각각의 분절에서 생성된 각운동량들이 최종적으로 배트에 전달되면 배트의 각운동량은 매우 커지게 된다(몸통 → 팔 → 손 → 배트).

㉢ 배트와 공이 임팩트 되는 순간 배트의 총 각운동량은 각 분절들이 생성한 각운동량의 크기와 전이시점에 따라 달라진다.

ⓐ 크기: 각 분절들이 생성한 각운동량이 클수록 배트의 각운동량이 커진다.

ⓑ 전이시점: 한 분절에서 생성된 각운동량이 최대일 때 다음 분절로 전이되어야 많은 운동량을 전달할 수 있다(각각의 분절에서 각운동량이 최대가 되는 시점에서 다음 분절로 이동).

㉣ 한 분절의 각운동량은 그 분절의 관성모멘트와 각속도에 비례한다. 야구의 배팅에서 각 분절은 비등속회전운동(각가속도운동)을 하기 때문에 분절의 각운동량도 일정하지 않다. 즉 각각의 분절에서 봤을 때, 분절이 회전동작을 시작하는 순간은 각운동량은 매우 적지만 회전속도가 빨라질수록 점차 증가하여 각운동량은 최대치가 되고, 그 이후부터는 감소하여 분절 회전동작이 멈춰지면 각운동량은 0이 된다(최대가 되는 시점에서 다음 분절로 이동).

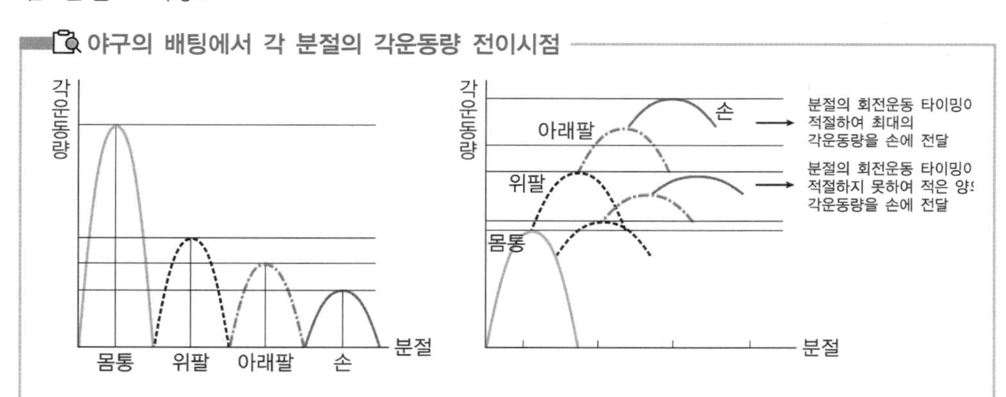

- 무게가 무거운 몸통부위의 분절부터 무게가 가벼운 먼 부위의 분절 순으로 움직여야 한다.
- 한 분절에서 생성되는 각운동량이 최대치에 이르기 전에 다음 분절을 너무 빨리 회전시키거나 최대치가 지난 후에 회전하면 한 분절에서 생성되는 최대의 각운동량을 다음 분절로 전이시킬 수 없다.

ⓜ 몸통의 각운동량은 다른 분절의 각운동량보다 월등하게 크다. 몸통의 각운동량이 큰 이유는 몸통의 회전속도는 다른 분절보다 느리지만 상대적 관성모멘트는 다른 분절에 비하여 매우 크기 때문이다(관성모멘트의 크기: 몸통 > 위팔 > 아래팔 > 손).

ⓑ 만일 처음에 회전을 시작한 몸통에서부터 각운동량이 최대치가 아닐 때에 다음 분절인 위팔, 아래팔, 손으로 전이된다면 총 각운동량은 작아질 것이다. 이 경우 강한 배팅을 할 수 없다.

ⓢ 한 분절에서 생성된 각운동량이 최대가 되는 시점에서 다음 분절이 운동을 시작하여 손에 최대의 각운동량을 전달시키는 경우 분절의 회전운동 타이밍은 매우 적절한 상태이므로 배트에 전달된 각운동량이 커져서 공을 멀리 쳐 보낼 수 있다.

ⓞ 이처럼 각 분절에서 생성된 각운동량이 동일하다고 해도 회전하는 분절의 움직임 시기가 적절하지 못하면 최대 운동효과를 기대할 수 없다.

(2) 제2법칙 – 각가속도의 법칙

강체에 비평형의 토크(힘모멘트)가 가해지면 가해진 토크에 비례하고 관성모멘트에 반비례하는 각가속도가 토크의 방향과 동일한 방향으로 발생한다.

$$T = I \cdot \alpha,\ \alpha = \frac{T}{I}$$

각가속도를 크게 하기 위해서는 토크를 증가시키고, 관성모멘트를 줄이면 된다. 이때 가해진 비평형 토크를 T라 하고 관성모멘트를 I라 하면 각가속도는 토크에 비례하고, 관성모멘트에 반비례한다.

선운동: $F = m \cdot a$ (힘 = 질량 × 선가속도)
각운동: $T = I \cdot \alpha$ (토크 = 관성모멘트 × 각가속도)

① 다이빙 시 스프링보드를 차고 뛰어오르면서 스프링보드에 가해진 선충격량을 통해 높이를 증가시키고 인체를 전방(또는 후방)으로 기울임으로써 토크가 생겨나 인체가 회전하게 된다.

② 각운동에서의 뉴턴의 제2법칙을 통하여 비평형의 토크에 의하여 발생되는 각운동량은 순수한 토크의 크기와 토크가 가해진 시간에 의하여 결정됨을 알 수 있다.

㉠ 각운동량은 각충격량(순수한 토크 × 시간)에 의하여 결정된다.

㉡ 토크를 증가시키기 위해서는 선충격량을 크게 하든지, y축을 중심으로 각도를 크게 함으로써 토크를 증가시킬 수 있다.

③ 다이빙 선수의 체중은 불변이므로 토크의 크기에 영향을 줄 수 있는 변인은 이륙 시의 경사 각도이다. 따라서 공중에서 회전 횟수를 많게 하기 위해서 충격량과 각도를 크게 할 필요가 있다.

㉠ 스프링보드 다이빙을 할 때 다이버는 스프링보드에 힘을 가한 반작용력을 이용하여 선운동과 공중에서 회전운동을 한다.

㉡ 다이빙 선수가 공중돌기를 하려면 스프링보드에서 발구름을 하는 순간의 회전충격량을 크게 해야 한다. 각충격량은 토크에 시간을 곱한 것으로, 각충격량을 증가시키려면 회전토크와 토크를 발휘하는 시간을 길게 하여야 한다.

㉢ 공중에서 앞돌기와 같은 회전운동을 하기 위해 회전충격량을 크게 하기 위해서는 힘과 거리를 증가시키고, 힘을 작용하는 시간을 길게 하여야 한다.

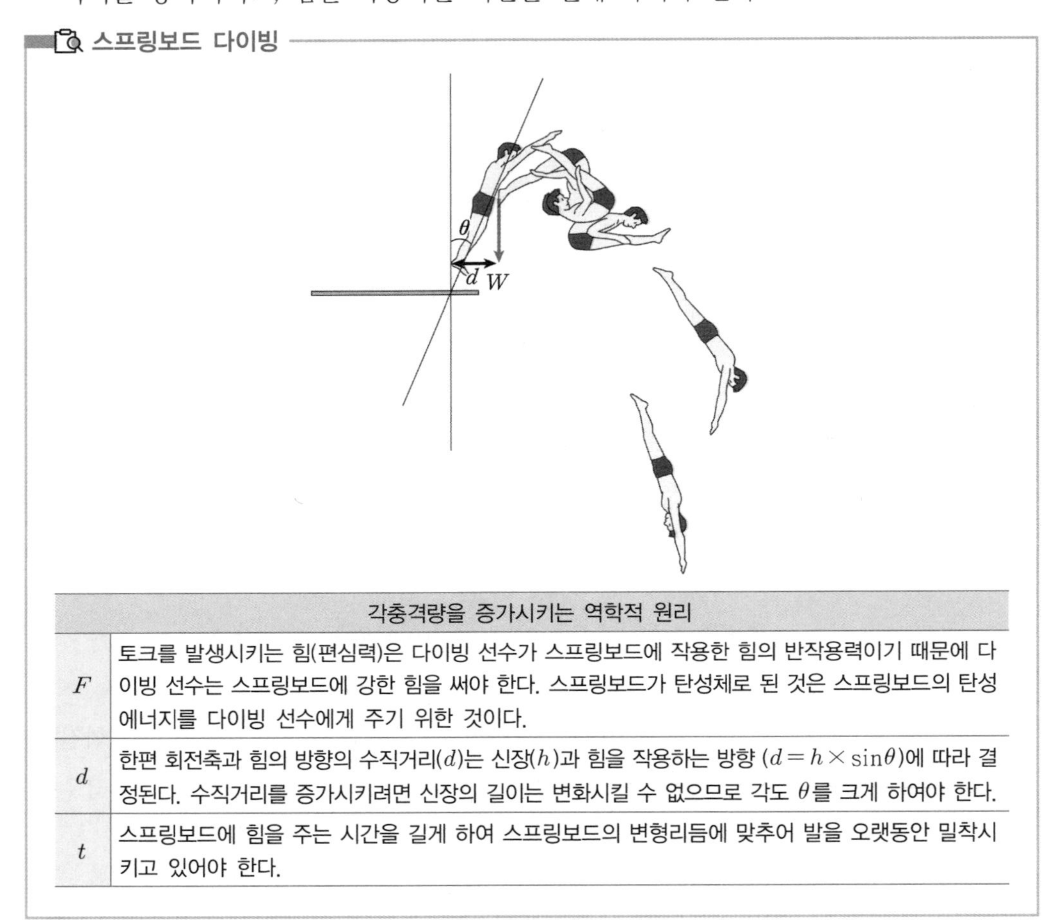

각충격량을 증가시키는 역학적 원리	
F	토크를 발생시키는 힘(편심력)은 다이빙 선수가 스프링보드에 작용한 힘의 반작용력이기 때문에 다이빙 선수는 스프링보드에 강한 힘을 써야 한다. 스프링보드가 탄성체로 된 것은 스프링보드의 탄성에너지를 다이빙 선수에게 주기 위한 것이다.
d	한편 회전축과 힘의 방향의 수직거리(d)는 신장(h)과 힘을 작용하는 방향 ($d = h \times \sin\theta$)에 따라 결정된다. 수직거리를 증가시키려면 신장의 길이는 변화시킬 수 없으므로 각도 θ를 크게 하여야 한다.
t	스프링보드에 힘을 주는 시간을 길게 하여 스프링보드의 변형리듬에 맞추어 발을 오랫동안 밀착시키고 있어야 한다.

(3) 제3법칙 – 각반작용의 법칙

한 물체가 다른 물체에 발휘한 모든 토크는 이들 물체들이 동일한 축 주위를 회전한다면 후자의 물체에 의하여 전자의 물체에 발휘되는 크기가 같고 방향이 반대인 토크가 존재한다.

각반작용의 법칙을 각운동량 측면에서는 “어떤 물체에 각운동량을 유발시키는 토크가 가해지면 동일 물체의 어느 부분에 반대방향으로 각운동량을 유발시키는 크기가 같고 방향이 반대인 반작용 토크가 존재하게 된다.”로 정의할 수 있다.

① 멀리뛰기의 공중 동작에서는 착지를 위하여 다리를 시계 방향으로 스윙하게 되면 이로 인하여 크기가 같고 방향이 반대인 토크가 생겨나 상체를 반시계 방향으로 회전시키게 된다.

② 야구의 타격 시 상체와 배트가 반시계 방향으로 회전할 때 타자의 하체는 크기가 같고 방향이 반대인 반작용 토크에 의하여 시계 방향으로 회전하게 된다.

③ 테니스에서 백핸드 스트로크를 할 때에 시계방향의 토크가 발생되며 이러한 토크는 크기가 같고 방향이 반대인 반작용 토크를 야기 시켜 하체를 반시계방향으로 회전시키려고 할 것이다.

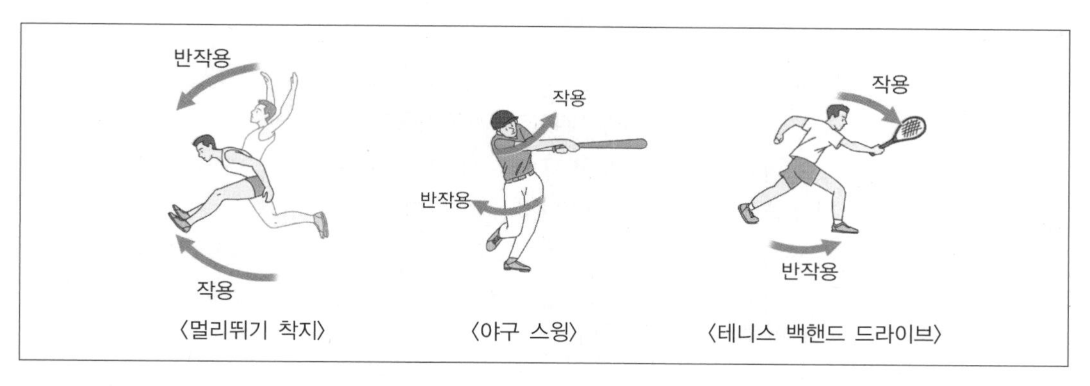

〈멀리뛰기 착지〉 〈야구 스윙〉 〈테니스 백핸드 드라이브〉

(4) 공중에서의 각운동량 생성과 사용

공중에서 수행하는 모든 근육의 활동은 신체의 어느 곳에서나 작용과 반작용을 일으킨다.

① 높이뛰기

㉠ 높이뛰기 선수는 바를 넘을 때에 몸을 아치 형태로 만든다(반시계방향). 다리는 시계방향으로 움직이면서 반응한다.

㉡ 비록 상체와 다리가 반대 방향으로 움직이더라도 둘 다 착지하는 매트 쪽의 아래 방향으로 움직인다. 이 때 고관절은 위 방향으로 움직임으로써 반작용을 한다.

㉢ 높이뛰기 선수는 이러한 동작으로 엉덩이가 위로 올라가게 하여 바를 깨끗이 넘을 수 있다.

② 배구

▲ 배구 스파이크에서의 작용과 반작용

㉠ 배구 선수가 스파이크를 하기 위해서 점프할 때 상체를 반시계 방향인 뒤쪽으로 젖히면 하체는 시계방향으로 움직이면서 반작용을 한다.

㉡ 비록 상체와 하체가 서로 반대 방향으로 회전하더라도 둘 다 왼쪽으로 움직인다. 그러면 이에 대해 크기가 같고 반대 방향의 반작용이 균형을 맞추어야 하기 때문에 엉덩이와 배는 반대 방향으로 이동한다.

멀리뛰기, 높이뛰기, 스케이팅, 다이빙, 체조 등과 같은 종목에서 선수는 짧은 순간 동안 공중에 머물 수 있다. 그 짧은 시간의 비행 동안 순수한 총 각운동량은 일정하다. 공중에서 팔과 다리를 회전시켜 더 많은 각운동량을 얻으며 추가된 각운동량으로 인해 다른 부분의 각운동량이 손실되기 때문에 궁극적으로는 전체의 각운동량은 항상 일정하게 보존된다.

각운동량

각운동량은 크게 공전적 각운동량과 자전적 각운동량으로 구분된다. 인체가 움직이게 되면 자세가 변하면서 분절의 상대적 위치가 변하게 되므로 분절의 중심에 대한 각운동량과 전신의 중심에 대한 각운동량을 산출해야 한다. 이때 전신의 중심에 대한 분절 중심의 각운동량을 공전적 각운동량(H_R)이라고 하며, 분절 중심에 대한 분절 자체의 각운동량을 자전적 각운동량(H_L)이라고 한다. 즉, 지구가 스스로 회전하면서 태양의 주위를 도는 것은 지구의 중심에 대해 자전하면서 지구의 중심이 태양의 중심에 대해 공전하고 있는 것과 같은 개념이다.

$$\vec{H} = \vec{H_R} + \vec{H_L} = \vec{m}(\vec{r} \times \vec{v}) + \vec{I\omega}$$

공전 remote(transfer) term

자전 local term

③ 스키점프

㉠ 스키점프 선수가 도약할 때 실수하여 전방 회전을 너무 크게 했다면 그 선수는 착지할 때에 어떠한 조치를 취하지 않는 한 얼굴이 땅에 부딪힐 수도 있다. 따라서 스키점프 선수는 착지 시에 수행에 도움이 되지 않는 신체의 전방 회전과 동일한 방향으로 양팔을 최대한 회전시킨다.

㉡ 양팔에 의해 생성된 각운동량은 신체의 전방 회전을 멈출 수 있도록 도와준다. 만약 양팔의 전방 회전이 충분히 클 경우에는 선수의 신체가 후방으로 회전되어 좀 더 안정된 착지 자세를 취할 수 있게 된다. 한편, 선수가 양팔을 후방으로 회전시키면, 신체는 앞으로 더 멀리 회전하게 되어, 그 결과 얼굴은 땅에 부딪히게 될 것이다.

④ 멀리뛰기에서의 전방회전 조절

㉠ 멀리뛰기 선수가 발구름을 할 때 신체가 전방으로 회전하게 된다. 그 이유는 멀리뛰기 선수들이 발구름할 때에 한 발로 구름판을 뒤로 밀면, 신체는 반대 방향 즉 전방으로 회전하기 때문이다. 만약 멀리뛰기 선수가 공중에서 어떤 조치를 취하지 않으면 신체는 계속해서 전방으로 회전하게 된다. 그리하여 선수의 양다리와 양발은 조기에 착지하게 되어 도약 거리가 상당히 감소하게 된다.

㉡ 멀리뛰기의 초보자가 공중에서 몸을 완전히 펴지 못하고 상체를 굽힌 자세로 비행할 경우에는 상체와 양발이 모래판 쪽으로 빠르게 하방 회전되기 때문에 도약거리가 감소하게 된다.

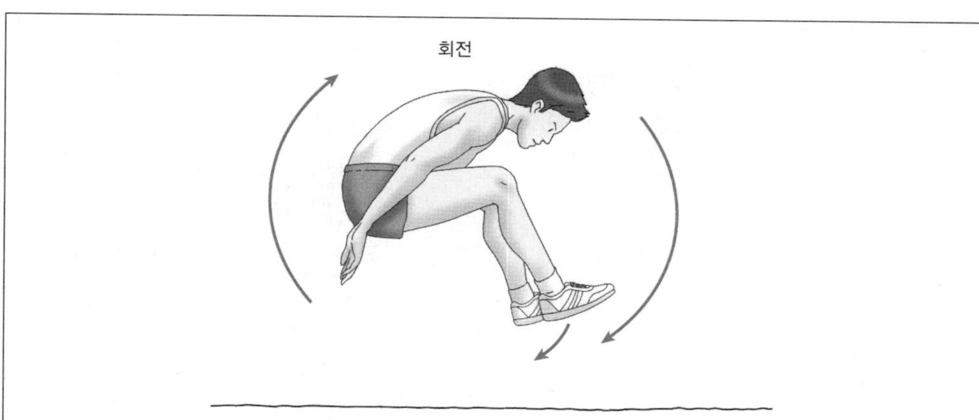

멀리뛰기 선수가 공중에서 몸을 펴지 못하고 상체를 숙인 자세로 비행하게 되면, 신체의 각속도가 증가되어 도약거리를 감소시킨다.

㉢ 우수한 멀리뛰기 선수들은 발구름할 때에 발생한 원하지 않는 신체의 전방 회전에 반작용하기 위하여 공중에서 같은 방향(전방)으로 양팔과 양다리를 회전시킨다. “히치 킥(hitch-kick)”이라고 불리는 공중 동작을 완벽하게 수행하는 선수들은 신체의 전방 회전을 저지시킬 뿐만 아니라 오히려 상체와 양다리가 후방으로 회전하게 된다.

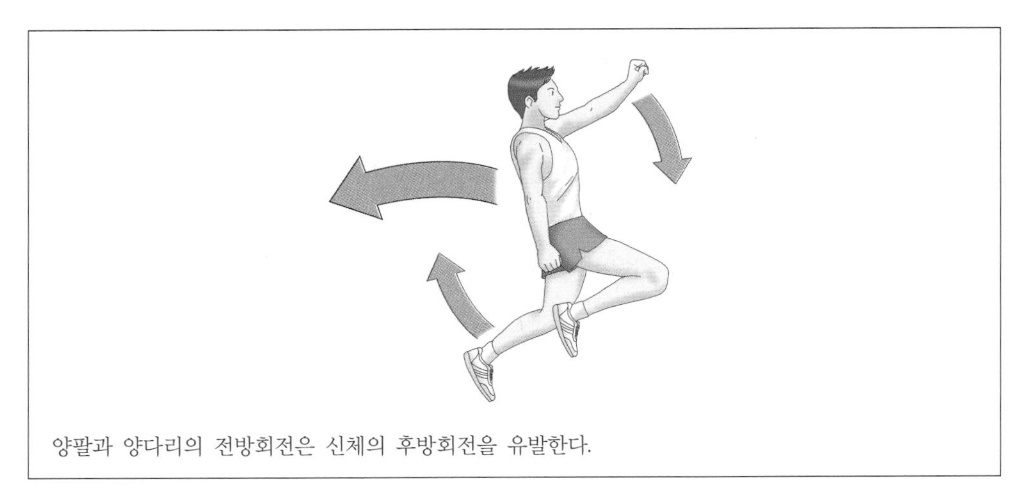
양팔과 양다리의 전방회전은 신체의 후방회전을 유발한다.

㉣ 이러한 공중 동작은 최적의 착지자세를 취할 수 있도록 도와주며 그 결과 선수의 도약 거리가 증가하게 된다.

㉤ 선수가 양팔과 양다리를 회전하여 얻을 수 있는 반작용의 크기는 발구름할 때 얻은 각운동량과 양팔과 양다리의 동작으로 얻은 각운동량의 크기에 의하여 결정된다. 대부분의 각운동량은 양팔과 양다리의 강력한 회전동작에 의하여 생성된다.

㉥ 우수한 선수들은 양팔과 양다리를 곧게 신전시킨 채로 신체의 전방에서 후방으로 회전시킴으로써 발구름에 의해 발생된 신체의 전방 회전에 대해 최대의 반작용 효과를 얻는다.

(5) 각운동량 전이

① 인체 분절 간의 각운동량 전이

㉠ 다이빙 선수가 공중에 떠 있을 때 그의 신체 일부의 각운동량이 증가하게 되면 전체 각운동량은 보존되므로 다른 부분의 각운동량이 그만큼 감소되어야만 한다.

㉡ 다이빙 선수가 파이크 자세에서 회전하여 입수 자세로 전환할 때 그의 상지 각운동량은 거의 0까지 감소하는 반면에 다리의 각운동량은 상당히 증가하게 된다.

㉢ 상지의 각운동량의 감소는 다리의 각운동량을 증가시키기 때문에 결과적으로 전체 각운동량은 일정하게 보존된다.

② 공중회전과 트위스트 간의 각운동량 전이

㉠ 다이빙 선수, 체조 선수 등은 종종 공중회전과 트위스트를 연결하여 동시에 수행한다. 이 복잡한 기술에서 선수들은 양쪽 고관절을 잇는 좌우축(횡축)을 중심으로 공중회전하며 그리고 수직축(장축)을 중심으로 트위스트를 수행한다.

㉡ 다이빙 선수가 발구름할 때 발생된 각운동량은 공중에서 다이빙하는 동안에도 동일한 크기로 보존된다.

㉢ 다이빙 선수는 공중에서 좌우축을 중심으로 일단 공중회전을 수행한다. 그 다음 공중회전에서 생성된 각운동량의 일부를 빌려서 트위스트에 적용시킴으로써 선수는 공중회전과 트위스트를 결합시킨 일련의 동작을 수행하게 된다. 그리하여 다이빙 선수는 공중회전과 트위스트를 동시에 수행하게 된다.

㉣ 원하는 수만큼의 공중회전과 트위스트를 한 후에 다이빙 선수는 트위스트 동작을 제거시킴으로써 트위스트 없는 공중회전만을 수행할 수 있게 된다.

③ 운동량의 보존

㉠ 운동량의 보존법칙은 또한 순수한 외적 힘이나 토크가 작용하지 않을 때 선운동량은 동등한 크기의 각운동량으로, 각운동량은 동등한 크기의 선운동량으로 전이 또는 변화될 수 있음을 의미한다.

㉡ 예로, 공던지기를 할 때에 팔의 스윙에 의한 공의 각운동량은 공이 손에서 이탈되는 순간에 동일한 크기의 선운동량으로 변화되어진다. 즉 물체의 전체 운동량은 선운동량과 각운동량의 합계와 같다.

$$\text{전체운동량}(M) = \text{선운동량}(m \cdot v) + \text{각운동량}(I \cdot \omega)$$

㉢ 한편 외부의 순수한 힘 또는 토크가 가해졌을 때도 선운동량은 각운동량으로 또는 반대로 전이 또는 변화되어진다. 즉 운동량이 보존되지 못하고 변화되어질 때, 한 형태의 운동량의 감소는 다른 형태의 운동량을 증가시킴으로써 전이되어질 수 있다.

㉣ 뜀틀에서의 각운동량 전이

⊙ 뜀틀운동

ⓐ 어떤 물체 또는 물체의 일부가 직선로에서 움직이고 있을 때 갑자기 한쪽 끝이 저지되면 그 반대쪽 끝은 저지된 지점을 축으로 하여 각운동을 하게 된다. 이때 물체 전체의 각운동량 크기는 이전의 선운동량 크기에 의하여 결정된다.

ⓑ 체조 선수가 뜀틀을 넘을 때 발구름판을 이륙한 직후에 양발을 순간적으로 고정시키는 이유는 신체의 나머지 부분을 전방으로 회전시켜 선운동량을 각운동량으로 전이시키기 위함이다.

ⓒ 이로 인하여 공중에서 시계방향의 회전이 일어나 무게 중심에 대하여 머리와 어깨는 아래쪽으로 그리고 다리는 위쪽에 위치하게 된다. 그 후 양손을 뜀틀에 짚음으로써 인체의 시계방향의 선운동량과 각운동량이 모두 저지되어 이들 운동량이 반시계 방향으로 전이됨으로써 착지동작을 효과적으로 수행할 수 있도록 해준다.

2. 토크와 관성 모멘트

(1) 토크(힘의 모멘트)

물체가 회전 또는 각운동을 일으키기 위해서는 그 물체에 외부로부터 비평형의 편심력이 가해져야 한다. 편심력이 물체에 가해지면 그 물체는 축을 중심으로 회전하려는 경향이 나타나는데 이를 토크 또는 힘의 모멘트라고 한다. 토크는 벡터량으로서 그 크기는 물체에 가해진 편심력의 크기와 그 힘의 작용선으로부터 물체의 회전축까지의 수직 거리와의 곱으로 나타낸다.

① **편심력**

$$T = F \cdot d$$

(T: 토크, F: 편심력, d: 힘의 작용선으로부터 회전축까지의 거리(모멘트 팔))

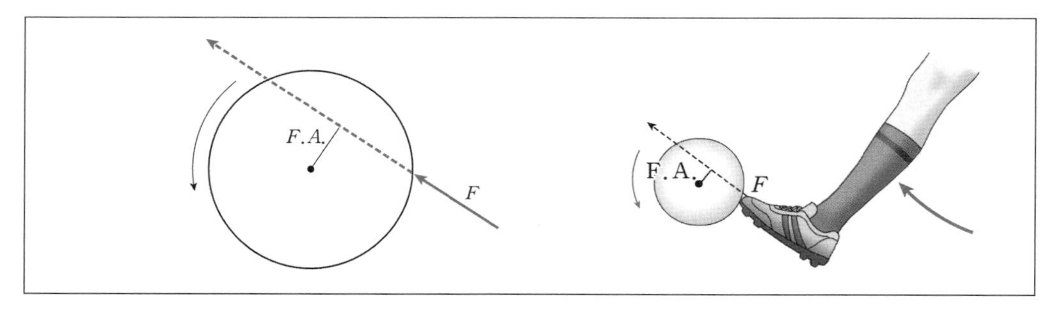

힘의 회전 능률

㉠ 편심력이란 작용선이 물체의 중심을 통과하지 않는 힘을 뜻하고, 힘의 작용선은 힘 벡터를 양끝 방향으로 각각 연장시킨 선을 뜻한다.

㉡ 토크의 회전 효과는 축으로부터 벗어난 지점에 힘을 가할 때 발생하게 된다. 이때 축으로부터 힘의 작용점까지의 수직거리 및 힘의 크기를 증가시키면 회전효과도 증가한다. 토크는 물체와 선수를 회전하게 한다. 공을 회전시키려면 공의 중심으로부터 어느 정도 벗어난 지점에 힘을 작용시켜야 하는데 이 거리를 증가시킬수록 회전은 증가한다.

㉢ 토크의 단위는 N · m으로, 각운동에서의 토크는 선운동에서의 힘과 마찬가지로 편심력의 근원에 따라 내적토크(근력)와 외적토크(중력)로 구분되며 또한 회전을 일으키는 추진토크와 회전을 방해하는 저항토크로 구분된다.

전완굴곡 시 발생되는 토크

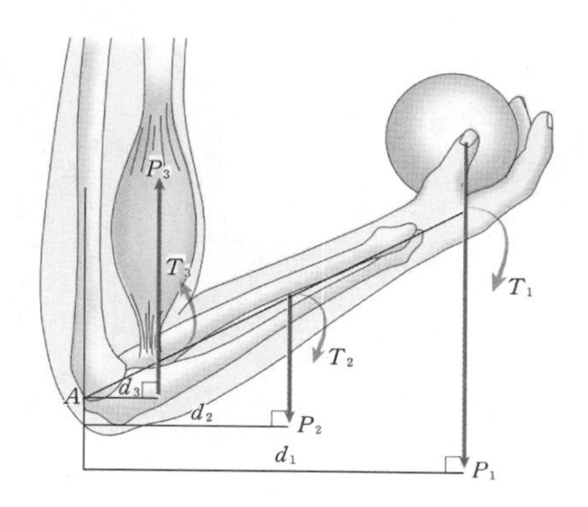

전완을 굴곡시킬 때 전완의 무게 P_2에 의해 발생된 토크 T_2와 물체의 무게 P_1에 의해 발생된 토크 T_1은 저항토크로, 상완이두근의 근력에 의해 발생된 토크 T_3는 추진토크로 작용한다.

- $T_3 = T_1 + T_2$ 저항토크와 추진토크가 평형을 이루기 때문에 정지 상태 유지
- $T_3 > T_1 + T_2$ 전완굴곡
- $T_3 < T_1 + T_2$ 전완신전

㉣ 토크는 벡터량이기 때문에 크기와 방향을 지니고 있고 시계방향의 토크를 음(−), 반시계방향의 토크를 양(+)으로 나타낸다.

㉤ 골프에서 칩샷은 공의 무게 중심보다 아래쪽에 힘을 적용시키는 기술이다. 골프공이 백스핀으로 날아가다 골프공이 떨어지는 그린의 경사 정도에 따라 골프공은 핀 가까이에 떨어지면 곧바로 멈추게 하거나 핀을 통과한 후 백스핀에 의해 다시금 핀 쪽으로 되돌아오게 할 수도 있다.

㉥ 공에 가해진 토크의 크기는 힘의 크기와 힘이 공의 중심으로부터 벗어난 정도에 따라 결정된다. 힘이 더 크고 중심으로부터의 거리가 더 멀수록 토크와 회전이 크게 일어난다.

㉦ 유도 허리치기를 시도하는 선수는 상대 선수의 무게중심을 높이면서 자신의 허리를 회전축으로 한 지렛대의 길이를 최대로 길게 하여 회전을 일으킨다. 이때 상대방은 신체중심을 낮추고 허리를 펴서 지렛대의 길이를 최대로 짧게 해야 방어의 자세가 된다.

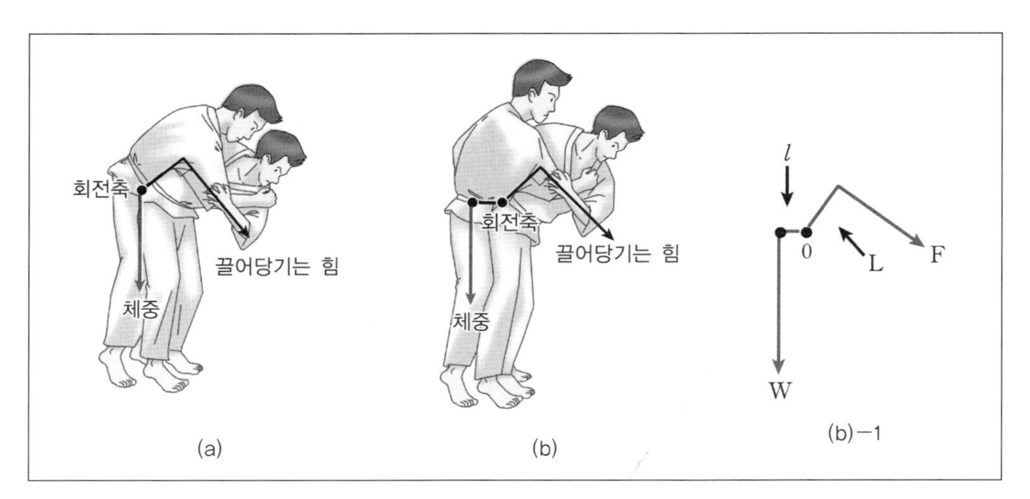

유도 허리치기 기술의 토크

② 자전거 뒷바퀴의 토크

㉠ 페달과 뒷바퀴를 연결시키는 체인에 의해 한 개의 추진 토크가 작용하며 뒷바퀴의 타이어와 지면간의 마찰 및 뒷바퀴의 축과 바퀴 중심부간의 마찰에 의해 두 개의 저항토크가 작용하고 있다.

㉡ 자전거 기어장치에는 반경이 각각 다른 여러 개의 톱니바퀴가 결속되어 있는데 일반적으로 기어의 숫자가 낮은 경우(예 1단 기어)에는 반경이 큰 톱니바퀴에 체인이 연결되며, 기어의 숫자가 큰 경우(예 5단 기어)에는 반경이 작은 톱니바퀴에 체인이 연결되도록 장치되어 있다.

㉢ 톱니바퀴의 반경이 클수록 자전거의 체인에 발현된 힘의 모멘트 팔이 길어져 결과적으로 추진토크가 증가하게 된다. 즉 페달을 동일한 힘으로 밟는다 할지라도 뒷바퀴의 톱니바퀴 반경에 차이가 있게 되면 뒷바퀴를 회전시키는 추진토크에 차이가 있게 된다. 그러므로 동일한 힘으로 회전효과를 높이기 위해서는 톱니바퀴의 반경이 큰 기어(저단 기어)를 사용해야 한다.

㉣ 언덕을 오를 때에는 1단 기어를 사용하는 이유는 1단 기어의 톱니바퀴 반경이 가장 크기 때문에 모멘트 팔의 길이가 가장 길어서 다른 기어보다 동일 토크를 얻는데 상대적으로 힘이 가장 적게 요구되기 때문이다.

㉤ 1단 기어를 사용했을 때에는 5단 기어를 사용했을 때보다 뒷바퀴를 회전시키는 데에는 힘이 상대적으로 적게 소요되지만 동일한 거리를 동일시간에 도달하기 위해서는 1단 기어에서는 5단 기어에서보다 상대적으로 빨리 페달을 밟아야 한다.

㉥ 저단 기어는 고단 기어에 비하여 힘에 있어서는 이득을 보지만 속도와 거리에 서는 손해를 보게 된다.

ⓢ 고단 기어는 저단 기어에 비하여 상대적으로 힘에 있어서는 손해를 보지만 거리와 속도에서는 이득을 보게 된다.

③ 힘의 능률

㉠ 무거운 물체를 들 때에는 무릎을 구부리고 물체의 중심을 몸 가까이에 위치시킴으로써 적은 힘으로 물체를 용이하게 들 수 있다.

㉡ 큰 힘을 외부 물체에 전달해야 하는 경우는 모멘트팔의 길이를 가능한 한 길게 하여 큰 토크가 발생하도록 하는 것이 유리한 경우도 있다. 예를 들면, 야구의 배팅, 테니스의 서브, 배구의 스파이크 등을 할 때에는 인체 분절의 회전축으로부터 작용점까지의 길이를 길게 함으로써 인체분절의 토크를 크게 하여 보다 큰 운동량을 얻을 수 있다.

④ 윗몸일으키기 때 팔의 위치에 따른 토크의 비교

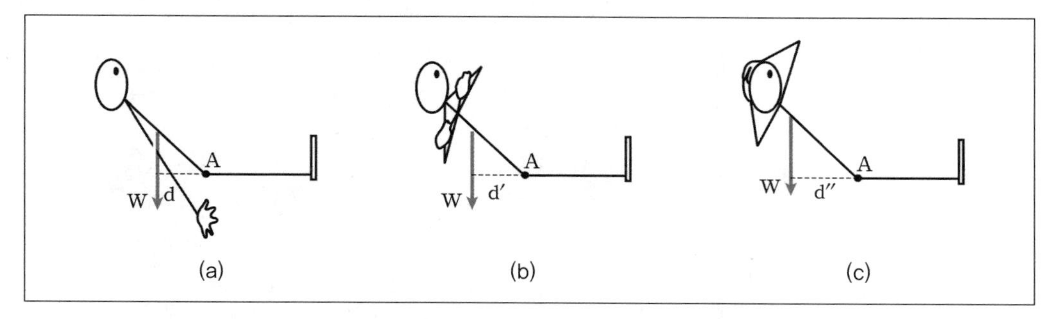

㉠ 손을 내린 (a)의 경우, 가슴에서 팔짱을 낀 (b)의 경우, 그리고 양손을 머리 뒤로 가져간 (c)의 경우의 토크를 분석해 보면 다음과 같이 비교할 수 있다.

$$T_a = Wd$$
$$T_b = Wd'$$
$$T_c = Wd''$$

㉡ 이때 상체의 무게 W는 일정하며 회전반경은 $d < d' < d''$이므로 축 A에 가해지는 토크는 $T_a < T_b < T_c$가 된다. 윗몸일으키기를 할 때 T_a, T_b, T_c는 모두 상체 무게에 대한 저항토크로 작용하므로 이를 극복하는데 요구되는 복근력은 (c)의 자세에서 가장 크게 요구된다.

⑤ 윗몸일으키기에서 힘팔과 저항팔의 길이

㉠ 팔을 가슴부위에 교차시키고 무릎을 굽힌 상태로 윗몸일으키기를 할 때

ⓐ **축**: 윗몸일으키기를 하는 동안, 회전은 고관절을 주위에서 발생한다.

ⓑ **추진토크**: 누운 상황에서 복근이 충분한 근육 수축 작용을 함으로써 몸통 무게로 인한 토크를 초과하는 근육 토크를 생성할 수 있어야 한다.

ⓒ **저항토크**: 몸통의 무게로 인한 토크는 극복되어야만 하기 때문에 저항토크라고 한다.

㉡ 저항토크는 몸통의 질량 중심을 통해 작용하는 작용선까지의 수직거리를 곱한 값으로 결정된다. 만약 복근에 의해 생성된 근육 토크가 몸통의 무게로 인해 발생한 토크와 동일하다면, 결과적으로 나타나는 토크는 안정적인 자세가 될 것이다. 만약 이 토크가 저항토크보다 작다면 일어나기가 어렵다.

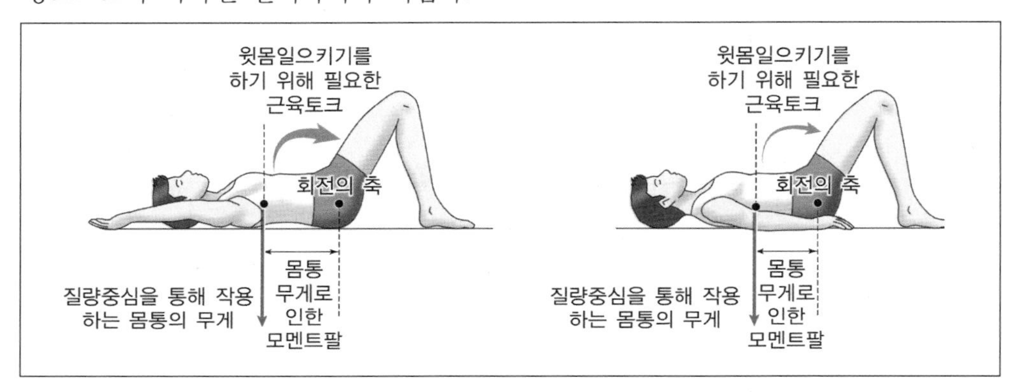

윗몸일으키기를 할 때 힘팔과 저항팔의 길이

㉢ 토크의 적용에 따른 윗몸일으키기의 부하 변화

ⓐ 운동 범위 전체에서 팔을 펴고 그 팔을 몸통 옆에 둔 상태로 윗몸일으키기를 한다고 가정해 보자. 이것은 몸통의 질량중심을 회전의 축이 되는 고관절로 더 가까이 가져오는 효과를 가져 온다. 이것은 또한 고관절 축에서 몸통 무게의 작용선까지의 수직거리를 더 짧게 만들기 때문에 저항토크의 모멘트 팔을 감소시킨다. 그 결과 저항토크는 심지어 몸통의 무게가 변하지 않았음에도 불구하고 더 작아진다. 이 운동을 하기가 더 쉽다는 의미이다.

ⓑ 운동 범위 전체에서 팔을 펴서 머리 뒤로 깍지를 낀다면, 새로운 팔의 위치가 고관절 축으로부터 몸통의 질량중심 위치를 더 멀리 이동시키는 효과를 갖기 때문에 저항토크의 모멘트 팔이 증가된다.

⑥ 중력에 의한 추진토크와 저항토크

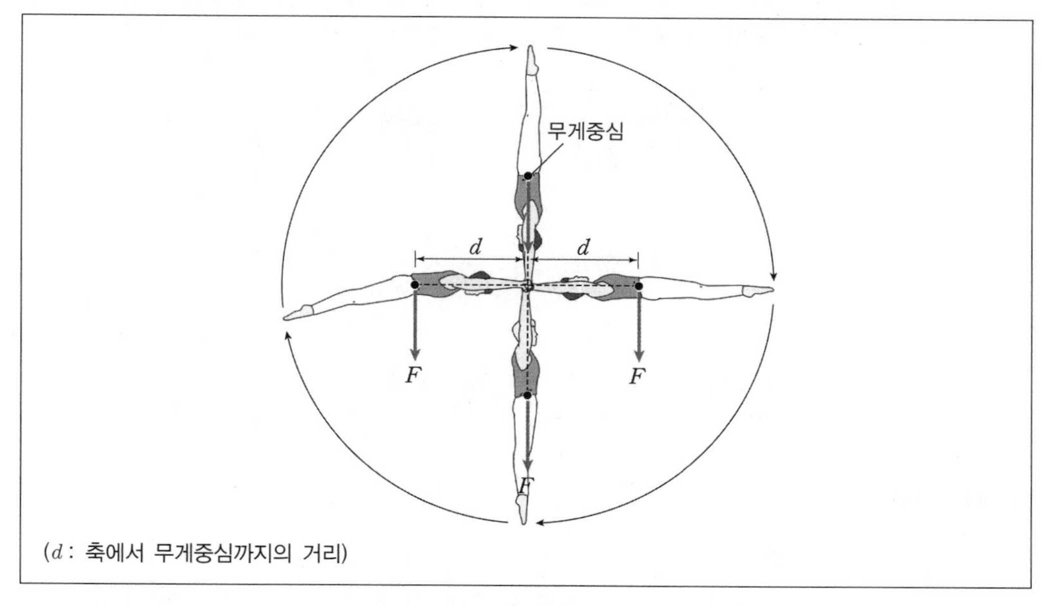

대차돌기

㉠ 지구 표면에 항상 수직으로 작용하는 중력은 토크를 유발하고 회전을 일으키는 데 이용될 수 있다.

㉡ 체조선수가 철봉에서 대차돌기를 할 때 내려갈 때에는 중력에 의해 지면 쪽으로 가속되고 위로 올라갈 때에는 중력에 의해 감속된다.

㉢ 선수가 지면을 향해서 회전하게 되면 중력은 신체에 토크를 적용시킨다. 중력은 선수의 무게 중심에 집중되고 수직하방으로 작용한다.

㉣ 철봉에서 선수의 무게 중심까지의 거리는 신체가 완전히 수평 위치에 있을 때 가장 크기 때문에 중력에 의해 작용되는 토크는 이 위치를 지날 때 가장 크게 일어난다. 반대로 선수의 무게 중심이 철봉에 수직으로 위치할 때에는 중력에 의한 토크는 일어나지 않는다.

㉤ 회전기능을 구사할 때 선수는 다운스윙 도중에 신체를 곧게 신장시킨다. 이 동작은 무게중심을 철봉으로부터 가능한 한 멀리 이동시킨다. 이로 인하여, 선수가 다운스윙 할 때 중력이 신체에 최대의 토크를 발휘할 수 있도록 도와준다.

㉥ 업스윙에 의하여 높게 올라갈 때, 고관절과 어깨관절을 굽혀서 중력에 의한 감속효과를 줄여야 한다. 고관절과 어깨관절을 굴곡시켜서 무게중심을 철봉 가까이로 위치시키면 중력의 감속토크를 줄일 수 있다.

토크는 같은 힘이라도 회전축으로부터 모멘트 팔의 길이가 길수록 커지는데, 다음의 〈a〉 5cm, 〈b〉 20cm 떨어진 곳에 100N의 힘을 가할 때 발생하는 토크의 크기와 방향을 구하시오.

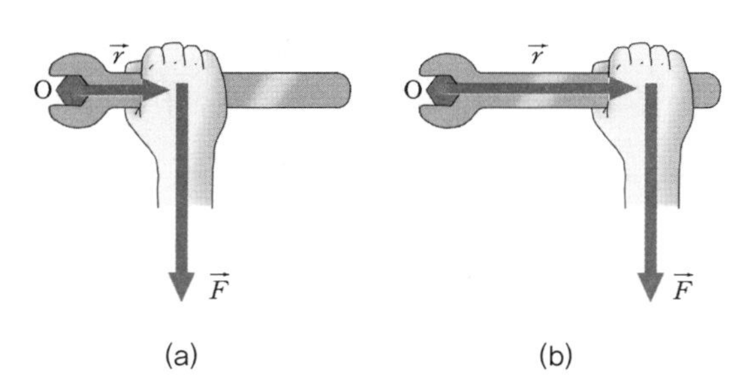

(a) (b)

→ (a) = 0.05m × 100N = 5N · m, (b) = 0.2m × 100N = 20N · m, 두 힘 모두 시계 방향의 회전을 발생시키기 때문에 토크는 (−)이다.

(2) 관성 모멘트

① 관성모멘트의 개념

㉠ 관성이란 현재의 운동 상태를 계속 유지하려는 물체의 속성이다. 관성모멘트는 정지 시에는 "회전 저항", 회전 중에는 "회전 지속"의 특성으로 모든 물체나 선수가 초기에는 회전에 저항하고 토크가 가해져서 회전하기 시작하면 회전을 계속하려는 경향을 의미한다.

㉡ 관성모멘트는 각운동이 일어나는 모든 상황에서 존재한다. 관성모멘트는 선운동에서의 관성인 질량과 유사한 개념으로 회전운동에서의 관성을 의미한다.

$$I = m \cdot r^2$$

(I: 관성모멘트, m : 질량, r : 회전반경)

㉢ 회전하는 물체의 관성의 크기를 결정하는 주요 요인

ⓐ **물체의 질량**: 물체를 회전시키려 할 때 물체의 질량이 크면 클수록 회전에 대한 저항이 더 크다. 그러나 물체가 일단 회전을 하게 되면 물체의 질량이 클수록 물체가 회전을 시작해서 회전을 계속적으로 지속하려는 경향이 더 커진다. 무거운(질량이 많은) 야구 배트는 가벼운 야구 배트보다 스윙하기가 더 어렵다. 타자가 야구 배트를 움직이기에 충분한 토크를 작용시키면 무거운 배트는 가벼운 배트보다 스윙을 더 지속하려고 한다. 야구 배트가 더 무거울수록 야구 배트를 움직이게 하고 조절하고 멈추고 하는 데 더 많은 힘이 필요하다.

ⓑ **질량분포**: 회전하는 축에 대한 그 물체의 질량분포(위치) 상태를 의미한다. 질량분포의 측면에서 최대와 최소값은 물체의 질량이 회전축으로부터 가장 멀리 떨어진 지점과 가장 가까운 지점에서 일어난다.

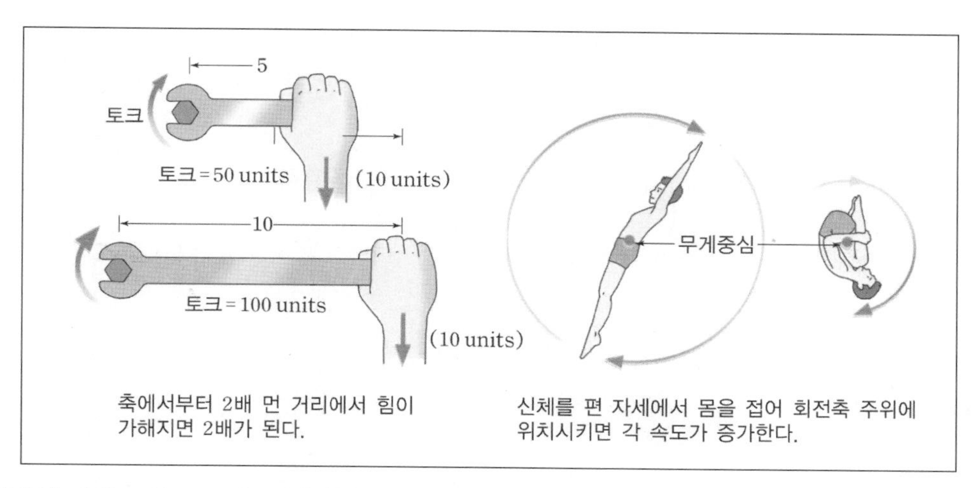

㉣ 인체의 관성모멘트 크기는 일반적으로 전후축, 좌우축, 수직축의 순서로 나타난다. 따라서 일반적으로 수직축을 중심으로 회전하는 스핀동작은 쉽지만 좌우축을 중심으로 회전하는 핸드스프링 같은 동작은 훨씬 어렵다. 가장 어려운 것은 손집고 옆돌기와 같이 전후축을 중심으로 하는 회전운동이다. 손집고 옆돌기는 전후축에 대한 관성모멘트가 커서 빨리 회전하기가 어렵다. 자세에 따라 달라지기도 하는데 자세를 곧게 펴면 관성모멘트가 커지고 움츠리면 작아진다.

자세변화에 의한 인체의 관성모멘트

위치	축	관성모멘트(kg · m²)
	전후축	12.0~15.0
	좌우축	10.5~13.0
	좌우축	4.0~5.0

	수직축	1.0~1.2
	수직축	2.0~2.5

② 질량분포의 차이에 따른 관성모멘트의 변화

㉠ 물체의 관성모멘트는 질량의 크기와 회전축에 대한 질량의 분포 형태에 따라 달라진다.

㉡ 관성모멘트의 효과는 질량(m)이 축으로부터 떨어진 단위 거리의 제곱(r^2)에 비례한다.

㉢ 도구는 모든 지점들을 한쪽 끝으로 이동시킬 수는 없지만 인체는 가능하다.

ⓐ 야구 배트는 질량의 분포를 변화시키기 어렵다.

ⓑ 선수들은 신체를 구부려 터크 자세를 취하거나 반대로 몸을 편 자세를 취할 수 있다. 선수들은 터크 자세를 취함으로써 신체의 질량분포를 회전축에 가깝게 위치시킬 수 있으며 반대로 몸을 편 자세에서는 신체의 질량분포를 회전축으로부터 멀리 위치시킬 수도 있다.

③ 다이빙에서 관성모멘트의 조절

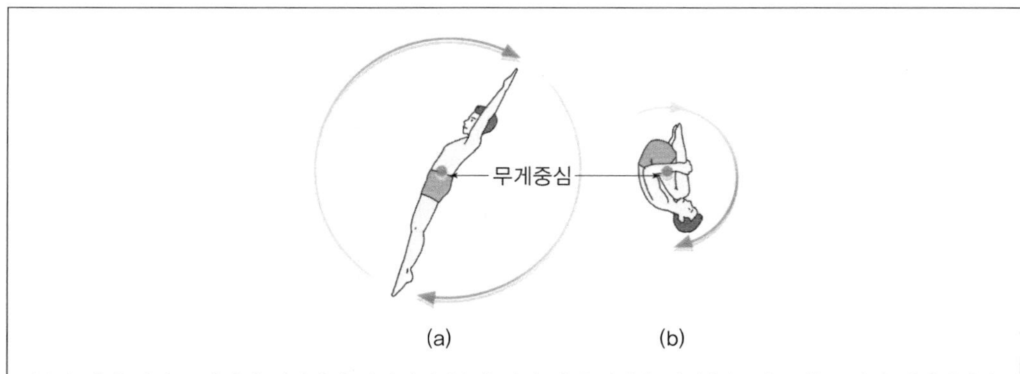

(a)와 같이 신체를 완전히 신전시킨 자세에서 (b)와 같이 신체 질량을 회전축(무게중심) 주위에 위치시키면 각속도가 증가한다.

㉠ 다이빙 선수들은 공중에서 공중회전을 하면서 몸을 편 자세에서 터크 자세로 변화시킬 때 몸통과 팔, 다리를 동시에 굽히면서 상체와 하체를 밀착시킨다. 몸은 편 자세와 구부린 자세 사이의 관성모멘트는 큰 차이가 있다.

㉡ 선수의 다리와 팔은 무거우며 상대적으로 신체 질량의 많은 부분을 차지한다. 다리와 팔을 축 주위로 가깝게 이동시키면 관성모멘트가 감소하여 신체가 빠르게 회전하게 된다. 공중에서 신체를 편 자세로 있으면 회전이 느리게 일어나고 신체를 굽히면 더 빠르게 회전한다.

㉢ 무게 중심을 통과하는 회전축 주위로 신체 질량을 많이 분포시킬수록 더 빠르게 회전하게 된다. 마르고 유연성이 좋은 다이빙선수는 보다 빠르게 구부릴 수 있어 회전을 쉽게 할 수 있다. 반대로 근육질이나 뚱뚱한 선수는 마른 선수보다 신체를 당기는 데 걸리는 시간이 더 소요된다.

평행축 정리

- 평행축 정리는 어떤 물체의 중심축에 대한 관성모멘트(I_{cg})를 알 때 그와 평행한 다른 축에 대한 관성모멘트(I)를 산출하는 방법이다.

$$I = I_{cg} + mr^2$$

(I: 임의의 회전축에 대한 관성모멘트, I_{cg} : 무게(질량)중심을 통과하는 회전축에 대한 관성모멘트, m : 분절의 전체 질량, r : 무게(질량)중심축과 임의의 회전축과의 길이)

  - 질량중심을 지나는 축에 대한 회전관성을 알면 그와 평행한 축에 대한 회전관성도 알 수 있다.
  - 평행한 축에 대한 회전관성은 질량중심을 지나는 축에 대한 회전관성보다 무조건 크다.
  - 평행한 축에 대한 회전관성은 두 축이 떨어져 있는 거리의 제곱에 비례해서 증가한다.

- 대퇴의 중심에 대한 관성모멘트를 알 때 엉덩이관절(hip)을 지나는 평행축에 대한 관성모멘트를 산출하는 방법의 예이다. I_{hip}은 I_{cg} 더하기 mr^2인데, m은 이 물체의 질량이고 r은 대퇴중심과 엉덩이관절 사이의 거리이다. 다리의 무릎을 고정시키고 회전하는 운동을 분석할 경우 고정점이 무릎이므로 무릎에 대한 관성모멘트를 산출해야 한다. 이때 평행축 정리를 사용한다.

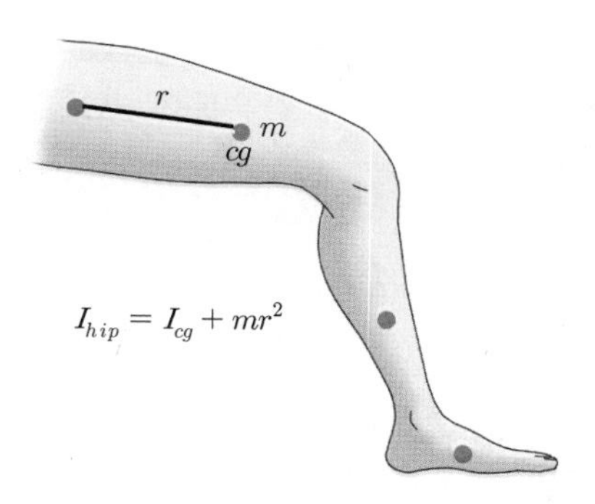

④ 단거리 달리기에서의 관성모멘트

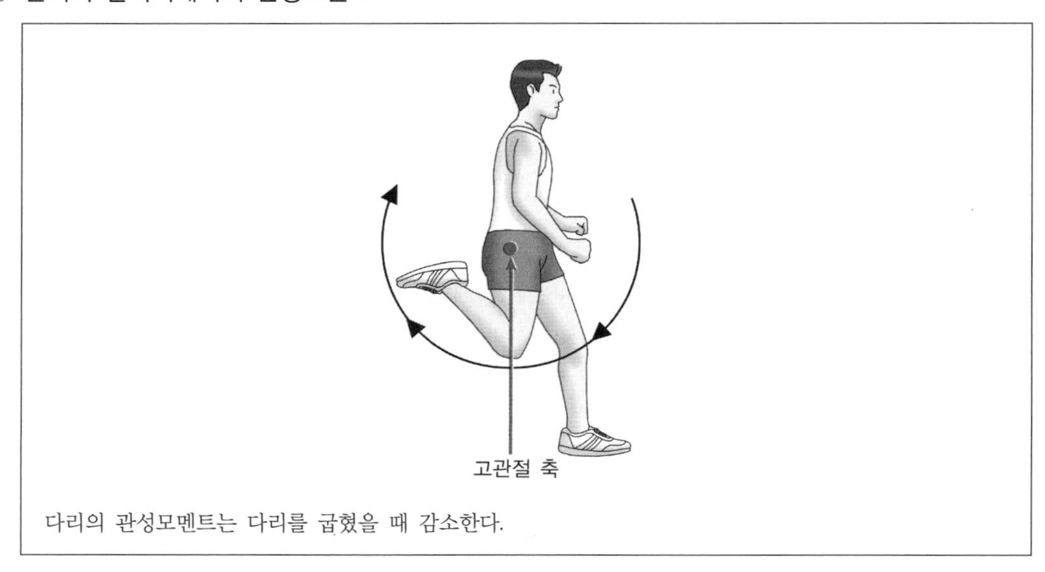

다리의 관성모멘트는 다리를 굽혔을 때 감소한다.

㉠ 100m 달리기에서 앞으로 진행하려 할 때에는 다리를 등 뒤까지 신전시킨 후 다음 스트라이드를 위해 앞으로 나아가려 할 때는 다리를 구부린다. 마찬가지로 다리가 앞으로 나가게 되면 대퇴를 들어 올리고 무릎관절을 이용해 다리를 구부린다.

㉡ 무릎관절을 굴곡시키면 다리의 질량이 엉덩이 관절(다리 회전축)에 더 가까이 가져올 수 있게 되어 다리의 관성모멘트를 줄일 수 있다. 다리의 관성모멘트가 작아지면 다리를 움직이는 것이 더 쉬우므로 더 빠르게 달릴 수 있다.

3. 선운동과 각운동의 통합

선운동과 각운동은 운동형태가 다를 뿐 근본적으로 뉴턴의 운동 법칙에 따른다. 그러므로 여러가지 역학량을 계산하는 공식도 서로 유사하다. 여러 가지 공식에서 선운동의 질량 대신 각운동의 관성모멘트, 선운동의 힘 대신에 각운동의 토크로 대치하면 된다.

구분	선운동	각운동
관성	관성질량	관성모멘트
속도	선속도	각속도
가속도	선가속도	각가속도
힘	힘 = 질량 × 가속도	토크 = 관성모멘트 × 각가속도
운동량	운동량 = 질량 × 속도	각운동량 = 관성모멘트 × 각속도
충격량	충격량 = 힘 × 작용시간	각충격량 = 토크 × 작용시간
운동량보존의 법칙	외부에서 힘이 작용하지 않으면 운동량은 일정하다.	외부에서 토크가 작용하지 않으면 각운동량은 일정하다.

4. 각운동량

(1) 각운동량의 결정 요인

$$H = I \cdot \omega$$

(H: 각운동량, I: 관성모멘트, ω: 각속도)

① 각운동량은 회전속도와 관성모멘트의 크기에 의해 결정된다.

② 각운동량을 구성하는 요인

㉠ 물체의 질량

㉡ 회전하는 물체의 질량분포

㉢ 각속도

③ 야구 배트의 각속도는 야구 배트의 질량보다 야구공의 비행 거리에 상대적으로 더 큰 영향을 미친다.

④ 회전이 필요한 경기에서는 가능한 한 많은 각운동량을 만드는 것이 매우 중요하며, 공중회전을 하는 다이빙 동작과 같은 경우는 도약할 때에 생기는 선운동량과 각운동량 모두가 매우 중요하다.

㉠ 다이빙 선수는 보드 위로 높게 오르기 위해서 선운동량을 이용하며 낙하 시 보드에 부딪히지 않도록 보드로부터 충분히 멀리 도약해야 한다. 이와 동시에 선수는 발구름하며 도약할 때 신체를 곧게 신전시켜야 한다. 신체가 곧게 신전된 자세에서 회전을 수행함으로써 다이빙 선수는 보다 큰 각운동량을 생성시킬 수 있다.

㉡ 다이빙 선수는 이와 같이 생성된 각운동량을 이용하여 차후의 모든 공중회전과 트위스트를 수행하게 된다.

야구 타격에서의 각운동량 증가
1. 회전하는 물체의 질량 증가 • 무거운 배트를 선택하여 스윙한다. 2. 가능한 많은 질량을 회전축으로부터 멀리 이동시킨다. • 타자가 회전을 하고 있다면, 각운동량을 증가시키기 위해 신체를 신전시키도록 한다. • 스윙 시에는 대부분의 질량이 배트 끝에 분포되어 있는 길이가 긴 배트를 사용한다. 3. 회전하는 물체의 각속도를 증가시킨다. • 타자는 배트를 보다 빠르게 스윙함으로써 더 큰 각속도를 얻을 수 있다.

(2) 도약 시 각운동량의 사용

① 높이뛰기 선수는 발구름 하는 다리의 추진 동작 외에 발구름 하지 않는 다리와 양팔을 상방으로 강하게 스윙하는 동작을 추가한다.

㉠ 양팔과 발구름 하지 않는 다리의 추가적인 상방 스윙에 의해 발생된 각운동량은 선수의 전신으로 전이되며, 그 결과로 다리의 트위스트와 팔과 발구름 하는 다리가 지면을 밀어내는 추진력을 증가시킨다.

㉡ 선수가 지면을 더 강하게 밀수록 지구는 그에 대한 반작용으로 선수를 더 강하게 밀어 올린다. 그 결과 선수는 공중으로 더 높게 도약하게 된다.

㉢ 체조 선수의 경우에도 뒤공중돌기를 하기 위하여 양팔을 상방으로 휘돌린다. 이때 최대의 효과를 얻기 위해서는 양팔을 곧게 편 채로 빠른 속도로 상방으로 스윙하여야 한다.

② 피겨스케이트 선수가 빙판을 질주할 때에 선수가 얼음을 더 강하게 밀수록 지구도 선수를 더 강하게 밀어준다. 이 때 피겨스케이트 선수와 지구와의 상호작용으로 피겨스케이트 선수는 공중으로 도약하여 3~4회전의 트위스트 동작을 수행할 수 있다.

(3) 각운동량 보존

① 높이뛰기, 멀리뛰기, 다이빙 등에서 도약할 때 선수가 만든 각운동량은 공중에 있는 동안 똑같이 남아 있게 된다. 그 이유는 공중에서는 선수들이 각운동량을 증가시키거나 감소시키기 위해서 공기를 밀수 없고 공기는 각운동량을 줄이는 데 영향을 미치지 않기 때문이다.

② 선수에게 작용하는 유일한 힘은 선수의 무게 중심을 당기는 지구의 중력이다. 비록 중력이 선수를 지구 쪽으로 가속시킴으로써 선수의 선운동량을 증가시키더라도 이 힘은 선수의 각운동량에 영향을 미치지 않는다. 결과적으로 선수의 각운동량은 일정하게 유지된다. 이는 도약할 때 만들어지는 각운동량이 비행 중에 보존된다는 것을 의미한다.

(4) 다이빙에서 회전율 조절

① 하이다이빙을 하는 시간동안 다이빙 선수의 각운동량은 보존된다. 도약할 때 만들어진 각운동량의 크기는 다이빙하는 동안 동일하게 유지된다.

② 다이빙 선수들은 공중에서 신체를 쭉 편 레이아웃(layout) 자세로부터 허리를 완전히 구부린 터크(tuck) 자세로 바꾸는 동작을 수행한다.

③ 선수들은 터크 자세를 취할 때에 양다리와 양팔을 안쪽으로 모으고 턱을 당기며 척추를 굴곡시키기 위하여 근력을 사용한다. 다이빙 선수가 터크 자세를 취하여 신체 질량을 회전축에 가깝게 위치시킴으로써 그 결과 다이빙 선수의 관성모멘트(회전에 대한 다이빙선수의 저항)가 감소하여 선수의 신체는 더 빨리 회전하게 된다(다이빙선수의 각속도가 증가한다).

④ 다이빙 선수가 공중에서 가지는 각운동량의 크기는 회전율과 다이빙 선수의 질량과 질량 분포(신체를 펴거나 구부리는 정도) 등에 의해 결정된다. 다이빙 선수의 총 각운동량을 유지하면서 각운동량을 구성하는 한 가지 요소를 줄이면 총 각운동량은 동일하게 유지되기 때문에 다른 요소가 증가하게 된다.

⑤ 공중에서는 질량을 바꿀 수 없기 때문에 터크 자세를 취해 회전축 쪽으로 신체 질량을 당기면 그 결과로 신체의 각속도가 증가하게 된다. 신체를 안쪽으로 당기면 회전이 더 빠르게 일어나고 반대로 신체를 펴면 회전이 느리게 일어나게 된다.

(5) 스케이팅에서 회전율 조절

① 회전율을 증가시키기 위해 신체를 당겨서 관성모멘트를 줄이는 예로는 피겨스케이트 선수가 공중에서 루츠(Lutz)나 엑셀(Axel) 동작을 할 때 공중에서 수직축을 중심으로 트위스트 회전을 완성하는 것을 들 수 있다.

② 피겨스케이트 선수가 한 다리는 앞으로 하고 다른 다리는 뒤로 해서 엑셀 점프를 할 때 팔은 양옆으로 넓게 벌린다. 결과적으로 체중은 신체의 장축에 대해 상대적으로 넓게 퍼진다.

③ 넓게 펼친 자세는 선수의 관성모멘트를 증가시키므로 장축 주위의 각속도(회전율)는 최소가 된다. 공중에서 팔과 다리를 안쪽으로 당기면 관성모멘트가 작아지며 각속도가 빨라지며 회전하게 된다. 그 후 착지를 위해 팔과 다리를 넓게 펴면 관성모멘트는 다시 증가하고 회전율은 감소한다.

(6) 투창에서의 각운동량의 전이

투창

① 투창 선수가 도움닫기를 하여 투창을 던지는 동작에서 전체 운동량은 변하지 않는 상태에서 각운동량은 선운동량으로, 선운동량은 각운동량으로 전환된다.

② 도움닫기를 하는 동안 투창은 선운동을 하며, 투창의 질량과 투창 선수의 도움닫기 속도를 곱한 값의 선운동량을 가지고 있다.

③ 도움닫기 동작에서 투창을 던지기 위하여 첫발을 내딛을 때, 선운동을 하던 투창은 선수가 발을 축으로 하는 회전운동을 시작하면서 투창의 각운동량을 갖는다. 그 이후 창을 잡고 있는 팔과 상체를 전방으로 회전시키면서 투창의 각운동량을 증가시킨다. 이때 투창은 선운동량과 각운동량을 함께 갖게 되어 총운동량이 증가한다.

④ 투창을 던지는 순간 각운동을 하던 투창은 선운동으로 전환되며, 이때 각운동량은 선운동량으로 전환된다(총운동량은 변화 없이 항상 일정하다).

⑤ 투창을 멀리 던지려면 릴리스 되는 순간 투창의 선운동량이 커야 한다. 릴리스 순간 투창의 선운동량은 릴리스 직전의 각운동량과 동일하므로 릴리스 순간에 투창의 각속도를 증가시켜야 한다.

⑥ 던지는 동작에서의 각운동량은 도움닫기에서 생긴 선운동량에서 전환된 각운동량과 던지는 동작 중에 팔과 상체에 의하여 생성된 각운동량을 합한 것이다. 그러므로 도움닫기를 할 때 선운동량을 증가시키기 위하여 도움닫기 속도를 빠르게 해야 한다.

(7) 2단 평행봉의 각운동량 전이

이단평행봉

① 이단평행봉에서 윗봉에서 아랫봉으로 하강흔들기를 했을 때 아랫봉에 의해 상체의 각운동량이 순간적으로 제지됨으로써 상체의 각운동량이 하지에 전달되어 하지의 각운동량은 상체의 감소된 각운동량만큼이 상대적으로 증가하게 된다(전신에서 부분으로 각운동량의 전이).

② 아래로 스윙할 때 증가된 운동량은 아래의 봉에 의해 갑자기 몸이 정지하면 다리 부분으로 각운동량이 전달된다. 이러한 경우의 각운동량은 전신으로부터 신체 일부분으로 전달되는 운동 효과를 보인다. 아래로 스윙할 때, 증가된 운동량은 밑봉에 의해 갑자기 제지되므로 다리의 각속도가 일어난다.

- 특정한 회전축에 대한 인체의 전체 각운동량은 같은 회전축에 대한 인체 분절 각각의 각운동량을 모두 합한 것과 같다.
- 인체 전체의 각운동량이 일정할 때, 신체 일부의 각운동량 변화는 다른 부위(들)의 각 운동량을 변화시키고 결국 신체 각 분절의 각운동량의 총합이 보존된다.
- 전체 각운동량이 일정할 때, 각운동량은 신체의 어떤 부분에서 다른 부분, 혹은 전체로 전이될 수 있다.
- 각운동량이 보존되지 않을 때도, 각운동량 전이는 발생한다.

5. 구심력과 원심력

(1) 관성, 구심력, 원심력

① 회전이 일어나면 관성(inertia)과 구심력(centripetal force), 원심력(centrifugal force) 사이에는 항상 상호작용이 존재한다. 회전은 관성과 구심력간의 대립으로 일어난다. 물체가 움직일 때 관성은 직선으로 가려는 경향을 나타낸다. 직선 운동을 곡선이나 회전운동으로 바꾸려면 구심력이 필요하다.

② 물체가 곡선이나 회전경로를 유지하게 하기 위해서는 회전축을 향해서 물체를 당기거나 밀어야 한다. 야구 배트를 스윙할 때 배트가 스윙 궤적을 따라가게 하기 위해서는 안쪽 방향으로 구심력을 적용시켜야 한다.

③ 배트에 가해진 안쪽으로 당기는 구심력은 배트가 선수를 바깥쪽으로 당기는 원심력을 만든다. 관성, 구심력, 원심력 모두는 회전이 일어날 때 존재하며 이들이 없이는 회전이 불가능하다.

(2) 구심력과 원심력

① 구심력과 원심력의 개념

㉠ 구심력은 물체를 구속시켜 원주 위를 운동하게 하는 원인으로서 회전중심을 향하여 작용하는 반경 성분의 힘을 말하며, 원심력은 구심력에 대한 반작용력으로 회전하는 물체가 회전 궤도를 이탈하고자 하는 가상적인 힘을 말한다.

㉡ 즉 물체(신체)가 원운동을 할 때 중심 방향으로 향하는 힘을 구심력이라고 하며, 이와 크기가 같은 역방향의 반작용을 원심력이라 한다. 원심력과 구심력은 크기가 같다.

㉢ 구심력은 곡선 경로를 따라 움직이는 물체에 실제로 존재하는 힘인 반면에 원심력은 구심력이 존재할 때에 그 반작용으로서 작용하며 구심력이 소멸되면 원심력도 소멸되기 때문에 가상적인 힘이라고 할 수 있다.

㉣ 원운동을 하고 있는 물체에서 구심력이 없어진다면 원심력도 없어지므로 물체는 결국 직선 방향으로 일정한 속도로 운동하게 된다. 실제로 원심력은 존재하지 않는다. 만일 원심력이 존재한다면, 줄이 끊어질 때 물체는 원의 접선방향으로 날아가지 못할 것이다.

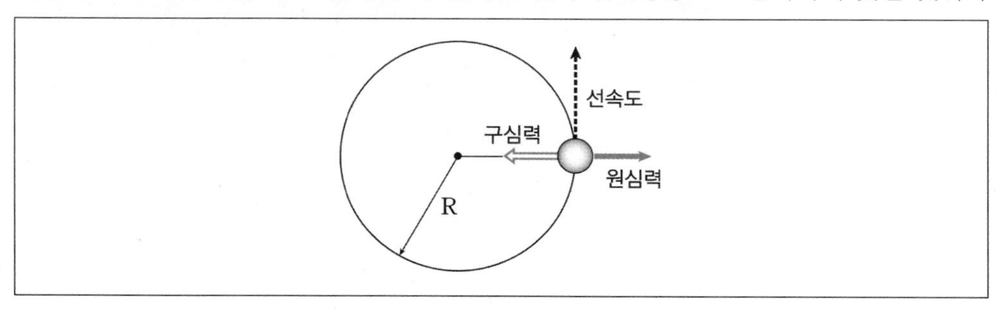

등속원운동

ⓜ 회전하고 있는 물체의 속도가 일정하다 할지라도 운동방향은 순간마다 변하므로 언제나 원 궤도의 중심을 향하는 구심가속도 또는 반경가속도가 작용해야 한다. 등속 원운동 시의 가속도는 항상 원의 중심을 향하게 되는데 이를 구심가속도라 한다. 이러한 구심가속도의 역할은 원운동을 하는 물체의 속도가 일정하다 해도 운동 방향은 순간순간마다 변하게 하지만 가속도의 크기는 변화시키지 않는다.

ⓑ 구심가속도를 a_c라고 표시할 때

$$a_c = \frac{V^2}{r}$$

구심가속도는 원운동의 접선속도의 제곱에 비례하며 원의 반경에 반비례 한다. 이러한 구심가속도에 원운동을 하고 있는 질량을 곱한 것을 구심력이라 하는데 이 힘이 원운동의 물체에 원 둘레를 벗어나지 못하도록 구속시켜 원주 위를 운동하게 하는 원인이 된다.

ⓢ 우리가 어떤 물체를 원운동 시키기 위해서 구심력을 가하면 그 반작용력이 손에 가해진다. 이와 같이 물체로부터 가해지는 구심력의 반작용을 원심력으로 나타내는데 이러한 구심력의 크기는 뉴턴의 제2법칙과 구심가속도의 값으로 산출된다.

$$F_c = \frac{WV^2}{gr} = \frac{mV^2}{r}$$

(F_c: 구심력, g: 중력, W: 중량, r: 반경, m: 질량, V: 접선속도)

> 육상트랙의 곡선주 반경이 30m이고 체중이 70kg중인 주자가 9m/sec의 속도로 곡선주로를 달리기 위해 요구되는 구심력은?
>
> → $F_c = \frac{mV^2}{r} = \frac{70 \times 9^2}{30} = 19.3\text{kg} \cdot$중
>
> 반경이 10m로 줄어들었다면 원심력은?
>
> → 57.9kg·중

ⓞ 등속원운동에서 물체에 작용한 힘은 구심성분의 힘과 접선성분의 힘으로 분해된다. 따라서 이때 생긴 가속도에는 회전중심방향의 구심가속도와 접선방향의 접선가속도의 두 가지가 있다.

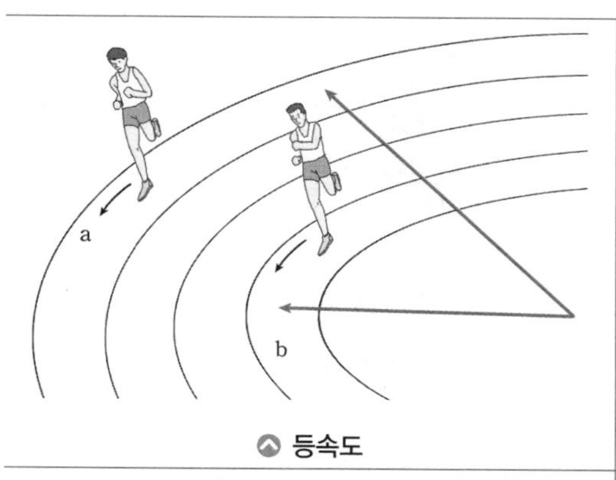 등속도	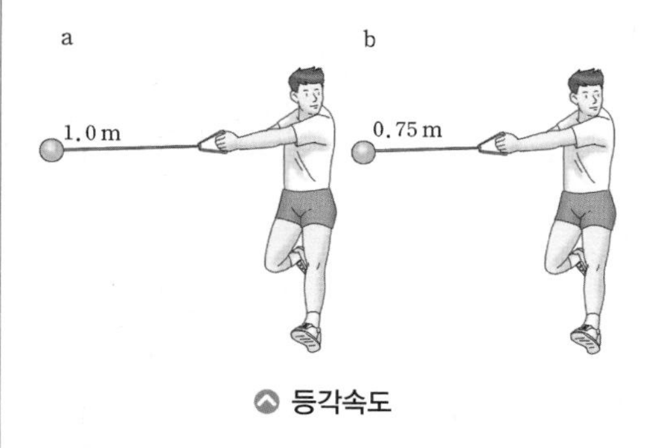 등각속도
• 구심력: $\frac{mV^2}{r}$ • 구심력은 선속도의 제곱에 비례, 질량에 비례, 회전반지름에 반비례한다. • 선속도가 일정할 경우 구심력은 회전반경이 작은 (b)선수가 크다.	• 구심력: $m \cdot r \cdot \omega^2$ • 구심력은 각속도의 제곱과 질량과 회전반지름의 곱에 비례한다. • 각속도가 일정할 경우 구심력은 회전반경이 큰 (a)선수가 크다.

구심력은 원운동을 발생시키는 원인으로 원의 중심을 향한다. 반면 원심력은 원운동을 하는 물체가 바깥으로 벗어나려고 하는 경향을 나타내는 힘이다. 구심력과 원심력은 정반대이며 정확한 원운동을 한다면 두 힘의 크기도 같다. 그러나 원심력이 구심력보다 크면 회전반경이 점점 커지는 원운동의 형태를 나타내게 되고, 반대로 구심력이 원심력보다 커지면 회전반경이 점점 작아지는 형태를 보이게 된다. 구심력의 방향은 속도의 방향과 항상 직각을 이루며 원의 중심인 구심 방향으로 작용한다.

② 곡선 주로 달리기

㉠ 주자가 트랙을 돌 때 체중이 많이 나갈수록, 반경이 적고, 질주속도가 빠를수록 상대적으로 구심력은 증가해서 가해져야 한다. 즉 원심력의 작용으로 곡선주로의 코스를 유지하기 어렵게 된다.

㉡ 이러한 구심력을 제공받기 위해서, 즉 원심력의 영향력을 배제하기 위해서 선수는 신체를 트랙의 내측으로 기울일 필요가 있다.

㉢ 빠른 원운동을 하는 육상의 트랙경기나, 스피드스케이팅 등에서 원심력의 영향을 배제하기 위해 경기장을 경사지도록 설계한다. 선수는 곡선주로를 이탈하지 않기 위해서 신체를 곡선주로의 안쪽으로 기울여야 한다.

㉣ 외력에는 중력, 원심력, 발과 트랙의 마찰력이 작용하게 되는데 중력과 원심력은 무게중심에 작용하는 힘이므로 세 힘간에 완전한 평행이 이루어지기 위해서는 마찰력에 의한 지면 반력의 작용선이 반드시 무게 중심을 지나야 하며 동시에 세 가지 힘의 합벡터가 0이 되어야 평형이 된다.

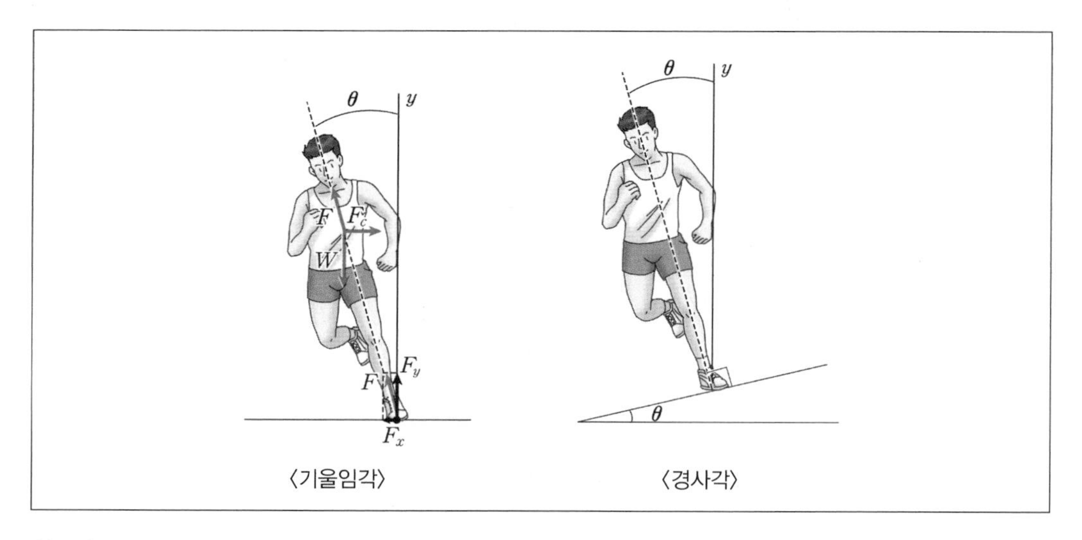

〈기울임각〉 〈경사각〉

ⓜ 원심력 F_c와 중력 W는 서로 직교하므로 이들의 비가 곧 $\tan\theta$가 된다.

수평성분력 : $F_x = F\sin\theta = \dfrac{mV^2}{r}$

수직성분력 : $F_y = F\cos\theta = mg$

$\tan\theta = \dfrac{F_c}{W}$, $F_c = \dfrac{mV^2}{r}$이고 $W = mg$이므로 몸의 기울기 $\tan\theta = \dfrac{V^2}{gr}$

ⓑ 곡선주로에서 주자가 미끄러지지 않기 위해서는 신체의 내측 경사각에 대한 $\tan\theta$값이 최대 정지 마찰계수보다 작아야 한다.

$$F_x = F_c = F\sin\theta \le \mu \cdot F_y \ (\mu: \text{최대 정지 마찰계수})$$

$$\mu \ge \frac{F_x}{F_y},\ \mu \ge \tan\theta$$

400m 육상 트랙의 곡선주로 반경이 30m라고 할 때 체중 70kg의 주자가 9m/sec로 곡선주로를 달리기 위해 요구되는 구심력과 이를 제공받기 위한 신체의 내측 경사각을 구해보면

$$F_c = \frac{mV^2}{r} = \frac{\left(\frac{70}{9.8}\right)\times 9^2}{30} = 19.3\text{kg}\cdot\text{중}$$

$$\tan\theta = \frac{V^2}{gr} = \frac{9^2}{9.8\times 30} = 0.276,\ \theta \fallingdotseq 16^\circ$$

주자가 신체의 내측 경사각을 유지하면서 곡선 주로를 달릴 때에 미끄러짐을 방지하기 위해서는 다음의 조건이 성립되어야 한다.

$$F_x = F_c = F\sin\theta \le \mu \cdot F_y$$

$$\mu \ge \frac{F_x}{F_y},\ \mu \ge \tan\theta$$

즉, 곡선주로에서 주자가 미끄러지지 않기 위해서는 신체의 내측 경사각에 대한 tan 값이 최대 정지마찰계수 μ보다 작아야 한다. 위의 예에서 트랙면과 신발 사이의 최대 정지마찰계수가 0.3이라고 하면 주자가 신체를 내측으로 16° 기울임으로써 곡선 주로에서 넘어지거나 미끄러지지 않고 달릴 수 있게 된다.

ⓢ 물체의 원운동에서 원심력을 작게 하려면 W는 어쩔 수 없고, 또 중력의 조정이 불가능하므로 어쩔 수 없으며 조정이 가능한 속도 V를 줄이거나, 반경 r을 크게 해야만 한다.

$$F_c = \frac{mV^2}{r}$$

ⓞ 구심력이 작용할 때 주어진 조건이 같은 경우는 다음과 같은 구심력의 성질을 생각할 수 있다.

ⓐ 질량이 2배 증가하면 구심력도 2배 증가한다(운동하는 질량에 비례한다).

ⓑ 속도가 2배 증가하면 구심력은 4배 증가한다(속도의 제곱에 비례한다).

ⓒ 반경이 2배 증가하면 구심력은 1/2배 감소한다(속도가 일정할 때 회전반경에 반비례한다).

ⓙ 원운동 시에 물체의 구심력은 물체 속도의 제곱에 비례하고, 반경에 반비례하므로 사이클 경기나 육상 경기에서 곡선 주로는 원의 중심으로 몸을 기울여야 하며, 속도를 줄이든지 반경을 크게 하여야 한다.

③ 해머던지기

㉠ 해머는 질량을 가진 다른 물체들처럼 처음에는 움직이려고 하지 않으며 움직인 이후에는 회전 경로를 벗어나려고 한다. 이러한 해머의 관성은 운동을 방해한다.

ⓐ 해머를 움직이기에 충분한 근력을 발휘하면 해머의 관성은 원형이 아니라 직선으로 이동하려고 한다. 서클 안에서 회전할 때 해머는 줄의 끝 부분에서 큰 원을 그린다.

ⓑ 해머의 궤적을 직선에서 원형으로 바꾸기 위해서 구심력을 일정하게 안쪽으로 작용시키면서 줄을 당겨야 한다. 이 힘은 그의 신체로부터 팔과 줄을 따라 해머에까지 전달된다.

㉡ 해머던지기 선수가 발휘해야 하는 구심력의 크기는 상황에 따라 달라진다.

ⓐ 선수가 회전을 두 배 빠르게 해서 각속도를 두 배로 증가시키려면 네 배의 힘으로 해머를 안쪽으로 당겨야 한다. 그 이유는 해머는 원형경로를 두 배 더 빠르게 이동하고 또한 해머는 원형경로에서 매 순간마다 네 배의 힘으로 선수를 당기기 때문이다. 즉 선수의 회전율에 제곱한 구심력이 요구된다.

ⓑ 선수의 각속도는 일정하고 해머의 무게만 두 배로 증가시키면 해머의 추가 질량이 선수를 매 순간 두 배의 힘을 당기기 때문에 구심력을 두 배로 증가시켜야 한다.

ⓒ 일정한 원운동을 하고 있는 물체가 질량이 2배가 되면 요구되는 구심력의 크기는 2배가 되고, 속도가 2배이면 4배의 구심력이 되며, 반경이 2배이면 구심력은 1/2배가 된다.

㉢ 해머의 중량에 상관없이 더 빠르게 회전하기 위해서는 해머던지기 선수는 다리를 구부리고 상체를 뒤쪽으로 기울이는 자세를 취함으로써 필요한 구심력을 생성시킬 수 있게 된다. 이러한 자세를 취하지 못하면 균형이 무너지게 되어 넘어지게 된다.

㉣ 선수는 해머를 던지기 위해 3~4회의 회전을 점점 더 빠르게 수행한다. 이때 직선으로 운동하려는 해머의 관성을 이겨내고 원형경로를 유지하려면 안쪽으로 당기는 힘 즉 구심력을 증가시켜야 한다.

ⓐ 선수가 안쪽으로 당기는 힘을 증가시키면 해머도 선수를 당기는 힘을 증가시킨다. 해머가 거대한 각속도를 가지고 원형경로를 회전할 때 선수는 신체를 뒤쪽으로 기울여 충분한 구심력을 생성하여야 한다.

ⓑ 선수가 해머를 당기는 힘과 선수를 당기는 해머의 힘이 균형을 이루어야 한다.

㉤ 투해머의 투척거리를 증가시키기 위해서는 투사속도를 증가시켜야 한다.

ⓐ 투해머의 회전반경을 짧게 하면 이에 따라 해머의 투사속도는 증가하게 된다. 이러한 이유 때문에 회전의 마지막 단계에서 상체를 젖히거나 엉덩이를 뒤쪽으로 내밈으로써 회전반경을 짧게 하려고 노력한다.

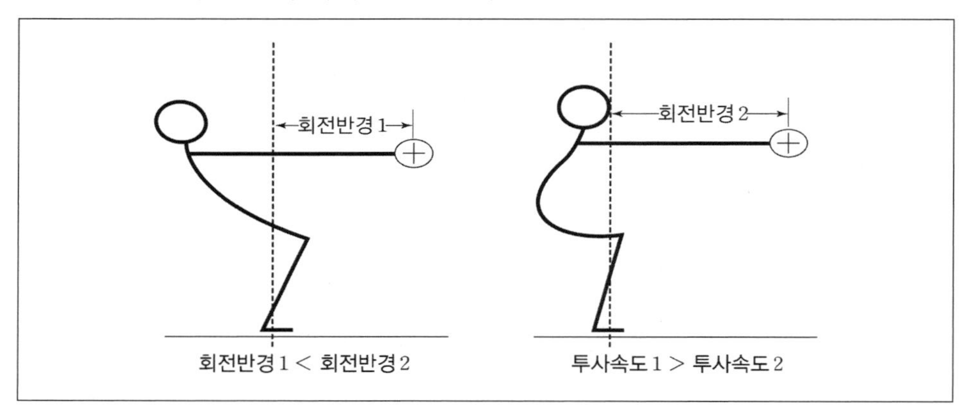

ⓑ 그림에서 상체를 젖히는 경우가 엉덩이를 뒤쪽으로 내미는 경우보다 해머의 회전반경이 짧음을 알 수 있다. 이와 같이 상체를 젖힘으로써 회전축에 대한 해머의 회전반경을 감소시켜 동일한 각운동량을 가지고 보다 큰 투사속도를 얻을 수 있다.

ⓒ 해머가 이탈되는 순간의 손의 위치와 해머의 위치를 비교해 보면, (b)와 같이 손잡이가 해머보다 앞쪽에 위치해야 한다. (a)에서는 구심력에 의하여 접선속도만을 얻게 되지만, (b)의 경우에는 구심력 F는 회전방향으로 작용하는 접선성분력을 지니고 있기 때문에 접선가속도가 접선속도에 부가됨으로써 보다 큰 접선속도를 얻게 된다.

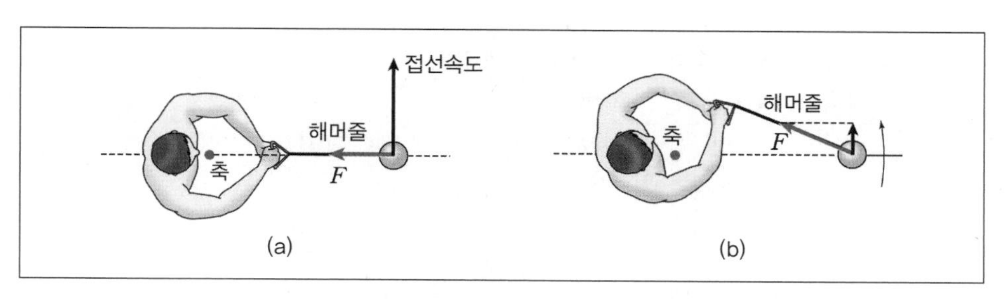

손의 위치와 접선속도

ⓗ 해머던지기에서의 원심력의 작용

ⓐ 스포츠 경기에서는 직선주로를 달리는 것보다 곡선주로를 달릴 때 원심력 때문에 속도가 떨어지고 원심력이 커질수록 속도가 감소되어 속도와 원심력 사이에는 부적 관계가 있다. 해머를 던지기 위하여 서클 내에서 터닝과 같은 예비동작을 할 때와 철봉에서 돌아내리기 기술을 하려고 크게 휘돌기를 할 때는 원심력이 커야 하는데, 원심력을 크게 하기 위해서는 회전속도와 회전반지름을 증가시켜야 한다.

ⓑ 직선으로 움직이려는 해머의 초기 성향을 원형으로 움직이도록 바꾸려면 해머를 안쪽으로 당겨 구심력을 유발시켜야 한다. 해머를 안쪽으로 당기면 동일한 크기의 힘이 반대방향으로 원심력이 작용한다. 실제로 구심력을 유발시키면 관성의 직선 특성을 바꾸어서 해머가 원형으로 운동하게 된다.

ⓒ 선수가 구심력을 유발시키면 이에 대한 반작용으로 원심력도 발생하게 된다. 해머를 놓는 순간 해머는 더 이상 원형으로 운동하지 않는다. 공기 속으로 해머가 날아간 거리는 구심력과 원심력이 아니라 놓는 순간에 해머에 작용한 속도와 궤도에 의해 결정된다.

운동역학 공식

구분	항목	내용
거리 변위	거리	물체가 한 위치에서 다른 위치로 이동하였을 때 지나간 궤적의 길이
	변위	물체의 이동 시점과 종점 사이의 거리
속력 속도	속력	속력 = 이동거리/경과시간
	속도	속도(v) = 이동변위(d)/경과시간(t)
	평균속도	순간 순간의 속도 변화를 무시한 채 특정 변위를 이동하는데 소요되는 시간으로 나눈 속도
	초속도	시간을 측정하기 시작한 그 순간의 속도
	종속도	일정 거리나 변위 혹은 시간의 종료점에서의 속도
	순간속도	순간적인 특정 시간이나 지점에서 측정된 속도 순간속도 = 물체의 순간 이동거리/시간의 변화량
	가속도	단위시간당 속도의 변화량 가속도 = 속도/시간
	평균가속도	평균가속도 = 속도의 변화량/총소요시간
	순간가속도	순간가속도 = 물체의 순간 속도 변화량/시간 변화량

각속력 각속도	평균각속력	각거리/소요시간
	평균각속도	각변위/소요시간
힘	힘	힘(F) = 질량(m) × 가속도(a)
	운동량	운동량 = 질량(m) × 속도(v)
	탄성계수	탄성계수(e) = 충돌 후 상대속도/충돌 전 상대속도
	밀도와 비중	밀도 = 질량/부피 비중 = 물체의 무게/동일부피의 물의 무게(4°C)
	부력	물체가 액체에 잠긴 부피 × 액체의 밀도 × 중력가속도
	베르누이정리	$P+\frac{1}{2}\rho V^2$ = 일정, 유속(V), 유체밀도(ρ), 유압(P)
	양력효율지수	양력/항력
	물의 마찰	$f=\frac{1}{2}KPSV^2$, 물체의 횡단면적(S), 물의 밀도(K), 수압(P), 상대속도(V)
	충격량	충격량 = 힘(F) × 작용시간(t)
	구심력	$F=\frac{mV^2}{r}$
	관성모멘트	관성모멘트 = 질량 × 반경^2
	각운동량	각운동량 = 관성모멘트 × 각속도
	토크	토크 = 힘(편심력) × 힘의 작용선으로부터 회전축까지의 거리(모멘트팔)

7 운동역학의 현장 적용

1. 육상

(1) 걷기

① 걷기 동작의 분석

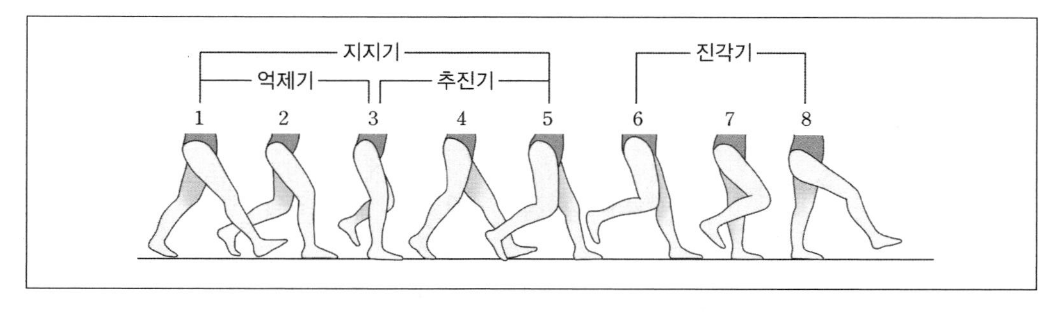

걷기의 동작단계(오른발 기준)

㉠ 지지기와 진각기 : 발이 지면과 접촉하고 있는가 여부에 따라 지지기와 진각기로 나눌 수 있다. 지지기는 지면에 접촉하고 있는 발이 인체의 중심선보다 전방에 위치하고 있는 억제기와 중심보다 후방에 위치하고 있는 추진기로 구분된다.

㉡ 이중 지지기 : 걷기에서 한 쪽 다리의 제어가 시작되는 시점은 다른 쪽 다리의 추진기의 끝과 중복되기 때문에 양발이 일시적으로 지면에 붙어 있는 이중 지지기가 생기게 되는데 이것이 달리기와 걷기의 가장 두드러진 차이점이다.

② 걷기의 보폭과 속도와의 관계

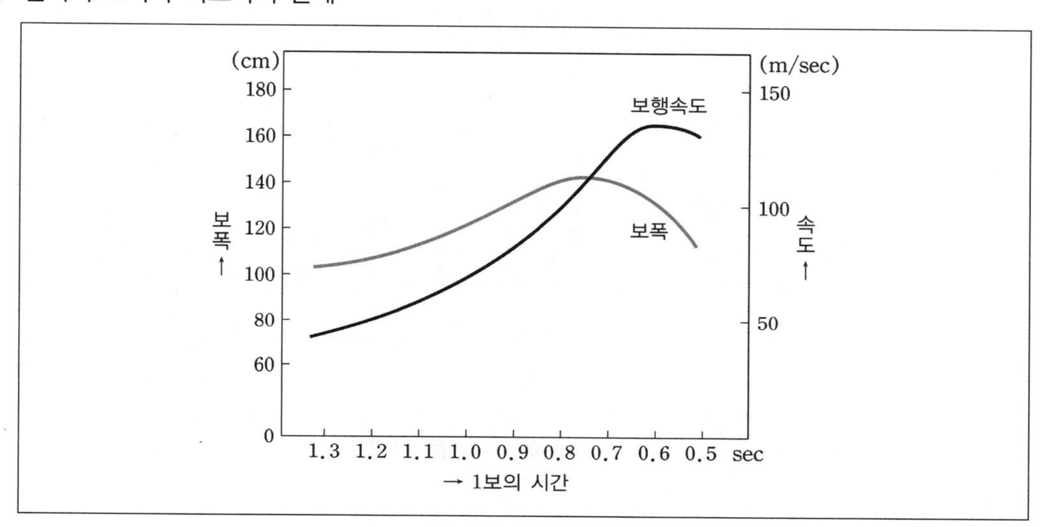

보폭과 속도와의 관계

㉠ 걷기의 속도는 보폭과 보수에 의하여 결정된다.

㉡ 보행 속도를 빠르게 하려면 보폭을 넓게 하고 1보의 소요 시간을 단축해야 한다.

㉢ 보수의 증가를 위하여 1보의 소요 시간을 너무 심하게 단축할 경우에는 보폭이 짧아져서 결국에는 보행 속도가 감소된다.

③ 지면반력의 작용

㉠ 걷기 시의 수직 지면반력은 걷는 속도가 빠를수록 그리고 보폭이 클수록 커진다.

㉡ 걷는 속도가 크면 클수록 추진력이 증가하게 되며 이는 곧 지면반력의 증가를 의미한다.

④ 걷기 시의 에너지 소비량과 속도와의 관계

㉠ 걷는 속도가 빨라지면 단위 시간당 이동 거리가 증가하기 때문에 시간당 체중당 에너지 소비량(kcal/kg/sec)이 증가하게 된다.

㉡ 그러나 실제적으로 일정거리를 걷는데 소비되는 에너지량은 걷는 속도에 크게 영향을 받지 않는다. 즉 km당 체중당 에너지 소비량(kcal/kg/km)은 별로 변함이 없다.

㉢ 그 이유는 걷기 시의 역학적 에너지는 '위치에너지 + 운동에너지'로 나타낼 수 있는데 걷기는 진자운동과 유사한 운동 형태를 띠고 있다. 진자운동의 특성은 위치에너지와 운동에너지 곡선의 증감이 반대 현상을 이루고 있기 때문에 각 지점에서의 '위치에너지 + 운동에너지 = 일정'하며, 따라서 외부로부터 에너지가 추가로 공급될 필요가 없다.

예 메트로놈

㉣ 걷기는 위치에너지와 운동에너지의 곡선의 주기가 진자운동과 같이 완벽한 역 위상을 이루지 못하기 때문에 '위치에너지 + 운동에너지'의 값이 일정하지 못하므로 일부 에너지를 하지의 근육이 공급해 주어야 한다.

(2) 달리기

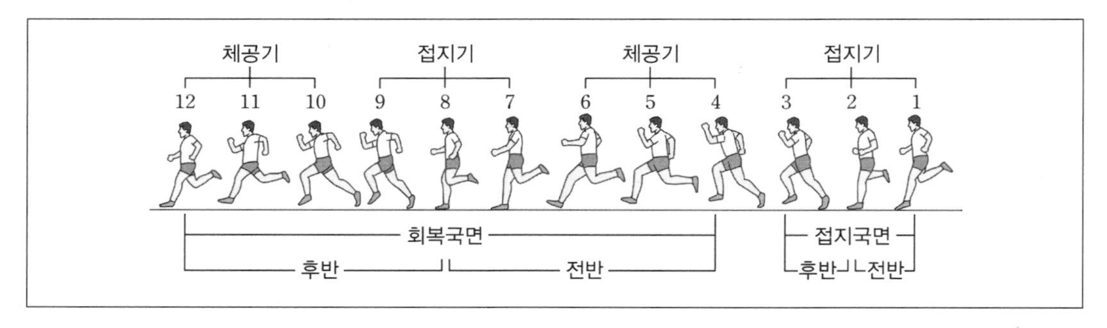

달리기의 동작단계

① 달리기 동작의 분석

㉠ 달리기는 지면에 접촉되어 있는 접지기와 공중에 떠있는 체공기로 구분되며 2회의 접지기와 2회의 체공기가 1주기를 이루는 윤전 형태의 이동 운동이다.

㉡ 다리의 접지 국면은 걷기에서와 마찬가지로 접지하고 있는 발이 신체 중심의 전방에 위치한 억제기와 후방에 위치한 추진기로 구분된다.

㉢ 한 쪽 다리를 기준으로 할 때 다리의 접지 국면과 회복 국면에서 총 소요 시간의 약 1/4 정도가 접지 국면에 소요되며 나머지 약 3/4 정도가 회복 국면에서 소요된다.

② 질주 속도

100m 달리기 선수는 마라톤 선수보다 상대적으로 큰 보폭이 요구되는 반면에 마라톤 선수는 100m 선수보다 상대적으로 많은 보수가 요구된다.

$$\text{질주속도(m/sec)} = \text{보폭(m/stride)} \times \text{보수(stride/sec)}$$

㉠ 회복 국면

ⓐ 다리의 주기 속도를 빨리하기 위해서는 회복 단계의 소요 시간이 짧을수록 효과적이다.

ⓑ 다리의 관성모멘트를 작게 하여 빠른 속도로 발을 앞으로 회전시킬 수 있어야 한다. (a)와 (b)는 질량은 같지만 (b)의 경우가 회전축으로부터 중심까지의 거리가 짧기 때문에 관성모멘트가 적어 회전하기에 용이하다.

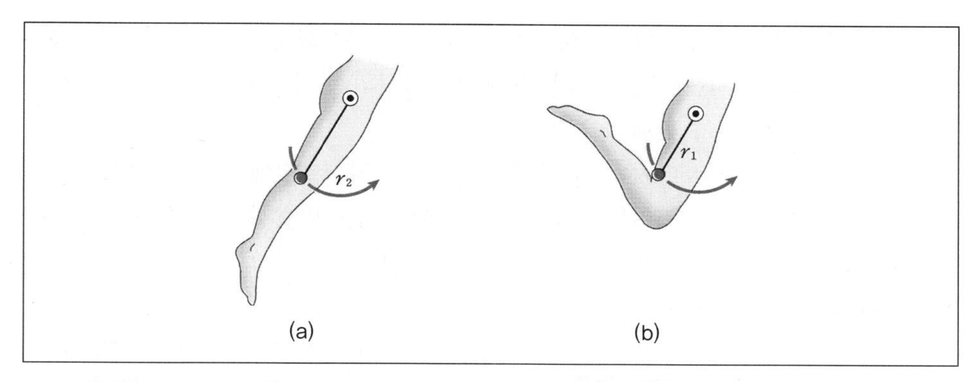

ⓒ 회복 국면의 전반부에서 무릎을 빨리 접고 뒤꿈치를 대퇴부 또는 엉덩이 뒤로 끌어 당겨서 회전 반경의 길이를 짧게 해야 한다. 이와 더불어 회복 국면의 후반부에서는 무릎을 높이 치켜 올림으로써 다리를 전방으로 멀리 내디딜 수가 있다.

ⓛ 접지 국면

ⓐ 다리의 회전을 빠르게 하기 위해서는 착지하는 발의 전방 브레이크 작용을 작게 하고 전방으로의 추진 속도를 크게 해야 한다.

ⓑ 브레이크 힘이 작용하지 않는 선에서 최대의 보폭을 유지해야 한다.

③ 100m 출발 시의 지면반력

㉠ 100m의 출발은 크라우칭 스타트에 의해 스타팅 블록에 힘을 가함으로써 그 반작용에 의하여 출발하게 된다. 여기에서 체중 및 발의 킥력에 의해서 블록 반력이 발생하게 된다.

ⓛ 100m 출발 시 앞발에 의한 킥력이 뒷발에 의한 킥력보다 크며 따라서 출발 시간의 단축을 위해서는 앞발의 근력과 순발력을 증대시킬 필요가 있다.

ⓒ 번치 스타트보다는 일롱게이트 스타트가 수평으로 작용하는 반작용력이 크다.

④ 달리기 시의 일과 효율

㉠ 달리기에는 인체중심의 운동에너지와 위치에너지가 같이 동시에 증감되기 때문에 중심을 위로 들어 올리는 일과 신체를 앞으로 가속시키는 일을 동시에 수행하고 있다.

ⓛ 질수속도가 빠를수록 단위 체중과 단위 거리당 외적 작업량(중심의 이동량)은 작아지고 내적 작업량(사지 분절의 움직임)은 커지기 때문에 총 작업량이 증가하게 된다. 그러나 이 때의 소비 에너지량은 일정하기 때문에 달리기의 효율은 질주 속도에 증가에 비례하며 높아지게 된다.

ⓒ 특히 등속으로 달릴 때는 걷기 시와 마찬가지로 진자와 유사한 작용을 하기 때문에 에너지 소모 측면에서 상당히 경제적이다.

㉣ 이러한 이유 때문에 마라톤의 경우 일정한 페이스(pace) 유지가 중요하다.

⑤ 달리기 시의 하지의 관성모멘트

㉠ 관성모멘트는 물체의 한 점을 축으로 삼아 그 물체를 회전시키려 할 때 잘 회전되지 않으려는 성질로서, 관성모멘트가 작을수록 회전이 용이하며 회전 속도 역시 빨리할 수 있다.

㉡ 달리기의 질주 속도를 빠르게 하기 위해서는 회복기의 소요 시간을 단축시켜야 하며, 이를 위해서는 무릎을 구부려 회복기에서의 하지의 회전 반경을 짧게 하여 관성모멘트를 작게 해야 한다.

㉢ 달리기에서는 단거리, 중거리, 장거리의 종목 속성에 따라 회복기의 다리 동작은 현저한 차이가 있다. 마라톤의 경우는 단거리 선수만큼 무릎을 높이 올리지 않으며 고관절을 축으로 한 다리의 관성모멘트가 크다.

⑥ 달리기의 전경 자세

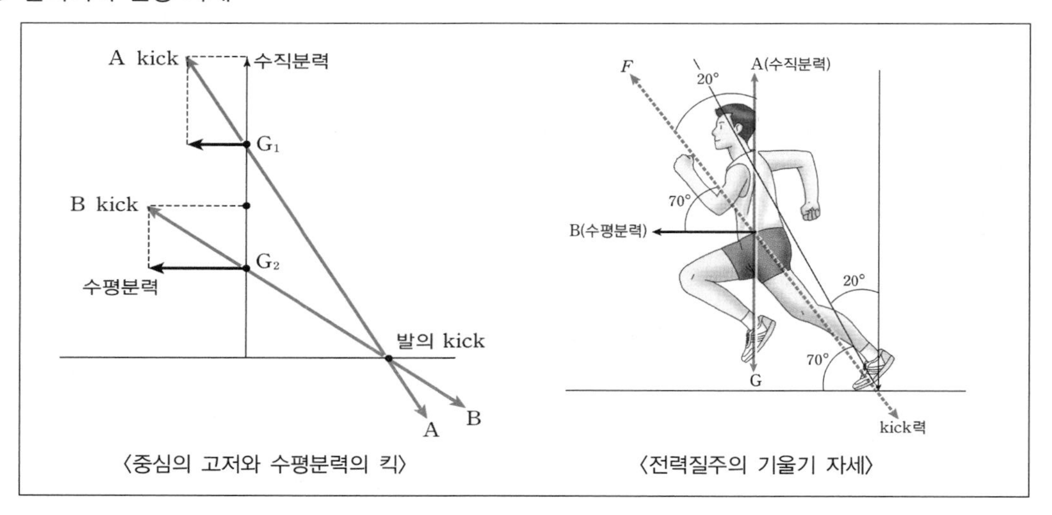

〈중심의 고저와 수평분력의 킥〉 〈전력질주의 기울기 자세〉

㉠ 전경 자세로 달리면 앞으로 기울 때의 관절 가능성이 넓게 되고, 지면에 가한 킥력이 지면에 수직된 신체보다 긴 시간동안 이용할 수 있어 유리한 조건이 된다.

㉡ (신체의 질량) × (속도 변화량) = (킥의 전진방향 성분) × (킥 시간)이므로 가속 질주에 유리하다.

㉢ 앞으로 너무 굽히면 허벅다리를 올릴 수가 없게 되고 따라서 발의 속도가 둔화된다.

㉣ 전력 질주에서는 전경 자세를 70°로 하고 수직선에 대해서는 20°가 가장 이상적이다. 다시 말해서 수평 분력 방향으로 20°인데 이것은 무게 중심이 앞에 있어 큰 회전 능력을 가능하게 해 주기 때문이다. 또 수평분력에 가까운 공기의 저항과 속력을 내는 힘의 합력 구성에 유리하기 때문이다.

㉤ 전경 자세로 달릴 때 신체 중심의 상승 위치를 낮게 해야 한다. 관성의 힘이 작용된 관계로 그 힘은 반작용에 따라 신체중심이 상승하게 된다. 주자의 상승 위치가 높은 것은 곧 소요시간이 길어지므로 기록을 저하시킬 뿐만 아니라 신체의 방향을 바꾸는 데 많은 힘이 들어 질주 중의 상하 운동은 가급적 적게 해야 한다.

우수선수의 달리기 동작 특성

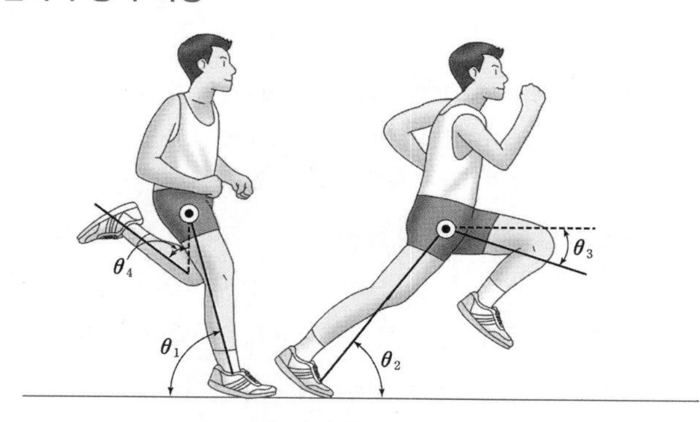

하지의 분절 각도

① 다리의 접지 각도(θ_1)가 수직에 가까우며 신체 중심의 수직하방에 가깝게 착지한다(θ_1의 각도가 크다).
② 후방으로 킥하는 순간에 다리가 곧게 펴진다(θ_2의 각도가 작다).
③ 회복 국면의 전반부에서 무릎이 많이 접혀진다(θ_4의 각도가 작다).
④ 대퇴가 전상방으로 많이 올라간다(θ_3의 각도가 작다).

우수한 선수일수록 θ_1의 각도는 크고 θ_2, θ_3, θ_4는 작은 각도를 유지해야 효율적이다. ①의 전방킥 시각의 각도가 작아질수록 전력 질주 시 앞으로의 추진을 방해하는 힘, 즉 브레이크 작용을 크게 일으키게 된다.

장거리 선수에게 적용되는 역학적 원리

- 레이스 중의 전체 보수를 감소시켜야 한다.
- 런닝 중 무게중심의 상하 이동을 적게 해야 한다.
- 하지의 관성모멘트를 단거리보다 길게 해 에너지 소모를 줄이고 다리를 쉽게 앞으로 보낼 수 있다.

⑦ 달리기의 운동학적 분석

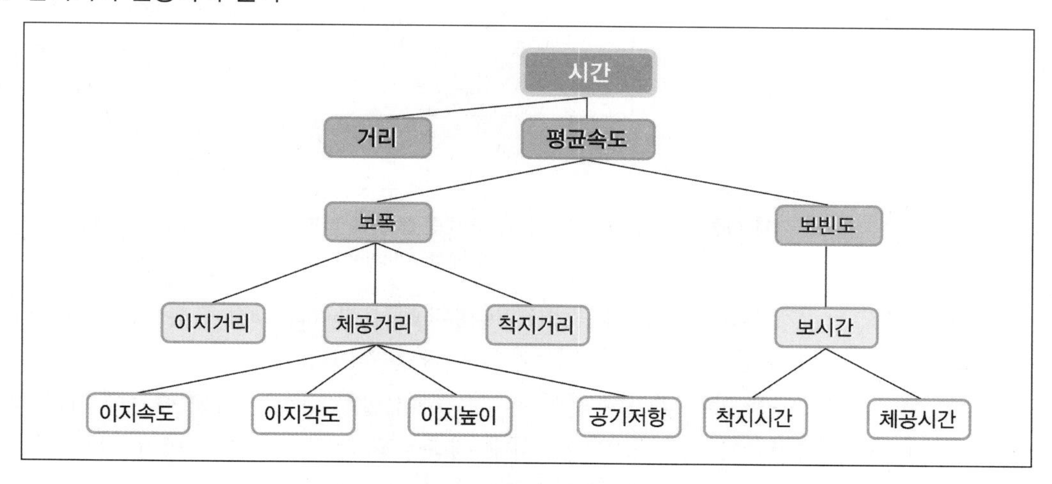

달리기의 기본요소(Hay)

㉠ 달리기의 기록을 결정하는 가장 큰 요인으로서 정해진 구간을 소요된 시간으로 나눈 평균속도를 들 수 있다.

ⓐ 평균속도(V) = 보폭(stride length : SL) × 보빈도(stride rate : SR)

예 보폭이 2m이며 매초 5회의 보빈도로 달리다면 이 때의 질주속도는 10m/s가 되며 이러한 속도로 100m를 달린다면 그 기록은 10초가 된다.

㉡ 평균속도를 높이기 위해서는 보폭을 증가시키거나 보빈도를 빨리 해야 한다.

ⓐ 달리기는 발의 지면 접촉 시간에 따라 지지기와 체공기로 구분되며, 두 발을 번갈아 디디므로 2회의 지지기와 2회의 체공기가 1주기를 이루는 반복 운동이다.

ⓑ 100m 달리기 선수는 마라톤 선수보다 상대적으로 큰 보폭이 요구된다. 속도가 빨라질수록 보빈도의 증가보다는 보폭의 증가가 중요하다.

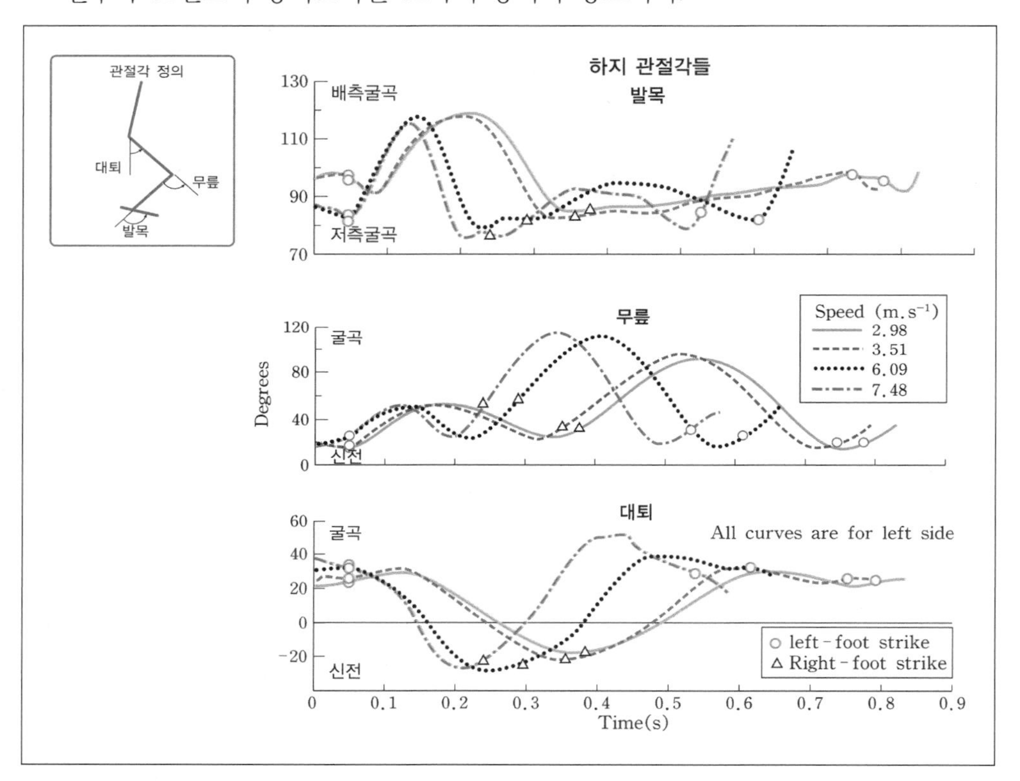

네 가지 다른 속도의 달리기에서 한 주기 동안 왼쪽 다리 발목관절, 무릎관절, 엉덩관절 각도의 변화(Williams)

㉢ 4가지 달리기 속도에서 그림 '관절각의 정의'에서 정의한 하지 관절각들의 움직임 패턴이 한 주기 동안 어떻게 변화되는가를 나타낸 것이다.

ⓐ 지지기 동안 발은 바닥에 붙어 추진을 하며 발목 각도는 속도 증가에 따라 약간 빨리 배측굴곡이 이루어지지만, 최대 배측굴곡 각도는 크게 차이가 없다.

ⓑ 무릎관절은 두 번 굴곡하게 되는데, 한 번은 지지기 동안에 작게, 다른 한 번은 스윙기 동안에 크게 굴곡하며, 스윙기 동안에 굴곡은 다리의 관성모멘트를 줄이는 역할을 해 다음 착지까지의 스윙을 원활하게 해 준다.

ⓒ 속도가 증가함에 따라 스윙기에서 최대 무릎관절 굴곡각이 증가한다.

ⓓ 착지 시 대퇴각(수직선과 대퇴분절 사이의 각)은 달리기 속도가 증가함에 따라 빠르게 신전되었다가 굴곡된다.

ⓔ 스윙기에서 대퇴각의 최대 굴곡각은 달리기 속도가 빠를수록 더 큰 값을 보여준다. 착지 전에 대퇴각은 신전을 시작하지만, 낮은 속도에서는 착지 직후 약간의 굴곡이 있은 후 재빨리 다시 신전된다.

ⓕ 결국, 속도가 빠를수록 하지 관절의 굴곡각이 커져 보폭이 증가함을 알 수 있다.

(3) 뜀뛰기 경기

① 높이뛰기

㉠ 높이뛰기 선수는 공중으로 뛰어오르기 위해 자기 체중을 능가하는 힘을 지면에 발휘해야 한다. 이 때, 지면반력은 선수를 상방으로 추진시킨다. 선수가 지면을 강하게 찰수록 지면 반력은 더 커지게 된다.

㉡ 발구르기 직전에 높이뛰기 선수의 무게 중심은 낮아지고 상체는 후방으로 기울어지며 선수의 팔과 구르지 않은 발은 전상체 뒤쪽에 위치하게 된다. 낮아진 발은 점프하는 다리의 큰 근육을 긴장시켜 주는데, 이렇게 함으로써 발구르기를 할 때 폭발적으로 지면을 찰 수 있도록 한다.

㉢ 무게 중심을 낮추고 상체를 후방으로 기울이는 동작은 도약자의 점프하는 다리가 지면에 힘을 가하는 작용시간을 늘려준다.

㉣ 양팔을 전상방으로 스윙하는 것은 도약자의 점프하는 다리가 지면을 하방으로 차는 것을 도와준다.

㉤ 몸을 안쪽과 뒤로 기울이는 것은 발이 지면을 구를 때 소요되는 시간을 길게 해주기 위함이다.

㉥ 발구름 시 작용하는 역학적 에너지는 도움닫기 구간의 운동에너지를 탄성에너지로 저장한 것과 발구름에 의한 운동에너지로, 운동에너지에 영향을 줄 수 있는 것은 지면반력에 의한 충격량이다.

㉦ 충격량을 크게 하기 위해서는 킥력을 크게 하거나 작용시간을 길게 해야 한다. 신체를 후방으로 기울이는 이유는 힘의 작용시간을 길게 하기 위해서이다. 신체 분절을 운동하는 방향과 같은 방향으로 작용함으로써 가속도를 최대로 이용할 수 있다.

㉧ 공중동작 시 높이뛰기 선수의 무게 중심 이동 경로는 발구름 시 상방으로 추진되는 도약 속도와 도약 각도에 의해 결정된다.

㉨ 공중동작 시 높이뛰기 선수 신체의 일부분 움직임은 신체 다른 부분을 반대 방향으로 움직이도록 도와주는데, 이를 통해 높이뛰기에서 바를 건드리지 않고 넘는데 도움을 준다.

㉩ 매트의 스폰지는 착지 시간을 연장시켜 주며 착지면적을 넓게 해주어 착지할 때 선수에 가해지는 충격을 점차적으로 줄여주는 역할을 한다.

높이뛰기에 작용하는 역학적 에너지

- 도움닫기 구간에 의한 수평 속도와 발구름에 의한 수직 속도, 신체 분절의 상승 가속도를 이용한 가속도 요인 등이 인체의 속도를 증가시켜 운동에너지를 증가시킬 수 있다.
- 이륙 후 운동에너지는 감소하고 위치에너지는 증가한다.
- 정점에서 운동에너지는 0이 되고 위치에너지는 최고에 이른다.
- 정점을 지나면 운동에너지를 갖게 되고 점점 위치에너지는 감소한다.
- 착지 후 위치에너지는 0이 되고 운동 에너지도 스펀지로 전이된다.

② 멀리뛰기

멀리뛰기는 도움닫기의 스피드를 이용한 발구름을 통하여 인체를 공중으로 뛰뛰기시켜 수평 방향으로 최대 거리를 얻는 기록경기이다.

㉠ 도움닫기

ⓐ 도움닫기를 통한 선속도가 빠를수록 이륙 속도 및 이에 따른 수평과 수직의 성분 속도가 커져서 뛰뛰기 거리를 증가시킬 수 있다(하지의 관성모멘트를 줄이고 각속도를 증가시킨다).

ⓑ 도움닫기를 특정 짓는 변인으로는 보폭과 보수, 템포의 변화, 질주 속도, 도움닫기 거리 등을 들 수 있다.

ⓒ 도움닫기 질주 속도는 보폭과 보수의 영향을 받는다.

㉡ 발구르기

ⓐ 수평속도를 최대한 유지하면서 뛰뛰기를 위한 수직 속도를 얻기 위해 하지근의 지면반력을 크게 한다. 또한 신체 분절을 이용한 상승가속도를 이용해 충격량을 크게 하며 최대 사거리를 위한 최적의 비행 각도를 얻을 수 있는 발구르기를 해야 한다.

ⓑ 충격량에 의한 지면반력을 크게 하기 위해서는 하지의 굴신력을 크게 하고, 그 작용 시간을 길게 해야 한다. 그러나 신체 분절의 가속도를 이용하기 때문에 상대적으로 작용 시간이 짧아진다.

- 수평속도: 도움닫기에 의한 선속도
- 수직속도: 지면반력에 의한 충격량(반작용력), 신체 분절의 가속도

ⓒ 발구름 시에 킥에 의하여 인체에 공급된 운동에너지가 공중 동작에서 정점에 이르러 모두 위치에너지로 변환되었다고 할 때에 인체 중심의 상승 높이는 역학적 에너지 보존의 법칙에 의하여 나타낼 수 있다.

$$\frac{1}{2}mv^2 = mgh, \; h = \frac{v^2}{2g}$$

ⓓ 인체 중심의 상승높이(h)는 체중에 관계없이 이륙 시 인체 중심의 상승속도에 의하여 결정된다. 이러한 발구름 직후의 상승속도(v)는 커야 하며 상승속도를 위해서는 발구름 시에 강한 킥력이 요구된다.

$$Ft = mv, \; v = \frac{Ft}{m}$$

$\frac{W}{g} = m$은 일정하므로 상방에서의 가속도 a는 F(힘) − W(체중)에 비례한다.

$$\text{가속도}(a) = \text{힘}(F) - \text{체중}(W)$$

$$F > W \text{ 이면 } a > 0$$

$$F = W \text{ 이면 } a = 0 \text{ : 정지 또는 등속}$$

$$F < W \text{ 이면 } a < 0 \text{ : 감속}$$

㉢ 공중동작

ⓐ 공중동작은 발구르기 시에 생긴 전방 회전력을 줄이면서 최적의 착지자세를 취할 수 있도록 공중에서 인체의 균형을 유지하여야 한다.

ⓑ 투사점의 높이가 높을수록 멀리 나간다는 점을 고려하여 인체 중심을 높인다.

ⓒ 공중동작에서 모아 뛰기, 젖혀 뛰기, 비틀어 뛰기 등은 인체 중심의 궤적을 변화시키기 위한 것이 아니라 착지를 유리하게 하기 위한 것이다.

㉣ 착지동작

ⓐ 착지거리에 중요한 영향을 미치는 것은 상체의 기울기 각도이다. 공중 동작의 마지막 순간에 상체를 앞으로 숙임으로써 반작용으로 다리가 올려 지게 되면 체공시간이 연장되며 긴 포물선 궤적을 그리게 되어 기록이 향상된다. 이때 신체의 무게 중심을 앞으로 기울여 안정된 자세로 착지한다.

ⓑ 착지 시 슬관절과 고관절을 굴곡시켜서 운동에너지를 흡수함으로써 충격력을 감소시켜야 한다.

③ 장대 높이뛰기

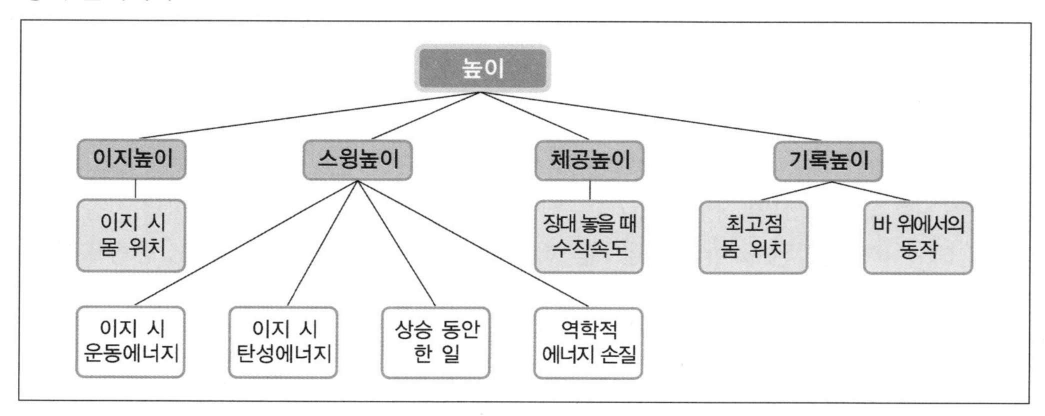

장대 높이뛰기의 기본 요소(Hay)

장대높이뛰기에서 이지 후 장대를 놓는 순간까지 선수의 신체를 상승시키는 에너지 4요인은 다음과 같다.

㉠ 이지 시 운동에너지: 도움닫기 동안 이룬 속도에 의한 운동에너지를 도약 동작에 의해서 수직 성분으로 변화시킨 에너지이다.

㉡ 이지 시 탄성에너지: 이지 순간에 장대의 변형된 정도와 장대의 재질에 의해 저장되어 있는 에너지를 말한다.

㉢ 상승 시 한 일: 일단 선수가 지면에서 이지하면, 선수는 손을 중심으로 장대에 대한 추운동, 선수와 장대는 장대의 밑 부분을 회전축으로 한 추운동을 하면서 상승한다. 이를 이중추운동으로 유추하여 상승 시 한 일량을 구한다.

㉣ 역학적에너지 손실: 장대, 장대 지지점, 여러 가지 힘들 간의 역학적에너지가 열과 소리 등의 비역학적에너지 형태로 변환되면서 역학적에너지 손실이 발생한다.

(4) 던지기

① 창던지기

던지기, 차기, 치기 운동 기능의 움직임 양상은 공통적으로 와인드업 또는 백스윙의 예비동작을 포함하고 있다. 와인드업은 선수의 근육을 신장시켜서, 선수가 발휘하는 힘을 좀 더 멀리 그리고 좀 더 오랫동안 작용할 수 있도록 해준다.

㉠ 창던지기 선수는 도움닫기를 통해서 운동량을 얻어 투척 스탠스를 취하는 전 과정에서 선수를 운반하기에 충분한 속도를 지니게 된다. 도움닫기의 초반부에 너무 속도가 빠르게 되면, 투척 시에 속도가 떨어지거나 또는 창에 최적의 힘을 가할 수 있는 투척 스탠스를 취할 시간을 충분히 갖지 못하게 된다.

㉡ 창을 던지는 팔의 신전과 함께 상지대를 회전시키는 목적은 창에 가하는 힘의 크기나 작용 거리 및 시간을 최대한 증가시키기 위함이다. 또한 신체의 후방 경사는 이러한 힘의 작용 거리와 시간을 좀 더 크게 증가시켜 준다.

㉢ 던지는 손의 반대쪽 발을 크게 스텝 함으로써 힘을 가할 수 있는 넓은 기저면이 확보된다. 이러한 넓은 기저면은 선수의 엉덩이와 어깨를 투척 방향의 반대 방향(신체의 후방)으로 멀리 회전시키는 데 도움을 준다.

㉣ 신체 분절은 다리에서 시작하여 어깨를 거쳐 던지는 팔까지 순차적으로 가속된다. 이와 같이 신체 분절이 순차적으로 가속되면 마치 도리깨질을 빠르게 할 때처럼 신체 분절의 말단에 위치한 팔을 보다 빠른 속도로 스윙할 수 있다.

㉤ 신체를 대각선 측면으로 기울이면 투척 시 창의 투사 높이를 증가시킬 수 있다.

㉥ 신체가 던지는 방향을 향해 가능한 한 멀리 그리고 강력하게 전방으로 추진되면 창에 가해지는 힘이 증가하므로 창에 가해진 힘의 작용 거리와 작용 시간을 길게 확장시킬 수 있다.

공 던지기를 할 때 반드시 공을 손가락 끝으로 잡는 이유

- 지레의 작용팔의 길이를 증가시킬 수 있다.
- 이탈점(투사높이)을 좀 더 높일 수 있다.
- 손가락이 마지막에 힘을 가할 수 있는 위치에 있을 때, 보다 좋은 컨트롤을 할 수 있기 때문이다.

② 포환던지기

포환던지기는 기본적인 던지기 종목으로서 지름이 2.135m인 원과 유효투사각도가 40°인 경기장에서 포환을 한 손으로 던진 거리를 겨루는 경기로, 투척 순간의 속도와 손의 높이 등이 중요한 요인이 된다. 포환던지기 기술은 일반적으로 미끄럼 기술과 회전 기술로 구분되고 있다.

㉠ 운동학적 분석

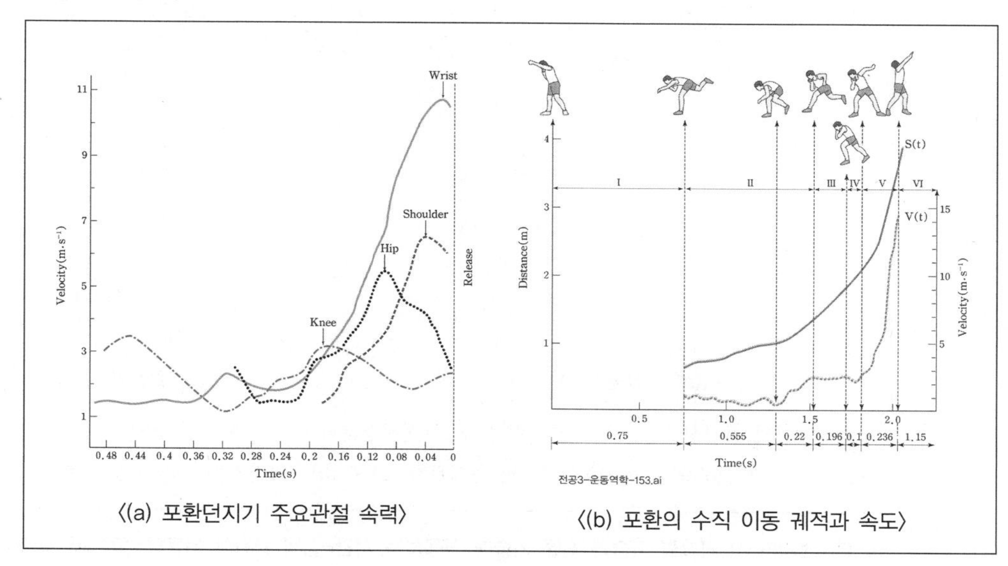

⟨(a) 포환던지기 주요관절 속력⟩ ⟨(b) 포환의 수직 이동 궤적과 속도⟩

ⓐ 그림 (a)는 포환던지기 시 신체의 주요 관절들이 점점 가속되고 감속되는 것이 순차적임을 각 관절들의 시간-속도 그래프로 나타낸 것이다.

- 각 신체 분절들이 적절한 시점에서 협응되는 역학적 원리를 알 수 있다.
- 화살표시(↓)는 관절의 최대 속도를 가리키며 무릎, 엉덩이, 어깨, 손목관절 순으로 최대속도에 도달한 후 감속되기 시작한다.
- 포환이 던져지는 순간에는 무릎과 엉덩이, 즉 하지의 속도는 0에 가깝다.

ⓑ 그림 (b)에서 나타난 것처럼 포환던지기는 각 구간별 Ⅰ: 준비기, Ⅱ: 시작기, Ⅲ: 미끄럼기, Ⅳ: 변환기, Ⅴ: 회전기, Ⅵ: 마무리기로 나눌 수 있다.

- 처음 시작 시점의 가속 구간 동안 포환을 거의 1.8~2.6m/s의 속도를 갖는다.
- 미끄럼 동작 뒤의 오른발 지지기인 변환거리까지 포환의 속도는 그대로 유지되다가 다시 왼발이 땅에 닿은 후 회전기부터 급격히 증가한다.
- 포환의 투사속도는 포환던지기 선수의 체력과 동작의 완숙도에 의해 좌우된다.

ⓛ 운동역학적 분석

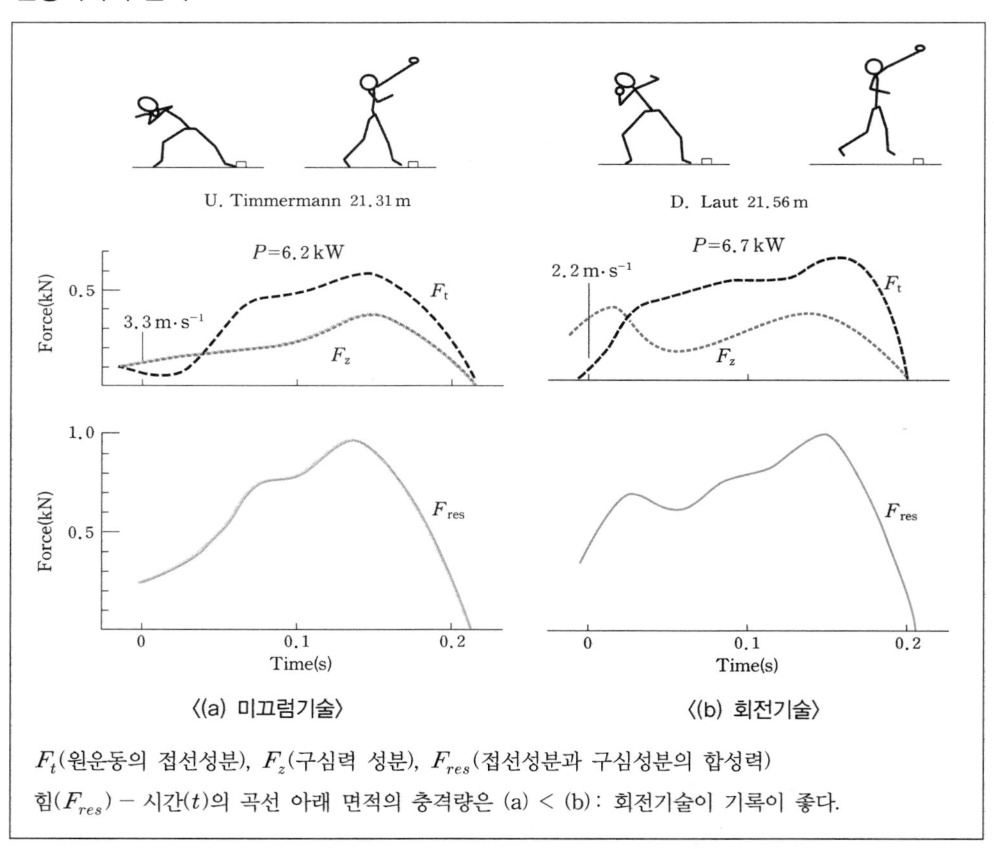

포환던지기 시 미끄럼 기술과 회전 기술에 작용하는 시간-힘의 변화와 운동역학적 요인들(Bartonietz)

ⓐ 포환던지기 시 미끄럼기술과 회전기술 사이의 운동역학적 요인들에 대한 그래프이다.

ⓑ 다른 요인들은 큰 차이를 보이지 않으나 점선으로 표현된 구심력 F_z의 패턴이 미끄럼 기술과 회전 기술이 서로 다름을 알 수 있다.

- **미끄럼 기술**: 포환이 왼발로 옮겨지기 전까지 병진운동을 한다. 구심력을 접선력과 합한 합성력은 두 시점에서 정점을 나타내는데 완만하게 상승되고 있다.
- **회전 기술**: 오른발에서 왼발로 옮겨질 때까지 회전운동을 함으로써 나오는 결과인데, 이 구심력을 접선력과 합한 합성력은 두 시점에서 정점을 나타내는데 회전 기술에서는 빠르게 상승하여 첫 번째 정점에 이르렀다가 다소 감소한 후 다시 상승되는 양상을 보여준다.

ⓒ 결론적으로 힘-시간 곡선에서 넓이로 말할 수 있는 최대 파워에서 회전 기술이 미끄럼 기술을 앞섰으므로, 회전 기술을 사용한 선수가 미끄럼 기술을 사용한 선수보다 0.25m를 더 멀리 던지는 결과를 나타냈다.

③ 해머던지기

육상경기 던지기 종목의 하나로써, 원 안에서 회전하면서 해머를 던져 그 거리를 겨루는 경기이다. 경기자는 지름 2.135m의 원 안에서 무게 7.26kg 이상의 해머를 회전시켜 그 원심력으로 해머를 던진다. 회전방법에는 점프회전 유형과 피벗회전 유형 등 2가지가 있으며, 3~4회전 후 투척하는 게 일반적이다.

㉠ 운동학적 분석

해머던지기에서 선속도, 각속도, 해머 경로 반지름 사이의 관계를 그림에서 설명하고 있다.

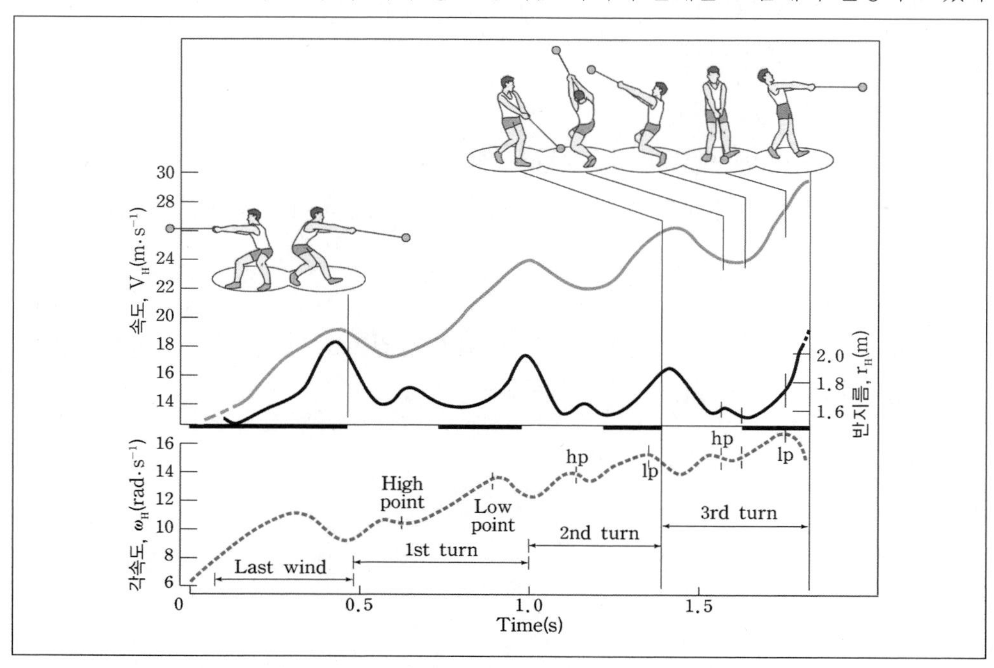

해머 동작의 시간-속도, 반지름, 각속도의 변화(Bartonietz)

ⓐ 두 발이 땅이 지지하는 구간을 굵은 수평막대로 표시하였다.

ⓑ 그림에서 두발 지지기 동안 각속도의 증가로 인해 해머 속도의 증가가 이뤄짐을 알 수 있고, 반지름의 증가 역시 속도 증가를 뒷받침한다.

ⓒ 각속도는 턴을 반복할수록 증가한다.

ⓓ 각 턴의 전반부에서 반지름이 약간 감소하였는데, 이는 던지는 선수가 증가하는 구심력을 보상하기 위해 뒤로 젖혀진 자세를 취했기 때문이다. 이것은 각속도를 증가시키면서 선수의 관성모멘트를 줄이는 효과를 보여주는데, 외력이 작용하지 않는 상태에서의 각운동량 보존 법칙에 기초를 두고 있다.

ⓔ 한편, 두 발의 지지구간 동안 에너지를 추가하여 더 큰 각속도를 발생시키는 것을 보여준다.

2. 체조

체조선수가 자신의 몸을 공중에 투사하는 도약 운동이나 스프링 운동 및 텀블링 운동에 있어서 성공은 도약 시 도약과 회전력의 속도, 체공 시 회전의 제어, 착지 시 동작의 제어 등을 미적으로 잘 표현하는 능력에 달려 있다.

(1) 체조의 운동학적 분석

체조선수가 지면을 이륙하면 투사체가 되고 그 투사체의 속도와 도약 순간의 중심의 높이, 각도에 의하여 결정된다.

(2) 체조의 운동역학적 분석

① 각가속도의 법칙

㉠ 연기 수행에 필요한 각운동량은 지면에서의 각충격량에 의해 결정된다.

㉡ 각충격량을 크게 하기 위해서는 충격량을 크게 하거나, y축을 중심으로 각도를 크게 해야 한다.

② 각관성의 법칙

체공 상태에 있는 체조선수가 자신의 회전을 컨트롤 할 수 있는 유일한 방법은 자신의 관성모멘트를 변화시킴으로써 가능하다.

(3) 앞공중돌기

① 발구름 직전의 도움닫기는 무게 중심이 구름발의 후방에 위치하도록 도와준다. 신체는 구름발의 기저면 전체를 후방으로 이동시켜서 발구름 시간을 증가시킬 수 있고, 이를 통해 발구름 시 지면에 더 강한 충격량을 가할 수 있게 된다.

② 발구름을 할 때 상방으로 스윙하는 이유는 팔의 운동량을 신체에 전이시키기 위해서이다. 팔의 상방 스윙은 다리의 하방 밀기에 부가적인 도움을 제공하며 발구름 시 선수를 상방으로 추진시키기 위한 구름판의 지면반력을 증가시킨다.

③ 회전을 일으키는 편심력은 다리와 기저면이 무게 중심으로부터 멀리 떨어져 있는 상태에서 상방추진력을 발생시킬 때 나타난다. 이러한 편심력은 토크를 발생시켜서 선수를 회전시키는 원동력으로 작용한다.

④ 팔, 머리, 몸통을 신체의 회전방향으로 이동시키면, 이들 신체 분절의 운동량 전이에 의하여 회전이 더욱 잘 이루어지게 된다. 이때의 운동량 전이는 선수의 발이 지지면과 접촉하고 있는 동안에 일어나도록 한다.

⑤ 공중에서 무게 중심의 비행 궤적은 도약 순간에 이미 결정되기 때문에 공중에서 어떠한 동작으로 하더라도 무게 중심의 비행 궤적은 변하지 않는다. 또한 공중에서 선수의 각운동량 크기는 도약 순간에 결정된 각운동량의 크기와 항상 동일하다.

⑥ 신체 자세의 변화(전신이 신전된 자세에서 터크 자세로의 전환 등)에도 불구하고 공중 회전과 트위스트 동작을 연결시키는 어떤 동작을 수행하든지 간에 회전률은 항상 선수의 무게 중심을 통과한다.

⑦ 신체 질량이 회전축 주위에 가깝게 위치하게 되면 신체의 관성모멘트가 감소하게 된다. 공중에서 각운동량은 보존되기 때문에 관성모멘트가 감소하게 되면 각속도는 증가하게 된다. 신체를 신전시키면 관성모멘트가 증가하여 각속도는 감소하게 된다.

⑷ 철봉 휘돌기

① 회전 기능을 구사할 때, 선수는 다운스윙 도중에 신체를 곧게 편다. 이 동작은 철봉으로부터 무게 중심을 가능한 한 멀리 이동시킨다. 이로 인하여, 선수가 다운스윙할 때 중력이 신체에 최대의 토크를 발휘할 수 있도록 도와준다.

② 업스윙에 의하여 높게 올라갈 때 고관절과 어깨관절을 굽혀서 중력에 의한 감속효과를 줄여야 한다. 고관절과 어깨 관절을 굴곡시켜서 무게 중심을 철봉 가까이로 위치시키면 중력의 감속토크를 줄일 수 있다.

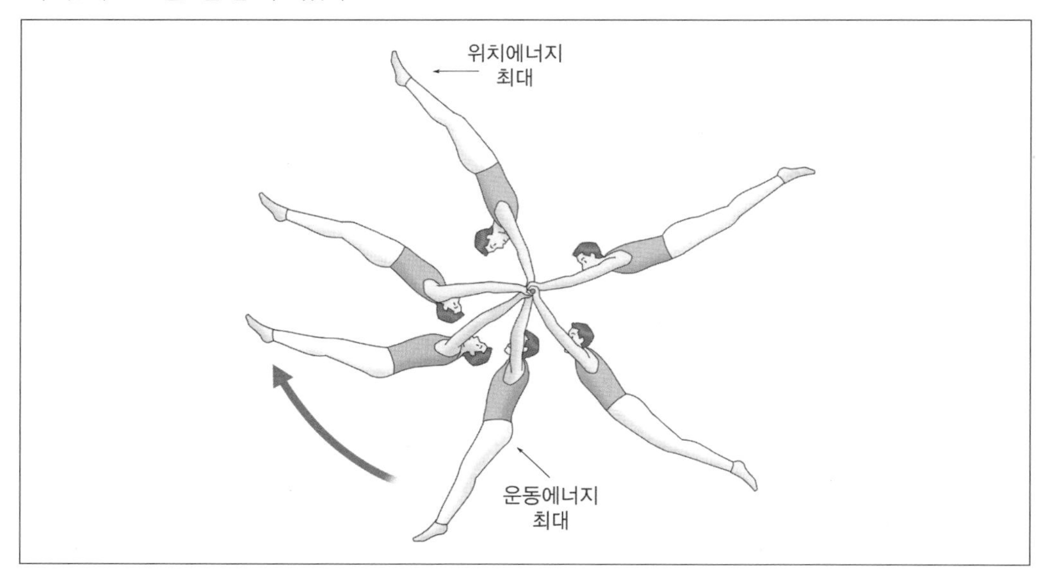

③ 철봉에 매달려서 흔들기를 하거나 공중에서 공중돌기를 수행할 때 기술 초기에는 편심력이 신체에 가해지게 된다. 이러한 편심력은 신체를 회전시키려는 토크를 발생시킨다. 체조선수는 이와 같은 편심력을 신체의 회전에 이용하기 위해서 발구름 순간에 머리와 상체를 회전 방향으로 약간 기울인다.

④ 비행 동작 시 신체의 관성모멘트를 줄이면 선수의 각속도는 증가하게 된다. 관성모멘트는 회전축 방향으로 신체 질량을 가깝게 위치시킬수록 감소하게 된다. 신체 질량을 회전축으로부터 멀리 위치시키면 관성모멘트가 증가하여 각속도는 감소하게 된다.

⑤ 체조 선수는 철봉 위로 무게 중심을 높게 올림으로써 위치에너지를 증가시킨다. 선수가 높은 위치로부터 다운스윙을 수행할 때 중력의 작용에 의해서 신체가 가속되어진다. 체조 선수가 자신의 무게 중심을 높게 올릴수록 중력이 선수를 하방으로 좀 더 오랫동안 가속시킬 수 있다. 그 결과 선수의 각속도와 각운동량이 증가하게 된다.

3. 수영(크롤)

(1) 저항력

수영을 할 때 인체가 물에 의하여 받는 저항은 형태저항, 조파저항, 마찰저항의 세 가지 범주로 구분된다.

① 형태저항
수영선수가 부딪치는 저항의 크기는 그가 물을 통해 앞으로 나아가는 속도와 그가 밀려오는 흐름에 노출된 횡단 면적에 의해 결정된다. 따라서 선수는 다리의 동작을 통해 몸을 적당한 유선형의 자세를 취해 횡단 면적을 최소화해야 한다.

② 표면저항
수영선수에게 미치는 표면 저항은 체모나 머리카락 정도가 있으나 큰 영향을 미치지 않는다.

③ 조파저항
조파저항은 수영선수의 속도, 신체 유형, 그가 수면 가까이에서 하는 운동에 달려 있다. 속도가 증가할수록 큰 물결이 뚜렷하게 형성된다. 큰 물결의 생성은 선수가 팔을 수직으로 누를 경우에 더 크게 생겨나며 이것은 추진력에 도움이 되지 못하고 단지 몸의 상하운동만을 일으키게 된다.

(2) 양력

① 유체에서 운동하는 물체에는 양력과 항력이 작용한다. 양력은 운동방향에 수직으로 작용하고 항력은 물체가 진행하는 역방향으로 작용한다.

② 양력은 유체 속을 지나는 물체 주위의 유체와의 속도 차에 의한 압력차이로 발생한다. 수영을 할 때 손이나 발동작은 손, 발의 등쪽이 바닥 쪽보다 물이 빨리 지나가므로 손, 발의 등쪽으로 생기는 양력을 이용할 수 있다.

③ 손, 발의 등쪽은 유속이 빠르고 바닥 쪽은 유속이 느리다. 베르누이의 정리에 의해 유속이 빠르면 유압이 낮고, 유속이 느리면 유압은 높다.

④ 따라서 압력은 높은 곳에서 낮은 곳으로 흐르기 때문에 이때 양력은 압력이 높은 손, 발의 바닥 쪽에서 압력이 낮은 손, 발의 등쪽으로 작용하게 된다.

Chapter 03

(3) 운동학적 분석

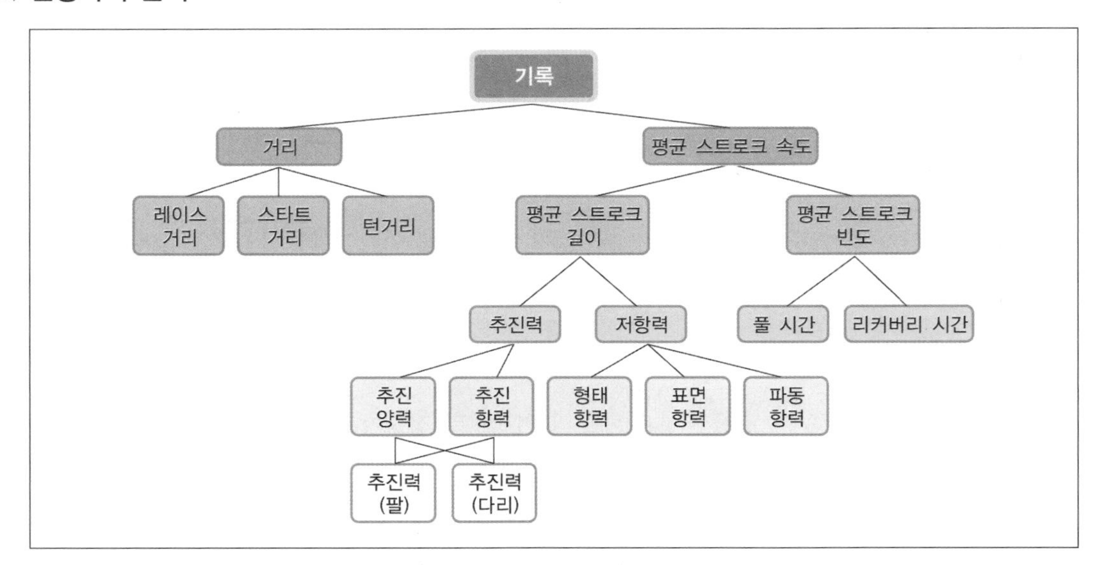

◎ 수영 기록을 결정하는 요인(Hay)

① 수영 속도는 스트로크 빈도와 스트로크의 길이의 곱으로 표현할 수 있다.

㉠ 스트로크 빈도는 단위 시간 당 스트로크의 수(회/t) 혹은 스트로크의 수행시간의 역수(1/t)로 나타낸다.

㉡ 스트로크 길이는 한 스트로크 당 간 거리(거리/회)를 나타낸다.

② 스트로크 빈도와 스트로크의 길이 중 한 요인만을 변화시켜 속도를 증가시킬 수 있지만, 두 요인을 적절히 배합하면 최대 속도를 낼 수 있다.

㉠ 스트로크 빈도가 과도하게 발생하면 근육의 회복시간이 짧아지고 피로가 빨리 쌓여 수영 동작의 협응을 방해할 수 있다.

㉡ 훈련을 하는 동안 선수 개개인은 가장 효율적인 스트로크 빈도와 스트로크 길이의 비율을 선택해야 한다.

㉢ 기록을 향상시키기 위해 스트로크 빈도를 증가시키면 스트로크 길이가 감소하는 경향이 있고 반면 스트로크 길이를 증가시키면 스트로크 빈도가 감소할 수 있다.

③ 일반적으로 기록 향상을 위한 훈련 전략으로 스트로크 빈도를 증가시키기 보다는 스트로크 길이를 증가시키는 것이 권장되고 있다. 따라서 개개인이 편안하게 느끼는 스트로크 빈도에서 최대 스트로크 길이를 얻기 위한 훈련이 목표가 되어야 한다.

④ Schleihauf는 추진력을 얻기 위한 상승력의 효과를 알아보기 위하여 자유형의 팔 동작에서 손의 궤적을 분석하였다.

㉠ 팔 동작 시 손이 후방으로 직선운동을 하는 것이 아니라 S자형이거나 지그재그로 움직이며, 팔 동작 전 과정을 통하여 인체는 계속 앞으로 전진 하게 되어 실제로 팔 동작

중에서 손이 후방으로 움직이는 거리는 그다지 많지 않으며, 대부분이 내측과 외측으로 크게 움직인다는 것을 밝혀냈다.

㉡ 자유형의 팔 동작 시 얻어진 추진력은 그 대부분이 손이 좌우로 움직일 때 발생된 상승력(양력)에 의한 것임을 알 수 있다.

(4) 운동역학적 분석

① 수영선수의 손과 팔은 수영하는 동안 가장 큰 추진력을 제공해준다. 이러한 추진력은 프로펠러와 같이 휘저어 긁는 동작에 의하여 형성된 양력과 항력의 영향을 받는다. 추진력은 물살이 잔잔한 곳에서 기포가 최소한으로 적게 발생된 상태에서 휘저어 긁을 때 가장 크게 나타난다.

② 수영선수는 형태항력, 표면항력, 파동항력을 최소화하기 위해 노력해야 한다.

㉠ 매끄러운 신체 표면과 더불어 신체의 수평 자세(유선형)는 표면항력과 형태항력을 감소시켜준다.

㉡ 수영 선수는 상하의 불필요한 신체 동작을 줄이고 팔이 지나치게 빠르게 입수되는 것을 방지함으로써 파동항력을 감소시킬 수 있다.

③ 크롤 영법에서 대부분의 추진력은 손젓기를 함으로써 생기며, 부가적인 추진력은 양팔로부터 얻게 된다. 양력은 난류가 거의 발생하지 않는 잔잔한 수면에서 손으로 물을 저을 때 가장 크게 나타난다.

④ 수영하는 선수가 물에 의해 받는 전체 저항은 형태저항과 조파항력이 대부분을 차지하며 마찰저항이 차지하는 비중은 극히 미세하다고 보고되었다.

⑤ 물속에서 미끄러지는 동작에서 손과 팔의 자세에 따라 항력이 어떻게 달라지는가를 손을 모으고 두 팔을 내밀었을 때를 100%라 하고 비교 분석한 것이다.

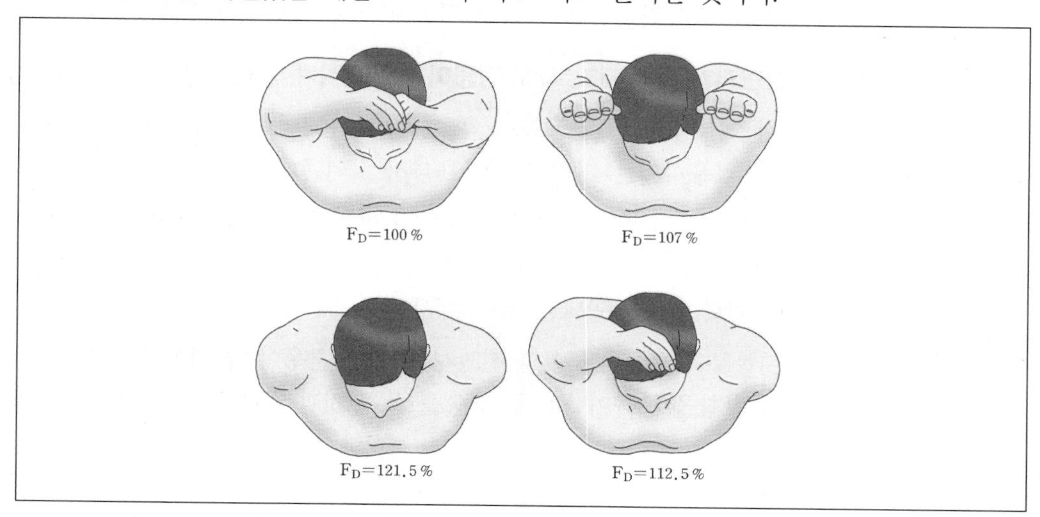

신체 자세에 따른 유체저항 비교(Bulgakova & Makarenko)

⑥ 손이 물을 끌어당기는 동안 손의 원활한 동작과 지속적인 가속력은 추진력을 증가시키며, 증가된 추진력은 속도를 증가시킨다.

⑦ 발차기는 추진력을 얻는데 약간의 도움이 될 뿐 신체를 유선형의 수평 자세로 유지시켜주는데 주기능이 있다. 너무 깊은 발차기는 항력을 증가시켜 추진력을 얻는데 방해가 된다.

4. 특정 스포츠 종목의 중요 요소에 관련된 운동역학적 지식

(1) 골프의 드라이브 동안 양 손목의 코크(cock)와 언코크(uncock)

① 골프의 드라이브 동안에 손목을 엄지손가락 쪽을 향해 구부리는 코킹(cocking)과 손목을 엄지손가락의 반대방향으로 구부리는 언코킹(uncocking)을 하는 이유는, 골퍼의 팔과 클럽이 채찍질이나 도리깨질과 유사한 동작을 수행함으로써 채찍이나 도리깨의 맨 끝부위의 속도가 빠르게 증가하는 것처럼, 골프 클럽의 헤드 속도를 빠르게 증가시키기 위함이다.

② 양 손목이 코크나 언코크를 수행할 때, 양 손목은 클럽이 회전할 수 있는 추가적인 축으로 작용한다. 손목의 코킹과 언코킹이 없다면, 양팔과 클럽은 고정되어 하나의 분절로 움직이게 된다. 따라서 클럽의 헤드는 최적의 속도에 도달하기 어렵게 될 것이다.

(2) 높이뛰기 선수가 발구름을 수행하기 위해 구름발을 내디딜 때 무게중심을 구름발의 후방에 위치 (배구의 블로킹과 스파이크, 농구의 레이업 슛 동일)

① 발구름 위치를 무게중심보다 전방에 위치시킴으로써, 발구름 시 구름발에 가하는 힘의 작용시간을 증가시킬 수 있다.

② 신체는 구름발을 축으로 전방, 상방, 그리고 구름발 위쪽으로 커다란 호를 그리면서 이동함으로써, 지면에 보다 더 강한 힘을 하방으로 발휘할 수 있다.

③ 이에 대한 지면의 반작용력인 지면반력에 의하여 신체는 상방으로 추진되어진다.

(3) 골프 드라이브, 포환던지기, 창던지기 시에 엉덩이를 회전시켜 상체의 앞으로 내미는 동작

① 신체의 질량을 적절한 방향, 즉 골프공, 포환, 창이 가속되어지는 방향으로 이동시킨다. 이러한 동작은 힘을 작용시키는 거리와 시간을 확장시켜준다.

② 신체 분절을 순차적으로 가속시킬 때, 엉덩이는 한 개의 중요한 분절로서 작용한다. 다리와 엉덩이가 투척 방향을 향하여 움직이는 것은, 마치 채찍질할 때 채찍의 손잡이가 채찍의 나머지 부분보다 앞쪽에서 스윙되는 것과 유사하다.

③ 엉덩이의 회전은 복부와 가슴의 근육을 신장시켜, 이들 근육이 양 어깨와 던지는 팔을 끌어당김으로써, 투척 방향을 향하여 고무줄 새총을 쏘는 것과 같은 자세를 취할 수 있도록 도와준다.

(4) 크롤 선수의 S자 형태의 스크루 동작

① 크롤선수가 물을 신체 후방으로 밀어내면, 물의 반작용으로 전방으로 나가게 된다. 이러한 물의 반작용에 의해 발생된 추진력은 선수가 물에 발휘한 힘에 비하면 감소되어 있다.

② 그 이유는 선수가 물에 발휘한 힘이 물의 반작용력에 의해 전부가 추진력으로 작용하지 않고, 그 일부의 힘은 물의 저항을 극복하는데 사용되기 때문이다.

③ 물의 저항이 적을수록 추진력은 커지게 된다. 크롤선수가 팔동작을 할 때, 손이 프로펠러의 날개처럼 S자 형태의 하방젓기, 내측젓기, 상방젓기 동작을 수행하면, 직선으로 수행할 때보다 물의 항력을 감소시킬 수 있다. 따라서 감소한 물의 항력만큼 추진력을 증가시킬 수 있다.

(5) 100M 달리기에서 다리와 팔의 스윙동작

① 100M달리기를 할 때 다리와 팔이 질주하는 방향과 평행하게 스윙해야 한다. 만일 팔스윙과 다리의 추진이 질주하는 방향과 평행하지 않고 다른 방향으로 행하여 졌다면, 선수가 지면에 가한 힘이 모두 질주방향의 지면반력으로 작용하지 못하고 그 일부는 다른 방향으로 작용하게 된다.

② 따라서 지면에 가한 힘에 대항하여, 지면의 반작용으로 발생된 지면반력의 일부만 질주방향으로 작용하게 되어 선수는 최대로 빠르게 달릴 수 없게 된다.

최병식
전공체육

운동생리학, 운동역학 체육내용학 Ⅰ

초판인쇄 | 2023. 3. 10. **초판발행** | 2023. 3. 15. **편저자** | 최병식
표지디자인 | 박문각 디자인팀 **발행인** | 박 용 **발행처** | (주)박문각출판
등록 | 2015년 4월 29일 제2015-000104호
주소 | 06654 서울특별시 서초구 효령로 283 서경 B/D **팩스** | (02)584-2927
전화 | 교재 주문 (02)6466-7202, 동영상 문의 (02)6466-7201

저자와의
협의하에
인지생략

정가 28,000원
ISBN 979-11-6987-087-0 / ISBN 979-11-6987-084-9(세트)